Kay Biesel | Ulrike Urban-Stahl
Lehrbuch Kinderschutz

Studienmodule Soziale Arbeit

Herausgegeben von
Ria Puhl | Regina Rätz | Eberhard Raithelhuber | Wolfgang Schröer | Titus Simon | Steve Stiehler | Mechthild Wolff

Die Reihe „Studienmodule Soziale Arbeit" präsentiert Grundlagentexte und bietet eine Einführung in basale Themen der Sozialen Arbeit. Sie orientiert sich sowohl konzeptionell als auch in Inhalt und Aufbau der Einzelbände hochschulübergreifend an den jeweiligen Studienmodulen.
Jeder Band bereitet den Stoff eines Semesters in Lehr- und Lerneinheiten auf, ergänzt durch Übungsfragen, Vorschläge für das Selbststudium und weiterführende Literaturhinweise.

Kay Biesel | Ulrike Urban-Stahl

Lehrbuch Kinderschutz

2., überarbeitete und erweiterte Auflage

BELTZ JUVENTA

Die Autor_innen

Kay Biesel, Prof. Dr. phil., Case Manager, Fachkraft für Dialogisches Coaching und Konfliktmanagement, Sozialpädagoge/Sozialarbeiter FH. Co-Leiter Institut Kinder- und Jugendhilfe sowie Mitglied der Hochschulleitung, Hochschule für Soziale Arbeit FHNW.

Ulrike Urban-Stahl, Prof. Dr. phil., Diplom-Pädagogin (Sozialpädagogik), Professorin für Sozialpädagogik an der Freien Universität Berlin.

Dieses Buch ist erhältlich als:
ISBN 978-3-7799-3096-9 Print
ISBN 978-3-7799-5773-7 E-Book (PDF)

2., überarbeitete und erweiterte Auflage 2022

Herstellung: Ulrike Poppel
Satz: text plus form, Dresden
Druck und Bindung: Beltz Grafische Betriebe, Bad Langensalza
Beltz Grafische Betriebe ist ein klimaneutrales Unternehmen (ID 15985-2104-100)
Printed in Germany

Weitere Informationen zu unseren Autor_innen und Titeln finden Sie unter:
www.beltz.de

Inhalt

Vorwort zur zweiten Auflage 13

Einführung 15

Teil I
Grundlagen

Kapitel 1: Kinderschutz – was ist das? 22
1.1 Kinderschutz als vielfältiger Begriff 22
1.2 Verwendung des Begriffs Kinderschutz im Lehrbuch 24
1.3 Konzeptionen und Orientierungen im Kinderschutz 26
1.4 Kinderschutz als ein staatlich reguliertes System 31
1.5 Resümee 35

Kapitel 2: Kindeswohl und Kindeswohlgefährdung als soziale Konstrukte 37
2.1 Zum Begriff des Kindeswohls 37
2.1.1 Rechte von Kindern und Jugendlichen 38
2.1.2 Grundbedürfnisse von Kindern und Jugendlichen 40
2.1.3 Das Kindeswohl – ein unscharfer und normativ hoch aufgeladener Begriff 43
2.2 Zum Begriff der Kindeswohlgefährdung 44
2.2.1 Kindeswohlgefährdung als unbestimmter Rechtsbegriff 44
2.2.2 Der Begriff ‚Kindeswohlgefährdung' aus sozialwissenschaftlicher Perspektive 47
2.3 Resümee 50

Kapitel 3: Vorstellungen von Bedürfnissen und Schutz von Kindern und Jugendlichen im Wandel 53
3.1 Die Entwicklung von Kindheit und Jugend im 18./19. Jahrhundert 53
3.1.1 Die Entdeckung der Kindheit als gesellschaftlicher Schutz- und Entwicklungsraum 55
3.2 Die Herausbildung der Jugend als gesellschaftliches Moratorium 61

3.2.1 Jugend als Lebensphase 62
3.2.2 Jugend als pädagogische Kategorie 63
3.3 Kindheiten und Jugenden heute 65
3.3.1 Das Ideal der behüteten Kindheit und ihre Folgen 65
3.3.2 Jugend zwischen gesellschaftlicher Verheißung und erhöhter Belastung 68
3.4 Kinder und Jugendliche als Subjekte im Kinderschutz 72
3.5 Resümee 73

Kapitel 4: Familie damals und heute: Entwicklungen und Folgen für die Versorgung und Erziehung von Kindern im Wandel der Zeit 76
4.1 Vorstellungen von ‚Familie' 76
4.1.1 Verbreitete Familienmythen 78
4.1.2 Die bürgerliche Kleinfamilie als Idealbild 79
4.2 Familie im sozialen Wandel 80
4.2.1 Veränderung der Geschlechterrollen und der Paarbeziehungen 81
4.2.2 Wandel der familialen Strukturen 83
4.2.3 Wandel des Erziehungsstils: Vom Gehorsam zur Selbständigkeit 85
4.3 Familie als soziales System 87
4.4 Belastungen und Herausforderungen von Familien heute 92
4.5 Resümee 95

Kapitel 5: Gewalt in der Familie 98
5.1 Was ist Gewalt? 98
5.2 Zum Verständnis von Gewalt in der Familie 101
5.3 Ist Gewalt gegen Kinder immer eine Kindeswohlgefährdung? 105
5.4 Gewalt gegen Kinder und Jugendliche oder (Kindes-)Misshandlung? 107
5.5 Resümee 108

Kapitel 6: Formen und Folgen von Kindeswohlgefährdungen 112
6.1 Formen von Kindeswohlgefährdungen 112
6.1.1 Körperliche Misshandlung 114
6.1.2 Seelische Misshandlung 115
6.1.3 Vernachlässigung 122
6.1.4 Sexuelle Gewalt 125

6.2 Kinder und Jugendliche mit Behinderungen 132
6.3 Kinder psychisch kranker Eltern 133
6.4 Organisierte und rituelle Gewalt gegen Kinder und Jugendliche 137
6.5 Gefahren für das Wohl von Kindern und Jugendlichen durch die Nutzung Sozialer Medien 138
6.6 Annäherungen an das quantitative Ausmaß von Kindeswohlgefährdungen 141
6.7 Resümee 146

Kapitel 7: Ursachen von Kindeswohlgefährdungen 149
7.1 Gibt es Eltern, die ihre Kinder nicht wollen oder gar absichtlich schädigen? 149
7.2 Vielfältige Ursachen in Wechselwirkung miteinander: Das systemische Erklärungsmodell von Kindeswohlgefährdungen 151
7.3 Schutz- und Risikofaktoren 153
7.3.1 Der soziostrukturelle und familiäre Kontext 154
7.3.2 Der individuelle Kontext der Eltern 155
7.3.3 Der individuelle Kontext der Kinder 158
7.3.4 Der Krisenkontext 159
7.3.5 Zur Kumulation von Risikofaktoren 160
7.4 Sexuelle Gewalt und ihre Ursachen: Das Vier-Faktoren-Modell nach Finkelhor 162
7.5 Hochstrittige und eskalierende Elternkonflikte rund um das Kind und ihre Ursachen 166
7.6 Resümee 167

Teil II
Vertiefungen

Kapitel 8: Rechtsgrundlagen im Kinderschutz 172
8.1 Zur Rolle von Rechtsgrundlagen im Kinderschutz 172
8.2 Kinderrechte 173
8.3 Das Dreieck Eltern – Kind – Staat 176
8.3.1 Das Recht des Kindes auf gewaltfreie Erziehung 179
8.3.2 Einschränkung des Elternrechts bei Kindeswohlgefährdung 181
8.3.3 Hilfen und Unterstützungsangebote für Eltern 185

8.4 Der Schutzauftrag von Fachkräften der Kinder- und Jugendhilfe nach § 8a SGB VIII 190
8.5 Der Schutzauftrag anderer Professioneller nach § 4 KKG 195
8.6 Datenschutz, Kinderschutz und Meldepflicht 199
8.7 Die Rolle des Strafrechts und Pflichten der Strafverfolgungsbehörden und Gerichte im Kinderschutz 201
8.8 Resümee 202

Kapitel 9: Organisationen der Kinder- und Jugendhilfe im Kinderschutz 206
9.1 Träger von Organisationen der Kinder- und Jugendhilfe im Kinderschutz 206
9.2 Das Jugendamt als Kernorganisation des Kinderschutzes 209
9.3 Aufgabe und Funktion der Jugendämter und der freien Träger bei der Wahrnehmung des Schutzauftrags gemäß § 8a SGB VIII im Vergleich 211
9.4 Resümee 216

Kapitel 10: Akteure des Kinderschutzes außerhalb der Kinder- und Jugendhilfe 219
10.1 Akteure außerhalb der Kinder- und Jugendhilfe und ihre Perspektiven auf Kinderschutz 220
10.2 Besserer Kinderschutz durch mehr Kooperation? 222
10.3 Aufgabe und Funktion des Familiengerichts im Kinderschutz 225
10.4 Jugendamt und Familiengericht als Verantwortungsgemeinschaft 227
10.5 Aufgabe und Funktion von Einrichtungen der Gesundheitshilfe im Kinderschutz 230
10.6 Aufgabe und Funktion von Schulen im Kinderschutz 232
10.7 Aufgabe und Funktion von Strafverfolgungsbehörden im Kinderschutz 235
10.8 Welche Organisationen und Akteure sind darüber hinaus im Kinderschutz involviert? 239
10.9 Resümee 241

Kapitel 11: Gefühle und Ambivalenzen im Kinderschutz 245
11.1 Was Kindeswohlgefährdungen in uns auslösen 246
11.2 Gefühle von Kindern und Jugendlichen im Kinderschutz 247

11.3 Gefühle von Eltern im Kinderschutz 251
11.4 Gefühle von Fachkräften im Kinderschutz 253
11.5 Ambivalenzen und Spannungsfelder im Kinderschutz 259
11.6 Resümee 263

Kapitel 12: Gefährdungseinschätzung im Kinderschutz 267
12.1 Gefährdungseinschätzung: Ein komplexer Bewertungs- und Entscheidungsprozess 268
12.2 Gewichtige Anhaltspunkte als auslösende Momente für die Durchführung von Gefährdungseinschätzungen 270
12.3 Gefährdungseinschätzungsaufgaben bei gewichtigen Anhaltspunkten für eine Kindeswohlgefährdung 274
12.4 Methodische Hinweise zum Prozess der Gefährdungseinschätzung 277
12.4.1 Kollegiale Beratung und Reflexion 278
12.4.2 Einbeziehung von Eltern, Kindern und Jugendlichen 282
12.4.3 Inaugenscheinnahme des Kindes im Rahmen von Hausbesuchen 286
12.4.4 Beteiligung von Meldenden nach § 4 Abs. 3 KKG 289
12.5 Vor- und Nachteile von Instrumenten zur Gefährdungseinschätzung 289
12.6 Von der Gefährdungseinschätzung zum Fallverstehen im Kinderschutz 298
12.7 Resümee 304

Kapitel 13: Maßnahmen und Hilfen zum Schutz vor Kindeswohlgefährdungen 308
13.1 Von der Gefährdungseinschätzung zur Hilfeplanung im Kinderschutz 308
13.2 Maßnahmen und Hilfen zum Schutz vor Kindeswohlgefährdungen 311
13.2.1 Vorläufige Schutzmaßnahmen für gefährdete Kinder und Jugendliche: Krisenintervention oder Gefahrenabwehr? 315
13.2.2 Ambulante und teilstationäre Hilfen zur Erziehung im Kinderschutz: Professionelles Handeln zwischen Hilfe und Kontrolle 319
13.2.3 Stationäre Hilfen zur Erziehung im Kinderschutz: Ultima Ratio oder erforderliches Mittel? 321
13.3 Resümee 323

Teil III
Erweiterungen

Kapitel 14: Frühe Hilfen als Kinderschutz? 328
14.1 Kinderschutz als umfassende, vielfältige Hilfe für Kinder und Eltern 329
14.2 Anlässe für den Auf- und Ausbau Früher Hilfen 331
14.3 Frühe Hilfen als Begriff und Gegenstand 333
14.3.1 Zum Verhältnis zwischen Prävention und Intervention in den Frühen Hilfen 335
14.3.2 Soziale Frühwarnsysteme als Frühe Hilfen 337
14.4 Das Nationale Zentrum Frühe Hilfen 339
14.5 Ansätze Früher Hilfen im Überblick 342
14.6 Früherkennungsuntersuchungen als Frühe Hilfen zur Sicherstellung des gesunden Aufwachsens von Kindern? 347
14.7 Zum Schutzauftrag bei Kindeswohlgefährdung im Kontext der Leistungserbringung Früher Hilfen 348
14.8 Resümee 351

Kapitel 15: Gewalt gegen Kinder und Jugendliche in Organisationen 355
15.1 Organisationen sind nicht nur Schutzorte für Kinder und Jugendliche 355
15.2 Grenzverletzungen, Gewalt und Kindeswohlgefährdung in Organisationen 357
15.3 Organisationale Entstehungsbedingungen von Gewalt 361
15.3.1 Gewalt begünstigende organisationale Strukturen 362
15.3.2 Gewalt begünstigende konzeptionelle Mängel 365
15.3.3 Pflegefamilien als Schutz- und Gefährdungsorte 367
15.4 Möglichkeiten des Schutzes vor Gewalt und der Sicherung der Rechte von Kindern und Jugendlichen 369
15.4.1 Offene und transparente Kommunikationsstrukturen 369
15.4.2 Beschwerdeverfahren in Organisationen 370
15.4.3 Unabhängige Ombudsstellen 371
15.4.4 Schutzkonzepte in Organisationen 372
15.4.5 Schutzkonzepte in Pflegefamilien 374
15.5 Und wenn es doch passiert? 374
15.6 Resümee 376

Kapitel 16: Qualitätsentwicklung im Kinderschutz 380
16.1 Diskussionen über Qualität und Fehler im Kinderschutz 380
16.2 Die Begriffe Qualität und Fehler im Kinderschutz als soziale Konstruktionen 383
16.3 Ursachen und Hintergründe von Qualitätsmängeln und Fehlern im Kinderschutz 387
16.4 Ansätze der Qualitätsentwicklung im Kinderschutz 391
16.5 Resümee 397

Schluss 401

Literaturverzeichnis 403

Vorwort zur zweiten Auflage

Im Jahr 2018 erschien die erste Auflage unseres Lehrbuchs Kinderschutz in der Reihe Studienmodule Soziale Arbeit. Es war unser Anliegen, ein Buch zur Verfügung zu stellen, das von den Lesenden für die Ausbildung und die Qualifikation im Kinderschutz als hilfreich und nützlich empfunden wird. Wir freuen uns, dass es großen Zuspruch erfahren hat, sowie über die positiven Rückmeldungen und Bestärkungen, die uns erreicht haben.

Ebenso aufmerksam haben wir die kritischen Rückmeldungen und Anregungen gelesen. Sie bezogen sich meist auf den inhaltlichen Zuschnitt des Buches, etwa auf die Fokussierung innerfamiliärer Kindeswohlgefährdung, während Gewalt und Gefährdung in Organisationen als zu kurz empfunden wurden, sowie auf die Fokussierung der Klärung von Gefährdungslagen gegenüber einer zu kurzen Befassung mit Kriseninterventionen und Hilfen, wie etwa der Inobhutnahme.

Seit Erscheinen der ersten Auflage gab es zudem fachliche und rechtliche Weiterentwicklungen, die eine Überarbeitung des Buches notwendig machten und es damit ermöglichten, diese Rückmeldungen zeitnah aufzunehmen. Eine entscheidende Neuerung war das Inkrafttreten des Kinder- und Jugendstärkungsgesetzes (KJSG) zum 10. Juni 2021. Neben einer Vielzahl von Änderungen, auch im Bereich des Kinderschutzes, wurden darin die Weichen für eine Gesamtzuständigkeit der Kinder- und Jugendhilfe für alle Kinder und Jugendlichen mit und ohne Behinderungen gestellt. Damit wurde, auch im Kinderschutz, dafür gesorgt, dass Kinder und Jugendliche mit Behinderungen endlich mehr Aufmerksamkeit in der Kinder- und Jugendhilfe erhalten. Darüber hinaus haben individuelle und organisationale Schutzkonzepte im Bereich der erzieherischen Hilfen in den letzten Jahren an Bedeutung gewonnen.

All diese Entwicklungen haben wir für die zweite Auflage des vorliegenden Buches diskutiert und eingearbeitet, teils in neuen Kapiteln, teils durch Änderung und Erweiterung bestehender Kapitel. Wir freuen uns, damit wieder ein fachlich und rechtlich aktuelles Lehrbuch anbieten zu können.

Die vergangenen 18 Monate waren durch die Corona-Pandemie geprägt, auch im Kinderschutz. Persönliche Kontakte wurden reduziert, es gab viele Verunsicherungen und neue Fragen, etwa in der Abwägung zwischen Infektionsrisiko für die Akteure und Gefährdungsrisiko des Kindes. Nach intensiver Diskussion haben wir uns entschieden, dieses Thema nicht in das Lehrbuch aufzunehmen. Unser Ziel war es, die Grundlagen des Kinderschutzes zu behandeln, und diese waren auch in der Pandemiezeit grundlegend und relevant. Interessierten empfehlen wir jedoch die Veröffentlichungen des Forschungsprojekts Kinderschutz in Zeiten von Corona (KiZCo) (Gerber/Jentsch 2021; Informationen zum Projekt unter www.dji.de/kizco).

Auch bei der zweiten Auflage unseres Lehrbuchs hatten wir wertvolle Unterstützung. Wir bedanken uns herzlich bei Susan Bochert, Friederike Lorenz, Henriette Katzenstein, Maksim Hübenthal und Julian Zwingmann für ihre wertvollen inhaltlichen Impulse und Rückmeldungen, Sophia Hoppe für umfassende Recherchen sowie Ute Massih und Fabienne Abt für die organisatorische Hilfe und Korrekturlesung.

Ein besonderer Dank geht an unsere Familien für ihren Rückhalt und ihre Geduld.

Basel und Berlin im September 2021
Kay Biesel & Ulrike Urban-Stahl

Einführung

Kinderschutz ist zu einem international vielbeachteten Thema in der Sozialen Arbeit geworden. Ein wichtiger Anstoß hierfür war die Entdeckung des *Battered-Child-Syndroms* in den 1960er Jahren, des *Syndroms des schwer körperlich misshandelten Kindes* (siehe hierzu: Fürniss 2005; Kempe et al. 1962). Kindesmisshandlungen wurden nun als solche wahrgenommen und Eltern gerieten als potentielle ‚Täter' stärker in den Blick der medizinischen und sozialpädagogischen Fachkräfte. Dabei stand zunächst der Grundgedanke des Strafens im Vordergrund. Die Vermittlung von umfangreichen psychosozialen Hilfen spielte noch keine Rolle. Erst in den 1980er Jahren kam es im Kinderschutz zu einer wegweisenden Wende. Gewalt gegen Kinder wurde nicht mehr als grausamer Akt von Eltern angesehen, den es zu bestrafen galt, sondern als ein familiales Problem. Damit traten psychosoziale und sozialpolitische Strategien der Bearbeitung von Gewalt gegen Kinder in den Vordergrund. Eltern sollten dabei unterstützt werden, sich im Interesse des Wohls ihrer Kinder zu verändern. Es galt, die gesellschaftlichen Rahmenbedingungen für das Aufwachsen von Kindern in Familien zu verbessern, problemangemessene Hilfen zu entwickeln und neue Arbeitsformen auszuprobieren. Davon zeugen die Schriften des ‚modernen Kinderschutzes', die in den 1980er Jahren in der Fachdebatte schnell Verbreitung fanden und für eine Wende im Kinderschutz sorgten – vor allem in der Kinder- und Jugendhilfe (Arbeitsgruppe Kinderschutz 1980; Bernecker/Merten/Wolff 1982; Brinkmann/Honig 1984). Der *Ansatz des Helfens statt des Strafens* führte zu einer neuen Praxis des Kinderschutzes. Er fand mit der Gründung der Kinderschutz-Zentren in Deutschland eine Heimat und war impulsgebend für das in den Jahren 1990/1991 in Kraft getretene Kinder- und Jugendhilfegesetz (SGB VIII). Der moderne Kinderschutz hatte damit endgültig seinen Platz in der Kinder- und Jugendhilfe gefunden. Mit der Fachbroschüre „Kindesmißhandlung Verstehen und Helfen" im Jahr 1979 (Kinderschutz-Zentrum Berlin 2000 [1979]) haben die Gründungsmütter und -väter sowie die Mitarbeitenden des Kinderschutz-Zentrums Berlin einen wichtigen Beitrag zur Verbreitung und Anerkennung moderner Kinderschutzgedanken weit über die Fachwelt hinaus geleistet. Die Broschüre ist konzeptuell weiterentwickelt und rechtlich aktualisiert auch heute noch unter dem Titel „Kindeswohlgefährdung Erkennen und Helfen" (Kinderschutz-Zentrum Berlin 2009) erhältlich. Nach wie vor findet sie große Akzeptanz im Feld. Sie dient als eines der wichtigsten ‚Lehrbücher' des Kinderschutzes in Deutschland.

Mittlerweile gibt es eine Fülle von Literatur zum Thema Kinderschutz. Das interdisziplinär angelegte Standardwerk „Das mißhandelte Kind“ (Helfer/Kempe/Krugman 2002), in der deutschen Erstausgabe im Jahr 1978 unter dem Titel „Das geschlagene Kind“ erschienen, ist bis heute ein Klassiker. Es kann immer noch mit Gewinn herangezogen werden, um sich Wissen über Kindesmisshandlung und -vernachlässigung anzueignen. Das Handbuch „Kindesmisshandlung und Vernachlässigung“ von Deegener und Körner (2005) und das Handbuch „Kindeswohlgefährdung nach § 1666 BGB und Allgemeiner Sozialer Dienst (ASD)“ (Kindler et al. 2006) sind umfassende Nachschlagewerke. Und mit dem Lehr- und Praxisbuch „Kinderschutz in Einrichtungen und Diensten der Jugendhilfe“ haben Schone und Tenhaken (2015) einen Basistext vorgelegt, der für alle sozialpädagogischen Handlungsfelder bedeutsam ist und einen fundierten Einstieg in die wichtigsten Fragen rund um das Thema Kindeswohlgefährdung ermöglicht.

Auch zu Einzelaspekten liegt eine Vielzahl von Veröffentlichungen vor, etwa zu den Entstehungsbedingungen, der Prävention und Intervention einzelner Formen der Gewalt gegen Kinder, wie z. B. der sexuellen Gewalt gegen Kinder und Jugendliche in Institutionen (Fegert/Wolff 2015) oder der Kindesvernachlässigung (Galm/Hees/Kindler 2010). Es sind inzwischen sogar Veröffentlichungen zur Erfassung von Kindeswohlgefährdung (Körner/Deegener 2011) und Analysen über problematisch verlaufene Kinderschutzfälle verfügbar (Biesel/Wolff 2014; Fegert/Ziegenhain/Fangerau 2010). Auch gibt es mittlerweile differenzierte Forschungsstudien zur Situation des Kinderschutzes in Deutschland, über den Umgang mit Fehlern und problematischen Fallverläufen in der Praxis (Biesel 2011a; Biesel/Wolff 2014; Bode/Turba 2014; Brandhorst 2015; Wolff et al. 2013b); darüber, wie Kinderschutzarbeit mit psychisch erkrankten Eltern gelingen kann (Loch 2016), wie Mitarbeitende von Jugendämtern Entscheidungen zum Kindeswohl treffen (z. B. Ackermann 2017), wie der Hausbesuch im Kinderschutz genutzt wird (Urban-Stahl/Albrecht/Gross-Lattwein 2018), wie Eltern Verfahren zur Abwendung einer Kindeswohlgefährdung erleben und bewältigen (Berghaus 2020) und welche professionellen Selbstverständnisse im Kinderschutz handlungsleitend waren und sind (Heinitz 2020). Ebenso gibt es im internationalen Raum eine Fülle lesenswerter Fachbücher zum Thema Kinderschutz (wie z. B. Briggs 2013; Munro 2020; Nicolas 2015).

Mit diesem Lehrbuch stellen wir einen Basistext zum Kinderschutz zur Verfügung, der sich speziell an Studierende und Lehrende Sozialer Arbeit richtet. Das Lehrbuch führt in diesen verantwortungsvollen Bereich der Sorge für Kinder, Jugendliche und ihre Familien ein. Sie erhalten Einblick in wissenschaftliche und professionelle Grundlagen, Anregungen zur Auseinandersetzung und Reflexion in Seminargruppen ebenso wie Hinweise zum Selbststudium. Unser Ziel ist es, den Kinderschutz in seiner Komplexität, Ambivalenz und Herausforderung für Studierende systematisch, verständlich und interessant zugänglich zu machen.

Zum Aufbau des Lehrbuchs

Das Buch beinhaltet drei Teile:

- Teil I – Grundlagen: Begriffliche Klärungen; Vorstellungen von Bedürfnissen und Schutz von Kindern, Jugendlichen und der Familie; Formen, Folgen und Ursachen von Gewalt und Kindeswohlgefährdungen in Familien (→ Kapitel 1–7)
- Teil II – Vertiefungen: Rechtsgrundlagen; Rollen, Aufgaben und Funktionen von Fachkräften und Organisationen im Umgang mit Kindeswohlgefährdungen innerhalb und außerhalb der Kinder- und Jugendhilfe; Gefühle und Ambivalenzen im Kinderschutz; Gefährdungseinschätzung sowie Maßnahmen und Hilfen zum Schutz vor Kindeswohlgefährdungen (→ Kapitel 8–13)
- Teil III – Erweiterungen: Die Rolle Früher Hilfen im Kinderschutz; Gewalt gegen Kinder und Jugendliche in Organisationen; Qualitätsentwicklung im Kinderschutz (→ Kapitel 14–16)

Im ersten Teil gehen wir der Frage nach, was mit dem Begriff ‚Kinderschutz' gemeint ist. Wir stellen unterschiedliche Begriffsbestimmungen dar und konkretisieren das dem Lehrbuch zugrundeliegende Verständnis (→ Kapitel 1). Danach setzen wir uns mit den Begriffen ‚Kindeswohl' und ‚Kindeswohlgefährdung' auseinander (→ Kapitel 2). Vor diesem Hintergrund klären wir, welchen Einfluss die sich stetig wandelnden Vorstellungen über die Bedürfnisse und insbesondere über die Schutzbedürftigkeit von Kindern und Jugendlichen (→ Kapitel 3) sowie das sich im Wandel befindliche Konzept von Familie (→ Kapitel 4) auf Aktivitäten im Kinderschutz haben. Aufbauend darauf erörtern wir den aktuellen Stand der Wissenschaft und Fachdebatte über Gewalt in der Familie (→ Kapitel 5), über Formen und Folgen von Kindeswohlgefährdungen (→ Kapitel 6) sowie über Ursachen von Kindeswohlgefährdungen in Familien (→ Kapitel 7).

Im zweiten Teil widmen wir uns der Frage nach dem Umgang mit Gefährdungen des Wohls von Kindern und Jugendlichen und professionellem Handeln in diesem Bereich. Wir setzen uns zunächst mit den wichtigsten Rechtsgrundlagen des Kinderschutzes auseinander (→ Kapitel 8). Daran anschließend gehen wir auf Zuständigkeiten, Aufgaben und Logiken von

Organisationen des Kinderschutzes innerhalb und außerhalb der Kinder- und Jugendhilfe (→ Kapitel 9 und 10) ein. Weiter beschäftigen wir uns mit Gefühlen und Ambivalenzen des Kinderschutzes – ein Thema, das für all diejenigen, die sich fachlich und beruflich mit Kinderschutz befassen, aber auch für Kinder und Jugendliche sowie Eltern von besonderer Relevanz ist (→ Kapitel 11). Schließlich gehen wir der Frage nach, wie mögliche Kindeswohlgefährdungen im Einzelfall eingeschätzt, verstanden und methodisch bearbeitet werden können (→ Kapitel 12) und welche Maßnahmen und Hilfen man zum Schutz von Kindern ergreifen kann (→ Kapitel 13).

Im dritten Teil gehen wir auf drei weiterführende Themen ein, die in der Fachdebatte einen hohen Stellenwert haben: Die sog. Frühen Hilfen (→ Kapitel 14), Gewalt gegen Kinder und Jugendliche in Organisationen (→ Kapitel 15) und Qualitätsentwicklung im Kinderschutz (→ Kapitel 16).

In die didaktische Konzeption dieses Lehrbuchs sind Erfahrungen eingegangen, die wir in vielen Jahren Lehre im Bereich Kinderschutz, in Gesprächen und Diskussionen mit Studierenden und in unterschiedlichen Lehrformaten gesammelt haben. Ebenso haben wir Rückmeldungen zur ersten Auflage dieses Buches einbezogen. In den Kapiteln geben wir Anregungen für Seminarübungen, am Ende jeden Kapitels Vorschläge für Übungen, die auch im Selbststudium durchzuführen sind, sowie kommentierte Literaturempfehlungen zur Vertiefung des Themas. In einzelnen Kapiteln werfen wir auch einen Blick über Deutschland hinaus und stellen für ausgewählte Themen die Situation in Österreich und der Schweiz dar. Dies tun wir, um die Perspektive auf den Kinderschutz zu weiten und Vergleiche zwischen den Ländern im (Selbst-)Studium anzuregen. In → Kapitel 8 zitieren wir rechtliche Grundlagen aus Gesetzestexten. Zur Orientierung sind die unterschiedlichen Elemente in diesem Lehrbuch mit Symbolen gekennzeichnet.

Element	**Symbol**
Definition	
Seminarübung	

Infokasten

Rechtstext

Blick über Deutschland hinaus

Anregungen zum Selbststudium

Weiterführende Literatur

Wir hoffen, dass wir mit diesem Zuschnitt unseres überarbeiteten und nun in zweiter Auflage erscheinenden Lehrbuches Studierenden der Sozialen Arbeit und anderer Studiengänge ein Werk an die Hand geben, das sie dabei unterstützt, ihr Wissen und ihre Kompetenzen im Kinderschutz zu erweitern, zu vertiefen, und sie dazu ermutigt, im Kinderschutz tätig zu werden.

Teil I
Grundlagen

Kapitel 1
Kinderschutz – was ist das?

Überblick über das Kapitel

Das Kapitel dient dazu, sich über den Begriff des *Kinderschutzes* auszutauschen. Es regt dazu an, zwischen einem breiten und einem engen Verständnis von Kinderschutz zu unterscheiden. Zugleich dient es der Auseinandersetzung damit, ob und inwieweit der erzieherische Kinder- und Jugendschutz als eine Aufgabe des Kinderschutzes (im Sinne des Schutzauftrags bei Kindeswohlgefährdung) verstanden werden kann. Weiter kann es dazu herangezogen werden zu klären, was unter einem Kinderschutzsystem verstanden werden kann.

1.1 Kinderschutz als vielfältiger Begriff
1.2 Verwendung des Begriffs Kinderschutz im Lehrbuch
1.3 Konzeptionen und Orientierungen im Kinderschutz
1.4 Kinderschutz als ein staatlich reguliertes System
1.5 Resümee

1.1 Kinderschutz als vielfältiger Begriff

Der Begriff *Kinderschutz* scheint auf den ersten Blick eindeutig. Hierunter wird der Schutz von Kindern und Jugendlichen vor Gefährdungen ihres Wohls verstanden. Bei genauerer Betrachtung jedoch kann der Begriff auch Unterschiedliches implizieren: Mit der Bezeichnung Kinderschutz wird darauf hingewiesen, dass Kinder des Schutzes bedürfen. Vor was sie geschützt werden sollen, ist damit jedoch noch nicht geklärt, und auch nicht die Art des Schutzes, der Kindern zuteilwerden soll. Auch könnte man annehmen, dass zwar Kinder, nicht aber Jugendliche als schutzwürdig angesehen werden. Schließlich wird nicht von Kinder- und Jugendlichenschutz gesprochen. Daher stellen wir an den Anfang unseres Buches die Frage: Was ist Kinderschutz überhaupt?

Schauen wir zunächst in die rechtlichen Grundlagen des Kinderschutzes (→ Kapitel 8). In Gesetzen werden unterschiedliche Elemente von Kinderschutz genannt. Der Begriff wird jedoch in keinem Gesetz definiert:

- nicht im Grundgesetz (GG), in dem die rechtliche und politische Grundordnung der Bundesrepublik Deutschland umfassend geregelt ist, einschließlich der Rechte und Pflichten von Eltern und des Staates für die Pflege und Erziehung von Kindern zu sorgen;
- nicht im Bürgerlichen Gesetzbuch (BGB), in dem das Personensorgerecht und Voraussetzungen zur Einschränkung der elterlichen Sorge im Fall einer Kindeswohlgefährdung geregelt sind;
- nicht im Sozialgesetzbuch VIII (SGB VIII), in dem Aufgaben und Leistungen der Kinder- und Jugendhilfe verankert sind;
- nicht im Gesetz zur Kooperation und Information im Kinderschutz (KKG), in dem Frühe Hilfen sowie die Weitergabe von Informationen im Kinderschutz konkretisiert wurden.

Auch in der Fachdebatte und in der Öffentlichkeit wird der Begriff ‚Kinderschutz' unterschiedlich verwendet. In diesen Verwendungen sind *enge* und *breite* Auslegungsweisen identifizierbar. *Enge* Auslegungsweisen verstehen unter Kinderschutz den Eingriff im Fall einer bereits bestehenden Kindeswohlgefährdung. Hier geht es um eine Praxis der Ermittlung, Überprüfung und helfenden Intervention (vgl. Wolff/Flick/Ackermann/Biesel/Brandhorst/Heinitz/Patschke/Röhnsch 2013b, S. 127–162). Kinderschutz im engen Verständnis ist insofern ein „Spezialbegriff für die Aufgabe der Abwendung unmittelbarer Gefahren für Kinder und Jugendliche" (Schone/Struck 2018, S. 767). *Breite* Auslegungsweisen hingegen schließen auch präventive Elemente ein, etwa die Unterstützung von (werdenden) Eltern bei der Wahrnehmung ihrer Erziehungsaufgaben mit dem Ziel der Verhinderung zukünftiger Kindeswohlgefährdungen (vgl. Kindler 2013b, S. 15 f.; Schutter 202020, S. 463). Kinderschutz im breiten Verständnis ist damit ein „Oberbegriff für alle Aktivitäten der Gesellschaft, die darauf ausgerichtet sind, Kindern und Jugendlichen ein geschütztes Aufwachsen zu ermöglichen" (Schone/Struck 2018, S. 767).

Je nachdem, welcher Begriffsauffassung man folgt, treten unterschiedliche Ziele und Aufgaben des Kinderschutzes in den Vordergrund. Kinderschutz ist insofern ein unscharfer und mit vielen Implikationen verbundener

Begriff. In der Fachdebatte wird er oftmals wie folgt verwendet (vgl. Schutter 2020, S. 463):

- Um darauf aufmerksam zu machen, dass der Schutz von Kindern und Jugendlichen eine gesamtgesellschaftliche und sozial- oder familienpolitische Aufgabe ist; dies stellt *eine breite und eher diffuse Verwendung des Begriffs dar;*
- um Leistungen zu beschreiben, die der primärpräventiven Förderung, Beratung und Unterstützung von Kindern und ihren Familien dienen (‚Frühe Hilfen'); dies ist *eine im Fachdiskurs umstrittene Verwendung des Begriffs;*
- um Leistungen und Maßnahmen zu beschreiben, die der Abwendung oder Verhütung von unmittelbar bestehenden Gefährdungen des Wohls von Kindern und Jugendlichen dienen; dies stellt *eine enge Verwendung des Begriffs dar.*

Austausch über den Begriff *Kinderschutz*
Tauschen Sie sich miteinander über den Begriff *Kinderschutz* aus und beantworten Sie folgende Fragestellungen:

- Was verstehen Sie unter dem Begriff Kinderschutz?
- Was kann noch alles unter dem Begriff verstanden werden?
- Welche Begriffsverwendungen können unterschieden werden?

Diskutieren Sie anschließend, welche Vor- und Nachteile mit den unterschiedlichen Auffassungen von Kinderschutz verbunden sein können.

1.2 Verwendung des Begriffs Kinderschutz im Lehrbuch

Wie ist nun vor dem Hintergrund unterschiedlicher Begriffsverständnisse dieses Lehrbuch konzipiert? Wir haben entschieden, uns auf Kinderschutz im Sinne eines *engen Begriffsverständnisses* zu fokussieren und den Schutz von Kindern und Jugendlichen vor unmittelbaren Gefährdungen ihres Wohls in den Mittelpunkt des Lehrbuchs zu stellen. Diesen Aspekt von Kinderschutz definieren wir folgendermaßen:

Kinderschutz
Kinderschutz ist eine öffentliche Aufgabe, die von verschiedenen Berufsgruppen, Institutionen und Organisationen mit unterschiedlichen Funktionen und

Aufgaben innerhalb eines staatlich regulierten Systems wahrgenommen wird, um auf Gefährdungen des Wohls von Kindern und Jugendlichen in Familien oder Institutionen antworten zu können, insbesondere auf körperliche, psychische/emotionale und sexuelle Gewalt gegen Kinder, auf Vernachlässigung und auf Spezialformen der psychischen/emotionalen Gewalt gegen Kinder.

Mit dieser Verwendung des Begriffs *Kinderschutz* im Lehrbuch stellen wir nicht in Abrede, dass der Schutz von Kindern und Jugendlichen eine gesamtgesellschaftliche und sozial- oder familienpolitische Aufgabe ist und präventiver Anstrengungen bedarf. Wir sind jedoch der Auffassung, dass wir mit unserer engen Begriffsauslegung den Erfordernissen des Kinderschutzes in einem Lehrbuch für Studierende Sozialer Arbeit gerechter werden. Sie ermöglicht uns eine vertiefte Auseinandersetzung mit Grundlagen, Kompetenzen und Haltungen, derer es bedarf, um Kinder und Jugendliche vor Gefährdungen ihres Wohls wirksam schützen zu können. Mit unserer Verwendung des Begriffs *Kinderschutz* grenzen wir uns zudem vom erzieherischen Kinder- und Jugendschutz nach § 14 SGB VIII ab. Trotz der begrifflichen Ähnlichkeit zählt er nicht zu diesem engen Verständnis von Kinderschutz. Der erzieherische Kinder- und Jugendschutz zielt mit seinen präventiven pädagogischen Angeboten für Kinder, Jugendliche und junge Erwachsene, aber auch Eltern und Multiplikator(inn)en darauf ab, junge Menschen vor gefährdenden Einflüssen (oder möglichen Schädigungen) zu schützen. Die Inhalte reichen von den Themen Gewalt, Medien und Drogen über Jugendarbeitsschutz und Sekten bis zu Gesundheitserziehung und Sexualpädagogik, um nur einige zu nennen. Der erzieherische Kinder- und Jugendschutz unterscheidet sich also deutlich von dem, was im Rahmen des Lehrbuches abgehandelt wird: Während Kinderschutz im engen Sinn sich auf die Bearbeitung von Gefährdungshinweisen in konkreten Einzelfällen richtet, geht es beim erzieherischen Kinder- und Jugendschutz um die Wahrnehmung einer breiten Verantwortung zur Verhinderung von und Reaktion auf potenzielle Gefährdungen. Es gibt jedoch auch Überschneidungsbereiche. Erzieherischer Kinder- und Jugendschutz schließt beispielsweise Medienerziehung ein und hat die Aufgabe, über die Gefahren des Internets wie Formen des Cyber-Mobbings und des Cyber-Groomings aufzuklären. Diese sind ebenso aus der Perspektive eines eng gefassten Kinderschutzverständnisses von hoher Relevanz. Sie können bei der Wahrnehmung des Schutzauftrags bei Kindeswohlgefährdung nach § 8a SGB VIII, also in der Beratung von konkreten Einzelfällen, eine Rolle spielen.

1.3 Konzeptionen und Orientierungen im Kinderschutz

Vor dem Hintergrund unterschiedlicher Verwendungsweisen des Begriffs *Kinderschutz* ist es nicht erstaunlich, dass in der Wissenschaft wie in der Praxis verschiedene Auffassungen und Vorstellungen darüber existieren, welche Konzeptionen bzw. Orientierungen ihm zugrunde liegen. In einem ersten Schritt wollen wir darum erörtern, welche Kinderschutzkonzeptionen vor allem in Deutschland eine Rolle spielen. In einem zweiten Schritt wollen wir darauf eingehen, welche Kinderschutzorientierungen im internationalen Raum aktuell diskutiert werden. Wir verwenden die Begriffe ‚Konzeptionen' und ‚Orientierungen' synonym und verstehen darunter Auffassungen und Vorstellungen über Kinderschutz, welche die Ausgestaltung der Praxis maßgeblich beeinflussen. Man unterscheidet in Deutschland im Wesentlichen drei konzeptionelle Ausrichtungen:

1. *Gemeinwesenorientierter Kinderschutz:* Im Zentrum dieser Konzeption steht die Schaffung und/oder der Erhalt förderlicher Lebensbedingungen für alle Kinder und Eltern im Gemeinwesen (u.a. mittels der Bereitstellung von niederschwelligen Unterstützungsangeboten und Frühen Hilfen für alle Kinder und Familien);
2. *Familienorientierter Kinderschutz:* Im Zentrum dieser Konzeption steht die Unterstützung der Eltern bei der Versorgung, Bildung und Erziehung ihrer Kinder (u.a. mittels einzelfallbezogener Unterstützungsangebote für Kinder und Familien mit speziellen Problemen und Entwicklungsbedürfnissen);
3. *Gefährdungsorientierter Kinderschutz:* Im Zentrum dieser Konzeption steht der Schutz von Kindern und Jugendlichen vor unmittelbaren Gefährdungen ihres Wohls (u.a. mittels einzelfallbezogener Maßnahmen und Hilfen im Notfall für gefährdete Minderjährige und Familien in akuten Krisen).

Kinderschutz, der qualitativ hochwertig und wirksam sein will, ist nach Wolff u.a. (2013a, S. 25 ff.) auf allen drei Polen angesiedelt und verfolgt eine tripolare Kinderschutzstrategie (→ Abbildung 1). Er ist einer umfassenden Kinder- und Jugendhilfepraxis verpflichtet, welche „als Ganzes präventiver Kinderschutz" (Schrapper 2012b, S. 69) ist. Kinder- und Jugendhilfe ist ein sozialer Dienstleistungsbereich der Sozialen Arbeit (Bock 2012, S. 439; Struck/Schröer 2018). Sie schützt gemäß Schrapper (2008, S. 65 ff.) als Ganzes gut und wirksam, wenn sie einerseits über flächendeckende Angebote der Bildung und Erziehung (Kindertageseinrichtungen, Jugendarbeit, Eltern-

und Familienbildung) und der spezifischen Beratung, Entlastung und Unterstützung (Erziehungsberatung, Jugendsozialarbeit, Jugendschutz) verfügt, andererseits auf ein breites Spektrum sowohl Früher als auch erzieherischer Hilfen im Einzelfall zurückgreifen kann (Einsatz von Familienhebammen, Elternkurse, Einzelfallbetreuung, sozialpädagogische Familienhilfe, soziale Gruppenarbeit, Heimerziehung etc.). In besonderen familialen Belastungs- und Krisensituationen sollte sie überdies dazu in der Lage sein, zuverlässig, schnell und kompetent Gefährdungen des Wohls von Kindern und Jugendlichen abzuwenden (z. B. Inobhutnahme, Anrufung des Familiengerichts, Zusammenarbeit mit dem Gesundheitswesen und der Polizei/Justiz). Für die Wahrnehmung von Aufgaben des Kinderschutzes sind in der Kinder- und Jugendhilfe verschiedene Organisationen und Einrichtungen zuständig. Diese werden sowohl in öffentlicher als auch in freier Trägerschaft betrieben (→ Kapitel 9).

Abbildung 1: Tripolare Kinderschutzstrategie

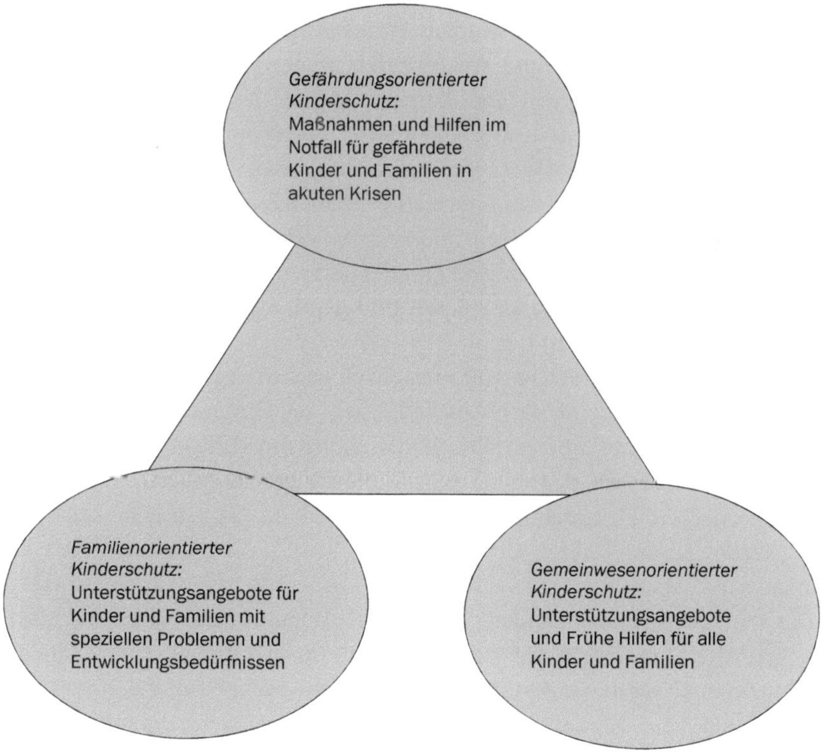

Im internationalen Raum wird nicht von Kinderschutzkonzeptionen gesprochen, sondern von Kinderschutz*orientierungen*. Diese haben starke Ähnlichkeiten mit den oben genannten Konzeptionen, sind aber bei genauer Betrachtung nicht vollständig mit diesen gleichzusetzen (vgl. Gilbert/Parton/Skivenes 2011a, S. 255). Man unterscheidet kindfokussierte (im englischen Original: ‚Child-Focus'), familienunterstützende (‚Family Service') und gefährdungsorientierte (‚Child Protection') Kinderschutzorientierungen:

- Im *kindfokussierten* Kinderschutz geht es darum, den individuellen Rechten und Bedürfnissen von Kindern und Jugendlichen Rechnung zu tragen. Kinder und Jugendliche sollen als Zukunftsträger der Gesellschaft möglichst früh gefördert und sofern notwendig umfassend vor Gefährdungen ihres Wohls geschützt werden. Im Zentrum dieses Ansatzes steht die frühe Förderung und Stärkung des Wohlbefindens von Kindern und Jugendlichen.
- Im *familienunterstützenden* Kinderschutz geht es darum, die Familie als Ganzes zu unterstützen. Eltern sollen bei der Erziehung und Bildung ihrer Kinder unterstützt werden. Durch Angebote und Leistungen der Kinder- und Jugendhilfe sowie durch weiterführende therapeutische Hilfen sollen Eltern von Handlungen und Unterlassungen, die das Wohl ihrer Kinder gefährden, abgehalten und zu Änderungen im Interesse des Kindeswohls angeregt werden. Im Zentrum dieses Ansatzes steht die Förderung und Stärkung von Eltern als primäre Kinderschützer.
- Im *gefährdungsorientierten* Kinderschutz geht es darum, kindeswohlgefährdende Handlungen und Unterlassungen von Eltern oder anderen Bezugspersonen zu sanktionieren und gegebenenfalls als Straftaten zu verfolgen. Kinder und Jugendliche sollen vor Gefährdungen ihres Wohls geschützt werden. Folgen von Kindeswohlgefährdungen sollen verringert werden. Im Zentrum dieses Ansatzes steht die Durchsetzung der Rechte von Kindern auf eine gewaltfreie Erziehung mit Hilfe von gerichtlichen Maßnahmen (wie z. B. Eingriffen in die Rechte von Eltern) und, sofern erforderlich, strafrechtlichen Mitteln (wie z. B. Geldstrafen, Auflagen, Verboten oder Freiheitsstrafen).

Die drei angeführten Kinderschutzorientierungen beeinflussen in unterschiedlicher Art und Weise die Wahrnehmung von Aufgaben des Kinderschutzes in Ländern wie den USA, England, Schweden, Finnland, Norwegen, Belgien oder den Niederlanden und führen zu der Ausprägung unterschiedlicher Kinderschutzsysteme (vgl. Gilbert/Parton/Skivenes 2011b). In → Tabelle 1 zeigen wir auf, in welcher Weise sich in diesen Systemen aufgrund

Tabelle 1: International diskutierte Kinderschutzorientierungen im Vergleich (in Anlehnung an Gilbert/Parton/Skivenes 2011a, S. 255; ins Deutsche übersetzt von uns)

	Kindfokussierter Kinderschutz	Familienunterstützender Kinderschutz	Gefährdungsorientierter Kinderschutz
Interventionsanlass	Die Sicherstellung der individuellen Bedürfnisse des Kindes in der Gegenwart und in der Zukunft; die Angewiesenheit der Gesellschaft auf gesunde und in den Arbeitsmarkt dauerhaft integrierte Bürger(innen)	Die Kernfamilie braucht Unterstützung.	Eltern, die ihre Kinder vernachlässigen und misshandeln (Kindesmisshandlung)
Rolle des Staats	*Paternalistisch/de-familialisierend:* Der Staat übernimmt die Rolle der Eltern; er strebt aber danach, das Kind zu re-familialisieren und in Pflegefamilien oder bei Verwandten (oft Großeltern) unterzubringen oder zur Adoption freizugeben.	*Eltern- bzw. Familienunterstützend:* Der Staat strebt danach, die familialen Beziehungen zu stärken.	*Sanktionierend:* Der Staat übernimmt die Funktion eines ‚Wachhundes', um die Sicherheit von Kindern zu gewährleisten.
Problemverständnis	*Entwicklungspsychologisches Problemverständnis:* Die kindliche Entwicklung wird als wichtig erachtet. Es wird davon ausgegangen, dass die Startbedingungen von Kindern sozial ungleich verteilt sind und ihre Chancen, einen Platz in der Gesellschaft zu finden, unterschiedlich sind.	*Psycho-soziales Problemverständnis:* Kindeswohlgefährdungen sind systemisch bedingt und werden durch die Kontexte, in denen Kinder aufwachsen, in ihrem Entstehen und in ihren Wirkungen beeinflusst.	*Individuelles und moralistisches Problemverständnis:* Kindeswohlgefährdungen sind moralisch verwerflich und müssen mit Mitteln des Zivilrechts abgewendet und als Straftaten verfolgt werden.
Interventionsformen	Frühe Interventionen und Hilfen	Therapeutische und sozialpädagogische Hilfen	Eingriffe in die Rechte von Eltern/Strafuntersuchungen
Ziel der Intervention	Förderung des Wohlbefindens von Kindern durch soziale Investitionen und/oder gleichwertige Möglichkeiten	Prävention/Stärkung sozialer Bindungen	Schutz vor Misshandlung und Vernachlässigung/Reduktion von Folgen kindeswohlgefährdender Handlungen und/oder Unterlassungen
Beziehung zwischen Staat und Eltern	Substituierend bzw. ‚elternersetzend'/partnerschaftlich	Partnerschaftlich	Adversarial bzw. als Konfliktparteien im Rahmen von Gerichtsverhandlungen gegenüberstehend
Gleichgewicht der Rechte	Rechte von Kindern/elterliche Verantwortung	Rechte von Eltern ein Leben mit ihren Kindern als Familien zu führen unterstützt von professionellen Sozialarbeitenden	Kinder- und Elternrechte mit rechtlichen Mitteln durchsetzen

unterschiedlicher Orientierungen Anlässe zur Intervention im Fall einer Kindeswohlgefährdung (Interventionsanlass) und die Rollen der dabei involvierten Staaten unterscheiden. Damit verbunden sind in den Systemen unterschiedliche Vorstellungen darüber, was Auslöser und Ursachen von Kindeswohlgefährdungen sind (Problemverständnis) und wie auf Gefährdungen des Wohls von Kindern und Jugendlichen in Familien oder Institutionen bestmöglich geantwortet werden kann (Interventionsmodus). Auch zeigen sich Unterschiede bei den Zielen von Interventionen (Ziel der Intervention) und im Hinblick darauf, wie Beziehungen zwischen dem Staat und den Eltern (Beziehung zwischen Staat und Eltern) ausgestaltet sind und in welchem Verhältnis Elternrechte und Kinderrechte (gemäss Tabelle 1) zueinanderstehen (Gleichgewicht der Rechte) (→ Tabelle 1).

Neben Kinderschutzkonzeptionen und -orientierungen wird in der Fachliteratur auch von Grundmodellen des Kinderschutzes gesprochen. Kindler (2010, S. 14) unterscheidet für Europa zwei unterschiedliche *Grundmodelle von Kinderschutzsystemen:* ein familienorientiertes und ein an Gefährdungsabwehr im engeren Sinne orientiertes Kinderschutzmodell. Im familienorientierten Kinderschutzmodell werden Kindern und ihren Eltern bereits im Vorfeld von Kindeswohlgefährdungen Hilfen angeboten. Im abwehrorientierten Kinderschutzmodell hingegen wird erst gehandelt, wenn ein Verdacht auf eine Kindeswohlgefährdung besteht. Diesem Verdacht wird dann nachgegangen. Es werden Abklärungen durchgeführt, um erstens herauszufinden, ob eine Kindeswohlgefährdung vorliegt, und zweitens zu prüfen, was getan werden kann, um diese zu beenden. International gilt Deutschland bislang als ein Land mit familienorientierter Kinderschutzkonzeption (vgl. Wolff/Biesel/Heinitz 2011). In öffentlichen Diskussionen werden jedoch auch Forderungen nach Veränderungen geäußert. Dabei gibt es sowohl die Forderung nach stärkerer Ergänzung des familienorientierten Systems um gemeinwesenorientierte Angebote und leicht zugängliche Frühe Hilfen als auch die Forderung nach einem gefährdungsorientierten System, in dem Kindeswohlgefährdungen vorrangig erfasst, sanktioniert und therapiert werden. Die Kritik am gefährdungsorientierten System ist, dass Eltern darin bei der Erziehung und Bildung ihrer Kinder weniger Unterstützung erfahren als im familienorientierten System (vgl. Wolff 2014, S. 189). Expert(inn)en und Fachverbände aus dem Bereich Kinderschutz fordern einhellig die Beibehaltung und Weiterentwicklung des familienorientierten Systems (vgl. bke Bundeskonferenz für Erziehungsberatung e. V. et al. 2007; DGSF 2017; Ulmer Aufruf zum Kinderschutz 2008).

Es mag auf den ersten Blick vielleicht verwirrend sein, sich mit diesen unterschiedlichen Konzeptionen und Orientierungen des Kinderschutzes auseinanderzusetzen. Diese zeigen aber auf, dass unter Kinderschutz Verschiedenes verstanden werden kann und je nach Konzeption und Orientierung sich andere Grundmodelle bzw. Systeme des Kinderschutzes herausbilden. Im internationalen Kontext spielen andere Konzeptionen und Orientierungen eine Rolle als in Deutschland, einem Land, in dem eine familienorientierte Kinderschutzkonzeption vorherrschend ist und in der überwiegend einer tripolaren Kinderschutzstrategie gefolgt wird. Dennoch nehmen auch die im Ausland vorherrschenden Konzeptionen und Orientierungen für sich in Anspruch, einen Beitrag für den Schutz in ihrem Wohl gefährdeter Kinder und Jugendlicher zu leisten. Insofern existiert im Kinderschutz nicht der ‚one best way', weshalb in Deutschland ein anderes staatlich reguliertes Kinderschutzsystem existiert als in den USA, England, Schweden, Finnland, Norwegen, Belgien oder den Niederlanden (Gilbert/Parton/Skivenes 2011b). Es ist daher notwendig, sich mit dem Begriff des Kinderschutzes differenziert auseinanderzusetzen und mindestens über zwei grundlegende Fragen zu reflektieren:

1. Was ist Kinderschutz?
2. Was soll Kinderschutz?

Darauf aufbauend kann geklärt werden, wie Kinderschutz als System staatlich reguliert und organisiert werden soll, um seine Ziele erreichen zu können.

1.4 Kinderschutz als ein staatlich reguliertes System

Kinderschutz wird innerhalb eines staatlich regulierten Systems wahrgenommen. In diesem System ist Kinderschutz zuallererst Aufgabe der Eltern. Sie sind diejenigen, welche das Recht und die Pflicht haben, ihre Kinder zu versorgen, zu erziehen und zu bilden (→ Kapitel 8). Von Eltern wird erwartet, dass sie ihre Kinder fürsorglich begleiten, altersangemessen beaufsichtigen und vor Gefahren für ihr Wohl schützen. Erst wenn Eltern diesen Erwartungen nicht entsprechen und auf Unterstützung des Staates angewiesen sind oder es erforderlich wird, ihre Rechte im Interesse des Wohls ihrer Kinder zu beschränken, ist die staatliche Gemeinschaft gefordert. Kinderschutz ist damit auch eine öffentliche Aufgabe. Sie wird in einem System realisiert, in dem die Jugendämter und die Familiengerichte eine besondere Rolle einnehmen (→ Kapitel 9 und 10). Sie haben die Aufgabe, Kinderschutz im engen Sinn professionell zu gestalten. Sie haben dafür zu sorgen, dass Antworten auf Gefährdungen des Wohls von Kindern und Jugendlichen in Familien oder Institutionen gefunden werden. Hierfür sind sie auf die Zusammenarbeit mit anderen Berufsgruppen, Institutionen und Organisationen im Kinderschutzsystem angewiesen.

Ein Kinderschutzsystem kann auf verschiedenen Ebenen lokalisiert werden:

- *Auf der Makroebene* ist der Staat für die sozialpolitische Bearbeitung von Gefährdungen des Wohls von Kindern und Jugendlichen und für die Verabschiedung, Realisierung und Überprüfung von Kinderschutzgesetzen und der mit ihnen verbundenen Zielstellungen verantwortlich. Er gibt über Gesetze die Normen und Werte sowie die übergreifenden Ziele und Aufgaben des Kinderschutzes vor.
- *Auf der Mesoebene* werden Aufgaben des Kinderschutzes auf Institutionen und Organisationen wie das Jugendamt und das Familiengericht übertragen. Sie werden bei der Wahrnehmung ihrer Aufgabe von Schulen und von Strafverfolgungsbehörden unterstützt. Hierbei arbeiten verschiedene Professionen zusammen. Sie entwickeln in ihren jeweiligen institutionellen und organisationalen Kontexten auf der Grundlage gesetzlicher Bestimmungen Interventionsformen und Kooperationsbeziehungen zur professionellen Bearbeitung von Gefährdungen des Wohls von Kindern und Jugendlichen.
- *Auf der Mikroebene* sind es vor allem die Eltern, aber auch andere Bezugspersonen aus dem familiären und sozialen Umfeld, die den Schutz von Kindern gewährleisten.

Im Kinderschutz sind demnach verschiedene Akteure auf unterschiedlichen Ebenen für die Gewährleistung des Schutzes in ihrem Wohl gefährdeter Kinder und Jugendlicher zuständig. Auf der Mesoebene sind es vor allem die Kinder- und Jugendhilfe, die Gesundheitshilfe, das Bildungswesen und die Justiz. Sie sind aufeinander angewiesen, da sie Kinderschutz nicht alleine gewährleisten können. Die Akteure sind aber immer wieder mit der Herausforderung konfrontiert, dass ein Kinderschutzsystem nicht ‚einfach existiert', sondern entwickelt und gestaltet werden muss. Je nach Profession (z. B. Arzt/Ärztin, Jurist(in), Geistliche(r), Sozialarbeitende(r) etc.), Institution (Jugendamt, Schule etc.) und Organisation (Beratungszentrum, Heimeinrichtung etc.) herrschen zudem unterschiedliche Vorstellungen darüber vor, was Kinderschutz ist, woran eine Kindeswohlgefährdung erkannt und das Wohl eines Kindes oder Jugendlichen festgemacht werden kann. Im Kinderschutzsystem müssen daher zum Teil divergierende Ziele miteinander in Einklang gebracht werden. Zwar kann der Staat vorgeben, worauf Interventionen im Kinderschutz abzuzielen haben und worauf hin die Bearbeitung von Kindeswohlgefährdung vorrangig ausgerichtet sein soll. Wenn Kinderschutz aber insgesamt nicht als ein aufeinander verwiesenes und voneinander abhängiges System betrachtet wird und die in ihm enthaltenen Subsysteme nicht verlässlich zueinander gebracht werden, ist die Funktionsweise des Kinderschutzes eingeschränkt. Es bedarf deshalb eines besonderen Augenmerks auf die Pflege und die Qualität der Zusammenarbeit innerhalb und zwischen den Subsystemen sowie verbindlicher Strukturen, welche die Zusammenarbeit zwischen den einzelnen Subsystemen zu gestalten helfen.

In der *Schweiz* wird das Kinderschutzsystem zumeist als ein System bestehend aus vier Bereichen beschrieben (vgl. Rosch/Hauri 2018a, S. 438 f.):

- *Freiwilliger Bereich:* In diesem Bereich stehen Eltern Angebote von Kinder- und Jugendhilfediensten, Sozialdiensten, anderen nichtbehördlichen Fachdiensten, der Mütter-/Väterberatung, der Erziehungsberatung, der kinderärztlichen Unterstützung, der kinder- und jugendpsychiatrischen Unterstützung, der Früherkennung und Frühintervention zur Verfügung. Diese können von den Eltern von sich aus in Anspruch genommen werden, sofern sie verfügbar sind;
- *öffentlich-rechtlicher Bereich:* In diesem Bereich haben die Kindergärten (Vorschulen) und Schulen die Aufgabe, mit Eltern im Interesse des Wohls ihrer Kinder zusammenzuarbeiten. Sie können darüber hinaus Förder- und Unterstützungsmaßnahmen anregen (Schulsozialarbeit, heil- und sonderpädagogische Unterstützung, Logopädie, schulpsychologischer Dienst etc.);
- *zivilrechtlicher Bereich:* In diesem Bereich sind die Kindes- und Erwachsenenschutzbehörden (KESB) dafür zuständig, Hinweise auf Kindeswohlgefährdungen (sog. Gefährdungsmeldungen) entgegenzunehmen und zu bearbeiten, weitere Abklärungen einzuleiten und sofern notwendig zivilrechtliche Kindesschutzmaßnahmen gegen den Willen der Eltern anzuordnen. Sie sind die einzigen Behörden in der Schweiz, die dazu befugt sind, Eingriffe in die Rechte von Eltern vorzunehmen, um Kinder oder Jugendliche vor Gefährdungen ihres Wohls zu schützen – vorausgesetzt: die Eltern schaffen nicht von sich aus Abhilfe an der kindeswohlgefährdenden Situation oder sind dazu außerstande;
- *strafrechtlicher Bereich:* In diesem Bereich sind die Polizei und die Justiz dafür zuständig, Straftaten gegen Kinder zu verfolgen und auf diese Weise Kinder und Jugendliche zu schützen.

In der *Schweiz* gibt es unterschiedliche Auffassungen darüber, ob im Land ein familienorientierter oder doch nicht eher ein gefährdungsorientierter Kinderschutz vorherrschend ist. Jud und Gartenhauser (2015, S. 342) beschreiben die Schweiz als ein Land, in dem eine familienorientierte Kindesschutzorientierung existiere. Einerseits seien Kindes- und Erwachsenenschutzbehörden dafür zuständig, zivilrechtliche Maßnahmen zum Schutz von Kindern und Jugendlichen im Einvernehmen mit den Eltern oder gegen ihren Willen anzuordnen. Andererseits bieten Kinder- und Jugendhilfedienste, Sozialdienste sowie andere nichtbehördliche Fachdienste Angebote des Kindesschutzes an, die von Eltern auf freiwilliger Basis in Anspruch genommen werden können (siehe auch: Jud et al. 2013, S. 212). Schnurr (2017) hat dieser Lesart widersprochen. Er argumentiert: Unter den Institutionen und Diensten, die auf Kindeswohlgefährdungen antworten, sind nur die KESB flächendeckend institutionalisiert und mit einer klaren rechtlichen Basis ausgestattet – also diejenigen Institutionen, die darauf spezialisiert sind, nötigenfalls in Elternautonomie einzugreifen und zivilrechtliche Kindesschutzmaßnahmen anzuordnen. Demgegenüber sind die Angebote der Kinder- und Jugendhilfe, die im Einvernehmen und ohne Anordnung wahrgenommen werden können, in den 26 Kantonen sehr unterschiedlich ausgebaut und verfügbar; zudem haben weniger als die Hälfte der Kantone in Bezug auf Zugänge zu diesen Angeboten Gesetze erlassen. Die auf bereits eingetretene Kindeswohlgefährdungen reagierenden Institutionen seien besser ausgebaut und einfacher anzusprechen als die auf Unterstützung von Familien spezialisierten Dienste. Im Fall einer vermuteten Kindeswohlgefährdung werde in den Kantonen daher auch häufig mit Eingriffen in die Rechte von Eltern (sogenannte ‚zivilrechtliche Kindesschutzmaßnahmen') reagiert.

In *Österreich* ist eine familienunterstützende Kinderschutzorientierung vorherrschend. Vor allem mit dem Inkrafttreten des Bundes-Kinder- und Jugendhilfegesetzes (B-KJHG) am 1. Mai 2013 wurde diese Ausrichtung gestärkt. In welche Richtung sich die Kinder- und Jugendhilfe in Österreich zukünftig weiterentwickeln wird, bleibt jedoch abzuwarten. Denn seit dem 1. Januar 2020 hat nicht mehr der Bund für Angelegenheiten der Kinder- und Jugendhilfe die Gesetzgebungskompetenz, sondern die Länder (siehe Bundes-Verfassungsgesetz-Novelle, BGBl. I Nr. 14/2019). Durch diese Änderung wurden die Grundsatzbestimmungen des B-JHG außer Kraft gesetzt (1. Teil), in denen z. B. das Recht von Kindern und Jugendlichen auf Förderung ihrer Entwicklung und auf Erziehung zu einer eigenverantwortlichen und gemeinschaftsfähigen Persönlichkeit (vgl. § 1 B-KJHG) und wesentliche Zielstellungen der Kinder- und Jugendhilfe verankert waren (vgl. § 2 B-KJHG). Der 2. Teil des B-KJHG indes hat weiter Bestand. In diesem ist unmittelbar anzuwendendes Bundesrecht geregelt, wie z. B. Mitteilungspflichten, Amtshilfe, Abgabenbefreiungen und die Mitfinanzierung des Bundes bei Forschung und Statistik geregelt (siehe § 37 ff. B-KJHG).

1.5 Resümee

Kinderschutz ist ein unscharfer Begriff, der breit oder eng ausgelegt werden kann. Häufig wird er in der Praxis diffus verwendet. Es ist deshalb notwendig zu klären, was unter Kinderschutz verstanden wird, worüber die Akteure jeweils sprechen und welchen Konzeptionen und Orientierungen sie folgen. Denn es macht in der Kommunikation mit Kolleg(inn)en und Adressat(inn)en einen Unterschied, ob man mit Kinderschutz den Schutz von Kindern und Jugendlichen vor unmittelbaren Gefahren ihres Wohls assoziiert, oder aber weitergehende Verständnisse präferiert. Kinderschutz ist nicht gleich Kinderschutz. Unter dem Begriff kann vieles verstanden werden. Fachkräfte des Kinderschutzes sollten sich daher darüber verständigen, was für sie in ihrem jeweiligen Arbeitskontext Kinderschutz bedeutet und beinhaltet, welchen Zielen sie aus ihrer beruflichen Rolle heraus verpflichtet sind und welcher Konzeption sie folgen. Zudem brauchen sie Kenntnis darüber, in welcher Weise Kinderschutz als staatliches System reguliert ist und welche Akteure auf welchen Ebenen für die Prävention und Intervention von Kindeswohlgefährdungen zuständig sind. Kinderschutz kann gemeinsam umgesetzt werden. Dafür ist es notwendig, Schnittstellen und Zuständigkeiten zu klären, sich über gemeinsame Ziele zu verständigen und verlässliche Kooperationsstrukturen aufzubauen und zu pflegen, und zwar nicht nur einmalig, sondern dauerhaft.

Anregungen zum Selbststudium

- Recherchieren Sie in der Fachliteratur drei unterschiedliche Definitionen von Kinderschutz und arbeiten Sie heraus, worin die Unterschiede bestehen:
  - Welche Aspekte werden jeweils angeführt und hervorgehoben, welche fehlen?
  - Welcher konzeptionellen Ausrichtung würden Sie die Definitionen zuordnen (gemeinwesenorientiert/familienorientiert/gefährdungsorientiert)?
- Womit erklären Sie sich, dass unter Kinderschutz nicht immer das Gleiche verstanden wird?

- Welche konzeptionelle Ausrichtung kommt Ihren Vorstellungen von Kinderschutz am nächsten? Worin sehen Sie die Möglichkeiten und Grenzen der unterschiedlichen Konzepte?
- Finden Sie heraus, wer an Ihrem Wohnort zum System des Kinderschutzes gehört und welche Aufgaben und Ziele die verschiedenen Akteure haben.

Weiterführende Literatur

Bode, Ingo/Turba, Hannu (2014). Organisierter Kinderschutz in Deutschland. Strukturdynamiken und Modernisierungsparadoxien. Wiesbaden.
In diesem Buch wird aus soziologischer Perspektive auf der Grundlage einer empirischen Studie erläutert, wie das Kinderschutzsystem in Deutschland funktioniert, wovon es beeinflusst ist und in welche Richtung es sich augenblicklich entwickelt.

Gilbert, Neil/Parton, Nigel/Skivenes, Marit (2011) (Hg.). Child Protection Systems. International Trends and Orientations. New York.
In diesem Sammelwerk werden Kinderschutztrends und -politiken der Länder USA, Kanada, England, Schweden, Dänemark, Finnland, Belgien, den Niederlanden, Deutschland und Norwegen beschrieben und miteinander verglichen. Es wird erläutert, wie sich Kinderschutz in diesen zehn Ländern verändert hat und welche Kinderschutzorientierungen heutzutage wesentlich sind.

Kindler, Heinz (2013). Expertise. Qualitätsindikatoren für den Kinderschutz in Deutschland. Analyse der nationalen und internationalen Diskussion – Vorschläge für Qualitätsindikatoren. Beiträge zur Qualitätsentwicklung im Kinderschutz 6. Köln: Nationales Zentrum Frühe Hilfen.
In der Expertise wird der Frage nachgegangen, was sinnvolle Qualitätsindikatoren für den Kinderschutz in Deutschland sein könnten. Im Rahmen dessen wird einleitend in Ziele und Bestandteile des Kinderschutzes in Deutschland eingeführt. Es wird dargelegt, was unter einem Kinderschutzsystem verstanden werden kann und welche Verständnisse von Kinderschutz in Deutschland existieren.

Kapitel 2
Kindeswohl und Kindeswohlgefährdung als soziale Konstrukte

Überblick über das Kapitel

In diesem Kapitel wird in die Begriffe ‚Kindeswohl' und ‚Kindeswohlgefährdung' eingeführt. Es wird aufgezeigt, wie diese Schlüsselbegriffe des Kinderschutzes in der Fachdebatte diskutiert werden. Wir möchten damit verdeutlichen, dass es sich bei den Begriffen ‚Kindeswohl' und ‚Kindeswohlgefährdung' nicht um neutral zu beobachtende Tatsachen handelt, sondern um Deutungen und Wertungen. Wir geben Hinweise darauf, was unter dem Wohl eines Kindes oder Jugendlichen verstanden werden kann, und regen gleichzeitig dazu an, sich mit aktuell herrschenden Normen und Werten, aber auch mit eigenen persönlichen Einstellungen und fachlichen Perspektiven, welche bei der Auslegung der Begriffe ‚Kindeswohl' und ‚Kindeswohlgefährdung' eine Rolle spielen, auseinanderzusetzen. Das Kapitel kann dazu genutzt werden, Kindeswohl und Kindeswohlgefährdung als soziale Konstrukte kennen und verstehen zu lernen.

2.1 Zum Begriff des Kindeswohls

2.2 Zum Begriff der Kindeswohlgefährdung

2.3 Resümee

2.1 Zum Begriff des Kindeswohls

Der Begriff *Kindeswohl* verweist auf die Frage, was Kinder brauchen, um gesund und glücklich aufzuwachsen. Das Kindeswohl selbst ist jedoch nicht eindeutig zu bestimmen. Dettenborn (2010, S. 47 f.) unterscheidet vier Perspektiven auf den Begriff Kindeswohl:

1. Er klassifiziert ihn *aus juristischer Perspektive* als unbestimmten Rechtsbegriff, als eine Generalklausel, die vor Gericht je nach Fallkonstellation

ausgelegt, mit Inhalt gefüllt und zur Entscheidungsbegründung für den Eingriff in das Elternrecht herangezogen werden muss.
2. Er beschreibt ihn *aus kognitionspsychologischer Perspektive* als komplexitätsreduzierendes theoretisches Konstrukt, als eine Art Oberbegriff, mit dem der Versuch unternommen wird, verschiedene Faktoren, welche Einfluss auf das Wohlergehen von Kindern und Jugendlichen haben können, auf ein Minimum zu reduzieren, um die Entscheidungsfindung vor Gericht zu erleichtern.
3. Er identifiziert ihn *aus moralpsychologischer Perspektive* als Rechtfertigungsinstrument der Gesetzgebung und Rechtsanwendung, als einen Begriff, der dazu herangezogen wird, um Eingriffe des Staates im Interesse des Wohls von Kindern und Jugendlichen moralisch legitimieren und im Hinblick auf ihre Notwendigkeit und Angemessenheit nachvollziehen zu können.
4. Er problematisiert ihn *aus wissenschaftstheoretischer Perspektive* als „definitorische Katastrophe“ (ebd., S. 48); als einen Begriff, der wissenschaftlich nur unzureichend logisch hergeleitet und für den Einsatz in verschiedenen Kontexten herangezogen werden kann.

Darauf aufbauend kommt er zu dem Schluss, dass der Begriff des Kindeswohls kein „empirischer“ (ebd., S. 49) sei, „sondern ein hypothetisches Konstrukt, ein alltagstheoretischer Begriff“ (ebd.). Je nachdem, aus welcher Perspektive man versucht, den Begriff des Kindeswohls zu bestimmen, werden unterschiedliche Ebenen betrachtet, Aspekte hervorgehoben und Notwendigkeiten diskutiert. Eine allgemeingültige Definition des Begriffs des Kindeswohls kann daher nicht vorgenommen werden.

In der Sozialen Arbeit werden verschiedene Definitionen und Modelle diskutiert. Am bekanntesten ist der Definitionsvorschlag von Maywald (2010, S. 57): „Ein am Kindeswohl ausgerichtetes Handeln wäre demzufolge dasjenige, welches die an den Grundrechten und Grundbedürfnissen von Kindern orientierte, für das Kind jeweils günstigste Handlungsalternative wählt.“ Damit nennt er zwei wesentliche Bezugspunkte zur Bestimmung des Kindeswohls: die *Rechte* und die Grund*bedürfnisse von Kindern und Jugendlichen.*

2.1.1 Rechte von Kindern und Jugendlichen

Die UN-Kinderrechtskonvention (KRK) wurde am 20. November 1989 von der Vollversammlung der Vereinten Nationen verabschiedet und ist am 5. April 1992 für Deutschland in Kraft getreten (weiterführend: Kerber-

Ganse 2009; Liebel 2007; Liebel 2013). Sie gilt für alle Kinder und Jugendlichen, die noch nicht das 18. Lebensjahr vollendet haben, zumindest gilt dies für Deutschland, wo die Volljährigkeit per Gesetz nicht bereits früher eintritt (vgl. Art. 1 KRK). Mit ihr sollen die Förderung, die Versorgung, der Schutz und die Beteiligung von Kindern und Jugendlichen sichergestellt werden, unabhängig von der Rasse, der Hautfarbe, dem Geschlecht, der Sprache, der Religion, der politischen oder sonstigen Anschauung, der nationalen, ethnischen oder sozialen Herkunft, des Vermögens, einer Behinderung, der Geburt oder des sonstigen Status des Kindes, seiner Eltern oder seines Vormunds (vgl. Art. 2 Abs. 1 UN-KRK) – *Grundprinzip des Rechts auf Gleichbehandlung.* Insbesondere soll bei allen Maßnahmen, die Kinder und Jugendliche betreffen, unabhängig davon, ob sie von öffentlichen oder privaten Einrichtungen der sozialen Fürsorge, Gerichten, Verwaltungsbehörden oder Gesetzgebungsorganen getroffen werden, das Wohl des Kindes (im englischen Original: „best interest of the child"; siehe Erläuterungen im Kasten unten) vorrangig berücksichtigt werden (vgl. Art. 3 Abs. 1 KRK) – *Grundprinzip des Kindeswohlvorrangs.* Auch soll mit der UN-Kinderrechtskonvention das Recht von Kindern auf Leben und persönliche Entwicklung (Art. 6 KRK) – *Grundprinzip des Rechts auf Leben und auf persönliche Entwicklung* – und auf Anhörung und Partizipation (Art. 12 KRK) – *Grundprinzip Achtung vor Meinung und dem Willen des Kindes* – sichergestellt werden. Diese vier Grundprinzipien prägen die in der UN-Kinderrechtskonvention vielfältig enthaltenen Einzelrechte, welche in drei Rechtsgruppen unterteilt werden können:

- *Förderungs- und Versorgungsrechte,* wie z. B. das Recht auf Staatszugehörigkeit und auf Identität; das Recht auf Erziehung und Förderung des Kindes durch seine Eltern und auf Kontakt zu seinen Eltern bei Trennung; das Recht auf Gesundheitsvorsorge; das Recht auf Leistungen der sozialen Sicherheit, auf angemessene Lebensbedingungen, insbesondere im Hinblick auf Ernährung, Kleidung und Wohnung sowie dem Zugang zu Bildung (vgl. Art. 7–9, 24–29 KRK).
- *Schutzrechte,* wie z. B. das Recht auf Schutz der Privatsphäre; das Recht auf Schutz vor Misshandlung, sexueller Gewalt und Vernachlässigung; das Recht auf Schutz von Minderheiten; das Recht auf Schutz vor wirtschaftlicher Ausbeutung; das Recht auf Schutz vor Suchtstoffen; das Recht auf Schutz vor sexueller Ausbeutung bzw. Prostitution; das Recht auf Schutz vor Entführung und Kinderhandel; das Recht auf Schutz vor sonstiger Ausbeutung; das Recht auf Schutz vor Folter, Todesstrafe, lebenslanger Freiheitsstrafe; das Recht auf Schutz bei bewaffneten Konflikten und vor Einziehung als Kindersoldaten (vgl. Art. 16, 19–22, 30, 32–38 KRK).

- *Partizipationsrechte*, wie z. B. das Recht auf Berücksichtigung des Kindeswillens; das Recht auf freie Meinungsäußerung; das Recht auf Informations-, Gedanken-, Gewissens-, Religions-, Vereinigungs- und Versammlungsfreiheit; das Recht auf Zugang zu Medien; das Recht auf Beteiligung an Freizeit, kulturellem und künstlerischem Leben (vgl. Art. 12–17, 31 KRK).

2.1.2 Grundbedürfnisse von Kindern und Jugendlichen

Auch in Disziplinen wie der Sozialpsychologie, der Pädagogik, der Pädiatrie und der Psychiatrie wurden Konkretisierungen und Modelle basaler kindlicher Grundbedürfnisse entwickelt, um den Begriff des Kindeswohls zu bestimmen (vgl. Dettenborn 2010, S. 52 ff.; Schrapper 2012b, S. 59 ff.). Drei dieser Modelle haben große Verbreitung gefunden.

- Die Bedürfnispyramide von Maslow (1970) hat einen hohen Bekanntheitsgrad über Fachdiskussionen hinaus erlangt. Maslow unterscheidet zwischen *physiologischen Bedürfnissen, Sicherheitsbedürfnissen, Zugehörigkeits- und Liebesbedürfnissen, Wertschätzungs- und Geltungsbedürfnissen und dem Bedürfnis nach Selbstverwirklichung*. Er ordnet diese Bedürfnisse in Form einer Pyramide an und geht davon aus, dass erst die Befriedigung einer Bedürfnisstufe die nächsthöhere Bedürfnisstufe erfahrbar werden lässt.
- Werner (2006) hingegen entwirft eine Systematisierung, in der nicht von einer Hierarchisierung von kindlichen Grundbedürfnissen ausgegangen wird. Sie formuliert drei Bedürfnisse von Kindern und Jugendlichen. Sie geht davon aus, dass diese miteinander zusammenhängen und in ihrer Wirkung voneinander abhängig seien:
  - *das Bedürfnis nach Existenz* (z. B. Ernährung, Pflege und Schutz vor Gefahren),
  - *das Bedürfnis nach sozialer Bindung und Verbundenheit* (z. B. eine beständige und liebevolle Beziehung zu mindestens einer Bezugsperson; die Zugehörigkeit zu einer stabilen, unterstützenden Gemeinschaft) und
  - *das Bedürfnis nach Wachstum* (z. B. eine anregungsreiche und soziale Umwelt).
- In der Fachdebatte ist das Modell der sieben Grundbedürfnisse von Kindern nach Brazelton und Greenspan (2002) am weitesten verbreitet:

- *Das Bedürfnis nach beständigen liebevollen Beziehungen:* abhängig von Bindungs- und Fürsorgeverhalten der Bezugspersonen, von ihrer verlässlichen Erreichbarkeit und ihrer Fähigkeit Sicherheit und Geborgenheit unmittelbar sicherzustellen.
- *Das Bedürfnis nach körperlicher Unversehrtheit, Sicherheit und Regulation:* gesunde Ernährung; ausreichend Ruhe, Bewegung und Gesundheitsfürsorge; gewaltfreie Erziehung; Schutz vor Gefahren; adäquate und rechtzeitige Versorgung der Kinder bei auftretenden Krankheiten; geschützter Wohn- und Schlafbereich (Unfallverhütung); angemessene Entwicklungsreize; Förderung von Selbständigkeit und Selbstbestimmung, von Spiel, Spaß und Lernen.
- *Das Bedürfnis nach individuellen Erfahrungen:* Berücksichtigung der Besonderheiten von Kindern und ihrer unterschiedlichen Entwicklungsetappen (Säugling, Kleinkind, Schulkind, Jugendlicher, junger Heranwachsender); Förderung von Kindern entsprechend ihrer individuellen Besonderheiten und ihres Temperaments; Berücksichtigung von Zielen und Meinungen von Kindern.
- *Das Bedürfnis nach entwicklungsgerechten Erfahrungen:* Entwicklungsansprüche und Anforderungen der Bezugspersonen angepasst auf den Entwicklungsstand von Kindern (keine Über- aber auch keine Unterforderung); Möglichkeiten für Kinder zur Selbstentdeckung, Erfahrungen und Fehler zu machen.
- *Das Bedürfnis nach Grenzen und Strukturen:* klare wertschätzende Begrenzung und Strukturierung von Kindern; Zubilligung von altersgemäßen Rechten und Pflichten von Kindern; Grenzsetzungen als Aushandlungsprozesse und nicht als Strafmaßnahmen oder gewalttätige Sanktionierungen gegenüber Kindern.
- *Das Bedürfnis nach stabilen, unterstützenden Gemeinschaften und kultureller Kontinuität:* überschaubares soziales Umfeld; Förderung und Begleitung von freundschaftlichen Beziehungen des Kindes zu Gleichaltrigen; Kindern das Gefühl vermitteln, in der Gemeinschaft aufgehoben und angenommen zu sein, Teil der Gesellschaft zu sein; Unterstützung der primären Bezugspersonen des Kindes durch Nachbarn, Freunde etc. – bei Bedarf und in akuten Not- und Konfliktlagen.
- *Das Bedürfnis nach einer sicheren Zukunft:* Sicherung von Bedingungen des Aufwachsens in Frieden und Wohlstand – ohne Krieg und Gewalt, Vernachlässigung und Misshandlung; Sicherung von angemessenen Lebensbedingungen für Kinder und für ihre primären Be-

zugspersonen; Sicherstellung der sozialen Teilhabe von Kindern und ihrer Zukunftsperspektiven.

Würden diese Grundbedürfnisse von Kindern (und Jugendlichen) in der Gesellschaft anerkannt und von Eltern oder anderen zentralen Bezugspersonen befriedigt, stehe nach Ansicht von Brazelton und Greenspan (2002) einer gesunden Entwicklung von Kindern nichts mehr entgegen.

In der UN-Kinderrechtskonvention wird im Englischen der Terminus „the best interests of the child" statt des Begriffs Kindeswohl verwandt. Auch für diesen Terminus gibt es ebenso wie für den Begriff des Kindeswohls keine Standarddefinition. Was das beste Interesse eines Kindes ist, muss für jeden Fall neu geklärt werden und ist nicht universell und allgemein gültig bestimmbar. Die Vereinten Nationen verstehen unter dem *besten Interesse eines Kindes* ein dreifaches Konzept (vgl. United Nations 2013, S. 4):

1. als ein materielles Recht (Regelungen von Rechtsansprüchen und Rechtsbeziehungen; von der Entstehung, Veränderung, Übertragung bis zum Erlöschen von Rechten): das Recht des Kindes seine Interessen einbringen zu können und primär berücksichtigt zu sehen; nicht jedoch Regelungen darüber, wie Kinder das beste Interesse rechtlich durchsetzen können (formelles Recht);
2. als ein grundlegendes, interpretatives Rechtsprinzip: die Auslegung von Gesetzen im Sinne des besten Interesses von Kindern;
3. als eine Prozessvorschrift: die Berücksichtigung und Bewertung möglicher positiver oder negativer Auswirkungen von Entscheidungen, von denen Kinder betroffen sind und die ihr bestes Interesse tangieren.

Das ‚beste Interesse des Kindes' kann nach Liebel (2015, S. 106) aber auch wie folgt verstanden werden:

- „als Interesse, das Kinder als *Personen ungeachtet ihres Alters* haben;
- als Interesse, das sie *als Kinder* haben, worunter vor allem das Interesse an einer lebenswerten Gegenwart zu verstehen ist;
- als Interesse, das sie *als künftige Erwachsene* haben, wobei wiederum zwischen der Zukunft der Kinder und der der Gesellschaft, in denen die Kinder leben, zu unterscheiden ist."

2.1.3 Das Kindeswohl – ein unscharfer und normativ hoch aufgeladener Begriff

Das *Kindeswohl* ist ein unscharfer und normativ hoch aufgeladener Begriff. Es kann nicht einfach bestimmt werden, sondern ist interpretationsbedürftig. Zwar gibt es Modelle, anhand derer man sich darüber verständigen kann, was Kinder und Jugendliche für ihr Wohl brauchen. Sie verdeutlichen aber die unterschiedlichen Perspektiven und Normsetzungen der jeweiligen Betrachter(innen). Wie Dettenborn hervorgehoben hat, existiert das Kindeswohl an sich nicht. Es ist das Ergebnis von Beobachtungs- und Bewertungsprozessen. Er schlägt deshalb vor, Kindeswohl als „die für die Persönlichkeit eines Kindes oder Jugendlichen günstige Relation zwischen seiner Bedürfnislage und seinen Lebensbedingungen zu verstehen" (Dettenborn 2010, S. 51). Eine günstige Relation ist für ihn gegeben, wenn die Lebensbedingungen von Kindern und Jugendlichen *nicht* der Befriedigung ihrer Grundbedürfnisse entgegenstehen, zumindest sollten sie nicht den sozialen und altersmäßigen Durchschnittserwartungen an körperliche, geistige und seelische Entwicklung von Kindern und Jugendlichen in unserer Gesellschaft widersprechen (vgl. ebd.). Auch hier zeigt sich aber das Erfordernis der Deutung und Interpretation:

- Was sind Durchschnittserwartungen?
- Woran kann man das Wohl eines Kindes oder Jugendlichen festmachen?
- Wann geht es einem Kind oder Jugendlichen gut, wann schlecht?
- Was ist das Beste für ein Kind oder einen Jugendlichen?
- Welche Bedürfnisse von Kindern und Jugendlichen sind in welcher Entwicklungsphase zwingend zu befriedigen?
- Welche Bedürfnisse können hintenanstehen?

Der Versuch der positiven Bestimmung des Begriffs ‚*Kindeswohl*' erfordert also – ebenso wie die Klärung des Begriffs Kindeswohlgefährdung – die Auseinandersetzung mit normativen Konzepten und Vorstellungen über gelingende Erziehung und Bildung von Kindern.

Austausch über die Begriffe Kindeswohl und bestes Interesse des Kindes
Tauschen Sie sich miteinander über die Begriffe *Kindeswohl* und *bestes Interesse des Kindes* aus und definieren Sie diese. Übertragen Sie Ihre Definitionen auf ein Plakat und stellen sie diese im Plenum vor. Geben Sie bei der Vorstellung des Plakats zu folgenden Fragen Auskunft:

- Was haben Sie bei der Erstellung des Plakats diskutiert?
- Woran haben Sie den Begriff Kindeswohl festgemacht? Woran den Begriff bestes Interesse des Kindes?
- Welchen Begriff finden Sie für die Anwendung im Einzelfall hilfreicher und warum?

2.2 Zum Begriff der Kindeswohlgefährdung

Der Begriff *Kindeswohlgefährdung* ist in seinem Ursprung kein sozialpädagogischer, sondern ein rechtlicher Begriff. Grundlage ist § 1666 des Bürgerlichen Gesetzbuches (BGB). Der Paragraph ist überschrieben mit „Gerichtliche Maßnahmen bei Gefährdung des Kindeswohls“. Er eröffnet dem Gericht Eingriffsmöglichkeiten in das in Artikel 6 Abs. 2 des Grundgesetzes (GG) verankerte Elternrecht. Demnach sind die Pflege und Erziehung des Kindes „das natürliche Recht der Eltern und die zuvörderst ihnen obliegende Pflicht.“ Staatliche Eingriffe in die Rechte der Inhaber elterlicher Sorge können nur bei Feststellung einer *Kindeswohlgefährdung* vorgenommen werden und auch nur dann, wenn die Eltern nicht gewillt und nicht dazu in der Lage sind, die Gefahr abzuwenden.

2.2.1 Kindeswohlgefährdung als unbestimmter Rechtsbegriff

Ebenso wie der Begriff des Kindeswohls ist auch der Begriff der Kindeswohlgefährdung in hohem Maße interpretationsbedürftig. Er wird daher – genauso wie der Begriff des Kindeswohls – als *unbestimmter Rechtsbegriff* bezeichnet. Ein unbestimmter Rechtsbegriff enthält Bestimmungen, welche vom Gesetzgeber nicht genau beschrieben sind. Er verlangt eine Wertung im Einzelfall unter Einbeziehung unterschiedlicher Gesichtspunkte. 1980 wurde der Versuch gemacht, den unbestimmten Rechtsbegriff der Kindeswohlgefährdung durch die Nennung von Tatsachenmerkmalen bzw. Gefährdungsursachen zu konkretisieren. Dies waren

- die missbräuchliche Ausübung der elterlichen Sorge,
- die Vernachlässigung des Kindes,
- das unverschuldete Elternversagen oder das Verhalten eines/einer Dritten.

Dieser zunächst einleuchtend und notwendig erscheinende Schritt hatte allerdings unerwünschte Nebenfolgen. Kritiker(innen) wiesen darauf hin, dass mit dieser Konkretisierung nun eine Fixierung auf elterliches Fehlverhalten statt auf das Wohl des Kindes verbunden war. 2009 wurden die Konkretisierungen daher wieder aus dem Gesetz gestrichen (vgl. Schone 2019, S. 283). In § 1666 Abs. 1 BGB heißt es nun: „Wird das körperliche, geistige oder seelische Wohl des Kindes oder sein Vermögen gefährdet und sind die Eltern nicht gewillt oder nicht in der Lage, die Gefahr abzuwenden, so hat das Familiengericht die Maßnahmen zu treffen, die zur Abwendung der Gefahr erforderlich sind.“ Gefährdungen des Wohls von Kindern oder Jugendlichen können demnach körperlicher, geistiger oder seelischer Art sein. Sie können aber auch materieller Art sein und das Vermögen eines Kindes, also beispielsweise sein Sparkonto oder auch ein Erbe betreffen, welches es zu schützen gilt. In der Rechtsprechung wird unter dem Begriff der Kindeswohlgefährdung „eine gegenwärtige, in einem solchen Maße vorhandene Gefahr, dass sich bei der weiteren Entwicklung eine erhebliche Schädigung mit ziemlicher Sicherheit voraussehen lässt“ (BGH FamRZ 1956, 350), verstanden. Es muss demnach gegenwärtig eine Gefahr für das Wohl eines Kindes oder Jugendlichen vorhanden sein, welche bei Nichteingreifen des Familiengerichts mit ziemlicher Sicherheit zu einer erheblichen Schädigung des Kindes oder des Jugendlichen führen würde (Schmid/Meysen 2006, S. 5 ff.). Erst wenn diese Voraussetzungen gegeben sind, können gerichtliche Maßnahmen zur Abwendung der Gefahr in Betracht gezogen und über Eingriffe in die Rechte der Inhaber elterlicher Sorge nachgedacht werden. Doch was unter einer körperlichen, geistigen oder seelischen Kindeswohlgefährdung verstanden werden kann, bleibt im BGB undefiniert. Die vom Gericht zu treffende Entscheidung hat zudem immer auch einen prognostischen Charakter hinsichtlich der zu erwartenden Entwicklung des Kindes oder des Jugendlichen.

In der Schweiz und in Österreich sind die Begriffe ‚Kindeswohl‘ und ‚Kindeswohlgefährdung‘ für den Kinderschutz ebenfalls von zentraler Bedeutung. Als Rechtsbegriffe sind sie im Zivilgesetzbuch (ZGB, Schweiz) und im Allgemeinen Bürgerlichen Gesetzbuch (ABGB, Österreich) enthalten.

In § 138 ABGB wird das *Kindeswohl* jedoch anders als im BGB näher bestimmt. Hier heißt es:

„In allen das minderjährige Kind betreffenden Angelegenheiten, insbesondere der Obsorge und der persönlichen Kontakte, ist das Wohl des Kindes (Kindeswohl) als leitender Gesichtspunkt zu berücksichtigen und bestmöglich zu gewährleisten. Wichtige Kriterien bei der Beurteilung des Kindeswohls sind insbesondere

1. eine angemessene Versorgung, insbesondere mit Nahrung, medizinischer und sanitärer Betreuung und Wohnraum, sowie eine sorgfältige Erziehung des Kindes;
2. die Fürsorge, Geborgenheit und der Schutz der körperlichen und seelischen Integrität des Kindes;
3. die Wertschätzung und Akzeptanz des Kindes durch die Eltern;
4. die Förderung der Anlagen, Fähigkeiten, Neigungen und Entwicklungsmöglichkeiten des Kindes;
5. die Berücksichtigung der Meinung des Kindes in Abhängigkeit von dessen Verständnis und der Fähigkeit zur Meinungsbildung;
6. die Vermeidung der Beeinträchtigung, die das Kind durch die Um- und Durchsetzung einer Maßnahme gegen seinen Willen erleiden könnte;
7. die Vermeidung der Gefahr für das Kind, Übergriffe oder Gewalt selbst zu erleiden oder an wichtigen Bezugspersonen mitzuerleben;
8. die Vermeidung der Gefahr für das Kind, rechtswidrig verbracht oder zurückgehalten zu werden oder sonst zu Schaden zu kommen;
9. verlässliche Kontakte des Kindes zu beiden Elternteilen und wichtigen Bezugspersonen sowie sichere Bindungen des Kindes zu diesen Personen;
10. die Vermeidung von Loyalitätskonflikten und Schuldgefühlen des Kindes,
11. die Wahrung der Rechte, Ansprüche und Interessen des Kindes sowie
12. die Lebensverhältnisse des Kindes, seiner Eltern und seiner sonstigen Umgebung."

Im Schweizerischen Zivilgesetzbuch wird der Begriff des Kindeswohls hingegen nicht weiter spezifiziert. Es wird aber erwartet, dass Eltern ihre Kinder ihren Verhältnissen entsprechend erziehen und ihre körperliche, geistige und sittliche Entfaltung fördern und schützen (vgl. Art. 302c Abs. 1 ZGB). Der Begriff der Kindeswohlgefährdung ist jedoch ebenso wie im BGB weder im ZGB noch im ABGB näher bestimmt. § 138 ABGB enthält aber in seiner Negation Kriterien zur Bestimmung einer Kindeswohlgefährdung, welche in Österreich zur Aktivierung der Schutzpflicht der Kinder- und Jugendhilfe und zur Vermittlung von vereinbarten oder richterlich verfügten Erziehungshilfen führt (vgl. Bundes-Kinder- und Jugendhilfegesetz 2013, B-KJHG 2013).

Für die Schweiz hat Hegnauer eine Präzisierung des unbestimmten Rechtsbegriffs *Kindeswohlgefährdung* vorgenommen. Eine Kindeswohlgefährdung liegt für ihn vor, „sobald nach den Umständen die ernstliche Möglichkeit einer Beeinträchtigung des körperlichen, sittlichen oder geistigen Wohls des Kindes vorauszusehen ist. Nicht erforderlich ist, dass diese Möglichkeit sich schon verwirklicht hat" (Hegnauer 1999, S. 206). Eine Beeinträchtigung muss demnach nicht zwingend eingetreten sein. Es reicht bereits die Annahme aus, dass diese drohen könnte (vgl. Rosch/Hauri 2018b, S. 447).

2.2.2 Der Begriff ,Kindeswohlgefährdung' aus sozialwissenschaftlicher Perspektive

Neben dieser rechtlichen Begriffsauffassung müssen daher auch andere Definitionsversuche einbezogen werden (wie z.B. Dettenborn 2010, S. 57). Eine sozialwissenschaftliche Definition, die in der Kinderschutzdebatte besondere Bedeutung erlangte, stammt aus einer Veröffentlichung des Kinderschutz-Zentrums Berlin:

Kindeswohlgefährdung

„Kindeswohlgefährdung ist ein das Wohl und die Rechte eines Kindes (nach Maßgabe gesellschaftlich geltender Normen und begründeter professioneller Einschätzung) beeinträchtigendes Verhalten oder Handeln bzw. ein Unterlassen einer angemessenen Sorge durch Eltern oder andere Personen in Familien oder Institutionen (wie z. B. Heimen, Kindertagesstätten, Schulen, Kliniken oder in bestimmten Therapien), das zu nichtzufälligen Verletzungen, zu körperlichen und seelischen Schädigungen und/oder Entwicklungsbeeinträchtigungen eines Kindes führen kann, was die Hilfe und eventuell das Eingreifen von Jugendhilfe-Einrichtungen und Familiengerichten in die Rechte der Inhaber der elterlichen Sorge im Interesse der Sicherung der Bedürfnisse und des Wohls eines Kindes notwendig machen kann." (Kinderschutz-Zentrum Berlin 2009, S. 32)

Anhand dieser Definition werden mehrere Ebenen des Begriffs deutlich:

- *Kindeswohlgefährdung ist ein historisch gebundenes Geschehen:* Die Einschätzung darüber, ob eine Kindeswohlgefährdung vorliegt oder nicht, hängt von sich stetig verändernden soziokulturell bedingten Vorstellungen über das Wohl von Kindern ab. Je nachdem, welche Vorstellungen wir über ideale Kindheiten oder glückliche Familien in einer Gesellschaft haben, wandelt sich auch unsere Meinung darüber, ob es einem Kind oder einem Jugendlichen in einer Familie gut geht und ob seine Entwicklung als ,normal' oder als ,gefährdet' betrachtet wird. Daher lässt sich Kindeswohlgefährdung empirisch auch nicht eindeutig erfassen. Ob ein Kind oder ein Jugendlicher als gefährdet betrachtet wird, ist nicht unabhängig von Zeit und Kontext zu beurteilen, sondern immer auch abhängig von *historisch spezifischen Normalitätsvorstellungen.*

- *Kindeswohlgefährdung ist eine soziale Konstruktion* (vgl. ebd., S. 31): Die Feststellung einer Kindeswohlgefährdung ist eine menschliche Konstruktionsleistung. Sie basiert auf einem subjektiven Deutungs- und Interpretationsprozess. Ob ein Geschehen als eine Kindeswohlgefährdung eingestuft wird oder nicht, ist abhängig von den Wissens-, Kompetenz- und Erfahrungsbeständen der mit Einschätzungsaufgaben betrauten Fachkräften. Die Fachkräfte sind es, die begründet einschätzen müssen, ob die Rechte und Bedürfnisse eines Kindes oder Jugendlichen durch Handlungen bzw. Unterlassungen von Inhabern der elterlichen Sorge oder anderen Bezugspersonen missachtet und zu nichtzufälligen Verletzungen, körperlichen und seelischen Schädigungen und/oder Entwicklungsbeeinträchtigungen geführt haben oder mit hoher Wahrscheinlichkeit führen werden. Sie sind es, welche die Grenze ziehen und beurteilen müssen, ob eine Kindeswohlgefährdung vorliegt oder nicht, und bewegen sich dabei zwischen der Diagnose bereits erfolgter Schädigungen und prognostischen Aussagen.
- *Kindeswohlgefährdung ist ein intersubjektives Geschehen:* Gefährdungen des Wohls von Kindern und Jugendlichen finden in familialen und professionellen Kontexten statt. Sie resultieren aus Verhaltens- und Handlungsweisen sowie Unterlassungen von Eltern oder anderen Bezugspersonen in Familien, Institutionen oder Organisationen. Sie können aber auch in Peers von Kindern und Jugendlichen (wie z. B. sexuelle Übergriffe, Cyber-Mobbing) und unter Geschwistern eine Rolle spielen (wie z. B. sexuelle Übergriffe zwischen Geschwistern). Sie sind das Resultat gescheiterter Beziehungen in Familien und Institutionen. Sie sind nicht auf einen einzelnen Unfall zurückzuführen, sondern auf komplexe Konflikt- und Krisensituationen in *Peers, Familien* oder auf ungünstige Rahmenbedingungen in *Institutionen oder Organisationen.*
- *Kindeswohlgefährdung ist eine schädigende und rechtsverletzende Entwicklungsbeeinträchtigung:* Gefährdungen des Wohls von Kindern und Jugendlichen können zu nichtzufälligen Verletzungen, zu körperlichen und seelischen Schädigungen und/oder zu Entwicklungsbeeinträchtigungen bei Kindern und Jugendlichen führen. Sie sind zum Teil mit erheblichen Folgen für die Gesundheit und das Aufwachsen von Kindern verbunden. Sie beeinträchtigen nicht nur das körperliche, geistige und seelische Wohl von Kindern und Jugendlichen, sondern verstoßen auch gegen Rechte von Kindern und Jugendlichen.
- *Kindeswohlgefährdung ist ein Auslöser für Hilfen und/oder für gerichtliche Maßnahmen zum Schutz des Kindes oder Jugendlichen:* Gefährdungen des Wohls von Kindern und Jugendlichen erfordern umfassende *Hilfen* für

> Kinder, Jugendliche, Eltern oder andere Personen in Familien, Institutionen oder Organisationen. Unter Umständen erfordern sie aber auch ein beherztes Eingreifen im Interesse der Sicherung der Bedürfnisse und Wahrung der Rechte eines Kindes oder Jugendlichen. Aus Perspektive der Träger der freien Jugendhilfe kann *Eingriff* bedeuten, sich an das Jugendamt zu wenden, sofern die Gefährdung nicht anders abgewendet werden kann. Aus Perspektive der öffentlichen Jugendhilfe kann *Eingriff* bedeuten, Kinder und Jugendliche auf ihren Wunsch hin oder bei dringender Gefahr für ihr Wohl in Obhut zu nehmen und im Fall, dass die Eltern nicht bereit und in der Lage sind, die Gefährdung abzuwenden und Hilfen anzunehmen, sich an das Familiengericht zu wenden. Aus Perspektive des Familiengerichts kann *Eingriff* bedeuten, die Rechte der Inhaber der elterlichen Sorge zu beschränken und/oder abzuerkennen, um eine Kindeswohlgefährdung abzuwenden. Die dabei zur Anwendung kommenden gerichtlichen Maßnahmen zum Schutz des Kindes sind Gebote und Verbote oder die Ersetzung von Erklärungen des Inhabers der elterlichen Sorge und die teilweise oder vollständige Entziehung der elterlichen Sorge (vgl. § 1666 Abs. 3 BGB).

Der sozialwissenschaftliche Definitionsversuch veranschaulicht die Komplexität des Begriffs Kindeswohlgefährdung. „Kindeswohlgefährdung ist eine soziale Konstruktion, keine einfache Gegebenheit oder Tatsache, sondern ein Geschehen, das die professionellen Helfer in der Regel nicht selbst miterlebt haben“ (Kinderschutz-Zentrum Berlin 2009, S. 31). In der Praxis gibt es selten eindeutige Fälle. In der Regel sind Fachkräften nur eingeschränkte Informationen zugänglich. Sie müssen diese deuten, das Geschehen in der Familie rekonstruieren und unterschiedliche mögliche Interpretationen einbeziehen. Auf diese Weise entwerfen Sie ein Bild des Einzelfalls und schätzen ein, inwieweit eine dem Wohl des Kindes oder des Jugendlichen entsprechende Erziehung gewährleistet ist oder bereits die Schwelle zur Kindeswohlgefährdung überschritten und die Anrufung des Familiengerichts erforderlich und gerechtfertigt ist – eine Aufgabe, die fachlich anspruchsvoll ist und ein prozessorientiertes Vorgehen erfordert (→ Kapitel 12).

Unfall oder Kindeswohlgefährdung

Ein sechsjähriges Mädchen wird aufgrund einer Verletzung an der Hand von ihren Eltern in die Rettungsstelle eines Krankenhauses gebracht. Die Eltern schildern gegenüber den behandelten Ärzt(inn)en, dass Sophia mit ihrem zehnjährigen Bruder getobt hätte und dabei unglücklich vom Sofa auf ihre Hand gefallen sei. Nach Sichtung der Röntgenaufnahmen kommen die Ärzt(inn)en zu dem Schluss, dass die Hand gebrochen ist, aber die Verletzung vermutlich nicht von dem Sturz stammt. Es könnte sich auch um eine Kindeswohlgefährdung handeln. Man müsse deshalb das Jugendamt einschalten.

Kommen Sie in Kleingruppen zusammen und beantworten Sie folgende Fragen:

- Wie würden Sie als Fachkraft des Jugendamts das Gespräch mit den Eltern und dem Kind eröffnen?
- Welche Fragen würden Sie stellen und warum?

Reflektieren Sie im Anschluss im Plenum, ob die von Ihnen angedachten Gesprächseröffnungen und Fragen dazu geeignet sind, herauszufinden, ob es sich um einen Unfall oder eine Kindeswohlgefährdung handelt. Denken Sie in einem zweiten Schritt darüber nach, wie Sie sich fühlen würden, wenn Sie als Eltern mit Ihren Fragen konfrontiert worden wären.

Der Begriff Kindeswohlgefährdung beinhaltet darüber hinaus eine prognostische und eine präventive Implikation (vgl. Kinderschutz-Zentrum Berlin 2009, S. 29). Es geht nicht nur um Situationen, die zu Verletzungen, körperlichen und seelischen Schädigungen und/oder Entwicklungsbeeinträchtigungen geführt haben, sondern auch um Situationen, die – so die sozialwissenschaftliche Betrachtungsweise – dazu führen können oder – so die juristische Betrachtungsweise – mit hoher Wahrscheinlichkeit dazu führen.

2.3 Resümee

In diesem Kapitel wurden unterschiedliche Versuche vorgestellt, den Begriff des Kindeswohls vom Begriff der Kindeswohlgefährdung abzugrenzen. Keiner der Versuche kann jedoch eine allgemeingültige oder gar abschließende Klärung bieten: Zwar sind die Begriffe Kindeswohl und Kindeswohlgefährdung für den Kinderschutz wichtige Schlüsselbegriffe. Sie haben eine hinweisgebende Signalfunktion und werden in der Praxis dazu herangezogen, zu bestimmen, ob das Wohl eines Kindes oder Jugendlichen *gewährleistet* oder *gefährdet* ist. Trotz einer breiten Auseinandersetzung darüber, wie die Rechte und Interessen von Kindern und Jugendlichen besser gewahrt und verwirklicht und ihre Grundbedürfnisse in öffentlicher Verantwortung angemessen befriedigt werden können (vgl. Bundesarbeitsgemeinschaft der Kinderschutz-Zentren e. V. 2015; Hartwig/Mennen/Schrapper 2016), besteht in der Fachdebatte aber nach wie vor Uneinigkeit darüber, wie und in welcher Weise die Begriffe sinnvoll definiert werden können. Die Begriffe selbst sind stark auslegungsbedürftig (vgl. Schone 2019, S. 283 f.; Schone/ Tenhaken 2015, S. 19 ff.). Sie stellen hoch normative soziale Konstrukte dar, die nur auf der Grundlage von Deutungen und Interpretationen Anwendung finden können. Als Fachkraft ist es daher notwendig, diese Begriffe nicht als selbstverständlich zu nehmen, sondern zu reflektieren. Dazu gehört auch, mit anderen Fachkräften innerhalb und außerhalb der eigenen Profession in den Austausch darüber zu gehen, wie diese Begriffe im Einzelfall Anwendung finden können. Die hier vorgestellten Modelle können dabei helfen, Kategorien und Begriffe für diese Klärung zu entwickeln. Sie können diese Auseinandersetzung jedoch nicht abnehmen.

Anregungen zum Selbststudium

- Recherchieren Sie Grundbedürfnis-Modelle. Vergleichen Sie deren Gemeinsamkeiten und Unterschiede. Welches Modell finden Sie am hilfreichsten, um das Kindeswohl zu bestimmen?
- Sichten Sie Medienberichte über Fälle von Kindeswohlgefährdung. Analysieren Sie, welche Verständnisse von Kindeswohlgefährdung darin ersichtlich werden.
- Reflektieren Sie anhand konkreter Beispiele, wann aus Ihrer Sicht Eingriffe in die Rechte von Eltern zum Schutz des Kindes oder des Jugendlichen erforderlich sind. Ab welchem Grad der Nichtbefriedigung der Grundbedürfnisse und der Nichtbeachtung der Rechte eines Kindes oder Jugendlichen finden Sie dies berechtigt? Beispiele:
  - Ein fünfjähriges Mädchen wird regelmäßig von ihrer Mutter zu Erziehungszwecken geohrfeigt.
  - Ein dreizehnjähriger Junge geht seit über drei Wochen nicht mehr zur Schule und die Eltern scheinen sich nicht dafür zu interessieren.
  - Ein zweijähriges Mädchen muss dringend am Herzen operiert werden, die Eltern verweigern aus religiösen Gründen jedoch den Eingriff.
  - Zwei Geschwister, sechs und zwölf Jahre alt, sind durch die Berufstätigkeit ihrer alleinerziehenden Mutter nach der Schule regelmäßig bis 20 Uhr ohne Aufsicht alleine zu Hause.
  - Ein vierzehnjähriges Mädchen fühlt sich von einem ihrer Mitschüler belästigt; er stellt ihr nach und hat sie gegen ihren Willen auch schon mehrfach unsittlich berührt.
  - Ein siebzehnjähriger Junge möchte nicht mehr zu Hause wohnen, da seine Eltern immer wieder gewaltsam aufeinander losgehen und Konflikte zwischen seiner Mutter und seinem Vater regelmäßig eskalieren.

- Recherchieren Sie in der Fachliteratur unterschiedliche Definitionen für die Begriffe ‚Kindeswohl' und ‚Kindeswohlgefährdung'. Welche Begriffsbestimmungen finden Sie hilfreich und weiterführend, welche nicht und warum?

Weiterführende Literatur

Brazelton, T. Berry/Greenspan, Stanley I. (2002). Die sieben Grundbedürfnisse von Kindern. Was jedes Kind braucht, um gesund aufzuwachsen, gut zu lernen und glücklich zu sein. Weinheim; Basel.
In diesem Buch werden sieben Grundbedürfnisse von Kindern beschrieben. Ihre Befriedigung ist nach Ansicht der Autoren für ein gesundes und glückliches Aufwachsen von Kindern von zentraler Bedeutung.

Kinderschutz-Zentrum Berlin (2009) (Hg.). Kindeswohlgefährdung: Erkennen und Helfen. 10. überarb. u. erw. Aufl. Berlin.
In diesem Buch wird von Fachkräften aus der Kinderschutzpraxis erläutert, was unter Kindeswohl und Kindeswohlgefährdung verstanden werden kann und was in der Fallarbeit hierzu zu berücksichtigen ist.

Hartwig, Luise/Mennen, Gerald/Schrapper, Christian (2016) (Hg.). Kinderrechte als Fixstern moderner Pädagogik? Grundlagen, Praxis, Perspektiven. Weinheim; Basel.
In diesem Sammelband wird die Rolle von Kinderrechten in der Kinder- und Jugendhilfe diskutiert. Er enthält zahlreiche Beiträge zu Stand und Perspektiven der pädagogischen Debatte, u. a. zu Kinderschutz und Kinderrechten.

Kapitel 3
Vorstellungen von Bedürfnissen und Schutz von Kindern und Jugendlichen im Wandel

Überblick über das Kapitel

Das Kapitel zielt darauf ab, sich über den Einfluss sich stetig verändernder Vorstellungen von Kindheit und Jugend auf das Verständnis von Kindeswohlgefährdung auszutauschen. Es verdeutlicht, dass Kindheit und Jugend zwar als biologische Entwicklungsphasen schon immer bestanden haben, das heutige Verständnis dieser Lebensphasen als Zusammenspiel biologischer, psychischer und sozialer Faktoren sich jedoch in einem langen historischen Prozess herausgebildet hat und weiterhin im sozialen Wandel ist. Vor diesem Hintergrund wird darauf eingegangen, was unter Kindheit und Jugend heute verstanden wird und warum es keine zeit- und gesellschaftsunabhängigen Vorstellungen über Gefährdungen des Wohls von Kindern und Jugendlichen geben kann.

3.1 Die Entwicklung von Kindheit und Jugend im 18./19. Jahrhundert

3.2 Die Herausbildung der Jugend als gesellschaftliches Moratorium

3.3 Kindheiten und Jugenden heute

3.4 Kinder und Jugendliche als Subjekte im Kinderschutz

3.5 Resümee

3.1 Die Entwicklung von Kindheit und Jugend im 18./19. Jahrhundert

Kindheit und Jugend sind – ebenso wie Familie (→ Kapitel 4) – *keine natürlichen sozialen Gegebenheiten,* sondern historisch und vor dem Hintergrund konkreter gesellschaftlicher Bedingungen entstanden – und veränderbar.

Sich dies zu vergegenwärtigen, ist wichtig, um den Kinderschutz selbst als historisch gewachsenes Arbeitsfeld und in steter Veränderung befindlich zu verstehen:

> „In einer langen historischen Entwicklung sind Kinder in die ‚Schonräume' der sich um sie herum organisierenden Kernfamilie und der spezialisierten Kinderinstitutionen hineingenommen worden. Wissenschaftliche Beschäftigung mit Entwicklung, Pflege, Schutz, Erziehung und Bildung der Kinder ist immer ein wichtiges Moment in diesen Prozessen gewesen. In besonderen Kinderwissenschaften, in Kindermedizin, Erziehungswissenschaften und Entwicklungspsychologie, wurden die theoretischen Grundlagen entwickelt, Maßnahmen entworfen, evaluiert und Auseinandersetzungen um Theorien, um Ziele und Methoden zur Behandlung von Kindern geführt" (Hengst/Zeiher 2005, S. 10).

In den vergangenen 300 Jahren hat sich der Lebenslauf von Menschen in Deutschland, ebenso wie in den anderen westlichen Industrienationen, grundsätzlich verändert. Eine Grundlage hierfür war die steigende Lebenserwartung. Während die Lebenserwartung Anfang des 19. Jahrhunderts bei männlichen Neugeborenen unter 30 Jahren lag, bei weiblichen Neugeborenen bei ca. 35 Jahren, stieg sie bis Ende des 19. Jahrhunderts auf 47 bzw. 51 Jahre (vgl. Hering/Münchmeier 2014, S. 25). Auch war die Sterblichkeitsquote kleiner Kinder deutlich höher als heute. Wenn Kinder überlebten, galten sie nach einer kurzen Phase der Kindheit direkt als Erwachsene, und Erwachsensein endete mit dem Tod. Das Leben der Kinder war also bis dahin nicht nur stets vom eigenen Tod bedroht, sondern auch vom Tod der Eltern.

Mit dem Anstieg der Lebenserwartung und den wirtschaftlichen und sozialen Umbrüchen der Industrialisierung erfolgte im 18./19. Jahrhundert eine Ausdifferenzierung des Lebenslaufs in mehrere Phasen (vgl. Kohli 1985). Wir sprechen heute von

- Kindheit als dem Zeitraum von der Geburt bis zum Beginn der Entwicklung der Geschlechtsreife (Pubertät) mit etwa 12 bis 14 Jahren;
- Jugend als Zeitraum ab der Pubertät bis zum Übergang in die Erwachsenheit. Dieser Zeitraum wird unterschiedlich lang angegeben, beginnt mit etwa 12 Jahren und endet im Alter zwischen 19 und 25 Jahren;
- Erwachsenheit als Lebensphase nach der Jugend, die durch Mündigkeit und Selbstverantwortung geprägt ist;
- Alter als Lebensphase ab dem Eintritt ins Rentenalter mit etwa Mitte 60.

In der Fachliteratur wird diskutiert, inwiefern sich der Lebenslauf darüber hinaus weiter ausdifferenziert und neue Lebensphasen entstehen wie „junge Erwachsene“ (BMFSFJ 2013a, S. 186 ff.) oder „Junge Alte“ (z. B. Höpflinger 2009). Im gleichen Zeitraum, wie sich die Ausdifferenzierung des Lebenslaufs vollzog, wurde die ‚bürgerliche Familie‘ mit ihren spezifischen Rollenverständnissen von Vater, Mutter und Kindern zum Maßstab dessen, was gesellschaftlich unter ‚Familie‘ verstanden wurde (→ Kapitel 4).

3.1.1 Die Entdeckung der Kindheit als gesellschaftlicher Schutz- und Entwicklungsraum

Unter *Kindheit* versteht man heute den ersten Abschnitt der Entwicklung des Menschen von der Geburt bis etwa zum Eintritt der Pubertät. Die individuelle Entwicklung in der Kindheit umfasst körperliche, psychologische und soziale Entwicklungsaufgaben. Dabei unterscheidet man als Phasen zumeist das Säuglingsalter (erstes Lebensjahr), das Kleinkindalter (zweites und drittes Lebensjahr), die frühe Kindheit (etwa viertes bis sechstes Lebensjahr), die mittlere Kindheit (etwa siebentes bis zehntes Lebensjahr) und die späte Kindheit (etwa elftes bis dreizehntes Lebensjahr). Aus soziologischer Perspektive wird oft die mit dem Strafmündigkeitsalter einhergehende Verantwortung als Ende der Kindheit betrachtet (in Deutschland mit Vollendung des 14. Lebensjahrs). Insbesondere im internationalen Kontext wird mit dem Begriff ‚Kind‘ oft die Spanne von der Geburt bis zur Vollendung des 18. Lebensjahres definiert (vgl. Artikel 1 der UN-Kinderrechtskonvention). Im SGB VIII hingegen gilt als ‚Kind‘, „wer noch nicht 14 Jahre alt ist“ (§ 7 (1) Satz 1 Nummer 1 SGB VIII). Solche Vorstellungen von Kindheit sind jedoch ein Phänomen der Moderne. Im Mittelalter gab es andere Auffassungen von Kindheit.

Vorstellungen von Kindheit im Mittelalter

Kinder waren in Europa bis ins späte Mittelalter hinein keine einmaligen und besonderen Familienmitglieder, zu denen die Eltern eine enge Bindung entwickelten, sondern deren ‚Eigentum‘ – insbesondere das des Vaters. In Anbetracht der ohnehin hohen Sterblichkeit war auch die Wahrnehmung des Todes eines Kindes eine völlig andere als heute: Es war Normalität, dass Kinder starben. Es wurde darum kein großes Aufheben gemacht. Auch war es weitgehend legitim oder wurde zumindest nicht bestraft, Kindern Schmerz zuzufügen, sie zu schlagen und zu peitschen, ihnen Angst zu machen, sie zu quälen, sexuell zu ‚gebrauchen‘, wegzugeben, zu verkaufen oder zu töten. In der historischen Kindheitsforschung (z. B. Ariès 2003; deMause 1980) wird insbesondere auf den zwar illegitimen und unter Strafe stehenden, faktisch jedoch geduldeten Kindsmord hingewiesen. Die Kinder starben im Bett der Eltern, in dem sie gemeinsam schliefen, eines – scheinbar – natürlichen Erstickungstodes. Dass es eine bedeutsame Anzahl von Kindstötung gegeben haben muss, schließt man nicht nur aus Hinweisen in erhaltenen Schriften und Briefen. Weitere Hinweise geben zum einen überlieferte Bevölkerungszahlen. Zu mehreren Zeitpunkten in der Geschichte sind darin große Geschlechterunterschiede zu erkennen, die Anzahl der Jungen überstieg die der Mädchen um ein Vielfaches. Hierfür gibt es bisher keine andere Erklärung als die gezielte Tötung von Mädchen (deMause 1980, S. 46 ff.). Zum anderen kommen einige Studien zu dem Ergebnis, dass auch der Rückgang der Kindersterblichkeit – bei Jungen und Mädchen – mit medizinischen und hygienischen Ursachen alleine nicht ausreichend erklärbar sei. Vielmehr geht man von einer veränderten Praxis in Bezug auf den Kindstod aus: Man habe aufgehört, Kinder, die man nicht behalten wollte, zu töten oder sterben zu lassen. Dies erkläre auch, dass Bischöfe im 17. Jahrhundert vehement das Verbot aussprachen, Kinder in den Betten ihrer Eltern schlafen zu lassen (vgl. Ariès 2003, S. 54 f.). Hintergrund dieser Entwicklung waren sich im Zuge der Aufklärung verändernde Vorstellungen von Kindheit.

Die Veränderung der Vorstellung von Kindheit im Zuge der Aufklärung

Im Zeitalter der Aufklärung entwickelten sich erste geistige Gegenströmungen gegenüber dieser Haltung zum Kind. Seit dem 17. Jahrhundert propagierten Erzieher(innen) und sogenannte ‚Moralist(inn)en' öffentlich ein Bild von der Natur des Kindes als menschliches Wesen mit individuellen Eigenschaften, die es zur Entfaltung zu bringen gelte. Es entstand die Vorstellung von der kindlichen Unschuld, das Bild vom Kind als ‚Engel'. In der folgenden Zeit wurde unter dem Einfluss der Kirchen und der Pädagog(inn)en jedoch auch betont, dass das Kind nicht amoralisch sei, sondern Schutz und Erziehung benötige, um sich nach den Regeln und der Moral der Gesellschaft zu entwickeln. Einen wichtigen Meilenstein in dieser Entwicklung des Bildes vom Kind bildete 1762 die Veröffentlichung „Émile oder über die Erziehung" von Jean-Jacques Rousseau. Er beschreibt darin die Erziehung des Jungen Émile als eine an der Natur des Menschen orientierte Erziehung fern der Gesellschaft. Nur diese, so sein Plädoyer, könne die moralisch verwahrloste Gesellschaft vor dem Verderben retten. Rousseau geht von einer urwüchsigen Natur des Kindes aus. Er beschreibt es als Aufgabe der Erzieherin/des Erziehers, diese Natur zur Entfaltung kommen zu lassen, das Kind aber auch – in bewusster eigener Entscheidung – zu einem Mitglied der Gesellschaft werden zu lassen. Das Werk ist zu einem epochenbildenden Klassiker der Pädagogik geworden, gilt als erstes Werk über moderne Erziehung und verdeutlicht die romantische Kindheitsvorstellung.

Mit der skizzierten Entwicklung des Bildes vom Kind als wenig ‚wertvolles Eigentum' hin zu einem menschlichen, schützenswerten Wesen mit individuellen Eigenschaften wächst auch die emotionale Bedeutung von Kindern für ihre Eltern. Der Umgang mit Kindern ändert sich. Es ist ein Rückgang von – aus heutiger Sicht – grausamen Handlungsweisen gegenüber Kindern zu verzeichnen und eine Zunahme empathischer Zuwendung. Wie vielschichtig diese Entwicklung ist, kann anhand des Schlagens verdeutlicht werden: In Europa sind die ersten Versuche, das Schlagen von Kindern einzudämmen, aus dem 17. Jahrhundert bekannt, und im 18. Jahrhundert lässt sich ein ernsthafter Rückgang verzeichnen. Neben diesem Rückgang des Schlagens änderte sich auch die Form: Im 19. Jahrhundert wurde die Strafe mit der Peitsche weitgehend abgeschafft. Das Schlagen selbst, insbesondere mit der Hand, hielt sich jedoch als reguläre Strafe für Kinder bis ins 20. Jahrhundert, existiert faktisch bis heute und ist in einigen Ländern Europas (z. B. Frankreich, Irland und Belgien) auch heute noch als Erziehungsmethode legitimiert oder zumindest rechtlich nicht illegitimiert. Zudem ist der Rückgang des Schlagens keineswegs gleichbedeutend mit dem Rückgang von Strafen: In der historischen Betrachtung kann man feststellen, dass zeitgleich mit dem Rückgang des Schlagens das Einsperren von Kindern zunahm und sich gewissermaßen zu einem Ersatz entwickelte (deMause 1980, S. 70).

Seit dem 18. Jahrhundert gewinnt Schule als Ort der Bildung zunehmend an Bedeutung, auch wenn es bis ins 20. Jahrhundert hinein dauert, bis sich die allgemeine Schulpflicht flächendeckend durchsetzt. Sie soll Kindern gesellschaftliche Werte und Normen wie Pünktlichkeit und Fleiß nahebringen, Bildung vermitteln, auch armen Kindern, und diese auf die mit der Industrialisierung verbundenen Berufsanforderungen vorbereiten.

Unterschiedliche Interpretationen der Geschichte der Kindheit

In der Kindheitsforschung gibt es nun unterschiedliche Interpretationen dieses Entwicklungsprozesses der Wahrnehmung von Kindern. Die beiden zentralen Protagonisten eines grundlegenden Deutungsstreits sind Philippe Ariès und Lloyd deMause.

Ariès beschrieb in seinem 1960 erstmals erschienenen Standardwerk der Kindheitsforschung „Geschichte der Kindheit" die Entwicklung der Kindheit als einen Prozess des Verlustes von Freiheit. Im Mittelalter, so seine These, sei Kindheit auf die ersten Lebensjahre beschränkt gewesen, in denen ein Kind nicht ohne fremde Hilfe auskam. Sobald es körperlich ausreichend entwickelt gewesen sei, habe es übergangslos zu den Erwachsenen gezählt und ihren Alltag, ihre Arbeit und ihre Spiele geteilt. Auf Gemälden werden Kinder im Mittelalter oft als kleine Erwachsene dargestellt. Sie haben die gleichen Gesichtszüge, die gleichen Proportionen und tragen die gleiche Kleidung wie Erwachsene. Nur an der Größe könne man das Alter schätzen. Alles, was ein Kind können und wissen musste, lernte es durch das Mittun (vgl. Ariès 2003, S. 45 f.). Ebenso, wie Kinder noch nicht von der Welt der Erwachsenen separiert wurden und ihren Alltag mitlebten, kann man auf Bildern und aus Berichten auch erkennen, dass Erwachsene Spiele spielten und Dinge taten, die heute als kindlich gelten (vgl. ebd., S. 173). Dabei ist zu berücksichtigen, dass in Anbetracht der kurzen Lebenserwartung viele ‚Erwachsene' damals noch sehr jung, nach heutigem Maßstab ältere Kinder und Jugendliche, waren.

Ariès geht davon aus, dass es keine (gesellschaftliche) Reflexion darüber gegeben habe, ob das, was dem kleinen Kind passiert, eine mögliche Schädigung zur Folge haben könne. Er betrachtet diese Situation nicht unter dem Kriterium fehlenden Schutzes für die Kinder, sondern hebt hervor, dass Kinder damit die Möglichkeit hatten, sich frei in der Erwachsenenwelt zu bewegen. Zwei gesellschaftliche Entwicklungen hätten seit der Renaissance dann zu einer Veränderung des Bildes vom Kind geführt: die Privatisierung und Intimisierung des familialen Zusammenlebens (Ariès nennt dies ‚Familialisierung') und die Entwicklung und Ausdifferenzierung von öffentlichen Räumen und Institutionen, deren Aufgabe die Pflege, Erziehung und Bildung von Kindern ist (Ariès nennt dies ‚Scolarisation'). Die ‚Entdeckung der Kindheit' dürfe insofern nicht als Befreiung der Kinder ausschließlich zu ihrem Wohle fehlinterpretiert werden, sondern Erziehung und Schutz müssten auch als Kontrolle und Ausschluss gedeutet werden. Sie würden in Familie und Schule separiert, aus der Gesellschaft ausgeschlossen und kontrolliert. Mit der Entdeckung der Kindheit als schutzbedürftige Lebensphase wurde also begonnen, Kinder vor den von Erwachsenen als schädlich definierten Einflüssen fernzuhalten und ihr (ebenfalls von Erwachsenen definiertes) gedeihliches Aufwachsen zu überwachen. Den Duktus dieses Ausschlusses verdeutlicht Ariès anhand eines Dokuments zu den Regeln für die Schulen Port-Royals von 1721: „Die Kinder müssen ständig überwacht werden und dürfen, ob gesund, ob krank, nirgendwo alleine gelassen werden." Doch müsse

> „diese unablässige Bewachung auf sanfte Weise und mit einem gewissen Maß an Vertrauen durchgeführt werden, damit sie eher den Eindruck haben, dass man sie liebt und nur deshalb bei ihnen ist, weil man sie gern begleiten möchte. Das hat dann zur Folge, dass sie diese Überwachung eher lieben als fürchten" (Pascal 1721, zitiert nach Ariès 2003, S. 193).

1974, 14 Jahre nach der Veröffentlichung von Ariès, veröffentlichte deMause in den USA das Buch „The History of Childhood" (1980 auf Deutsch „Hört Ihr die Kinder weinen. Eine psychogenetische Geschichte der Kindheit"). Er betrachtet darin die Geschichte der Kindheit aus einer psychoanalytischen Perspektive, stellt die Entwicklung der Eltern-Kind-Beziehung in den Mittelpunkt und geht der Frage nach, wie „die psychische Struktur von Generation zu Generation durch den Engpaß der Kindheit weitergegeben" werde und ob bzw. wie es der jeweiligen Elterngeneration gelingt, „sich in das psychische Alter ihrer Kinder zurückzuversetzen und die Ängste dieses Alters, wenn sie ihnen zum zweiten Mal begegnen, besser zu bewältigen, als es ihnen in der eigenen Kindheit gelungen ist" (deMause 1980, S. 14). Auch deMause stellt also die Geschichte der Kindheit dar – kommt allerdings zu einer dem Resümee von Ariès in Teilen entgegengesetzten Deutung. DeMause geht davon aus, dass Kinder Subjekte mit eigenen Grundrechten sind und die Geschichte der Kindheit insofern eine Geschichte der Gewalt und der Grausamkeit gegenüber Kindern darstellt. Er erklärt diese Grausamkeit von Eltern gegenüber ihren Kindern aus psychoanalytischer Sicht mit zwei Reaktionen. Zum einen sieht er darin eine projektive Reaktion, das heißt die Eltern sehen in ihren Kindern das (eigene) Böse und ‚bekämpfen' es im Kind. Zum anderen beschreibt er eine Umkehr-Reaktion. Eltern erwarten von ihren Kindern die Befriedigung ihrer Bedürfnisse, reagieren mit Enttäuschung, wenn dies nicht erfolgt, und ‚rächen' sich hierfür an ihren Kindern (vgl. Bühler-Niederberger 2020, S. 95).

Die in der Geschichte zu beobachtende Abnahme der Grausamkeit von Eltern gegenüber ihren Kindern erklärt deMause damit, dass Eltern mit jeder Generation lernen konnten, etwas mehr Empathie für ihre Kinder zu entwickeln, als sie selbst es erlebt hatten. Die Entwicklung der Kindheit bis in die Gegenwart, die Veränderungen der Erziehungspraktiken, den Rückgang der Gewalt und die zunehmende emotionale Bedeutung der Eltern-Kind-Beziehung interpretiert er daher als Fortschrittsgeschichte.

Beide Beiträge stellen wichtige, aber auch begrenzte Ansätze einer Geschichte der Kindheit dar. Ariès interpretiert und bewertet in romantisierender Weise, deMause in einer moralisierend-psychologisierenden Weise, die zudem die heutige Vorstellung von Normalität als Maßstab nimmt (vgl. ebd., S. 96). Den Interpretationen widersprechende Befunde werden von deMause ausgeblendet, beispielsweise die hohen regionalen Unterschiede oder der Einfluss wirtschaftlicher Entwicklungen auf den Umgang mit Kindern. Quellen zum Erleben der Kinder sind kaum existent. Mittlerweile sind ebenso Studien erschienen, die auch der von Ariès als klar und eindeutig skizzierten Linie widersprechen und Differenzierungen einfordern:

So hat es in der Geschichte beispielsweise durchaus altersdifferenzierende Regelungen in Bezug auf Bestrafungen gegeben, und es können auch vor der Aufklärung enge emotionale Bindungen zwischen Eltern und Kindern nachgewiesen werden. Gleichwohl kann nicht widerlegt werden, „dass sich gesellschaftliche Vorstellungen vom Kind entscheidend wandeln und dass damit auch Vorgaben der Wertschätzung und Liebe sich ändern, auch wenn die tatsächlich erlebten Gefühle konkreter Eltern für ihre Kinder letztlich durch solche Vorgaben weder verhindert noch erzwungen werden können" (ebd., S. 78).

Bei allen Unterschieden in der Deutung der historischen Dokumente herrscht in der Kindheitsforschung Einigkeit darüber, dass das heutige *Bild der früheren heilen und geborgenen Kindheit* jeder Grundlage entbehrt. Wir verfolgen heute selbstverständlich das Ideal einer langen und behüteten Kindheit (vgl. ebd., S. 13) und fragen uns oft ratlos, wie Eltern dazu fähig sein können, ihre Kinder zu verletzten. Vor dem Hintergrund der Geschichte sollten wir uns immer wieder bewusst machen, dass es zu keiner Zeit einen so hohen Anspruch an eine einfühlsame, schützende und gewaltfreie Erziehung von Kindern gab wie heute und unsere Vorstellung von Kindheit *nicht natürlich und richtig,* sondern historisch gewachsen und im steten Wandel begriffen ist.

Kindheit als Konstrukt

Aus diesem Exkurs in die Vergangenheit und auf unterschiedliche Interpretationen der geschichtlichen Entwicklung wird nun unser Blick auf Kindheit deutlich: Wir verstehen Kindheit in diesem Buch *nicht als Natur,* sondern als das jeweils vorherrschende, historisch spezifische Verständnis von und den daraus resultierenden Blick auf junge Menschen ab der Geburt bis zum Eintritt der Pubertät. Kindheit ist insofern ein Konstrukt, das *nicht durch eine vermeintliche Natur des Menschen,* sondern durch unseren Blick auf den Menschen und unsere Deutungen entsteht.

Dieser Blick hat sich historisch entwickelt und ist weiterhin in Veränderung begriffen. Es sind drei zentrale, sich seit dem Mittelalter vollziehende Entwicklungen, die unser heutiges Kindheitsbild prägen:

1. Die zunehmende Trennung von Menschen unterschiedlicher Alltagsgruppen im Alltag,
2. die emotionale Besetzung und Höherbewertung der Kinder und
3. die Vergesellschaftung der Kindheit, d. h. die zunehmende Freisetzung aus der Familie und die Strukturierung und Beeinflussung der Kindheit durch die Gesellschaft und öffentliche Institutionen (wie z. B. der Schule).

Die Auseinandersetzung zwischen Ariès und deMause resultiert aus unterschiedlichen Blickweisen auf diese Entwicklungen und in der Folge auch unterschiedlichen Bewertungen. Dabei markieren die beiden Positionen ein zentrales Spannungsfeld des Kinderschutzes: Kinder sollen geschützt werden, um sich entwickeln und entfalten zu können. Dieser Schutz stellt aber gleichzeitig selbst eine Begrenzung und Kontrolle von Kindern dar. Kinder gewinnen im Laufe der Geschichte Schutz und Wertschätzung. Sie verlieren damit jedoch Freiheiten und Erfahrungsräume. Schutz ohne Kontrolle und Einschränkung ist nicht möglich. Schutz einseitig als gut und im Interesse des Kindes darzustellen, ohne die für das Kind damit einhergehenden Konsequenzen in den Blick zu nehmen, würde einen wesentlichen Bereich kindlicher Grundbedürfnisse ausblenden. Dieses Spannungsfeld wird uns in den kommenden Kapiteln noch mehrfach begegnen.

Kindheit zwischen Freiheit und Schutz

- Überlegen Sie zunächst einzeln und tauschen Sie sich dann miteinander aus: Was assoziieren Sie mit dem Wort ‚Schutz', was mit dem Wort ‚Freiheit'?
- Diskutieren Sie anhand konkreter Situationen: Wann gilt es Kinder zu schützen, wann ihnen Freiräume zu gewähren? Wann rechtfertigt Schutz die Einschränkung von Erfahrungsräumen, wann rechtfertigen Erfahrungsmöglichkeiten das Eingehen von Risiken?

3.2 Die Herausbildung der Jugend als gesellschaftliches Moratorium

Der Begriff *Jugend* bezeichnet eine Altersphase des Menschen mit vielen und schnellen Veränderungen und Entwicklungen. Jugend ist im Ursprung ein *soziologischer* Begriff. Er verweist auf die Gestaltung und Strukturierung der Lebensphase durch die jeweils bestehenden gesellschaftlichen Bedingungen. Die/der Jugendliche setzt sich zudem in oft radikaler, ungeduldiger und kritischer Weise mit der Welt der Erwachsenen auseinander, um den eigenen Platz darin zu finden. In dieser Zeit werden soziale Verhaltensweisen, politische Einstellungen und das gesellschaftliche Selbstverständnis entscheidend geprägt.

Deutlich sichtbar ist zunächst die körperliche Entwicklung, d.h. das allgemeine Wachstum und die Entwicklung der Geschlechtsreife. Die Zeitspanne dieser *biologischen* Veränderungen wird als ‚Pubertät' bezeichnet. Im Gegensatz dazu bezieht sich der *psychologische* Begriff ‚Adoleszenz' auf die mit diesen Entwicklungen einhergehenden emotionalen und kognitiven Entwicklungen. Adoleszenz gilt als eine zentrale psychische Umbruchphase im Leben, während derer sich die Wahrnehmung der Umwelt verändert. Zentraler Inhalt ist die Selbstfindung, die Entwicklung einer stabilen Ich-Identität. Es findet eine intensive Auseinandersetzung mit menschlichen Beziehungen, mit Liebe und Einsamkeit, Werten und Moral statt.

Im allgemeinen Sprachgebrauch, aber auch *in der Pädagogik* hat sich der Begriff *Jugend* für die hier thematisierte Lebensphase durchgesetzt. In unterschiedlichen Publikationen und Zusammenhängen werden sehr unterschiedliche Altersspannen angegeben. Das SGB VIII unterscheidet in § 7 zwischen Jugendlichen (14–17 Jahre) und jungen Volljährigen (18–26 Jahre). Die bekannte Shell-Jugendstudie richtet den Blick auf die 12- bis 25-Jährigen (vgl. Albert et al. 2015).

3.2.1 Jugend als Lebensphase

Der Begriff ‚Jugend' ist ebenso wie der Begriff ‚Kind' historisch weit zurückzuverfolgen, wurde jedoch über die Zeit hinweg in sehr unterschiedlichen Bedeutungen verwandt. Jugend als Lebensphase in der zeitlichen und inhaltlichen Gestalt, wie wir sie heute beobachten,

> „ist ein Produkt und ein Projekt der europäischen Moderne seit dem Beginn des Industrialisierungsprozesses im 19. Jahrhundert. In jener Zeit beginnend hat sich ein Modell von Jugend, etabliert zwischen Kindheit und dem ökonomisch und sozial selbständigen Erwachsenenleben, herausgebildet und ist allmählich universalisiert worden" (Münchmeier 2005, S. 816).

Sie war zunächst ein Privileg der bürgerlichen Jugend und wurde dann anfänglich auf die männliche und erst im 20. Jahrhundert auch auf die weibliche Arbeiterjugend und Landjugend ausgedehnt (vgl. ebd.). Hierzu trug auch die Durchsetzung der allgemeinen Schulbildung seit Ende des 19. Jahrhunderts bei. Die Ausdifferenzierung der Gesellschaft und Entwicklung der Arbeitsteilung machten Bildung und spezialisierte Qualifikationen erforderlich. Es wurde ein öffentliches Bildungs- und Erziehungssystem entwickelt, das neben der Vermittlung von kognitivem Wissen und kulturellen Techniken auch eine bestimmte Einstellung zur Gesellschaft förderte. Bei jungen Männern dominierte die Vorbereitung auf die Berufstätigkeit, junge Frauen wurden lange Zeit auf ihre Rolle als Hausfrau und Mutter und erst schrittweise auch auf eine spätere Berufstätigkeit vorbereitet.

Damit entsteht eine Lebensphase, die primär durch den Schulbesuch und die Vorbereitung auf den Beruf bestimmt ist. Jugendliche sind keine Kinder mehr, sind aber auch noch nicht erwachsen im Sinne von ökonomischer Selbständigkeit und Familiengründung, sondern befinden sich in einer Zwischenphase zwischen Kindheit und Erwachsenheit. In dieser Phase sind sie von ökonomischen Zwängen freigestellt und haben die Aufgabe, sich über eine möglichst gute Schul- und Berufsbildung auf die Erwachsenheit und vor allem Berufstätigkeit vorzubereiten. Diese zentrale Bedeutung der Schulbildung hat auch zur Folge, dass Jugendliche sich zunehmend in altershomogenen Gruppen aufhalten und Jugend damit erst als eine besondere Lebensphase, die sich von Kindern und Erwachsenen unterscheidet, wahrnehmen können. Die Gleichaltrigengruppe erlangte in dieser Entwicklung zunehmend Bedeutung als Sozialisierungsträger und Brücke des Jugendlichen von der Familie in die Gesellschaft (vgl. Tenbruck 1965, S. 70 ff.).

3.2.2 Jugend als pädagogische Kategorie

Jugend entsteht auch als eine pädagogische Kategorie. Mit fortschreitender Industrialisierung und beruflich-sozialer Entwurzelung der Kleinhandwerker- und Landarbeiterfamilien mussten deren Familienmitglieder durch abhängige Lohnarbeit zum Erwerb der Familie beitragen. Diese Arbeiterfamilien aus dem Proletariat bzw. der Unterschicht konnten ihre Kinder damit nicht mehr ausreichend betreuen oder ausbilden, und der Schulbesuch war lange aus Kostengründen unmöglich. Auch die Familienrealität, z. B. die Berufstätigkeit der Mutter, wich vom bürgerlichen Ideal deutlich ab. Jugendliche aus der Arbeiterschicht wurden als gefährdet oder gar verwahrlost wahrgenommen. Damit wurde „zum ersten Mal die Forderung nach einer ‚öffentlichen Erziehung' laut, die subsidiär die Mängel der proletarischen Familien kompensieren sollte" (Münchmeier 1991, S. 25). Zunächst waren es private Vereine und Stiftungen, die sich für die ‚Rettung' dieser Kinder und Jugendlichen engagierten. Dabei ging es jedoch nicht nur um Mitleid gegenüber den Jugendlichen, sondern auch um die Sorge um die gesellschaftliche Ordnung. Im Mittelpunkt standen „die Gefährdungen, die von den sozialen Unterschichten für den Bestand der bürgerlichen Gesellschaft ausgingen" (ebd., S. 26). Während die bürgerliche Jugend zwar eine rechtlose Zeit des Lernens und der Vorbereitung darstellte, die jedoch durch die spätere Übernahme der sozialen Stellung und des Besitzes der Familie belohnt wurde, hatte der Verzicht für die proletarische Jugend diesen Sinn nicht. Die Einübung in Tugenden wie Sparsamkeit, Arbeitsamkeit, Fleiß und Bedürfnisverzicht wurden so eher eine Art Zwangserziehung.

In diesen Schlaglichtern wird deutlich, dass der Blick der Erwachsenen auf Jugend ambivalent ist: Jugend ist zum einen Zukunft und damit Hoffnung. Es gibt aber auch gesellschaftliche Gefährdungen der Jugend, und nicht zuletzt wird Jugend in ihren unterschiedlichen Ausdrucksformen oft als Bedrohung für die Gesellschaft gesehen.

Für die hier skizzierte Gestalt von Jugend hat sich seit Mitte des 20. Jahrhunderts der Begriff des „psychosozialen Moratoriums" (Erikson 1994, S. 137) durchgesetzt. Der soziale Wandel führte seit den 1980er Jahren jedoch dazu, dass dieses Jugendbild bereits wieder brüchig wurde. Unter den Schlagworten ‚Entstrukturierung' und ‚Strukturwandel der Jugendphase' (vgl. Hornstein 1985; Münchmeier 2005; Olk 1985) wird diskutiert, inwiefern Jugend noch als eine solche Übergangs- und Vorbereitungszeit betrachtet werden kann. Ausdrucksweisen von Jugendlichen wie beispielsweise Gewalthandlungen oder subkulturelle Orientierungen werden oft im Kontext dieser Entstrukturierungsprozesse interpretiert.

Nachdenken über die eigene Kindheit und Jugend

Was fällt ihnen ein, wenn Sie an Ihre eigene Kindheit denken? Oder: Woran denken Sie, wenn Sie an Ihre eigene Jugend denken? Nehmen Sie sich zunächst in Einzelarbeit Zeit, um sich zu erinnern, und schreiben Sie Ihre Assoziationen in Stichworten auf. Tauschen Sie sich dann mit einem Partner/einer Partnerin Ihrer Wahl über Ihre Gedanken aus. Besprechen Sie schließlich im Plenum Ihre Eindrücke:

- Was ist Ihnen aufgefallen, was war Ihnen wichtig, was möchten Sie im Plenum berichten?

In großen Seminargruppen ist es interessant, aus den Stichpunkten eine Statistik zu erstellen:

- Welche Begriffe, Themen, Aspekte werden häufig genannt, welche selten?
- Vergleichen Sie diese mit in Sozialisationstheorien genannten Entwicklungsaufgaben zu Kindheit und Jugend.

3.3 Kindheiten und Jugenden heute

Die geschichtliche Herleitung des heutigen Verständnisses von Kindheit und Jugend hat gezeigt, warum wir von Kindheit und Jugend als gesellschaftliche Konstrukte ausgehen. Gleichwohl gibt es Kindheit und Jugend heute als gesellschaftliche Realität – oder besser: als gesellschaftliche Realitäten. Denn auch wenn wir scheinbar klare Bilder von Kindheit und Jugend im Kopf haben, stellt sich das tatsächliche Leben für junge Menschen im Kindheits- und Jugendalter doch sehr unterschiedlich dar. Dies gilt nicht nur individuell, sondern auch in Abhängigkeit von sozialen, ökonomischen, politischen, religiösen, regionalen und anderen Lebensbedingungen. In der Soziologie wird daher oft im Plural von Kindheiten und Jugenden gesprochen, um auf diese real existierende Heterogenität hinzuweisen (vgl. Honig 2016; Scherr 2016).

3.3.1 Das Ideal der behüteten Kindheit und ihre Folgen

Eine lange und behütete Kindheit gilt heute in Deutschland als Ideal. Sie ist ein *normatives Muster,* d.h. eine Vorstellung, an der sich Menschen (oft unbewusst) ausrichten, die ihre Handlungsziele vorstrukturieren und damit auch einschränken. Handlungen, Erwartungen und Bewertungen der Mehrheitsgesellschaft orientieren sich an diesem normativen Muster einer langen und behüteten Kindheit. Öffentliche Institutionen bevorzugen diese Kindheiten – rechtlich und finanziell (z.B. durch das sogenannte Ehegattensplitting), organisatorisch (z.B. durch die Gestaltung von Öffnungszeiten der Kitas), pädagogisch (positive Bewertung von Freizeitverhalten mittlerer und höherer sozialer Schichten durch die Lehrer(innen)). Das, was wir als ‚gute' Kindheit bewerten, hat diese Qualität also nicht in sich, sondern es stellt eine Zuschreibung dar, die erst durch die reale Bevorzugung dieser Kindheiten in unserer Gesellschaft Bestätigung erfährt. Das, was wir als ‚gute' Kindheit bewerten, ist in einem langen historischen Konstruktionsprozess entstanden, der den wenigsten Menschen bewusst ist.

> „Ein wichtiges Merkmal dieses Konstruktionsprozesses ist es, dass er in einer Weise verläuft, dass sein Produkt ‚die gute Kindheit' nicht als gesellschaftliche Schöpfung und ‚Erfindung' erscheint, sondern als natürlich richtig, als die Kindheit, die den naturgegebenen Bedürfnissen der Kinder entspricht" (Bühler-Niederberger 2020, S. 62f.).

Kinder werden heute in der Regel als Menschen betrachtet, die aufgrund der Tatsache, dass sie sich noch in der Entwicklung befinden, nicht in gleicher Weise wie Erwachsene für ihre Entscheidungen verantwortlich sein können. Sie bedürfen, so die Vorstellung von Kindheit, in hohem Maße des Schutzes, der Aufsicht, der Erziehung und der Anleitung und Begleitung durch Erwachsene. Diese Erziehung soll jedoch im Interesse des Kindes erfolgen, sich an seinem Entwicklungsstand orientieren und perspektivisch zur Selbständigkeit der Kinder führen. So hat sich auch der Erziehungsstil in Familien in den vergangenen 50 Jahren deutlich verändert. Der Umgang von Eltern mit ihren Kindern ist sehr viel gleichberechtigter geworden. Kinder werden heute weitgehend als Menschen in der Entwicklung und mit eigenen Rechten anerkannt. Man spricht in der zweiten Hälfte des 20. Jahrhunderts von einer Verschiebung von einem Befehls- zum Verhandlungshaushalt (vgl. Büchner 1983, S. 201).

Ein Kind zu bekommen hat heute eine andere Bedeutung als in der Vergangenheit. Erst seit etwa fünfzig Jahren, seit der Freigabe der sogenannten Anti-Baby-Pille, können die meisten Menschen – in den westlichen Industrienationen – weitgehend selbst darüber entscheiden, ob sie Kinder haben möchten oder nicht. Kinder zu bekommen ist damit nicht mehr zwangsläufig, sondern Teil der Lebensplanung und der Selbstverwirklichung. Damit ändern sich die Erwartungen, die Eltern an ihre Kinder richten, dahingehend, dass Kinder zu ihrem Lebensglück beitragen sollen. Eltern wollen stolz sein auf ihre Kinder, aus ihnen soll etwas werden, und die Leistungen und der Verzicht der Eltern sollen sich lohnen. Kinder sind in diesem Sinne eine ‚Investition' der Eltern und damit einher geht oft eine hohe Leistungserwartung der Eltern an die Kinder.

Diese Veränderung trägt aber auch zu höheren Erwartungen der Gesellschaft an die Eltern bei. Es besteht die klare soziale Erwartung an Eltern, ihre Kinder zu lieben, glücklich über ihre Kinder zu sein und – insbesondere bei Müttern – die Erwartung an eine gewisse ‚Selbstaufgabe': Das Kindeswohl hat Vorrang in allen Entscheidungen. Konkurrierende Bedürfnisse der Eltern gelten als illegitim. In diesem normativen Bild der glücklichen Kinder- und Elternschaft werden schwierige Zeiten, Trotzphase und Autonomiekämpfe, Stress zwischen kindlichem ‚In-den-Tag-Hineinleben' und erwachsenem ‚zeitlich eng getakteten Arbeitsleben', Probleme der Vereinbarkeit von Familie und Beruf sowie viele andere Ambivalenzen ausgeblendet. Für Eltern ergibt sich daraus oft der Eindruck, dass offensichtlich nur sie diese Probleme hätten und es an ihnen selbst liegen müsse, wenn sie vom Ideal einer stets glücklichen Familie abweichen, in der Auseinandersetzung mit ihren Kindern an Grenzen geraten oder aggressiv werden. Offensichtlich, so der Selbstzweifel, sind sie unfähige Eltern – oder haben besonders schwierige – ‚gestörte' – Kinder.

Kindheit heute findet – entgegen teilweise anderslautender Darstellungen in den Medien – immer noch überwiegend in traditionellen (im Sinne von: der bürgerlichen Vorstellung entsprechenden) Familien statt. 76 % der Kinder im Alter von 6 bis 11 Jahren wachsen bei ihren leiblichen und in der Regel (91 %) verheirateten Eltern auf. Fast drei Viertel der Kinder haben zudem Geschwister (43 % der Sechs- bis Elfjährigen hatte 2017 ein Geschwisterkind, 30 % zwei oder mehr Geschwister, 27 % waren Einzelkinder) (Pupeter/Schneekloth 2018, S. 559 f.). Auch die Rollenverteilung der Eltern ist trotz geringer Veränderungen weitgehend geschlechtsspezifisch bestimmt: Die Mütter kümmern sich in deutlich größerem Umfang um Kinder und Haushalt, Väter sind in der Regel voll berufstätig und verbringen weniger Zeit mit Haushaltstätigkeiten und Versorgung der Kinder. Diese Familien- und Rollenformen werden von gesellschaftlichen Institutionen und Strukturen gefördert und bevorzugt. Familien, die von diesen Strukturen abweichen, wie z. B. Alleinerziehende, Patchwork-Familien und Eltern in gleichgeschlechtlichen Lebensgemeinschaften, sind auf vielen Ebenen größeren Schwierigkeiten und Belastungen ausgesetzt (vgl. Bühler-Niederberger 2020, S. 24 ff.).

Ein zentraler Faktor, der Kindheit heute bestimmt, ist die sozioökonomische Lage, in der Kinder aufwachsen. Kinder aus unteren sozialen Schichten sind in vielfacher Weise benachteiligt. Sie sind stärker von Armut betroffen, erreichen geringere Bildungsabschlüsse und haben deutlich mehr gesundheitliche Beschwerden und psychische Auffälligkeiten. Die Kompetenzen, die sie in ihren Familien entwickeln, sind oft in der Gesellschaft nicht als Stärken anerkannt, und sie treffen auf deutlich höhere Bildungsbarrieren als Kinder aus sozial mittleren und höheren Schichten. Zudem fühlen diese sich durchschnittlich stärker von ihrem Elternhaus unterstützt. Sie bewerten das Verhältnis zu ihren Eltern besser und beschreiben mehr Einfühlung, Interesse und weniger körperliche Bestrafung. Hieraus zu folgern, dass sie durchweg bessere Kindheiten hätten, wäre jedoch sehr einseitig. Umgekehrt haben Kinder aus unteren sozialen Schichten mehr Freiheit und stehen weniger unter Anleitung und Überwachung. Sie spielen häufiger auf dem Spielplatz und schauen alleine fern. Allerdings werden auch diese Freiheiten in der Öffentlichkeit meist negativ beurteilt (vgl. ebd., S. 42).

Auch das Wissen darum, was Kinder und Jugendliche brauchen und was ihre Entwicklung beeinträchtigt oder gefährdet, hat sich im Lauf der Jahrhunderte stetig gewandelt, erweitert und verändert. Während es bis ins 20. Jahrhundert als wichtig für die Kinder beschrieben wurde, väterliche Autorität zu demonstrieren und ihnen auch durch körperliche Strafen Zucht und Ordnung beizubringen, gibt es heute ein Gesetz zur gewaltfreien Erziehung. Lange Zeit war es selbstverständlich, in Anwesenheit von Kindern – sogar in geschlossenen Räumen und im Auto – zu rauchen, und niemand achtete darauf, was dies für die Kinder bedeutete. Heute wird in Kampagnen auf die Gefahr des Passivrauchens hingewiesen. Und sogar ärztliche Empfehlungen zur Gesundheitsprävention können sich innerhalb kurzer Zeit ändern und ins Gegenteil verkehren. So galt es aus medizinischer Sicht lange als Prävention gegen Allergien, wenn Kinder im ersten Lebensjahr nur langsam mit neuen Lebensmitteln konfrontiert wurden. Vor etwa zehn Jahren änderte sich dies – heute gilt es als wichtig, dass der kindliche Körper bereits im ersten Jahr viele unterschiedliche Lebensmittel kennenlernt, damit der Körper sich daran gewöhnt und lernt, damit zurechtzukommen.

3.3.2 Jugend zwischen gesellschaftlicher Verheißung und erhöhter Belastung

Jugend als Zeit der Vorbereitung auf die Erwachsenheit, also das eigenständige und selbstverantwortliche Leben in der Gesellschaft, ist unmittelbarer vom sozialen Wandel betroffen als Kindheit. Man könnte auch sagen: *Jugendliche* (als Personen) *müssen Jugend* (als gesellschaftliche Anforderungsstruktur) *bewältigen* und entwickeln hierfür eigene – von der Gesellschaft nicht immer anerkannte – Bewältigungsformen (vgl. Münchmeier 2008, S. 9). In der Jugendforschung wird das Beschreiben und Verstehen von Jugend daher stets verbunden mit der aktuellen Gesellschaftsdiagnose (vgl. Helsper/Krüger/Sandring 2015). Als bedeutsam für die Lebenslage von Jugendlichen heute gelten immer noch die Prozesse der Individualisierung und Pluralisierung von Lebenslagen. Individualisierung bedeutet zum einen den Anspruch des Einzelnen auf eine selbstbestimmte Lebensführung und auf Entfaltungsmöglichkeiten unabhängig vom Elternhaus, von der Herkunft, von der Schicht. Individualisierung stellt aber auch einen Zwang dar, eine normative Erwartung, die mit fortschreitender Moderne gegeben ist. Der Komplexitätsgrad der Gesellschaft hat sich enorm erhöht und differenziert. Lebenslagen differenzieren sich aus. Es gibt immer weniger Muster, an denen sich die Einzelnen bei ihren Entscheidungen orientieren können. Vielmehr muss jede Person nun Entscheidungen treffen, deren Voraussetzungen und Folgen sie nur schwer einschätzen kann (vgl. Abels 2008, S. 140). Dabei sind die Möglichkeiten zur Bewältigung dieser Herausforderungen und die gesellschaftlichen Teilhabechancen von Jugendlichen maßgeblich durch die soziale Herkunft und die familialen Muster geprägt (BMFSFJ 2013a, S. 140).

Das bis in die zweite Hälfte des 20. Jahrhunderts geltende Versprechen ‚bereite Dich in der Jugend gut vor, dann wirst Du im Erwachsenenleben Erfolg haben' gilt heute nicht mehr. Vorbereitung in der Jugend durch Bildung ist notwendig – kann aber späteren Erfolg im Erwachsenenleben nicht mehr garantieren. Jugendliche laufen im Rahmen der Individualisierung aber nicht nur Gefahr,

> „an den gesellschaftlichen Umständen und Widrigkeiten zu scheitern, sondern darüber hinaus auch noch für Misserfolge persönlich verantwortlich gemacht zu werden. Gerade in der Jugendphase verschärfen sich unter diesen Bedingungen die Spannungen und Ambivalenzen: Während die heranwachsende Generation – nun erst recht – immer mehr Zeit und Energie in die Akkumulation von Humankapital in Form von immer längeren und immer anspruchsvolleren Bildungsgängen investieren muss, um überhaupt eine Chance auf attraktive Berufspositionen wahren zu können, wird die Realisierung dieser Hoffnungen unter den Bedingungen verengter Arbeitsmärkte immer ungewisser" (Mierendorff/Olk 2010, S. 136).

Die Orientierung der Lebensphase Jugend an der Zukunft wird daher zunehmend brüchig. Die verstärkte Hinwendung von Jugendlichen zur Gegenwart, ein lustbetonter, teilweise egoistisch erscheinender Lebensstil und weitere Erscheinungsweisen können als jugendspezifische Verarbeitungsform dieser strukturellen Spannung interpretiert werden. Junge Menschen sind nicht mehr bedingungslos wertvolles gesellschaftliches ‚Kapital', das es zu entwickeln gilt, sondern man braucht bestimmte Jugendliche mit bestimmten Kompetenzen. Wer nicht zu diesem ‚auserwählten' Kreis zählt, hat deutlich geringere Chancen auf beruflichen Erfolg. Es macht für diese Jugendlichen keinen Sinn, aktuelle Entscheidungen in Hinsicht auf eine in der Zukunft liegende – mögliche, aber in ihrem Fall unwahrscheinliche – Gratifikation zu treffen. Die Gestaltung der Gegenwart gewinnt an Bedeutung. Jugend heute ist daher nicht mehr nur Vorbereitungszeit, sondern hat eine eigene biographische Bedeutung und einen eigenen Wert.

Was prägt nun das Leben von Jugendlichen heute? Im 14. Kinder- und Jugendbericht der Bundesregierung wird dies beispielsweise anhand von vier für Jugendliche zentralen ‚Welten' dargestellt (BMFSFJ 2013a, S. 145 ff.):

1. Die ‚Welt der Familie'. Familie bleibt für Jugendliche ein zentraler Bezugspunkt ihrer Lebenswelt. Sie sind ebenso wie Kinder, wenn auch in anderer Weise, auf Fürsorge – emotionale Zuwendung, finanzielle Unterstützung, persönliche Hilfeleistungen, gesundheitliche Fürsorge, Kommunikation etc. – angewiesen. Und:

> „Familie als Lebenszusammenhang leistet auch im Jugendalter eine durch forcierten sozialen Wandel immer komplexer werdende allgemeine Vermittlungsfunktion zwischen der Gewährung von Sicherheit und Verlässlichkeit auf der einen und der Vorbereitung einer neuen Beziehungsform, in der sich Jugendliche zusehend autonomer von ihren Eltern entwickeln können, auf der anderen Seite“ (ebd., S. 146).

Die altersgemäßen Ablösungsprozesse der Jugendlichen von ihren Eltern bedeuten nicht unbedingt, zu Hause auszuziehen und sich auf der Basis eigener Wertvorstellungen ein eigenes Leben aufzubauen. Vielmehr handelt es sich um einen Prozess, der in Phasen verläuft. Auf Phasen der Ablösung folgen neue Phasen des Verbundenseins. Die Balancen zwischen Autonomie und Nähe, zwischen Abwesenheit und innerfamilialer Anwesenheit werden neugestaltet (ebd., S 155).

2. Die ‚Welt der Schule'. Schule ist die zentrale Institution der Lebensphase Jugend. Dies gilt nicht nur im Rahmen der Schulpflicht, sondern sogar bis über die Volljährigkeit hinaus. Fast die Hälfte aller Jugendlichen besuchen bei Vollendung des 18. Lebensjahrs noch eine allgemeinbildende Schule (ebd., S. 164). Dabei kommt der Schule nicht nur eine wichtige Sozialisationsfunktion zu. Sie ist zugleich der Ort, an dem Jugendliche soziale Positionierungen erleben und an dem Weichen auch für den späteren sozialen Status gestellt werden. Untersuchungen der vergangenen Jahre haben deutlich gezeigt, dass die soziale Herkunft erhebliche Auswirkungen auf die Erfolgschancen im Bildungssystem hat und Benotung und Zertifikatserfolg im Bildungssystem nicht zwingend mit Kompetenzerwerb gleichgesetzt werden können (ebd., S. 156 ff.). Fast alle Jugendlichen erleben also zwar tagtäglich Schule, machen hier jedoch sehr unterschiedliche Erfahrungen.

3. Die ‚Welt der Gleichaltrigengruppe'. Im Jugendalter nimmt die Gleichaltrigengruppe als soziale Bezugsgruppe an Bedeutung erheblich zu und relativiert den bis dahin vorherrschenden primären Bezugsrahmen der Familie. Oft sind die Bezugsgruppen zunächst geschlechterhomogen, später geschlechtergemischt als Ort, an dem auch Kontakt zu möglichen Partner(inne)n erprobt und aufgebaut wird. Untersuchungen zeigen, dass zwischen den Mitgliedern in der Regel eine große Milieunähe besteht und sie gemeinsame Interessen und Erfahrungen teilen. Sie werden als Orte der Selbstsozialisation verstanden. Sie begleiten den Umbau sozialer Beziehungen zur Familie und den Aufbau neuer Netzwerke.

> „Gleichaltrigengruppen erweisen sich als Ort des Rückzugs von den Zumutungen der Erwachsenenwelt, der Suche nach Anerkennung durch Gleichaltrige und jungen Menschen mit ähnlichen Erfahrungen, als Experimentalorte, an denen man die eigenen Grenzen ausloten und verschiedene Identitätsentwürfe erproben kann" (ebd., S. 175).

4. Die ‚Welt der Neuen Medien'. Das Jugendalter ist stark durch Neue Medien geprägt. Die Nutzung von Mobiltelefon, Computer und Tablet, das Internet und soziale Netzwerke spielen für Jugendliche eine zentrale Rolle. Sie hat für den sozialen Kontakt insbesondere zu Gleichaltrigen eine wichtige Bedeutung. Gleichzeitig zeigen Untersuchungen jedoch, dass für Jugendliche auch die reale Welt, das persönliche Treffen mit Freund(inn)en, das Lesen von Büchern etc. weiterhin einen hohen Stellenwert haben. Es zeigen sich Tendenzen, dass diese Welten – offline und online – sich zunehmend überlagern und ineinander übergehen. Neue Medien eröffnen in gewisser Weise neue Abgrenzungsmöglichkeiten zur Welt der Erwachsenen. Diese kennen sich oft weniger mit Neuen Medien aus als ihre Kinder und können die Aktivitäten im Netz, sei es in sozialen Netzwerken, sei es in Onlinespielen u. ä., nicht einsehen. Gleichzeitig bergen neue Medien auch Gefahren, wie die mit dem Agieren in sozialen Netzwerken oft einhergehende Veröffentlichung privater Informationen. Auch hinsichtlich der Nutzung Neuer Medien ist die Reproduktion sozialer Ungleichheiten zu beobachten (ebd., S. 176).

Vier zentrale Welten und ihre Bedeutungen
Schauen Sie noch einmal auf Ihre Assoziationen aus der letzten Übung:

- Welche Bedeutung haben darin Familie, Schule, Gleichaltrige und Medien?
- Überlegen Sie weiter: Welche Bedeutung haben sie heute für Sie? Was hat sich geändert? Tauschen Sie sich hierüber aus.

Jugendliche heute erleben in ihrem Alltag eine Vielzahl gesellschaftlicher Freiheiten und Impulse. Gleichzeitig nehmen sie gesellschaftliche und biographische Risiken deutlich war. Es bestehen neben den Freiräumen enge gesellschaftliche Erwartungen, diese auf bestimmte Weise zu ergreifen und zu nutzen, um die Chance, nicht aber die Sicherheit auf gesellschaftliche Integration zu erhalten. Die individuellen Möglichkeiten, diese Herausforderungen und die damit verbundenen Unsicherheiten zu bewältigen, sind sehr ungleich verteilt. Nach wie vor hat Familie für Jugendliche einen sehr hohen Stellenwert. In sich wandelnden Formen bleibt sie für die überwiegende Mehrzahl der Jugendlichen der zentrale Bezugspunkt ihrer Lebenswelt. Dabei vollziehen sich Bewegungen der Abgrenzung und der Wiederannäherung. Neben die Familie tritt nun aber auch die Gleichaltrigengruppe als bedeutsamer Rückzugsort von der Erwachsenenwelt, als Ort der Anerkennung und der Freiräume zum Experimentieren. Schule ist die zentrale gesellschaftliche Institution, in der Jugendliche leben und soziale Positionierungen (re-)produziert werden. Neu gegenüber vorherigen Generationen ist die hohe Bedeutung Neuer Medien für den Alltag von Jugendlichen, für soziale Kontakte und Kommunikation. Jugendliche erleben also sowohl gesellschaftliche Verheißungen, aber auch ein hohes Maß an Erwartungen und Belastungen – bei individuell sehr unterschiedlichen Voraussetzungen, diese Ambivalenz zu bewältigen und zuversichtlich die persönliche Zukunft in die Hand zu nehmen.

3.4 Kinder und Jugendliche als Subjekte im Kinderschutz

Der Begriff ‚Kinderschutz' zeigt bereits deutlich: Im Mittelpunkt des Schutzes stehen Kinder. Ihnen kommt im Kinderschutz weitaus größere Bedeutung zu als Jugendlichen. In den vergangenen 20 Jahren konzentrierte sich die Diskussion der Kinder- und Jugendhilfe auf Kinder, Kinderbetreuung, Kinderschutz und Frühe Hilfen (→ Kapitel 14). Kinder gelten als besonders hilflos, unschuldig und gefährdet. Jugendliche hingegen wurden im Kinderschutz kaum mitgedacht – und der Begriff der Jugendwohlgefährdung wurde bisher fachlich nicht etabliert. Zum einen geht man wohl davon aus, dass Jugendliche sich artikulieren können, auf Probleme aufmerksam machen und sich gegebenenfalls auch besser wehren oder andere Lösungen für Probleme finden können als (insbesondere junge) Kinder. So können sich Jugendliche beispielsweise etwas zu essen nehmen, während ein Säugling verhungert, wenn er nichts bekommt. Die moralischen Diskurse über die Problematik, wenn eine Gefährdung nicht abgewandt wird, sind daher völlig andere in Bezug auf Jugendliche als auf Kinder. Zum anderen ist die Haltung von Erwachsenen gegenüber Jugendlichen eine andere als gegenüber Kindern. Sie werden nicht nur als potentielle ‚Opfer', sondern – verbunden mit starken geschlechtsspezifischen und sozialen Zuschreibungen – auch als potentielle ‚Täter' gesehen. Viele Formen der Gefährdung von Jugendlichen wie mangelnde gesellschaftliche Integration und Gewalterfahrungen werden nicht als solche wahrgenommen oder gar als Gefährdung der Gesellschaft durch die Jugendlichen interpretiert. Es ist daher eine Herausforderung, Jugendliche als Zielgruppe des Kinderschutzes stärker in den Blick zu nehmen und die spezifischen Erscheinungsformen der Gefährdung von Jugendlichen zu berücksichtigen.

Der starke Fokus auf Kinder kann jedoch nicht gleichgesetzt werden mit einer starken Rolle von Kindern als Akteure im Kinderschutz. Weiter oben wurde bereits darauf aufmerksam gemacht, dass Schutz auch immer mit Kontrolle und Begrenzung einhergeht. Im Kinderschutz stellt sich daher die Herausforderung, einerseits ihrer Schutzbedürftigkeit zu entsprechen, sie aber gleichzeitig als Subjekte mit eigenständigen Rechten einzubeziehen. Eine empirische Studie von Alberth/Bühler-Niederberger/Eisentraut (2014) zeigt, dass dies in der Regel nicht der Fall ist. Professionen im Kinderschutz wie Fachkräfte der Sozialen Arbeit, Hebammen und Ärzte agieren meist in ihren eigenen Logiken und dabei über die Köpfe der Kinder hinweg.

Wahrnehmung von Kindern und Jugendlichen im Kinderschutz
Kinder und Jugendliche werden von Fachkräften, aber auch von der Öffentlichkeit im Kinderschutz unterschiedlich wahrgenommen. Diskutieren Sie, warum dies so ist und ob (ggf. warum) dies aus Ihrer Sicht gerechtfertigt ist.

- Haben Jugendliche andere Rechte und Bedürfnisse als Kinder? Worin liegen die Unterschiede?
- Inwieweit sind Jugendliche anders in der Lage, sich vor Gefährdungen ihres Wohls zu schützen als Kinder?
- Was unterscheidet den Umgang mit Kindeswohlgefährdungen von Jugendwohlgefährdungen im Kinderschutz?

3.5 Resümee

Die Auffassungen von Kindheit und Jugend haben sich in den letzten Jahrhunderten gewandelt und maßgeblich Einfluss auf das Verständnis von Gefährdungen des Wohls von Kindern und Jugendlichen. Bis heute ist dieser Prozess nicht abgeschlossen, sondern in Entwicklung befindlich. Kinder galten lange Zeit als ‚kleine Erwachsene', die nicht als einmalig und besonders betrachtet wurden und darum auch nicht eines besonderen Schutzes bedurften. Erst im Zuge der Aufklärung veränderten sich die Vorstellungen von Kindheit und damit auch die Handlungsweisen gegenüber Kindern. Kinder wurden weniger geschlagen und als eigenständige Subjekte angesehen, die es zu erziehen und zu schützen galt. Mit dieser Veränderung der Vorstellung von Kindheit setzt sich das Bild einer – im Gegensatz zu heute – heilen und geborgenen Kindheit durch, welches jedoch jeder Grundlage entbehrt. Indem Kinder als schützenswert angesehen werden, verlieren sie durch ihre gesellschaftliche Höherbewertung allerdings auch an Freiheiten und Erfahrungsräumen. Zudem kommt es durch eine Bedeutungszunahme von Schule als Ort der Bildung für alle Kinder und die Ausweitung der Kindertagesbetreuung für jüngere Kinder zu einer Entwicklung, die als ‚Vergesellschaftung von Kindheit' bezeichnet wird (Andresen 2013, S. 24).

Im Gegensatz dazu ist Jugend eine Lebensphase, die sich erst im Zuge der Industrialisierung im 19. Jahrhundert herausbildet. Ein zentraler gesellschaftlicher Diskurs über Jugend bezieht sich insbesondere auf die Frage, wie man potenziell ‚gefährliche' Jugendliche aus proletarischen Familien erziehen und in die Gesellschaft integrieren kann. Die Abwendung von Gefährdungen des Wohls von Jugendlichen spielt dabei eine untergeordnete Rolle, eine Tatsache, welche die Praxis des Kinderschutzes bis heute prägt. Denn im Mittelpunkt des Kinderschutzes stehen Kinder und nicht Jugendliche. Dies erstaunt, sind Jugendliche heutzutage doch vielfältigen Spannungen und Ambivalenten ausgesetzt, die von Fachkräften spezifisches Wissen über Erscheinungsformen von Gefährdung Jugendlicher erfordern.

Fachkräfte im Kinderschutz sollten darum stets kritisch reflektieren, welche Vorstellungen von Kindheit und Jugend handlungsleitend sind. Diese sind weder naturgegeben noch selbstverständlich, sondern ein historisch entstandenes Konstrukt. Auch gibt es nicht die eine oder gar ‚richtige' oder ‚gute' Kindheit oder Jugend. Kinder und Jugendliche leben in sehr unterschiedlichen Lebenslagen, die jeweils unterschiedliche Chancen und Risiken bergen. Fachkräfte im Kinderschutz sind daher aufgefordert, ihre Vorstellungen stetig zu reflektieren und in die Fallarbeit unterschiedliche Perspektiven und Deutungen einzubeziehen.

Unsere Werte und Regeln heute erscheinen uns selbstverständlich, und sie bilden wichtige Kriterien für das Fallverstehen und Gefährdungseinschätzungen. Im Kinderschutz jedoch gilt es, sich der Relativität dieser Werte und Regeln bewusst zu sein und sie nicht unhinterfragt zu setzen. Fachkräfte – und zumal Fachkräfte in der Ausbildung – können mit hoher Sicherheit davon ausgehen, im Laufe ihres Berufslebens Veränderungen dieser Kriterien zu erleben und zu vollziehen.

Anregungen zum Selbststudium

- Recherchieren Sie aktuelle Kindheits- und Jugendstudien und arbeiten Sie heraus, was Kindheit und Jugend heute ausmacht.
- Sprechen Sie mit Ihren Großeltern oder anderen älteren Menschen, lassen Sie sich erzählen, wie diese ihre Kindheit und Jugend verbracht und erlebt haben. Vergleichen Sie die Erzählungen mit Ihren eigenen Erfahrungen.
- Sprechen Sie mit älteren Mitarbeiter(inne)n von Einrichtungen der Kinder- und Jugendhilfe, zum Beispiel im Praktikum, und lassen Sie sich erzählen, ob und wie sich die Situation von Kindern und Jugendlichen in deren Wahrnehmung verändert hat.
- Überlegen und beobachten Sie, wo Gewalt in der Erziehung in unserem Alltag noch präsent ist, z. B. in Redewendungen („ein kleiner Schlag auf den Hinterkopf erhöht das Denkvermögen", „wer nicht hören will, muss fühlen") oder Spielen (z. B. Lied zum Plumpsack-Spiel – „wer sich umdreht oder lacht, kriegt den Buckel vollgemacht").

Weiterführende Literatur

Bühler-Niederberger, Doris (2020). Lebensphase Kindheit. Theoretische Ansätze, Akteure und Handlungsräume. Weinheim.
Dieses Lehrbuch zur Lebensphase Kindheit aus soziologischer Perspektive bietet einen guten Einstieg in die sozialwissenschaftliche Kindheitsforschung.

Hurrelmann, Klaus/Quenzel, Gudrun (2012). Lebensphase Jugend. Eine Einführung in die sozialwissenschaftliche Jugendforschung. Weinheim; Basel.
Der Klassiker zur Lebensphase Jugend in der mittlerweile 11. und vollständig überarbeiteten Auflage bietet eine umfassende interdisziplinäre Einführung in die Lebensphase Jugend.

Bühler-Niederberger, Doris/Alberth, Lars/Eisentraut, Steffen (Hg.) (2004). Kinderschutz. Wie kindzentriert sind Programme, Praktiken, Perspektiven? Weinheim; Basel.
Welche Rolle spielt die Perspektive der betroffenen Kinder und Jugendlichen in den Programmen und Praktiken des Kinderschutzes? Dieser Frage gehen sehr unterschiedliche Autor(inn)en in den Beiträgen dieses Sammelbands nach.

Kapitel 4
Familie damals und heute: Entwicklungen und Folgen für die Versorgung und Erziehung von Kindern im Wandel der Zeit

Überblick über das Kapitel

Die Familie ist für die überwiegende Mehrheit von Kindern und Jugendlichen der zentrale Lebensort. In diesem Kapitel geht es zunächst darum, vor dem Hintergrund des sozialen Wandels die Bedeutung des bürgerlichen Familienbildes ebenso wie die zunehmende Heterogenität von Formen des Familienlebens heute vorzustellen und eine für den Kinderschutz nutzbare Definition von Familie zu entwickeln. Es wird erläutert, wie sich Entwicklungsaufgaben von Familien heute darstellen, wie gesellschaftlich bedingte Stressoren Familien belasten können und welche Herausforderungen heute mit der Versorgung und Erziehung von Kindern verbunden sind.

4.1 Vorstellungen von ‚Familie'

4.2 Familie im sozialen Wandel

4.3 Familie als soziales System

4.4 Belastungen und Herausforderungen von Familien heute

4.5 Resümee

4.1 Vorstellungen von ‚Familie'

Familie ist ein Begriff, den alle Menschen alltäglich nutzen. Doch jeder Mensch hat andere Vorstellungen darüber, was eine Familie ausmacht, jeder hat andere Erfahrungen mit der eigenen und mit anderen Familien. Für die meisten Menschen hat Familie eine wichtige Bedeutung und ist in hohem Maße emotional besetzt: „(…) keine Lebensform ist mit mehr persönlichen

Hoffnungen, Erwartungen, aber auch Enttäuschung verbunden“ (Fuhs 2007, S. 34).

Betrachtung von Bildern von Erwachsenen mit Kindern
Betrachten Sie Bilder von erwachsenen Menschen mit Kindern. Erzählen Sie sich abwechselnd, was Sie sehen. Überlegen Sie anschließend, warum Sie gerade das und nicht etwas anderes gesehen bzw. assoziiert haben.

Im Kontext unseres Lehrbuches gilt es daher zunächst einmal mögliche Bedeutungen des Begriffs ‚Familie‘ zu unterscheiden:

- Alltagssprachlich meint Familie oft Blutsverwandtschaft und schließt (Ehe-)Partner(innen), leibliche und Adoptivkinder ein.
- Andere verstehen unter dem Begriff ‚Familie‘ eine spezifische, dauerhafte emotionale und soziale Beziehung. Wer zur Familie gehört, kann daher auch aus der Perspektive der Beteiligten definiert werden: Wen zähle ich zu meiner Familie?
- Artikel 6 des Grundgesetzes stellt Ehe und Familie unter besonderen Schutz. Zwar wird dies im Grundgesetz nicht konkretisiert. In der Ausgestaltung des Rechts wurde jedoch lange vom bürgerlichen Ideal der Kleinfamilie ausgegangen, die auf der Normvorstellung einer lebenslangen, exklusiven und heterosexuellen Ehe mit Kindern basierte. Seitdem hat sich dieses Verständnis schrittweise erweitert. 2001 wurde das Gesetz über die Eingetragene Lebenspartnerschaft eingeführt, das gleichgeschlechtlichen Paaren eine der Ehe zumindest ähnliche rechtliche Grundlage ermöglichte. Im Juni 2017 entschied der Bundestag eine Ausweitung des Ehebegriffs auf gleichgeschlechtliche Paare. Seit Oktober 2017 dürfen gleichgeschlechtliche Paare heiraten, eingetragene Lebenspartnerschaften können nun nicht mehr neu begründet werden.
- Im Mikrozensus des Statistischen Bundesamtes werden nach dem Lebensformenkonzept alle Eltern-Kind-Gemeinschaften als Familien erfasst, „d. h. Ehepaare, nichteheliche und gleichgeschlechtliche Lebensgemeinschaften sowie alleinerziehende Mütter und Väter mit ledigen Kindern im Haushalt. Einbezogen sind in diesen Familienbegriff – neben leiblichen Kindern – auch Stief-, Pflege- und Adoptivkinder ohne Altersbegrenzung“ (Statistisches Bundesamt 2016a, S. 6).

4.1.1 Verbreitete Familienmythen

Um zu verstehen, was Familie heute ausmacht, bedarf es einer Reflexion darüber, „inwiefern gegenwärtige Struktur-, Handlungs- und Interventionsprobleme der Familien im historischen Gewordensein der modernen Familie angelegt sind" (Böhnisch/Lenz 1997, S. 10). So gibt es ein verbreitetes Bild davon, was Familie ‚eigentlich' ist oder zumindest ‚früher' einmal gewesen sei: eine Großfamilie von drei Generationen unter einem Dach, die füreinander Sorge tragen. Dieses Bild ist jedoch ein Mythos: Empirisch war die Großfamilie auch in der Vergangenheit keineswegs die häufigste Form des Zusammenlebens (vgl. Mitterauer 2016; Wall 1997). Gleichwohl implizieren Diskussionen über den Wandel der Familie, etwa über die Enttraditionalisierung der Familie, in der Regel dieses Bild (vgl. Fuhs 2007, S. 22). Es wurde aus der Bestandsaufnahme der Gegenwart heraus als Kontrastbild entwickelt (vgl. Böhnisch/Lenz 1997, S. 11).

Um Familien im Kinderschutz nicht mit unangemessenen Erwartungen zu konfrontieren und mit ihnen arbeiten zu können, ist es notwendig, sich von drei Mythen zu verabschieden, die auch im wissenschaftlichen Diskurs über Familie bis heute weit verbreitet sind:

1. „der Harmoniemythos: die Vorstellung, dass das Familienleben in der Vergangenheit durch Harmonie und Eintracht geprägt und Konflikte in Familien erst eine moderne (Fehl-)Entwicklung seien,
2. der Größenmythos: die Vorstellung, dass in der vorindustriellen Zeit das Zusammenleben von drei und mehr Generationen die dominante Lebensform gewesen sei,
3. der Konstanzmythos: die Vorstellung, dass Familien als Gefühlsgemeinschaften eine Naturkonstante seien, die immer und überall in der Ausprägung vorhanden ist" (Böhnisch/Lenz 1997, S. 11).

Zur Infragestellung dieser drei Mythen denke man etwa an das Züchtigungsrecht des Vaters gegenüber Frau und Kindern, das mit der heutigen Vorstellung von Harmonie und Eintracht schwer zu vereinbaren ist; an die bis ins 18. Jahrhundert sehr viel kürzere Lebenserwartung und höhere Säuglingssterblichkeit als heute, die dazu führte, dass das Zusammenleben mit drei Generationen eher die Ausnahme als die Regel darstellte; und an die im Adel übliche Trennung zwischen Heirat als politisches Mittel zum Erhalt und Ausbau von Macht einerseits und Liebe und Erotik, die offen mit anderen Partner(inne)n (z. B. Mätressen) gelebt wurden, andererseits.

Beim Blick auf die Geschichte ist zudem – ebenso wie beim Blick auf die

Gegenwart – zu unterscheiden zwischen den Familienleitbildern einer Zeit und Kultur einerseits und dem tatsächlich existierenden – und in der Regel heterogeneren – Familienleben andererseits.

Familie war auch keinesfalls immer gleichzusetzen mit Ehe und Blutsverwandtschaft. In der Bauerngesellschaft – 80 % der Bevölkerung arbeiteten vom Hochmittelalter bis Ende des 18. Jahrhunderts in der Landwirtschaft – dominierte beispielsweise ein Verständnis von Familie als Gemeinschaft des Hauses, in der man gemeinsam arbeitete, gemeinsam wohnte und sich gemeinsam versorgte. Es handelte sich um eine Wirtschaftsgemeinschaft, die neben einer (oder in manchen Regionen auch mehreren) Kernfamilie(n) ebenso Knechte und Mägde, entfernte Verwandte mit und ohne Blutsverwandtschaft und anderen umfasste. Der Begriff ‚Familie' wurde zu dieser Zeit noch gar nicht verwendet; er tauchte im deutschen Sprachgebrauch erst im 18. Jahrhundert auf. Auch war es in einigen Regionen insbesondere armen Menschen verboten zu heiraten, so dass auch nichteheliche Lebensgemeinschaften mit gemeinsamen Kindern keine Ausnahme darstellten (vgl. Böhnisch/Lenz 1997, S. 13 ff.).

4.1.2 Die bürgerliche Kleinfamilie als Idealbild

Mit der Etablierung des Bürgertums als ‚dritter Stand' (neben dem Stand der Geistlichen und dem der Adeligen) entwickelte sich auch ein neues Familienbild. Zentrale Merkmale dieses Familienbildes waren:

- Die Trennung von Familie und Beruf sowie von Privatsphäre und Öffentlichkeit: Das ‚traute Heim' wurde nun „zum Inbegriff eines von der Öffentlichkeit abgegrenzten und abzugrenzenden Raumes" (Bauer/Wiezorek 2007, S. 624).
- Das romantische Bild der auf Liebe zwischen zwei heterosexuellen Partner(inne)n basierenden Ehe als Grundlage für die Zeugung und Fürsorge von Kindern. Das Ehepaar und ihre Kinder bilden nun eine emotionale Gemeinschaft. Damit verbunden ist die Reduzierung von Familie auf unmittelbar Verwandte.
- Mit diesem Familienbild und dem veränderten Blick auf Kinder (→ Kapitel 3) verbunden ist die hohe Bedeutung der Kindererziehung.
- Das Leitbild der bürgerlichen Kleinfamilie basiert auf dem Prinzip der geschlechtsspezifischen Arbeitsteilung. Es beinhaltet eine Polarisierung der Geschlechtszuschreibungen. Beruf und Öffentlichkeit sind die Domäne des Mannes als Ernährer der Familie. Die Frau ist Hausfrau und

Mutter. Sie gestaltet das ‚traute Heim' und ist zuständig und verantwortlich für die Erziehung der Kinder.

Familie wird in dieser Vorstellung zum gewissermaßen ‚natürlichen' Ort des Aufwachsens von Kindern stilisiert: „Das Aufwachsen innerhalb einer intakten Familie wird von da an als kaum ersetzbarer Entfaltungsraum begriffen, in dem sich ein Höchstmaß an Schutz, Zuwendung und Fürsorge realisiert" (Bauer/Wiezorek 2007, S. 624f.). Auch die Kinder- und Jugendhilfe (damals: Jugendfürsorge) orientierte sich an diesem Familienmodell als Maßstab für die Beurteilung der Gewährleistung einer angemessenen Erziehung (vgl. ebd.).

Das Modell der bürgerlichen Kleinfamilie setzte sich seit dem 18. Jahrhundert als gesellschaftliches Leitbild durch. Es ist bis heute prägend auch für die Gestalt unserer Gesetze und öffentlichen Institutionen. Seit den 1970er Jahren wird dieses Leitbild der Familie jedoch zunehmend in Frage gestellt. Der soziale Wandel führt zu einer Pluralisierung von realen Lebensformen von Familien, die nun die gesellschaftliche Anerkennung fordern.

4.2 Familie im sozialen Wandel

Der kurze Blick auf die Geschichte macht deutlich, dass sowohl gelebte Familienformen als auch Familienleitbilder sich im sozialen Wandel verändern. Im gesellschaftlichen Diskurs über Familie wurde dieser Wandel seit Anfang des 20. Jahrhunderts eher kulturpessimistisch diskutiert: Familie wurde als durch gesellschaftliche Entwicklungen gefährdete, schützenswerte Institution betrachtet. So wurde es zur Aufgabe von Familienpolitik, Familie vor den (vermeintlich) zerstörerischen Einflüssen der Moderne zu retten. Bereits in der ersten Hälfte des 20. Jahrhunderts war die Rede vom Ende der Familie oder doch zumindest der Desorganisation der Familie. Seit den 1950er Jahren trug Familienforschung erst allmählich dazu bei, die Entwicklung nicht als Funktionsverlust der Familie, sondern als Funktionswandel zu betrachten: von der ökonomischen Haushaltsgemeinschaft zur emotionalen Kleingruppe mit einer Vielzahl neuer Familienformen (vgl. Fuhs 2007, S. 21).

Die Beschreibung des sozialen Wandels geht zumeist aus von der sogenannten Blütezeit der bürgerlichen Kleinfamilie, die in der Regel zwischen 1955 und 1968 angesetzt wird (vgl. Peuckert 2007, S. 36). Die Pluralisierung der realen Familienformen – und in der Folge auch des Diskurses über Familienleitbilder – wird auf mehrere Entwicklungen zurückgeführt bzw. mit diesen Entwicklungen beschrieben. Sie werden im Folgenden erörtert.

4.2.1 Veränderung der Geschlechterrollen und der Paarbeziehungen

Seit den 1970er Jahren werden, vorangetrieben insbesondere von der zweiten deutschen Frauenbewegung, traditionelle Geschlechtsstereotype und die klassische Rollenverteilung zwischen Frauen und Männern zunehmend in Frage gestellt und das Leitbild der partnerschaftlichen Arbeitsteilung gewinnt an Zustimmung. Während Frauen Bildung und Erwerbsarbeit als Basis ihrer Lebensführung einplanen, übernehmen Männer zwar in einem erheblich geringeren Ausmaß als Frauen, in der Tendenz jedoch zunehmend Verantwortung für Haushalt und Kindererziehung (vgl. BMFSFJ 1990, S. 23 ff.; Hobler et al. 2017, S. 15). Art und Rollenvorstellungen in Partnerschaften werden nicht mehr als von Gott oder der Natur bestimmt verstanden, sondern zum Gegenstand gemeinsamer Aushandlungsprozesse. Gleichzeitig haben traditionelle Vorstellungen weiterhin Bestand und Einfluss auf die Gestaltung der individuellen Beziehung (vgl. Beck/Beck-Gernsheim 1990).

In der Bundesrepublik Deutschland (BRD) waren Frauen erst seit einer umfassenden Reform des Ehe- und Familienrechts im Jahr 1977 berechtigt, ohne Zustimmung ihres Ehemannes eine Arbeitsstelle anzutreten. Während § 1356 BGB bis dahin die Führung des Haushaltes als Aufgabe der Ehefrau definierte und sie zur Erwerbstätigkeit lediglich berechtigt war, „soweit dies mit ihren Pflichten in Ehe und Familie vereinbar ist" (§ 1356 Abs. 1 Satz 2 BGB in der Fassung vom 1. 5. 1958), erfolgte nun die Gleichberechtigung: „Beide Ehegatten sind berechtigt, erwerbstätig zu sein." Und auch faktisch ist die Berufstätigkeit von Frauen seit den 1970er Jahren erheblich gestiegen. Während 1970 die Erwerbstätigenquote, d.h. der Anteil der Erwerbstätigen an der Bevölkerung im Alter von 15 bis unter 65 Jahren, von Frauen in der BRD bei 45,9 % lag, stieg sie bis 2019 in Gesamtdeutschland auf 72,4 % an. Dieser Anstieg gewinnt an Bedeutung in Anbetracht verlängerter Ausbildungszeiten, gestiegener Arbeitslosenzahlen und unter Berücksichtigung der im gleichen Zeitraum von 87,7 % auf 80,9 % gesunkenen Erwerbstätigenquote von Männern. (Institut Arbeit und Qualifikation der Universität Duisburg-Essen o. J.)

Auch ist die Ehe nicht mehr selbstverständliche Voraussetzung des Zusammenlebens. Die Anzahl der Eheschließungen ging seit 1950 kontinuierlich zurück, steigt seit 2008 jedoch wieder etwas an. 2018 gab es 449 466 Eheschließungen, davon handelte es sich in 7 % um gleichgeschlechtliche Paare. Bei 22 % der Eheschließungen 2018 gab es voreheliche Kinder, dieser Anteil hat sich seit 1991 mehr als verdoppelt. Das Alter der Erstheirat steigt seit 1950 kontinuierlich an und betrug 2018 bei Frauen 32,1 und bei Männern

34,6 Jahre. Auch die Scheidungsrate verändert sich beständig: Im Zeitraum von 1960 bis 2005 stieg sie von 10,66 % auf den bisherigen Höchststand von 51,92 %, sank dann bis 2018 auf 32,94 % und stieg dann bis 2020 wieder auf 38,52 % an. Bei etwa der Hälfte aller Scheidungen sind gemeinsame minderjährige Kinder betroffen. (vgl. BMFSFJ 2021, S. 92 ff.; statista 2021.)

Auch in der DDR zeigten sich seit den 1970er Jahren Liberalisierungstendenzen. Allerdings stellte sich die Situation der Frauen dort bereits vorher anders dar als in der BRD. Die Gleichberechtigung der Frauen war 1949 nicht nur in der Verfassung verankert worden, sondern wurde auch im Familien- und Arbeitsrecht umgesetzt. Die Berufstätigkeit der Frauen war ausdrücklich gewünscht und wurde durch Maßnahmen zur Vereinbarkeit von Familie und Beruf, wie Gewährleistung der Kinderbetreuung, Freistellung bei Krankheit des Kindes und einen monatlichen Haushaltstag, gefördert. Frauen waren so wirtschaftlich selbständig. Die Frauen-Erwerbstätigenquote lag bereits 1950 bei 51,3 %, 1970 bei 81,8 %, und stieg dann weiter bis auf 92,4 % im Jahr 1989. 1990 sank sie jedoch in den neuen Bundesländern auf 44,3 % (vgl. Kaminsky 2016, S. 97).

An der Zuständigkeit von Frauen für Kinder, Haushalt und Familie änderte dies jedoch wenig. Die Vereinbarkeit von Erwerbstätigkeit, Haushalt und Familie wurde auch in der DDR primär als Problem von Frauen betrachtet, nicht als gemeinsames Problem von Männern und Frauen (vgl. ebd., S. 10 f.). In den 1970er Jahren änderten sich auch hier die Rollenerwartungen. Mit der Berufstätigkeit stieg auch das Selbstbewusstsein der Frauen, die nun eine stärkere Beteiligung der Männer an der Kinderbetreuung und, wenn auch zu einem geringeren Teil, am Haushalt erwarteten (vgl. ebd., S. 138 f.).

Das Heiratsalter in der DDR lag etwas niedriger als in der BRD – bei Männern durchschnittlich drei Jahre, bei Frauen zwei Jahre. Hintergrund war insbesondere die schwierige Wohnungssituation, in der unverheiratete Paare kaum die Möglichkeit hatten, eine Wohnung zu erhalten. Zudem wurde die frühzeitige Eheschließung (bis 1986 galt dies vor dem 25. Lebensjahr) durch den Staat finanziell durch einen zinslosen Kredit gefördert, der bei Geburt von Kindern zunächst teilweise und ab dem dritten Kind vollständig erlassen wurde. Und auch wenn sich die Einstellungen zu alternativen Familienformen in den 1970er Jahren liberalisierten, behielt Heirat dennoch bis in die 1980er Jahre ihre große Bedeutung und stellte eine soziale Erwartung an junge Menschen dar (vgl. ebd., S. 144 f.). Trotzdem ging die Zahl der Eheschließungen zwischen 1950 und 1970 deutlich zurück, blieb dann bis 1989 etwa konstant und sank 1990 ab. Scheidung war hingegen in höherem Maße sozial akzeptiert als in der BRD. Die Scheidungsquote stieg bis 1980 auf 33,3 %, 1985 auf 38,9 % und fiel 1990 auf 31,3 %. Insbesondere die wirtschaftliche Unabhängigkeit der Frau, die Entstigmatisierung von geschiedenen Frauen und gesetzliche Regelungen zum Wegfall der Unterhaltspflicht erleichterten die Scheidung gegenüber der Situation in der BRD (vgl. ebd., S. 160 f.).

4.2.2 Wandel der familialen Strukturen

Der Wandel der familialen Strukturen kann anhand mehrerer Entwicklungen verdeutlicht werden:

Abnahme der Geburtenzahlen: Seit Mitte der 1960er Jahre nimmt die Geburtenzahl in der BRD (mit Schwankungen) ab; ähnlich in der DDR. Hintergrund sind sowohl veränderte Einstellungen zur Familie und Lebensplanung als auch die durch Einführung der Anti-Baby-Pille vereinfachte Empfängnisverhütung. Nach Angaben des Statistischen Bundesamtes (2012) ist das Alter von Frauen bei der Geburt ihres ersten Kindes in den alten Bundesländern zwischen 1965 und 2010 um etwa fünf Jahre auf 29,2 Jahre gestiegen. Der Rückgang der Geburten steht allerdings nur zu einem geringen Teil in Zusammenhang mit einer Verkleinerung der Familiengröße: Betrachtet man die Anzahl der Geburten pro Mutter (und nicht den Durchschnitt aller Frauen), so liegt dieser bei Frauen, die seit 1943 geboren wurden, konstant bei durchschnittlich zwei Kindern. Entscheidender zur Erklärung der sinkenden Geburtenrate ist die zunehmend häufigere (freiwillige) Kinderlosigkeit. Sie stieg im Westen Deutschlands bereits in den Geburtsjahrgängen der 1930er Jahre bis 1962 von 11 % auf 18 % an, in den Geburtsjahrgängen 1963–1967 wird ein Anteil von etwa 20 % erwartet und die Tendenz ist weiter steigend. Im Osten Deutschlands war dieser Anteil stets deutlich geringer, mittlerweile ist jedoch auch hier ein deutlicher Anstieg zu verzeichnen (vgl. Statistisches Bundesamt 2013, S. 31 f.).

Geschwisterkonstellationen: Noch immer wächst die überwiegende Mehrheit der Kinder mit Geschwistern auf. Zählt man die Anzahl der minderjährigen Kinder in den Familien, so lebten zwar 2018 52 % aller Familien mit einem Kind, 37 % der Familien mit zwei Kindern und 12 % mit drei oder mehr Kindern. Betrachtet man diese Situation aus der Perspektive der Kinder und berücksichtigt alle ledigen Geschwister einschließlich Stief-, Adoptiv- und Pflegekindern ohne Altersbegrenzung, so lebten jedoch nur ein Viertel (25 %) der Kinder ohne Geschwister in der Familie, 63 % mit einem und 37 % mit mindestens zwei Geschwistern. Diese Werte unterliegen seit der Wiedervereinigung 1990 auch nur sehr geringen Schwankungen (vgl. BMFSFJ 2021, S. 44, 50).

Veränderte Familienformen: Deutlich gewandelt haben sich in den vergangenen 50 Jahren die Familienformen, auch wenn die klassische Variante des verheirateten Paares mit Kindern weiter dominiert. 2018 lebten 74 % der minderjährigen Kinder in Deutschland bei ihren verheirateten Eltern. Dies können leibliche Eltern, Stief-, Pflege- oder Adoptiveltern sein. 16 % wohnten mit nur einem Elternteil im Haushalt, 10 % der Kinder lebten bei Paaren ohne Trauschein, in der Statistik als ‚Lebensgemeinschaften' bezeichnet (vgl. ebd., S. 44, 50). Die Situation in Ost- und Westdeutschland unterscheidet sich in diesem Punkt deutlich (→ Tabelle 2).

Tabelle 2: Kinder in unterschiedlichen Familienformen (nach Angaben des BMFSFJ 2021, S. 48)

Anteil der Kinder, die 2018 …	Insgesamt	Westdeutschland	Ostdeutschland
… mit verheirateten Eltern zusammen leben	74%	78%	57%
… bei einem Elternteil leben	16%	15%	22%
… mit unverheiratetem Paar leben	10%	8%	21%

Pluralisierte Familienformen und das Leitbild der bürgerlichen Kleinfamilie: Hinter den von der Statistik erfassten Familien verstecken sich vielfältige Familienformen: Es gibt gleichgeschlechtliche Lebensgemeinschaften mit Kindern, Mehrgenerationenhaushalte, Familien, in denen die Kinder nach der Trennung zwischen Vater und Mutter gleichberechtigt wechseln (‚Wechselmodell') und hierdurch in unterschiedliche Familienmodelle eingebunden sind, und viele mehr. Trotz dieser großen Vielfalt hat die bürgerliche Kleinfamilie als Leitbild nicht ausgedient: Auch diese ‚unkonventionellen' Familien orientieren sich vielfältig an ‚kernfamilialen Mustern' (vgl. Funcke/Hildenbrand 2009, S. 233 ff.).

Sprichwörter oder Redewendungen zu Familie

Sammeln Sie Sprichwörter oder Redewendungen zu Familie (z. B. „im Schoß der Familie", „Familie kann man sich nicht aussuchen" etc.). Reflektieren Sie, welche Bilder und Interpretationen von Familie darin transportiert werden.

- Welche Bilder von Familie werden anhand der Sprichwörter oder Redewendungen vermittelt?
- Welche Bilder von Familie dominieren, welche fehlen?

4.2.3 Wandel des Erziehungsstils: Vom Gehorsam zur Selbständigkeit

Nicht nur die Form der Familie, sondern auch die Art des Zusammenlebens und der Erziehung hat sich verändert. Während in den 1950er Jahren die Werte Gehorsam und Unterordnung wichtige Erziehungsziele darstellten, stehen heute Selbständigkeit und Selbstvertrauen an erster Stelle. Pflichtbewusstsein und Fleiß bestehen zwar weiterhin als Orientierung, jedoch nicht mehr an erster Stelle. Elterliche Erziehung stützt sich nicht mehr primär autoritär auf die elterliche Gewalt, auch die Zustimmung zu Körperstrafen hat sich deutlich verringert, sondern Eltern gehen mit ihren Kindern ins Gespräch, suchen Austausch und Verständigung, agieren kooperativ und stärker an Aushandlung orientiert als frühere Generationen (vgl. Büchner 1983; Wissenschaftlicher Beirat für Familienfragen 2005, S. 45 ff.).

Unter Erziehungsstilen versteht man typische Formen des Elternverhaltens. Die heutige Fachdebatte über Erziehungsstile bezieht sich meist auf eine Klassifikation von Maccoby und Martin (1983). Sie erstellen aus den Dimensionen elterlicher Zuwendung und elterlicher Forderung ein Vier-Felder-Schema (→ Tabelle 3).

Tabelle 3: Vier Dimensionen von Erziehungsstilen (nach Maccoby/Martin 1983, S. 39)

	Hohes Maß elterlicher Zuwendung, Kind-Zentrierung	**Geringes Maß elterlicher Zuwendung, Eltern-Zentrierung**
Stark forderndes und stark kontrollierendes Erziehungsverhalten der Eltern	*Autoritativer Erziehungsstil*	*Autoritärer Erziehungsstil*
Wenig forderndes und wenig kontrollierendes Erziehungsverhalten der Eltern	*Permissiver Erziehungsstil*	*Vernachlässigender Erziehungsstil*

- Der *autoritäre Erziehungsstil* bezeichnet ein geringes Maß elterlicher Zuwendung bzw. zurückweisendes Verhalten und stark forderndes, Macht ausübendes Erziehungsverhalten der Eltern.
- Der *vernachlässigende Erziehungsstil* bezeichnet ein geringes Maß elterlicher Zuwendung und wenig forderndes Erziehungsverhalten.
- Der *permissive Erziehungsstil* bezeichnet ein hohes Maß elterlicher Zuwendung, aber wenig elterliche Forderung.
- Der *autoritative Erziehungsstil* ist akzeptierend mit einem hohen Maß elterlicher Zuwendung, aber auch einem hohen Maß elterlicher Forderung und damit klar strukturierend.

In der Forschung konnte gezeigt werden, dass der autoritative Erziehungsstil Kinder in der Entwicklung von Eigenständigkeit, sozialer Kompetenz und Leistungsfähigkeit unterstützt, während die anderen drei Erziehungsstile eher nachteiligen Einfluss auf die Entwicklung von Kindern haben (vgl. Wissenschaftlicher Beirat für Familienfragen 2005).

In der neueren Literatur wird gefordert, das Modell um den Aspekt der elterlichen Gewährung von Eigenständigkeit zu erweitern und so zu einem dreidimensionalen Modell zu kommen (vgl. Schneewind 2008, S. 190 f.).

Ein solches autoritatives Verständnis von Erziehung setzt bei Eltern eine Reihe von Kompetenzen voraus. Schneewind unterscheidet dabei „vier Klassen von Kompetenzen“ (ders. 2012, S. 122).

1. *selbstbezogene Kompetenzen:* Hierzu zählt Schneewind z. B. die Kompetenz, sich Wissen über die Entwicklung von und den Umgang mit Kindern anzueignen, eigene Bedürfnisse und Wertvorstellungen ebenso wie Entwicklungsziele für ihre Kinder zu klären und zur Grundlage des eigenen Handelns zu machen, Fehler einzugestehen, sich davon jedoch nicht entmutigen zu lassen sowie eine gewisse Selbstwirksamkeitserwartung von Eltern.
2. *kindbezogene Kompetenzen:* Hierzu gehört bspw. körperliche und emotionale Nähe herzustellen und Zuneigung zu zeigen, kindliche Bedürfnisse wahrzunehmen, Entwicklungspotenziale zu erkennen und zu unterstützen, Eigenständigkeit der Kinder anzuerkennen und ihre Selbständigkeit zu fördern sowie im richtigen Maße Grenzen zu setzen und zu erweitern.
3. *kontextbezogene Kompetenzen:* Eltern bewegen sich gemeinsam mit ihren Kindern im sozialen Raum. Sie brauchen die Kompetenz, Situationen aufzusuchen, die für Kinder entwicklungsfördernd sind, müssen Vor-

sichtsmaßnahmen gegen Gefahren treffen und Kindern auch elternfreie Räume ermöglichen.
4. *handlungsbezogene Kompetenzen:* Schneewind zählt hierzu das Vertrauen in die eigene Handlungsfähigkeit, das entschlossene, sichere und konsistente Handeln in Übereinstimmung mit eigenen Überzeugungen, sowohl Situationsangemessenheit als auch Konsequenz, erfahrungsgeleitete Änderung und Anpassung des eigenen Verhaltens an neue Gegebenheiten.

In dieser Aufzählung wird deutlich, dass das Erziehungsideal des autoritativen Erziehungsstils voraussetzungsvoll ist. Es kann nicht grundsätzlich davon ausgegangen werden, dass Eltern über diese Kompetenzen verfügen *und* sie in Krisensituationen abrufen können.

4.3 Familie als soziales System

Im Rahmen dieses Lehrbuches geht es uns nicht darum, einen allgemeingültigen Familienbegriff, sondern einen für den Bereich Kinderschutz angemessenen Familienbegriff zu definieren.

Familie
Unter Familie verstehen wir ein soziales System, in dem

a) die Personen nicht austauschbar sind,
b) die sozialen Beziehungen auf absehbare Zeit fortbestehen werden,
c) die Personen emotional aufeinander bezogen sind und in fortwährender Interaktion stehen und
d) die Personen persönliches Wissen voneinander aufgebaut haben (vgl. Funcke/Hildenbrand 2009, S. 13; Lenz 2003).

Gegenüber dem bisherigen Familienbegriff entfallen damit die biologische Elternschaft und die Koppelung von Haushalt und Familie. Im Kontext dieses Lehrbuches Kinderschutz stehen solche Familien im Mittelpunkt, in denen Kinder und Jugendliche leben. Dabei nehmen die Sorgeberechtigten zwar aus juristischen Gründen eine besondere Rolle ein (→ Kapitel 8). Um der Lebensrealität des Kindes und seinen sozialen Bezügen gerecht zu werden, muss der Blick im Kinderschutz jedoch über die Inhaber(innen) der elterlichen Sorge hinausgehen und auch diejenigen einschließen, die faktisch Verantwortung übernehmen, und diejenigen, zu denen das Kind eine spezifische emotionale

Beziehung hat. Dabei ist es nicht Voraussetzung, dass diese Erwachsenen mit dem Kind zusammenwohnen. Ausgangspunkt im Kinderschutz muss die individuelle Lebenssituation und Lebensgemeinschaft des Kindes sein – nicht die Normvorstellung der Fachkräfte oder anderer Akteure.

Seit den 1970er Jahren wird im Kinderschutz, insbesondere in der Kinder- und Jugendhilfe, zunehmend ein *systemischer Blick auf Familie* vertreten. Familie wird in dieser Perspektive nicht als Gruppe von Individuen, sondern als soziales System betrachtet. Soziale Systeme produzieren und reproduzieren sich durch Kommunikation, die stetig unter Bezugnahme auf vorangegangene Kommunikation fortgeführt wird. Diese Selbstreproduktion bezeichnet Luhmann (vgl. 1982) in Anlehnung an die Biologie (Maturana/Varela 1980) als Autopoiesis. Ähnlich wie biologische Systeme nehmen auch soziale Systeme aus der unendlichen Komplexität ihrer Umwelt nur solche Anregungen wahr, die an den Sinn der bisherigen Kommunikation ‚anschlussfähig' sind. Man kann Systeme also von außen anregen, irritieren und destabilisieren. Man kann jedoch nicht voraussagen, wie nach einer Destabilisierung die Neuordnung des Systemgleichgewichts wiederhergestellt wird: Man kann Systeme nicht von außen instruieren. Soziale Systeme sind autonom und streben nach Erhalt ihrer Autonomie. Es ist die Abgrenzung zur Umwelt, aus der sich die Identität des Systems ergibt. Gleichzeitig muss die Familie in Austausch mit anderen Systemen – z. B. Schule – gehen und hierfür ihre Grenzen, zumindest teilweise, auch öffnen.

Betrachtet man Familie als soziales System, so wird sie nicht von den Personen und den Beziehungen getragen, sondern durch Kommunikation. Der systemische Blick richtet sich daher auf die Kommunikation und Interaktion der Familienmitglieder untereinander, nicht auf einen vermeintlichen Zustand der Familie. Allerdings ist Familie auch ein besonderes soziales System. Anders als in anderen sozialen Systemen ist hier nicht nur die Rolle des Individuums im System wichtig, sondern die Person, d. h. das Gesamtverhalten und die Persönlichkeit des Individuums (vgl. Luhmann 2005).

Sowohl die einzelnen Familienmitglieder als auch die Familie als Ganzes vollziehen im Laufe des Lebenszyklus vielfältige Übergänge zwischen unterschiedlichen Lebensphasen, die Veränderungen und Anpassungen der Individuen und des Systems erfordern. Sie beinhalten damit spezifische Entwicklungsaufgaben und potenzielle Krisen – auf der individuellen, intrapersonellen Ebene, auf der interpersonellen Ebene und auf der systemisch-strukturellen Ebene (vgl. Frevert/Cierpka/Joraschky 2008, S. 177). Die Organisation, das Funktionieren und das Problemlöseverhalten in Familien sind nach dem Familienmodell nach Cierpka (2008, S. 36) in sieben Dimensionen zu beschreiben:

1. *Aufgabenerfüllung:* Die Familie muss für die Familienmitglieder unterschiedliche Aufgaben erfüllen. Dies sind existentielle Aufgaben wie beispielsweise materielle Versorgung, Schutz und Gesundheit, die Sicherstellung der psychosozialen Entwicklung der Familienmitglieder entsprechend den lebenszyklischen Phasen und Bewältigungsaufgaben in Krisensituationen. Die Funktionalität der Familie hängt u. a. davon ab, ob sie sich – gerade in Krisensituationen – an veränderte Umstände anpassen kann und ob zwischen den Familienmitgliedern eine Übereinstimmung in den elementaren Familienzielen besteht.
2. *Rollenverhalten:* In Familien gibt es unterschiedliche Rollen, an die Verhaltenserwartungen, Werte und Normen geknüpft sind. Dabei stellen Rollenzuweisung und Rollenübernahme einen Aushandlungsprozess dar – sowohl in der Frage, ob eine Rolle übernommen wird, als auch in der Frage, wie eine Rolle gefüllt wird. Wenn die Rollen in einer Familie angemessen zugewiesen und so übernommen werden, dass sich das Rollenverhalten der Familienmitglieder ergänzt, erhöht dies die Sicherheit für die einzelnen Familienmitglieder hinsichtlich dessen, was von ihnen erwartet wird und was sie von anderen erwarten dürfen. Dabei haben die Einzelnen gleichzeitig unterschiedliche Rollen in der Familie (z. B. Ehemann, Vater, Ernährer der Familie). Zudem sind die Rollen in der Familie nicht statisch. Im Laufe des Lebenszyklus der Familie und damit verbundenen Veränderungen der Aufgabenstellungen muss und kann es zu einem Wechsel von Rollen kommen. Dies hat stets Auswirkungen auf die Rollen aller Familienmitglieder und ist wiederum mit Aushandlungsprozessen verbunden.
3. *Kommunikation:* Kommunikation dient dem Informationsaustausch und erfolgt auf verbaler ebenso wie auf nonverbaler Ebene. Im Idealfall sind Botschaften klar, direkt und kongruent formuliert, so dass sie angemessen verstanden werden können und z. B. die Aushandlung von Rollen erfolgreich erfolgen kann. Sowohl auf der Ebene der Botschaft als auch auf der Ebene des Empfängers gibt es jedoch potenzielle Störungen. Inkongruente Botschaften (Widerspruch zwischen der verbalen und der nonverbalen Ebene oder verzerrte Wahrnehmungsweisen) können die Kommunikation und damit den Informationsaustausch erheblich belasten und erschweren (vgl. Schulz von Thun 2010). Kinder müssen angemessene Kommunikation ebenso wie den Umgang und das Entschlüsseln mehrdeutiger Informationen von ihren Eltern erst erlernen.
4. *Emotionalität:* Emotionalität meint das Ausmaß der Gefühle, die gezeigt und zugelassen werden. Günstig ist es, wenn sich Familienmitglieder in ihren emotionalen Bedürfnissen ergänzen. In der Familie entwickelt sich so ein Gefühl der Zusammengehörigkeit und der Sicherheit.

5. *Affektive Beziehungsaufnahme:* Cierpka beschreibt in seinem Familienmodell „ein Spannungsverhältnis zwischen den individuellen Interessen und der Aufrechterhaltung der Familie als Ganzes“ (vgl. Cierkpa 2008, S. 6). Es gibt Familienmitglieder, die mehr oder weniger Gefühle in die Beziehungen mit den anderen investieren. Dies gilt auch für Familientypen – es gibt Familien, die eher als ‚emotional verstrickt‘ oder als ‚losgelöste Familien‘ bezeichnet werden können. Die Grenzen in den Beziehungen können eher diffus oder eher rigide gestaltet werden.
6. *Kontrolle:* Ausgehend von sozialpsychologischen Interaktionstheorien meint Kontrolle in Familien eine Kraft und Prozesse, die die Einhaltung von Erwartungen, Normen und Regeln in den sozialen Beziehungen sichert. Diese Kontrolle dient sowohl der Aufrechterhaltung von Funktionen, zu der die Familienmitglieder ihren (der jeweiligen Rolle entsprechenden) Beitrag leisten müssen, als auch der Gestaltung von Anpassungsprozessen. Jegliches soziale Agieren und Rollenverhalten erfordern Identifizierungsprozesse, Impulskontrolle und ein Gefühl der persönlichen Verantwortung.
7. *Werte und Normen:* Familienziele gehen aus den Wert- und Normvorstellungen der Familie hervor. Diese sind über Generationen sowohl familiär als auch gesellschaftlich bedingt und tradiert. Oft werden diese Werte und Normen in den – explizit kommunizierten oder implizit existierenden – Regeln der Familie formuliert. Die Werte und Normen beeinflussen alle anderen Dimensionen des Familienmodells und nehmen daher für das Verstehen einer Familiendynamik eine zentrale Stellung ein.

Für den Kinderschutz ist das Familienmodell von Cierpka eine hilfreiche Reflexionsfolie. Mit ihm kann besser verstanden werden, wie Familien aufgebaut sind und als soziale Systeme funktionieren. Familien, in denen es unklar ist, wer warum welche Aufgaben erfüllt, in denen Rollen ungeklärt sind, Gefühle nicht zugelassen werden können und Beziehungen nur einseitig aufgenommen und aufrechterhalten werden, drohen in Konfliktsituationen in eine Krise zu geraten und sind unter Umständen anfälliger für das Entstehen von kindeswohlgefährdenden Situationen. Umso wichtiger ist es, sich der Strukturen und Dynamiken in Familien bewusst zu sein. Vor allem spielt aus systemischer Sicht im Kinderschutz die Mehrgenerationenperspektive eine besondere Rolle. Hierbei wird davon ausgegangen, dass die Familiengeschichte, und hier insbesondere unbewusste Anteile, Konflikte und Unerledigtes, in der Gegenwart weiter wirksam ist und das Erleben und Verhalten der Familie heute entscheidend mitbestimmt. Konflikte in der Kindergeneration sind damit nicht nur als individuelle Konflikte der aktuell betroffenen Kinder oder Kinder und Eltern zu verstehen, sondern hängen auch mit Konflikten zwischen Eltern und Großeltern zusammen. Daher wird in diesem Verständnis zum Fallverstehen im Kontext von Gefährdungseinschätzungen nicht nur das Verhältnis zwischen Eltern und Kindern betrachtet, sondern das Familiensystem über mindestens drei Generationen (Kinder, Eltern, Großeltern) in die Analyse einbezogen. Dabei wird deutlich, dass nicht gelöste Konflikte sich in vielfachen intrafamiliären Übertragungsprozessen über die Generationen forttragen und wiederholen (‚intrafamiliärer Wiederholungszwang‘) (vgl. Reich/Massing/Cierkpa 2008). Auf diese Weise können sich auch Kindeswohlgefährdungen in Familien über Generationen wiederholen. Aus systemischer Perspektive braucht es daher zur nachhaltigen Lösung des Problems mehr, als den aktuellen Schutz des Kindes durch Isolation von den Eltern (z. B. durch Herausnahme des Kindes aus der Familie in Heimeinrichtungen oder Pflegefamilien) zu gewährleisten.

Ein solches systemisches Konzept von Familie ermöglicht ein differenziertes Verständnis von Gewalt und Vernachlässigung gegen Kinder in der Familie. Es hilft zu erklären, warum ein autoritäres fachliches Vorgehen im Kinderschutz nicht automatisch und schon gar nicht nachhaltig zur Veränderung der Situation in der Familie – und auch nur bedingt zur Verbesserung der Situation des Kindes – beiträgt. Krisen und Konflikte in der Familie sowie die Versuche diese zu bewältigen stellen „die jeweils beste Möglichkeit dar, die dem Familiensystem unter den gegebenen äußeren Lebensumständen und den inneren Bewältigungsmöglichkeiten zur Verfügung steht“ (ebd., S. 260). Es geht daher in Fällen von Kindeswohlgefährdung aus Perspektive der Sozialen Arbeit nicht darum, Personen in Familien als ‚Opfer‘ und ‚Täter‘ zu identifizieren, sondern darum zu verstehen, welchen Sinn die destruktive Kommunikation für das System und ihre Mitglieder hat und welche Möglichkeiten es hier zur Veränderung des Systems und der Kommunikation im System gibt.

In diesem systemischen Verständnis sind alle Mitglieder eines Familiensystems in interkommunikative Zusammenhänge involviert, in denen nicht einfach ‚Objekt- oder Subjektrollen‘ zugewiesen werden können. In Familien leben Personen miteinander zusammen, die emotional miteinander verbunden und aufeinander bezogen sind und in denen es zu Situationen kommen kann, in denen Spannungen zwischen Kindern und Eltern entstehen, sich zuspitzen, zu Konflikten, Krisen und Kindeswohlgefährdungen führen können, jedoch nicht müssen. Es wäre allerdings ein Missverständnis daraus zu schließen, dass alle Beteiligten, Erwachsene und Kinder, die gleiche Verantwortung für die aktuelle Situation und die gleichen Lösungsmöglichkeiten hätten. Um dieses Missverständnis zu vermeiden, wird im Bereich der sexuellen Gewalt gegen Kinder und Jugendliche in weiten Teilen der Fachliteratur weiterhin von Opfern und Tätern gesprochen. Hiermit setzen wir uns in → Kapitel 6 ausführlicher auseinander.

4.4 Belastungen und Herausforderungen von Familien heute

Der soziale Wandel hat dazu geführt, dass es heute eine große Vielfalt von Familienformen und -lebensweisen gibt. Dies bietet einerseits die Freiheit, eigene Lebensentwürfe zu realisieren. Andererseits bedeutet es jedoch auch die Notwendigkeit, diese eigenen Formen im Miteinander zu entwickeln, auszuhandeln und zu gestalten. Die Bedeutung von Leitbildern hat sich in diesem Prozess verändert. Sie sind nicht verschwunden, können aber auch nicht mehr unhinterfragt als Orientierungsfolie für den eigenen Lebenslauf gelten. Dies kann sowohl als Befreiung als auch als Belastung empfunden werden.

Koordinations- und Disziplinierungsanforderungen des Familienalltags: Familienalltag findet zwischen Erwerbstätigkeit, Kinderbetreuung und Haushaltsführung statt. Sowohl Männer als auch Frauen haben eine hohe Erwerbsorientierung, zudem ist Erwerbsarbeit erforderlich, um die Familie zu ernähren. Dies führt dazu, dass Kinder zunehmend in öffentlichen Einrichtungen betreut werden (Kita, Hort, Ganztagsschule). Sie leben damit zunehmend in pädagogischen Institutionen, sind den Regeln dieser Institutionen unterworfen und müssen sich unterschiedlichen sozialen Situationen entsprechend angemessen verhalten. Der Familienalltag wird den Regeln der Erwerbsarbeit und Kinderbetreuungsinstitutionen – Terminvorgaben, Abwesenheitszeiten etc. – angepasst. Dies stellt im Alltag oft eine hohe Belastung dar und gelingt nicht immer. Insbesondere für Alleinerziehende, die die alleinige Verantwortung für Haushalt und Kinder tragen, stellt die Organisation des Alltags eine hohe Stressbelastung dar.

Armut und soziale Ungleichheit: Die Geburt eines Kindes führt in der Regel zu sinkendem Einkommen und einer Erhöhung des Armutsrisikos (vgl. Stutzer 2002). Insbesondere Alleinerziehende müssen mit nur einem Einkommen wirtschaften, können gerade mit kleinen Kindern aber nur eingeschränkt erwerbstätig sein und sind daher häufig von Armut betroffen (vgl. Wüstendörfer 2011, S. 6). Sowohl hinsichtlich der Einkommenssituation als auch des sozialen Kapitals (Schulbildung, kulturelle Bildung etc.) zeigen Studien übereinstimmend, wie sich diese soziale Differenzierung in Familiengenerationen fortschreibt (vgl. Szydlik 2007).

Fortschreibung sozialer Differenzierung in der Abfolge von Familiengenerationen

„Familien vollbringen groß(artig)e Leistungen: Kinder werden aufgezogen und für ein eigenständiges Leben vorbereitet, Familienmitglieder werden lebenslang emotional unterstützt, man hilft im Haushalt und bei der Enkelbetreuung, pflegt bei Krankheiten und im Alter, und man steht mit beträchtlichen finanziellen Transfers füreinander ein. Allerdings haben diese ausgesprochen umfangreichen Familienleistungen einen unwillkommenen ‚Nebeneffekt' und dieser zeigt sich in der Verbindung von Familie und Sozialstruktur: Auch, wenn man insgesamt eine starke Familiensolidarität feststellen kann, ist diese nicht überall gleich ausgeprägt. Damit ist nicht gemeint, dass innerhalb von Familien die eine oder andere Person mehr oder weniger bedacht wird. Es wirken hier vielmehr in erster Linie sozialstrukturelle Einflussfaktoren. Wer über größere Ressourcen verfügt, kann seine Angehörigen wesentlich besser unterstützen. Eltern mit geringeren Möglichkeiten sind hierzu entsprechend weniger in der Lage. Für die Sozialstruktur bedeutet dies, dass über die Generationensolidarität in der Familie bisherige Vor- und Nachteile fortgeschrieben – und oftmals sogar vergrößert – werden. Damit ergeben sich weniger Unterschiede *innerhalb* von Familien (also beispielsweise auf Grund der Bevorzugung oder Benachteiligung bestimmter Kinder), sondern *zwischen* Familien. Schichthöheren Eltern gelingt es auf vielfältige Art und Weise, dass ihre Kinder wiederum höheren sozialen Schichten angehören" (Szydlik 2007, S. 78).

Ansprüche und Erwartungen an Erziehung und Bildung der Kinder: Elternsein ist heute eine anspruchsvolle, umfangreiche und schwierige Aufgabe, die mit vielfältigen gesellschaftlichen Anforderungen verbunden ist. Elternschaft beginnt gegenwärtig nicht erst mit der Geburt eines Kindes, sondern bereits mit der Schwangerschaft: Ein dichtes Netz von Kontrollen, Anforderungen und Verhaltensanweisungen weist Eltern deutlich auf ihre Verantwortung für die Gesundheit des Kindes und die Regelhaftigkeit ihrer Entwicklung hin. Es wird von ihnen erwartet, sich Expert(inn)enwissen anzueignen – über Schwangerschaft, Geburtsvorgang und Säuglingspflege, über Frühförderung im Säuglings- und Kleinkindalter, Medienerziehung, Sexualerziehung, Förderungsmöglichkeiten des Schulerfolgs und vieles mehr. Die vielfältige Ratgeberliteratur vermittelt Eltern die Aufgabe,

> „das Wohlergehen und Glück der Kinder, ihre Personwerdung, Identitätsbildung und Individualitätsansprüche mit allen zur Verfügung stehenden Mitteln zu fördern; die Kinder in ihrer Eigenart wahrzunehmen und anzusprechen, ihre Wünsche zu achten, und das alles auch dann, wenn sich dies mit dem Zurückstellen eigener Begehrlichkeiten verbindet“ (Meyer 2002).

Kinder werden zunehmend als autonome Subjekte betrachtet, mit denen Aushandlungs- und Abstimmungsprozesse vollzogen werden sollen. Von Eltern wird gefordert, unter weitgehendem Verzicht auf autoritäre Maßnahmen die Balance zwischen notwendigen Vorgaben und möglichen Freiräumen in der Erziehung herzustellen. Der damit verbundene Wandel von Elternschaft, so zieht Meyer sein Fazit,

> „läuft darauf hinaus, dass die Grenze zwischen der Familie und ihrer gesellschaftlichen Umwelt durchlässiger geworden ist. Mehr und mehr dringen Organisationsprinzipien und Wertsysteme in die intimen Verhältnisse der Privatheit ein, die man traditionell als sinnfremd für das Familien- und Erziehungsleben bezeichnet hätte. In einem Satz: Was wir zumindest in Ansätzen beobachten können, ist eine ‚offene Familie' oder – um es in Anlehnung an Jürgen Habermas auszudrücken – eine zunehmende ‚Kolonialisierung' der privaten Lebenswelt durch äußere Mächte“ (Meyer 2002).

Bewältigung wechselnder familiärer Konstellationen: Die Pluralisierung von Familienformen eröffnet vielfältige Möglichkeiten für Menschen, ‚Familie' leben zu können. Oft bedeuten sie für Kinder, ebenso wie für Erwachsene, wechselnde familiäre Konstellationen zu bewältigen. Trennung und Scheidung, neue Partnerschaften, Stiefgeschwister etc. sind für Kinder und Erwachsene mit emotionalen Herausforderungen, vielfältigen Anpassungsleistungen und oft auch Krisen verbunden. Die Familie muss neu ‚gebaut' und ‚erfunden' werden. Es gilt neue Grenzen auszuloten, neue Rituale zu etablieren und Formen des Zusammenlebens zu finden. Diese sind nicht einfach naturgemäß gegeben, sondern stellen eine anspruchsvolle Konstruktionsleistung dar.

Es sollte deutlich geworden sein: Familien sind vielfältigen Belastungen und Herausforderungen ausgesetzt. Sie müssen ihren Alltag koordinieren, für ihr Auskommen sorgen, ein Umfeld schaffen, in dem Kinder gesund und glücklich aufwachsen können und vielfältige Anpassungsleistungen vollbringen. Vor allem Familien mit alleinerziehenden Elternteilen sind häufiger von Armut betroffen und sind oftmals höheren Stressbelastungen bei der Organisation und Koordination ihres Alltags ausgesetzt als Familien, die andere familiäre Konstellationen aufweisen. Für alle Familien gilt, dass sie als individuelle Konstellation einmalig sind, für sich Formen des Zusammenlebens etablieren und Umgangsweisen mit den vielfältigen gesellschaftlichen Belastungen und Herausforderungen, die an sie gestellt werden, entwickeln müssen. Familie ist insofern ein sozialer Ort, der vielfältige Formen annehmen und förderliche Entwicklungsoptionen für Kinder bieten kann. Er ist zugleich aber auch immer der Gefahr ausgesetzt, mit diesen Anforderungen überfordert zu werden.

4.5 Resümee

Familie gilt heute als der ‚natürliche' Ort, in dem Kinder aufwachsen. Sie gilt als Schutzraum, in dem Kinder die so wichtigen ersten Bindungen und Bindungsmuster entwickeln, in dem sie Pflege, Schutz und Fürsorge, Zuneigung und Erziehung erfahren. Familie gilt als privater Raum, in den sich Außenstehende nur unter besonderen Bedingungen einmischen dürfen. Die vielfältigen Anforderungen, die Familie heute erfüllen soll, und die damit verbundenen hohen Erwartungen können jedoch auch eine Überforderung darstellen. Zudem bietet Familie gerade in dieser Privatsphäre, als Ort der Nähe und der Bedürfnisbefriedigung, strukturell betrachtet auch Raum für das gegenseitige Ausleben der Impulse des Stärkeren.

Familien stellen somit sowohl einen Schutzraum als auch einen Gefahrenraum für Kinder und Jugendliche dar. Es kann erforderlich sein, dass Fachkräfte der Sozialen Arbeit und andere Stellen aktiv werden, um zu klären, ob Kinder in ihren Familien gefährdet sind und welches angemessene Handlungsweisen zur Lösung im Sinne des Kindeswohls sind. Um der Lebenswelt der Kinder tatsächlich gerecht zu werden, ist es im Kinderschutz jedoch wichtig,

- nicht von außen zu definieren, was eine ‚normale Familie' ist, sondern die familiäre Situation ausgehend von der Lebenssituation der Beteiligten und den Bedarfen des Kindes zu betrachten;
- die Situation der einzelnen Familie in die gesellschaftlichen Rahmenbedingungen einzuordnen und vor diesem Hintergrund zu beleuchten;
- das Geschehen als Dynamik im Familiensystem zu erkennen, zu verstehen und in diesem Rahmen nach Handlungsmöglichkeiten, statt in einer ermittelnden Rolle nach Schuldigen und Opfern zu suchen;
- im Hinterkopf zu behalten: Fachkräfte kommen und gehen. Die Familie wird das Kind in der Regel ein Leben lang begleiten und ist Teil seiner

Identität. Es hat ein Recht darauf, dass dieser Teil seiner Identität Wertschätzung erfährt.

Anregungen zum Selbststudium

- Erstellen Sie ein Schaubild von Ihrer Familie: Malen oder schreiben Sie sich in die Mitte eines Blattes Papier und überlegen Sie:
  - Wer gehört zu meiner Familie? Platzieren Sie diese Menschen um sich herum: diejenigen, denen Sie sich nahe fühlen, näher an sich heran, die anderen weiter weg.
  - Betrachten Sie anschließend das Bild in Ruhe und überlegen Sie, was die anderen Personen zu Mitgliedern Ihrer Familie macht. Tauschen Sie sich mit anderen darüber aus.
- Überlegen Sie in Ruhe, welche Formen des familialen Zusammenlebens Sie aus Ihrem privaten Umfeld kennen:
  - Welche unterschiedlichen Konstellationen des Zusammenlebens und der gegenseitigen Sorge haben Sie bei Freunden, Bekannten, Nachbarn kennengelernt?
  - Welche sind Ihnen vertraut, welche fremd? Welche davon würden Sie als Familie betrachten, welche nicht? Warum?
- Kommen Sie mit Ihren Eltern und/oder Großeltern ins Gespräch und fragen Sie sie, was für sie Familie ausmacht. Reflektieren Sie anschließend, inwieweit die Vorstellungen von Familien ihrer Eltern bzw. Großeltern auch Ihren Vorstellungen von Familie entsprechen. Wo stimmen Sie überein, wo nicht und warum?

Weiterführende Literatur

Mitterauer, Michael (1978). Der Mythos von der vorindustriellen Großfamilie. In: Rosenbaum, Heidi (Hg.). Seminar: Familie und Gesellschaftsstruktur. Frankfurt a. M. S. 128–151.
Dieser Beitrag beschreibt die historische Entwicklung von Familienkonstellationen auf der Basis empirischer Daten und stellt damit die verbreitete Vorstellung der traditionellen Großfamilie in Frage. Mitterauer reflektiert die Interessengebundenheit familiensoziologischer Arbeiten und mögliche Folgerungen aus einer revidierten Geschichtsschreibung für die Lebensform Familie heute.

Andresen, Sabine/Galic, Danijela (2015). Kinder. Armut. Familie. Alltagsbewältigung und Wege zu wirksamer Unterstützung. 2. Auflage. Gütersloh.
In dieser Studie wurden Mütter, Väter und Kinder in prekären Lebenslagen sowie Fachkräfte aus Kommunen dazu befragt, was Armut für den Familienalltag bedeutet und welche Unterstützung sich betroffene Familien wünschen, sowie

Handlungsempfehlungen für eine angemessenere Unterstützungslandschaft für betroffene Familien formuliert.

Schneider, Norbert (Hg.) (2008). Lehrbuch Moderne Familiensoziologie. Theorien, Methoden, empirische Befunde. Leverkusen.
Dieses als Sammelband konzipierte Lehrbuch bietet eine Einführung in den soziologischen Blick auf Familie im sozialen Wandel. Die Beiträge sind in sich geschlossen und können so nach Interesse auch einzeln gelesen werden.

Kapitel 5
Gewalt in der Familie

Überblick über das Kapitel
In diesem Kapitel greifen wir den in der internationalen Debatte verbreiteten Begriff der Gewalt in der Familie auf, erörtern, was unter ‚Gewalt' verstanden werden kann und inwiefern Familie – entgegen dem verbreiteten Idealbild als schützender und harmonischer Ort – Gewalt strukturell ermöglicht. Daraus entsteht die Frage, ob Gewalt immer auch eine Kindeswohlgefährdung darstellt. Abschließend erörtern wir die Vor- und Nachteile, die in der Kinderschutzdebatte mit den Begriffen ‚Gewalt' und ‚(Kindes-)Misshandlung' verbunden sind.

5.1 Was ist Gewalt?

5.2 Zum Verständnis von Gewalt in der Familie

5.3 Ist Gewalt gegen Kinder immer eine Kindeswohlgefährdung?

5.4 Gewalt gegen Kinder und Jugendliche oder (Kindes-)Misshandlung?

5.5 Resümee

5.1 Was ist Gewalt?

Kindeswohlgefährdung wird in der Fachdebatte und insbesondere im internationalen Diskurs auch als Gewalt gegen Kinder und Jugendliche aufgefasst (vgl. Arbeitsgruppe Kinderschutz 1980; Bernecker/Merten/Wolff 1982; Garbarino/Bradshwa 2002; Honig 1992). Diese Debatte baut auf einer umfassenderen Diskussion und Forschung über Gewalt in der Familie auf. Mit dem Gewaltbegriff knüpft sie an einen weiteren Kontext an. Sie eröffnet eine andere Perspektive auf den Kinderschutz, als dies mit dem im deutschsprachigen Raum gängigen Begriff der Kindeswohlgefährdung erfolgt. Daher ist es uns wichtig, in diesem Kapitel diese weitere Perspektive aufzugreifen.

Der in dieser Perspektive zentrale Begriff *Gewalt* ist „einer der schillerndsten und zugleich schwierigsten Begriffe der Sozialwissenschaften" (Imbusch 2002, S. 26). Es gibt kein einheitliches Verständnis dessen, was Gewalt darstellt, und daher auch keine allgemein anerkannte, übergreifende Definition. Bekannt geworden ist die Definition von Johan Galtung: „*Gewalt liegt dann vor, wenn Menschen so beeinflußt werden, daß ihre aktuelle somatische und geistige Verwirklichung geringer ist als ihre potentielle Verwirklichung*" (Galtung 1978, S. 9, Hervorh. im Orig.). Hierbei wird deutlich, dass Galtung ein sehr weitreichendes Verständnis von Gewalt vertritt. Mit seinen Arbeiten hat er wesentlich zur folgenden Ausdifferenzierung der Beschreibung von Ebenen und Formen von Gewalt beigetragen:

- *Direkte personelle Gewalt* wird durch konkrete Personen ausgeübt. Dabei wird unterschieden zwischen körperlicher und seelischer Gewalt.
  - *Körperliche Gewalt* zielt darauf ab, einen anderen Menschen zu schädigen, zu verletzen oder zu töten. Sie basiert darauf, dass der Körper des Menschen verletzlich ist und die Anwendung körperlicher Gewalt unmittelbare Wirkung erzielt.
  - *Seelische Gewalt* zielt „auf die Seele, den Geist, die Psyche eines Menschen" (Imbusch 2002, S. 38). Sie kann sehr unterschiedlich ausgeübt werden: mit Worten, Gesten, Symbolen, offen aggressiv oder subtil und kaum wahrnehmbar. Sie kann einschüchtern, ängstigen, verletzen und gefügig machen. Anders als bei körperlicher Gewalt sind die daraus resultierenden Verletzungen jedoch äußerlich nicht sichtbar und oft erst zeitlich versetzt zu erkennen.
- *Institutionelle Gewalt* zielt im Gegensatz zu personeller Gewalt auf dauerhafte Abhängigkeits- und Unterwerfungsverhältnisse des Individuums gegenüber öffentlichen oder privaten Institutionen bzw. Organisationen. Sie wird in Vertretung für die Institution und in den institutionellen Strukturen von Personen ausgeübt. Im Falle des Staates erfolgt dies insbesondere durch die Polizei, die unter rechtsstaatlichen demokratischen Verhältnissen zur Durchsetzung von Recht und innerer Sicherheit zur Ausübung physischen Zwangs und Gewalt legitimiert ist. Die Tat für sich alleine genommen stellt dennoch einen Gewaltakt dar. Im Kontext von institutioneller Gewalt gibt es daher unterschiedliche Positionen zur Legitimität oder Illegitimität von Gewalt.
- Der Begriff *strukturelle Gewalt* (auch ‚indirekte Gewalt' genannt) wurde 1975 von Johan Galtung geprägt. Er versteht darunter einen Typ von Gewalt ohne konkreten Akteur. Diese „Gewalt ist in das System eingebaut und äußert sich in ungleichen Machtverhältnissen und folglich in un-

gleichen Lebenschancen“ (Galtung 1978, S. 12). Zwar haben Menschen soziale Ungerechtigkeit, ungleiche Ressourcenverteilung und ungleiche Entscheidungsgewalt über die Verteilung von Ressourcen zu verantworten. Sie sind jedoch nicht mehr individuell zurechenbar.

> „Entscheidend ist dabei folgendes: wenn Menschen in einer Zeit verhungern, in der dies objektiv vermeidbar ist, dann wird Gewalt ausgeübt, gleichgültig ob eine klare Subjekt-Objekt-Beziehung vorliegt (wie z. B. früher bei einer Belagerung), oder auch dann, wenn keine solche eindeutige Beziehung existiert (wie beispielsweise bei der Art der Organisation der Weltwirtschaftsbeziehungen heute)“ (ebd., S. 12).

- Der Begriff *kulturelle Gewalt* bezieht sich nicht auf die aktive Ausübung von Gewalt durch Personen oder Institutionen, sondern auf jene Aspekte von Kultur, die die Ausübung direkter oder struktureller Gewalt rechtfertigen oder legitimieren, zumindest dazu führen, dass diese Gewalt nicht als Unrecht empfunden wird (vgl. Galtung 1998, S. 341 f.). Unter Kultur subsumiert Galtung beispielsweise Religion und Ideologie, Sprache und Kunst sowie Wissenschaften.
- *Ritualisierte Gewalt* meint nicht im engen Sinne die ritualisierte, oft öffentliche Ausübung von Gewalt wie z. B. Verbrennungen im Mittelalter, sondern die Ausübung von Gewalt als Bestandteil von Kommunikation und Geselligkeit, wie sie vor allem in Subkulturen existiert wie bei Hardcore-Konzerten oder bei Sadomaso-Praktiken, aber auch in bestimmten Sportarten. Es ist durchaus strittig, inwiefern hier von Gewalt gesprochen werden kann, da es weder um die Durchsetzung gegen einen Widerstand noch um eine Schädigung oder Verletzung geht, sondern um Gewalt als Ritual in eine Handlung oder ein Interaktionsgeschehen eingebaut wird, „ohne bösartige Verletzungsabsicht auskommt und auf der Freiwilligkeit und Egalität der Teilnehmer beruht“ (Imbusch 2002, S. 41).

Wir können also festhalten: Es gibt Formen direkter personeller Gewalt, institutioneller Gewalt und struktureller Gewalt, die jeweils körperlich und seelisch ausgeübt werden können. Kulturelle Gewalt hingegen ist die Legitimation, Beschönigung, Verschleierung oder Verdeckung dieser Formen der Gewalt. Ritualisierte Formen der Gewalt stehen eher neben dieser Strukturlogik.

Im Kontext unseres Lehrbuches konzentrieren wir uns auf *Formen interpersoneller Gewalt.* In der Reflexion ist jedoch zu beachten, dass die anderen genannten Ebenen der Gewalt, z. B. die Einstellungen in der Gesellschaft zu

Gewalt als Erziehungsmittel, Gehorsamsvorstellungen, Geschlechterrollen etc., hohen Einfluss auf die Ausübung von und den Umgang mit personeller Gewalt haben und darauf, was als Kindeswohlgefährdung aufgefasst wird (> Kapitel 3 und 7).

Formen der Gewalt verstehen lernen
Tauschen Sie sich miteinander über den Begriff ‚Gewalt' aus und beantworten Sie folgende Fragestellungen:

- Was kann unter dem Begriff ‚Gewalt' verstanden werden?
- Welche Ebenen und Formen von Gewalt sind Ihnen im Alltag schon einmal begegnet, und was haben Sie dabei gefühlt?
- Diskutieren Sie anschließend, warum Formen interpersoneller Gewalt im Kinderschutz besondere Relevanz haben.

5.2 Zum Verständnis von Gewalt in der Familie

In einer weiten Definition von familiärer Gewalt verstehen wir hierunter jeglichen Akt – Handlungen ebenso wie Unterlassungen – zwischen Menschen in einer familiären oder intimen Nahbeziehung, der einem der Beteiligten schadet und ihn oder sie daran hindert, sein Entwicklungspotential zu realisieren. Oft wird für Gewalt in der Familie oder in familienähnlichen Gruppen auch der Begriff *Gewalt im sozialen Nahraum* verwandt (vgl. Gelles 2002, S. 1043 f.).

Aus heutiger Sicht erscheint Gewalt oft als Gegensatz zur als Schutz assoziierten Familie. Die Wahrnehmung und Bewertung von Gewalt in der Familie haben sich jedoch erst im Laufe der vergangenen 150 Jahre erheblich gewandelt. Bis Anfang des 19. Jahrhunderts stand dem männlichen Familienoberhaupt selbstverständlich die Verfügungsgewalt über Frau und Kinder zu. Mit der Durchsetzung bürgerlicher Privatrechtsordnungen und der industriellen Revolution wurde Gewalt gegen Frauen in der Ehe langsam zu einem öffentlich erörterten Problem. Erst mit der Familienrechtsreform 1977 wurde in der BRD rechtlich – zumindest normativ – die strikte Gleichberechtigung zwischen Männern und Frauen verankert (vgl. Honig 1988, S. 191). Im 21. Jahrhundert wuchs auch die Kritik an elterlicher Gewalt gegen Kinder, aber erst im Jahr 2000 verabschiedete der Deutsche Bundestag das Gesetz zur Ächtung von Gewalt in der Erziehung. Damit wurde in § 1631 BGB das Recht von Kindern auf eine gewaltfreie Erziehung verankert.

Gewalt in der Familie – egal von wem und gegen wen – ist in Deutschland heute verboten und wird moralisch verurteilt. Allerdings braucht es besondere Aufmerksamkeit, um Ausmaß und die Formen der Gewalt gegen unterschiedliche Familienangehörige bewusst zu machen. So wurde das Thema Gewalt gegen ältere Menschen und pflegebedürftige Familienmitglieder erst spät in das Blickfeld gerückt (vgl. BMFSFJ 2002). 2004 veröffentlichte das BMFSFJ die erste Pilotstudie zu Gewalt gegen Männer in Deutschland, die auch Partnerschaftsgewalt gegen Männer erfasst (BMFSFJ 2004). Nur wenig Beachtung findet im Fachdiskurs auch Gewalt, die Kinder gegen ihre Eltern richten und die oft als *parent battering* bezeichnet wird (vgl. Du Bois 2000). Hingegen ist die Aufmerksamkeit gegenüber Geschwistergewalt gestiegen, insbesondere wenn es sich um sexuelle Gewalt unter Geschwistern handelt (vgl. Klees 2008).

In der *Schweiz* gibt es bisher kein Recht auf gewaltfreie Erziehung und auch kein explizites Verbot von Körperstrafen in der Erziehung. Mehrere Vorstöße von Abgeordneten des Schweizer Nationalrats, die Regierung zu beauftragen, das Recht auf gewaltfreie Erziehung gesetzlich zu verankern (2013 eingereicht, 2014 abgestimmt) oder zumindest die Züchtigung von Kindern durch ihre Eltern explizit zu verbieten (2015 eingereicht, 2017 abgestimmt), wurden mit großer Mehrheit der Abgeordneten im Nationalrat abgelehnt. In der Argumentation der Antragsgegner wurde darauf hingewiesen, dass es Regelungen im Schweizer Recht gebe, aus denen ein Grundrecht auf gewaltfreie Erziehung abzuleiten sei. Hierzu zähle insbesondere der in Art. 11 Abs. 1 der Bundesverfassung verankerte Anspruch von Kindern und Jugendlichen *„auf besonderen Schutz ihrer Unversehrtheit und auf Förderung ihrer Entwicklung“.* Zudem unterstehe seit der Reform der elterlichen Sorge 2014 die Sorge der Eltern für ihre Kinder mehr denn je dem Primat des Kindeswohls, und auch das geltende Zivilrecht gehe davon aus, dass ein Züchtigungsrecht mit dem Kindeswohl nicht vereinbar sei. Sind Eltern gegenüber dem Kind gewalttätig, kann dies zum Verlust der elterlichen Sorge führen, und zwar unabhängig davon, ob die Gewalt direkt gegen das Kind gerichtet ist oder ob das Kind indirekt davon betroffen ist, wie etwa bei häuslicher Gewalt des einen gegen den anderen Elternteil (vgl. Simonetta 2017).

Diesen Argumenten wird von den Befürwortern einer rechtlichen Klarstellung entgegengesetzt, dass es kein Verbot von solchen Körperstrafen gebe, die nicht zu sichtbaren Schäden führten, und diese im Umkehrschluss damit erlaubt seien. Die Rechtsprechung des Schweizer Bundesgerichtshof hat in Urteilen diese Deutung bestätigt, indem körperliche Züchtigungen im Rahmen der Familie nicht als physische Gewaltakte betrachtet werden, wenn sie ein gewisses von der Gesellschaft akzeptiertes Maß nicht überschreiten und die Bestrafung nicht allzu häufig wiederholt wird.

Sowohl der UN-Ausschuss für die Rechte des Kindes als auch der Europarat haben die Schweiz angemahnt, hier tätig zu werden, Körperstrafen grundsätzlich zu verbieten und ein Recht auf gewaltfreie Erziehung gesetzlich zu verankern – bisher jedoch ohne Folgen (vgl. Verein humanrights.ch 2018). Die Eidgenössische Kommission für Kinder- und Jugendfragen EKKJ (2019), die den Bundesrat bei kinder- und jugendpolitischen Themen berät, hat in einem Positionspapier nunmehr die Politik dazu gefordert, das Recht auf gewaltfreie Erziehung endlich unmissverständlich und formell zu verankern.

Österreich hingegen verabschiedete bereits 1989 als viertes Land der Welt ein klares Bekenntnis zur gewaltfreien Erziehung. Im Rahmen der Kindschaftsrechtsreform wurde in § 146a des Allgemeinen Bürgerlichen Gesetzbuches (ABGB) ein absolutes Gewaltverbot in der Kindererziehung verankert. Darin hieß es: *„Das minderjährige Kind hat die Anordnungen der Eltern zu befolgen. Die Eltern haben bei ihren Anordnungen auf Alter, Entwicklung und Persönlichkeit des Kindes Bedacht zu nehmen; die Anwendung von Gewalt und die Zufügung körperlichen oder seelischen Leides sind unzulässig."* 2013 wurde dies im Rahmen einer Gesetzesreform in § 137 ABGB neu formuliert. Die Regelung lautet nun:

„(1) Eltern und Kinder haben einander beizustehen und mit Achtung zu begegnen. Die Rechte und Pflichten des Vaters und der Mutter sind, soweit nichts anderes bestimmt ist, gleich.
(2) Eltern haben das Wohl ihrer minderjährigen Kinder zu fördern, ihnen Fürsorge, Geborgenheit und eine sorgfältige Erziehung zu gewähren. Die Anwendung jeglicher Gewalt und die Zufügung körperlichen oder seelischen Leides sind unzulässig. Soweit tunlich und möglich sollen die Eltern die Obsorge einvernehmlich wahrnehmen."

Wie in Deutschland waren dem Recht auf gewaltfreie Erziehung auch in Österreich kontroverse Debatten und rechtliche Zwischenschritte vorausgegangen. Das Gewaltverbot in der Erziehung war nicht nur Ausdruck einer veränderten gesellschaftlichen Haltung zur Erziehung, sondern sollte selbst zu einem Einstellungswandel und einer Veränderung des Erziehungsverhaltens beitragen (vgl. Bundesministerium für Wirtschaft 2009, S. 1). Es erfolgten daher begleitende Regelungen zur Durchsetzung wie die Aufnahme einer Verpflichtung der öffentlichen Jugendwohlfahrt zur Durchsetzung des Prinzips der gewaltfreien Erziehung im damaligen Jugendwohlfahrtsgesetz (JWG, 2013 ersetzt durch das *Bundes-Kinder- und Jugendhilfegesetz*). Entsprechend der oberstgerichtlichen Rechtsprechung wurde davon ausgegangen, dass eine nachhaltige Verletzung des Gewaltverbots eine Kindeswohlgefährdung darstellt und Eingriffe ins Elternrecht erforderlich machen (z. B. Entziehung und Übertragung der elterlichen Sorge für das Kind an den anderen Elternteil); ein einmaliger Vorfall sei hingegen keine Kindeswohlgefährdung (vgl. Bundesministerium für Wirtschaft 2009, S. 5). Zudem wurden in allen Bundesländern Österreichs zur Wahrung der Interessen von Kindern und Jugendlichen weisungsfreie Kinder- und Jugendanwaltschaften eingerichtet, die eine gemeinsame Internetpräsenz unter http://www.kija.at/ unterhalten.

2011 erfolgte schließlich die Verankerung des Rechts auf gewaltfreie Erziehung in Artikel 5 des Bundesverfassungsgesetzes über die Rechte von Kindern.

„(1) Jedes Kind hat das Recht auf gewaltfreie Erziehung. Körperliche Bestrafungen, die Zufügung seelischen Leides, sexueller Missbrauch und andere Misshandlungen sind verboten. Jedes Kind hat das Recht auf Schutz vor wirtschaftlicher und sexueller Ausbeutung.
(2) Jedes Kind als Opfer von Gewalt oder Ausbeutung hat ein Recht auf angemessene Entschädigung und Rehabilitation. Das Nähere bestimmen die Gesetze.“

Es gibt also nicht in allen Ländern ein absolutes Gewaltverbot in der Erziehung von Kindern und Jugendlichen. In Ländern, die ein solches Gesetz eingeführt haben, zeigt sich aber, dass das Verbot von Gewalt in der Erziehung eine gewaltreduzierende Wirkung hat. Im Rahmen eines europäischen Fünf-Länder-Vergleichs (Österreich, Deutschland, Schweden, Frankreich und Spanien) konnte dieser Zusammenhang nachgewiesen werden. Die rechtliche Ächtung von Gewalt in der Erziehung allein sei jedoch nicht ausreichend, um Gewalt gegen Kinder wirkungsvoll zu verringern. Dies sei nur in der Verbindung mit kontinuierlichen Kampagnen und Aufklärungsmaßnahmen erreichbar (vgl. Bundesministerium für Wirtschaft 2009, S. 27 f.).

Auch wenn Gewalt in der Familie heute als nicht legitim gilt, ist doch zu berücksichtigen, dass Familie keineswegs quasi naturgegeben der schützende, harmonische Ort ist, als der sie oft betrachtet wird: Familie ist ein Ort der Nähe und der Bedürfnisbefriedigung. Sie ist der private Ort, an dem Menschen sich emotional nahekommen und ihre Impulse deutlich ungehemmter ausleben, als sie dies in der Öffentlichkeit tun würden. Dies gilt für Impulse der Liebe und Zärtlichkeit ebenso wie für Aggressivität. Zudem ist Familie ein Ort persönlicher Abhängigkeiten. Gewalt kommt daher in allen Familienformen vor (→ Kapitel 4). Es gab sie zu allen Zeiten, in allen Gesellschaftsformen und in allen sozioökonomischen Schichten (vgl. Gelles 2002, S. 1043). Michael Sebastian Honig spricht hier von einer „paradoxen Normalität“:

> „Gewaltanwendung ist also ein Stück weit normal in Familien. Daraus wird im Umkehrschluss die These abgeleitet, Gewalt in ihren verschiedenen Erscheinungsformen sei in Familien allgegenwärtig; dies ergebe sich daraus, daß es eben ‚ganz normale Männer‘ und sozial ganz unauffällige Eltern seien, die ihre Frauen und Kinder körperlich und sexuell mißhandeln. Wäre dem tatsächlich so – würde also ‚Normalität‘ bedeuten, daß Gewalt in Familien an der Tagesordnung ist – dann müßte sie, trotz Dunkelfeld, kriminalstatistisch viel häufiger registriert werden. Einerseits also ist ‚Gewalt‘ kein abgrenzbares Ausnahmeverhalten, andererseits ist sie auch nicht allgegenwärtig. Sie ist auf eine diffuse Weise präsent und selbstverständlich – und doch delegitimiert, ja: Inbegriff des nicht mehr Tolerablen. Das ist die eigentümliche Paradoxie familialer Gewalt“ (Honig 1988, S. 199).

Nachdenken über Gewalt in der Familie
Beantworten Sie in Gruppen oder in Tandems die nachfolgenden Fragen:

- Inwiefern ist Gewalt in Familien ‚normal‘?
- Welche Formen von Gewalt sind Ihrer Meinung nach in Familien heutzutage nach wie vor alltäglich, welche nicht?
- Denken Sie, dass ein Familienleben ohne Gewalt möglich ist? Welche Voraussetzungen müssten dafür gegeben sein?

Tauschen Sie sich im Anschluss im Plenum über Ihre Antworten aus. Welche Gemeinsamkeiten gibt es, welche Unterschiede?

5.3 Ist Gewalt gegen Kinder immer eine Kindeswohlgefährdung?

Die meisten Fälle von Kindeswohlgefährdung lassen sich einer oder mehreren der oben genannten *interpersonellen Formen von Gewalt* zuordnen. Nicht jedoch anders herum: Nicht jede Form der Gewalt stellt eine Kindeswohlgefährdung dar. Gewalt gibt es in sehr unterschiedlichen Erscheinungsformen, Graden und Kontexten. Zwar ist jede Gewalt gegen Kinder in der

Erziehung unzulässig (Recht auf gewaltfreie Erziehung nach § 1631 (2) BGB) und stellt ungünstiges Verhalten von Erwachsenen gegenüber Kindern dar. Als Kindeswohlgefährdung gilt Gewalt jedoch erst dann, wenn sie zu nichtzufälligen Verletzungen, zu körperlichen und seelischen Schädigungen und/oder Entwicklungsbeeinträchtigungen geführt hat oder mit hoher Wahrscheinlichkeit dazu führen wird und damit professionelles Eingreifen erforderlich wird (vgl. Kinderschutz-Zentrum Berlin 2009, S. 32). Nehmen wir das Beispiel *körperliche Gewalt:* Wenn ein Elternteil seinem Kind einmalig in einer Krisensituation eine Ohrfeige gibt, dann ist das körperliche Gewalt und unzulässig, stellt für sich genommen jedoch noch keine Kindeswohlgefährdung dar. Eine Ohrfeige kann allerdings ebenso Teil einer Situation sein, die insgesamt als Kindeswohlgefährdung eingeschätzt wird, etwa wenn das Elternteil in Belastungssituationen wiederholt mit körperlicher Gewalt reagiert oder die Ohrfeige eingebettet ist in anhaltende Drangsalierung, Missachtung oder andere Formen der seelischen Gewalt. Ob hier dann auch gerichtliche Maßnahmen nach § 1666 Abs. 1 BGB erforderlich sind, ist wiederum eine juristische Frage, für die entscheidend ist, ob die Eltern gewillt und in der Lage sind, ihr Erziehungsverhalten zu überdenken und gegebenenfalls Hilfe in Anspruch zu nehmen. Ähnliche Überlegungen gelten auch für verbale oder auch körperliche Aggressionen in der Partnerschaft: Eine Beleidigung aus Wut oder Anschreien bei einem Streit stellen für sich genommen noch keine häusliche Gewalt dar (→ Kapitel 6). Sind verbale oder auch körperliche Aggressionen in der Partnerschaft aber eingebettet in anhaltende gewalttätige Handlungen, welche darauf abzielen, die/den Partner(in) zu bedrohen oder zu erniedrigen, und sind dabei Kinder involviert, können sie einen gewichtigen Anhaltspunkt für eine Kindeswohlgefährdung darstellen. Denn in Familien kann es auch Situationen geben, die – so die sozialwissenschaftliche Betrachtungsweise – dazu führen können oder – so die juristische Betrachtungsweise – mit hoher Wahrscheinlichkeit dazu führen, dass das Wohl eines Kindes gefährdet ist (→ Kapitel 2).

Gewalt gegen Kinder wird auch außerhalb der Familie ausgeübt, beispielsweise unter Schüler(inne)n, von Lehrer(inne)n oder von Trainer(inne)n im Sportverein (→ Kapitel 15). Auch hier kann eine Kindeswohlgefährdung vorliegen. Es ist Aufgabe und im Regelfall auch Anliegen der Eltern, das Kind vor solchen Gewalterfahrungen und deren möglichen Folgen zu schützen, gegen die Gewalt-Ausübenden vorzugehen und sich dabei gegebenenfalls Unterstützung von Dritten wie beispielsweise der Schulleitung, der Polizei oder einem Rechtsbeistand zu holen. Einrichtungen der Kinder- und Jugendhilfe, vor allem das Jugendamt, ebenso wie andere professionelle Kinderschutzinstitutionen, wie etwa Krankenhäuser, haben die Aufgabe, Eltern hierbei zu unterstützen, und Hinweisen nachzugehen, wenn Eltern ihre Schutzfunktion nicht ausreichend ausfüllen (→ Kapitel 9 und 10).

5.4 Gewalt gegen Kinder und Jugendliche oder (Kindes-)Misshandlung?

In der Debatte über Gewalt gegen Kinder wurde im 20. Jahrhundert meist der Begriff (Kindes-)Misshandlung genutzt. Lange Zeit war dies in der Fachsprache der maßgebliche Oberbegriff für körperliche und seelische Misshandlung, Vernachlässigung sowie sexuelle Gewalt bzw. sexuellen Missbrauch (Schone/Gintzel/Jordan/Kalscheuer/Münder 1997, S. 18). Um die Jahrtausendwende rückte der umfassendere Oberbegriff ‚Kindeswohlgefährdung' in den Mittelpunkt.

Gleichzeitig gewann der Begriff ‚Gewalt gegen Kinder und Jugendliche' gegenüber ‚Kindesmisshandlung' an Bedeutung. Hintergrund ist, dass der Begriff Kindesmisshandlung eine Engführung darstellt. Er wird in § 225 des Strafgesetzbuches (StGB) als eine besonders starke Form der Gewalt definiert, bei der das Opfer gequält, roh misshandelt oder böswillig vernachlässigt und hierdurch an der Gesundheit geschädigt wird. Der Blick wird damit auf massive Gewalthandlungen gelenkt, die nur einen kleinen Teil der Gewalt gegen Kinder und Jugendliche sowie der Kindeswohlgefährdungen darstellen. Der weitaus größere Anteil ist weniger offensichtlich, massiv und eindeutig, und es ist Teil eines differenzierten Einschätzungsprozesses zu entscheiden, wann oder inwieweit Gewalt gegen Kinder und Jugendliche als Kindeswohlgefährdung bewertet wird (→ Kapitel 12). Wir werden im Folgenden den weiter gefassten Begriff *Gewalt* verwenden, um diese Notwendigkeit der differenzierten einzelfallbezogenen Gefährdungseinschätzung und die Notwendigkeit gradueller Unterscheidungen hervorzuheben.

Ein weiterer Nachteil des Begriffs *Misshandlung* ist die damit verbundene Stigmatisierung von Eltern in Kinderschutzfällen als ‚Misshandler(innen)'. Der Begriff provoziert Abgrenzung: „Ich misshandle doch mein Kind nicht!". Dies erschwert es den Eltern, Probleme einzugestehen und sich Unterstützung zu holen, und es erschwert Fachkräften, mit den Eltern in Kontakt zu treten, Probleme in der Familie anzusprechen und Eltern für die Annahme von Hilfen zu gewinnen. Gleichwohl sind auch die Begriffe ‚Gewalt' und ‚Kindeswohlgefährdung' nicht frei von negativen Implikationen. Auch ihre Verwendung – „Sie sind gegenüber Ihrem Kind gewalttätig" oder „Sie gefährden das Wohl Ihres Kindes" – kann zu Abwehr auf Seiten der Eltern führen. Aus diesem Grund wird im Fachdiskurs betont, dass Fachkräfte im Kontakt mit

Eltern, die im Verdacht stehen, das Wohl ihrer Kinder zu gefährden, stets auf eine wertschätzende und der Situation angemessene Wortwahl achten sollten.

5.5 Resümee

Im internationalen Diskurs werden kindeswohlgefährdende Situationen von Kindern und Jugendlichen in Familien auch als Formen von Gewalt diskutiert. Der Begriff der Gewalt ist jedoch ebenso wie der Begriff der Kindeswohlgefährdung kein leicht zu definierender und abzugrenzender Begriff. In Familien spielt Gewalt seit Jahrhunderten eine Rolle. Erst in den letzten 150 Jahren ist es zu einem Bewusstseinswandel und zu einer gesellschaftlichen Ächtung von Gewalt in der Familie gekommen. Dennoch ist die Struktur der Familie bis heute so angelegt, dass die darin gelebte emotionale Nähe, gegenseitige Abhängigkeit und Abgrenzung nach außen immer auch die Möglichkeit des Auslebens emotionaler Impulse und von Gewalt möglich werden lässt. Gewalt in der Familie stellt daher auch heute keine Ausnahmeerscheinung dar. Gleichwohl ist sie nicht gleichbedeutend mit einer Kindeswohlgefährdung. Formen der Gewalt in Familien müssen nicht kindeswohlgefährdenden Charakter haben, wenn sie nicht wiederholt auftreten und nicht verknüpft sind mit einer generell negativen oder feindlichen Einstellung gegenüber dem Kind. Familien, in denen es laut wird und in denen gebrüllt wird, auch einmal die Türen laut zugeschlagen werden oder Gegenstände durch den Haushalt fliegen, sind nicht per se kindeswohlgefährdende Orte. Sie können aber zu kindeswohlgefährdenden Orten werden, wenn belastende Lebensbedingungen und massive Konflikte und Krisen vorherrschend sind und keine Hilfe in Sicht ist. Im Kinderschutz stellen Gewalt in der Familie und Kindeswohlgefährdung zwei unterschiedliche Perspektiven dar. Je nachdem, welche Begriffe verwandt werden, werden unterschiedliche Aspekte des Geschehens und ihrer Bewertung in den Fokus genommen. Für die Arbeit im Kinderschutz ist es wichtig, diese unterscheiden zu können. Zwar ist Gewalt gegen Kinder und Jugendliche in der Erziehung prinzipiell verboten, sie darf aber nicht mit einer Kindeswohlgefährdung verwechselt werden. Bei einer Kindeswohlgefährdung handelt es sich um einen komplexeren Sachverhalt, der Einschätzungen darüber verlangt, ob Eltern oder andere Bezugspersonen das Kind mit ihrem Verhalten, Handeln oder dem Unterlassen einer angemessenen Sorge nicht zufällig verletzt, körperlich oder seelisch geschädigt und/oder in seiner Entwicklung beeinträchtigt haben und deshalb Hilfen angeboten oder sogar gegen den Willen der Eltern eingegriffen werden muss.

Anregungen zum Selbststudium

- 2002 wurden unter dem Namen AVA (Awareness Violence Against Women) zwei interaktive Lernsoftwares zu häuslicher Gewalt entwickelt, 2008 noch einmal aktualisiert und nun im Internet öffentlich verfügbar gemacht. Obwohl rechtliche Informationen teilweise veraltet sind, eignen sie sich zum Einarbeiten in das Thema aus unterschiedlichen Perspektiven mit kurzen Texten, Film- und Audiomaterial, Übungen und Materialien für den Ernstfall.
  - AVA 1 für Betroffene (http://www.gewaltschutz.info) enthält grundlegende Informationen für Betroffene, unter anderem zu den Folgen und Auswirkungen häuslicher Gewalt und zu Hilfemöglichkeiten. Menschen in unterschiedlichen Funktionen, wie Gleichstellungsbeauftragte, Mitarbeiter(innen) von Ämtern, Betriebsrät(inn)e(n) und andere Multiplikator(inn)en, können dieses Programm nutzen, um Frauen die nötigen Informationen zukommen zu lassen, ohne selbst Expert(inn)en zu sein. Die Texte stehen als gesprochene Übersetzungen in mehreren Sprachen zur Verfügung, so dass das Programm auch für die Arbeit mit Migrant(inn)en genutzt werden kann.
  - Unter http://www.gewaltschutz-professionell.info/ finden Sie die Lernsoftware „Professionell Handeln in Fällen häuslicher Gewalt". Sie dient der Sensibilisierung und Fortbildung von Mitarbeiter(inne)n der Polizei, des Sozial- und Gesundheitswesens, von Betriebsrät(inn)en, Gleichstellungsbeauftragten und Studierenden. Mit realistischen Videoszenen (Polizeieinsatz, Notfallstation), Audiomaterial, Handlungsleitlinien, Checklisten und vielem mehr zeigt die Webseite, wie die Interventionsmodelle in der Praxis funktionieren und wie effektive Hilfe geleistet werden kann.
- Lesen Sie den Beitrag von Klaus Wolf „Zur Notwendigkeit des Machtüberhangs in der Erziehung" (Wolf 2016). Ausgehend vom Machtverständnis nach Norbert Elias untersucht er darin Machtkonstellationen in der Heimerziehung und stellt einen Machtüberhang von Erwachsenen bzw. Fachkräften als Voraussetzung für Erziehung und Hilfe dar. Diskutieren Sie:
  - Was versteht Norbert Elias unter Macht, Machtbalancen und Machtquellen?
  - Welche Machtquellen gibt es in der Beziehung zwischen Eltern und Kindern?
  - Welches ist der Unterschied zwischen Macht und Gewalt?
  - Ist die Ausübung von Macht in der Erziehung immer Gewalt?
  - Welche Verpflichtungen der Erziehenden ergeben sich für Wolf aus dem Machtüberhang des Erwachsenen gegenüber dem Kind oder der/dem Jugendlichen?

- Recherchieren Sie, in welchen Ländern in Europa ein Gewaltverbot in der Erziehung von Kindern und Jugendlichen existiert. Finden Sie heraus, in welchem Land ein solches Verbot zuerst verankert worden ist und welche Gründe dafür ursächlich ausschlaggebend waren.
  - Waren auch in anderen Ländern in Europa ähnliche Gründe maßgebend?
  - Gibt es Länder, in der Gewalt in der Erziehung von Kindern und Jugendlichen einer Kindeswohlgefährdung gleichgestellt ist? Wenn ja, wie wird diese Gleichstellung begründet?

Weiterführende Literatur

Honig, Michael-Sebastian (1992). Verhäuslichte Gewalt. Soziale Konflikte, wissenschaftliche Konstrukte, Alltagswissen, Handlungssituationen. Eine Explorativstudie über Gewalthandeln von Familien. Frankfurt a. M.
In diesem Buch wird über Gewalthandeln in der Familie berichtet. Es wird erläutert, was unter familialer Gewalt aus familiensoziologischer, feministischer, therapeutischer und sozialpsychologischer Sicht verstanden werden kann. Zudem wird auf Grundlage von Interpretationen narrativer Interviews aufgezeigt, welche Bedeutung Gewalt im Alltag von Familien hat.

Borst, Ulrike/Lafranchi, Andrea (Hg.) (2011). Liebe und Gewalt in nahen Beziehungen. Therapeutischer Umgang mit einem Dilemma. Heidelberg.
Der Sammelband gibt Einblicke in unterschiedliche Facetten der Spannungsfelder in Paarbeziehungen und in Eltern-Kind-Beziehungen. Es geht um Grauzonen und destruktive Muster in diesen Beziehungen, um die Möglichkeiten der Veränderung innerhalb der Familie und der Intervention. Besonders empfehlenswert: der Beitrag „Systemische Arbeit mit ‚Gewaltfamilien‘: Wenn Familien sich gegenseitig helfen“ von Eia Asen.

Kavemann, Barbara/Kreyssig, Ulrike (Hg.) (2013). Handbuch Kinder und häusliche Gewalt. 3. Auflage. Wiesbaden.
Dieses Handbuch war die erste deutschsprachige Veröffentlichung, mit der Kinderschutz und Frauenschutz im Kontext häuslicher Gewalt systematisch zusammengebracht wurden. Es ist bis heute das Standardwerk mit breiten, interdisziplinären Informationen für Fachkräfte der Sozialen Arbeit, aber auch andere mit der Problematik befasster Professionen wie Polizei, Justiz, Therapie, Politik und Verwaltung.

Juul, Jesper/Szöllösi, Ingeborg (Hg.) (2013). Aggression. Warum sie für uns und unsere Kinder notwendig ist. Frankfurt a. M.
Jesper Juul ist ein dänischer Familientherapeut, der in zahlreichen Büchern und Vorträgen praxisorientiert sein Verständnis von Erziehung als Beziehung mit den vier Grundwerten Gleichwürdigkeit, Authentizität, Verantwortung und Integrität darlegt. In diesem Buch befasst er sich mit Aggression als wichtige Emotion und plädiert für einen konstruktiven und positiven Umgang in der Familie mit diesem Gefühl.

Kapitel 6
Formen und Folgen von Kindeswohlgefährdungen

Überblick über das Kapitel
In diesem Kapitel werden unterschiedliche Formen der Kindeswohlgefährdung – körperliche Misshandlung, seelische Misshandlung, Vernachlässigung und sexuelle Gewalt – dargestellt. Daran anschließend erörtern wir, welchen besonderen Belastungen Kinder psychisch kranker Eltern ausgesetzt sind, und geben einen Einblick in neue Gefahren für das Wohl von Kindern und Jugendlichen im Internet.

6.1 Formen von Kindeswohlgefährdungen
6.2 Kinder und Jugendliche mit Behinderungen
6.3 Kinder psychisch kranker Eltern
6.4 Organisierte und rituelle Gewalt gegen Kinder und Jugendliche
6.5 Gefahren für das Wohl von Kindern und Jugendlichen durch die Nutzung Sozialer Medien
6.6 Annäherungen an das quantitative Ausmaß von Kindeswohlgefährdungen
6.7 Resümee

6.1 Formen von Kindeswohlgefährdungen

Zu Beginn des Lehrbuchs (→ Kapitel 2) haben wir *Kindeswohlgefährdung aus sozialwissenschaftlicher Perspektive* definiert als

> „ein das Wohl und die Rechte eines Kindes (nach Maßgabe gesellschaftlich geltender Normen und begründeter professioneller Einschätzung) beeinträchtigendes Verhalten oder Handeln bzw. ein Unterlassen einer angemessenen Sorge durch Eltern oder andere Personen in Familien oder Institutionen (…), das zu nichtzufälligen Verletzungen, zu körperlichen und seelischen Schädigungen und/oder Entwicklungsbeeinträchtigungen eines Kindes führen kann (…)“.

Dabei war uns zum einen wichtig zu betonen, dass es sich bei Kindeswohlgefährdung nicht um eine klare und objektive Tatsache handelt, sondern um die Deutung und Bewertung einer Situation. Kindeswohlgefährdung ist daher ein soziales Konstrukt, das auf Normen, Werten, Erwartungen und Perspektiven der Betrachterin/des Betrachters basiert. Zum anderen war es uns wichtig, zu zeigen, dass es sich nur selten um eindeutige, sondern in der Regel um komplexe, vieldeutige Situationen mit vielen Beteiligten handelt, die von Fachkräften eingeschätzt werden müssen.

Darüber hinaus grenzen wir mit dieser Definition die Gefährdung durch Eltern oder Dritte von Formen der Selbstgefährdung von Kindern und Jugendlichen ab. Hierunter sind zum Beispiel unterschiedliche Formen des Risikohandelns zu verstehen wie Schulabstinenz, Drogengebrauch, Trebegang oder S-Bahn-Surfen. Eltern fühlen sich in solchen Situationen oft hilflos und sind auf Unterstützung angewiesen. Wir verhandeln den Aspekt der Selbstgefährdung dennoch nicht unter Kinderschutz, da die Schädigung nicht durch andere Personen erfolgt und die Eltern als Sorgeberechtigte in der Fürsorgepflicht stehen. Aus der Perspektive des Kinderschutzes stellt sich hier die Frage, ob die Eltern dieser Fürsorgepflicht nachkommen, und nicht, ob die Jugendlichen riskantes Verhalten zeigen.

In der Fachliteratur werden zumeist vier Formen von Kindeswohlgefährdung unterschieden:

- körperliche Misshandlung,
- seelische Misshandlung,
- Vernachlässigung und
- sexuelle Gewalt (oft auch bezeichnet als sexueller Missbrauch, sexuelle Misshandlung oder sexualisierte Gewalt).

Wir werden diese vier Formen im Folgenden erläutern und darstellen, was man über mögliche Ausprägungen, über die Folgen und über die Häufigkeit dieser Formen der Kindeswohlgefährdung weiß. Aber Achtung: Bei Formen von Kindeswohlgefährdung handelt es sich nicht um trennscharfe Formen und Situationen. Es sind nicht völlig unterschiedliche ‚Gefährdungen', die beschrieben werden. Vielmehr ist bereits in den in der Literatur gegebenen Erklärungen zu den Formen von Kindeswohlgefährdung zu erkennen, dass es Überschneidungen gibt. Oft kann man sogar sagen, dass es sich bei der Unterscheidung von Formen der Kindeswohlgefährdung nur um unterschiedliche Facetten einer Situation handelt, um Perspektiven, unter denen diese Situation betrachtet wird (vgl. Kinderschutz-Zentrum Berlin 2009, S. 38).

6.1.1 Körperliche Misshandlung

Körperliche Kindesmisshandlung

„Die körperliche Kindesmisshandlung umfasst alle Arten bewusster oder unbewusster Handlungen, die zu nicht zufälligen körperlichen Schmerzen, Verletzungen oder gar zum Tode führen" (Kinderschutz-Zentrum Berlin 2009, S. 38).

Körperliche Misshandlungen haben viele unterschiedliche Erscheinungsformen. Es können einzelne Schläge oder Prügel sein, sie können mit der Hand, aber auch mit Gegenständen wie Gürtel, Stöcken, Haushaltsgegenständen oder Waffen durchgeführt werden. Zu körperlichen Misshandlungen von Kindern und Jugendlichen gehören Würgen, Schütteln und Stoßen ebenso wie mit Gegenständen nach Kindern zu werfen, sie hungern oder dursten zu lassen, ihnen Schnittverletzungen, Bisswunden, Verbrennungen oder Unterkühlungen beizufügen.

Körperliche Misshandlung kann gezielt ausgeführt werden, etwa als ‚Erziehungsmaßnahme' zur Disziplinierung und Bestrafung. Sie kann aber auch eine impulsive Handlung oder Reaktion in Stress- und Krisensituationen darstellen. Wenn Eltern einen Kontrollverlust erleben, wenn sie sich als hilflos erleben, kann die Ausübung körperlicher Gewalt den Versuch darstellen, die Kontrolle über das Kind bzw. seine Verhaltensweisen wiederzuerlangen. Beide Dimensionen, die gezielte Gewaltausübung und die reaktive Gewaltausübung, können auch zusammenkommen bzw. zwei Perspektiven auf die gleiche Situation darstellen.

Folgen körperlicher Misshandlung für Kinder und Jugendliche

Die Folgen körperlicher Misshandlung für Kinder und Jugendliche sind ebenso wie die Formen vielfältig. Je nach Art, Stärke und Dauer der Gewaltausübung können sie zu leichten Verletzungen (z. B. blauen Flecken), schweren Verletzungen (z. B Knochenbrüche, Brandwunden), zu irreversiblen

Funktionsbeeinträchtigungen (z. B. Gehbehinderung, geistige Behinderung) und sogar zum Tod führen (vor allem bei Säuglingen und Kleinkindern).

Die körperliche Misshandlung ist für Kinder und Jugendliche immer auch verbunden mit seelischen Belastungen. Sie erleben nicht nur körperlichen Schmerz, sondern auch Angst und Scham, Demütigung, Erniedrigung und Entwürdigung. Neben körperlichen Folgen hat körperliche Misshandlung daher immer auch psychische Folgen für die davon betroffenen Kinder und Jugendlichen (vgl. Kinderschutz-Zentrum Berlin 2009, S. 38).

6.1.2 Seelische Misshandlung

Seelische Misshandlung
Seelische Misshandlung „umfasst chronische qualitativ und quantitativ ungeeignete und unzureichende, altersinadäquate Handlungen und Beziehungsformen von Sorgeberechtigten zu Kindern. Dem Kind wird zu verstehen gegeben, es sei wertlos, mit Fehlern behaftet, ungeliebt, ungewollt, gefährdet oder nur dazu nütze, die Bedürfnisse anderer Menschen zu erfüllen“ (Kinderschutz-Zentrum Berlin 2009, S. 45).

Seelische Misshandlung wird oft auch als psychische oder emotionale Misshandlung bezeichnet. Ebenso wie bei der körperlichen Misshandlung sind auch die Erscheinungsformen der seelischen Misshandlung vielfältig. In der Fachdebatte werden fünf Unterformen unterschieden:

- „Feindselige Ablehnung (z. B. ständiges Herabsetzen, Beschämen, Kritisieren oder Demütigen eines Kindes oder einer/eines Jugendlichen);
- Ausnutzen oder Korrumpieren (z. B. Kind/Jugendliche/r wird zu einem selbstzerstörerischen oder strafbaren Verhalten angehalten oder gezwungen bzw. ein solches Verhalten des Kindes wird widerstandslos zugelassen);
- Terrorisieren (z. B. Kind/Jugendliche/r wird durch ständige Drohung in einem Zustand der Angst gehalten);
- Isolieren (z. B. Kind/Jugendliche/r wird in ausgeprägter Form von altersentsprechenden sozialen Kontakten ferngehalten);
- Verweigerung emotionaler Responsivität (z. B. Signale des Kindes oder der/des Jugendlichen und ihre/seine Bedürfnisse nach emotionaler Zuwendung werden anhaltend und in ausgeprägter Form übersehen und nicht beantwortet)“ (Kindler 2006c, S. 1).

Seelische Misshandlung kann durch eine *aktive Ausübung* (verübend) erfolgen, etwa durch Anschreien oder Beleidigen des Kindes oder der/des Jugendlichen. Sie kann aber auch *passiv ausgeübt* werden (vergessend, vernachlässigend), etwa durch Nicht-Beachtung des Kindes oder der/des Jugendlichen. Hierbei gibt es deutliche Überschneidungen mit der weiter unten behandelten Vernachlässigung. Seelische Misshandlung kann ein situatives Geschehen sein, etwa wenn einem Kind oder einer/einem Jugendlichen in einer spezifischen Situation gedroht wird. Es kann aber auch als chronisches Interaktionsmuster existieren. Dies ist der Fall, wenn ein Kind oder einer/einem Jugendlichen ständig Kritik an ihrer/seiner Person erfährt oder lächerlich gemacht wird. Seelische Misshandlung kann subtil erfolgen, etwa in Form einer emotionalen Unnahbarkeit der Bezugsperson, oder als demonstratives Verhalten, z. B. durch Anbrüllen (vgl. Brassard/Hardy 2002, S. 585). Auch übersteigerte Fürsorge und Überbehütung oder eine Parentifizierung (Rollenumkehr zwischen Eltern und Kindern) können Kinder/Jugendliche in ihren Entfaltungsmöglichkeiten behindern und seelische Misshandlung darstellen (vgl. Deegener 2005, S. 38).

Es wurde bereits darauf hingewiesen, dass körperliche Misshandlung immer auch verbunden ist mit seelischen Belastungen, und es gibt deutliche Überschneidungsbereiche zwischen seelischer Misshandlung und Vernachlässigung. Letztlich beinhaltet jede Form der Misshandlung für das Kind oder die/den Jugendlichen auch die Ebene der seelischen Verletzung. Seelische Misshandlung wird daher nicht nur als eigenständige Misshandlungsform betrachtet, sondern stellt „den Kern einer jeden Misshandlung“ (Kinderschutz-Zentrum Berlin 2009, S. 45) dar. Die in diesem Kapitel weiter unten dargestellten Konstellationen werden in der Regel als Unterformen der seelischen Misshandlung diskutiert, etwa das Miterleben häuslicher Gewalt und hochstrittige Elternschaft (vgl. Kindler 2006c).

Folgen seelischer Misshandlung für die Kinder und Jugendlichen

Seelische Kindesmisshandlung hat weitgehende Folgen, die sich jedoch oft langsam entwickeln und erst spät von außen erkennbar werden. Sie sind vielfältig und oft unspezifisch, können also Resultat einer seelischen Misshandlung sein, aber auch durch andere Erlebnisse und Faktoren hervorgerufen werden. Auch dies trägt dazu bei, dass es so schwer ist, den Zusammenhang zwischen einem beobachteten Symptom und einer seelischen Misshandlung herzustellen.

Grundsätzlich gilt: Je jünger das Kind und je häufiger und regelmäßiger es diesem Umgang ausgesetzt ist, desto schädlicher sind die Auswirkungen auf das Kind. Die Folgen seelischer Misshandlung unterscheiden sich zumindest graduell, aber auch nach der Form der erlebten seelischen Misshandlung, also beispielsweise zwischen psychischer Unnahbarkeit der Eltern oder Pflegeperson und verbaler Aggression.

Bindung

Menschen haben die angeborene Neigung und das Bedürfnis, enge emotionale Beziehungen mit vertrauten und nahestehenden Personen aufzubauen und aufrechtzuerhalten (vgl. Zimmermann 2007, S. 326). Diese lang andauernde, emotionale Beziehung bezeichnet man als Bindung. Sie bietet Schutz und Unterstützung.

Bindung wird sichtbar durch das Bindungsverhalten, mit dem versucht wird, bei negativen Emotionen und Unsicherheit Nähe zu einer spezifischen verlässlichen Bindungsperson zu suchen oder aufrechtzuerhalten. Wenn Kinder sich hilflos fühlen, Furcht, Schmerz, Hunger oder Einsamkeit fühlen, suchen sie Nähe und Schutz von Bindungspersonen. Dies äußert sich in Signalen wie Rufen, Schreien, Weinen, Anklammern oder Hinlaufen. Gerade jüngere Kinder suchen insbesondere körperliche Nähe, mit zunehmendem Alter wird emotionale Nähe und sprachliche Kommunikation wichtiger (vgl. Bowlby 2006, S. 195 ff.).

Aus den Erfahrungen, die Kinder mit der emotionalen Verfügbarkeit der Bindungspersonen, Zurückweisung oder auch unpassender, nicht ausreichend Sicherheit vermittelnder Reaktionen machen, entwickeln sie sogenannte internale Arbeitsmodelle, die das Bindungsverhalten steuern und damit auch die Art und Weise beeinflussen, wie später im Lebenslauf emotionale Beziehungen gestaltet werden. In der Bindungsforschung werden *vier unterschiedliche Bindungsqualitäten* unterschieden:

- Als *sicher* werden Bindungen betrachtet, wenn das Kind negative Emotionen wahrnimmt und ausdrückt, Nähe oder Kommunikation mit der Bindungsperson sucht, sich von dieser Person oder der Nähe zu ihr beruhigen lässt und auf Basis dieser Sicherheit wieder in der Lage ist, etwas Neues zu erkunden (Exploration). Je älter Kinder werden, desto wichtiger werden hierbei die verbale Kommunikation und der entspannte Dialog.
- Bei der *unsicher-vermeidenden* Bindung drückt das Kind negative Emotionen nur sehr gering aus und unterbindet die emotionale Kommunikation mit den Bindungspersonen. Es vermeidet Nähe und Kontakt und richtet seine Aufmerksamkeit nach außen, auf Exploration. Bei älteren Kindern ist zu beobachten, dass sie sowohl die Kontaktaufnahme mit den Eltern vermeiden als auch Gesprächsangebote ignorieren.
- Kinder mit *unsicher-ambivalenten* Bindungen zeigen zwar in belastenden Situationen eine starke emotionale Betroffenheit, lassen sich von ihren

Bindungspersonen jedoch kaum beruhigen. Sie suchen einerseits Nähe, zeigen jedoch auch Ärger und Widerstand gegen Kontakt. Sie verhalten sich eher passiv und zeigen kaum Explorationsverhalten.

- Ein viertes, noch weniger geklärtes Muster ist die *desorganisierte* oder *desorientierte* Bindung. Hier zeigen sich Unterbrechungen von klaren Verhaltensweisen oder sich widersprechendes Verhalten wie Erstarren bei Kontaktaufnahme. Man geht davon aus, dass diese Form der Bindung sowohl durch soziale als auch biologische Faktoren verursacht werden kann. Es tritt besonders häufig bei misshandelten Kindern auf (vgl. Zimmermann 2007, S. 328 ff.).

Als ‚Eltern' der Bindungstheorie gelten John Bowlby (Bindung) und Mary Ainsworth (Bindungsmuster). Ihnen kommt das Verdienst zu, die Bedeutung der frühen Interaktion zwischen Kind und Bindungsperson und der dabei entwickelten Bindungsmuster für die gesamte Entwicklung des Kindes und die Gestaltung sozialer Beziehungen im Lebenslauf im Diskurs um Erziehung verankert zu haben. Dieses Wissen führte zu einem veränderten Umgang mit kleinen Kindern, z. B. zur Einrichtung von Eltern-Kind-Zimmern in Krankenhäusern, um unnötige Angstsituationen für Kinder bei Krankenhausaufenthalten zu vermeiden. Auch die Aufklärung junger Eltern über die Bedeutung der emotionalen Zuwendung zu Kindern ab der Geburt und die Entwicklung von Feinfühligkeit für die Bedürfnisse des Kindes resultieren aus dem Wissen um die Bedeutung von Bindung. Die Arbeiten der Bindungstheorie ermöglichen es aber auch, Verhalten von Menschen besser zu verstehen und angemessener darauf zu reagieren. So stellt sich beispielsweise die Frage, wie Beziehungsangebote in Heimgruppen den Bedürfnissen der dort lebenden Kinder und Jugendlichen angemessen gestaltet werden können.

Seelische Misshandlung führt dazu, dass gerade kleinere Kinder keine sicheren Bindungen aufbauen können und unsichere Bindungsmuster entwickeln. Oft werden Entwicklungsverzögerungen und -störungen beobachtet. Seelische Misshandlung kann zu einem defizitären Selbstwertgefühl, einem geringen Selbstvertrauen und geringer Lebensfreude von Kindern und Jugendlichen führen. Die betroffenen Kinder und Jugendlichen sind oft emotional instabil und haben Schwierigkeiten, Aggressionen zu regulieren. Das Erleben verbaler Aggressionen von Eltern steht in einem deutlichen Zusammenhang mit körperlicher Aggressivität, Delinquenz und Schwierigkeiten der Kinder in der Interaktion mit anderen (vgl. Brassard/Hardy 2002, S. 593 ff.). Diese Entwicklungen haben oft weitreichende Auswirkungen auf die Gestaltung sozialer Beziehungen. Diese Kinder sind auch im Erwachsenenalter anfälliger für dysfunktionale Beziehungen und haben oft Schwierigkeiten, ihren eigenen Kindern gegenüber einfühlsam zu handeln.

In den vergangenen Jahren werden zunehmend spezifische familiäre Konstellationen als besondere Fallgruppen der seelischen Misshandlung diskutiert. Hierzu gehören insbesondere *hochstrittige und eskalierende Elternkonflikte rund um das Kind* sowie *das Miterleben von Partnerschaftsgewalt.*

Hochstrittige und eskalierende Elternkonflikte rund um das Kind. Wenn Eltern sich trennen, müssen sie eine Regelung für die Zukunft des Kindes treffen: Wo soll das Kind/sollen die Kinder leben? Wie wird die elterliche Sorge geregelt, wie das Besuchsrecht? Für Eltern stellt dies eine schwierige Herausforderung dar: Während sie auf der Paarebene weitreichende Konflikte, tiefe Verletzungen, Trauer, Wut und Kränkungen erleben, ihr Reden und Tun oft als gegeneinander gerichtet erleben, sollen sie sich auf der Elternebene einvernehmlich über die Zukunft des Kindes unter Wahrung seines Rechts auf beide Elternteile verständigen. Die Mehrzahl der Eltern findet hier über kurz oder lang einen konstruktiven Weg. Sie sind sich darüber bewusst, dass es für das Wohl ihrer Kinder wichtig ist, gute Beziehungen zu beiden Eltern zu entwickeln und zu erhalten. Auch wenn es zu kurzzeitigen Eskalationen und Aussetzern kommt, finden sie doch wieder zu einem Dialog und der Einhaltung von Regeln zurück und sind bereit, Eigeninteressen im Interesse des Kindeswohls zurückzustellen (vgl. Alberstötter 2012, S. 32 f.).

Ein Teil der Eltern jedoch, Schätzungen gehen von etwa 7 % aller Trennungsfamilien aus (vgl. Walper/Fichtner/Normann 2013, S. 7 f.), schaffen es nicht, trotz ihrer Konflikte wieder in den Dialog zu treten und den anderen jenseits der Paarebene als Elternteil wertzuschätzen. Sie fühlen sich emotional verletzt und gekränkt, hegen Rachegefühle gegenüber der/dem Partner(in) und agieren gegenseitig verletzend. Beide Elternteile fühlen sich stärker leidend als der andere. Auch wenn Sachthemen vorgeschoben werden, stehen also letztlich emotionale Themen im Vordergrund. Oft werden weitere Akteure in den Konflikt einbezogen, bis es schließlich keinen Ausweg mehr gibt und das Kind in den Dauerstreit der Eltern gerät, welcher häufig mit eskalierenden und fortgesetzten juristischen Streitigkeiten einhergeht.

Die Kinder werden in diesem Konflikt für die Bedürfnisse der Eltern instrumentalisiert, diese tragen ihren Konflikt über die Kinder weiter aus. Die Kinder werden zu Objekten eines nicht enden wollenden Streits – um Sorge- und Besuchsrecht, Ausgestaltung der Kontakte und darum, wer das bessere Elternteil ist. Die Elternteile machen den jeweils anderen Elternteil vor den Kindern schlecht und versuchen, diese als Verbündete im Paarkonflikt zu gewinnen. Dabei formulieren zwar beide Seiten, sich nur um das Wohl des Kindes zu sorgen. Letztlich jedoch resultiert ihr Handeln aus den eigenen emotionalen Verletzungen. Da deutlich ist, dass diese Beweggründe für Entscheidungen über das Kind nicht legitim sind, werden sie rationalisiert und beide Eltern nehmen für sich in Anspruch, im Interesse des Kindes zu handeln. „Unterschwellig geht es eher darum zu verhandeln, wer Schuld an der Trennung ist und darum, das verletzte eigene Selbstwertgefühl wieder aufzurichten" (Kinderschutz-Zentrum Berlin 2009, S. 46f.). Die Kinder geraten durch diesen Umgang mit der Situation in starke Loyalitätskonflikte. Forschungen über Scheidungsprozesse zeigen, dass es nicht die Trennung und Scheidung an sich sind, die zu langfristigen Belastungen und Schwierigkeiten der Kinder führen, sondern langwierige und offen ausgetragene Konflikte, die die Kinder erleben und ertragen müssen (vgl. Walper/Fichtner 2013, S. 96). Die Folgen sind externalisierendes Problemverhalten der Kinder (Ausagieren, Aggressionen), internalisierendes Problemverhalten (zurückgezogenes und depressives Verhalten), unsicheres Bindungsverhalten und Schwierigkeiten hinsichtlich der Affektregulation, geringere kognitive Leistungsfähigkeit, Beeinträchtigung des Selbstbewusstseins und der sozialen Kompetenzen sowie eine geringere Qualität der späteren eigenen Liebesbeziehungen. Gerade bei hochstrittigen Elternkonflikten werden in Studien mehr negative Interaktionen in der Eltern-Kind-Beziehung, Loyalitätskonflikte und die Gefahr einer Parentifizierung beobachtet (vgl. ebd., S. 96f.). Allerdings wird auch darauf hingewiesen, wie unterschiedlich Kinder und Jugendliche diese Situationen verarbeiten. Sowohl Merkmale des Kindes wie Alter und Persönlichkeit als auch des Umfeldes sowie die Existenz weiterer Belastungsfaktoren, beeinflussen die Art und Weise der Verarbeitung der Situation durch das Kind oder den/die Jugendliche(n). „Wenn ein psychisch gesundes Kind der Hochkonflikthaftigkeit der Eltern ausgesetzt ist, jedoch keine gravierenden anderen Belastungen bestehen, kann es diese Situation unbeschadet überstehen. Gibt es jedoch weitere Stressoren – wie eine schwierige Schulsituation – wird es Probleme entwickeln" (Weber 2013, S. 151).

Kinder als Mitbetroffene häuslicher Gewalt bzw. von Partnerschaftsgewalt. Unter *Häuslicher Gewalt* versteht man alle Formen von Gewalt zwischen erwachsenen Menschen, die in einer nahen Beziehung zueinander stehen oder gestanden haben. Zumeist handelt es sich um *Partnerschaftsgewalt,* wobei es sich sowohl um bestehende als auch um beendete Partnerschaften handelt. Man geht davon aus, dass jede vierte Frau im Laufe ihres Lebens mindestens einmal körperliche und/oder sexuelle Gewalt durch einen Beziehungspartner erlebt hat (BMFSFJ 2013b, S. 10). Auch Männer erleben Gewalt in Partnerschaften, wenn auch deutlich seltener als Frauen (BMFSFJ 2004).

In vielen Haushalten, in denen es Gewalt in der Partnerschaft gibt, leben auch Kinder. Sie werden in der Regel – ob bemerkt oder unbemerkt – Zeugen dieser Auseinandersetzungen. Sie erleben Gewalt und deren Folgen und können selbst von Gewalthandlungen betroffen oder darin involviert werden. All dies bedeutet eine hohe emotionale Belastung, Verunsicherung und Überforderung für die Kinder. Sie erleben starke Angst, Mitleid, ohnmächtige Wut oder Traurigkeit, innere Erstarrung, Hilflosigkeit. Einige versuchen zu helfen, zu trösten, zu schlichten, zu schützen oder entwickeln Schuldgefühle, weil sie nicht helfen können. Vielen der betroffenen Kinder fällt es zudem schwer, ihre Erfahrungen in Worte zu fassen. Dies erschwert die Verarbeitung der gemachten Erfahrungen (vgl. Kindler 2013a, S. 27). Kinder, die Partnerschaftsgewalt miterlebt haben, entwickeln zumeist Verhaltensauffälligkeiten, die internalisiert oder externalisiert sein können: Unkonzentriertheit, sozialer Rückzug, Aggression, Einnässen etc. Es sind spezifische Belastungsreaktionen zu beobachten, die sich bei einem Teil der Kinder zu posttraumatischen Belastungsstörungen verfestigen, und es zeigen sich deutliche negative Folgen für die kognitive und die soziale Entwicklung. Die Kinder haben Probleme, angemessene Konfliktbewältigungsstrategien zu entwickeln. Sie neigen selbst eher dazu, aggressive Strategien zur Konfliktbewältigung anzuwenden oder zu erdulden. Je öfter, länger und intensiver Kinder Gewalt miterleben, umso stärker sind auch die Folgen ausgeprägt.

Nach Auswertung unterschiedlicher Dunkelfeldstudien gehen Expert(inn)en davon aus, dass das Miterleben von Partnerschaftsgewalt gegenüber anderen Formen der Kindeswohlgefährdung am häufigsten vorkommt. Zudem sind oft nicht nur die Mütter, sondern auch die Kinder selbst körperlichen Misshandlungen ausgesetzt. Nach Studienergebnissen geht man davon aus, dass zwischen 30 % und 60 % der Kinder, die Partnerschaftsgewalt gegen ihre Mutter erleben, selbst ebenfalls von körperlicher Misshandlung durch den Partner der Mutter betroffen sind (vgl. Kindler/Werner 2005, S. 105 ff.).

Kennst Du das auch?

Schauen Sie gemeinsam den Film „Kennst Du das auch?“ (Leeds Animation Workshop, England 1999, 12 min). In diesem englischen Animationsfilm erzählen fünf Mädchen und Jungen von ihren Erfahrungen mit häuslicher Gewalt, ihrem Erleben, ihren Ängsten, Wünschen und den unterschiedlichen Wegen, die sie schließlich finden, um Hilfe zu bekommen. Stoppen Sie den Film nach jedem Fallbeispiel und tauschen Sie sich aus:

- Was erlebt das Mädchen oder der Junge?
- Wodurch fühlen sich die Kinder belastet?
- Welches sind ihre/seine Sorgen und Befürchtungen, welches ihre/seine Hoffnungen und Wünsche?
- Welchen Weg findet sie/er schließlich aus der Situation?
- Wie wird das ermöglicht – was tragen Außenstehende dazu bei, welche Initiative ergreift das Kind?

Der Film eignet sich für die Aus- und Fortbildung, aber auch für die Arbeit mit Kindern und Jugendlichen im Alter von 8 bis 14 Jahren. Er ist kostenpflichtig erhältlich bei BIG e. V., Tel. 030 61709-100, mail@big-koordinierung.de. Eine Begleitbroschüre mit Hintergrundinformationen und weiteren Arbeitsvorschlägen ist beigefügt.

6.1.3 Vernachlässigung

Vernachlässigung
„Vernachlässigung ist die andauernde oder wiederholte Unterlassung fürsorglichen Handelns sorgeverantwortlicher Personen (Eltern oder andere von ihnen autorisierte Betreuungspersonen), welches zur Sicherstellung der physischen und psychischen Versorgung des Kindes notwendig wäre" (Schone et al. 1997, S. 21).

Aus dieser Definition wird deutlich, dass Vernachlässigung nicht eine einmalige Nichterfüllung kindlicher Grundbedürfnisse meint. Sie ist erst gegeben, wenn Versorgungsleistungen über einen längeren Zeitraum ausbleiben, es sich sozusagen „um einen chronischen Zustand der Mangelversorgung des Kindes handelt" (Schone/Gintzel/Jordan/Kalscheuer/Münder 1997, S. 19).

Vernachlässigung kann alle Grundbedürfnisse betreffen, in denen Kinder und Jugendliche auf Versorgung angewiesen sind (→ Kapitel 2). In der Fachdiskussion unterscheidet man meist folgende Aspekte der Vernachlässigung (vgl. Galm/Hees/Kindler 2016, S. 25; Gelles 2002, S. 1049; Kindler 2006a, S. 2):

- *Körperliche Vernachlässigung* betrifft z. B. unzureichende Nahrung und Flüssigkeitsaufnahme, unzureichende körperliche Hygiene und witterungsunangemessene Kleidung, ungeeigneten Wohnraum und mangelnde medizinische Versorgung.

- *Kognitive und erzieherische Vernachlässigung* betrifft einen Mangel an anregenden sprachlichen und anderen Erfahrungen, unzureichende Spielmöglichkeiten, fehlende Fürsorge hinsichtlich regelmäßigen Schulbesuchs und angemessener Schulmaterialien, fehlende Beachtung besonderer Erziehungs- oder Förderungsbedarfe sowie Schwierigkeiten des Kindes in der Schule.
- *Emotionale Vernachlässigung* umfasst z. B. fehlende oder unzuverlässige Reaktionen auf emotionale Signale des Kindes, mangelnde Zuwendung und einen Mangel an Wärme in der Beziehung zum Kind.
- *Unzureichende Beaufsichtigung* umfasst sowohl das Alleinlassen des Kindes über einen dem Alter nicht entsprechenden Zeitraum als auch die fehlende Reaktion auf das unerwartete Fernbleiben des Kindes.

Vernachlässigung bedeutet also, dass etwas nicht getan wird, was zur Sicherung des Kindeswohls erforderlich wäre. Dennoch unterscheidet man auch bei Vernachlässigung zwischen passiven und aktiven Formen. ‚Passiv' wird dabei verwandt im Sinne von ‚unbewusst': Vernachlässigung erfolgt dann passiv, wenn Eltern nicht wissen oder verstehen, was Kinder und Jugendliche brauchen, oder nicht fähig sind, diese Bedürfnisse zu erfüllen. Hier geht es um unzureichendes Wissen, mangelndes Empathievermögen, Überforderung und Unfähigkeit. Man spricht hingegen von aktiver Vernachlässigung, wenn es um fehlende Bereitschaft zur angemessenen Versorgung des Kindes oder der/des Jugendlichen und wissentliche Verweigerung von Nahrung und Schutz geht (vgl. Deegener 2005, S. 37; Schone et al. 1997, S. 21 f.)

Lange Zeit wurde Vernachlässigung als eine Form der Kindeswohlgefährdung nicht gesondert betrachtet. Schone et al. (1997) stellten mit ihrer wegweisenden Studie als erste in Deutschland die Spezifika der Vernachlässigung in den Mittelpunkt und arbeiteten Besonderheiten sowie Eigenarten der Vernachlässigung heraus. Sie kamen dabei zu der Einschätzung, dass es sich

> „bei dem Phänomen der Vernachlässigung – sowohl seiner quantitativen Ausprägung nach als auch hinsichtlich seiner möglichen und realen Auswirkungen – um eine der größten Herausforderungen in der sozialpädagogischen Arbeit überhaupt [handelt – Anm. d. Verf.]. Ein erheblicher Anteil der sozialpädagogischen Betreuungsverhältnisse, die ja zumeist erst in späteren Lebensjahren einsetzen, sind oft nichts anderes als der sozialpädagogische Umgang mit den Folgen einer häufig nicht erkannten Vernachlässigung (z. B. unzureichende Versorgung und Anregung) in den ersten Lebensjahren" (ebd., S. 14).

Vernachlässigung stellt im Kern eine Beziehungsstörung zwischen den Eltern bzw. verantwortlichen Erwachsenen und den Kindern dar (vgl. Kinderschutz-Zentrum Berlin 2009, S. 43 f.; Schone et al. 1997, S. 21). Sie kann in unterschiedlichen Konstellationen auftreten: Es gibt Vernachlässigung in armen Familien, in denen Eltern ohne Ausbildung sind, arbeitslos, abhängig von Transferleistungen und wenig Perspektiven für sich sehen. Es gibt sie aber auch in materiell gut gestellten Familien. Hier besteht Vernachlässigung meist in materieller Überversorgung bei emotionaler Unterversorgung der Kinder. Nach außen erscheint es, als ob diese Kinder alles hätten. Es fehlt jedoch eine zugewandte verlässliche emotionale Bezugsperson.

Folgen für die Kinder und Jugendlichen

Vernachlässigung kann sowohl seelische als auch körperliche Folgen haben. Je nachdem, worin die Vernachlässigung bestand, reichen die körperlichen Folgen von Vernachlässigung über Verletzungen, Unterernährung sowie Entwicklungs- und Gesundheitsbeeinträchtigungen bis zum Tod. Emotional bleiben vernachlässigte Kinder und Jugendliche unterversorgt, das heißt ihr Bedürfnis nach emotionaler Zuwendung und Bestätigung wird nicht erfüllt. Sie haben daher meist ein starkes Bedürfnis nach Aufmerksamkeit und Zuwendung. Dieses Bedürfnis führt dazu, dass sie eigene Grenzen nicht spüren oder formulieren und sich gegen Grenzverletzungen oft kaum zur Wehr setzen können. Sie sind damit anfällig auch für kindeswohlgefährdende Beziehungsangebote.

Je jünger Kinder sind, desto stärker und grundlegender sind sie auf die psychische und physische Fürsorge von Erwachsenen angewiesen. Die Auswirkungen von Vernachlässigung sind daher umso stärker, je jünger die Kinder sind. In den ersten Lebensjahren kann Vernachlässigung schnell zu lebensbedrohlichen Zuständen führen. In der Regel jedoch entwickeln sich Einschränkungen und Folgen langsam und schleichend. Cantwell stellte 2002 fest, dass in den USA mehr Kinder an den Folgen von Vernachlässigung sterben als an den Folgen körperlicher Misshandlung. Gerade viele der besonders schweren langfristigen Entwicklungsschäden gingen bei genauer Betrachtung auf Vernachlässigung und nicht auf körperliche Misshandlung zurück (vgl. Cantwell 2002, S. 515).

Damit Fachkräfte solche langsamen Entwicklungen erkennen können, benötigen sie umfassende Kenntnisse über altersentsprechende Bedürfnisse und Entwicklungsaufgaben, elterliche Fürsorgepflichten und die Eltern-Kind-Beziehung.

Zirkus is nich
Schauen Sie den Dokumentarfilm „Zirkus is nich“ (Dokumentarfilm 2006, 43 Minuten, Regie Astrid Schult) und diskutieren Sie:

- Sind die Kinder im Film einer Vernachlässigung ausgesetzt? Woran machen Sie dies fest?
- Welche Formen der Vernachlässigung sind erkennbar?
- Welche Folgen hat die Situation für die Kinder?

In diesem Dokumentarfilm wird die Geschichte eines achtjährigen Jungen erzählt, welcher zusammen mit seinen Geschwistern und seiner alleinerziehenden Mutter in Berlin-Hellersdorf aufwächst. Der Film wurde mehrfach ausgezeichnet und 2007 erstmals im WDR (Menschen hautnah) ausgestrahlt. Er kann auf der Webseite von lingua-video käuflich erworben werden.

6.1.4 Sexuelle Gewalt

Sexuelle Gewalt
Sexuelle Gewalt, in der Fachliteratur häufig auch als sexueller Missbrauch oder sexuelle Misshandlung bezeichnet, „umfasst jede sexuelle Handlung, die an oder vor einem Kind entweder gegen den Willen des Kindes vorgenommen wird oder der das Kind auf Grund seiner körperlichen, emotionalen, geistigen oder sprachlichen Unterlegenheit nicht wissentlich zustimmen kann bzw. bei der es deswegen auch nicht in der Lage ist, sich hinreichend wehren und verweigern zu können. Die MissbraucherInnen nutzen ihre Macht- und Autoritätsposition sowie die Liebe und Abhängigkeit der Kinder aus, um ihre eigenen (sexuellen, emotionalen und sozialen) Bedürfnisse auf Kosten der Kinder zu befriedigen und diese zur Kooperation und Geheimhaltung zu veranlassen.“ (Deegener 2005, S. 38)

Kritik am Begriff ‚sexueller Missbrauch‘
Sowohl in der Fachdebatte als auch in der Öffentlichkeit ist der Begriff des sexuellen Missbrauchs verbreitet. Es gibt ihn auch im Strafgesetzbuch. Allerdings erfasst er hier jede strafbare Form sexueller Gewalt. Damit ist der strafrechtliche Begriff sowohl enger – es geht nur um strafbare Taten – als auch breiter – er bezieht sich nicht nur auf Gewalt gegen Kinder und Jugendliche – als der Begriff im Kinderschutz.

In der Fachdebatte wird der Begriff *sexueller Missbrauch* kritisch hinterfragt. Der Begriff ‚Missbrauch‘, so die Bedenken, suggeriere die Möglichkeit eines (legitimen) ‚Gebrauchs' (vgl. Kappeler 2011, S. 10f.). Daher sei es treffender, von ‚sexueller Gewalt gegen Kinder und Jugendliche' zu sprechen. Noch weitergehend wird mittlerweile häufig der Begriff ‚sexualisierte Gewalt' genutzt, insbesondere in Bezug auf Gewalt in Institutionen. Damit wird nicht nur betont, dass es sich um Gewalt handelt, sondern darüber hinaus verdeutlicht, dass Sexualität hier funktionalisiert wird, um Gewalt auszuüben. Zugleich wird jedoch kritisch angemerkt, dass durch die starke Betonung von Gewalt die Verknüpfung von Sexualität und Gewalt aus dem Blick gerate und es für den Kontext wichtig sei, dass Machtausübung auf eine sexuelle Weise geschehe.

Wir teilen die gegen den Begriff des sexuellen Missbrauchs diskutierten Bedenken und haben uns in Abwägung der skizzierten Argumente für den Begriff der sexuellen Gewalt entschieden. In Zitaten werden wir den von der Autorin oder dem Autor verwandten Begriff beibehalten.

Formen sexueller Gewalt gegen Kinder und Jugendliche

Zu sexueller Gewalt gegen Kinder und Jugendliche zählen unterschiedliche Formen wie Belästigung und Masturbation, oraler, analer oder genitaler Verkehr, aber auch die sexuelle Ausbeutung durch Einbeziehung von Minderjährigen in pornographische Aktivitäten und Prostitution (vgl. Kinderschutz-Zentrum Berlin 2009, S. 40–43).

Sexuelle Gewalt gegen Kinder und Jugendliche als Form der Kindeswohlgefährdung unterscheidet sich in vielen Hinsichten von anderen Formen der Kindeswohlgefährdung. Auch der professionelle Umgang mit Hinweisen auf Kindeswohlgefährdung ist ein anderer, wenn es Hinweise auf sexuelle Gewalt gibt. Um dies verständlich zu machen, gehen wir an dieser Stelle auf die Frage ein, wer Kindern und Jugendlichen sexuelle Gewalt antut und welche Strategien dabei angewandt werden. Dabei sprechen wir zur Vereinfachung der Lesbarkeit von Erwachsenen. Es gibt jedoch auch ältere Kinder und Jugendliche, die Jüngere sexuell belästigen und dazu drängen, vor oder mit ihnen sexuelle Handlungen durchzuführen. Dies sollte im Kontext Kinderschutz und bei den folgenden Ausführungen, die lediglich einführenden Charakter haben können, mitgedacht werden. Zur Vertiefung dieses Aspektes empfehlen wir die Studie von Claudia Bundschuh über Entstehungsbedingungen und Erscheinungsformen von Pädosexualität (Bundschuh 2001).

Was weiß man über Erwachsene, die sexuelle Gewalt gegen Kinder und Jugendliche ausüben?

Wer sich mit dem Thema sexuelle Gewalt gegen Kinder und Jugendliche noch nicht fachlich beschäftigt hat, hat meist bestimmte Vorstellungen von den Erwachsenen, die dies tun. Hierzu gehört zum einen, dass diese Erwachsenen pädophil seien. *Pädophilie* ist im klinischen Sinne eine (krankhafte) Störung der sexuellen Präferenz. Es bedeutet, dass Menschen sich sexuell dauerhaft und ausschließlich oder überwiegend von Kindern mit einem vorpubertären Körper angezogen fühlen (zur Kritik an dem Begriff vgl. Bundschuh 2001). Viele Laien gehen also davon aus, dass sexuelle Handlungen an Kindern nur von solchen Erwachsenen ausgeführt werden, die ihre sexuellen Bedürfnisse nicht mit erwachsenen Sexualpartner(inne)n befriedigen können. Dies ist jedoch ein Irrtum. Auch Erwachsene mit einer primären sexuellen Orientierung gegenüber Erwachsenen tun Kindern sexuelle Gewalt an (Bundschuh 2010, S. 38). Anstelle von monokausalen, individuellen Ursache-Erklärungen werden daher heute multifaktorielle Modelle bevorzugt, um sexuelle Gewalt gegen Kinder zu analysieren. Hierauf gehen wir im Kapitel zu den Ursachen von Kindeswohlgefährdung genauer ein (→ Kapitel 7).

Zum anderen gehen viele davon aus, dass es sich bei Erwachsenen, die sexuelle Gewalt gegen Kinder und Jugendliche ausüben, entweder um Fremde handelt, die sich Kindern nähern und sie überwältigen, oder dass es sich um psychisch kranke Väter handelt, die ihre Töchter mit körperlicher Gewalt zum Geschlechtsverkehr zwingen. Auch diese beiden Bilder treffen so jedoch nicht auf die Mehrzahl der Fälle zu. Erwachsene, die sexuelle Gewalt gegen Kinder und Jugendliche ausüben, kommen aus allen sozialen Schichten, sind in der überwiegenden Mehrheit (80–90 %) männlich und kennen die Kinder und Jugendlichen in der Regel, bevor es zu sexuellen Handlungen kommt. Ein Teil von ihnen sind Mitglieder der Familie, wie Väter, Stiefväter, Brüder, Mütter, Opa oder Onkel. Bei Mädchen ist dies in etwa einem Drittel, bei Jungen in 10–20 % der Fall. Weitaus häufiger jedoch handelt es sich um Erwachsene und Jugendliche aus dem familialen Nahbereich, wie etwa Verwandte, Pädagog(innen)en, Trainer(innen), Freund(inn)e(n) der Eltern oder Babysitter. In der Fachliteratur wird zudem davon ausgegangen, dass diese Erwachsenen und Jugendlichen sich nicht nur an ein Kind wenden, sondern im Laufe ihres Lebens teilweise gegenüber mehreren Dutzend bis mehreren Hundert Kindern und Jugendlichen sexuell übergriffig werden. Etwa zwei Drittel der Männer und männlichen Jugendlichen, die in der Familie sexuelle Gewalt ausübten, taten dies auch außerhalb der Familie. Es gibt weniger Frauen als Männer, die gegenüber Kindern und Jugendlichen sexuell übergriffig werden, und sie wenden sich an weniger Kinder und Jugendliche, dies jedoch über einen längeren Zeitraum (vgl. Enders 2008, S. 55 f.; Fegert et al. 2013; Stadler/Bieneck/Pfeiffer 2012).

Strategien von der ersten Kontaktaufnahme bis zur sexuellen Handlung

Sexuelle Gewalt gegen Kinder und Jugendliche ist kein zufälliges Geschehen und kein ‚Ausrutscher' im Affekt, sondern ein planvolles Vorgehen. Ursula Enders beschreibt in ihrem Handbuch „Zart war ich, bitter war's" eindrücklich die subtilen Strategien, mit denen Erwachsene sich Kindern und Jugendlichen nähern. Diese richten sich

- nach außen, um zu verhindern, dass Dritte eingreifen,
- gegen das Kind, um es wehrlos und gefügig zu machen, und
- gegen die engsten Vertrauenspersonen des Kindes, um zu verhindern, dass diese Hinweise auf sexuelle Gewalt wahrnehmen oder Hinweisen des Kindes Glauben schenken (vgl. Enders 2008, S. 56).

Der sexuelle Kontakt zum Kind steht erst am Ende eines langen Prozesses der Auswahl, des Austestens und der Desensibilisierung des Kindes. Enders (ebd., S. 55 ff.) beschreibt dieses Vorgehen entlang unterschiedlicher Phasen. Wir greifen hier wesentliche Aspekte dieses Prozesses heraus.

Zu Beginn geht es um die *Auswahl eines Kindes oder eines/einer Jugendlichen.* Die Erwachsenen nehmen sich Zeit, um Kinder oder Jugendliche, ihr soziales Umfeld, ihre Vorlieben und Bedürfnisse kennenzulernen. Hierzu kann es gehören, gezielt Kontakt zu alleinerziehenden Müttern aufzunehmen, eine berufliche oder ehrenamtliche Tätigkeit entsprechend auszurichten, im Internet Kontakte aufzubauen oder ein Hobby anzunehmen, das auch Kinder interessiert und es ermöglicht, mit ihnen in Kontakt zu kommen. In der Phase des Kennenlernens testen die Erwachsenen die Widerstandsfähigkeit des Kindes als ‚potentielles Opfer'. Berichte zeigen, dass Erwachsene, die Kindern und Jugendlichen sexuelle Gewalt antun, ein differenziertes Gespür für die Verletzlichkeit von Kindern, für Defizite in Bezug auf Sicherheit, Zuwendung, Anerkennung, Liebe und Wärme haben, und diese strategisch nutzen können. Sie wenden sich gezielt an Kinder, die in ihrer Familie bereits andere Gewalterfahrungen gemacht haben, an Kinder, die emotional vernachlässigt werden, oder auch Kinder, die bereits sexuelle Gewalt erfahren haben. Auch für Kinder, die sehr autoritär zu Gehorsam gegenüber Erwachsenen erzogen werden oder in deren Erziehung Sexualität als etwas Verbotenes dargestellt und nicht thematisiert wird, besteht ein höheres Risiko, sexuelle Gewalt zu erfahren.

Haben Erwachsene erst einmal Vertrauen zum Kind und seinem sozialen Umfeld aufbauen können, geht damit oftmals eine *Desensibilisierung des Kindes bzw. der/des Jugendlichen in Bezug auf körperliche Berührungen* einher. Die Erwachsenen überschreiten – anfangs sehr vorsichtig, dann wiederholt und zunehmend – Grenzen des Kindes und stellen dies als normal dar. Diese ‚Testrituale' dienen dazu, die Widerstandsfähigkeit des Kindes weiter zu prüfen und seine Wahrnehmung zu ‚vernebeln'. Sie sind jedoch für die betroffenen Kinder sehr schwer erkennbar. Es sind anzügliche, oft bewundernd formulierte Bemerkungen über den Körper des Kindes, dann scheinbar ‚zufällige' Grenzüberschreitungen zunächst ohne Körperkontakt, und später auch mit Körperkontakt. Dieses Vorgehen dient der schrittweisen Desensibilisierung des Kindes bzw. der/des Jugendlichen in Bezug auf körperliche Berührungen und damit der Verunsicherung hinsichtlich der Wahrnehmung der eigenen Grenzen. Protestieren Kinder oder Jugendliche gegen die zunehmenden Grenzüberschreitungen, erscheinen sie nicht als geeignete Zielperson. Einige Kinder und Jugendliche brechen in dieser Phase den Kontakt ab, wenn es möglich ist, beenden ein Hobby o.ä., um der Person und ihren Annäherungen zu entgehen.

Oft ist es von außen schwer zu erkennen, dass Erwachsene Kontakt zu Kindern bzw. Jugendlichen und ihren sozialen Umfeldern aufbauen, um ihnen sexuelle Gewalt antun zu können. Erwachsene, die vorhaben, sich Kindern und Jugendlichen sexuell zu nähern, sie für sexuelle Handlungen gefügig zu machen, sind eben nicht die unbeliebten ‚Sonderlinge', sondern haben oft einen guten Ruf als sympathische, engagierte und kinderliebe Kolleg(inn)en oder Bekannte, von denen sich niemand solche Handlungen vorstellen kann. Sie freunden sich mit den Eltern des Kindes oder der/des Jugendlichen an und geben Nachhilfeunterricht, übernehmen als Kolleg(inn)en gerne auch zusätzliche Schichten im Dienstplan oder nutzen ihren beruflichen Status, z.B. als Arzt /Ärztin oder Priester(in), um sich als vertrauenswürdig darzustellen. Werden doch Anfragen oder Vorwürfe formuliert, so gelingt es ihnen vor dem Hintergrund dieser sozialen Anerkennung oft, den Vorwurf (und denjenigen, der ihn formuliert,) als lächerlich, als Missverständnis oder als übertriebene Prüderie darzustellen. Diese Täuschung des Umfeldes erschwert für die Kinder die Aufdeckung der Grenzverletzungen, weil niemand ihnen Glauben schenkt (bzw. schenken möchte) und das Kind mit der Aufdeckung der sexuellen Gewalt oft auch soziale Beziehungen der Familie in Frage stellt.

Zur Strategie von Erwachsenen in der Anbahnung von sexueller Gewalt gehört es ebenso, Kinder und Jugendliche zu *verführen,* d.h. ihnen Aufmerksamkeit und Bestätigung zu geben, Geschenke zu machen oder ihnen Vorteile zu verschaffen. Sie verwickeln die Kinder und Jugendlichen damit in eine Art Komplizenschaft und vermitteln ihnen den Eindruck, sie würden nicht verführt, sondern hätten in der Anbahnung der Beziehung einen aktiven Part. Die Erwachsenen kennen den Alltag der Kinder genau und *wählen Ort und Zeitpunkt* gezielt.

Alle Kinder zeigen zu irgendeinem Zeitpunkt auch *Widerstand.* Dieser wird jedoch von den Erwachsenen *ignoriert,* übergangen oder umgedeutet, und viele Kinder und Jugendliche können sich an diesen eigenen Widerstand später nicht mehr erinnern. Das Geschehen wird scheinbar zufällig, als Spiel oder auch als Bestrafung inszeniert. Es werden falsche Informationen über Sexualität und Normen vermittelt und in einigen Fällen auch Alkohol und andere Drogen gebraucht, um *die Wahrnehmung des Kindes bzw. des/der Jugendlichen zu vernebeln.*

Um das Geschehen geheim zu halten, werden die *Kinder bzw. Jugendlichen von den Erwachsenen zunehmend sozial isoliert und kontrolliert. Kinder und Jugendliche werden mit unterschiedlichen Strategien zum Schweigen gebracht:* das, was geschehen ist, wird zum gemeinsamen Geheimnis erklärt, das Kind wird eingeschüchtert, bedroht oder geschlagen, es wird vom Erwachsenen diffamiert oder selbst als Verführende und schuldig an dem Geschehen dargestellt. Die meisten Kinder und Jugendlichen sind in diesem strategischen Anbahnungsprozess für sie fast unmerklich in eine persönliche Beziehung verstrickt worden, in der die Aufdeckung der sexuellen Gewalt auch für sie selbst mit hohen Risiken und Verlusten verbunden ist.

Betroffene Kinder und Jugendliche sehen sich immer wieder dem meist unterschwellig, manchmal aber auch offen formulierten Vorwurf ausgesetzt, sie hätten das Geschehen in irgendeiner Weise provoziert, den Erwachsenen ermutigt, verführt oder sich zumindest nicht dagegen zur Wehr gesetzt und damit doch letztlich zugestimmt. Die beschriebene Strategie von Erwachsenen in der Anbahnung sexueller Gewalt beinhaltet eine solche Entlastung des Erwachsenen von seiner Verantwortung. Allzu oft lassen sich Außenstehende hiervon verblenden und leugnen, entschuldigen oder verharmlosen das Geschehene. In der Fachliteratur ist es daher wichtig, die Verantwortlichkeit der Erwachsenen für ihr Handeln gegenüber den Kindern und Jugendlichen klarzustellen und zu betonen, dass es sich weder um Taten im Affekt noch um gleichberechtigte Liebesverhältnisse handelt, sondern um gezielte sexuelle Übergriffe gegen Kinder und Jugendliche, die sich in der Situation gar nicht zur Wehr setzen können. Um dies deutlich zu machen, wird oft von ‚Tätern' und ‚Opfern' gesprochen (vgl. Enders 2008, S. 38). Damit bedient man sich Begrifflichkeiten, die aus dem Strafrecht stammen und für die Soziale Arbeit unüblich sind. Aus systemischer Sicht wird Kindeswohlgefährdung als Beziehungsstörung verstanden. Daher sind die Bezeichnungen ‚Täter' und ‚Opfer' aus dieser Perspektive nicht geeignet, um die Beteiligten und das Geschehen angemessen zu beschreiben und mit den Familien zu arbeiten. Aber auch die systemische Sprache kann zu Missverständnissen führen, indem sie eine Entlastung der Erwachsenen von ihrer Verantwortung für das eigene Handeln zumindest nahelegt und in der Folge zu einer Inverantwortungsnahme der betroffenen Kinder und Jugendlichen führen kann. Es ist daher dringend darauf zu achten, eine solche Fehldeutung zu verhindern.

Folgen für die Kinder und Jugendlichen

Sowohl das Erleben als auch die Folgen sexueller Gewalt sind abhängig vom Alter, dem Entwicklungsstand und der Persönlichkeit des Kindes bzw. der/des Jugendlichen, der Dauer und der Intensität der sexuellen Gewalt und der Art der Beziehung des Kindes zu dem sexuelle Gewalt ausübenden Erwachsenen oder Jugendlichen. Alle Betroffenen berichten in Erzählungen über sexuelle Gewalt jedoch von „Vertrauensverlust, Sprachlosigkeit, Schuld- und Schamgefühlen, Ohnmacht, Angst und Zweifel an der eigenen Wahrnehmung" (ebd., S. 129). Es hat großen Einfluss auf die Verarbeitung des Erlebten und die Folgen für das Kind, in welcher Weise die sexuelle Gewalt aufgedeckt wird, ob das Kind dabei Glauben findet und Eltern sowie enge Bezugspersonen zu ihm stehen und es unterstützen.

Die Folgen sexueller Gewalt können auf unterschiedlichen Ebenen liegen. Körperlich können Verletzungen am ganzen Körper auftreten, insbesondere im Genitalbereich oder an als „erogen" besetzten Körperstellen. Es kann zu genitalen, analen und oralen Entzündungen oder Infektionen kommen. Nur selten ist es jedoch möglich, sexuelle Gewalt anhand körperlicher Befunde nachzuweisen, und Untersuchungen erfordern eine hohe Sensibilität der medizinischen Fachkräfte. Psychisch können unterschiedliche Verhaltensweisen Folgen sexueller Gewalt sein wie Distanzlosigkeit, unangebrachtes Sexualverhalten, psychotraumatische Belastungsstörungen, Angst, Depression, ein geringes Selbstwertgefühl, überangepasstes Verhalten, selbstverletzendes oder nach außen aggressives Verhalten. Psychosomatische Folgen können beispielsweise Ekzeme, Allergien und Essstörungen sein. Es ist wichtig zu beachten, dass die genannten Symptome nur mögliche Folgen sexueller Gewalt sind, die nicht auftreten müssen und die auch nicht zwingend auf sexuelle Gewalt gegen Kinder und Jugendliche hinweisen, sondern auch andere Ursachen haben können (vgl. Kinderschutz-Zentrum Berlin 2009, S. 53).

Wovon reden? Was sagen?
Diskutieren Sie die Begriffe

- sexueller Missbrauch,
- sexuelle Gewalt,
- sexualisierte Gewalt.

Was spricht für, was gegen den jeweiligen Begriff?

6.2 Kinder und Jugendliche mit Behinderungen

Kinder und Jugendliche mit Behinderungen sind eine Gruppe, die im Diskurs über Gewalt gegen Kinder bisher wenig Beachtung fand. Das erstaunt zum einen, weil diese nicht nur von allgemeiner Gewalt gegen Menschen mit Behinderung in der Öffentlichkeit und in Institutionen betroffen sind (vgl. Mayrhofer et al. 2019), sondern auch ein erhöhtes Risiko haben, Gewalt in der Familie zu erfahren (vgl. Amyna 2015, 2015a). Zwar liegen nur wenige Studien hierzu vor und darunter keine aus Deutschland (es fand lediglich ein Einbezug von weiblichen Kindern und Jugendlichen in eine Studie zur Lebenssituation und Belastungen von Frauen mit Beeinträchtigungen und Behinderungen statt; vgl. Schröttle et al. 2012). Diese Studien zeigen jedoch eine signifikant höhere Prävalenz als für Kinder und Jugendliche ohne Behinderungen (vgl. Sullivan/Knutson 2000; Maclean et al. 2017), etwa eine zwei- bis dreifach erhöhte Betroffenheit von sexueller Gewalt bei Mädchen mit Behinderungen in Deutschland (Schröttle et al. 2012, S. 21). Maclean et al. (2017) kommen zu dem Ergebnis, dass Kinder mit Behinderungen 10,4 % der Kinder in West-Australia ausmachen, aber 25,9 % der Kinder mit Verdacht auf Misshandlung und 29 % mit klaren Hinweisen auf Misshandlung. Sullivan und Knutson (2000) kamen in Nebraska zu dem Ergebnis, dass Kinder und Jugendliche mit Behinderungen ein 3,4-fach höheres Risiko haben, von Kindeswohlgefährdung betroffen zu sein, als Gleichaltrige ohne Behinderungen. Gleichzeitig sind Unterschiede hinsichtlich der Behinderungsformen zu beobachten: Kinder mit Intelligenzminderung und Lernbehinderung sowie Verhaltensauffälligkeiten haben ein besonders hohes Risiko, Gewalt zu erleben. Kinder mit Hör- oder Sehbehinderung, Körperbehinderung oder Autismus hingegen haben ein fast mit Kindern ohne Behinderung vergleichbares Risiko. Ein Zusammenhang zwischen der Art der Behinderung und der Art der Gewalt hingegen besteht nicht.

Für Familien bedeutet die Behinderung eines Kindes eine Krise (vgl. Die

Kinderschutzzentren 2012). Es ergeben sich familiäre Herausforderungen, für die es kein gesellschaftliches Skript gibt und das oft mit Belastung und Scham behaftet ist. Es ist schwer, sich hierbei Unterstützung zu holen, auch deshalb, weil Familie und Eltern als Adressat(in)en von Unterstützung in der Eingliederungshilfe bislang ausgeblendet werden. Aus einer Behinderung können Anforderungen resultieren, die eine hohe psychische Belastung darstellen, wie umfangreiche Pflege, nächtliche Versorgung u. Ä. Oft führt dies dazu, dass ein Elternteil die Erwerbstätigkeit einschränkt oder aufgibt, was mit Einkommenseinbußen bis hin zu Armutslagen, insbesondere bei Alleinerziehenden, verbunden ist. All dies kann zu einer Zuspitzung von Krisen führen und Gewalt begünstigen. Die Betreuungssysteme der Gesundheits- und der Eingliederungshilfe sind jedoch in der Regel nicht für Kinderschutz bei Kindern mit Behinderung sensibilisiert.

Das Risiko erhöht sich zudem dann, wenn Kinder und Jugendliche aufgrund von Kommunikationsbeeinträchtigungen sich selbst nicht äußern können. Unter dem Aspekt Kinderrechte muss auch der Situation der Geschwister von Kindern und Jugendlichen mit Behinderung eine eigene Aufmerksamkeit zukommen, die oft aus dem Blick geraten und z. T. auch selbst Versorgungsaufgaben übernehmen.

Auch im sozialen Umfeld, insbesondere der Schule, sind Kinder und Jugendliche mit Behinderungen in hohem Maße von Gewalterfahrungen betroffen. Untersuchungen zeigen, dass diese Gewalterfahrungen sich selten nur auf eine Lebensphase beziehen. Sie werden in späteren Lebensphasen in unterschiedlichen Kontexten wiederholt gemacht (Mayrhofer et al. 2019).

Obwohl also Kinder und Jugendliche mit Behinderungen überdurchschnittlich oft von Gewalt in der Familie betroffen sind, kommt ihnen im Kinderschutz, aber auch in der öffentlichen Diskussion um Gewalt in der Erziehung bislang wenig Aufmerksamkeit zu. Erst mit der Diskussion über eine inklusive Kinder- und Jugendhilfe und über die Zusammenführung aller Leistungen der Eingliederungshilfe und der Kinder- und Jugendhilfe unter dem Dach des SGB VIII (→ Kapitel 8) rückt dieses Thema nun stärker in den Blick der Fachwelt.

6.3 Kinder psychisch kranker Eltern

Auch Erwachsene, die psychisch erkrankt sind, haben nicht selten Kinder. Diese Kinder sind in ihrem Alltag mit den Problemen, Begrenzungen und Herausforderungen, die die psychische Erkrankung ihrer Eltern mit sich bringt, konfrontiert. Trotz der hohen Anzahl betroffener Kinder – Schätzungen gehen von 3,8 Millionen Kindern und Jugendlichen in Deutschland aus (vgl. NZFH 2016, S. 5) – wurde diese Gruppe lange Zeit weder in der Psychiatrie noch in der Suchthilfe oder in der Kinder- und Jugendhilfe hinreichend wahrgenommen. Erst seit den 1980er Jahren rückte die Situation von Kindern psychisch kranker Eltern langsam in das Blickfeld der zuständigen Institutionen (vgl. Lenz 2009, S. 8 f.). 2017 setzte der Deutsche Bundestag schließlich eine Arbeitsgruppe ein, die Vorschläge zur Verbesserung der Situation von Kindern und Jugendlichen aus Familien, in denen mindestens ein Elternteil psychisch erkrankt ist, erarbeitete (AFET 2020).

Bei dieser Gruppe von Kindern und Jugendlichen handelt es sich keineswegs um eine homogene Zielgruppe des Kinderschutzes. Unter dem Begriff der psychischen Erkrankungen werden unterschiedlichste Krankheiten wie Depression, Neurosen, Psychosen, Suchtkrankheiten und viele mehr gefasst.

Münchhausen-by-proxy-Syndrom

Eine ungewöhnliche Form ist das *Münchhausen-by-proxy-Syndrom.* Das Münchhausen-Syndrom bedeutet, dass Menschen körperliche oder psychische Krankheitssymptome vortäuschen oder selbst herbeiführen, um damit Aufnahme in Krankenhäusern und medizinische Behandlung, sogar Operationen oder aufwendige Diagnostik, zu erreichen. Beim Münchhausen-by-proxy (= stellvertretend)-Syndrom" erzeugen die Eltern, in der Regel Mütter, das Krankheitsbild nicht bei sich selbst, sondern bei ihren Kindern. Die Kinder werden zur medizinischen Untersuchung vorgestellt und es werden weitgehende Diagnostik und Behandlung, auch verbunden mit starken Eingriffen, eingefordert (vgl. Nowara 2005, S. 128 f.). Die Mütter ziehen dabei einen psychischen Gewinn aus der Einnahme der Krankenrolle. Da sie besonders fürsorglich und aufopferungsbereit auftreten, wirken sie auf medizinisches Personal zunächst über jeden Verdacht erhaben. Es erfordert oft eine stationäre Klinikaufnahme mit Trennung des Kindes von der Mutter und eine ausführliche Diagnostik des Kindes, um diese Störung nachzuweisen (vgl. Noecker et al. 2010).

Die Ausprägungen der Krankheitssymptome eines Elternteils und ihre Auswirkungen auf die Situation der Familie, auf die Verantwortungsübernahme im Alltag, die Beziehungs- und Erziehungsfähigkeit und die Fürsorge für die Kinder sind sehr heterogen. Welche Auswirkungen die psychische Erkrankung eines Elternteils für ein Kind tatsächlich hat, ob sich daraus Unterstützungsbedarf oder gar eine Kindeswohlgefährdung ergibt, hängt daher von Aspekten wie dem Zeitpunkt der Erkrankung, der konkreten Krankheitsausprägung und der Lebenssituation der Familie ab. Ein sorgendes zweites Elternteil, ein verbindlich unterstützendes familiäres und auch weiter gefasstes soziales Netzwerk, das Alter und der Entwicklungsstand des Kindes haben deutlichen Einfluss auf die Situation des Kindes. Die Situation von Kindern psychisch kranker Eltern darf also nicht pauschal bewertet werden. Gleichwohl birgt die psychische Erkrankung eines Elternteils deutliche Risiko- und Belastungsfaktoren für das Kind. Im Rahmen dieses Lehrbuches können wir lediglich einige zentrale Ergebnisse aus der umfangreichen und differenzierten Forschung zur Situation von Kindern psychisch kranker, alkohol- oder drogenkranker Eltern darstellen (ausführlicher hierzu Lenz 2009; Schneider 2019).

Die psychische Erkrankung eines Elternteils hat oft Folgen für die soziale und ökonomische Situation der Familie. Sie verändert die persönliche Beziehung und das Zusammenleben, stellt für den Partner oder die Partnerin in der Regel eine schwierige Situation dar und führt oft zur Trennung. Viele Betroffene können keiner Berufstätigkeit mehr nachgehen. Die erhöhte Arbeitslosigkeit führt zu finanziellen Verlusten, teilweise zu Armut und problematischen Wohnverhältnissen.

Meist wissen die Kinder wenig über die Erkrankung und können das Verhalten des Elternteils nicht verstehen. Dies bedeutet eine hohe Unsicherheit und löst Ängste aus. Für die Kinder entsteht leicht der Eindruck, dass das Elternteil sie nicht mehr liebe oder dass sie selbst etwas getan haben, was der Grund für das Verhalten der Eltern sei. Hinzu kommt oft der Druck, die Krankheit und die Lebenssituation geheim zu halten, so dass die Kinder sich mit ihren Problemen auch keinem Außenstehenden anvertrauen können. Hierbei spielt Scham eine große Rolle, aber auch die Angst der Eltern, ihre Kinder zu verlieren, wenn die Erkrankung bekannt wird. Durch die höhere Trennungsquote ist auch der Anteil der Alleinerziehenden bei psychisch erkrankten Eltern deutlich erhöht. Kinder bleiben nach einer Trennung der Eltern in der Regel bei ihren Müttern – auch dann, wenn diese psychisch erkrankt sind.

Psychische Erkrankungen gehen zumeist mit einer Verminderung der Beziehungs- und Erziehungsfähigkeit einher. Erkrankte Eltern sind oft in ihrer Selbst- und Fremdwahrnehmung eingeschränkt oder gestört und haben daher nicht die erforderliche Feinfühligkeit für die Bedürfnisse und Gefühle des Kindes. Je nach Krankheit und Krankheitsphase können die Eltern ihre Kinder auch als gleichgültig, als bösartig oder gar als Bedrohung wahrnehmen. Sie haben daher Schwierigkeiten, eine verlässliche Eltern-Kind-Bindung aufzubauen und eine angemessene emotionale, materielle und soziale Versorgung des Kindes sicherzustellen. Es kann sowohl zur Über- als auch zur Unterstimulation des Kindes kommen, zu phasenweisen Ausfällen oder gar Gewalt.

Kindern kommt in diesen Familien oft die Aufgabe zu, den ‚Ausfall' des kranken Elternteils auszugleichen und die familiäre Verantwortung für die Gestaltung des Alltags zu übernehmen. Dies kann z. B. die Fürsorge für kleinere Geschwister sein, die Versorgung des Haushalts oder die emotionale Unterstützung und Pflege des kranken Elternteils. Diese hohe und oft altersunangemessene Verantwortungsübernahme ist sowohl in Familien mit alleinerziehenden Elternteilen zu beobachten als auch in Familien, in denen die Eltern noch gemeinsam leben. Auch nicht erkrankte Elternteile sind in diesen Partnerschaften hohen Belastungen ausgesetzt und nehmen Kinder teilweise in die Verantwortung, um die Belastungen auszugleichen.

Vor diesem Hintergrund entwickeln Kinder psychisch kranker Eltern häufiger als andere Kinder kognitive und sozial-emotionale Entwicklungsstörungen sowie Verhaltensauffälligkeiten. Sie haben zudem ein deutlich erhöhtes Risiko, selbst an einer psychischen Störung zu erkranken oder suchtkrank zu werden. Dabei können sowohl genetische als auch Umweltfaktoren eine Rolle spielen. Genetische Faktoren haben jedoch keine determinierende Wirkung.

Die psychische Erkrankung eines Elternteils kann daher, muss aber nicht, mit einer Kindeswohlgefährdung einhergehen. In den vergangenen Jahren wird daher zunehmend gefordert, in allen beteiligten Hilfesystemen – Erwachsenenpsychiatrie, Kinder- und Jugendpsychiatrie, Pädiatrie und Kinder- und Jugendhilfe die Zielgruppe der Kinder psychisch kranker Eltern in den Blick zu nehmen, miteinander zu kooperieren und auf die besonderen Bedarfe dieser Kinder und Familien abgestimmte Unterstützungsangebote zu entwickeln. Die Arbeitsgruppe „Kinder psychisch- und suchterkrankter Eltern" erarbeitete hierzu vier Kernthesen mit Empfehlungen (AFET 2020). Sie beziehen sich 1. auf den Auf- und Ausbau von Leistungen für betroffene Kinder und ihre Familien, 2. auf die Zugänglichkeit präventiver Leistungen, 3. auf das Ineinandergreifen bestehender Hilfs- und Unterstützungsangebote in Anbetracht der komplexen Bedarfslagen in diesen Familien und 4. zur Unterstützung des Zugangs zu Leistungen an den Schnittstellen der Hilfesysteme durch Lotsen. Der Bericht wird in der Fachwelt diskutiert und es wird an der Umsetzung der Empfehlungen gearbeitet.

6.4 Organisierte und rituelle Gewalt gegen Kinder und Jugendliche

Unter organisierter und ritueller Gewalt gegen Kinder und Jugendliche versteht man schwere Formen von Gewalt und sexueller Ausbeutung, die im Kontext organisierter Kriminalität und/oder unter dem Deckmantel von Kulten, Sekten und Religionen verübt werden und fast immer im frühen Kindesalter beginnen (zur Begriffsklärung vgl. im Folgenden Nick et al. 2018, S. 245 f.).

- Der Begriff *organisierte Gewalt* bezieht sich auf (sexuelle) Gewalt von untereinander bekannten Täter(inne)n oder -gruppierungen, die mehrere Opfer betrifft. Sie wird systematisch geplant, wiederholt ausgeübt und stellt eine langjährige (sexuelle) Ausbeutung der Kinder, Jugendlichen, aber auch Erwachsenen dar, z. B. im Kontext von Kinderpornographie oder Zwangsprostitution.
- Wird organisierte Gewalt mit (schein-)ideologisch oder religiös geprägten Sinngebungen verbunden, z. B. in satanistischen oder faschistischen Gruppierungen, Sekten oder Kulten, bezeichnet man dies als rituelle Gewalt. Den Betroffenen werden ab dem frühen Kindesalter Glaubenssysteme aufgezwungen, die erlebte Qualen legitimieren, Gruppenzugehörigkeit manifestieren sollen sowie der Aufrechterhaltung von Redeverboten dienen.

Bei organisierter und ritueller Gewalt geht es meist um sexuelle Gewalt. Sie wird jedoch begleitet von massiver körperlicher und psychischer Gewalt bis hin zur Folter. Viele Opfer werden selbst zu Straftaten und zur Ausübung von Gewalt gegenüber anderen Opfern gezwungen. Auf diese Weise werden bestehende Abhängigkeiten manifestiert und der Ausstieg aus der Gruppierung wird erschwert. (ebd., S. 246).

Oft sind es Familienmitglieder, die diese Gewalt selbst ausüben oder ihre Kinder hierzu an andere Täter(innen) ausliefern, und zwar in unterschiedlichen gesellschaftlichen Zusammenhängen: „Es gibt Tätergruppierungen, die als sozial isolierte, kriminelle Netzwerke und Clans am Rande der Gesellschaft agieren, während andere gesellschaftlich gut integriert sind. Der hohe berufliche Status einiger Täter und Täterinnen aus der organisierten und rituellen Gewalt ermöglicht, dass kriminelle Handlungen nicht entdeckt werde" (Nick 2020, S. 109 f.).

Für die betroffenen Kinder und Jugendlichen sind diese schweren und anhaltenden Gewalterfahrungen verbunden mit spezifischen Formen der

Bewusstseinsspaltung und -manipulation. Sie stellen in der Regel eine Traumatisierung dar und führen oft zu einer dissoziativen Störung, d. h. zur Aufspaltung der Persönlichkeit in unterschiedliche innere Anteile. Dies wird von den Gewalttäter(inne)n gezielt gefördert, unterschiedliche Persönlichkeitsanteile werden für ihre Zwecke trainiert und genutzt (ebd.). Dissoziative Störungen und komplexe posttraumatische Belastungsstörungen gehen oft einher mit Selbstverletzungen, Suizidalität und Störungen der Affektregulation. Je nach Tätergruppierung kann es zu Phobien vor Personengruppen wie Polizei oder Ärzt(inn)en u. a. kommen, was die Suche nach Hilfe zusätzlich erschwert (ebd., S. 112).

Das Hilfesystem ist bisher zu dieser Thematik zu wenig geschult und sensibilisiert. Oft handelt es sich um Familien, die gesellschaftlich hoch funktional agieren, um Kinder und Jugendliche mit durchaus guten schulischen Leistungen. Wird Gewalt deutlich, werden hierfür lediglich Einzeltäter, z. B. der Vater, identifiziert. Der weitere Kontext bleibt verborgen, so dass die Gewalt weder endet noch dem Kind angemessene Unterstützung zukommt. Zudem existieren kaum Unterstützungs- und Therapieangebote für Überlebende organisierter und ritueller Gewalt (ebd., S. 113 f.).

Zuletzt wurden mehrere solcher Fälle aufgedeckt. Hierzu gehört der sog. ‚Missbrauchsfall Lügde'. Seit 2008 wurden zehn Jahre lang ausgehend von einem Campingplatz in Lügde Kinder sexuell missbraucht und wurde Kinderpornographie hergestellt und vertrieben. Internationale Aufmerksamkeit erregte auch ein Fall in Staufen. Ein zu Beginn der Taten siebenjähriger Junge wurde über mehrere Jahre von seiner Mutter und deren Lebensgefährten gequält und sexuell misshandelt sowie an Dritte zur Misshandlung verkauft.

6.5 Gefahren für das Wohl von Kindern und Jugendlichen durch die Nutzung Sozialer Medien

Der Umgang mit dem Internet, Internetspielen und Internetkommunikation wird in der Öffentlichkeit und auch in der Fachwelt in vielfältiger Weise als potentielle Gefahr für Kinder und Jugendliche diskutiert (vgl. Dekker/Koops/Briken 2016). Es wird beispielsweise kritisiert, dass Computerspiele süchtig machen könnten, Kinder zunehmend Zeit vor dem Computer verbrächten und sich in der Folge zu wenig bewegten, Gewaltspiele das Empathievermögen senkten etc. (vgl. Hornung/Lukesch 2009). Wir gehen hier darauf ein, inwiefern die Möglichkeiten der Neuen Medien von Erwachsenen und Jugendlichen genutzt werden können, um sich Kindern oder Jugendlichen unangemessen zu nähern, Grenzüberschreitungen zu vollziehen und/oder ihnen Gewalt zuzufügen. Hierbei geht es insbesondere um *Cyberbullying*, auch als *Cybermobbing* bezeichnet, um *unerwünschte Konfrontation mit Pornographie*, um *sexuelle Belästigung* und um das sogenannte *Grooming* (vgl. Derr 2009). Wie in den Darstellungen zu sexueller Gewalt sprechen wir auch hier zur sprachlichen Vereinfachung von Erwachsenen. Es sind jedoch ältere Kinder und Jugendliche mitzudenken.

- *Cyberbullying*, auch *Cybermobbing* genannt, meint die Schikane von Kindern bzw. meist Jugendlichen in ‚sozialen' Medien. Es werden einvernehmlich oder heimlich hergestellte Bilder veröffentlicht, Bildmontagen oder Filme ins Internet gestellt und über ‚soziale' Netzwerke oder Messangerdienste verbreitet, um einen Jugendlichen zu demütigen und öffentlich bloßzustellen.
- *Unerwünschte Konfrontation mit Pornographie* erfolgt beispielsweise bei der Nutzung von Suchmaschinen, dem Anklicken von Links oder Tippfehlern bei der Eingabe von Internetadressen. Einige Angebote werden gezielt auf den bei Jugendlichen beliebten Seiten verlinkt oder die Adressen ähneln denen der bei Jugendlichen beliebten Seiten.
- *Sexuelle Belästigung* von Kindern und Jugendlichen kommt im Internet und in den ‚sozialen' Netzwerken ebenso vor wie in der realen Welt. Kinder und Jugendliche werden anzüglich angesprochen, bekommen pornografische Darstellungen geschickt, exhibitionistische Handlungen live übertragen oder gar Aufforderungen zur Selbstbefriedigung vor der Webcam. Kommen Kinder oder Jugendliche dem nach, werden diese Aufnahmen als Kinderpornografie verbreitet. Den Kindern und Jugendlichen ist meist nicht bewusst, dass dies Aufnahmen sind, die weiterbestehen und weiterverwendet werden.
- *Grooming* bezeichnet die Kontaktanbahnung im Internet, also z. B. über ‚soziale' Netzwerke mit dem Ziel sexueller Ausbeutung. In Chatforen werden Kontakte zu Minderjährigen geknüpft, um sich später persönlich zu treffen und dann sexuelle Gewalt auszuüben. Die Strategie der Kontaktanbahnung im Netz ist mit der im echten Leben vergleichbar. Allerdings scheint der Vertrauensaufbau zu Kindern und Jugendlichen im Netz aufgrund der Besonderheiten der Online-Kommunikation schneller zu verlaufen. Kinder und Jugendliche haben weniger Hemmungen, Informationen von sich preiszugeben und offen zu kommunizieren. Da sie ihr Gegenüber nicht sehen, weder Mimik noch Gestik wahrnehmen und einschätzen können, wird ihr Bild des ‚Gesprächspartners' stark von ihren eigenen Projektionen und Sehnsüchten bestimmt und sie werden

dadurch sehr verletzbar. Viele Erwachsene verschleiern ihre Identität, geben sich als gleichaltrig, als jung und/oder attraktiv aus. Wenn sich die Kinder oder Jugendlichen erst einmal auf eine Kommunikation sexueller Art eingelassen, vielleicht Nacktaufnahmen von sich verschickt oder Geld für sexuelle Handlungen angenommen haben, fühlen sie sich schuldig und vertrauen sich niemandem an. Damit haben die Erwachsenen ihr Ziel erreicht, das Kind oder die/den Jugendliche(n) zum Schweigen zu bringen.

Grooming betreiben sowohl Erwachsene als auch Jugendliche. Zwar ist die Mehrzahl der Erwachsenen männlich und den Kindern und Jugendlichen nicht bekannt, es gibt jedoch auch Kontaktaufnahmen durch Frauen und durch den Kindern und Jugendlichen bekannte Personen (Derr 2009).

Mit diesen Gefahren für das Kindeswohl in den Neuen Medien stellt sich für Eltern eine neue Aufgabe, mit ihren Kindern über diese Gefahren und mögliche Folgen ihres Verhaltens in den Neuen Medien zu sprechen. Dies ist für viele Eltern, die mit der technischen Entwicklung selbst oft weniger vertraut sind als ihre Kinder, eine schwierige Aufgabe.

Informationen über Gefährdungen des Wohls von Kindern und Jugendlichen in den Neuen Medien – Gestaltung eines Elternabends

Stellen Sie sich vor, Sie arbeiten als Schulsozialarbeiter(innen). Ein/e Lehrer(in) bittet Sie um einen kurzen Beitrag beim Elternabend ihrer Klasse. Nach einigen Vorkommnissen in der Klasse haben die Eltern darum gebeten, Informationen über Gefährdungen des Wohls von Kindern und Jugendlichen in den Neuen Medien zu erhalten und sich über ihre Erfahrungen auszutauschen.

Bereiten Sie einen Beitrag für den Elternabend vor. Bedenken Sie, dass Sie nicht voraussetzen können, dass die Eltern sich gut mit Neuen Medien auskennen. Sie können bestehende Seiten zum jugendgerechten Umgang mit den Neuen Medien nutzen, z. B. www.klicksafe.de.

Führen Sie ein Rollenspiel durch. Legen Sie die Rollen (ein oder zwei Schulsozialarbeiter(innen), ein/e Lehrer(in) und Eltern) fest und spielen Sie den Elternabend.

Tauschen Sie sich anschließend über Ihre Eindrücke und Erfahrungen aus. Überlegen Sie, welche Ziele solch ein Elternabend haben kann und wie man den Input noch gestalten könnte.

6.6 Annäherungen an das quantitative Ausmaß von Kindeswohlgefährdungen

In Deutschland lebten 2019 etwa 83 Millionen Menschen, davon rund 13,5 Millionen Kinder und Jugendliche unter 18 Jahren (destatis 2021). Es gibt unterschiedliche Zugänge, mit denen versucht wird, einzuschätzen, wie viele Kinder und Jugendliche von Gewalt und Kindeswohlgefährdung betroffen sind. Oft wird hierbei zunächst auf die amtliche Jugendhilfestatistik und die polizeiliche Kriminalitätsstatistik zurückgegriffen. Die amtliche Jugendhilfestatistik erfasst u. a. die Anzahl der Kinder, für die ein Verfahren nach § 8a SGB VIII durchgeführt wurde. Die polizeiliche Kriminalitätsstatistik erfasst die Anzahl der Straftaten nach Abschluss der Bearbeitung durch die Polizei und Weiterleitung des Vorgangs an die Staatsanwaltschaft oder das Gericht. Beide amtlichen Statistiken beleuchten damit einen Teil des sog. ‚Hellfeldes': Sie setzen voraus, dass ein Fall dem Jugendamt oder der Polizei bekannt wird und als Verfahren nach § 8a SGB VIII erfasst bzw. für die polizeiliche Statistik sogar als Straftat bewertet wird. Wie viele Fälle den öffentlichen Stellen jedoch gemeldet werden, hängt in hohem Maße von der Aufmerksamkeit anderer Institutionen, aber auch der Bevölkerung insgesamt und deren Anzeigebereitschaft ab. Viele Formen und Fälle von Gewalt gegen Kinder sowie Kindeswohlgefährdung werden in der Statistik daher nicht erfasst und es ist von einem erheblichen Dunkelfeld auszugehen.

In sozialwissenschaftlichen Studien wird versucht, dieses Dunkelfeld zu erhellen. Während in einigen Studien über die Befragung von Jugendlichen und Erwachsenen das Ausmaß von *erlebter Gewalt* erhoben wird (Wetzels 1997; Häuser et al. 2011; Witt et al. 2017), befassen sich andere Studien mit dem Grad der *Akzeptanz für Gewalt* gegen Kinder und Jugendliche in der Bevölkerung und mit der Entwicklung von Erziehungspraktiken nach Inkrafttreten des Rechts auf gewaltfreie Erziehung in Deutschland (Clemens et al. 2020; → Kapitel 8.3.1), um daraus Rückschlüsse auf das Ausmaß von Gewalt gegen Kinder und Jugendliche zu ziehen. Auch diese Studien können jedoch nicht das gesamte Dunkelfeld abbilden und werden von Effekten individueller Verarbeitungsformen beeinflusst, aber auch von sozialer Erwünschtheit. Hierunter versteht man die Tendenz von Interviewten, Antworten zu geben, die auf soziale Zustimmung treffen, auch wenn ihre ehrliche Antwort eine andere wäre.

Jede quantitative Aussage zu Gewalt gegen Kinder und Jugendliche sowie Kindeswohlgefährdung muss daher als eine Perspektive auf das Gesamtfeld, als Annäherung gelesen werden, nicht als Abbildung der Realität. Im Folgenden stellen wir als Beispiele für diese Annäherungen Daten über Verfahren nach § 8a SGB VIII aus der amtlichen Jugendhilfestatistik und Ergebnisse einer Studie zum Ausmaß von Gewalterfahrungen in der Kindheit vor.

Amtliche Statistik/„8a-Statistik"

Seit 2012 werden die in den Jugendämtern durchgeführten Gefährdungseinschätzungen nach § 8a Abs. 1 SGB VIII statistisch erfasst. Die Statistik gibt an, bei wie vielen Kindern Hinweise mit gewichtigen Anhaltspunkten für eine Kindeswohlgefährdung nach § 8a SGB VIII in den Jugendämtern bearbeitet wurden (→ Kapitel 12), von wem die Hinweise an das Jugendamt gegeben wurden, wie alt die betroffenen Kinder waren und wie das Ergebnis der Gefährdungseinschätzung war. Werden im Laufe eines Jahres für ein Kind mehrere Gefährdungseinschätzungen vorgenommen, werden diese auch mehrfach erfasst.

Im Jahr 2019 führten die Jugendämter in Deutschland insgesamt 173 029 Gefährdungseinschätzungen gemäß § 8a Abs. 1 SGB VIII durch (vgl. im Folgenden destatis 2020). Diese ergaben folgende Ergebnisse:

- In 36 138 Fällen kamen die Jugendämter zu der Bewertung, dass eine akute Kindeswohlgefährdung vorliegt. Sie sahen Anzeichen für
  - Vernachlässigung in 16 038 Fällen (= 44,4 %),
  - körperliche Misshandlung in 9 081 Fällen (= 25,1 %),
  - psychische Misshandlung in 9 183 Fällen (= 25,4 %) und
  - sexuelle Gewalt in 1 836 Fällen (= 8,1 %).
- In 32 184 Fällen konnten sie eine Kindeswohlgefährdung nicht ausschließen (sog. ‚latente Kindeswohlgefährdung'), wobei die Verteilung der Anzeichen für Gewaltformen ähnlich war wie bei der akuten Kindeswohlgefährdung.
- In 59 106 Fällen stellten sie zwar Hilfebedarf, aber keine Kindeswohlgefährdung fest.
- In 58 396 Fällen wurde weder eine Kindeswohlgefährdung diagnostiziert noch ein Hilfebedarf festgestellt.

Die Statistik erfasst auch, wer die Jugendämter auf eine mögliche Kindeswohlgefährdung aufmerksam gemacht hat und zu welchen Ergebnissen die jeweiligen Meldungen führten. Die entsprechenden Angaben für 2019 sind der → Tabelle 4 zu entnehmen. Zwischen den Jahren 2012 und 2019 gab es zudem eine deutliche Zunahme von § 8a SGB VIII-Verfahren in den Jugendämtern (→ Tabelle 5).

Tabelle 4: Verfahren nach § 8a Abs. 1 SGB VIII und Ergebnis der Gefährdungseinschätzung nach Hinweisgebenden (Mühlmann/Pothmann 2020; destatis 2020; eigene Berechnungen)

Hinweisgebende	Anzahl der Verfahren, die durch diesen Hinweisgebenden initiiert wurden	Anteil dieser Verfahren an allen Verfahren (173 029) in %	Ergebnis der Gefährdungseinschätzung (prozentualer Anteil an allen durch diese Hinweisgebenden initiierten Verfahren)	
			Akute oder latente KWG	Hilfebedarf, aber keine KWG oder weder KWG noch Hilfebedarf
Anteil der 8a-Verfahren aufgrund der Initiative der Betroffenen				
davon: Eltern(-teil)/Personensorgeberechtigte/-r	12 150	7 %	34 %	66 %
davon: Minderjährige/-r selbst	3 659	2 %	58 %	42 %
Anteil der 8a-Verfahren aufgrund der Initiative von Privatpersonen (ohne Betroffene)				
davon: Verwandte	7 831	5 %	29 %	71 %
davon: Bekannte/Nachbar(inne)n	16 627	10 %	19 %	81 %
davon: Anonyme Meldung	18 633	11 %	17 %	83 %
Anteil der 8a-Verfahren aufgrund der Initiative von Fachkräften und Institutionen				
davon: Sozialer Dienst/Jugendamt	9 598	6 %	43 %	57 %
davon: Beratungsstelle	1 827	1 %	35 %	65 %
davon: Andere Einrichtung/anderer Dienst der Erziehungshilfe	6 755	4 %	57 %	43 %
davon: Einrichtung der Jugendarbeit/Kinder- und Jugendhilfe	5 678	3 %	59 %	41 %
davon: Kindertageseinrichtung/Kindertagespflegeperson	5 724	3 %	37 %	63 %
davon: Schule	19 529	11 %	38 %	62 %
davon: Hebamme/Arzt/Klinik/Gesundheitsamt u. Ä.	10 438	6 %	38 %	62 %
davon: Polizei/Gericht/Staatsanwaltschaft	44 281	26 %	28 %	72 %
davon: Sonstige	10 299	6 %	27 %	73 %

Tabelle 5: Zeitreihe Verfahren nach § 8a Abs. 1 SGB VIII und Ergebnis des Verfahrens ab 2012 (destatis 2020)

Jahr	Verfahren insgesamt	Akute KWG	Latente KWG	Hilfebedarf, aber keine KWG	Weder KWG noch Hilfebedarf
2012	106 623	16 875	21 408	33 884	34 456
2013	115 687	17 211	21 411	37 848	39 217
2014	124 213	18 630	22 419	41 543	41 621
2015	129 485	20 806	24 188	43 185	41 306
2016	136 925	21 571	24 206	46 623	44 525
2017	143 275	21 694	24 054	48 949	48 578
2018	157 271	24 939	25 473	52 995	53 864
2019	173 029	27 980	27 547	59 106	58 396

Diese quantitative Zunahme der § 8a SGB VIII-Verfahren zeigt, dass Kinderschutz in den Jugendämtern heute einen größeren Bereich einnimmt als noch vor zehn Jahren. Man kann daraus jedoch nicht ablesen, ob es auch eine Zunahme von Gefährdungsfällen insgesamt gibt. In der Fachdebatte wird die Entwicklung vielmehr als Hinweis auf eine erhöhte Aufmerksamkeit und Meldebereitschaft in Institutionen und in der Bevölkerung, auf eine stärkere Thematisierung und Veränderung der Verfahren in Institutionen, aber auch auf eine verringerte Bereitschaft in sozialen und pädagogischen Institutionen Hinweise auf Kindeswohlgefährdung ohne Einbeziehung des Jugendamts zu bearbeiten, interpretiert (vgl. Mühlmann/Pothmann 2020, S. 21).

Hinweise aus Studien

Die aktuellste Studie zu Gewalterfahrungen in der Kindheit stammt von Witt et al. (2017). Eine repräsentative Gruppe von 2 510 Menschen im Alter von 14 bis 94 Jahren wurden auf der Grundlage des Childhood Trauma Questionnaires (CTQ) befragt. Insgesamt berichteten 2,6 % der Befragten über schwere bis extreme Formen der psychischen Gewalt, 3,3 % von physischer Gewalt und 2,3 % von sexueller Gewalt. 7,1 % berichteten von schweren bis extremen Formen psychischer und 9 % von physischer Vernachlässigung. Häufig treten mehrere Gewaltformen gleichzeitig auf. Zudem gibt es deutliche Unterschiede in den Altersgruppen, insbesondere bei physischer Gewalt. Dies berichten ältere Menschen häufiger als jüngere.

In der Erhebung wurden unterschiedliche Grade der Gewalterfahrung einbezogen. Bezieht man geringere Grade von Gewalterfahrungen ein, so ergeben sich deutlich höhere Prävalenzen. Die → Tabelle 6 verdeutlicht diese Prävalenzen sowie die Verteilung nach Geschlechtern. Bei psychischer Gewalt, sexueller Gewalt und psychischer Vernachlässigung wurden hier deutliche Unterschiede ermittelt.

Tabelle 6: Gewalterfahrungen in der Kindheit nach Schwere der Gewalt und Geschlecht des Kindes/Jugendlichen (Witt et al. 2017, S. 4)

	geringe bis mittlere Formen	mittlere bis schwere Formen	schwere bis extreme Formen
seelische Misshandlung			
Insgesamt	12.0%	3.9%	2.6%
weiblich	11.8%	4.8%	3.9%
männlich	12.5%	2.9%	1.2%
körperliche Misshandlung			
Insgesamt	5.8%	3.3%	3.3%
weiblich	5.9%	3.1%	3.4%
männlich	5.7%	3.6%	3.3%
sexuelle Gewalt			
Insgesamt	6.3%	5.3%	2.3%
weiblich	6.7%	7.6%	3.7%
männlich	5.9%	2.7%	0.7%
seelische Vernachlässigung			
Insgesamt	27.0%	6.2%	7.1%
weiblich	25.1%	5.9%	8.1%
männlich	29.5%	6.6%	5.9%
körperliche Vernachlässigung			
Insgesamt	19.2%	13.4%	9.0%
weiblich	18.9%	12.8%	9.2%
männlich	19.8%	14.2%	8.9%

6.7 Resümee

Kindeswohlgefährdung kann durch unterschiedliche Handlungen und Unterlassungen entstehen. Die beschriebenen Formen der Kindeswohlgefährdung – körperliche und seelische Misshandlung, Vernachlässigung und sexuelle Gewalt – bestehen nicht trennscharf nebeneinander, sondern beschreiben eher Dimensionen der Gewalt, die ein Kind erlebt. So sind körperliche Misshandlung und sexuelle Gewalt immer auch verbunden mit seelischer Misshandlung, und in einer Vielzahl von Fällen liegt neben körperlicher und seelischer Misshandlung sowie sexueller Gewalt auch Vernachlässigung vor. Die Folgen sind vielfältig, oft unspezifisch oder gar mit erheblicher zeitlicher Verzögerung zu beobachten, so dass es schwierig ist, sie eindeutig und zweifelsfrei auf konkrete Misshandlungen zurückzuführen. Besondere Belastungen der Familie, wie etwa die psychische Erkrankung oder Suchtkrankheit eines Elternteils, stellen schwierige Anforderungen an Kinder, Jugendliche und Erwachsene, die oft nur mit besonderen Unterstützungen von außen zu bewältigen sind. Eine neue Herausforderung ergibt sich aus den Neuen Medien, die neue Formen der Kontaktaufnahme zu Kindern und Jugendlichen und der Gewaltausübung ermöglichen.

Kindeswohlgefährdungen zu erkennen und darauf zu reagieren, erfordert daher eine hohe Aufmerksamkeit und Sensibilität für die unterschiedlichen Lebenswelten und Ausdrucksweisen von Kindern und Jugendlichen mit und ohne Behinderungen. Es erfordert auch eine Sensibilität für die Perspektive der Eltern. Vielen Menschen, auch Fachkräften, fällt es jedoch schwer zu verstehen, wie Eltern ihren Kindern ‚so etwas antun können'. Um dieser Frage nachzugehen, beschäftigen wir uns in den nächsten beiden Kapiteln zunächst mit der in der internationalen Debatte verbreiteten Perspektive auf Kindeswohlgefährdung als eine Form der Gewalt in der Familie und gehen anschließend der Frage nach den Ursachen von Kindeswohlgefährdungen in Familien nach.

Anregungen zum Selbststudium

- Recherchieren Sie Studien zu Folgen von Kindeswohlgefährdungen und stellen Sie diese im Seminar vor. Prüfen Sie, von welchen Begriffsverständnissen die Studien ausgehen.
- Recherchieren und lesen Sie Biographien und Romane, in denen das Thema Kindeswohlgefährdung eine Rolle spielt (z. B. Frank McCourt: Asche meiner Mutter, 1996; Jeannette Walls: Schloss aus Glas, 2005). Achten Sie beim Lesen darauf, welche Aspekte von Kindeswohlgefährdung hier angesprochen werden und wie die Beteiligten diese erleben.

- Überlegen Sie, welche Kindergeschichten und Märchen Sie kennen, die unter der Perspektive Kindeswohlgefährdung gelesen werden können. Denken Sie an Pipi Langstrumpf, Huckleberry Finn, Hänsel und Gretel etc. Worum geht es in den Geschichten, wie wird die Situation von den Beteiligten gewertet, und warum oder inwieweit werden die Situationen als Probleme reflektiert – oder eben nicht?
- Überlegen Sie, welche ‚sozialen' Netzwerke und Messenger-Dienste heutzutage von Kindern und Jugendlichen genutzt werden. Versuchen Sie herauszufinden, was die Betreiber dieser Angebote für den Schutz von Kindern und Jugendlichen vor Gefährdungen ihres Wohls unternehmen. Was denken Sie: Reichen die von den Betreibern unternommenen Schutzmaßnahmen aus?
- Finden Sie heraus, welche Formen von Kindeswohlgefährdungen in der Fachliteratur erwähnt werden, welche in diesem Lehrbuch keinen Eingang gefunden haben. Um welche Formen handelt es sich? Wodurch sind sie gekennzeichnet?

Weiterführende Literatur

Helfer, Mary E./Kempe, Ruth S./Krugman, Richard D. (Hg.) (2002). Das mißhandelte Kind. Körperliche und psychische Gewalt, Sexueller Mißbrauch, Gedeihstörungen, Münchhausen-by-proxy-Syndrom, Vernachlässigung. Frankfurt a.M.

Hierbei handelt es sich um eines der einflussreichsten Standardwerke der Kinderschutzliteratur. 1968 erschien die erste Auflage in den USA, 1978 übersetzt ins Deutsche unter dem Titel „Das geschlagene Kind". Es handelt sich um eine Pionierleistung – ein wissenschaftlich fundiertes, interdisziplinär angelegtes Werk mit durchgängigem Praxisbezug, das die Breite möglicher Formen der Kindeswohlgefährdung berücksichtigt und einen guten Einblick in die medizinische und die psychologische Perspektive auf Kinderschutz gibt.

Enders, Ursula (2008). Zart war ich, bitter war's. Handbuch gegen sexuellen Missbrauch. Köln.

Auch dies ist eine Pionierleistung und ein Standardwerk: Ursula Enders war Mitbegründerin von Zartbitter Köln, einer der ersten auf sexuellen Missbrauch spezialisierten Beratungsstellen bundesweit, und veröffentlichte 1990 die erste Auflage dieses ersten deutschsprachigen Handbuchs gegen sexuelle Gewalt an Mädchen und Jungen. Heute liegt die dritte, vollständig überarbeitete und erweiterte Auflage vor. Alle Autor(inn)en des Handbuchs verfügen über umfassende theoretische Expertise sowie langjährige Praxis- und Fortbildungserfahrungen in diesem spezifischen Bereich der Kinderschutzarbeit.

Weber, Matthias/Alberstötter, Uli/Schilling, Herbert (Hg.) (2013). Beratung von Hochkonflikt-Familien. Im Kontext des FamGF, Weinheim; Basel.
Dieses Buch ist von der Bundeskonferenz für Erziehungsberatung entwickelt worden. Nach dem 2009 in Kraft getretenen Gesetz über das Verfahren in Familiensachen und in Angelegenheiten der freiwilligen Gerichtsbarkeit (FamFG) wurde eine Arbeitsgruppe eingesetzt, die die neue Gesetzeslage, neue Ergebnisse von Forschungsprojekten sowie vorliegende Praxisansätze im Kontext hochstrittiger Eltern diskutierte und aufarbeitete. Dieses Buch ist das Ergebnis der Arbeitsgruppe, stark praxisorientiert und mit vielen Beispielen.

Dekker, Arne/Koops, Thula/Briken, Peer (2016). Sexualisierte Grenzverletzungen und Gewalt mittels digitaler Medien. Zur Bedeutung digitaler Medien für Phänomene sexualisierter Grenzverletzungen und Gewalt gegen Kinder und Jugendliche. Berlin.
Diese Expertise stellt eine der wenigen systematischen und wissenschaftlich fundierten Veröffentlichungen zu sexueller Gewalt mittels digitaler Medien dar und bietet eine sehr gute Einführung in das Thema.

Kapitel 7
Ursachen von Kindeswohlgefährdungen

Überblick über das Kapitel

In diesem Kapitel gehen wir der Frage nach, welche Ursachen dazu beitragen können, dass Kindeswohlgefährdungen in Familien entstehen. Dabei unterscheiden wir zwischen dem grundlegenden systemischen Erklärungsmodell sowie den Erkenntnissen zu Risiko- und Schutzfaktoren auf der einen Seite und einem spezifischen Erklärungsansatz für sexuelle Gewalt auf der anderen Seite. Beispielhaft für besondere Lebenslagen gehen wir auf einen Erklärungsansatz für Hochstrittigkeit bei Trennung und Scheidung ein.

7.1 Gibt es Eltern, die ihre Kinder nicht wollen oder gar absichtlich schädigen?

7.2 Vielfältige Ursachen in Wechselwirkung miteinander: Das systemische Erklärungsmodell von Kindeswohlgefährdungen

7.3 Schutz- und Risikofaktoren

7.4 Sexuelle Gewalt und ihre Ursachen: Das Vier-Faktoren-Modell nach Finkelhor

7.5 Hochstrittige und eskalierende Elternkonflikte rund um das Kind und ihre Ursachen

7.6 Resümee

7.1 Gibt es Eltern, die ihre Kinder nicht wollen oder gar absichtlich schädigen?

Wenn Menschen hören, dass ein Kind von seinen Eltern nicht ausreichend versorgt, es geschlagen wurde oder anderweitig gelitten hat, kommen zahlreiche Fragen auf, wie z. B.:

- Wie konnte das passieren?
- Warum machen Eltern so etwas?

- Hätte man das nicht verhindern können?
- Oder auch: Warum haben solche Menschen überhaupt Kinder bekommen?

Dass Eltern ihre Kinder nicht wollen oder gar absichtlich ihre Kinder schädigen, ist jedoch sehr selten der Fall. Es gibt zwar durchaus Menschen, die Kinder aus sadistischen Gründen quälen, also Lust oder Befriedigung durch das Leid des Kindes erleben. Diese Fälle sind jedoch Ausnahmen, wenn man den gesamten Kinderschutz betrachtet, und werden strafrechtlich verfolgt. Die Arbeit mit diesen Eltern ist dann Aufgabe von Justiz und Psychiatrie.

Die große Mehrheit der Eltern verbinden mit der Geburt eines Kindes Wünsche, Hoffnungen und Träume eines glücklichen Familienlebens. Sie sehnen sich danach, als Eltern ‚geboren' zu werden (vgl. Schülein 2002). Im Alltag ist das Leben mit einem Kind dann jedoch deutlich herausfordernder, als es sich viele Eltern in ihren Vorstellungen ausmalen. Sie unterliegen teilweise einem „Baby-Schock" (ebd., S. 213) und merken, dass es belastend sein kann, ein Kind umfassend zu versorgen, zu behüten und zu beschützen. Manche registrieren dann auch recht schnell, dass sie den Anforderungen nicht gewachsen sind, die mit dem „Eltern-Werden" verbunden sind, und erkennen, dass Elternschaft damit einhergeht, „einen zusätzlichen Beruf zu erlernen, ein neuer Mensch zu werden" (ebd., S. 317). Andere wiederum haben in ihrem Leben selbst nie erlebt, wie es ist, als Kind emotional und materiell ausreichend versorgt zu werden. Sie haben dadurch wenig Einfühlungsvermögen in ihre Kinder und können deren Bedürfnisse nicht angemessen wahrnehmen. Auch sind sie häufig nicht gut darin, ihre Familie so zu organisieren, dass sie den Anforderungen, die sie an sich selbst und ihren Partner(inne)n stellen, gerecht werden. Hinzu kommen äußere Einflüsse, welche die Eltern-Kind-Beziehung und das Familienleben belasten können (wie z. B. Arbeitslosigkeit oder ein unattraktives Wohnumfeld). Die meisten Eltern möchten allerdings *gute* Eltern sein und schämen sich, wenn Probleme und Konflikte auftreten. Sie haben Angst, in ihrer Elternrolle bewertet oder kritisiert zu werden oder gar ihre Kinder ‚zu verlieren'. In der Folge trauen sie sich nicht, sich anderen mit ihren Schwierigkeiten anzuvertrauen.

Wie unterschiedliche Einflüsse zu zugespitzten Situationen in Familien führen können, in denen es zu Kindeswohlgefährdungen kommt, verdeutlicht das im Folgenden dargestellte *systemische Modell.*

7.2 Vielfältige Ursachen in Wechselwirkung miteinander: Das systemische Erklärungsmodell von Kindeswohlgefährdungen

Die Hintergründe, wie es in Familien zu Problemen kommt, sind nicht monokausal, also auf einzelne Ursachen, zurückzuführen. Vielmehr wird von einer multikausalen Bedingtheit von Kindeswohlgefährdungen ausgegangen (vgl. Bender/Lösel 2005, S. 319 f.; Spangler 2004, S. 6). Das Geschehen resultiert aus dem Zusammenspiel und den Wechselwirkungen unterschiedlicher Faktoren, die wiederum auf unterschiedlichen Ebenen liegen können. Im systemischen Erklärungsmodell von Kindeswohlgefährdungen werden vier Kontexte unterschieden (vgl. Kinderschutz-Zentrum Berlin 2009, S. 34 ff.):

- der soziokulturelle Kontext,
- der familiale Kontext,
- der individuelle Kontext, insbesondere der Eltern, aber auch der Kinder, und
- der Krisenkontext.

Im ersten Schritt werden wir erklären, was unter diesen vier Kontexten zu verstehen ist. Im zweiten Schritt werden anhand von Risiko- und Schutzfaktoren Ausprägungen der vier Ebenen dargestellt, die eher zu Kindeswohlgefährdung führen können (Risikofaktoren), und solche, die eine Kindeswohlgefährdung unwahrscheinlicher werden lassen (Schutzfaktoren). Zunächst zu den vier Ebenen.

Der soziokulturelle Kontext erfasst den Einfluss gesellschaftlicher Strukturen und Wertvorstellungen auf die Familie. Gesellschaftliche Strukturen schlagen sich nieder in der sozioökonomischen Lebenslage von Familie. Hierzu gehören beispielsweise Einkommensverhältnisse, soziale Eingebundenheit, Bildungschancen und Wohnverhältnisse. Wertvorstellungen beziehen Normen und Erziehungsvorstellungen ein, aber auch Einstellungen zu Gewalt, etwa zu Gewaltanwendung in der Erziehung oder zur Machtverteilung im Generationenverhältnis – zwischen Eltern und Kindern – und im Geschlechterverhältnis – zwischen Männern und Frauen. Zum soziokulturellen Kontext zählen darüber hinaus formelle und informelle soziale Netzwerke der Familie und verfügbare Hilfesysteme.

Der familiale Kontext erfasst zum einen die Struktur der Familie. Hierzu gehören beispielsweise die Familiengröße und die Lebensformen, wie Eheschließungen und -trennungen, räumliche und berufliche Mobilität der Familienmitglieder sowie die Gestaltung der familiären Rollen, also der Vater-

oder Mutterrolle, der Rolle des ältesten Kindes, des Sohnes oder der Tochter etc. Ebenso gehören zur Struktur der Familie ihre spezifische Beziehungsdynamik, also die Dynamik der Emotionen und gegenseitigen Erwartungen, die Konfliktfähigkeit und die sozialen Unterstützungsleistungen innerhalb der Familie.

Der individuelle Kontext der Eltern meint die individuellen Voraussetzungen der Eltern. Hierzu gehören ihre biographischen Erfahrungen, ihre Kompetenzen, ihre gesundheitliche Situation und ihre Möglichkeiten Probleme und Krisen zu bewältigen. Aber auch Kinder sind nicht nur ‚Objekte' des Handelns ihrer Eltern, sondern auch sie agieren. Sie haben individuelle Stärken und Schwächen und können Eltern vor besondere Herausforderungen stellen.

Im *Krisenkontext* ist zu berücksichtigen, dass Familien, in denen es zu Kindeswohlgefährdungen kommt, ein hohes Maß an chronischem Stress erleben, aber kaum in der Lage sind oder sich kaum in der Lage dazu sehen, diesen kompetent zu bewältigen. Wenn es dann zu Situationen kommt, in denen diese Belastungen noch zunehmen, erleben Eltern sich oft als hilflos und haben das Bedürfnis, ihre Kinder ‚in den Griff' zu bekommen. Gewalt kann dann einen Versuch darstellen, die Kontrolle über ihre Kinder (wieder) zu erlangen. Dahinter steht oftmals das Bedürfnis, von den Kindern respektiert zu werden und damit die eigene Selbstachtung wiederherzustellen. Ebenso kann es aber auch zu einem resignierten Rückzug aus der Situation und der Beziehung kommen und damit zu einer Vernachlässigung von Kindern (vgl. ebd., S. 37).

Wir haben eingangs von einer *multikausalen Bedingtheit von Kindeswohlgefährdungen* gesprochen. Das *Wechselspiel unterschiedlicher Faktoren* in den vier dargestellten Kontexten könnte folgendermaßen beschrieben werden (vgl. Biesel/Wolff 2013b, S. 45): Familien erleben soziale Probleme, herausfordernde Familienstrukturen und Beziehungskonflikte oft als kontinuierliche Belastung und Stress, die die Stabilität des familialen Gleichgewichts gefährden. Familien in unterschiedlichen Lebenslagen und die einzelnen Familienmitglieder mit ihren unterschiedlichen biographischen Erfahrungen, Stärken und Schwächen verfügen hierbei über unterschiedlich weitreichende Möglichkeiten zur Kompensation. Spitzen sich ökonomische Notlagen, Beziehungskonflikte und Drucksituationen zu, kommt es zu manifesten Krisen, in denen die eigene Problemsituation eher über-, die eigenen Handlungsmöglichkeiten hingegen eher unterschätzt werden. Dies führt zu Ohnmachtsgefühlen und Angst, Gefühlen also, bei denen sich viele Menschen sozial zurückziehen oder diese über Aggression abwehren. So ist es ein Zusammenspiel vieler Faktoren, die dazu führen, dass Eltern ihre Kinder, die sie in aller Regel lieben und mit denen sie ein glückliches Leben führen möchten, dennoch schlagen, beleidigen, emotional verletzen oder vernachlässigen (→ Abbildung 2).

Abbildung 2: Entstehungszusammenhänge von Kindeswohlgefährdung (Quelle: Biesel/Wolff 2013b, S. 45)

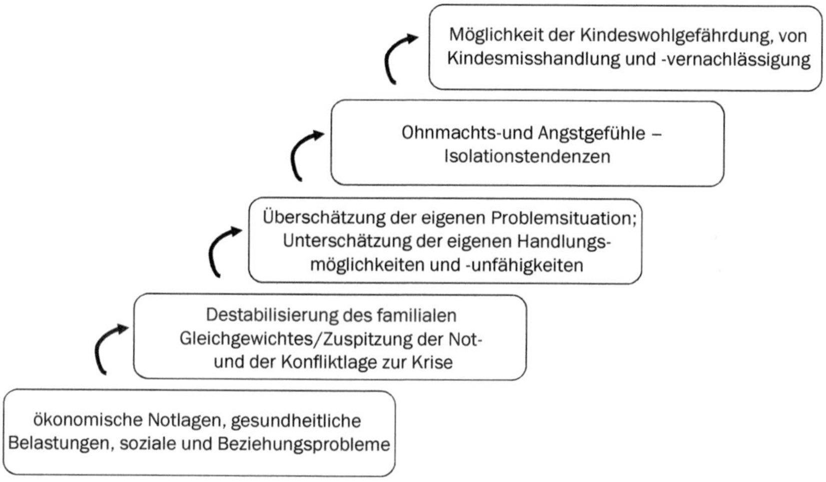

7.3 Schutz- und Risikofaktoren

Aus empirischen Studien können sogenannte *Risikofaktoren* und *Schutzfaktoren* abgeleitet werden. Sie helfen ein Verständnis für den Kontext, die Ursachen und Entstehungsbedingungen von Kindeswohlgefährdung zu entwickeln. Es ist jedoch wichtig darauf hinzuweisen, dass damit keine Kausalitäten, also keine eindeutigen Ursache-Wirkungs-Beziehungen beschrieben werden: Liegen diese Faktoren vor, ist eine Kindeswohlgefährdung wahrscheinlicher oder unwahrscheinlicher. Sie sagen aber nichts darüber aus, ob sie tatsächlich vorliegt oder zukünftig vorliegen wird. Vor diesem Hintergrund sind die folgenden Einblicke in einige Ergebnisse der Forschung zu lesen. Anschließend werden wir uns mit einigen Hinweisen zum Zusammenspiel der Faktoren befassen.

7.3.1 Der soziostrukturelle und familiäre Kontext

Im *soziostrukturellen und familiären Kontext* wird als ein deutlicher Risikofaktor für die Entstehung von Kindeswohlgefährdung die Bedeutung von *(Ressourcen-)Armut* diskutiert (vgl. im Folgenden: Seus-Seberich 2006). Kinder, die in Armut aufwachsen, sind in vielfacher Weise belastet: *Strukturell,* weil ihre Möglichkeiten der Teilhabe und ihre Aktivitätsräume eingeschränkt sind. Sie erhalten eine schlechtere Ernährung und weniger medizinische Versorgung; *Bildungsspezifisch* sind Kinder in Armut belastet durch schlechtere Lernmöglichkeiten, oft auch geringere Unterstützung und Anregung; *Entwicklungspsychologisch* sind diese Kinder belastet, weil viele von ihnen in belastenden Milieus aufwachsen und ihnen ungünstige Muster der Lebensbewältigung vorgelebt werden.

So zeigen Studien (z. B. Brown et al. 1998; Kotch et al. 1995), dass Kinder, die in Armut aufwachsen, häufiger von Vernachlässigung betroffen sind als andere Kinder, häufiger Entwicklungsdefizite und Behinderungen aufweisen und häufiger soziale Ausgrenzung erleben. Dies ist insbesondere dann der Fall, wenn Armut in Kombination mit weiteren Belastungen auftritt wie Arbeitslosigkeit oder Suchtkrankheit der Eltern, fehlende Sprachkenntnisse der Eltern, aber auch bei Alleinerziehenden und in kinderreichen Familien. Ein wichtiger Hintergrund hierfür ist, dass Familien, die in Armut leben, strukturell weniger Wege zur Stressbewältigung zur Verfügung stehen als wirtschaftlich besser gestellten Familien. Tritt Armut in Verbindung mit weiteren Belastungen in Familien auf, ist daher auch die potenzielle Gefährdung von Kindern höher als in solchen Familien, die über ausreichendes Einkommen und Erwerbsarbeit der Elternteile diese Belastungen z. B. materiell ausgleichen können (vgl. Seus-Seberich 2006).

Der Zusammenhang zwischen Armut, Belastungen und Kindeswohlgefährdung ist also in vielen Fällen nachweisbar, aber keineswegs zwingend: Auch Kinder, die in Armut aufwachsen, können ohne Beeinträchtigungen aufwachsen, wenn Faktoren wie ausreichend Wohnraum, ein gutes Familienklima, keine Überschuldung, mindestens ein Elternteil mit Deutschkenntnissen und gemeinsame Familienaktivitäten ausgleichend wirken können. Umgekehrt können auch Kinder, die in materiell gut situierten Verhältnissen aufwachsen, in ihrem Wohl gefährdet sein.

In Hinsicht auf den *familiären Kontext* sind darüber hinaus Aspekte von Familienstrukturen und Beziehungskonstellationen als Schutz- und Risikofaktoren von Bedeutung (vgl. im Folgenden Reinhold/Kindler 2006d). Jugendämter sind im Kinderschutz oft mit Trennungs- und Scheidungsfamilien konfrontiert. Diese Konstellationen stellen an Kinder die Anforderung, soziale Verluste und neuen Beziehungskonstellationen bei den Eltern zu bewältigen. Es ist jedoch unklar, inwiefern es sich hierbei um ein Merkmal handelt, das zu Kindeswohlgefährdungen führt, oder ob diese Beobachtung daraus resultiert, dass in Trennungs- und Scheidungsfamilien durch Kontakte zu Jugendämtern (etwa in Sorgerechtsverfahren) Kindeswohlgefährdungen eher wahrgenommen werden als in Familien, in denen die Eltern zusammenbleiben.

Ebenso wie für Kinder stellen anhaltende Partnerschaftskonflikte und Trennung auch für Eltern eine zusätzliche Belastung dar und können zumindest vorübergehend die Erziehungsfähigkeit einschränken. Einen deutlichen Risikofaktor für Kindeswohlgefährdung stellt Partnerschaftsgewalt (häusliche Gewalt) dar. Hierbei sind mehrere Faktoren auszumachen: Erstens stellt das Miterleben von gewalttätigen Situationen selbst ein Risiko für Kindeswohlgefährdung dar (→ Kapitel 5). Zweitens weisen Menschen, die in der Partnerschaft Gewalt ausüben, oft eingeschränkte Erziehungsfähigkeit auf. Und drittens stellt die Gewalt für den anderen Elternteil eine erhebliche Belastung dar und kann – gerade im Zusammenhang mit weiteren Risikofaktoren wie Misshandlungserfahrungen in der Kindheit – ebenfalls zumindest vorübergehend die Fürsorge- und Erziehungsfähigkeit (oder auch -bereitschaft) einschränken oder gar zu aggressiven Übergriffen gegen das Kind führen.

Umgekehrt kann eine positive Partnerschaftsbeziehung in der Familie als Schutzfaktor dazu beitragen, Stressbelastungen abzufedern und die Weiterentwicklung der Erziehungsfähigkeit anzuregen. Eine positive Partnerschaftsbeziehung fördert bei Kindern den Aufbau positiver Beziehungserwartungen und Beziehungsmodelle. Als weiterer Schutzfaktor gelten zudem klare innerfamiliäre Grenzen zwischen der Eltern- und der Kindesebene. Indem Eltern ihre Verantwortung und Aufgaben als Erwachsene wahrnehmen und Kinder hiervon entlasten, können diese ihre kindlichen Bedürfnisse leben und sich besser entwickeln.

7.3.2 Der individuelle Kontext der Eltern

Viele Diskussionen zu Risikofaktoren richten sich auf den *individuellen Kontext der Eltern*. Es wird der Frage nachgegangen, was Eltern kennzeichnet, die ihre Kinder misshandeln (vgl. im Folgenden: Reinhold/Kindler 2006c). Dabei gilt als gesichert, dass psychiatrisch relevante Störungen und psychische Erkrankungen das Risiko der Kindeswohlgefährdung erhöhen oder gar ursächlich hierfür sein können. Allerdings ist dabei zu berücksichtigen, dass es sehr unterschiedliche Formen psychischer Störungen gibt, deren Auswirkungen auf die Kinder sich deutlich unterscheiden.

Auch in der Lebensgeschichte und den Erfahrungen von Eltern können Risikofaktoren für Kindeswohlgefährdung liegen. Haben Eltern als Kinder selbst Vernachlässigung, Misshandlung, sexuelle Gewalt oder auch häufige Bindungsabbrüche erlebt, kann dies ihre Erziehungsfähigkeit auf unterschiedliche Weise beeinträchtigen. Innere Beziehungsmodelle etwa beeinflussen die Wahrnehmung des Kindes durch das Elternteil und die Bewertung kindlicher Signale sowie die Wahrnehmung der eigenen Gefühle und die Reaktionen des Elternteils. Misshandlung, Vernachlässigung und sexuelle Gewalt haben oft ungünstige Auswirkungen auf die Persönlichkeitsentwicklung und die psychische Gesundheit. Für Menschen können solche Erfahrungen in der Kindheit beispielsweise Schwierigkeiten im Umgang mit Ärger oder erhöhte Anfälligkeit für depressive Verstimmungen nach sich ziehen. Sie können auch Auswirkungen auf die Gründung einer eigenen Familie haben: Erfahrungen mit Vernachlässigung, Misshandlung und sexueller Gewalt führen im frühen Erwachsenenalter oft zu einem starken Wunsch nach einer ‚glücklichen Familie', der teilweise zu raschen Eheschließungen und früher Elternschaft führt. Gleichzeitig fehlen jedoch Erfahrungen mit konstruktiver Konfliktlösung, was wiederum Gewalt in der Partnerschaft begünstigt. Diese belastenden Lebensumstände stellen daher einen Risikofaktor für Kindeswohlgefährdung dar.

Gleichwohl können keine übereinstimmenden Persönlichkeitsmerkmale und damit Risikofaktoren bei Eltern, die ihre Kinder gefährden, beschrieben werden. Es gibt allerdings einige Persönlichkeitsmerkmale von Eltern, die im Kontext von Kinderschutzfällen etwas häufiger festzustellen sind als in Vergleichsgruppen, in denen keine Hinweise auf Kindeswohlgefährdung vorliegen. Gerade im Zusammenspiel mit weiteren Belastungen können diese Merkmale zu Kindeswohlgefährdungen führen. Hierzu gehören beispielsweise eine ausgeprägte negative Emotionalität, d. h. eine leichte Auslösbarkeit negativer Gefühle und eine hohe Impulsivität. Insbesondere für Kinder, deren Eltern im Umgang mit Problemen einen eher vermeidenden Bewältigungsstil haben und über eher geringe Planungsfähigkeit verfügen, besteht eine höhere Gefahr für Vernachlässigung. Entscheidend ist auch der Aspekt der persönlichen Reife, d. h. der Fähigkeit, die Bedürfnisse des Kindes und die eigenen Interessen angemessen auszubalancieren. Dies ist bei jüngeren Eltern durchschnittlich weniger der Fall als bei älteren, und jüngere sind in der Regel weniger gut auf die Übernahme der Elternrolle vorbereitet.

Als deutliche Risikofaktoren können bestimmte Einstellungen, Gedanken und Gefühle von Eltern zur Fürsorge und Erziehung von Kindern beschrieben werden. Eltern, die das Wohl ihres Kindes gefährden, weisen überdurchschnittlich häufig zumindest in einem oder mehreren der folgenden Bereiche Auffälligkeiten auf:

- Viele Eltern, die das Wohl ihrer Kinder gefährden, haben altersunangemessene Erwartungen bezüglich der Fähigkeiten und der Selbstständigkeit ihres Kindes und ein eingeschränktes Einfühlungsvermögen in die Bedürfnisse des Kindes.
- Sie empfinden ein überdurchschnittlich stark ausgeprägtes Gefühl der Belastung durch das Kind, ebenso das Gefühl der Hilflosigkeit in der Erziehung und des Kontrollverlusts durch das Kind.
- Wenn diese Eltern über ihre Kinder erzählen, wird ein negativ verzerrtes Bild deutlich. Problematische Verhaltensweisen des Kindes werden mit feindseligen Erklärungsmustern verbunden (im Sinne von „sie/er will mich ärgern", „sie/er hört nie auf mich, ich bin ihr/ihm total egal" „ihr/ihm ist sowieso nicht mehr zu helfen" o. ä.).
- Weitere Risikofaktoren sind die überdurchschnittlich ausgeprägte Zustimmung zu harschen Formen der Bestrafung, die Unterschätzung negativer Auswirkungen von kindeswohlgefährdenden Verhaltensweisen/Unterlassungen und eine eingeschränkte Fähigkeit oder Bereitschaft, eigene Bedürfnisse zugunsten kindlicher Bedürfnisse zurückzustellen.

Neben diesen Eigenschaften, Gefühlen und Deutungsweisen kann man auch in der Interaktion von misshandelnden oder vernachlässigenden Eltern mit ihren Kindern gegenüber anderen Eltern auffällige Verhaltensmuster beobachten. Insbesondere misshandelnde Eltern zeigen deutlich mehr negative, kritische und kontrollierende Verhaltensweisen gegenüber ihren Kindern. Dabei ist ein Kreislauf zu beobachten: Sie zeigen häufig Grenzen setzendes Verhalten, dies jedoch inkonsequent und zu ungünstigen Zeitpunkten. Daraus ergeben sich Konflikte mit dem Kind, in denen die Eltern schneller und massiver reagieren als andere Eltern. Dennoch können sie sich schlecht durchsetzen, was wiederum die Konflikteskalation begünstigt. Vernachlässigende Eltern zeigen gegenüber ihren Kindern eher distanziertes, wenig engagiertes und wenig responsives, also auf die Kinder antwortendes Verhalten.

Im Vergleich zu anderen Eltern kann man sowohl bei misshandelnden als auch bei vernachlässigenden Eltern eine deutliche Beeinträchtigung in der Qualität eines emotional unterstützenden, feinfühligen und positiv fördernden elterlichen Verhaltens erkennen. Die meisten misshandelnden oder vernachlässigenden Eltern haben Einschränkungen in ihren Beziehungsfähigkeiten gegenüber dem Kind, u. a. der Fähigkeit zum positiven, kindzentrierten Beziehungsaufbau und zur angemessenen erzieherischen ‚Anleitung' des Kindes.

7.3.3 Der individuelle Kontext der Kinder

Auch hinsichtlich des *individuellen Kontextes der Kinder* kann man Zusammenhänge beschreiben, allerdings nur in vielfachen Wechselwirkungen und nur sehr begrenzt (vgl. im Folgenden: Reinhold/Kindler 2006a). Bei den Überlegungen zu Risikofaktoren auf dieser Ebene geht es nicht darum, Kindern Verantwortung oder gar Schuld zu geben, sondern darum, kindeswohlgefährdende Konstellationen besser zu verstehen.

Ein erster Risikofaktor, wenn man den Begriff in diesem Kontext verwenden möchte, ist das Alter des Kindes: je jünger das Kind, desto drastischer und direkt sichtbarer sind die Folgen von Kindeswohlgefährdung. Zudem gibt es bestimmte Altersgruppen, in denen mehr Gefährdungsformen bekannt werden als in anderen. Besondere Aufmerksamkeit liegt auf Kindern mit besonderen Bedarfen, etwa durch unterschiedliche Formen und Grade von Behinderungen. Kinder mit erhöhten Geburtsrisiken, wie Frühgeburten, zeitweise Unterversorgung mit Sauerstoff, aber auch Zufuhr giftiger Stoffe in der Schwangerschaft durch Rauchen oder Alkoholkonsum, zeigen in der Folge oft Entwicklungsverzögerungen und sind, ebenso wie Kinder mit Behinderungen, zeitweise oder auch langfristig auf erhöhte Fürsorge und Förderung angewiesen. In Kombination mit weiteren Risikofaktoren kann dies die Gefahr von Misshandlung oder Vernachlässigung erhöhen.

Ebenso können sogenannte frühkindliche Regulationsschwierigkeiten (z. B. häufiges und ausdauerndes Schreien, Schwierigkeiten bei der Nahrungsaufnahme) und herausforderndes, anstrengendes Verhalten (z. B. besonders unruhiges und aggressives Verhalten) erhöhte Anforderungen an die Eltern stellen. Insbesondere wenn das Verhalten ein auch klinisch bedeutsames Maß erreicht, steigt das Gefährdungsrisiko. Zum angemessenen Verständnis dieser Beobachtungen sind jedoch mehrere Zusammenhänge zu berücksichtigen. Die beschriebenen Regulations- und Verhaltensstörungen sind keine konstanten Eigenschaften von Kindern, sondern es gibt gegenseitige Beeinflussungen von Fürsorgeverhalten der Eltern auf der einen Seite und Auffälligkeiten der Kinder auf der anderen Seite. Zudem werden Auffälligkeiten auch sehr unterschiedlich wahrgenommen und gedeutet. Wie bereits im Abschnitt zum individuellen Kontext der Eltern beschrieben, nehmen Eltern von in ihrem Wohl gefährdeten Kindern diese als deutlich negativer wahr und beschreiben sie als verhaltensauffälliger, als dies neutrale Beobachter tun. Das Risiko für Kindeswohlgefährdungen steigt zudem, wenn Eltern eine solche negative Deutung vornehmen und nicht auf eine medizinische oder entwicklungspsychologische Erklärung für die Auffälligkeiten zurückgreifen können.

Betrachtet man den individuellen Kontext der Kinder und darin liegende Risikofaktoren, so geht es am Ende um die Frage, ob es eine Passung zwischen der elterlichen Erziehungsfähigkeit und den kindlichen Fürsorgeanforderungen gibt oder ob sich hieraus eine Überforderung der Eltern ergibt. So muss zur Verringerung der Kindeswohlgefährdung an beiden Aspekten – an der Stärkung der Erziehungskompetenz und am Abbau von kindlichen Verhaltensauffälligkeiten bzw. an der Entlastung von Eltern durch Kompensationsangebote – gearbeitet werden.

7.3.4 Der Krisenkontext

Der vierte und letzte Kontext ist schließlich der *Krisenkontext,* der zu Kindeswohlgefährdungen beiträgt. Dies sind zum einen Belastungen und Zuspitzungen von Konflikten inner- und außerhalb der Familie, und zum anderen können konkrete Situationen beschrieben werden, in denen es zu Gewalt kommt (vgl. im Folgenden: Reinhold/Kindler 2006b). Allerdings sind dies keine ungewöhnlichen Situationen, mit denen andere Eltern nicht konfrontiert werden, sondern es sind Erlebnisse, die zum Alltag von Eltern mit ihren Kindern dazu gehören, die andere Eltern aber bewältigen können, ohne das Wohl ihrer Kinder zu gefährden. Dass es in einigen Familien in solchen Situationen zu Kindeswohlgefährdung kommt, wird vor allem damit erklärt, wie Eltern diese Situationen erleben, aber auch „die Rolle dynamischer Einflussfaktoren" (ebd., S. 1) wie Stressbelastung und Alkoholkonsum auf Gefährdungssituationen wird thematisiert.

Wenn man Auslöser für körperliche Misshandlung identifiziert, sind diese eher im kindlichen Verhalten zu finden. In unterschiedlichen Altersstufen gibt es dabei unterschiedliche Schwerpunkte. In den ersten Lebensjahren sind es Ereignisse wie langes Weinen oder Verweigerung der Nahrungsaufnahme, im Kindergartenalter eher Autoritätskonflikte und Regelübertretungen und in der mittleren Kindheit und Jugend kommen Autonomiekonflikte hinzu. Gleichwohl ist körperliche Kindesmisshandlung nicht grundsätzlich als situativ entgleisender Erziehungsversuch zu verstehen. Ebenso kann sie beispielsweise als geplante Bestrafung des Kindes erfolgen.

Bei Vernachlässigung und psychischer Misshandlung hingegen stehen andere Ereignisse als Auslöser im Vordergrund, die auch nicht im Verhalten des Kindes liegen, wie z. B. Partnerschaftskonflikte, andere persönliche Krisen oder auch Rückfälle bei psychischer Erkrankung eines Elternteils.

7.3.5 Zur Kumulation von Risikofaktoren

Wie zuvor beschrieben sind es in der Regel nicht einzelne Belastungen, die als Risikofaktoren zu Kindeswohlgefährdung führen. Erst wenn mehrere Risikofaktoren zusammenkommen, liegt nachweisbar ein erhöhtes Risiko für eine Kindeswohlgefährdung vor. In einer repräsentativen Längsschnittstudie über einen Zeitraum von 17 Jahren stellten Brown et al. (1998) fest, dass das Risiko einer Kindesmisshandlung oder -vernachlässigung mit der Anzahl von Risikofaktoren anstieg: von 3 % (keine Risikofaktoren) auf 10 % bei Vorliegen von zwei oder drei Risikofaktoren und auf 24 % bei Vorliegen von vier oder mehr Risikofaktoren. Zudem wurde in der Studie deutlich, dass unterschiedliche Risikofaktoren und -konstellationen zu unterschiedlichen Formen von Kindeswohlgefährdung führen können.

Dabei sind auch nicht alle Risikofaktoren gleichrangig zu werten. Grundsätzlich unterscheidet man zwischen proximalen und distalen Risikofaktoren:

- *Proximale Risikofaktoren* sind solche, „die direkt die Entwicklung eines Kindes oder dessen Fürsorgeerfahrung beeinflussen (z. B. elterliche Feinfühligkeit oder elterliches Stresserleben) oder die Lebenswelt des Kindes charakterisieren (wie z. B. Unvorhersehbarkeit elterlichen Verhaltens)" (Zimmermann et al. 2016, S. 1263).
- *Distale Risikofaktoren* sind Umweltfaktoren, die „die allgemeinen Lebensbedingungen beeinflussen (wie z. B. Armut, Arbeitslosigkeit)" (vgl. ebd.).

Während proximale Risikofaktoren sich im Einzelfall direkt auf das Kind und die Sorge für das Kind auswirken, werden distale Risikofaktoren nicht direkt, sondern über viele Zwischenschritte wirksam. Sie haben daher für die individuelle Vorhersage von Kindeswohlgefährdung im Einzelfall eine geringere Bedeutung als proximale Risikofaktoren. Schaut man hingegen auf die Gesamtbevölkerung und die Anzahl von Kindeswohlgefährdungen, so sind Auswirkungen distaler Risikofaktoren deutlich nachweisbar. Wood et al. (2016) untersuchten die Häufigkeit von Schütteltrauma in drei Regionen der USA in den Jahren 2004 bis 2013 und konstatierten einen deutlichen Anstieg um etwa ein Drittel in den Jahren der wirtschaftlichen Rezension 2007 bis

2009, der abschließend zwar wieder sank, jedoch bis Abschluss der Studie 2013 noch nicht wieder auf den Ausgangswert zurückging.

Seit den 2000er Jahren geht die Forschung von der Analyse von Risikofaktoren über zur Analyse von *Risikomechanismen*. Man versucht nun „ursächliche Prozesse, die hinter der erhöhten statistischen Wahrscheinlichkeit des Auftretens von Kindesmisshandlung bzw. Vernachlässigung stehen" (Kindler 2009, S. 770), zu erfassen und zu beschreiben. Das Wissen um diese unterschiedlichen Risikomechanismen ermöglicht es, individuell abgestimmte Hilfekonzepte zu entwickeln. Wenn man weiß, warum Erziehungskompetenzen eingeschränkt sind und worauf sich diese Einschränkungen beziehen, können hierauf abgestimmte Angebote zum Beispiel der Elternbildung, der Gesprächstherapie oder der materiellen und sozialen Unterstützung entwickelt und unterbreitet werden.

Fundiertes Wissen über Risiko- und Schutzfaktoren ist für Fachkräfte wichtig, um den Blick bei der Einschätzung von Kindeswohlgefährdungen (→ Kapitel 12) zu schärfen und anzuleiten. Sie können jedoch Kindeswohlgefährdung nicht sicher prognostizieren und ermöglichen keine schematischen Entscheidungen. Die Einschätzung von möglichen Gefährdungen des Kindeswohls setzt immer eine enge Zusammenarbeit mit der Familie, eine hohe Professionalität, spezialisiertes Wissen und Reflexion im Einzelfall voraus. Nur so ist es möglich, bei Familien, in denen viele Risikofaktoren vorliegen, wie bei armen Familien oder Alleinerziehenden, vorschnelle Problemdiagnosen zu vermeiden, und andererseits aber auch keine Kindeswohlgefährdung in solchen Familien zu übersehen, bei denen auf den ersten Blick starke Schutzfaktoren vorliegen.

Pressekonferenz

Sie sind im Jugendamt zuständig für den Bereich Kinderschutz. Immer wieder ärgern Sie sich über die oberflächliche und schlecht recherchierte Berichterstattung zu Kinderschutzfällen in Ihren Lokalmedien. In Absprache mit der Jugendamtsleitung laden Sie daher Pressevertreter(innen) ein, um mit ihnen über Kindeswohlgefährdung zu sprechen. Zur Vorbereitung bitten Sie um Zusendung von Fragen. Eine der häufigsten Fragen, die die Journalist(inn)en stellen, ist: Warum misshandeln und vernachlässigen Eltern ihre Kinder?

- Bereiten Sie in Kleingruppen eine Antwort auf diese Frage vor. Denken Sie daran, dass Journalist(inn)en im Feld des Kinderschutzes Laien sind.
- Spielen Sie anschließend mit verteilten Rollen (Jugendamtsleitung, Team eines Allgemeinen Sozialen Dienstes, Pressevertreter(innen), Beobachter(innen)) die Pressekonferenz.

- Reflektieren Sie gemeinsam das Gespräch und überlegen Sie,
  a) welche Informationen und Zusammenhänge Ihnen fachlich wichtig sind, zu vermitteln, und
  b) wie Sie diese Laien verständlich und in angemessener Kürze erklären können.
- Wechseln Sie anschließend die Rollen, spielen Sie die Pressekonferenz noch einmal und reflektieren Sie abschließend gemeinsam, ob es Unterschiede zur ersten Runde gab und wie Sie diese erlebt haben.

7.4 Sexuelle Gewalt und ihre Ursachen: Das Vier-Faktoren-Modell nach Finkelhor

In der Fachdebatte über sexuelle Gewalt (zur Begrifflichkeit → Kapitel 5) herrscht keine Einigkeit darüber, ob dieser ebenso wie andere Formen der Kindeswohlgefährdung mit dem systemischen bzw. im engeren Sinne familiendynamischen Erklärungsmodell angemessen zu erklären sei. Die in familiendynamischen Theorien als Ursachen sexueller Gewalt beschriebenen Probleme, so die Kritik, stellten keine Motive für, sondern Folgen von innerfamilialer sexueller Gewalt dar. Zudem werde sexuelle Gewalt sowohl innerhalb als auch außerhalb der Familie ausgeübt, und die Mehrzahl der Erwachsenen, die sexuelle Gewalt ausüben, komme nicht aus dem engsten Familienkreis, sondern aus dem außerfamilialen Nahbereich (vgl. Enders 2008, S. 38 f.). Auch in der Forschung wird daher der Frage, warum Menschen Kindern sexuelle Gewalt antun, gesondert nachgegangen.

Der US-amerikanische Sozialwissenschaftler David Finkelhor gilt als ‚Pionier' auf diesem Feld. Er legte wegweisende Arbeiten vor zur Erklärung, warum Erwachsene Kindern gegenüber sexuell gewalttätig werden und welche Bedingungen dazu führen können, dass es zu Übergriffen kommt. Damit reagiert er auch auf zwei Kontroversen, die in diesem Feld diskutiert werden:

1. Ist sexuelle Gewalt sexuell motiviert, ist es also sexuell abweichendes Verhalten, oder geht es bei sexueller Gewalt gar nicht um die Sexualität, sondern um Macht? Finkelhor betont in der Diskussion dieser Frage, dass diese beiden Extrempositionen der Problematik nicht angemessen seien, weil es in der Tat um beides gehe, und weist darauf hin, dass Sexualität immer auch durch nichtsexuelle Bedürfnisse motiviert sei. Die Frage sei vielmehr, warum jemand, wie es bei sexueller Gewalt, aber auch bei Vergewaltigung der Fall sei, zur Bedürfnisbefriedigung Sexualität nutze und Macht und Gewalt nicht nur durch Schläge oder in anderer Form ausübe.

Es müsse eine erotische Komponente geben, die im Gesamtbild schwächer oder stärker ausgeprägt sein könne, manchmal im Vordergrund und manchmal im Hintergrund stehe. Viele Menschen, die Kindern sexuelle Gewalt antun, hätten durchaus abweichende Muster von Sexualität und sexueller Erregung. Beim Verstehen im Einzelfall gehe es also darum, wie diese in das Gesamtgeschehen und Gesamtmuster passten – ohne jedoch sexuelle Gewalt gegen Kinder und Jugendliche einseitig verkürzend als sexuell abweichendes Verhalten zu erklären (vgl. Finkelhor 1984, S. 34 f.).
2. Ist sexuelle Gewalt motiviert durch psychische Störungen? Handelt es sich um eine kleine Gruppe von Pädophilen oder von Menschen, die selbst Opfer sexueller Gewalt waren? Eine solche Erklärungsweise kritisiert Finkelhor als verkürzt. Sexuelle Gewalt müsse in einem sozialen und kulturellen Umfeld gesehen und erklärt werden, und kulturelle Prägung könne durchaus dazu beitragen, dass mehr Erwachsene sich sexuell auch für Kinder interessieren oder sich durch Kinder stimuliert fühlen. Beispiele hierfür sind die Sexualisierung von Kindern in den Medien und die Verfügbarkeit von Kinderpornographie. Soziale und kulturelle Kontexte würden in der Literatur über Erwachsenen, die gegenüber Kindern und Jugendlichen sexuell übergriffig werden, bisher jedoch nicht berücksichtigt (vgl. ebd., S. 35 f.).

Finkelhor wandte sich also gegen die bis in die 1970er Jahre bestehende Verbreitung eindimensionaler Erklärungsversuche für die Frage, warum Menschen sexuelle Gewalt gegen Kinder und Jugendliche ausüben. In der Sichtung der bestehenden Erklärungsversuche erkannte er vier zugrundeliegende Faktoren, mit denen sich die Theorien befassten (vgl. im Folgenden ebd., S. 37 ff.). Die Faktoren 1 bis 3 erklären, wie eine Person überhaupt sexuelles Interesse an einem Kind entwickelt. Der Faktor 4 erklärt, warum dieses Interesse in Verhalten umgesetzt werden kann.

1. *Emotionale Kongruenz:* Auf dieser Ebene geht es um die Frage, warum eine Person sexuellen Kontakt zu einem Kind als emotional befriedigend und stimmig erlebt. Als Hintergrund wurden z. B. emotionale Unreife und geringes Selbstvertrauen diskutiert. Die Beziehung zu einem Kind sei kongruent, weil sie das Gefühl von Macht, Omnipotenz und Kontrolle vermittle. Eine andere Erklärung waren eigene Erfahrungen mit sexueller Gewalt als Kind, eine daraus folgende Identifikation mit dem Aggressor und schließlich die Reinszenierung als Täter zur Wiedererlangung von Kontrolle. Möglich sei auch eine narzisstische Identifikation mit dem Kind. Aber auch Aspekte traditioneller männlicher Sozialisation, die von

Männern fordert, dominant, machtvoll und in sexuellen Beziehungen initiativ zu sein, fanden Berücksichtigung.

2. *Sexuelle Erregung:* Die zweite Frage war, warum eine Person durch ein Kind sexuell erregt sein kann. Dieser Faktor richtet sich auf physiologische Aspekte. Erklärungsversuche liegen meist auf der individuellen Ebene und richten sich auf traumatische sexuelle Erlebnisse in der Kindheit, Koppelung von sexuellen Erfahrungen in der Kindheit mit Erregung, Fehlattributierung von Erregung (d. h. die Erregung wird auf eine Ursache zurückgeführt, die nicht ursächlich war, aber nun mit Erregung verbunden wird) und frühes Modelllernen.
3. *Blockade:* Warum ist eine Person blockiert in seinen Versuchen, sexuelle und emotionale Erfüllung in normalen, anerkannten Beziehungen zu Erwachsenen zu finden? Erklärungsversuche hierzu beziehen sich zumeist auf die sogenannte ödipale Phase, der nach Sigmund Freud dritten psychosexuellen Entwicklungsphase des Kindes, die etwa zwischen dem dritten und fünften Lebensjahr liegt. Kinder entdecken in dieser Phase nicht nur die eigenen und fremden Genitalien, sondern erleben, so Freud, das Begehren des gegengeschlechtlichen Elternteils und die Konkurrenz zum gleichgeschlechtlichen Elternteil. In der gesunden Entwicklung werde der sogenannte Ödipuskonflikt durch Identifikation mit dem gleichgeschlechtlichen Elternteil gelöst und das Kind erlerne und bejahe nun die eigene Geschlechterrolle. Werde der Ödipuskonflikt von Jungen jedoch nicht angemessen bewältigt, könne dies dazu führen, dass sie als Männer nicht fähig seien, eine Beziehung zu einer erwachsenen Frau einzugehen. Ebenso könnten traumatische sexuelle Erfahrungen, z. B. sexuelle Impotenz oder Zurückweisung bei ersten sexuellen Kontakten, dazu führen, dass Menschen Sexualität mit Erwachsenen als mit Schmerz und Verlust verbinden und sich Kindern als ‚Ersatzobjekten' zuwenden. Aber auch repressive Sexualmoral kann dazu führen, sich für die eigene Sexualität schuldig zu fühlen, so dass manche Menschen, die dies erleben, sich Kindern zuwenden könnten.
4. *Enthemmung:* Warum wird eine Person nicht durch konventionelle soziale Hemmungen davon abgehalten, eine sexuelle Beziehung zu einem Kind zu haben? Hierbei spielen z. B. Alkoholeinfluss, schwache Impuls-Kontrolle und Psychosen eine Rolle. Es wird auf eine Enthemmung durch Stiefelternschaft hingewiesen, aber auch auf soziale Normen und Werte, die als gesellschaftliche Entlastungsstrategien fungieren, wie ‚blaming the victim', Verführungsvorwürfe, ‚Natur des Mannes' und traditionelle Autoritätsvorstellungen des Mannes über Frau und Kinder.

Finkelhor forderte nun, all diese Faktoren nicht als konkurrierende Theorien zu verhandeln, sondern sie als komplementäre Komponenten zu denken. Erst im Zusammenspiel aller vier Faktoren sei es möglich zu erklären, warum eine Person Kindern und Jugendlichen gegenüber sexuell übergriffig wird. Die Faktoren könnten sich ergänzen im Sinne von Synergien, aber auch im Sinne von Antagonismen. So sei auch verständlich, dass manche Menschen zwar einzelnen dieser Faktoren entsprächen, aber dennoch keine sexuelle Gewalt gegen Kinder und Jugendliche ausüben (vgl. ebd., S. 47).

Die Erkenntnisse über die Frage, warum Menschen Kindern und Jugendlichen gegenüber sexuell übergriffig werden, verband Finkelhor (ebd.) in einem weiteren Schritt mit dem Wissen über Kinder, die sexueller Gewalt ausgesetzt sind, und ihre Familien. Dabei legte er Wert auf die Integration sowohl klinisch-psychologischer Erkenntnisse als auch soziologischer Faktoren, die zur Erklärung von sexueller Gewalt zu berücksichtigen sind. Hieraus entstand schließlich das Vier-Faktoren-Modell zu den Voraussetzungen von sexueller Gewalt:

1. Ein Mensch muss dazu motiviert sein, Kindern sexuelle Gewalt antun zu wollen. Hierzu tragen die bereits ausgeführten Faktoren der emotionalen Kongruenz (die Person erlebt sexuellen Kontakt zu einem Kind als emotional befriedigend und stimmig), des Erlebens der sexuellen Erregung durch ein Kind und der Blockade in den Versuchen, sexuelle und emotionale Erfüllung in normalen, anerkannten Beziehungen zu Erwachsenen zu finden, bei.
2. Ein Mensch muss innere Hemmungen zum Ausleben dieser Motivation überwinden. Dies entspricht dem ausgeführten Faktor Enthemmung.
3. Ein Mensch muss äußere Hemmnisse überwinden, um sexuelle Gewalt gegen Kinder und Jugendliche auszuüben. Hierbei geht es insbesondere um die zuverlässige Fürsorge, Aufsicht und Aufmerksamkeit, die dem Kind durch Eltern, Familie, Freunde und Nachbarn zukommt, aber auch um die räumliche Gelegenheit als Voraussetzung für Übergriffe.
4. Ein Mensch muss den potenziellen Widerstand des Kindes gegen die sexuelle Gewalt untergraben oder überwinden. In → Kapitel 5 wurde bereits dargestellt, wie in der Anbahnung von sexueller Gewalt gezielt Kinder angesprochen werden, die in ihrer Verletzlichkeit, Bedürftigkeit oder durch frühere Erfahrungen mit sexueller Gewalt als potenzielle Opfer eingeschätzt werden, und wie durch subtile Strategien eine Beziehung aufgebaut, Grenzüberschreitungen vorbereitet werden und schließlich Widerstand überwunden wird.

Vor dem Hintergrund des eingangs skizzierten fachlichen Disputs über die Frage, ob das systemische Erklärungsmodell sexuelle Gewalt angemessen erklären kann, weist Finkelhor darauf hin, dass sein Modell kein Gegenmodell zum systemischen Erklärungsansatz darstelle, sondern dessen Annahmen beinhalte und auf einem höheren Verallgemeinerungsgrad formuliere (vgl. ebd., S. 62 f.).

7.5 Hochstrittige und eskalierende Elternkonflikte rund um das Kind und ihre Ursachen

Trennung und Scheidung stellen für alle Familien eine schwierige Herausforderung dar. Im Sinne des Familien-Transitions-Ansatzes kann Scheidung als Übergang im Familienentwicklungsprozess verstanden werden, der eine umfassende Reorganisation der Identität der Beteiligten erfordert (vgl. Paul/Dietrich 2006): Es gilt alte Rollen aufzugeben und neue Rollen sowie Verhaltensweisen zu entwickeln, diese mit dem Selbstkonzept zu vereinbaren und zu einer veränderten Weltsicht zu gelangen. Es stellt sich damit eine Vielzahl von Anforderungen auf unterschiedlichen Ebenen gleichzeitig:

- Auf der *individuellen Ebene* gilt es insbesondere, persönliche Verluste, aber auch die daraus folgenden Chancen der individuellen Entwicklung anzuerkennen,
- auf der Ebene *innerfamilialer Beziehung* muss die Trennung von Eltern- und Paarbeziehung realisiert und die Beziehung der Kinder zu beiden Elternteilen neu definiert werden, und
- auf der Ebene der *Beziehung zu den die Familie umgebenden Systemen* stellt sich die Aufgabe, das verwandtschaftliche und soziale Netz zu reorganisieren.

Trennung und Scheidung sind daher mit einem erheblichen Einsatz an psychischer Energie verbunden (vgl. ebd., S. 11).

Hochstrittigkeit wird in diesem Modell als ein Misslingen der Transition und Reorganisationsversuche erklärt. Hierzu können unterschiedliche spezifische Bedingungen beitragen wie Persönlichkeitsbeeinträchtigungen und individuelle Besonderheiten, frühere, dysfunktional verlaufene familiale Interaktionsprozesse, die Dynamik des Trennungsverlaufs, der Einbezug von Dritten wie neue Partner, Verwandte, Anwälte, Ärzte etc. in das Konfliktgeschehen und sozioökonomische Faktoren (vgl. ebd., S. 11 ff.).

7.6 Resümee

Die Entstehung von kindeswohlgefährdenden Situationen und Handlungen kann nicht mit einfachen Ursachen erklärt werden, sondern ist nur im multikausalen Zusammenhang zu verstehen. Hierbei spielen der soziokulturelle Kontext, der familiale Kontext und die Beziehungen in der Familie, der individuelle Kontext insbesondere der Eltern, aber auch der Kinder, und die konkrete Situation, der Krisenkontext eine wichtige Rolle. Auf allen diesen Ebenen können Schutz- und Risikofaktoren benannt werden, die eine Kindeswohlgefährdung wahrscheinlicher oder unwahrscheinlicher werden lassen. Sie stellen daher wichtige Anhaltspunkte für die Gefährdungseinschätzung dar. Für das Erkennen einer tatsächlichen Kindeswohlgefährdung im Einzelfall können die allgemeinen Einsichten in Risiko- und Schutzfaktoren jedoch keine eindeutigen Anhaltspunkte bieten.

Für das Verständnis von sexueller Gewalt hat sich in der Fachdebatte demgegenüber das Modell von Finkelhor (1984) durchgesetzt. Dies stellt ebenso wie das systemische ein multikausales Erklärungsmodell dar, geht jedoch explizit auf die spezifischen, mit der sexuellen Gewalt verbundenen Grenzüberschreitungen ein und beleuchtet die Frage, was Menschen hierzu motiviert und wie sie Hemmungen und Barrieren überwinden.

Am Beispiel von Hochstrittigkeit und eskalierenden Elternkonflikten rund um das Kind wurde deutlich, welche Herausforderungen Veränderungen des Familiensystems mit sich bringen, und dass es weitreichende Folgen für die Kinder haben kann, wenn Übergänge und Anpassungsleistungen im Familiensystem nicht vollzogen werden oder misslingen.

In der Forschung wurde lange nach monokausalen Erklärungen für Kindeswohlgefährdung gesucht. Diese einseitigen Betrachtungsweisen wurden mittlerweile als nicht aussagekräftig widerlegt. Alle von uns dargestellten Modelle stellen daher multikausale Ansätze dar. Das Verstehen von Ursachen setzt zudem voraus, sich in die Perspektive der Eltern zu versetzen und zu verstehen, wie sich ihre Gesamtsituation für sie darstellt, welche persönlichen, sozialen und materiellen Ressourcen ihnen zur Verfügung stehen und welche Grenzen sie in ihren Bewältigungsmöglichkeiten erleben. Allen dargestellten Modellen gemeinsam ist, dass sie diesen Schritt der Perspektivübernahme als einen von mehreren Zugängen zum Verstehen nutzen. Den Begriff *Schuld* hingegen wird man in diesen, der Komplexität des Problems angemessenen Erklärungsansätzen vergeblich suchen.

Anregungen zum Selbststudium

- Erstellen Sie aus obigen Ausführungen zu Risiko- und Schutzfaktoren eine Übersicht, z. B. in Form einer Tabelle. Vermerken Sie darin die Ebenen, auf denen Risiko- und Schutzfaktoren festgemacht werden können, und konkretisieren Sie die einzelnen Risiko- und Schutzfaktoren, die auf den unterschiedlichen Ebenen beschrieben werden.
  - Recherchieren Sie dann weitere Literatur zu Risiko- und Schutzfaktoren für Kindeswohlgefährdung, vergleichen Sie die Ausführungen mit den von uns dargestellten Faktoren und erweitern oder präzisieren Sie ggf. Ihre Übersicht.
- Schauen Sie den Dokumentarfilm „Die Kinder sind tot“ (Dokumentarfilm, 2003, 80 Minuten, Regie Aelrun Goette) und tauschen Sie sich über Ihre Eindrücke aus. Versuchen Sie dann, einen analytischen Blick auf den Fall einzunehmen und bearbeiten Sie folgende Fragen:
  - Welche Risiko- und Schutzfaktoren können Sie in diesem Fall erkennen? Wie entwickelten sich diese im Fallverlauf?
  - Wie stellte sich dieser Fall aus der Perspektive des Jugendamts dar?
  - Welche Möglichkeiten hatten die unterschiedlichen Akteure (Verwandte, Freundinnen und Freunde, Nachbar(inne)n etc.), zum Schutz der Kinder tätig zu werden? Was, glauben Sie, hielt sie davon ab?
- Recherchieren Sie Präventionskonzepte und -materialien gegen sexuelle Gewalt und werten Sie diese aus: Auf welcher der oben genannten Ebenen setzen diese Präventionskonzepte an? Welche Ebenen bleiben unberücksichtigt? Haben Sie Ideen, welche weiteren Konzepte denkbar wären oder wie bisher unberücksichtigte Ebenen einbezogen werden können?

Weiterführende Literatur

Finkelhor, David (1984). Child Sexual Abuse. New Theory and Research. New York.

Finkelhor ist der wichtigste Vertreter zur Erklärung sexueller Gewalt gegen Kinder und Jugendliche. In diesem Buch setzt er sich mit verbreiteten Annahmen auseinander und entwickelt sein Vier-Faktoren-Modell zur Erklärung sexueller Gewalt.

Kindler, Heinz (2011). Denkfehler und andere Praxisirrtümer im Kinderschutz: Eine persönlich gefärbte Übersicht. In: Körner, Wilhelm/Deegener, Günther (Hg.). Erfassung von Kindeswohlgefährdung in Theorie und Praxis. Lengerich. S. 174–200.

Heinz Kindler setzt sich in diesem Beitrag mit aus der Fehlerforschung bekannten Fehlerquellen auseinander und diskutiert sie in Hinsicht auf ihre Bedeutung für die Kinderschutzpraxis. Einen Schwerpunkt bilden dabei Umgangsweisen mit wissenschaftlichen Befunden zu Kindeswohlgefährdung und Risikofaktoren.

Bundesgemeinschaft der Kinderschutzzentren (Hg.) (2015). Zwischen Beziehung und Konflikt – Chancen eines hilfeorientierten Kinderschutzes. Köln.
Konflikte um das Kindeswohl lösen bei allen Beteiligten große Aufregungen und Spannungen aus. In den Beiträgen dieses Sammelbands geht es um die Frage, wie in Kinderschutzfällen dennoch ein guter Kontakt zu den Eltern aufgebaut werden kann, wie Kinder, Jugendliche und Eltern am Hilfeprozess beteiligt werden können und was aus gescheiterten Fallverläufen gelernt werden kann.

Teil II
Vertiefungen

Kapitel 8
Rechtsgrundlagen im Kinderschutz

Überblick über das Kapitel

Professionelles Handeln im Kinderschutz erfolgt innerhalb eines rechtlichen Rahmens. In diesem Kapitel führen wir in die Strukturen dieses rechtlichen Rahmens ein. Sie werden im Grundgesetz (GG), im Bürgerlichen Gesetzbuch (BGB), im Sozialgesetzbuch Achtes Buch – Kinder- und Jugendhilfe (SGB VIII) sowie im Gesetz zur Kooperation und Information im Kinderschutz (KKG) ausgestaltet.

- 8.1 Zur Rolle von Rechtsgrundlagen im Kinderschutz
- 8.2 Kinderrechte
- 8.3 Das Dreieck Eltern – Kind – Staat
- 8.4 Der Schutzauftrag von Fachkräften der Kinder- und Jugendhilfe nach § 8a SGB VIII
- 8.5 Der Schutzauftrag anderer Professioneller nach § 4 KKG
- 8.6 Datenschutz, Kinderschutz und Meldepflicht
- 8.7 Die Rolle des Strafrechts und Pflichten der Strafverfolgungsbehörden und Gerichte im Kinderschutz
- 8.8 Resümee

8.1 Zur Rolle von Rechtsgrundlagen im Kinderschutz

Das professionelle Handeln von Fachkräften Sozialer Arbeit ist stets rechtlich gerahmt: Es gibt gesetzliche Vorgaben zu den Ansprüchen von Bürger(inne)n auf Leistungen der Sozialen Arbeit, zu den Voraussetzungen für die Unterbringung in einer Einrichtung, zur Finanzierung dieser Leistungen und zu den Konditionen, nach denen Fachkräfte als Arbeitnehmer(innen) in der Leistungsgewährung und Leistungserbringung tätig sind. Im Kinderschutz kommt jedoch eine weitere Dimension hinzu: Hier geht es um die Frage, ob eine Situation eingetreten ist, in der der Schutz eines in seinem Wohl gefährdeten Kindes gewährleistet werden muss. Fachkräfte Sozialer Arbeit (als Vertreter(innen) der staatlichen Gemeinschaft) müssen dann handeln und versuchen, in der Zusammenarbeit mit den Eltern die Kindeswohlgefährdung abzuwenden. Ggf. müssen sie sich an das Familiengericht wenden, um eine Veränderung auch gegen den Willen der Eltern herbeiführen und so das Kindeswohl sichern zu können. Ein solch hoheitliches Handeln, die Kontrolle der Familie durch eine öffentliche Behörde (Jugendamt) und das damit verbundene ‚Eindringen' in die Privatsphäre der Familie, ist in einem demokratischen Rechtsstaat in hohem Maße legitimierungsbedürftig – inhaltlich, aber auch rechtlich. Die fachlichen und die rechtlichen Grundlagen hierfür zu kennen, ist Voraussetzung, um als Fachkraft angemessen und rechtskonform handeln und entscheiden zu können.

In einem Lehrbuch Kinderschutz darf der rechtliche Aspekt daher nicht fehlen. Wir führen in diesem Kapitel in die zentralen Rechtsvorschriften ein, die eine grundlegende rechtliche Orientierung im Kinderschutz ermöglichen. Alle potenziell relevanten rechtlichen Aspekte einzubeziehen, würde jedoch den Rahmen dieses Buches sprengen. Wer im Kinderschutz tätig ist, wird diese Grundlagen daher erweitern und auch Schnittstellen zu anderen Rechtsgebieten einbeziehen müssen.

8.2 Kinderrechte

Kinderschutz ist in einer Vielzahl internationaler, völkerrechtlich verbindlicher Abkommen verankert. Von besonderer Bedeutung ist hierbei die UN-Kinderrechtskonvention (UN-KRK). 1989 wurden darin die Rechte von Kindern (bis zur Vollendung des 18. Lebensjahres) auf Schutz, Förderung und Teilhabe ausdifferenziert sowie die Aufgaben von Staat und Gesellschaft zur Durchsetzung dieser Rechte beschrieben. Alle UN-Mitgliedsstaaten mit Ausnahme der USA haben sie ratifiziert. In Deutschland trat die UN-KRK 1992 in Kraft, zunächst noch mit der Einschränkung des Vorrangs des deutschen Ausländerrechts, seit 2010 uneingeschränkt. Über allem steht der in der deutschen Übersetzung mit „Wohl des Kindes" überschriebene Artikel 3, der das Kindeswohl – im englischen Original „best interests oft the child" – zu einem (also nicht dem einzigen) Gesichtspunkt erklärt, der bei Maßnahmen, die Kinder betreffen, vorrangig zu berücksichtigen ist („a primary consideration").

UN-Kinderrechtskonvention, Artikel 3: Wohl des Kindes

(1) Bei allen Maßnahmen, die Kinder betreffen, gleichviel ob sie von öffentlichen oder privaten Einrichtungen der sozialen Fürsorge, Gerichten, Verwaltungsbehörden oder Gesetzgebungsorganen getroffen werden, ist das Wohl des Kindes ein Gesichtspunkt, der vorrangig zu berücksichtigen ist.

(2) Die Vertragsstaaten verpflichten sich, dem Kind unter Berücksichtigung der Rechte und Pflichten seiner Eltern, seines Vormunds oder anderer für das Kind gesetzlich verantwortlicher Personen den Schutz und die Fürsorge zu gewährleisten, die zu seinem Wohlergehen notwendig sind; zu diesem Zweck treffen sie alle geeigneten Gesetzgebungs- und Verwaltungsmaßnahmen.

(3) Die Vertragsstaaten stellen sicher, dass die für die Fürsorge für das Kind oder dessen Schutz verantwortlichen Institutionen, Dienste und Einrichtungen den von den zuständigen Behörden festgelegten Normen entsprechen, insbesondere im Bereich der Sicherheit und der Gesundheit sowie hinsichtlich der Zahl und der fachlichen Eignung des Personals und des Bestehens einer ausreichenden Aufsicht.

Zu den Kinderrechten gehören u. a. das Recht auf Gesundheit, auf gewaltfreie Erziehung und Privatsphäre, auf Familie, elterliche Fürsorge und ein sicheres Zuhause (→ Kapitel 2).

In Ergänzung zu der UN-KRK wurden Zusatzprotokolle verabschiedet, die Lücken in der Konvention schließen sollten: Maßnahmen gegen die Beteiligung von Kindern an bewaffneten Konflikten, zum Verbot von Kinderhandel, Kinderprostitution und Kinderpornografie und die Eröffnung eines Individualbeschwerderechts von Kindern beim UN-Ausschuss für die Rechte des Kindes, wenn sie sich in ihren Rechten verletzt sehen und alle innerstaatlichen Rechtswege erfolglos ausgeschöpft haben. Einzelne Rechte von Kindern und Jugendlichen sind zudem in weiteren internationalen Menschenrechtsabkommen verankert, etwa im Internationalen Pakt über bürgerliche und politische Rechte von 1966.

Für Kinder und Jugendliche mit Behinderungen ist neben der UN-KRK auch die UN-Konvention über Rechte von Menschen mit Behinderungen von maßgeblicher Bedeutung. Diese Konvention konkretisiert die universellen Menschenrechte für Menschen mit Behinderungen. Sie folgt dem Leitbild Inklusion und stellt das uneingeschränkte Recht von Menschen mit

Behinderungen auf gesellschaftliche Teilhabe in den Mittelpunkt. Neben mehreren Artikeln, in denen auch auf die Rechte und die besondere Situation von Kindern und Jugendlichen mit Behinderungen hingewiesen wird (z. B. zum gemeindeintegrierten Wohnen und angemessenen sowie umfassenden Unterstützungsangeboten für Familien mit Kindern mit Behinderung (Artikel 23) sowie zur Inklusion von Kindern mit Behinderungen im Bildungssektor (Artikel 24) befasst sich Artikel 7 mit der Gleichberechtigung, Meinungsäußerung und Beteiligung von Kindern.

UN-Behindertenkonvention, Artikel 7: Kinder mit Behinderung

(1) Die Vertragsstaaten treffen alle erforderlichen Maßnahmen, um zu gewährleisten, dass Kinder mit Behinderung gleichberechtigt mit anderen Kindern alle Menschenrechte und Grundfreiheiten genießen können.

(2) Bei allen Maßnahmen, die Kinder mit Behinderung betreffen, ist das Wohl des Kindes ein Gesichtspunkt, der vorrangig zu berücksichtigen ist.

(3) Die Vertragsstaaten gewährleisten, dass Kinder mit Behinderung das Recht haben, ihre Meinung in allen sie berührenden Angelegenheiten gleichberechtigt mit anderen Kindern frei zu äußern, wobei ihre Meinung angemessen und entsprechend ihrem Alter und ihrer Reife berücksichtigt wird, und behinderungsgerecht sowie altersgemäß Hilfe zu erhalten, damit sie dieses Recht verwirklichen können.

Ausführliche Informationen zu internationalen Menschenrechtsabkommen und darin verankerten Rechten von Kindern erhält man auf der Seite des Bundesministeriums für wirtschaftliche Zusammenarbeit und Entwicklung unter https://www.bmz.de/de/themen/kinderrechte/internationale_vereinbarungen/index.html.

In Deutschland wird schon lange diskutiert, ob Kinderrechte ins Grundgesetz aufgenommen werden sollen. Gegner einer solchen Grundgesetzänderung führen an, dass in Deutschland die UN-KRK gelte und die in Artikel 1 des Grundgesetzes verankerte Menschenwürde schließe Kinder und Jugendliche selbstverständlich ein. Initiativen für eine Grundgesetzänderung weisen hingegen darauf hin, dass die Interessen von Kindern und Jugendlichen in Deutschland faktisch zu wenig Beachtung fänden und eine explizite Nennung im Grundgesetz dem mehr Gewicht verleihen würde. Eine 2018 im Koalitionsvertrag zwischen Union und SPD vereinbarte Grundgesetzänderung scheiterte 2021 an kontroversen Positionen zur Formulierung.

Pro und Contra – Kinderrechte ins Grundgesetz

Diskutieren Sie im Seminar die Frage, ob Kinderrechte ins Grundgesetz aufgenommen werden sollten. Sie können hierfür einen konkreten Vorschlag zur Grundlage nehmen (z. B. des Aktionsbündnisses Kinderrechte, veröffentlicht unter http://www.kinderrechte-ins-grundgesetz.de, oder den Regierungsentwurf von 2021, veröffentlicht unter https://dserver.bundestag.de/btd/19/281/1928138.pdf). Sammeln Sie Pro- und Contra-Argumente.

Befassen Sie sich dann mit der Expertise von Friederike Wapler (2017) zur Frage „Kinderrechte ins Grundgesetz?" zum 15. Kinder- und Jugendbericht (veröffentlicht unter https://www.dji.de/fileadmin/user_upload/bibs2017/15_KJB_Wapler_b.pdf) sowie mit den Positionspapieren des Aktionsbündnis Kinderrechte (unter http://www.kinderrechte-ins-grundgesetz.de). Ordnen Sie Ihre Argumente in die dort beschriebene Gesamtdebatte ein und ergänzen Sie Argumente oder Argumentationsebenen, die in Ihrer Diskussion unberücksichtigt geblieben sind.

8.3 Das Dreieck Eltern – Kind – Staat

Internationale Normen bilden einen Rahmen für rechtliche Grundlagen des Kinderschutzes, der jedoch in Deutschland im Grundgesetz und in einfachen Gesetzen ausgestaltet wird. Die rechtlichen Regelungen zum Kinderschutz in Deutschland basieren im Kern auf dem in Artikel 6 des Grundgesetzes angelegten Dreiecksverhältnis zwischen Eltern, Kind und Staat. Artikel 6 lautet wörtlich:

Grundgesetz für die Bundesrepublik Deutschland, Artikel 6

(1) Ehe und Familie stehen unter dem besonderen Schutze der staatlichen Ordnung.

(2) Pflege und Erziehung der Kinder sind das natürliche Recht der Eltern und die zuvörderst ihnen obliegende Pflicht. Über ihre Betätigung wacht die staatliche Gemeinschaft.

(3) Gegen den Willen der Erziehungsberechtigten dürfen Kinder nur auf Grund eines Gesetzes von der Familie getrennt werden, wenn die Erziehungsberechtigten versagen oder wenn die Kinder aus anderen Gründen zu verwahrlosen drohen.

(4) Jede Mutter hat Anspruch auf den Schutz und die Fürsorge der Gemeinschaft.

(5) Den unehelichen Kindern sind durch die Gesetzgebung die gleichen Bedingungen für ihre leibliche und seelische Entwicklung und ihre Stellung in der Gesellschaft zu schaffen wie den ehelichen Kindern.

Im Rahmen des sogenannten ‚Elternrechts' formuliert das Grundgesetz die Elterliche Sorge als ein „natürliches Recht" der Eltern, aber auch als „die zuvörderst ihnen obliegende Pflicht". Damit wurde das Elternrecht als ein sogenanntes Abwehrrecht von Bürger(inne)n gegen staatliche Eingriffe in die Ausübung der elterlichen Sorge ausgestaltet, das zugleich eine Pflicht zur verantwortlichen Ausübung dieses Rechts beinhaltet (vgl. Wabnitz 2016, S. 127 f.). Ebenso wird die Notwendigkeit gesehen, Kinder als eigenständige Grundrechteträger, die auf den Schutz und die Fürsorge von Erwachsenen angewiesen sind, gegen eine missbräuchliche Ausübung dieses Elternrechts zu schützen. Neben das Elternrecht stellt das Grundgesetz daher das staatliche Wächteramt („Über ihre Betätigung wacht die staatliche Gemeinschaft") und ermöglicht Eingriffe in das Elternrecht auf der Grundlage von Gesetzen – wenn auch in einem engen Rahmen. Die Formulierung dieses Artikels ist seit der Verabschiedung des Grundgesetzes 1949 unverändert geblieben. Im Grundgesetz wird das Verhältnis zwischen Eltern, Kind und Staat also als ein Dreieck beschrieben (→ Abbildung 3).

Abbildung 3: Dreieck

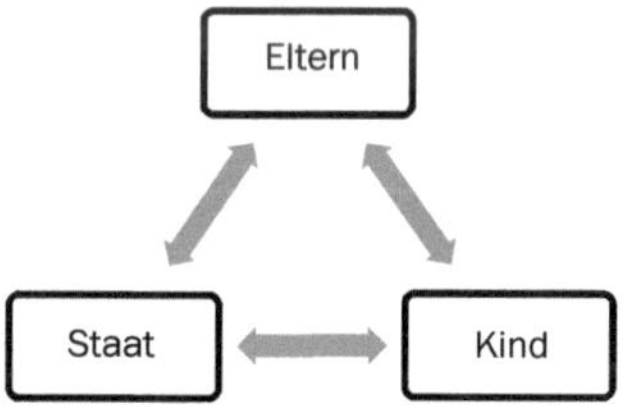

Was „Pflege und Erziehung des Kindes" konkret bedeutet, welche Ansprüche daran gestellt werden, ab wann von ‚Versagen' oder ‚Verwahrlosung' gesprochen werden kann, dies lässt das Grundgesetz wohlweislich offen. Man spricht hierbei von *unbestimmten Rechtsbegriffen.*

Unbestimmter Rechtsbegriff

Mit unbestimmten Rechtsbegriffen „wird seitens des Normgebers auf außerjuristische Sachverhalte verwiesen oder ebenfalls versucht, mit Blick auf eine nicht vorhersehbare Vielzahl von Einzelsachverhalten in der Rechtspraxis zu sachlich überzeugenden Ergebnissen zu kommen.“ (Wabnitz 2016, S. 45)

Die Konkretisierung des rechtlichen Verhältnisses zwischen Eltern und Kindern sowie der Eingriffsrechte des Staates in das Elternrecht erfolgt im Familienrecht, dem vierten Buch des Bürgerlichen Gesetzbuches (BGB). Für den Bereich Kinderschutz ist insbesondere Titel 5 relevant (Elterliche Sorge, §§ 1626 bis 1698b). Elterliche Sorge stellt im Gesetz einen Überbegriff dar für die Sorge für die Person des Kindes (Personensorge) und die Sorge für das Vermögen des Kindes (Vermögenssorge). Darüber hinaus formuliert der Gesetzgeber insbesondere in den §§ 1626 und 1631 BGB auch inhaltliche Grundsätze für die Art und Weise, in der die elterliche Sorge ausgeübt werden soll.

Bürgerliches Gesetzbuch (BGB)

§ 1626 Elterliche Sorge, Grundsätze

(1) Die Eltern haben die Pflicht und das Recht, für das minderjährige Kind zu sorgen (elterliche Sorge). Die elterliche Sorge umfasst die Sorge für die Person des Kindes (Personensorge) und das Vermögen des Kindes (Vermögenssorge).

(2) Bei der Pflege und Erziehung berücksichtigen die Eltern die wachsende Fähigkeit und das wachsende Bedürfnis des Kindes zu selbständigem verantwortungsbewusstem Handeln. Sie besprechen mit dem Kind, soweit es nach dessen Entwicklungsstand angezeigt ist, Fragen der elterlichen Sorge und streben Einvernehmen an.

(3) Zum Wohl des Kindes gehört in der Regel der Umgang mit beiden Elternteilen. Gleiches gilt für den Umgang mit anderen Personen, zu denen das Kind Bindungen besitzt, wenn ihre Aufrechterhaltung für seine Entwicklung förderlich ist.

§ 1631 Inhalt und Grenzen der Personensorge

(1) Die Personensorge umfasst insbesondere die Pflicht und das Recht, das Kind zu pflegen, zu erziehen, zu beaufsichtigen und seinen Aufenthalt zu bestimmen.

(2) Kinder haben ein Recht auf gewaltfreie Erziehung. Körperliche Bestrafungen, seelische Verletzungen und andere entwürdigende Maßnahmen sind unzulässig.

(3) Das Familiengericht hat die Eltern auf Antrag bei der Ausübung der Personensorge in geeigneten Fällen zu unterstützen.

Der Gesetzgeber formuliert in diesen Vorgaben eine normative Ausrichtung für Pflege und Erziehung von Kindern in Deutschland: Elternrecht beinhaltet nicht das einseitige Recht von Eltern, über Kinder zu bestimmen, sondern die Aufgabe, sich in der Ausübung der elterlichen Sorge am Entwicklungsstand des Kindes zu orientieren und das Kind seinen wachsenden Fähigkeiten und Bedürfnissen zu selbstständigem, verantwortungsbewusstem Handeln entsprechend an Entscheidungen über sein Leben zu beteiligen und Einvernehmen über Entscheidungen zu erzielen (zum Wandel des Erziehungsstils vgl. → Kapitel 4). Kinder haben ein Recht auf gewaltfreie Erziehung. In der Regel werden zum Wohl des Kindes auch der Umgang mit beiden Elternteilen sowie der Umgang mit anderen Menschen, zu denen das Kind Bindungen entwickelt hat, gezählt.

8.3.1 Das Recht des Kindes auf gewaltfreie Erziehung

Gewalt galt lange nicht nur als legitimes, sondern als notwendiges Mittel in der Erziehung. Das gesellschaftliche Umdenken zu dieser Frage lässt sich sowohl in der rechtlichen Entwicklung nachzeichnen als auch im Wandel der Erziehungspraktiken.

Die Entwicklung des § 1631 BGB: Vom väterlichen Züchtigungsrecht (1900) zum Recht auf gewaltfreie Erziehung (2000)

Im Jahr 1900 trat das Bürgerliche Gesetzbuch (BGB) in Kraft. Die damalige Regelung verankerte das als Gewohnheitsrecht stets existente Züchtigungsrecht des Vaters über seine Kinder nun gesetzlich. Damals hieß es: „Kraft Erziehungsrechts darf der Vater angemessene Zuchtmittel gegen das Kind anwenden“ (§ 1631 Abs. 2 BGB). Diese Regelung blieb bis 1958 bestehen. Anlass für eine Veränderung war jedoch nicht, wie man heute vermuten würde, die Kritik an der Legitimation von Gewalt in der Erziehung, sondern der Verstoß der Regelung gegen den Gleichbehandlungsgrundsatz von Mann und Frau. Das Züchtigungsrecht wurde nun als Elternrecht allen Erziehungsberechtigten des Kindes zugestanden. Sofern ein konkretes Fehlverhalten des Kindes vorlag, Vater oder Mutter mit Erziehungswillen handelten und die Züchtigung zur Erreichung des Erziehungszieles als erforderlich und angemessen betrachtet wurde, war dies ein Rechtfertigungsgrund dafür, das Kind zu schlagen und ihm damit Schmerzen zuzufügen. Während das Züchtigungsrecht nur den Eltern oblag, war die Ausübung des Züchtigungsrechts sogar übertragbar auf Dritte, also beispielsweise Freunde der Eltern, die die Kinder zeitweise beaufsichtigten.

Diese rechtliche Grundlage hielt sich lange – auch dann noch, als gesellschaftlich bereits andere Vorstellungen von Erziehung und Kinderrechten bestanden. Diese Diskrepanz zwischen der Gesetzeslage und dem Rechtsempfinden wachsender Teile der Bevölkerung wurde 1986 anlässlich des sogenannten „Gartenschlauch-Urteils" (vgl. Der Spiegel 1991) offensichtlich. Hintergrund war ein Gerichtsverfahren gegen einen Mann, der seine Tochter mit einem Gartenschlauch massiv verprügelt hatte. Das Landgericht in Siegen verurteilte ihn wegen gefährlicher Körperverletzung zu einer Freiheitsstrafe auf Bewährung. Das Bundesverfassungsgericht jedoch urteilte anders: Das Urteil wurde aufgehoben mit der Begründung, Eltern hätten durchaus eine Befugnis zur maßvollen körperlichen Züchtigung. Dieses Urteil traf in der Öffentlichkeit auf breites Unverständnis und provozierte Empörung. Die gesetzliche Regelung beinhaltete veraltete Vorstellungen von elterlichen Gewaltrechten, die zum aktuellen Bild des Kindes und seinen Rechten nicht mehr passten. Im Anschluss an das Urteil wurden daher Forderungen nach einer Gesetzesänderung auf breiter gesellschaftlicher Ebene verstärkt.

1992 ratifizierte Deutschland die 1989 verabschiedete UN-Kinderrechtskonvention. Dort wird in Artikel 19 Abs. 1 Kindern Schutz vor Gewaltanwendung, Misshandlung und Verwahrlosung zugesprochen:

> „Die Vertragsstaaten treffen alle geeigneten Gesetzgebungs-, Verwaltungs-, Sozial- und Bildungsmaßnahmen, um das Kind vor jeder Form körperlicher oder geistiger Gewaltanwendung, Schadenszufügung oder Misshandlung, vor Verwahrlosung oder Vernachlässigung, vor schlechter Behandlung oder Ausbeutung einschließlich des sexuellen Missbrauchs zu schützen, solange es sich in der Obhut der Eltern oder eines Elternteils, eines Vormunds oder anderen gesetzlichen Vertreters oder einer anderen Person befindet, die das Kind betreut."

Dabei wird auch der Unterstützungsbedarf der für die Kinder Sorgenden gesehen. Artikel 19 Abs. 2 lautet daher:

> „Diverse Schutzmaßnahmen sollen je nach den Gegebenheiten wirksame Verfahren zur Aufstellung von Sozialprogrammen enthalten, die dem Kind und denen, die es betreuen, die erforderliche Unterstützung gewähren und andere Formen der Vorbeugung vorsehen sowie Maßnahme zur Aufdeckung, Meldung, Weiterverweisung, Untersuchung, Behandlung und Nachbetreuung in den in Abs. 1 beschriebenen Fällen schlechter Behandlung von Kindern und gegebenenfalls für das Einschreiten der Gerichte."

Dennoch dauerte es noch bis 1998, bis das elterliche Gewaltrecht in Deutschland im Rahmen der Kindschaftsrechtsreform tatsächlich eingeschränkt wurde. § 1631 Abs. 2 BGB lautete nun: *„Entwürdigende Erziehungsmaßnahmen, insbesondere körperliche und seelische Misshandlungen, sind unzulässig."* Auch wenn diese Formulierung kein generelles Züchtigungsverbot darstellte, richtete sie sich jedoch gegen „entwürdigende" Erziehungsmaßnahmen und grenzte zulässige, nicht entwürdigende Erziehungsmaßnahmen gegen Misshandlungen ab. Im Jahr 2000 schließlich wurde mit dem Gesetz zur Ächtung von Gewalt in der Erziehung in Deutschland das Recht auf gewaltfreie Erziehung eingeführt. § 1631 Abs. 2 BGB lautet seitdem: *„Kinder haben ein Recht auf gewaltfreie Erziehung. Körperliche Bestrafungen, seelische Verletzungen und andere entwürdigende Maßnahmen sind unzulässig."* (Herv. d. Verf.)

Erziehungspraktiken im Wandel

Der Weg zum Recht auf gewaltfreie Erziehung war von einem langen, kontroversen und konflikthaften gesellschaftlichen Diskussionsprozess begleitet. ‚Wer nicht hören will, muss fühlen' oder ‚gleich setzt es ein paar hinter die Löffel' sind Sätze, mit denen viele Generationen selbstverständlich groß geworden sind. Das Kind als Mensch mit eigenen Rechten inklusive des Rechts auf körperliche Unversehrtheit zu betrachten, und nicht als ‚Eigentum' der Eltern, war ein fundamentaler und langwieriger Wandel. Untersuchungen (vgl. BMFSFJ/BMJ 2003, S. 9; Bundesministerium für Wirtschaft 2009, S. 18; Bussmann 2005, S 8; Clemens et al. 2020) zeigen, dass Gewalt in der Erziehung seit den 1960er Jahren deutlich zurückgegangen ist. Zudem haben sich Erziehungsziele und -stile deutlich gewandelt von Gehorsamkeit und autoritären Ansprüchen hin zu Selbstständigkeit und autoritativer Erziehung (→ Kapitel 4). Ebenso zeigen diese Untersuchungen jedoch, dass viele Kinder und Jugendliche in ihrem Alltag auch heute noch Gewalt in der Erziehung erleben. 2013 gab in einer Studie knapp ein Viertel (22,3 %) der befragten jungen Menschen an, dass sie zumindest manchmal von Erwachsenen geschlagen werden. Kinder zwischen sechs und elf Jahren waren hiervon stärker betroffen (28 %) als Jugendliche ab zwölf Jahren (16,6 %) (vgl. Ziegler 2013, S. 2). Es ist daher Teil von Aufklärungskampagnen, Familienbildung, Beratung etc., die Umsetzung des Rechts auf gewaltfreie Erziehung weiter voranzubringen.

8.3.2 Einschränkung des Elternrechts bei Kindeswohlgefährdung

Artikel 6 Abs. 3 GG eröffnet die Möglichkeit, auf der Grundlage eines Gesetzes Einschränkungen des Sorgerechts vorzunehmen. Die Voraussetzungen und Möglichkeiten hierzu werden in den §§ 1666 und 1666a BGB konkretisiert:

§ 1666 BGB – Gerichtliche Maßnahmen bei Gefährdung des Kindeswohls

(1) Wird das körperliche, geistige oder seelische Wohl des Kindes oder sein Vermögen gefährdet und sind die Eltern nicht gewillt oder nicht in der Lage, die Gefahr abzuwenden, so hat das Familiengericht die Maßnahmen zu treffen, die zur Abwendung der Gefahr erforderlich sind.

(2) In der Regel ist anzunehmen, dass das Vermögen des Kindes gefährdet ist, wenn der Inhaber der Vermögenssorge seine Unterhaltspflicht gegenüber dem Kind oder seine mit der Vermögenssorge verbundenen Pflichten verletzt oder Anordnungen des Gerichts, die sich auf die Vermögenssorge beziehen, nicht befolgt.

(3) Zu den gerichtlichen Maßnahmen nach Absatz 1 gehören insbesondere

1. Gebote, öffentliche Hilfen wie zum Beispiel Leistungen der Kinder- und Jugendhilfe und der Gesundheitsfürsorge in Anspruch zu nehmen,
2. Gebote, für die Einhaltung der Schulpflicht zu sorgen,
3. Verbote, vorübergehend oder auf unbestimmte Zeit die Familienwohnung oder eine andere Wohnung zu nutzen, sich in einem bestimmten Umkreis der Wohnung aufzuhalten oder zu bestimmende andere Orte aufzusuchen, an denen sich das Kind regelmäßig aufhält,
4. Verbote, Verbindung zum Kind aufzunehmen oder ein Zusammentreffen mit dem Kind herbeizuführen,
5. die Ersetzung von Erklärungen des Inhabers der elterlichen Sorge,
6. die teilweise oder vollständige Entziehung der elterlichen Sorge.

(4) In Angelegenheiten der Personensorge kann das Gericht auch Maßnahmen mit Wirkung gegen einen Dritten treffen.

§ 1666a BGB – Grundsatz der Verhältnismäßigkeit; Vorrang öffentlicher Hilfen

(1) Maßnahmen, mit denen eine Trennung des Kindes von der elterlichen Familie verbunden ist, sind nur zulässig, wenn der Gefahr nicht auf andere Weise, auch nicht durch öffentliche Hilfen, begegnet werden kann. Dies gilt auch, wenn einem Elternteil vorübergehend oder auf unbestimmte Zeit die Nutzung der Familienwohnung untersagt werden soll. Wird einem Elternteil oder einem Dritten die Nutzung der vom Kind mitbewohnten oder einer anderen Wohnung untersagt, ist bei der Bemessung der Dauer der Maßnahme auch zu berücksichtigen, ob diesem das Eigentum, das Erbbaurecht oder der Nießbrauch an dem Grundstück zusteht, auf dem sich die Wohnung befindet; Entsprechendes gilt für das Wohnungseigen-

tum, das Dauerwohnrecht, das dingliche Wohnrecht oder wenn der Elternteil oder Dritte Mieter der Wohnung ist.

(2) Die gesamte Personensorge darf nur entzogen werden, wenn andere Maßnahmen erfolglos geblieben sind oder wenn anzunehmen ist, dass sie zur Abwendung der Gefahr nicht ausreichen.

§ 1666 BGB beschreibt die Gefährdung des körperlichen, geistigen oder seelischen Wohls des Kindes oder seines Vermögens als Voraussetzung, unter der das Familiengericht berechtigt ist, Eingriffe in das Elternrecht vorzunehmen. In → Kapitel 2 dieses Lehrbuchs haben wir uns bereits ausführlich mit den Begriffen Kindeswohl und Kindeswohlgefährdung befasst. Sie stellen unbestimmte Rechtsbegriffe dar, für deren Interpretation zwar auf anerkannte Kriterien und Kategorien zurückgegriffen werden kann. Die Einordnung und Bewertung muss jedoch in jedem Einzelfall individuell erfolgen und begründet werden.

Wenn das Gericht zu der Einschätzung kommt, dass das Kindeswohl gefährdet ist, muss es darauf angemessen reagieren. Es hat „die Maßnahmen zu treffen, die zur Abwendung der Gefahr erforderlich sind" (§ 1666 Abs. 1 BGB). In § 1666 Abs. 3 BGB wird die Bandbreite möglicher Reaktionen und Entscheidungen aufgezeigt. Beispielsweise sind ‚Erziehungsgespräche' mit Eltern (und in geeigneten Fällen auch mit Kindern) möglich, um zu erörtern, wie einer möglichen Gefährdung des Kindeswohls, insbesondere durch öffentliche Hilfen, begegnet werden und welche Folgen die Nichtannahme notwendiger Hilfen haben kann (§ 157 Abs. 1 Gesetz über das Verfahren in Familiensachen und in den Angelegenheiten der freiwilligen Gerichtsbarkeit (FamFG)). Es können aber auch gerichtliche Maßnahmen wie Gebote und Verbote sein, die Ersetzung von Erklärungen der Inhaber der elterlichen Sorge sowie teilweise oder vollständige Entziehung der elterlichen Sorge, die in § 1666 Abs. 3 BGB weiter spezifiziert sind. Der in der Einleitung zur Aufzählung verwandte Begriff „insbesondere" weist darauf hin, dass die Aufzählung gerichtlicher Maßnahmen vom Gesetzgeber nicht als abschließende Liste aufgeführt wird, sondern weitere, im Einzelfall erforderliche Maßnahmen möglich wären.

Familiengerichtliche Maßnahmen bei Gefährdungen des Kindeswohls

- Erörterung der Kindeswohlgefährdung
- Gebote gegenüber den Eltern:
  - öffentliche Hilfen wie zum Beispiel Leistungen der Kinder- und Jugendhilfe und der Gesundheitsfürsorge in Anspruch zu nehmen,
  - für die Einhaltung der Schulpflicht zu sorgen.

- Verbote gegenüber den Eltern:
  - vorübergehend oder auf unbestimmte Zeit die Familienwohnung oder eine andere Wohnung zu nutzen, sich in einem bestimmten Umkreis der Wohnung aufzuhalten oder zu bestimmende andere Orte aufzusuchen, an denen sich das Kind regelmäßig aufhält,
  - Verbindung zum Kind aufzunehmen oder ein Zusammentreffen mit dem Kind herbeizuführen.
- Ersetzung von Erklärungen des Inhabers der elterlichen Sorge:
  - z. B. Zustimmung zu einer notwendigen Operation.
- Entziehung der elterlichen Sorge:
  - teilweise (→ Einsetzen eines Pflegers für die entzogenen Sorgebereiche)
  - vollständig (→ Einsetzen eines Vormunds)

Kommt es nach §§ 1666 und 1666a BGB zu einem gerichtlichen Verfahren und kommt die teilweise oder vollständige Entziehung der Personensorge in Betracht, so hat das Gericht dem Kind nach § 158 FamFG einen fachlich und persönlich geeigneten Verfahrensbeistand zu bestellen. Zu den Aufgaben des Verfahrensbeistands zählt es nach § 158b FamFG, die Interessen des Kindes festzustellen und im gerichtlichen Verfahren zur Geltung zu bringen. Der Verfahrensbeistand informiert das Kind in geeigneter Weise über Gegenstand, Ablauf und möglichen Ausgang des Verfahrens. Das Gericht kann ihn darüber hinaus damit beauftragen, Gespräche mit den Eltern und weiteren Bezugspersonen des Kindes zu führen und am Zustandekommen einer einvernehmlichen Regelung über den Verfahrensgegenstand mitzuwirken. Der Verfahrensbeistand ist nicht gesetzlicher Vertreter des Kindes, kann aber im Interesse des Kindes Rechtsmittel einlegen, d. h. gerichtliche Entscheidungen anfechten.

Der Eingriff in das Elternrecht stellt einen Eingriff in ein verfassungsgemäßes Abwehrrecht von Bürger(inne)n gegen den Staat dar. Daher wurden im BGB hohe Hürden hierfür formuliert und in § 1666a BGB konkretisiert, in welcher Weise das Familiengericht Entscheidungen nach § 1666 BGB treffen soll. Gemäß dem Grundsatz der Verhältnismäßigkeit ist ein Eingriff in das Elternrecht nur in dem Umfang gerechtfertigt, der notwendig ist, um das Kindeswohl zu sichern. Zudem haben öffentliche Hilfen stets Vorrang vor Eingriffen in das Elternrecht, wenn sie geeignet sind das Kindeswohl zu sichern.

8.3.3 Hilfen und Unterstützungsangebote für Eltern

Wenn vom ‚staatlichen Wächteramt' die Rede ist, assoziieren die meisten Menschen zunächst Kontrolle und Eingriff. Mit dem staatlichen Wächteramt verbunden ist jedoch ebenso die Aufgabe des Staates, Rahmenbedingungen und Unterstützungsangebote zu schaffen, die Eltern in der Wahrnehmung des Sorgerechts fördern, das Zusammenleben von Eltern und Kindern ermöglichen und unterstützen und Gefährdungen des Kindes vermeiden helfen. Hierbei spielen neben sozial- und familienpolitischen Regelungen wie Mutterschutz, Elterngeld und Kindergeld vor allem die Leistungen der Kinder- und Jugendhilfe nach dem Sozialgesetzbuch Achtes Buch – Kinder- und Jugendhilfe (SGB VIII) – sowie Angebote der Frühen Hilfen, wie sie in dem 2012 in Kraft getretenen Gesetz über die Kooperation und Information im Kinderschutz (KKG) definiert werden, eine wichtige Rolle.

Bundeskinderschutzgesetz und Kinder- und Jugendstärkungsgesetz
2012 trat das *Bundeskinderschutzgesetz* (BKiSchG) in Kraft, 2021 das *Kinder- und Jugendstärkungsgesetz* (KJSG). Anders als die Namen es suggerieren, handelt es sich dabei jedoch nicht um eigenständige Gesetze, die z. B. den Kinderschutz umfassend regeln. Das Bundeskinderschutzgesetz und das Kinderstärkungsgesetz sind sogenannte Artikelgesetze, also Gesetze, die gleichzeitig mehrere Gesetze ändern oder neu einführen. Innerhalb des Artikelgesetzes sind diese unterschiedlichen Änderungen als Artikel voneinander abgehoben.

Das BKiSchG umfasst insgesamt sechs Artikel:

- *Artikel 1* führte ein neues Gesetz ein: Das Gesetz zur Kooperation und Information im Kinderschutz (KKG) mit insgesamt vier Paragraphen regelt insbesondere verbindliche Strukturen und eine Bundesförderung der Frühen Hilfen sowie die Klärung der Kooperation mit unterschiedlichen, außerhalb der Kinder- und Jugendhilfe tätigen Berufsgruppen wie Ärzte/Ärztinnen und Lehrer(innen), ihres Vorgehens und möglicher Informationsweitergabe auch durch Berufsgeheimnisträger in Fällen, in denen ihnen gewichtige Anhaltspunkte für eine Kindeswohlgefährdung bekannt werden.
- *Artikel 2* umfasst Änderungen und Anpassungen im SGB VIII, unter anderem in § 8a Abs. 1 Satz 2 SGB VIII die Hervorhebung, dass Fachkräfte des Jugendamts sich bei Hinweisen auf eine Kindeswohlgefährdung nach fachlicher Einschätzung einen unmittelbaren Eindruck vom Kind und seiner persönlichen Umgebung verschaffen sollen (in der Praxis oft realisiert als Hausbesuch) sowie der in § 8b SGB VIII verankerte Anspruch von Menschen, die beruflich mit Kindern und Jugendlichen in Kontakt kommen, bei

Hinweisen auf Kindeswohlgefährdung durch den örtlichen Träger beraten zu werden.
- *Artikel 3* umfasst wenige Veränderungen des SGB IX sowie des Schwangerschaftskonfliktgesetzes.
- *Artikel 4* schreibt eine Evaluation des Gesetzes vor.
- *Artikel 5* verfügt die Bekanntgabe der Neufassung des SGB VIII im Bundesgesetzblatt.
- *Artikel 6* lässt das Gesetz am 1. 1. 2012 in Kraft treten.

Das *Kinder- und Jugendstärkungsgesetz* umfasst insgesamt zehn Artikel. Die ersten neun Artikel umfassen Änderungen in jeweils einem Gesetz in der folgenden Reihenfolge: SGB VIII, KKG, SGB V (Gesetzliche Krankenversicherung), SGB IX (Rehabilitation und Teilhabe von Menschen mit Behinderungen), SGB X (Verwaltungsverfahren), BGB, FamFG, JGG (Jugendgerichtsgesetz) sowie EGGVG (Einführungsgesetz zum Gerichtsverfassungsgesetz). Artikel 10 regelt das schrittweise Inkrafttreten des Gesetzes. Mit dem KJSG wird neben einer Vielzahl anderer Regelungen auch der Weg für eine inklusive Kinder- und Jugendhilfe geebnet. Bisher fallen viele Eingliederungshilfen für Kinder und Jugendliche mit Behinderungen unter das SGB IX, so dass es für diese Kinder und Eltern schwer ist, als Leistungsberechtigte auch der Kinder- und Jugendhilfe anerkannt zu werden. Mit dem KJSG wurden nun zunächst alle Regelungsbereiche des SGB VIII um die Perspektive von Familien mit Behinderungen erweitert. Bis 2028 soll die getrennte Zuständigkeit für Eingliederungshilfe für diese Zielgruppe aufgehoben werden. Ziel ist es, die Zuständigkeit für alle jungen Menschen mit und ohne Behinderung sowie ihre Eltern in der Kinder- und Jugendhilfe zusammenzuführen.

Familien sollen sowohl allgemeine Angebote zu Fragen von Erziehung und Familienleben als auch spezifische Unterstützung in besonderen Schwierigkeiten oder Krisen erhalten. Zudem dienen Vorsorgeleistungen und Beratungsangebote der Gesundheitshilfe, des Schulsystems und anderer Systeme dem Ziel, Kinder gesund aufwachsen und sich bestmöglich entwickeln zu lassen.

Aus diesem Grund wird das im Grundgesetz beschriebene Dreieck in § 1 Abs. 2 SGB VIII zwar im Wortlaut aufgegriffen, dann jedoch ergänzt und kontextualisiert. Im Mittelpunkt der Kinder- und Jugendhilfe steht das Recht des jungen Menschen auf Förderung seiner Entwicklung und auf Erziehung zu einer eigenverantwortlichen und gemeinschaftsfähigen Persönlichkeit (§ 1 Abs. 1 SGB VIII). Kinder- und Jugendhilfe hat die Aufgabe, über allgemeine und individuelle Unterstützungsleistungen und den individuellen

Schutz von Kindern und Jugendlichen vor Gefahren für ihr Wohl hinaus auch auf die Gestaltung von Lebensbedingungen für junge Menschen und ihre Familien einzuwirken.

Um die gesetzlich beschriebenen Aufgaben aus dem staatlichen Wächteramt zu realisieren und Kinder schützen zu können, ist die Möglichkeit zum Eingriff in das Elternrecht zwingend erforderlich. Kinderschutz auf Kontrolle und Eingriff zu reduzieren, wäre jedoch verkürzt. Die Konstruktion des staatlichen Wächteramts muss in einen größeren Kontext gestellt werden. Dieser reicht von der Gestaltung von Lebensbedingungen über eine Vielzahl finanzieller, persönlicher und infrastruktureller Unterstützungsleistungen bis zur Einschätzung von Hinweisen auf Kindeswohlgefährdungen und im Einzelfall begründeten Hilfen und/oder Maßnahmen zur Abwendung von Gefahren für das Kind, einschließlich der Einschränkung oder des Entzugs des Personensorgerechts. Neben dem Jugendamt und freien Trägern als Akteure der Kinder- und Jugendhilfe (→ Kapitel 10) sind hieran viele weitere Organisationen und Professionen beteiligt (→ Kapitel 11), nicht zuletzt das Familiengericht, das allein – abgesehen von Eilfällen – über Eingriffe in die elterliche Sorge entscheiden darf.

Das SGB VIII ist ein Bundesgesetz. Es wird vom Bundestag und, sofern die Regelungen zustimmungspflichtig sind, vom Bundesrat beschlossen und ist in allen Bundesländern gültig. Die Bundesländer konkretisieren, ergänzen und erweitern die Regelungen des SGB VIII in sogenannten Ausführungsgesetzen zum SGB VIII, Landeskinderschutzgesetzen und Ähnlichem. Vom Bundesgesetz abweichende Regelungen dürfen die Länder in ihren Ausführungsgesetzen jedoch nur treffen, wenn sie hierzu im SGB VIII eindeutig ermächtigt werden.

Die Leistungen der Kinder- und Jugendhilfe sind im zweiten Kapitel des SGB VIII in vier Abschnitte gegliedert:

1. Jugendarbeit, Jugendsozialarbeit, erzieherischer Kinder- und Jugendschutz,
2. Förderung der Erziehung in der Familie,
3. Förderung von Kindern in Tageseinrichtungen und in Kindertagespflege,
4. Hilfe zur Erziehung, Eingliederungshilfe für seelisch behinderte Kinder und Jugendliche, Hilfe für junge Volljährige.

Auch wenn all diese Leistungen dem Kindeswohl und der Unterstützung ihrer Familien bei der Sorge für das Kind dienen sollen, darf die breite Infrastruktur an Unterstützungsleistungen und familienpolitischen Maßnahmen jedoch nicht einseitig unter dem Aspekt Kinderschutz begründet und betrachtet werden. Sie trägt zur Sicherung des Wohls von Kindern bei, das in § 1 Abs. 1 SGB VIII verankerte Recht des Kindes auf Förderung seiner Entwicklung und auf Erziehung zu einer eigenverantwortlichen und gemeinschaftsfähigen Persönlichkeit geht weit über Schutz hinaus. Es beinhaltet die (und dient der) Förderung und Bildung junger Menschen. Dabei folgt die Kinder- und Jugendhilfe einem allgemein-anthropologischen Verständnis von Bildung als „für den Menschen charakteristischen Prozess der Aneignung von Welt und der Entwicklung der Person in dieser Aneignung" (Thiersch 2008, S. 239). Kinder und Jugendliche brauchen hierfür Versorgung, Erfahrungen, Partizipation – und Schutz.

Von besonderer Bedeutung bei der Unterstützung von Familien in besonderen Problemlagen ist der Anspruch von Personensorgeberechtigten auf Hilfe zur Erziehung nach § 27 SGB VIII. Wie in § 1666 BGB wird auch hier der Begriff „Wohl des Kindes" verwandt, allerdings in einer anderen Formulierung und Ausprägung.

§ 27 SGB VIII – Hilfe zur Erziehung

(1) Ein Personensorgeberechtigter hat bei der Erziehung eines Kindes oder eines Jugendlichen Anspruch auf Hilfe (Hilfe zur Erziehung), wenn eine dem Wohl des Kindes oder des Jugendlichen entsprechende Erziehung nicht gewährleistet ist und die Hilfe für seine Entwicklung geeignet und notwendig ist.

(2) Hilfe zur Erziehung wird insbesondere nach Maßgabe der §§ 28 bis 35 gewährt. Art und Umfang der Hilfe richten sich nach dem erzieherischen Bedarf im Einzelfall; dabei soll das engere soziale Umfeld des Kindes oder des Jugendlichen einbezogen werden. Die Hilfe ist in der Regel im Inland zu erbringen; sie darf nur dann im Ausland erbracht werden, wenn dies nach Maßgabe der Hilfeplanung zur Erreichung des Hilfezieles im Einzelfall erforderlich ist.

(2a) Ist eine Erziehung des Kindes oder Jugendlichen außerhalb des Elternhauses erforderlich, so entfällt der Anspruch auf Hilfe zur Erziehung nicht dadurch, dass eine andere unterhaltspflichtige Person bereit ist, diese Aufgabe zu übernehmen; die Gewährung von Hilfe zur Erziehung setzt in diesem Fall voraus, dass diese Person bereit und geeignet ist, den Hilfebedarf in Zusammenarbeit mit dem Träger der öffentlichen Jugendhilfe nach Maßgabe der §§ 36 und 37 zu decken.

(3) Hilfe zur Erziehung umfasst insbesondere die Gewährung pädagogischer und damit verbundener therapeutischer Leistungen. Sie soll bei Bedarf Ausbildungs- und Beschäftigungsmaßnahmen im Sinne des § 13 Absatz 2 einschließen.

(4) Wird ein Kind oder eine Jugendliche während ihres Aufenthalts in einer Einrichtung oder einer Pflegefamilie selbst Mutter eines Kindes, so umfasst die Hilfe zur Erziehung auch die Unterstützung bei der Pflege und Erziehung dieses Kindes.

Personensorgeberechtigte haben also Anspruch auf Hilfe zur Erziehung, wenn eine dem Wohl des Kindes oder des Jugendlichen entsprechende Erziehung nicht gewährleistet ist. Alltagssprachlich mag dies der Bedeutung „wenn das Kindeswohl gefährdet ist" sehr nahe kommen. Im juristischen Verständnis liegt zwischen beiden Formulierungen jedoch der Unterschied, dass „Kindeswohl nicht gewährleistet" deutlich weiter gefasst ist, also eine niedrigere Schwelle darstellt, als „Kindeswohlgefährdung". § 1666 BGB verlangt als Eingriffsnorm in Elternrechte eine bereits eingetretene Gefährdung des Kindeswohls, auf die mit einem Eingriff in das Sorgerecht reagiert werden kann, und die Eltern nicht gewillt oder nicht in der Lage sind, die Gefahr abzuwenden. Das Leistungsrecht des § 27 SGBVIII hingegen setzt aus Präventionsgründen viel früher an und verpflichtet die öffentliche Jugendhilfe dazu, Hilfsangebote zu machen, wenn das Kindeswohl noch nicht unmittelbar gefährdet ist oder Eltern durch die Hilfe in die Lage versetzt werden können, eine Gefahr abzuwenden. Eine Gefährdung im Sinne des § 1666 BGB soll damit nach Möglichkeit verhindert werden (vgl. Trenczek/Tammen 2013, S. 333, Herv. i. Org.).

Erzieherische Hilfen können in unterschiedlich intensiven ambulanten, teilstationären und stationären Formen geleistet werden. Verbreitete Hilfeformen werden in den §§ 28–35 ausgeführt – die Erziehungsberatung, die Soziale Gruppenarbeit, Erziehungsbeistand und Betreuungshelfer, Sozialpädagogische Familienhilfe, Erziehung in einer Tagesgruppe, Vollzeitpflege, Heimerziehung, sonstige betreute Wohnform und die Intensive sozialpädagogische Einzelbetreuung. Weitere individuelle Hilfen sind Gemeinsame Wohnformen für Mütter/Väter und Kinder (‚Mutter-Einrichtung') nach § 19 SGB VIII, Angebote der Jugendsozialarbeit nach § 13 SGB VIII und Eingliederungshilfe für Kinder und Jugendliche mit oder drohender seelischer Behinderung nach § 35a SGB VIII.

Die Ermittlung des individuellen erzieherischen Bedarfs sowie der geeigneten und notwendigen Hilfe erfolgt im Rahmen des Hilfeplanverfahrens (§ 36 SGB VIII) (vgl. Jordan/Maykus/Stuckstätte 2015, S. 307 ff.; Merchel 2019b, S. 190). Ausgangspunkt für die Entscheidung über die Hilfeform ist in der Logik des Gesetzes stets der individuelle erzieherische Bedarf. Insofern sind auch andere Hilfeformen möglich als die im Gesetz genannten, oder eine Kombination unterschiedlicher Hilfen.

8.4 Der Schutzauftrag von Fachkräften der Kinder- und Jugendhilfe nach § 8a SGB VIII

Im SGB VIII werden die Vorgaben zum Schutzauftrag bei Kindeswohlgefährdung in § 8a konkretisiert. Der Paragraph steht im ersten Kapitel des Gesetzes in den Allgemeinen Vorschriften. Es handelt sich damit nicht um ein spezielles Aufgabenfeld neben anderen, sondern um eine Querschnittsaufgabe sowohl der Jugendämter als auch der freien Träger in allen Leistungsbereichen der Kinder- und Jugendhilfe. In der Reihenfolge der Paragraphen folgt er auf § 8 SGB VIII „Beteiligung von Kindern und Jugendlichen". Mit dieser Reihenfolge wird zum Ausdruck gebracht, dass Schutz nicht vor Beteiligung kommt, sondern Beteiligung in allen Bereichen und Handlungsmodi in der Kinder- und Jugendhilfe gewährleistet werden muss.

§ 8a SGB VIII richtet sich in der Formulierung zunächst an die Jugendämter und schließt über eine Verpflichtung der Jugendämter zu schriftlichen Vereinbarungen mit Trägern von Einrichtungen und Diensten der Kinder- und Jugendhilfe in Abs. 4 diese explizit in den Schutzauftrag ein.

§ 8a SGB VIII – Schutzauftrag bei Kindeswohlgefährdung

(1) Werden dem Jugendamt gewichtige Anhaltspunkte für die Gefährdung des Wohls eines Kindes oder Jugendlichen bekannt, so hat es das Gefährdungsrisiko im Zusammenwirken mehrerer Fachkräfte einzuschätzen. Soweit der wirksame Schutz dieses Kindes oder dieses Jugendlichen nicht in Frage gestellt wird, hat das Jugendamt die Erziehungsberechtigten sowie das Kind oder den Jugendlichen in die Gefährdungseinschätzung einzubeziehen und, sofern dies nach fachlicher Einschätzung erforderlich ist,

1. sich dabei einen unmittelbaren Eindruck von dem Kind und von seiner persönlichen Umgebung zu verschaffen sowie
2. Personen, die gemäß § 4 Absatz 3 des Gesetzes zur Kooperation und Information im Kinderschutz dem Jugendamt Daten übermittelt haben, in geeigneter Weise an der Gefährdungseinschätzung zu beteiligen.

Hält das Jugendamt zur Abwendung der Gefährdung die Gewährung von Hilfen für geeignet und notwendig, so hat es diese den Erziehungsberechtigten anzubieten.

(2) Hält das Jugendamt das Tätigwerden des Familiengerichts für erforderlich, so hat es das Gericht anzurufen; dies gilt auch, wenn die Erziehungsberechtigten nicht bereit oder in der Lage sind, bei der Abschätzung des Gefährdungsrisikos mitzuwirken. Besteht eine dringende Gefahr und kann die Entscheidung des Gerichts nicht abgewartet werden, so ist das

Jugendamt verpflichtet, das Kind oder den Jugendlichen in Obhut zu nehmen.

(3) Soweit zur Abwendung der Gefährdung das Tätigwerden anderer Leistungsträger, der Einrichtungen der Gesundheitshilfe oder der Polizei notwendig ist, hat das Jugendamt auf die Inanspruchnahme durch die Erziehungsberechtigten hinzuwirken. Ist ein sofortiges Tätigwerden erforderlich und wirken die Personensorgeberechtigten oder die Erziehungsberechtigten nicht mit, so schaltet das Jugendamt die anderen zur Abwendung der Gefährdung zuständigen Stellen selbst ein.

(4) In Vereinbarungen mit den Trägern von Einrichtungen und Diensten, die Leistungen nach diesem Buch erbringen, ist sicherzustellen, dass

1. deren Fachkräfte bei Bekanntwerden gewichtiger Anhaltspunkte für die Gefährdung eines von ihnen betreuten Kindes oder Jugendlichen eine Gefährdungseinschätzung vornehmen,
2. bei der Gefährdungseinschätzung eine insoweit erfahrene Fachkraft beratend hinzugezogen wird sowie
3. die Erziehungsberechtigten sowie das Kind oder der Jugendliche in die Gefährdungseinschätzung einbezogen werden, soweit hierdurch der wirksame Schutz des Kindes oder Jugendlichen nicht in Frage gestellt wird.

In den Vereinbarungen sind die Kriterien für die Qualifikation der beratend hinzuzuziehenden insoweit erfahrenen Fachkraft zu regeln, die insbesondere auch den spezifischen Schutzbedürfnissen von Kindern und Jugendlichen mit Behinderungen Rechnung tragen. Daneben ist in die Vereinbarungen insbesondere die Verpflichtung aufzunehmen, dass die Fachkräfte der Träger bei den Erziehungsberechtigten auf die Inanspruchnahme von Hilfen hinwirken, wenn sie diese für erforderlich halten, und das Jugendamt informieren, falls die Gefährdung nicht anders abgewendet werden kann.

(5) In Vereinbarungen mit Kindertagespflegepersonen, die Leistungen nach diesem Buch erbringen, ist sicherzustellen, dass diese bei Bekanntwerden gewichtiger Anhaltspunkte für die Gefährdung eines von ihnen betreuten Kindes eine Gefährdungseinschätzung vornehmen und dabei eine insoweit erfahrene Fachkraft beratend hinzuziehen. Die Erziehungsberechtigten sowie das Kind sind in die Gefährdungseinschätzung einzubeziehen, soweit hierdurch der wirksame Schutz des Kindes nicht in Frage gestellt wird. Absatz 4 Satz 2 und 3 gilt entsprechend.

(6) Werden einem örtlichen Träger gewichtige Anhaltspunkte für die Gefährdung des Wohls eines Kindes oder eines Jugendlichen bekannt, so sind dem für die Gewährung von Leistungen zuständigen örtlichen Träger die

> Daten mitzuteilen, deren Kenntnis zur Wahrnehmung des Schutzauftrags bei Kindeswohlgefährdung nach § 8a erforderlich ist. Die Mitteilung soll im Rahmen eines Gespräches zwischen den Fachkräften der beiden örtlichen Träger erfolgen, an dem die Personensorgeberechtigten sowie das Kind oder der Jugendliche beteiligt werden sollen, soweit hierdurch der wirksame Schutz des Kindes oder des Jugendlichen nicht in Frage gestellt wird.

Werden dem Jugendamt gewichtige Anhaltspunkte für eine Kindeswohlgefährdung bekannt, so hat es diesen nachzugehen. Aus dieser Formulierung wird deutlich, dass es bei eingehenden Hinweisen zunächst einer Einschätzung bedarf, ob darin gewichtige Anhaltspunkte für eine Kindeswohlgefährdung zu sehen sind, ob es also konkrete Hinweise auf eine Kindeswohlgefährdung oder auf eine Dynamik gibt, die diese auslösen kann (vgl. Meysen/Schindler 2004, S. 451).

Werden gewichtige Anhaltspunkte festgestellt, orientiert sich das Vorgehen des Jugendamts nach § 8a Abs. 1 SGB VIII an den Grundsätzen

- des Zusammenwirkens mehrerer Fachkräfte an der Gefährdungseinschätzung,
- der Beteiligung der Kinder, Jugendlichen und Personensorgeberechtigten an der Gefährdungseinschätzung, soweit hierdurch der wirksame Schutz des Kindes oder des/der Jugendlichen nicht in Frage gestellt ist, und
- des Vorrangs von Hilfen.

Zudem ist fachlich zu prüfen, ob für die Gefährdungseinschätzung

- die Inaugenscheinnahme des Kindes in seiner vertrauten Umgebung, insbesondere bei einem Hausbesuch, und sofern zutreffend die Einbeziehung von Personen, die nach § 4 Abs. 3 KKG Informationen an das Jugendamt übermittelt haben, erforderlich ist.

Es handelt sich also nicht um pauschale Handlungsvorgaben, sondern es ist in jedem Einzelfall eine fachliche Erforderlichkeitsprüfung durchzuführen. Dies gilt sowohl für die Art der Inaugenscheinnahme und den oft praktizierten Hausbesuch als auch für die mit dem KJSG neu eingefügte Beteiligung der mitteilenden Person an der Gefährdungseinschätzung. Dabei „sind stets die Auswirkungen der Einbeziehung auf den Aufbau und Erhalt einer Vertrauensbeziehung zu den Beteiligten aus dem Familiensystem zu berücksichtigen". (Beckmann 2021 o. S.)

Sofern es erforderlich ist und der Schutz des Kindes anderweitig nicht ausreichend gewährleistet werden kann, hat das Jugendamt das Familiengericht anzurufen oder/und in dringenden Fällen das Kind oder den/die Jugendliche in Obhut zu nehmen (§ 8a Abs. 1 SGB VIII). Ist zur Abwendung der Gefahr das Tätigwerden anderer Akteure (Leistungsträger, Gesundheitswesen, Polizei) erforderlich, wirkt das Jugendamt auf die Inanspruchnahme durch die Erziehungsberechtigten hin. Wirken diese nicht mit und ist das Tätigwerden dieser Akteure erforderlich, schaltet das Jugendamt sie selbst ein (§ 8a Abs. 3 SGB VIII).

Fallbeispiel ‚Wie geht es weiter mit Ella?' – Variante 1

Sie sind ASD-Mitarbeiter(in) im Jugendamt und bekommen einen Anruf von Herrn Yilmiz. Er ist der leibliche Onkel von Ella (sieben Jahre alt) und macht sich Sorgen um sie. Vor drei Wochen hatte Ellas Mutter, Frau Celik, ihn und seine Frau in einer Krisensituation gebeten, Ella für einige Zeit zu sich zu nehmen. Sie war dabei, sich von ihrem Partner zu trennen, der viel Alkohol trank und oft gewalttätig gegen Frau Celik wurde. Nun wollte sie Ella bei ihrem Onkel unterbringen, um sich auf den Umzug konzentrieren und sich „neu sortieren" zu können, um dann das Kind wieder zu sich zu holen.

Herr Yilmiz und seine Frau halfen ihr gerne. Sie hatten schon länger den Eindruck, dass seine Schwester mehr mit ihren Partnerproblemen beschäftigt war als mit ihrer Tochter. Ella war, so ihr Eindruck, oft sich selbst überlassen, wurde nicht gut versorgt und es herrschte ein eher rauer Umgangston. Daher begrüßten Onkel und Tante diesen Schritt der Mutter. Ella lebte sich gut bei ihnen ein und fühlte sich wohl. Aus der Schule bekamen sie die Rückmeldung, dass es auffalle, dass Ella nun immer ausgeschlafen komme, ausgeglichener sei und besser lerne.

Dann habe sich die Situation aber anders entwickelt als erwartet. Ellas Mutter kümmerte sich zwar um eine neue Wohnung, nahm aber wieder Kontakt zu ihrem Partner auf und wohnte offensichtlich dort wieder mit ihm zusammen. Nun habe sie sich gemeldet und wolle ihr Kind wieder zu sich nehmen.

Herr und Frau Yilmiz wissen nun nicht, was sie tun sollen. Einerseits war ihnen immer klar, dass Ella wieder zu ihrer Mutter geht. Sie können und wollen sie nicht auf Dauer bei sich behalten. Andererseits möchten sie das Mädchen nur in Verhältnisse zurückgeben, wo es ihr gut geht. Sie haben den Eindruck, dass Frau Celik mit ihrem Partner zusammen trinkt.

1. Besprechen Sie, wie Sie als ASD-Mitarbeiter(in) mit diesem Fall umgehen würden. Prüfen Sie das erforderliche Vorgehen anhand der oben dargestellten Vorgehensweisen nach § 8a Abs. 1–3 SGB VIII:

- Liegen in diesem Fall gewichtige Anhaltspunkte für eine Kindeswohlgefährdung vor? Begründen Sie Ihre Einschätzung.
- Wie würden Sie weiter handeln? Begründen Sie Ihre Überlegungen.

2. Schreiben Sie das Fallbeispiel einmal ab – und setzen Sie die Fallschilderung dabei vollständig in den Konjunktiv. Lesen Sie die beiden Fassungen im Vergleich. Wie verändert sich die Fallwahrnehmung durch die veränderte Sprache? Ergeben sich daraus Änderungen für Ihre Überlegungen zum angezeigten Vorgehen?

Während die ersten drei Absätze des § 8a SGB VIII sich ausschließlich auf das Jugendamt beziehen, also auf den Träger der öffentlichen Jugendhilfe, regelt der vierte Absatz die Einbeziehung freier Träger in den Schutzauftrag. Der Träger der öffentlichen Jugendhilfe soll in schriftlichen Vereinbarungen mit Trägern von Einrichtungen und Diensten der Kinder- und Jugendhilfe sicherstellen, dass diese den Schutzauftrag in entsprechender Weise wahrnehmen, also:

- bei Bekanntwerden von gewichtigen Anhaltspunkten für eine Kindeswohlgefährdung eine Gefährdungseinschätzung vornehmen,
- hierbei eine im Bereich Kinderschutz erfahrene Fachkraft einbeziehen („insoweit erfahrene Fachkraft“) und
- die betroffenen Kinder, Jugendlichen und Personensorgeberechtigten an der Gefährdungseinschätzung beteiligen, soweit hierdurch der wirksame Schutz des Kindes oder des/der Jugendlichen nicht in Frage gestellt ist.

In den Vereinbarungen ist die Qualifikation der insoweit erfahrenen Fachkraft aufzunehmen und dabei insbesondere auch den Bedürfnissen von Kindern und Jugendlichen mit Behinderungen Rechnung zu tragen sowie die Verpflichtung der Fachkräfte zu formulieren, sofern erforderlich auf die Inanspruchnahme von Hilfen durch Erziehungsberechtigte hinzuarbeiten und das Jugendamt zu informieren, wenn sie die Gefährdung nicht anders abwenden können. Im fünften Absatz werden die Jugendämter zu vergleichbaren Vereinbarungen mit Kindertagespflegepersonen verpflichtet.

Im sechsten Absatz schließlich wird geregelt, in welcher Weise die Weitergabe von Informationen über gewichtige Anhaltspunkte für eine Kindeswohlgefährdung zwischen örtlichen Trägern erfolgen soll. Erhält ein örtlicher Träger solche Hinweise über ein Kind, für das er örtlich nicht zuständig ist, so ist er verpflichtet, diese an den zuständigen örtlichen Träger weiterzuleiten, sofern dies zur Erfüllung des Auftrags nach § 8a SGB VIII erforderlich ist. Dies soll in einem Gespräch erfolgen, an dem die betroffenen Kinder,

Jugendlichen und Personensorgeberechtigten zu beteiligen sind, soweit der wirksame Schutz des Kindes oder des/der Jugendlichen hierdurch nicht in Frage gestellt ist.

Insoweit erfahrene Fachkraft

Der Begriff der „insoweit erfahrenen Fachkraft" wird im SGB VIII in zwei unterschiedlichen Kontexten verwandt.

Erstmals wurde er mit dem § 8a SGB VIII in das Gesetz eingeführt. § 8a SGB VIII beinhaltet nicht nur Richtlinien zur Erfüllung des Schutzauftrags durch den Träger der öffentlichen Jugendhilfe, sondern dient auch der Sicherstellung dieses Kinderschutzstandards in Einrichtungen und Diensten der Träger der freien Jugendhilfe. Da in Anbetracht des Leistungsspektrums und der Heterogenität freier Träger nicht davon auszugehen ist, dass hier immer eine im Kinderschutz qualifizierte und erfahrene Fachkraft vorhanden ist, werden die Träger von Einrichtungen und Diensten verpflichtet, bei der Abschätzung des Gefährdungsrisikos eine „insoweit erfahrene Fachkraft" hinzuzuziehen, also eine Fachkraft, die über eine besondere Expertise in Bezug auf die Thematik des konkreten Falles verfügt. Ihre Aufgabe ist es, die mit dem Fall befassten Fachkräfte zu beraten. Bei der Verabschiedung des Gesetzes war hierbei insbesondere an Fachkräfte aus spezialisierten Beratungsstellen u. ä. gedacht worden. Mittlerweile gibt es eine Vielzahl von Fortbildungsangeboten zur „insoweit erfahrenen Fachkraft".

2012 wurde mit dem Bundeskinderschutzgesetz der § 8b SGB VIII eingeführt. Nach § 8b Abs. 1 SGB VIII haben Personen, die beruflich in Kontakt mit Kindern oder Jugendlichen stehen, bei der Einschätzung einer Kindeswohlgefährdung im Einzelfall gegenüber dem Träger der öffentlichen Jugendhilfe Anspruch auf Beratung durch eine insoweit erfahrene Fachkraft. Hiermit ist insbesondere gemeint, dass Menschen, die beruflich in Kontakt mit Kindern oder Jugendlichen stehen, sich bei Hinweisen auf eine Kindeswohlgefährdung von entsprechend erfahrenen Fachkräften beraten lassen können.

8.5 Der Schutzauftrag anderer Professioneller nach § 4 KKG

Neben Trägern der öffentlichen und freien Jugendhilfe gibt es eine Vielzahl weiterer Akteure, die beruflich Kenntnis von gewichtigen Anhaltspunkten für eine Kindeswohlgefährdung bekommen können, wie Ärzt(innen), Psychotherapeut(inn)en, Fachkräfte in der Suchtberatung und andere. Ein wichtiger Aspekt im Kinderschutz ist daher die Einbeziehung von Berufsgeheimnisträgern in den Schutzauftrag. Sie ist in § 4 KKG geregelt und folgt vergleichbaren Prämissen wie die Vorschriften in § 8a SGB VIII: Hinweise sollen wahrgenommen werden und die genannten Berufsgruppen sollen hierauf reagieren. Die Situation soll mit den betroffenen Kindern, Jugendlichen und Personensorgeberechtigten erörtert werden, soweit der wirksame Schutz des Kindes oder des/der Jugendlichen hierdurch nicht in Frage gestellt ist, und es soll auf die Inanspruchnahme von Hilfen hingewirkt werden. Um eine qualifizierte fachliche Beratung in diesem Prozess sicherzustellen, haben die genannten Berufsgruppen gegenüber dem Träger der öffentlichen Jugendhilfe einen Anspruch auf Beratung durch eine insoweit erfahrene Fachkraft. Kann auf diese Weise die Gefährdung nicht abgewendet werden oder halten die genannten Berufsgruppen dennoch das Tätigwerden des Jugendamts für erforderlich, so sind sie befugt, die erforderlichen Informationen an das Jugendamt weiterzuleiten. Dies sollen sie vorab gegenüber den Betroffenen offenlegen, sofern hierdurch der wirksame Schutz des Kindes oder der/des Jugendlichen nicht in Frage gestellt wird.

§ 4 KKG – Beratung und Übermittlung von Informationen durch Geheimnisträger bei Kindeswohlgefährdung

(1) Werden

1. Ärztinnen oder Ärzten, Zahnärztinnen oder Zahnärzten, Hebammen oder Entbindungspflegern oder Angehörigen eines anderen Heilberufes, der für die Berufsausübung oder die Führung der Berufsbezeichnung eine staatlich geregelte Ausbildung erfordert,
2. Berufspsychologinnen oder -psychologen mit staatlich anerkannter wissenschaftlicher Abschlussprüfung,
3. Ehe-, Familien-, Erziehungs- oder Jugendberaterinnen oder -beratern sowie
4. Beraterinnen oder Beratern für Suchtfragen in einer Beratungsstelle, die von einer Behörde oder Körperschaft, Anstalt oder Stiftung des öffentlichen Rechts anerkannt ist,
5. Mitgliedern oder Beauftragten einer anerkannten Beratungsstelle nach den §§ 3 und 8 des Schwangerschaftskonfliktgesetzes,
6. staatlich anerkannten Sozialarbeiterinnen oder -arbeitern oder staatlich anerkannten Sozialpädagoginnen oder -pädagogen oder
7. Lehrerinnen oder Lehrern an öffentlichen und an staatlich anerkannten privaten Schulen

in Ausübung ihrer beruflichen Tätigkeit gewichtige Anhaltspunkte für die Gefährdung des Wohls eines Kindes oder eines Jugendlichen bekannt, so sollen sie mit dem Kind oder Jugendlichen und den Erziehungsberechtigten die Situation erörtern und, soweit erforderlich, bei den Erziehungsberechtigten auf die Inanspruchnahme von Hilfen hinwirken, soweit hierdurch der wirksame Schutz des Kindes oder des Jugendlichen nicht in Frage gestellt wird.

(2) Die Personen nach Absatz 1 haben zur Einschätzung der Kindeswohlgefährdung gegenüber dem Träger der öffentlichen Jugendhilfe Anspruch auf Beratung durch eine insoweit erfahrene Fachkraft. Sie sind zu diesem Zweck befugt, dieser Person die dafür erforderlichen Daten zu übermitteln; vor einer Übermittlung der Daten sind diese zu pseudonymisieren.

(3) Scheidet eine Abwendung der Gefährdung nach Absatz 1 aus oder ist ein Vorgehen nach Absatz 1 erfolglos und halten die in Absatz 1 genannten Personen ein Tätigwerden des Jugendamtes für erforderlich, um eine Gefährdung des Wohls eines Kindes oder eines Jugendlichen abzuwenden, so sind sie befugt, das Jugendamt zu informieren; hierauf sind die Betroffenen vorab hinzuweisen, es sei denn, dass damit der wirksame Schutz des Kindes oder des Jugendlichen in Frage gestellt wird. Zu diesem Zweck sind die Personen nach Satz 1 befugt, dem Jugendamt die erforderlichen Daten mitzuteilen. Die Sätze 1 und 2 gelten für die in Absatz 1 Nummer 1 genannten Personen mit der Maßgabe, dass diese unverzüglich das Jugendamt informieren sollen, wenn nach deren Einschätzung eine dringende Gefahr für das Wohl des Kindes oder des Jugendlichen das Tätigwerden des Jugendamtes erfordert.

(4) Wird das Jugendamt von einer in Absatz 1 genannten Person informiert, soll es dieser Person zeitnah eine Rückmeldung geben, ob es die gewichtigen Anhaltspunkte für die Gefährdung des Wohls des Kindes oder Jugendlichen bestätigt sieht und ob es zum Schutz des Kindes oder Jugendlichen tätig geworden ist und noch tätig ist. Hierauf sind die Betroffenen vorab hinzuweisen, es sei denn, dass damit der wirksame Schutz des Kindes oder des Jugendlichen in Frage gestellt wird.

(5) Die Absätze 2 und 3 gelten entsprechend für Mitarbeiterinnen und Mitarbeiter von Zollbehörden.

(6) Zur praktischen Erprobung datenschutzrechtskonformer Umsetzungsformen und zur Evaluierung der Auswirkungen auf den Kinderschutz kann Landesrecht die Befugnis zu einem fallbezogenen interkollegialen Austausch von Ärztinnen und Ärzten regeln.

Mit dieser Regelung wurde eindeutig geklärt, dass im Falle von gewichtigen Anhaltspunkten für eine Kindeswohlgefährdung auch Berufsgruppen, die einer Schweigepflicht unterliegen, diese Informationen an das Jugendamt weitergeben dürfen – auch gegen den Willen der Betroffenen –, wenn dies zur Abwendung des Schutzes erforderlich ist, etwa weil die Beteiligten aus der Familie trotz Werbens nicht zur Inanspruchnahme weitergehender Hilfen bereit sind. Sofern eine dringende Gefahr gesehen wird, zu deren Abwendung die Einbeziehung des Jugendamts erforderlich ist, gilt für die in § 4 Abs. 1 Nr. 1 KKG genannten Personen, also Angehörige von Heilberufen wie Ärzt(innen), darüber hinaus eine Sollpflicht zur Information des Jugendamts. Eine generelle Meldepflicht wurde mit dieser mit dem KJSG eingeführten Regelung jedoch nicht implementiert. Es besteht „nach wie vor sowohl die Pflicht als auch die Berechtigung zur eigenen Einschätzung, ob die dringende Gefährdung ohne Einbeziehung des Jugendamts abgewendet werden kann oder nicht und ob sie unter Umständen ohne Einbeziehung des Jugendamts sogar effektiver abgewendet werden kann" (Beckmann 2021 o. S.).

Das Jugendamt wiederum soll den Meldenden zeitnah eine Rückmeldung darüber geben, ob es die Gefährdungshinweise als bestätigt sieht und zum Schutz des Kindes tätig wurde bzw. noch ist. Diese Regelung war aus Gründen des Datenschutzes und des Vertrauensschutzes lange umstritten. Die Informationen an die Meldenden beziehen sich daher lediglich auf die Fragen, ob eine Gefährdung gesehen wird und ob das Jugendamt zur Gefährdungsabwendung tätig geworden ist. „Die Weitergabe darüberhinausgehender oder weiterer Informationen [ist] nicht zulässig" (ebd.). Auch dies ist gemäß § 64 Abs. 2 SGB VIII jedoch „nur zulässig, soweit dadurch der Erfolg einer zu gewährenden Leistung nicht in Frage gestellt wird" (ebd.). Daher muss das Jugendamt vor einer „Rückmeldung prüfen, wie sich diese auf die Hilfeannahmebereitschaft der Familienmitglieder auswirkt" (ebd.) und die Betroffenen sind vorab auf diese Informationsweitergabe hinzuweisen, sofern hierdurch der wirksame Schutz des Kindes oder der/des Jugendlichen nicht gefährdet wird.

Fallbeispiel ‚Wie geht es weiter mit Ella?' – Variante 2

Gehen Sie noch einmal zurück zum Fallbeispiel Ella. Stellen Sie sich vor, Herr Yilmiz hätte sich nicht an das Jugendamt gewandt, sondern Ella schweren Herzens zu ihrer Mutter zurückgebracht. Schon nach kurzer Zeit merkt die Klassenlehrerin, dass es Ella wieder schlechter geht. Sie weiß, dass Ella wieder zu ihrer Mutter zurückgekehrt ist. Das Mädchen tut ihr leid.

- Besprechen Sie, welche Möglichkeiten und welche Pflichten die Lehrerin nach § 4 KKG hat. Wie würden Sie an ihrer Stelle vorgehen?
- Erkundigen Sie sich, welche weiteren Vorschriften es für Lehrer(innen) in Ihrem Bundesland gibt.

- Was ändert sich im Jugendamt oder für das Jugendamt, wenn die Meldung von der Schule statt vom Onkel kommt?

8.6 Datenschutz, Kinderschutz und Meldepflicht

Fachkräfte der Sozialen Arbeit erfahren im Rahmen ihrer Tätigkeit viele persönliche Daten und intime Informationen ihrer Klient(inn)en. Sie führen Akten, dokumentieren Informationen und tauschen sich mit Kolleg(inn)en darüber aus. Wie Fachkräfte mit den ihnen anvertrauten Daten umgehen und welche Rechte Klient(inn)en hierbei haben, ist daher eine zentrale Frage in der gesamten Sozialen Arbeit.

Im Kinderschutz wird die Frage, wie sich der Datenschutz bzw. das Recht auf informationelle Selbstbestimmung der Klient(inn)en zum Kinderschutz verhält, in besonderer Weise gestellt. Im Hintergrund steht dabei die Überlegung, ob der beabsichtigte Schutz des Kindes Fachkräften erweiterte Rechte zum Erheben und Weitergeben von Informationen einräumt. Dabei stehen die Fachkräfte im Kinderschutz in einem Spannungsverhältnis zwischen dem Schutz des Vertrauensverhältnisses zu den Familien, die ihnen sehr persönliche Informationen anvertrauen, und der Notwendigkeit zum Austausch von Informationen mit anderen Stellen, um ausreichend Informationen zu bekommen, um Hinweise auf Kindeswohlgefährdung angemessen einschätzen und darauf reagieren zu können. Die Fragen, welche Daten erhoben werden dürfen, an wen diese weitergegeben werden dürfen und was überhaupt gespeichert werden darf, ist auf der Grundlage der §§ 8a und 61 ff. SGB VIII zu beantworten. Zudem gelten in der Kinder- und Jugendhilfe die im Sozialverwaltungsverfahrensrecht in SGB I und SGB X enthaltenen Datenschutzvorschriften sowie Konkretisierungen für Berufsgruppen außerhalb der Kinder- und Jugendhilfe in § 4 KKG.

Zur Einschätzung der Rechtmäßigkeit der Erhebung, Speicherung, Verarbeitung und Weitergabe von personenbezogenen Informationen durch Fachkräfte stellt sich die Frage, ob dies jeweils erforderlich, geeignet und angemessen zur Erfüllung der Aufgabe ist. Diese Prüffragen zeigen, dass es um mehr gehen muss als nur um die Frage, ob eine Information nützlich ist: Ist die Information wirklich notwendig, um die Aufgabe zu erfüllen, ist die Informationserhebung geeignet und angemessen? Diese Grundsätze gelten auch bei der Überprüfung von Hinweisen auf Kindeswohlgefährdung. Im Alltag dürfte es jedoch oft nicht so eindeutig einzuschätzen sein, ob eine solche Notwendigkeit gegeben ist oder ob sich die Information später als unerheblich herausstellt. Ein sorgfältig reflektiertes und fachlich begründetes Vorgehen wird insofern deutlich zur Sicherung des Datenschutzes beitragen.

Weiter gibt es die Vorschrift, dass Sozialdaten grundsätzlich direkt bei den Betroffenen zu erheben sind. Auch dies ist im Kinderschutz teilweise schwierig und nicht immer möglich. § 62 SGB VIII erweitert daher die Befugnis zur Datenerhebung im Falle des Schutzauftrags und lässt die Datenerhebung bei Dritten zu. Befugnis bedeutet jedoch weder die Pflicht zur Datenerhebung bei Dritten noch eine pauschale Ermächtigung der Fachkräfte: Jede Datenerhebung muss dem Verhältnismäßigkeitsgrundsatz entsprechen, und eine Datenerhebung bei Dritten ist nur zulässig, wenn dies bei den Betroffenen selbst nicht möglich ist oder dies die Hilfe gefährden würde oder die Erhebung bei Dritten zur Erfüllung des Schutzauftrags erforderlich ist. Datenerhebung bei Dritten sollte daher auch im Kinderschutz eine Ausnahme darstellen (vgl. Meysen 2006, S. 2). Soweit möglich sollte daher versucht werden, eine Einwilligung der Betroffenen in die Datenerhebung bei Dritten zu erhalten. Diese Einwilligung muss jedoch konkret formuliert sein, pauschale Einwilligungserklärungen erfüllen ihren Zweck nicht.

Um Hinweise auf Kindeswohlgefährdung angemessen einzuschätzen, soll dies im Zusammenwirken mehrerer Fachkräfte erfolgen. Wenn hierbei Menschen beteiligt sind, die nicht zur verantwortlichen Stelle gehören, sind die Daten zu anonymisieren oder zu pseudonymisieren, soweit der Zweck der Beratung hierdurch nicht in Frage gestellt wird. Wird die Weitergabe von Informationen erforderlich – sei es im Rahmen der Fallberatung oder der Zusammenarbeit mit freien Trägern, Schulen etc. –, so sind diese Dritten nach § 78 SGB X (Zweckbindung und Geheimhaltungspflicht eines Dritten, an den Daten übermittelt werden) zur Geheimhaltung verpflichtet und hierauf ist hinzuweisen. Sie dürfen die ihnen übermittelten Daten ausschließlich zu dem Zweck verarbeiten oder nutzen, der die Befugnis zur Datenweitergabe begründete.

Ein Begriff, der im Kontext von Datenschutz oft genutzt wird, ist die Schweigepflicht. Nach § 203 StGB ist eine Verletzung strafbar für unterschiedliche Berufsgruppen, Amtsträger und andere Berufsgeheimnisträger, die eine Pflicht zur Geheimhaltung von Informationen haben, die ihm oder ihr in dieser Funktion anvertraut wurden. Dies umfasst nicht nur Informationen über beispielsweise eine(n) Klient(in)en, sondern auch bereits seine bzw. ihre Identität und die Tatsache, dass er/sie Klient(in) ist. Eine Offenbarungsbefugnis (Offenbarung = Mitteilung an Dritte) besteht u. a. bei rechtfertigendem Notstand nach § 34 StGB.

In Diskussionen um Kinderschutz wird Datenschutz manchmal als Hindernis für den Schutz des Kindes bezeichnet. In einzelnen Momenten können diese Vorgaben lästig, lähmend oder hinderlich erscheinen. Betrachtet man die Regelungen zum Datenschutz jedoch insgesamt, dann wird deutlich, dass diese dem Aufbau einer Vertrauensbeziehung zwischen Familien und Fachkraft dienen. Der Merksatz lautet damit nicht, wie in der Praxis oft bemüht, „Kinderschutz bricht Datenschutz", sondern „Kinderschutz braucht Datenschutz" (Meysen 2006, S. 5).

8.7 Die Rolle des Strafrechts und Pflichten der Strafverfolgungsbehörden und Gerichte im Kinderschutz

Auch das Strafrecht spielt eine Rolle im Kinderschutz – allerdings in unterschiedlicher Hinsicht.

Es wird zum einen relevant, wenn es um die Strafverfolgung von Gewalttaten gegen Kinder und Jugendliche geht. Werden der Polizei oder der Staatsanwaltschaft massive Gewalttaten bekannt, so prüft die Staatsanwaltschaft, ob die Gewaltausübung – jenseits der Frage nach einer möglichen Kindeswohlgefährdung – den Tatbestand einer Straftat erfüllt. Oft stellt sich für Fachkräfte auch die Frage, ob sie bei Kenntnis solcher Vorfälle nicht nur den Hinweisen auf Kindeswohlgefährdung nachgehen, sondern auch die Polizei einbeziehen (vgl. Gerber 2006c, S. 1 ff.) und ggf. eine Anzeige bei der Staatsanwaltschaft oder der Polizei stellen müssen oder sollten (vgl. Gerber 2006b, S. 1 ff.). Dies wird näher in → Kapitel 11 erläutert.

Strafrecht wird im Kinderschutz weiter relevant bei Schädigungen des Kindes oder der/des Jugendlichen im Hinblick auf die Frage, ob sich Fachkräfte durch ihr Handeln oder das Unterlassen von Handeln im Kinderschutz selbst strafbar machen können. Hierbei wird geprüft, ob eine Fachkraft eine sogenannte Garantenstellung innehatte und sich aus der konkreten Hilfebeziehung eine Garantenpflicht ergab (vgl. Meysen/Nonninger 2019b, S. 137 ff.). Eine strafrechtliche Verantwortung ergibt sich jedoch nur dann, „wenn die Gefahr für das Kind bei rechtmäßigem bzw. ordnungsgemäßen Handeln mit an Sicherheit grenzender Wahrscheinlichkeit hätte abgewendet werden können" (ebd., S. 137).

Mit dem KJSG wurde nun eine neue Regelung in einem neuen § 5 KKG (Mitteilungen an das Jugendamt) eingeführt, die sich auf das Bekanntwerden von Hinweisen auf Kindeswohlgefährdung im Zuge von Strafverfahren bezieht.

§ 5 KKG Mitteilungen an das Jugendamt

(1) Werden in einem Strafverfahren gewichtige Anhaltspunkte für die Gefährdung des Wohls eines Kindes oder eines Jugendlichen bekannt, informiert die Strafverfolgungsbehörde oder das Gericht unverzüglich den zuständigen örtlichen Träger der öffentlichen Jugendhilfe sowie im Falle seiner Zuständigkeit den überörtlichen Träger der öffentlichen Jugendhilfe und übermittelt die aus ihrer Sicht zur Einschätzung des Gefährdungsrisikos erforderlichen Daten. Die Mitteilung ordnen Richterinnen oder Richter, Staatsanwältinnen oder Staatsanwälte an. § 4 Absatz 2 gilt entsprechend.

(2) Gewichtige Anhaltspunkte für eine Gefährdung können insbesondere dann vorliegen, wenn gegen eine Person, die mit einem Kind oder Jugendlichen in häuslicher Gemeinschaft lebt oder die regelmäßig Umgang mit ihm hat oder haben wird, der Verdacht besteht, eine Straftat nach den §§ 171, 174, 176 bis 180, 182, 184b bis 184e, 225, 232 bis 233a, 234, 235 oder 236 des Strafgesetzbuchs begangen zu haben.

Strafverfolgungsbehörden und Gerichte sollen das Jugendamt über gewichtige Anhaltspunkte für eine Kindeswohlgefährdung informieren. Diese werden insbesondere gesehen, wenn ein Kind oder eine/ein Jugendliche(r) mit einer Person in engem Kontakt steht oder stehen wird, gegen die der Verdacht einer Straftat gegen die sexuelle Selbstbestimmung oder körperlicher Gewalt besteht. Die in § 5 KKG verankerte Pflicht zum Tätigwerden beinhaltet keine eigenständige Prüfung dieser Anhaltspunkte. Eine solche ist nach § 8a Abs 1 SGB VIII Aufgabe des Jugendamts. Sofern es in seiner Zuständigkeit liegt, etwa bei Vorfällen in betriebserlaubnispflichtigen Einrichtungen, ist auch der überörtliche Träger zu informieren. Mit dieser Regelung soll dem Schutz von Kindern und Jugendlichen vor (insb. sexueller) Gewalt besser vorgebeugt werden.

8.8 Resümee

Für professionelles Handeln im Kinderschutz ist es wichtig, die rechtliche Ausgestaltung des Verhältnisses zwischen Eltern, Kindern und Staat zu kennen, den eigenen Auftrag in die rechtlichen Grundlagen einordnen und rechtskonform handeln zu können. Die zentralen Vorgaben hierzu werden im Grundgesetz (GG), im Bürgerlichen Gesetzbuch (BGB) und im Sozialgesetzbuch VIII (SGB VIII) formuliert. Grundlegend ist dabei das Dreiecksverhältnis zwischen Kind, Eltern und Staat: Kinder sind Grundrechteträger.

Diese Grundrechte auf Versorgung, Schutz und Beteiligung werden in der Regel durch die Eltern gesichert. Sie haben hierzu das Personensorgerecht, aber auch die Sorgepflicht. Aufgabe des Staates ist es, Eltern bei der Wahrnehmung des Sorgerechts und der Sorgepflicht durch allgemeine Infrastrukturangebote und individuelle Hilfen zu unterstützen, aber auch über die Wahrnehmung dieser Pflicht zu wachen und gegebenenfalls zur Sicherung des Kindeswohls einzugreifen (staatliches Wächteramt). Der Gesetzgeber unterscheidet zwischen einer Kindeswohlgefährdung als Eingriffsschwelle in das Elternrecht, wenn diese nicht gewillt oder nicht in der Lage sind, die Gefährdung abzuwenden (§ 1666 BGB), und der allgemeineren Formulierung, dass eine dem Wohl des Kindes oder der/des Jugendlichen entsprechende Erziehung nicht gewährleistet ist und daher ein Rechtsanspruch auf eine Hilfe zur Erziehung besteht (§ 27 SGB VIII).

In § 8a SGB VIII (Schutzauftrag bei Kindeswohlgefährdung) werden Rahmenbedingungen für bundeseinheitliche Verfahrensweisen und Handlungsleitlinien für fachliches Handeln im Kinderschutz formuliert. Er zielt auf eine qualifizierte Einschätzung des Kindeswohls. Ist das Kindeswohl gefährdet, so ist es zunächst Aufgabe aller Professionellen, auf die Inanspruchnahme von Hilfen hinzuwirken. Sind die Eltern nicht bereit oder nicht in der Lage, diese in Anspruch zu nehmen, oder führt die Hilfe nicht zu einer Verbesserung der Situation des Kindes, so muss das Jugendamt prüfen, ob das Familiengericht angerufen werden muss. Denn nur das Familiengericht ist in Deutschland dazu befugt, Eingriffe in Elternrechte zur Abwendung von Kindeswohlgefährdungen vorzunehmen.

Die rechtlichen Grundlagen sollen Rechtssicherheit schaffen – für Kinder und ihre Eltern ebenso wie für Fachkräfte. Sie benennen aber auch inhaltliche Orientierungspunkte wie Beteiligung und Kooperation. Es ist daher nicht nur eine Pflicht für Fachkräfte, diese rechtlichen Grundlagen zu kennen und danach zu handeln, sondern Fachkräfte können rechtliche Grundlagen auch als Anregung für fachliche Weiterentwicklungen nutzen.

Anregungen zum Selbststudium

- Studieren Sie einschlägige Rechtskommentare zum SGB VIII und arbeiten Sie heraus, welche Verständnisse von Kindeswohl und Kindeswohlgefährdung sowie von Hilfe und Eingriff darin zum Ausdruck gebracht werden. Was finden Sie plausibel? Was nicht? Achten Sie darauf, eine aktuelle Auflage zur gültigen Gesetzesfassung (letzte Änderung Juni 2021) zu nutzen.
- Recherchieren Sie im Internet fünf verschiedene Angebote von Zertifikatslehrgängen für die Ausbildung zur insoweit erfahrenen Fachkraft im Kinder-

schutz. Beantworten Sie auf Grundlage des Studiums der Angebote folgende Fragen:

  - Wie lange dauern die Lehrgänge?
  - Inwieweit unterscheiden sich die Lehrgänge im Aufbau und in ihren Inhalten?
  - Welcher Lehrgang überzeugt Sie, welcher nicht und warum?
  - Bedarf es insoweit erfahrener Fachkräfte bei Trägern der freien Jugendhilfe? Wenn ja, warum, wenn nein, warum nicht?
  - Es wird diskutiert, aus den derzeitigen Kursen zur insoweit erfahrenen Fachkraft in Grundkurse zum Kinderschutz für ASD-Mitarbeiter(innen) umzuwandeln und erst darauf aufbauende Kurse mit dem Begriff insoweit erfahrene Fachkraft umzuwandeln. Welche Vor- und Nachteile, welche Argumente für oder gegen eine solche Regelung sehen Sie?

- Lesen Sie den Roman „Kindeswohl“ von Ian McEwan (2015). Inwieweit finden Sie die Entscheidung der Richterin Fiona Maye schlüssig? Überlegen Sie, welche Entscheidung Sie im Interesse des Wohls von Adam an ihrer Stelle treffen würden.
- Studieren Sie das Buch „Kindeswohl zwischen Jugendhilfe und Justiz. Zur Entwicklung von Entscheidungsgrundlagen und Verfahren zur Sicherung des Kindeswohls zwischen Jugendämtern und Familiengerichten“ herausgegeben von Johannes Münder (2017) und arbeiten Sie heraus, wie verschiedene Akteure Verfahren zur Abwendung von Kindeswohlgefährdung umsetzen und wie Eltern, Kinder und Jugendliche diese erleben.

Weiterführende Literatur

DIJuF – Deutsches Institut für Jugendhilfe und Familienrecht e. V. (Hg.) (2004). Verantwortlich handeln – Schutz und Hilfe bei Kindeswohlgefährdung. Saarbrücker Memorandum. Köln. Kommentare zu Gesetzen.

Anlässlich eines schweren Kinderschutzfalles, in dem ein vom Jugendamt in einer Pflegefamilie untergebrachtes Kind schwer gelitten hat, erarbeitete eine „Kommission Kinderschutz-Kinderzukunft“ diesen Bericht zu der Frage, wie verantwortliches Handeln gestaltet sein muss und welche unterschiedlichen Ebene und Professionen zu berücksichtigen sind. Das Saarbrücker Memorandum war ein Meilenstein der Diskussion um Kinderschutz in Deutschland und zukunftsweisend für die Weiterentwicklung der rechtlichen Grundlagen, Strukturen und Praxis des Kinderschutzes.

Schmidt, Christopher (2021). Kinder- und Jugendhilferecht: Lehr- und Praxisbuch. 2., überarb. Aufl. Weinheim; Basel.
In diesem Lehr- und Praxisbuch erhalten Studierende und Praktiker Sozialer Arbeit eine Einführung in die Grundzüge des Rechts der Kinder- und Jugendhilfe. Es enthält weiterführende Hinweise auf Literatur und Rechtsprechung sowie wertvolle Praxishinweise.

Kommentare zum SGB VIII
Wiesner, Reinhard/Wapler, Friederike (Hg.) (2022). SGB VIII Kinder- und Jugendhilfe. Kommentar. 6. überarbeitete Auflage. München.
Münder, Johannes/Meysen, Thomas/Trenczek, Thomas (Hg.) (2021). Frankfurter Kommentar zum SGB VIII Kinder- und Jugendhilfe. 9., vollständig überarbeitete Auflage. Baden-Baden.
Gesetzeskommentare sind hilfreich, um gesetzliche Vorgaben besser verstehen, nachvollziehen und so angemessen auf Fälle übertragen zu können. Die beiden hier aufgeführten Kommentare sind die in der Kinder- und Jugendhilfe meist verbreitetsten. Zum einen gehören die Herausgeber(innen) zu den anerkanntesten Jurist(inn)en auf diesem Gebiet. Reinhard Wiesner etwa wird oft als „Vater des SGB VIII" bezeichnet, da er 1985 bis 2010 als Leiter des Referats Rechtsfragen der Kinder und Jugendhilfe im BMFSFJ die SGB-VIII-Reform maßgeblich gestaltete und formulierte. Zum anderen aber auch deshalb, weil beide Kommentare sich ausdrücklich an alle Akteure der Kinder- und Jugendhilfe richten und sich um eine verständliche Sprache bemühen. Um den jeweils aktuellen Gesetzesstand zu berücksichtigen ist es wichtig, die jeweils aktuelle Ausgabe zu nutzen und auf die Aktualität des Gesetzesstands zu achten. Die hier genannten Auflagen sind Neuauflagen nach Inkrafttreten des KJSG.

Kapitel 9
Organisationen der Kinder- und Jugendhilfe im Kinderschutz

Überblick über das Kapitel

Das Kapitel dient dazu, vorzustellen, welche Aufgaben und Funktionen Organisationen und Einrichtungen der Kinder- und Jugendhilfe von Trägern der öffentlichen und der freien Jugendhilfe im Kinderschutz haben und warum sie, aufgrund der Art und Weise, wie sie auf Gefährdungen des Kindeswohls antworten, als soziale personenbezogene Dienstleistungsorganisationen angesehen werden können. Dabei wird auf das Jugendamt als Kernorganisation des Kinderschutzes im Besonderen eingegangen. Vor diesem Hintergrund werden Aufgabe und Funktion der Jugendämter und freien Träger bei der Wahrnehmung des Schutzauftrags gemäß § 8a SGB VIII miteinander verglichen und wesentliche Gemeinsamkeiten und Unterschiede herausgestellt.

9.1 Träger von Organisationen der Kinder- und Jugendhilfe im Kinderschutz

9.2 Das Jugendamt als Kernorganisation des Kinderschutzes

9.3 Aufgabe und Funktion der Jugendämter und der freien Träger bei der Wahrnehmung des Schutzauftrags gemäß § 8a SGB VIII im Vergleich

9.4 Resümee

9.1 Träger von Organisationen der Kinder- und Jugendhilfe im Kinderschutz

Bevor wir darauf eingehen, welche Träger von Organisationen und Einrichtungen der Kinder- und Jugendhilfe im Kinderschutz existieren, möchten wir kurz darlegen, was unter Kinder- und Jugendhilfe verstanden werden kann. Dabei setzen wir voraus, dass Grundlagen, Handlungsfelder und Strukturen der Kinder- und Jugendhilfe weitestgehend bekannt sind und im Rahmen dieses Lehrbuchs keiner ausführlichen Erläuterung bedürfen.

Ankerpunkt für die Kinder- und Jugendhilfe ist das in § 1 Abs. 1 SGB VIII verankerte Recht des Kindes auf Förderung ihrer Entwicklung und auf Erziehung zu einer eigenverantwortlichen und gemeinschaftsfähigen Persönlichkeit. Zur Verwirklichung dieses Rechts soll die Kinder- und Jugendhilfe Eltern und Erziehungsberechtigte bei der Erziehung, Betreuung und Bildung von Kindern und Jugendlichen unterstützen, dazu beitragen junge Menschen in ihrer Entwicklung zu fördern, Benachteiligungen zu vermeiden oder abzubauen, Kinder und Jugendliche vor Gefahren für ihr Wohl zu schützen und positive Lebensbedingungen zu erhalten oder zu schaffen (vgl. § 1 Abs. 3 SGB VIII). Um dieser Aufgabe gerecht zu werden, bietet die Kinder- und Jugendhilfe eine Fülle von Leistungen an, wie z. B. Angebote der Jugendarbeit, Familienbildung, Angebote zur Förderung von Kindern in Tageseinrichtungen und in Tagespflege und Hilfe zur Erziehung. Sie erbringt aber auch andere, sogenannte hoheitliche Aufgaben, wie z. B. die Inobhutnahme von Kindern und Jugendlichen (§ 42 und § 42a SGB VIII) und die Mitwirkung in Verfahren von Familiengerichten (§ 50 SGB VIII) sowie nach dem Jugendgerichtsgesetz (§ 52 SGB VIII).

Für die Wahrnehmung von Aufgaben des Kinderschutzes sind in der Kinder- und Jugendhilfe verschiedene Organisationen und Einrichtungen zuständig. Diese werden sowohl in öffentlicher als auch in freier Trägerschaft betrieben.

- *Träger der öffentlichen Jugendhilfe* haben nach § 79 SGB VIII die Gesamtverantwortung für die Erfüllung aller im SGB VIII genannten Aufgaben der Kinder- und Jugendhilfe einschließlich der Planungsverantwortung. Alle Leistungsansprüche junger Menschen und Personensorgeberechtigter nach dem SGB VIII richten sich also an den Träger der öffentlichen Jugendhilfe. Darüber hinaus sind diese auch Träger von Einrichtungen und Diensten. Sie sind auf regionaler, genauer: kommunaler Ebene (der örtliche Träger, z. B. eine Stadt, errichtet ein Jugendamt) oder überregionaler Ebene (der überörtliche Träger, z. B. ein Landkreis, errichtet ein Landesjugendamt) tätig. In der Aufgabenteilung kommt dem Jugendamt der Großteil der Aufgaben zu. Das Landesjugendamt hat hingegen primär eine beratende, planende und fachpolitische Funktion und ist als Betriebserlaubnisbehörde für den Schutz von Kindern und Jugendlichen in Einrichtungen zuständig (§ 85 SGB VIII).
- *Freie Träger* sind zumeist in Wohlfahrtsverbänden (wie z. B. der Arbeiterwohlfahrt oder dem Diakonischen Werk) organisiert. Sie sind überwiegend caritativen und gemeinnützigen Zielen verpflichtet, legen die Schwerpunkte ihrer Arbeit selbst fest und vertreten bestimmte Welt-

anschauungen, denen sie verpflichtet sind. Gleichwohl agieren sie im Rahmen der gesetzlichen Bestimmungen. Sie bieten umfangreiche soziale personenbezogene Dienstleistungen an und setzen sich für die Interessen ihrer Adressat(inn)en auf der Politikebene ein. In einigen Bereichen der Kinder- und Jugendhilfe sind auch gewerbliche Träger tätig. Auch sie zählen in der Kinder- und Jugendhilfe zur Gruppe der sogenannten ‚freien Träger', sind aber nicht als gemeinnützig im Sinne des Steuerrechts anerkannt (siehe weiterführend: Merchel 2003).

Aufgrund der Art und Weise, wie Organisationen und Einrichtungen der Kinder- und Jugendhilfe ihre Aufgaben erfüllen, können sie als soziale personenbezogene Dienstleistungsorganisation verstanden werden (vgl. Klatetzki 2010). Organisationen dieses Typs arbeiten nicht gewinnorientiert und verfolgen oftmals caritative oder soziale Zwecke. Sie erhalten von den Empfänger(inne)n ihrer Dienstleistungen kein Geld, sondern werden für ihre Arbeit oftmals von anderen Instanzen finanziert. Ihre Arbeit ist auf Menschen ausgerichtet, die in der Autonomie ihrer Lebensführung eingeschränkt sind und sich in materiellen oder sozialen Not- und Krisenlagen befinden. Diese sind auf Hilfe und Unterstützung angewiesen und werden deshalb nicht als Kund(inn)en, sondern häufig als Klient(inn)en bezeichnet. Neben Dienstleistungen, die einen direkten Einfluss auf persönliche Entwicklungen und Veränderungen von Kindern und Eltern ausüben sollen (wie z. B. therapeutische und viele sozialpädagogische Leistungen), gibt es auch Dienstleistungen, die der Weitervermittlung von Klient(inn)en in andere Systeme oder ihrer Statusabsicherung (wie z. B. Maßnahmen der Arbeitsmarktintegration) sowie der Stärkung und des Erhalts ihres Wohlbefindens dienen (wie z. B. Leistungen der Prävention, der Rehabilitation oder der Pflege) (vgl. ebd., S. 9). Sie spielen im Kinderschutz ebenso eine Rolle wie monetäre und materielle Sachleistungen.

Zu den Organisationen der Kinder- und Jugendhilfe, die solche sozialen personenbezogenen Dienstleistungen im Kinderschutz vermitteln und/oder erbringen, gehören das Jugendamt und Einrichtungen von Trägern der öffentlichen und der freien Jugendhilfe (wie z. B. Erziehungsberatungsstellen, Kinderschutz-Zentren, Familienzentren, Jugendhilfestationen oder Heimeinrichtungen). Sie sorgen mit ihren Leistungen und Maßnahmen dafür, dass Kinder und Jugendliche vor Gefährdungen ihres Wohls geschützt werden.

Zunächst gehen wir auf die Aufgabe und Funktion des *Jugendamts als Kernorganisation des Kinderschutzes* ein, um diese anschließend mit der Aufgabe und Funktion von freien Trägern bei der Wahrnehmung des Schutzauftrags gemäß § 8a SGB VIII zu vergleichen.

9.2 Das Jugendamt als Kernorganisation des Kinderschutzes

Im staatlich regulierten System des Kinderschutzes hat das Jugendamt eine Schlüsselposition. Es ist die für die Arbeit mit Familien zuständige Organisation der öffentlichen Kinder- und Jugendhilfe und hauptverantwortlich dafür, auf vermutete oder bereits eingetroffene Gefährdungen des Wohls von Kindern und Jugendlichen in Familien oder Institutionen mittels unterschiedlicher Angebote, Leistungen und Maßnahmen zu antworten. In vielen Jugendämtern werden Aufgaben des Kinderschutzes primär vom Allgemeinen Sozialen Dienst (ASD) wahrgenommen. Der ASD ist eine Organisationseinheit des Jugendamts, deren Fachkräfte in der Arbeit mit Familien fallverantwortlich sind. Im ASD laufen alle ‚Fäden' im Kinderschutz zusammen. Er ist die Organisationseinheit, an die Hinweise auf vermutete oder bereits eingetroffene Gefährdungen des Wohls von Kindern und Jugendlichen in Familien oder Institutionen weitergeleitet werden. Bei Bekanntwerden von *gewichtigen Anhaltspunkten* für die Gefährdung des Wohls eines Kindes oder einer/eines Jugendlichen nehmen Fachkräfte des ASD Gefährdungseinschätzungen vor. Kommen sie im Rahmen ihrer Gefährdungseinschätzungen zu dem Schluss, dass das Wohl des Kindes oder der/des Jugendlichen gefährdet ist, sind sie dazu verpflichtet, den Eltern zur Abwendung der Gefährdung geeignete und notwendige Hilfen anzubieten oder das Familiengericht anzurufen, sofern sie diesen Schritt für erforderlich halten und die Eltern nicht bereit oder nicht in der Lage sind, bei der Abschätzung des Gefährdungsrisikos mitzuwirken (vgl. § 8a Abs. 1 und 2 SGB VIII).

Des Weiteren hat das Jugendamt eine beratende und begleitende Funktion im Kontext der Einschätzung von Kindeswohlgefährdungen gegenüber Personen, die beruflich in Kontakt mit Kindern oder Jugendlichen stehen (vgl. § 8b Abs. 1 SGB VIII), sowie eine Nothilfefunktion im Kontext der Sicherstellung des (vorläufigen) Schutzes von Kindern und Jugendlichen (§§ 42 und 42a SGB VIII).

Das Jugendamt tritt auch als Amtspfleger oder Amtsvormund in Erscheinung, wenn Eltern zum Schutz des Kindes oder der/des Jugendlichen vor Gefahren für ihr Wohl Teile des Sorgerechts oder das gesamte Sorgerecht entzogen und nicht auf andere Personen, z. B. Verwandte, übertragen werden. Es erbringt zum Teil auch selbst erzieherische Hilfen. Darüber hinaus unternimmt das Jugendamt vielfältige Aktivitäten zur Etablierung von Frühen Hilfen (→ Kapitel 13) und zur Sicherung und Weiterentwicklung der Qualität im staatlich regulierten System des Kinderschutzes (→ Kapitel 14).

Das Jugendamt ist verpflichtet, das Vorgehen im Einzelfall zu reflektieren und zu begründen. Gleichwohl lassen sich schematisch Fallkonstellationen und die sich daraus ergebenden Handlungsverpflichtungen des Jugendamts bei der Wahrnehmung des Schutzauftrags gemäß § 8a SGB VIII beschreiben.

Kernaufgaben des Jugendamts im Kinderschutz

- Hinweise auf Kindeswohlgefährdungen entgegennehmen, ihnen nachgehen und bei gewichtigen Anhaltspunkten für die Gefährdung des Wohls eines Kindes oder einer/eines Jugendlichen Gefährdungseinschätzungen durchführen; § 8a Abs. 1 SGB VIII: Schutzauftrag bei Kindeswohlgefährdung
- im Fall einer Kindeswohlgefährdung Hilfeangebote unterbreiten; § 8a Abs. 1 SGB VIII: Schutzauftrag bei Kindeswohlgefährdung
- Hilfen, die eine dem Wohl des Kindes oder der/des Jugendlichen entsprechende Erziehung gewährleisten und für seine Entwicklung geeignet und notwendig sind, gewähren, planen, erbringen und evaluieren; § 27 SGB VIII: Hilfe zur Erziehung, § 36 SGB VIII: Mitwirkung, Hilfeplanung
- sofern erforderlich das Familiengericht oder andere Leistungsträger zur Abwendung der Gefährdung anrufen bzw. einbeziehen; § 8a Abs. 2 und 3 SGB VIII: Schutzauftrag bei Kindeswohlgefährdung
- auf Bitten von Kindern oder Jugendlichen oder bei dringender Gefahr für ihr Wohl diese vorläufig unterbringen; § 8a Abs. 2 SGB VIII: Schutzauftrag bei Kindeswohlgefährdung; §§ 42 und 42a SGB VIII: Inobhutnahme von (ausländischen) Kindern und Jugendlichen (nach unbegleiteter Einreise)
- in Vereinbarungen mit Trägern von Einrichtungen und Diensten, die Leistungen nach dem SGB VIII erbringen, sicherstellen, dass diese bei Bekanntwerden gewichtiger Anhaltspunkte für die Gefährdung eines von ihnen betreuten Kindes oder Jugendlichen eine Gefährdungseinschätzung vornehmen, dabei eine insoweit erfahrene Fachkraft hinzuziehen und im Fall einer Kindeswohlgefährdung bei den Eltern auf die Annahme von Hilfen hinwirken; § 8a Abs. 4 SGB VIII: Schutzauftrag bei Kindeswohlgefährdung
- Personen, die beruflich in Kontakt mit Kindern oder Jugendlichen stehen, im Einzelfall bei der Einschätzung einer Kindeswohlgefährdung fachlich beraten und begleiten; § 8b SGB VIII: Fachliche Beratung und Begleitung zum Schutz von Kindern und Jugendlichen

In diesem Lehrbuch geht es um die Aufgaben des Jugendamts im Kontext des Kinderschutzes. Durch diesen Fokus unserer Darstellungen kann der Eindruck entstehen, das Jugendamt sei ausschließlich für den Kinderschutz im engeren Sinne tätig (Wahrnehmung des Schutzauftrags nach § 8a SGB VIII). Dies wäre jedoch ein Missverständnis: Das Jugendamt ist verantwortlich für die Sicherstellung der gesamten Angebotspalette der Kinder- und Jugendhilfe einschließlich der Kindertagesbetreuung, der Jugendarbeit, der Familienbildung etc. Diese realisiert sie in Zusammenarbeit mit den freien Trägern. Hiervon ist Kinderschutz nur ein Teil, wenn auch ein zentraler (vgl. Biesel 2014b, S. 105). Und auch der ASD ist nicht nur für die Wahrnehmung des Schutzauftrags bei Kindeswohlgefährdung zuständig. Er ist auch Anlaufstelle für ratsuchende Eltern und Kinder, Sensor für soziale Problemlagen in einem spezifischen Stadtteil oder einer Kommune und Vermittlungs- und Entscheidungsinstanz im Kontext der Gewährung von Hilfe zur Erziehung (vgl. Schone 2015a, S. 55 ff.). Das Jugendamt ist zuständig für alle Kinder, Jugendlichen, jungen Erwachsenen und ihre Familien. In einigen Lebenslagen kommen jedoch auch Leistungen anderer Sozialleistungsträger in Betracht. Zu diesen Schnittstellen gehören beispielsweise Regelungen und Leistungen für Kinder und Jugendliche mit Behinderungen (→ Kapitel 8.3.3) sowie für geflüchtete Kinder und Jugendliche. Die Kinder- und Jugendhilfe ist hier aufgefordert, sich im Schnittstellenbereich zu qualifizieren, zu sensibilisieren und zu kooperieren.

9.3 Aufgabe und Funktion der Jugendämter und der freien Träger bei der Wahrnehmung des Schutzauftrags gemäß § 8a SGB VIII im Vergleich

In der Kinder- und Jugendhilfe arbeiten die Träger der öffentlichen und der freien Jugendhilfe partnerschaftlich zusammen (§ 4 SGB VIII). Träger der freien Jugendhilfe erbringen eine Vielzahl von Leistungen – auch im Kinderschutz. Sie unterstützen die Jugendämter bei der Realisierung vorläufiger Maßnahmen zum Schutz von Kindern und Jugendlichen sowie bei der Erbringung weiterführender Hilfen. Bei dringender Gefahr für das Wohl eines Kindes oder einer/eines Jugendlichen nehmen sie beispielsweise diese im Auftrag des Jugendamtes in Einrichtungen über Tag und Nacht auf (vgl. §§ 42 und 42 a SGB VIII), oder sie leisten ambulante, teilstationäre oder stationäre Formen erzieherischer Hilfe (vgl. §§ 27 ff. SGB VIII).

Aufgabe und Funktion der Jugendämter und der Träger der freien Jugendhilfe im Kinderschutz haben Schnittmengen und Unterschiede. Der Schutzauftrag gemäß § 8a SGB VIII besagt, dass bei Bekanntwerden gewichtiger Anhaltspunkte für die Gefährdung des Wohls eines Kindes oder einer/eines Jugendlichen eine Gefährdungseinschätzung vorgenommen werden muss, um darauf aufbauend den Erziehungsberechtigten Hilfeangebote unterbreiten oder einseitige Maßnahmen zum Schutz des Kindes oder der/des Jugendlichen einleiten zu können. Die Träger der freien Jugendhilfe sind in diesen Schutzauftrag eingebunden. Sie sind dazu verpflichtet, bei Bekanntwerden gewichtiger Anhaltspunkte für die Gefährdung des Wohls eines von ihnen betreuten Kindes oder Jugendlichen unter *Hinzuziehung einer insoweit erfahrenen Fachkraft* sowie unter Einbeziehung der davon betroffenen Kinder, Jugendlichen und Eltern eine Gefährdungseinschätzung vorzunehmen (soweit hierdurch der wirksame Schutz des Kindes oder der/des Jugendlichen nicht in Frage gestellt wird) und, sofern notwendig, auf die Inanspruchnahme von Hilfen bei den Eltern hinzuwirken. Erst wenn sie zu der Einschätzung kommen, keine eigenen Mittel und Möglichkeiten mehr zu haben, die Gefährdung in Zusammenarbeit mit den Eltern, Kindern und Jugendlichen abzuwenden, sind sie dazu verpflichtet, das Jugendamt über die anhaltende kindeswohlgefährdende Situation zu informieren.

Es ist jedoch wichtig zu betonen, dass die Träger der freien Jugendhilfe im Zuge der Wahrnehmung des Schutzauftrags nicht die Aufgaben und Funktionen des Jugendamtes übernehmen oder gar überflüssig machen. Sie sind im Rahmen ihrer Leistungserbringung zur Sicherstellung des Schutzauftrags bei Kindeswohlgefährdung verpflichtet, müssen bei der Gefährdungseinschätzung jedoch – anders als das Jugendamt – eine insoweit erfahrene Fachkraft hinzuziehen und das Jugendamt zwingend informieren, falls die Gefährdung nicht anders abgewendet werden kann (vgl. § 8a Abs. 4 SGB VIII).

Aufgabe und Funktion von Jugendamt und freien Trägern der Jugendhilfe bei der Wahrnehmung des Schutzauftrags gemäß § 8a SGB VIII
Beantworten Sie in Kleingruppen oder in Tandems folgende Fragen:

- Welche Aufgabe und Funktion hat das Jugendamt bei der Wahrnehmung des Schutzauftrags gemäß § 8a SGB VIII?
- Welche Aufgabe und Funktion haben freie Träger bei der Wahrnehmung des Schutzauftrags gemäß § 8a SGB VIII
- Welche Gemeinsamkeiten und Unterschiede gibt es zwischen dem Jugendamt und den freien Trägern?

Bereiten Sie Ihre Ergebnisse auf und tauschen Sie sich im Plenum über die von Ihnen festgestellten Gemeinsamkeiten und Unterschiede von Jugendämtern und freien Trägern bei der Wahrnehmung des Schutzauftrags bei Kindeswohlgefährdung gemäß § 8a SGB VIII aus. Vergleichen Sie Ihre Ergebnisse mit → Tabelle 7.

Tabelle 7: Aufgabe und Funktion des Jugendamtes und der Träger der freien Jugendhilfe bei der Wahrnehmung des Schutzauftrags gemäß § 8a SGB VIII (Fortsetzung nächste Seite)

Aufgabe	Funktion des Jugendamtes als Träger der öffentlichen Jugendhilfe im Kinderschutz	Funktion der Träger der freien Jugendhilfe im Kinderschutz
Gefährdungseinschätzung	Durchführung einer Gefährdungseinschätzung bei Bekanntwerden von *gewichtigen Anhaltspunkten* für die Gefährdung des Wohls eines Kindes oder einer/eines Jugendlichen • bezieht bei der Gefährdungseinschätzung mehrere Fachkräfte ein • bezieht bei der Gefährdungseinschätzung die Eltern und das Kind oder die/den Jugendliche(n) ein; Ausnahme: das Wohl des Kindes oder der/des Jugendlichen wäre dadurch gefährdet • verschafft sich einen unmittelbaren Eindruck vom Kind oder der/des Jugendlichen und seiner persönlichen Umgebung, sofern dies nach fachlicher Einschätzung erforderlich ist • beteiligt Personen, die nach § 4 Abs. 3 KKG Daten übermittelt haben, in geeigneter Weise an der Gefährdungseinschätzung, sofern dies nach fachlicher Einschätzung erforderlich ist.	Durchführung einer Gefährdungseinschätzung bei Bekanntwerden von *gewichtigen Anhaltspunkten* für die Gefährdung des Wohls eines Kindes oder einer/eines Jugendlichen • bezieht bei der Gefährdungseinschätzung eine insoweit erfahrene Fachkraft ein • bezieht bei der Gefährdungseinschätzung die Eltern und das Kind oder die/den Jugendliche(n) ein; Ausnahme: das Wohl des Kindes oder der/des Jugendlichen wäre durch den Einbezug der Eltern gefährdet
Unterbreitung von Hilfeangeboten	Unterbreitung, Gewährung und Realisierung von Hilfeangeboten bei den Eltern • sofern zur Abwendung der Kindeswohlgefährdung geeignet und notwendig	Werben um die Annahme von Hilfe • sind verpflichtet bei den Eltern auf die Inanspruchnahme von Hilfen zur Abwendung der Kindeswohlgefährdung hinzuwirken • sind verpflichtet das Jugendamt zu informieren, sofern die Kindeswohlgefährdung nicht anders abgewendet werden kann
Anrufung Familiengericht	Anrufung des Familiengerichts oder Einbezug anderer Leistungsträger zur Abwendung der Gefährdung • wenn die Eltern nicht mit der Inobhutnahme des Kindes oder der/des Jugendlichen einverstanden sind • wenn die Eltern nicht bereit oder in der Lage sind, bei der Abschätzung des Gefährdungsrisikos mitzuwirken	keine Funktion

Tabelle 7 – Fortsetzung

Aufgabe	Funktion des Jugendamtes als Träger der öffentlichen Jugendhilfe im Kinderschutz	Funktion der Träger der freien Jugendhilfe im Kinderschutz
Inobhutnahme bzw. stationäre Unterbringung des Kindes oder der/des Jugend-lichen	Inobhutnahme des Kindes oder der/des Jugendlichen nach § 42 SGB VIII • auf Bitte des Kindes oder der/des Jugendlichen • bei dringender Gefahr für das Wohls eines Kindes oder einer/eines Jugendlichen und wenn die Entscheidung des Familiengerichts nicht abgewartet werden kann	Es existieren zwei Varianten: Variante A: Stationäre Unterbringungen des Kindes oder der/des Jugendlichen *im Auftrag des Jugendamtes* im Rahmen einer vom Jugendamt durchgeführten Inobhutnahme Variante B: Übertragung der Befugnis zur Inobhutnahme an freie Träger; in diesem Fall: • Inobhutnahme auf Bitte des Kindes oder der/des Jugendlichen • Inobhutnahme bei dringender Gefahr für das Wohl eines Kindes oder einer/eines Jugendlichen • Umgehende Information des Jugendamts über die erfolgte Inobhut-nahme
Einbezug Ein-richtungen der Gesundheitshilfe oder der Polizei zur Abwendung der Gefährdung	Einbezug von Einrichtungen der Gesundheitshilfe oder der Polizei zur Abwendung der Gefährdung • mit Zustimmung der Eltern • ohne Zustimmung der Eltern bei sofortigem Handlungsbedarf und wenn diese nicht dazu bereit sind, mitzuwirken	Keine Funktion

In der *Schweiz* kann sich grundsätzlich jede Person, die vermutet, dass das Wohl eines Kindes gefährdet ist, mit ihrem Verdacht an eine Kindesschutz- und Erwachsenenbehörde (KESB) wenden (Art. 314c ZGB). Fachpersonen, die nicht dem Berufsgeheimnis nach dem Strafgesetzbuch unterstehen und beruflich regelmäßig mit Kindern und Jugendlichen Kontakt haben oder in amtlicher Tätigkeit von einem solchen Fall erfahren, sind zur Meldung an eine Kindesschutzbehörde verpflichtet, sofern sie die Gefährdung im Rahmen ihrer Tätigkeit nicht selbst abwenden können (Art. 314d ZGB). Die KESB ist ähnlich wie in Deutschland das Familiengericht dazu befugt, Eingriffe in die Rechte von Eltern zur Abwendung von Kindeswohlgefährdungen vorzunehmen. Sie trifft ihre Entscheidung mit mindestens drei Mitgliedern. Die Kantone können für bestimmte Geschäfte aber Ausnahmen vorsehen (vgl. Art. 440 ZGB; weiterführend: Heck 2018, S. 93 ff.). Sie ist „von Amts wegen" (Art. 446 ZGB Abs. 1) dazu verpflichtet, Hinweisen auf Gefährdungen des Wohls von Kindern und Jugendlichen nachzugehen (in Deutschland ist dafür das Jugendamt als Leistungsbehörde verantwortlich) und Abklärungen vorzunehmen. Sie kann Abklärungen des Kindeswohls entweder selbst vornehmen oder diese Aufgabe an geeignete Fachpersonen oder -dienste delegieren (vgl. Art. 446 ZGB). Ziel der Abklärungen ist es, Entscheidungen der KESB über die Anordnung von Leistungen und/oder Eingriffen in die Rechte von Eltern zur Abwendung von Kindeswohlgefährdungen (sogenannte ‚zivilrechtliche Kindesschutzmassnahmen') vorzubereiten. Sie kann zivilrechtliche Kindesschutzmaßnahmen wie die Ermahnung, die Weisung, die Erziehungsaufsicht, die Erziehungsbeistandschaft, die Aufhebung des Aufenthaltsbestimmungsrechts und den Entzug der elterlichen Sorge zum Schutz von Kindern und Jugendlichen anordnen (vgl. Art. 307–311 ZGB; weiterführend: Rosch/Hauri 2018b, S. 454 ff.), ist aber nicht dafür zuständig, Hilfe zu leisten. Hierfür sind Kinder- und Jugendhilfedienste, Sozialdienste oder andere nichtbehördliche Fachdienste zuständig, die eng mit den Kindes- und Erwachsenenschutzbehörden kooperieren (vgl. Biesel/Schär 2020).

In *Österreich* hat der örtlich zuständige Kinder- und Jugendhilfeträger die Schlüsselposition im Kinderschutz inne (Jugendamt). Wird eine Kindeswohlgefährdung gemeldet, führt dieser eine Gefährdungsabklärung durch und versucht – entweder im Einvernehmen mit den Eltern oder gegen deren Willen auf Grundlage einer gerichtlichen Anordnung bzw. Verfügung – zu helfen. Liegt Gefahr in Verzug vor, kann der örtlich zuständige Kinder- und Jugendhilfeträger auch Sofortmaßnahmen (§ 211 ABGB) einleiten. Er muss aber binnen acht Tagen einen Antrag auf Genehmigung der Maßnahme bei Gericht stellen. Das Gericht wird tätig, wenn Eltern durch ihr Verhalten das Wohl ihres Kindes gefährden und es deswegen, von wem auch immer, angerufen wird. Für die Sicherung des Kindeswohls ist es verpflichtet, die dazu erforderlichen Verfügungen zu treffen. Hierzu gehören die Entziehung oder Einschränkung der Obsorge (vgl. § 181 ABGB). Das Gericht darf die Rechte von Eltern aber nur so weit einschränken, wie dies zur Sicherung des Kindeswohls notwendig ist (vgl. § 182 ABGB).

9.4 Resümee

Die Aufgaben der Kinder- und Jugendhilfe im Kinderschutz werden von unterschiedlichen Organisationen und Einrichtungen wahrgenommen. Sowohl Träger der öffentlichen als auch Träger der freien Jugendhilfe unterliegen rechtlichen Vorgaben und Verfahrensregeln für den Umgang mit Kindeswohlgefährdung und rahmen das Handeln von Fachkräften im Kinderschutz. Aufgrund der Art und Weise, wie Organisationen und Einrichtungen der Kinder- und Jugendhilfe ihre Aufgaben erfüllen, können sie als soziale personenbezogene Dienstleistungsorganisation verstanden werden (vgl. Klatetzki 2010). Organisationen dieses Typs weisen bestimmte Merkmale auf. Ihre Arbeit ist in der Mehrheit nicht gewinnorientiert und auf Menschen ausgerichtet, die in ihrer Autonomie eingeschränkt und auf professionelle Hilfe angewiesen sind. Das Jugendamt als Organisation des Trägers der öffentlichen Jugendhilfe kann als Kernorganisation des Kinderschutzes betrachtet werden. Es vermittelt und erbringt soziale personenbezogene Dienstleistungen im Kontext der Wahrnehmung des Schutzauftrags nach § 8a SGB VIII. Dabei ist es auf die Zusammenarbeit mit Trägern der freien Jugendhilfe angewiesen. Jugendämter und freie Träger haben zwar unterschiedliche Aufgaben und Funktionen im Kinderschutz, sie sind aber aufeinander angewiesen, um ihrer jeweiligen Verantwortung gerecht werden zu können.

Anregungen zum Selbststudium

- Recherchieren Sie im Internet fünf verschiedene Jugendämter. Finden Sie heraus, wie diese organisatorisch aufgebaut sind und wie sie ihre Aufgaben und Funktionen in Zusammenarbeit mit Trägern der freien Jugendhilfe im Kinderschutz wahrnehmen.
  - Welche Gemeinsamkeiten und Unterschiede gibt es zwischen den Jugendämtern?
  - Womit erklären Sie sich die Gemeinsamkeiten und Unterschiede? Welches könnten Vor- und Nachteile der jeweiligen Varianten sein?
- Lesen Sie den Beitrag „Klatetzki, Thomas (2010). Zur Einführung: Soziale personenbezogene Dienstleistungsorganisation als Typus. In: Klatetzki,

Thomas (Hg.). Soziale personenbezogene Dienstleistungsorganisationen. Soziologische Perspektiven. Wiesbaden. S. 7–24." und beantworten Sie folgende Fragestellungen:
  - Wodurch zeichnen sich soziale personenbezogene Dienstleistungsorganisationen aus?
  - Was meinen Sie: Kann das Jugendamt als soziale personenbezogene Dienstleistungsorganisation aufgefasst werden? Welche Argumente sprechen dafür, welche dagegen?
- Überlegen Sie, welche Organisationen des Kinderschutzes Sie im Bereich der Kinder- und Jugendhilfe kennen.
  - Durch welche Angebote und Leistungen sind diese Ihnen im Gedächtnis geblieben? Wovon waren Sie beeindruckt?
- Reflektieren Sie, wie über Jugendämter in den letzten Jahren in den Medien berichtet wurde.
  - Welche medialen Ereignisse sind Ihnen besonders im Gedächtnis geblieben?
  - Welches Image haben Ihrer Meinung nach Jugendämter in der Öffentlichkeit? Woran machen Sie das fest?
  - Recherchieren Sie Medienbeiträge, die von der Arbeitsgemeinschaft für Jugendhilfe im Rahmen des Deutschen Kinder- und Jugendhilfepreises (Hermine-Albers-Preis) prämiert wurden. Wie wird das Bild der Kinder- und Jugendhilfe in diesen Beiträgen gezeichnet?
- Stellen Sie sich vor, Sie sind auf Stellensuche und könnten sich entscheiden, ob Sie lieber im Jugendamt oder bei einem freien Träger zur Wahrnehmung des Schutzauftrags nach § 8a SGB VIII arbeiten würden. Für welche Organisation würden Sie sich entscheiden und warum? Was spricht für und gegen das Jugendamt, was für oder gegen den freien Träger?

Weiterführende Literatur

Klatetzki, Thomas (Hg.) (2010). Soziale personenbezogene Dienstleistungsorganisationen. Soziologische Perspektiven. Wiesbaden.
In diesem Sammelband werden unterschiedliche soziologische Theorien herangezogen, um soziale personenbezogene Dienstleistungsorganisationen wie z. B. das Jugendamt zu beschreiben und zu erklären.

Mund, Petra (2019). Grundkurs Organisation(en) in der Sozialen Arbeit. Weinheim und München.
Dieses Buch gibt einen Überblick über die heterogene Organisationslandschaft im Feld der Sozialen Arbeit. Es vermittelt Wissen über organisationstheoretische Grundlagen, grundlegende Strukturen und Finanzierungsbedingungen in

Organisationen Sozialer Arbeit und enthält zahlreiche praktische Übungen und Anregungen zur kritischen Reflexion und für den Praxisalltag.

Schone, Reinhold/Tenhaken, Wolfgang (Hg.) (2015). Kinderschutz in Einrichtungen und Diensten der Jugendhilfe. Ein Lehr- und Praxisbuch zum Umgang mit Fragen der Kindeswohlgefährdung. 2. überarbeitete und erweiterte Auflage. Weinheim; Basel.
Diese Einführung enthält vertiefende Beiträge zu den Rollen und rechtlichen Aspekten von Trägern der öffentlichen und der freien Jugendhilfe im Kinderschutz sowie einen Beitrag zur interprofessionellen Kooperation im Kinderschutz.

Kapitel 10
Akteure des Kinderschutzes außerhalb der Kinder- und Jugendhilfe

Überblick über das Kapitel

Dieses Kapitel dient dazu, sich damit auseinanderzusetzen, welche Perspektive Akteure außerhalb der Kinder- und Jugendhilfe auf den Kinderschutz haben und wie diese in ihren Institutionen und Organisationen mit Hinweisen auf Kindeswohlgefährdung umgehen. Wir konzentrieren uns dabei auf die für den Kinderschutz zentralen Bereiche Bildungswesen (Schule), Gesundheitshilfe und Justiz. Im ersten Schritt geht es darum, welche Anlässe Fachkräfte verschiedener Professionen außerhalb der Kinder- und Jugendhilfe zum Handeln auffordern und welche Ziele sie mit ihrem Vorgehen verfolgen. Darauf aufbauend wird erörtert, warum Kooperation im Kinderschutz voraussetzungsvoll ist und welche spezifischen Bedingungen für ihr Gelingen erforderlich sind. Vor diesem Hinter-

10.1 Akteure außerhalb der Kinder- und Jugendhilfe und ihre Perspektiven auf Kinderschutz

10.2 Besserer Kinderschutz durch mehr Kooperation?

10.3 Aufgabe und Funktion des Familiengerichts im Kinderschutz

10.4 Jugendamt und Familiengericht als Verantwortungsgemeinschaft

10.5 Aufgabe und Funktion von Einrichtungen der Gesundheitshilfe im Kinderschutz

10.6 Aufgabe und Funktion von Schulen im Kinderschutz

10.7 Aufgabe und Funktion von Strafverfolgungsbehörden im Kinderschutz

10.8 Welche Organisationen und Akteure sind darüber hinaus im Kinderschutz involviert?

10.9 Resümee

grund werden die Aufgaben und Funktionen der unterschiedlichen Akteure im Kinderschutz vorgestellt und Schnittstellen der Zusammenarbeit zwischen diesen und den Jugendämtern im Kontext der Bearbeitung von Kindeswohlgefährdungen hervorgehoben. Es werden zudem Beispiele gegeben, welche Organisationen und Fachkräfte darüber hinaus im Kinderschutz involviert und für das Erkennen und das Abwenden von Kindeswohlgefährdungen von Bedeutung sein können.

10.1 Akteure außerhalb der Kinder- und Jugendhilfe und ihre Perspektiven auf Kinderschutz

Im System des Kinderschutzes in Deutschland sind Akteure aus unterschiedlichen Professionen und Institutionen beteiligt (→ Kapitel 1). Sie sind neben der Kinder- und Jugendhilfe auch in Familiengerichten, Einrichtungen der Gesundheitshilfe, in anderen pädagogischen Institutionen und bei Strafverfolgungsbehörden angestellt. Je nachdem, welcher Profession sie angehören, in welche Institutionen oder Organisationen die Akteure eingebunden sind und welche Rolle sie dort haben, fokussieren sie bei der Frage, was Kinderschutz ist und ab wann es sich um einen Fall von Kindeswohlgefährdung handelt, unterschiedliche Aspekte. Die → Tabelle 8 verdeutlicht die Perspektiven der unterschiedlichen Akteure und Professionen im Kinderschutz anhand von drei Kriterien: 1. universelle Kommunikationscodes, d. h. Paradigmen, auf die das kommunikative Handeln im jeweiligen System ausgerichtet ist (in der Sozialen Arbeit wird bei Gefährdungen des Kindeswohls *Hilfe* organisiert); 2. traditionelle Handlungslogiken der Akteure und 3. typische Interventionsanlässe, d. h. Anlässe, auf die die Akteure reagieren.

Die Übersicht in → Tabelle 8 macht deutlich, dass unterschiedliche Akteure jeweils einen spezifischen Ausschnitt des Geschehens in den Blick nehmen und damit jede der Perspektiven für sich alleine genommen eine Verkürzung des Falles darstellt. Um eine ganzheitliche Wahrnehmung und angemessene, dem Kindeswohl dienliche Interpretation des Falles zu ermöglichen, ist es deshalb wichtig, die unterschiedlichen Perspektiven zusammenzubringen. Im Kinderschutzschutzsystem sind die Akteure unterschiedlicher Bereiche und Institutionen daher aufeinander verwiesen und voneinander abhängig.

In der Gestaltung der Zusammenarbeit nehmen Fachkräfte der Profession Soziale Arbeit eine zentrale Rolle ein. Sie sind in Jugendämtern für Gefährdungseinschätzung, Fallverstehen und Hilfeplanung zuständig sowie bei freien Trägern als Leistungserbringer daran beteiligt. Aufgabe der Sozialen

Tabelle 8: Die Perspektive unterschiedlicher Akteure/Professionen im Kinderschutz (in Anlehnung an Hildebrand 2014, S. 180)

Fall von KWG für …	Universeller Kommunikationscode	Traditionelle Handlungslogiken	Typische Interventionsanlässe
Fachkräfte Sozialer Arbeit	Hilfe/Nichthilfe	KWG erkennen, einschätzen, verstehen und helfen	Wahrnehmung von oder Hinweise auf die Gefährdung des Wohls eines Kindes oder einer/eines Jugendlichen
Lehrerinnen und Lehrer	Leistung/Versagen	KWG melden und abwenden	Probleme oder Leistungsabfall in der Schule; auffälliges, störendes oder ungewöhnliches Verhalten
Ärztinnen und Ärzte	Gesund/Krank	KWG erkennen und heilen	Atypische Verletzungen, Schädigungen oder Verhalten
Psychologinnen und Psychologen	Normal/Deviant	KWG analysieren und therapieren	Entwicklungsauffälligkeiten und -störungen
Richterinnen und Richter	Recht/Unrecht	KWG abwenden durch gerichtliche Anordnung von Maßnahmen zum Schutz des Kindes	Sorge- und Trennungsstreitigkeiten; KWG gemäß § 1666 BGB
Polizistinnen und Polizisten	Ordnung/Unordnung	KWG abwehren durch Schutz bei Gefahr im Verzug und strafrechtliche Ermittlungen	Häusliche Gewalt; Alkohol- und Drogenmissbrauch der Erziehenden; Delinquenz der Erziehenden

Arbeit ist es, Antworten auf Probleme, Konflikte und Krisen zu finden, die in Familien zu kindeswohlgefährdenden Unterlassungen oder Handlungen führen. Für andere Aufgaben ist sie zwar selbst nicht direkt zuständig, hat jedoch eine koordinierende Funktion für die Einbeziehung anderer Akteure, um weiterführende Maßnahmen und Interventionen im Interesse des Kindeswohls anstossen zu können. Sie nimmt damit eine wichtige Vermittlerfunktion im Kinderschutzsystem ein.

Ein Beispiel für eine andere Perspektive auf den Kinderschutz ist die Perspektive von Lehrer(innen) in der Schule. Sie werden bei gewichtigen Hinweisen für Kindeswohlgefährdung in der Regel nicht in der direkten Hilfe mit der Familie tätig, sondern melden diese eher dem Jugendamt oder anderen Akteuren der Sozialen Arbeit, z. B. Schulsozialarbeit, damit diese tätig werden und die Gefährdung abwenden. Damit verbunden ist das primäre Ziel der Lehrkräfte, das Kind oder die/den Jugendliche(n) wieder in die Lage zu versetzen, ungestört, d. h. frei von familiären Belastungen und Konflikten, dem Unterricht folgen, lernen und gute Noten erzielen zu können. Aus der → Tabelle 8 werden weitere, zum Teil in Konflikt zu einander stehende Sichtweisen und Verständnisse darüber deutlich, was unter dem Wohl und einer Gefährdung eines Kindes oder einer/eines Jugendlichen verstanden werden kann und was getan werden muss, um eine Kindeswohlgefährdung abzuwenden.

Um diese verschiedenen Perspektiven produktiv in Beziehung zueinander setzen zu können, ist es im Kinderschutz erforderlich, dass die unterschiedlichen Institutionen miteinander kooperieren. Untersuchungen zeigen jedoch, dass Zusammenarbeit im Kinderschutz kein Selbstläufer und schon gar nicht ein Garant für einen wirksameren Kinderschutz ist (Glisson/Hemmelgarn 1998; Goldbeck 2005; Bode/Turba 2014; Gerber/Lillig 2014; Biesel 2015; Albrecht et al. 2016). Bevor wir uns mit den unterschiedlichen Akteuren des Kinderschutzes außerhalb der Kinder- und Jugendhilfe im Einzelnen befassen, werden wir daher zunächst die Chancen und Risiken von Kooperation beleuchten.

10.2 Besserer Kinderschutz durch mehr Kooperation?

Wenn man im Kinderschutz über Kooperation spricht, können damit sehr unterschiedliche Dinge gemeint sein. Eine grundlegende Unterscheidung ist die zwischen fallübergreifender und fallspezifischer Kooperation. Auch kann unterschieden werden zwischen formeller und informeller Kooperation, also solchen Kooperationen, die zwischen Organisationen formell geregelt sind, und solchen, die individuell auf persönlichem Kontakt basieren. Es gibt enge und lose, konstruktive und konkurrente Kooperationen.

Um eine konstruktive Kooperation zu entwickeln, ist ein Dialog der Akteure vor Ort notwendig. Zwar gibt es gesetzliche Grundlagen zum Kinderschutz (→ Kapitel 8) sowie darauf beruhende Regelungen, Verfahrensbeschreibungen und Kooperationsvereinbarungen. Die Praxis zeigt jedoch, dass die Zuständigkeiten, Aufgaben, Funktionen und Interventionslogiken unterschiedlicher Professionen und ihrer Organisationen vor Ort hiermit nicht ausreichend bestimmt sind. Es braucht gemeinsame Klärungsprozesse der Akteure, in denen Selbstverständnisse, Erwartungen und Grenzen gemeinsam formuliert, diskutiert und vereinbart werden. Kooperation muss also aktiv und bewusst entwickelt und gepflegt werden. Sie bedarf ferner eines klaren Konzepts und förderlicher Rahmenbedingungen (vgl. Amt für Soziale Dienste Bremen 2009; Tenhaken 2015).

Wenn Institutionen diese Klärung vernachlässigen, ist die Gefahr groß, dass sie aneinander vorbei oder gegeneinander, nicht jedoch zusammen arbeiten. Dies erschwert den Schutz von Kindern. Vor allem, wenn es an einer gemeinsamen Sprache mangelt und die verschiedenen Interventionslogiken nicht sinnvoll aufeinander abgestimmt werden, kann es zu fatalen Missverständnissen und schwerwiegenden Fehlern im Kinderschutz kommen (→ Kapitel 16). Ungeklärte Zuständigkeiten und Verantwortungen spielen hierbei eine große Rolle, aber auch miteinander in Konflikt stehende Einschätzungen und Zielstellungen. Nicht selten fehlt es überdies an den erforderlichen Ressourcen, um im Interesse des Kindeswohls dauerhafte Kooperationsbeziehungen zwischen den Subsystemen und ihren Organisationen zu ermöglichen.

Man könnte nun davon ausgehen, dass eine konstruktive, fachlich qualifizierte Kooperation der unterschiedlichen Systeme für Kinder und Jugendliche nur positiv sein kann, da sie den Schutz vor Kindeswohlgefährdung verbessert. Aber Kooperation hat auch Nebenwirkungen. Es ist zu beobachten, dass Kinder, Jugendliche und Eltern bei einer verbesserten Zusammenarbeit zwischen den professionellen Akteuren weniger Chancen haben, sich zu beteiligen und sich mit ihren Anliegen einzubringen (Goldbeck et al., 2005; Hildenbrand 2011, S. 53). Insofern kann der Austausch zwischen Professionellen bei Kindern, Jugendlichen und Eltern auch auf Vorbehalte stoßen, und es ist Aufgabe der Fachkräfte, hier für Transparenz zu sorgen und Beteiligung der Betroffenen zu ermöglichen und sicherzustellen.

Kooperation zwischen unterschiedlichen Professionen im Kinderschutz dient im Idealfall dem Kindeswohl und funktioniert am ehesten, wenn die im Kinderschutz tätigen Organisationen mit ihren professionellen Akteuren an der Gestaltung guter Kinderschutzarbeit interessiert sind und sich als Teil eines aufeinander angewiesenen Kinderschutzsystems verstehen. Welche Bedingungen zum Gelingen von Zusammenarbeitsprozessen im Kinderschutz auf der Ebene professioneller Haltungen und Einstellungen sowie fallspezifischer und fallübergreifender Kooperation beitragen, zeigt die folgende → Abbildung 4 (nächste Seite).

Die dort aufgezählten Gelingensbedingungen zeigen, dass Kooperation im Kinderschutz von allen Beteiligten die Bereitschaft erfordert, aufeinander zuzugehen und den anderen mit Vertrauen, Wertschätzung und Empathie zu begegnen. Sie basiert auf dem Prinzip des Gebens und Nehmens und soll als unterstützend und verlässlich erlebt werden. Auf dieser Basis wird auch der mit Kooperation im Kinderschutz verbundene Zeit- und Arbeitswand

Abbildung 4: Bedingungen für gelingende Kooperation im Kinderschutz (in Anlehnung an Ziegenhain 2011 et al, S. 49 u. Fegert 2014, S. 7)

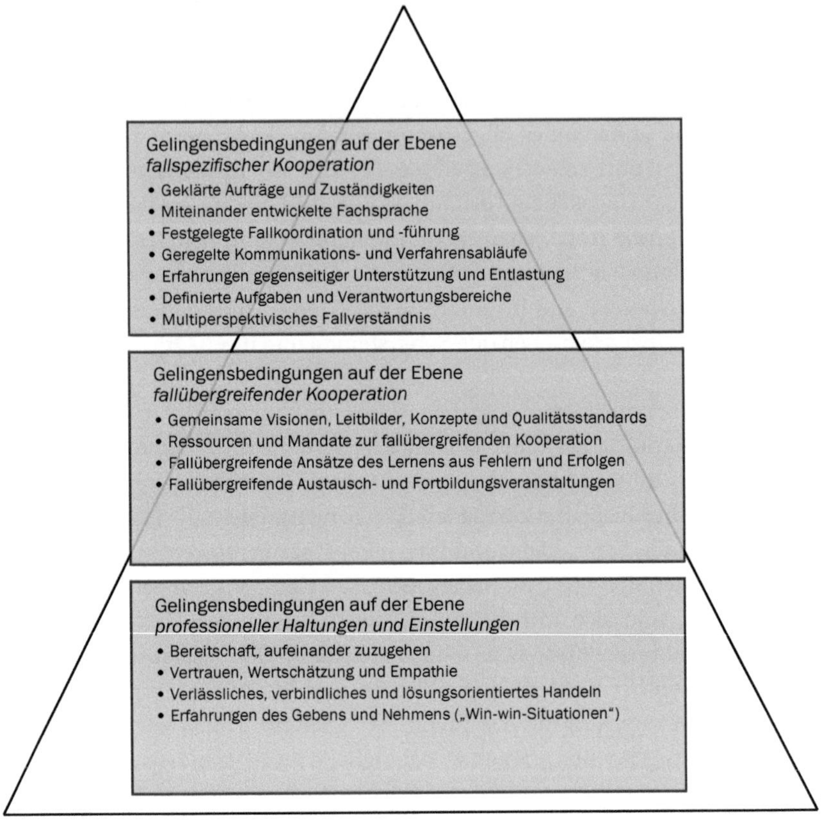

als sinnvoll erlebt. Kooperation ist auch nicht von einem Partner alleine zu verantworten, sondern nur gemeinsam möglich. Angehörige unterschiedlicher Professionen im Kinderschutz müssen daher dabei ermutigt und darin unterstützt werden, den Blick über den eigenen Gartenzaun zu wagen und sich auf andere Institutionen und Perspektiven einzulassen.

Auf dieser Grundlage wenden wir uns nun den konkreten Aufgaben und Funktionen von Akteuren des Kinderschutzes außerhalb der Kinder- und Jugendhilfe zu.

10.3 Aufgabe und Funktion des Familiengerichts im Kinderschutz

Für die Abwendung von Kindeswohlgefährdungen ist das Familiengericht eine wichtige Organisation des Kinderschutzes. Sie ist die einzige Institution, die dazu berechtigt ist, Eingriffe in die grundgesetzlich geschützten Rechte von Eltern (Art. 6 GG.) zur Abwehr von Kindeswohlgefährdungen vorzunehmen (vgl. Meysen/Nonninger 2019a, S. 129). In → Kapitel 8 haben wir schon deutlich gemacht, dass anders, als viele Laien denken, das Jugendamt nicht befugt ist, in die Rechte von Eltern einzugreifen. Das Familiengericht wird tätig, wenn es vom Jugendamt angerufen oder von anderen Stellen über eine mögliche Kindeswohlgefährdung informiert wird (z. B. der Polizei). Vom Jugendamt wird es kontaktiert, wenn die Eltern z. B. nicht mit der Inobhutnahme des Kindes oder der/des Jugendlichen (§ 42 SGB VIII) einverstanden sind oder nicht dazu bereit oder in der Lage sind, bei der Abschätzung des Gefährdungsrisikos mitzuwirken (vgl. Meysen 2012, S. 32 f.).

Familiengerichte sind besondere Abteilungen der Amtsgerichte. In ihnen arbeiten Jurist(inn)en als Richter(innen). Sie sind unabhängig von politischen oder anderen Weisungen und nur dem Recht und dem Gesetz gegenüber verpflichtet. Ihre Urteile fällen sie auf der Basis juristischer Kriterien. Sie sollen als neutrale Personen prüfen, ob eine Kindeswohlgefährdung nach § 1666 BGB vorliegt und gegebenenfalls die zur Abwendung einer Kindeswohlgefährdung erforderlichen Maßnahmen anordnen (→ Kapitel 8).

Voraussetzung für die Anordnung gerichtlicher Maßnahmen zur Abwendung von Kindeswohlgefährdungen ist aber nicht nur, dass das Wohl des Kindes oder der/des Jugendlichen als gefährdet angesehen wird und die Eltern nicht dazu bereit oder in der Lage sind, die Gefährdung abzuwenden. Das Familiengericht prüft auch, ob zuvor Hilfsangebote unterbreitet wurden und das Jugendamt alle Möglichkeiten ausgeschöpft hat, zu versuchen, Einvernehmen mit den Eltern über notwendige Strategien zur Abwendung der Kindeswohlgefährdung zu erzielen. Nur in Ausnahmefällen, wie etwa sadistisch motivierter Misshandlung von Kindern, kommt ein Eingriff in das Sorgerecht auch ohne solche Hilfsangebote in Frage. Grundsätzlich gilt das Prinzip: *Hilfe vor Eingriff.*

Wenn das Familiengericht eingreift, muss dies nach den *Grundsätzen der Verhältnismäßigkeit und Subsidiarität* erfolgen. Diese Grundsätze besagen, dass stets nur der geringste Eingriff in Grundrechte erfolgen darf, der zur Abwendung der Kindeswohlgefährdung erforderlich ist. So sind – sofern ausreichend – zuerst eingriffsschwache familiengerichtliche Maßnahmen zur Abwendung der Kindeswohlgefährdung anzuordnen, wie z. B. Gebote oder

Verbote. Ein teilweiser oder vollständiger Entzug der elterlichen Sorge darf vom Familiengericht nur dann in Betracht gezogen werden, wenn andere Maßnahmen ausgeschöpft und/oder nicht dazu geeignet sind bzw. waren, einer Kindeswohlgefährdung entgegenzuwirken (→ Kapitel 13).

Um den Grundsätzen der Verhältnismäßigkeit und Subsidiarität gerecht zu werden, ist das Familiengericht nach § 26 FamFG dazu verpflichtet, eigene Sachverhaltsermittlungen vorzunehmen. Das Familiengericht darf sich demnach nicht allein auf Einschätzungen des Jugendamtes verlassen. Es muss selbst Untersuchungen vornehmen, insbesondere in Fällen, „in denen die Zugänge des Jugendamts zur Familie nicht ausreichen, um eine potenzielle Kindeswohlgefährdung ausreichend einschätzen zu können, und in denen die Möglichkeiten des Familiengerichts zur Sachverhaltsaufklärung den benötigten Erkenntnisgewinn versprechen“ (Meysen/Nonninger 2019a, S. 132). Das Familiengericht kann bspw. Eltern vorladen, die im Verdacht stehen, das Wohl ihrer Kinder zu gefährden, auf mehrfache Einladungen des Jugendamts nicht reagiert haben und auch im Rahmen von Hausbesuchen nicht anzutreffen waren. Es kann darüber hinaus psychologische Sachverständige damit beauftragen, herauszufinden, ob das Wohl eines Kindes oder einer/eines Jugendlichen gefährdet ist (vgl. ebd., S. 136).

Das Familiengericht ist laut § 155 FamFG dazu verpflichtet, Verfahren wegen Gefährdung des Kindeswohls vorrangig und beschleunigt durchzuführen. Zum einen wird hier aufgrund der potenziellen Gefährdungslage eine Dringlichkeit gesehen. Mit der Verpflichtung verbunden ist aber auch die Absicht, Jugendämter im Umgang mit Kindeswohlgefährdungen zeitnah zu unterstützen und Trennungen des Kindes von seinen Eltern oder massiven Eingriffen in Elternrechte vorzubeugen. Das Jugendamt soll das Familiengericht in Fällen von Kindeswohlgefährdungen möglichst frühzeitig anrufen, um bei den Eltern ein Umdenken zu erreichen, ihnen den Ernst der Lage deutlich zu machen und sie zur freiwilligen Mitarbeit im Interesse des Kindeswohls zu gewinnen. Das Familiengericht hat dann eine Initiierungs-, Unterstützungs- und Warnfunktion (vgl. Meysen/Nonninger 2019a, S. 132).

Die unterschiedlichen Funktionen des Familiengerichts bei Gefährdungen des Kindewohls werden in → Abbildung 5 veranschaulicht. Sie zeigt auf, dass das Familiengericht nicht nur Eingriffe in Elternrechte zur Abwendung von Kindeswohlgefährdungen vornimmt, sondern auch selbst zur Klärung von Ursachen und Hintergründen kindeswohlgefährdender Ereignisse in Familien beiträgt, sei es, dass es selbst Sachverhaltsermittlungen unternimmt, sei es, dass es spezielle Gutachten in Auftrag gibt. Es hat überdies eine präventive bzw. warnende Funktion, indem es Eltern vorlädt, ihnen den Ernst der Lage aufzeigt und ihnen Optionen zur einvernehmlichen Abwendung der Kindeswohlgefährdung darlegt. Das Familiengericht hat insofern kein Interesse daran, Eltern bloßzustellen und ihnen ihre Schwächen aufzuzeigen. Vornehmlich ist es dazu da, in Kooperation mit Eltern und dem Jugendamt den Schutz von in ihrem Wohl gefährdeten Kindern sicherzustellen, zuvorderst im Einvernehmen mit den Erziehungsberechtigten und, wenn es notwendig ist, auch gegen den Willen von Eltern und Kindern.

Abbildung 5: Die Funktionen des Familiengerichts bei Gefährdungen des Kindeswohls (in Anlehnung an Meysen/Nonninger 201a, S. 132)

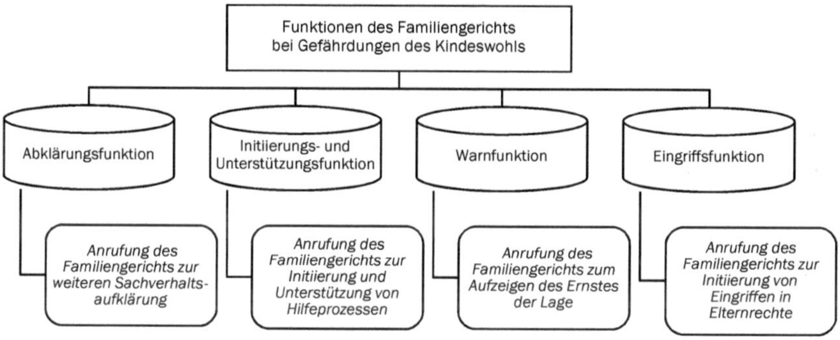

Das Familiengericht muss bei Verfahren wegen Gefährdungen des Kindeswohls das in seinem Wohl gefährdete Kind anhören. Dies gilt zwingend ab Vollendung des 14. Lebensjahrs. Aber auch davor sind Kinder anzuhören, wenn die Neigungen, Bindungen oder der Wille des Kindes für die Entscheidung von Bedeutung sind oder wenn eine persönliche Anhörung aus sonstigen Gründen angezeigt ist (§ 159 Abs. 2 FamFG). Die Anhörungspflicht gilt auch für die Eltern (§ 160 FamFG).

10.4 Jugendamt und Familiengericht als Verantwortungsgemeinschaft

Das Jugendamt und das Familiengericht müssen im Kinderschutz eng miteinander zusammenarbeiten. Sie werden als eine Art *Verantwortungsgemeinschaft* bei der Wahrnehmung des staatlichen Wächteramts gemäß Art. 6 Abs. 2 Satz 2 GG angesehen (vgl. Kinderschutz-Zentrum Berlin 2009, S. 103; Meysen/Nonninger 2019a, S. 134; Wiesner 2006, S. 4 f.). Allerdings haben die beiden Institutionen sehr unterschiedliche Aufgaben und Funktionen im Kinderschutz:

- Das *Jugendamt* erbringt *als Leistungsbehörde* in Kooperation mit Trägern der freien Jugendhilfe unterschiedliche soziale personenbezogene Dienstleistungen, um auf Kindeswohlgefährdungen zu reagieren (→ Kapitel 9). Es stellt im Rahmen seiner öffentlichen Gewährleistungsverantwortung eine Infrastruktur zur allgemeinen Bildung und Erziehung von Kindern, Jugendlichen und Familien zur Verfügung *(Infrastrukturfunktion)*. Es berät, entlastet und unterstützt Kinder, Jugendliche und Familien in besonderen Problemlagen *(Beratungs-, Entlastungs- und Unterstützungsfunktion)* und unterstützt Eltern bei der Erziehung, Bildung und Betreuung ihrer Kinder mit ambulanten, teilstationären und stationären Hilfen zur Erziehung *(Einzelfallhilfefunktion)*. Zudem interveniert es in akuten Belastungs- und Krisensituationen zum Wohle gefährdeter Kinder und Jugendlicher *(Krisenfunktion)* (vgl. Schrapper 2012b, S. 70 f.).
- Das *Familiengericht* reagiert *als unabhängige Entscheidungsbehörde* hingegen auf Kindeswohlgefährdungen in anderer Weise: Es trägt zur Klärung des Sachverhalts bei *(Abklärungsfunktion)*. Es initiiert und unterstützt Hilfeprozesse *(Initiierungs- und Unterstützungsfunktion)*. Es verdeutlicht gegenüber den Eltern den Ernst der Lage *(Warnfunktion)* und es greift in die Rechte von Eltern ein, um Kinder und Jugendliche vor Gefährdungen ihres Wohls zu schützen *(Eingriffsfunktion)*.

Das Familiengericht hat weder die Aufgabe, dem Antrag des Jugendamts blind zu folgen, noch die, seine Arbeit zu kontrollieren. Es agiert unabhängig und beurteilt eigenständig, „ob zur Gefahrenabwehr sorgerechtliche Maßnahmen notwendig sind, die wiederum die Voraussetzung dafür bilden, dass das Jugendamt dem Kind oder der/dem Jugendlichen die fachlich geeignete und notwendige Hilfe leisten kann" (Wiesner 2006, S. 5). Sollte das Familiengericht zu dem Schluss kommen, dass Eingriffe in die Rechte von Eltern zur Abwendung der Gefährdung des Wohls des Kindes erforderlich sind, hat es seine Entscheidungen regelmäßig zu überprüfen und gegebenenfalls aufzuheben, sofern keine Gefahr mehr für das Wohl des Kindes besteht oder die Erforderlichkeit der Maßnahme entfallen ist (§ 1696 Abs. 2 BGB).

Aufgabe und Funktion von Jugendamt und Familiengericht bei Kindeswohlgefährdungen

Beantworten Sie für sich allein oder zu zweit nachstehende Fragen:

- Welche Aufgabe und Funktion hat das Jugendamt bei Gefährdungen des Kindeswohls?

- Welche Aufgabe und Funktion hat das Familiengericht bei Gefährdungen des Kindeswohls?
- Welche Gemeinsamkeiten und Unterschiede gibt es zwischen den Aufgaben und Funktionen des Jugendamts und des Familiengerichts?

Kommen Sie im Anschluss im Plenum zusammen und bilden Sie zwei Gruppen. Eine Gruppe hat den Auftrag, Beispiele für Situationen zu überlegen, bei denen das Jugendamt mit seinen Möglichkeiten und Mitteln bei der Bearbeitung und Abwendung von Kindeswohlgefährdungen an seine Grenzen kommt und warum. Die andere Gruppe hat den Auftrag, Situationen zu beschreiben, in denen es fachlich geboten ist, das Familiengericht hinzuzuziehen, um Kindeswohlgefährdungen bearbeiten und abzuwenden zu können.

Tauschen Sie im Anschluss Ihre Ergebnisse aus und reflektieren Sie, wodurch die Debatte in den Gruppen gekennzeichnet war. Überlegen Sie, warum es für den Kinderschutz notwendig ist, sowohl auf Funktionen des Jugendamtes als auch auf Funktionen des Familiengerichts zurückgreifen zu können.

Neben dem Jugendamt und dem Familiengericht gibt es noch andere Akteure, die in familiengerichtlichen Verfahren eine Rolle und Aufgabe haben (vgl. Rüting 2019, S. 240):

- *Verfahrensbeistände:* Sie sind die ‚Anwälte der Kinder'. Sie begleiten Kinder in familiengerichtlichen Verfahren und vertreten ihre Interessen vor dem Familiengericht (vgl. Salgo et al. 2020). Um angemessen einschätzen zu können, was im Interesse des Kindes liegt, besuchen sie das Kind in seinem familiären Umfeld und führen Gespräche mit ihm, mit den Eltern (je nach Situation zusammen und/oder getrennt) und eventuellen weiteren Bezugspersonen.
- *Rechtsanwälte:* Sie vertreten die Interessen ihrer Mandant(inn)en, von Eltern oder einzelnen Elternteilen gegenüber dem Familiengericht.
- *Psychologische Sachverständige/Gutachter(innen):* Sie werden vom Gericht bestellt, um unter Berücksichtigung des aktuellen Stands der Wissenschaft und der Forschung unabhängige Einschätzungen zu speziellen Fragestellungen bezüglich eines Falles zu erhalten (vgl. Westhoff/Terlinden-Arzt/Klüber 2000).
- *Beratungsstellen:* Sie werden vom Familiengericht vor allem in Trennungs- und Scheidungsangelegenheiten genutzt, um mittels Mediation außergerichtliche Lösungen für Konflikte zu erzielen.

10.5 Aufgabe und Funktion von Einrichtungen der Gesundheitshilfe im Kinderschutz

Hebammen-, Frauen- und Kinderarztpraxen, aber auch Krankenhäuser stehen frühzeitig in Kontakt mit (werdenden) Eltern und ihren Kindern und haben oftmals einen guten Zugang zu Familien. Sie können diese beraten und, sofern angezeigt, in Kooperation mit der Kinder- und Jugendhilfe Angebote *Früher Hilfen* vermitteln (→ Kapitel 14). Kinderarztpraxen und Kliniken können Verletzungen oder anderweitige gesundheitliche Probleme von Kindern oder Jugendlichen medizinisch diagnostizieren. Sie haben dabei andere Möglichkeiten als die Jugendämter zu prüfen, ob diese Folge kindeswohlgefährdender Handlungen oder Unterlassungen sind oder sein können. Sie können in Fällen akuter Kindeswohlgefährdung lebensbedrohliche Verletzungen von Kindern versorgen und dokumentieren, weiterführende medizinische Behandlungen einleiten und das Jugendamt einschalten, um Hilfen zu ermöglichen (vgl. Kinderschutz-Zentrum Berlin 2009, S. 105).

Einige Krankenhäuser verfügen über Kinderschutzambulanzen oder Kinderschutzgruppen. Dies sind spezielle Einrichtungen bzw. Organisationseinheiten, in denen multiprofessionelle Teams angestellt sind (z.B. Ärzt(inn)e(n) unterschiedlicher Fachrichtungen, Psycholog(inn)en, Therapeut(inn)en, Sozialarbeiter(innen)). Sie werden zumeist unter ärztlicher Leitung geführt und sind auf Fragen der medizinischen Diagnostik von vermuteten Kindeswohlgefährdungen spezialisiert. Es gibt aber auch Kinderschutzambulanzen, die über therapeutische Angebote verfügen, vor allem im Umgang mit sexueller Gewalt. Kinderschutzambulanzen arbeiten eng mit den Jugendämtern zusammen, um diesen aus medizinischer Sicht beim Erkennen von Kindeswohlgefährdungen zu helfen. Sie engagieren sich darüber hinaus in kinderschutzspezifischen Arbeitskreisen und Fachgremien. Viele Kinderschutzambulanzen oder Kinderschutzgruppen sind in der Deutschen Gesellschaft für Kinderschutz in der Medizin e.V. (DGKiM) zusammengeschlossen (www.ag-kim.de).

Die Wahrnehmung des Schutzauftrags ist allerdings auch für medizinisches Fachpersonal durchaus widersprüchlich: Um die medizinische Versorgung der Kinder sicherstellen zu können, sind sie darauf angewiesen, dass Eltern zu ihnen Vertrauen haben und sich an sie wenden, wenn sie sich Sorgen um die Entwicklung und den Gesundheitszustand ihrer Kinder machen. Viele Fachkräfte der Gesundheitshilfe fürchten einen Vertrauensverlust, wenn sie Eltern auf Gefährdungshinweise ansprechen oder gar Informationen an das Jugendamt geben.

Auch vor dem Hintergrund der ärztlichen Schweigepflicht ist sorgfältig abzuwägen, wie sie mit Verdachtsfällen umgehen. 2012 (modifiziert 2021) wurde in § 4 KKG klargestellt, inwieweit Geheimnisträger wie z. B. Ärzt(inn)e(n), Hebammen, Entbindungspfleger oder Angehörige anderer Heilberufe, seit 2021 werden auch Zahnärzt(innen) explizit benannt, dazu berechtigt sind, im Fall einer Kindeswohlgefährdung Informationen an das Jugendamt weiterzuleiten. Die genannten Geheimnisträger haben zur Einschätzung der Gefährdungssituation Anspruch auf fachliche Beratung durch eine insoweit erfahrene Fachkraft des Jugendamts, dürfen aber dafür erforderliche fallbezogene Daten zunächst nur in pseudonymisierter Form weitergeben. Erst wenn die Einrichtungen der Gesundheitshilfe und ihre Geheimnisträger keinen Weg finden, mit den Eltern über den Verdacht ins Gespräch zu kommen und bei diesen nicht auf die Inanspruchnahme von Hilfen hinwirken können, sind sie befugt, das Jugendamt zu informieren. Dies gilt als Sollpflicht, sofern eine dringende Gefahr gesehen wird, zu deren Abwendung die Einbeziehung des Jugendamts erforderlich ist Eine generelle Meldepflicht existiert jedoch nicht (→ Kapitel 8.5). Werden Informationen weitergegeben, sind die Betroffenen vorab darauf hinzuweisen, es sei denn, dass damit der wirksame Schutz des Kindes oder der/des Jugendlichen in Frage gestellt wird (§ 4 Abs. 3 KKG).

Vergleicht man die Aufgaben und Funktionen von Einrichtungen der Gesundheitshilfe mit denen der Kinder- und Jugendhilfe wird deutlich: Auch Fachkräfte in Einrichtungen der Gesundheitshilfe (wie Kinderarztpraxen oder Krankenhäusern) sind dazu verpflichtet, den Schutz in ihrem Wohl gefährdeter Kinder und Jugendlicher zu gewährleisten. Ärzt(inn)e(n), Hebammen, Entbindungspfleger oder Angehörige anderer Heilberufe sollen bei Bekanntwerden gewichtiger Anhaltspunkte für die Gefährdung des Wohls eines Kindes oder Jugendlichen eine Gefährdungseinschätzung vornehmen (in § 4 Abs. 1 KKG heißt es: die Situation mit dem Kind oder dem/der Jugendlichen und den Personensorgeberechtigten erörtern und soweit erforderlich auf die Annahme von Hilfen hinwirken). Sie sollen demnach erst ihre eigenen Handlungsoptionen ausschöpfen, bevor sie sich an das Jugendamt wenden, um einer Kindeswohlgefährdung entgegenzuarbeiten, oder wenn sie eine dringende Gefahr sehen, zu deren Abwendung die Einbeziehung des Jugendamts erforderlich ist. Dabei haben Sie einen Beratungsanspruch gegenüber dem Jugendamt. Eine Einbeziehung des Jugendamtes sollte von Einrichtungen der Gesundheitshilfe zudem erfolgen, wenn es gilt, weiterführende Hilfen zu vermitteln oder eine Kindeswohlgefährdung ansonsten nicht anders abgewendet werden könnte. Dies ist vor allem dann der Fall, wenn Eltern nicht mit Einrichtungen der Gesundheitshilfe kooperieren und nicht für ein Gespräch bereit sind oder aber lebenswichtige medizinische Behandlungen verweigern und es erforderlich wird, das Jugendamt hinzuzuziehen und ggf. das Familiengericht anzurufen. Wenn Informationen an das Jugendamt übermittelt werden, soll dieses zeitnah eine Rückmeldung darüber geben, ob es die gewichtigen Anhaltspunkte für eine Kindeswohlgefährdung bestätigt sieht und ob es zum Schutz des Kindes tätig geworden ist und noch tätig ist. In der Regel sind die Betroffenen vorab darauf hinzuweisen. (→ Kapitel 8.5)

Neben dieser einzelfallbezogenen Zusammenarbeit im Kinderschutz, die der Abwendung von Kindeswohlgefährdungen und der Wahrnehmung des Schutzauftrags dient, gibt es auch fallübergreifende Formen der Zusammenarbeit zwischen der Gesundheitshilfe und der Kinder- und Jugendhilfe. Sie dienen vor allem dem Auf- und Ausbau von Netzwerken *Früher Hilfen* (§ 3 KKG; → Kapitel 14).

10.6 Aufgabe und Funktion von Schulen im Kinderschutz

Schulen haben für das Aufwachsen von Kindern und Jugendlichen eine besondere Bedeutung. Sie sind wichtige Orte der Sozialisation. Kinder und Jugendliche halten sich dort große Teile ihres Lebens auf, treffen Gleichaltrige, erleben unterschiedliche Lehrer(innen). Es sind Orte, an denen Lehrkräfte einen guten Einblick in die Lebens- und Gefühlswelten von Kindern und Jugendlichen erhalten können. Auch sie sind daher gemäß § 4 KKG explizit in den Schutzauftrag eingebunden und zum Schutz in ihrem Wohl gefährdeter Kinder und Jugendlicher zum Handeln verpflichtet (vgl. Buchholz 2011, S. 101). In diesem Kontext haben Lehrkräfte einen Anspruch darauf, von einer insoweit erfahrenen Fachkraft des Jugendamts beraten zu werden. Sie können aber auch die Zusammenarbeit mit vor Ort tätigen Schulsozialarbeitenden oder dem schulpsychologischen Dienst suchen. Erst wenn sie ihre eigenen Möglichkeiten zur Abwendung der Kindeswohlgefährdung ausgeschöpft haben oder keinen Zugang zum Kind oder seinen Eltern finden, sind sie dazu befugt, das Jugendamt über den Fall zu informieren und die dafür erforderlichen Daten weiterzuleiten. Zwar besteht nach § 4 KKG hierzu keine Verpflichtung. Die Bundesländer können hierzu jedoch in den Schulgesetzen konkretisierende Regelungen verankern. Eine solche Hinwendung an das Jugendamt ist aber nicht gleichbedeutend mit einer Abgabe der Verantwortung für den Fall. Es gilt auch nach Einbezug des Jugendamts für Schulen ein Kooperationsgebot, das insbesondere von Belang ist, wenn unter Federführung des Jugendamtes die Einbeziehung der Schule in die Einschätzung der Gefährdungslagen notwendig erscheint (§ 8a Abs. 1 Nr. 2) oder (erzieherische) Hilfen zur Abwendung der Gefährdung angebahnt, realisiert und im Hinblick auf ihre Wirksamkeit überprüft werden müssen (→ Kapitel 9 und 13). Wurden Daten an das Jugendamt übermittelt, so hat dieses nach § 4 Abs. 4 KKG zeitnah eine Rückmeldung zu geben.

In → Abbildung 6 haben wir einen Handlungsablauf dargestellt, der sich für Schulen im Umgang mit Kindeswohlgefährdung als nützlich erwiesen hat (vgl. Buchholz 2011, S. 108). Er entspricht den gesetzlichen Vorgaben des KKG und wird in vielen Schulen inzwischen auch auf Basis von Schulgesetzen verpflichtend realisiert (vgl. ebd., S. 101 ff.).

Abbildung 6: Handlungsablauf von Schulen im Umgang mit Kindeswohlgefährdungen (vgl. Buchholz 2011, S. 108)

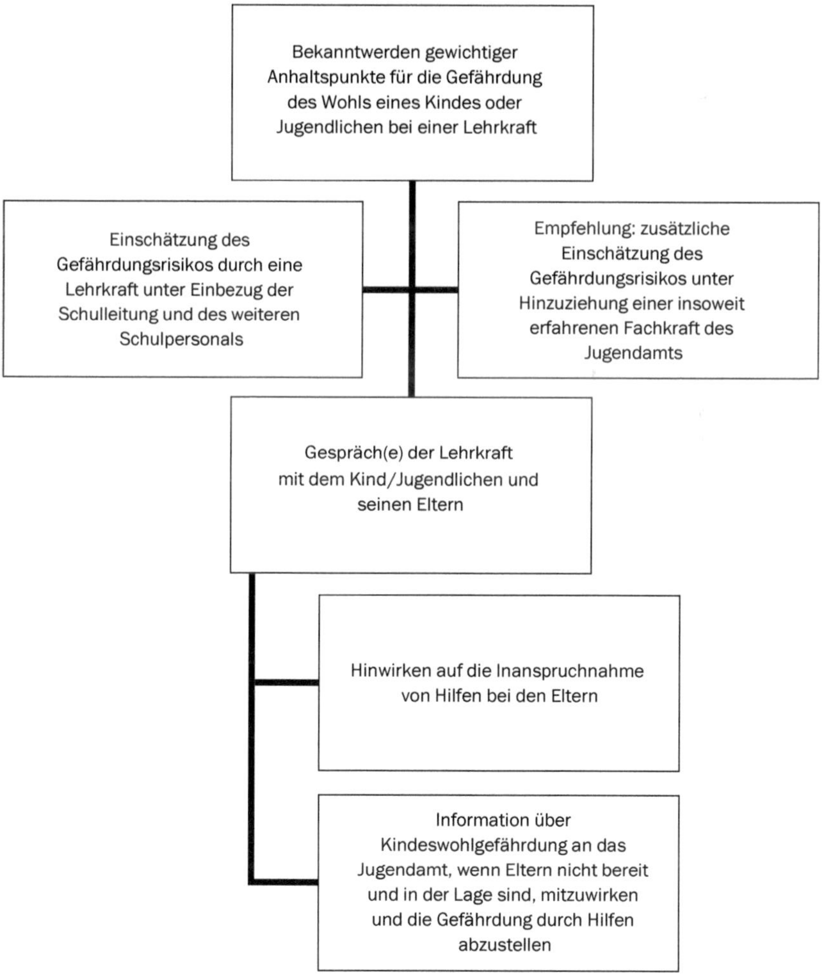

Lehrer(innen), die den Verdacht haben, dass das Wohl eines ihrer Schüler(innen) gefährdet sein könnte, sollten Gefährdungseinschätzungen insofern nicht allein vornehmen, sondern unter Beachtung vorhandener Verfahrensabläufe und unter Hinzuziehung von Vorgesetzten (z. B. die Schulleitung) sowie Fachkräften mit Expertise im Kinderschutz (vgl. ebd., S. 105). Zudem haben sie Anspruch darauf, eine insoweit erfahrene Fachkraft des Jugendamts zu Rate zu ziehen.

Dass die Lehrkräfte in den Schulen ihren Schutzauftrag tatsächlich im Sinne des Kindeswohls ausfüllen können, ist jedoch an einige Voraussetzungen gebunden:

- In den Schulen müssen Rahmenbedingungen vorherrschen, die Lehrkräfte dabei unterstützen, ihrem Bildungs- und ihrem Erziehungsauftrag gleichermaßen nachkommen zu können.
- Es müssen verbindliche Verfahren im Umgang mit Kindeswohlgefährdungen etabliert sein, die Lehrkräften Klarheit darüber geben, wie sie ihrem Schutzauftrag zuverlässig nachkommen können.
- Es müssen Fachkräfte ansprechbar sein (z. B. Schulsozialarbeitende oder Schulpsycholog(inn)en), die über Expertise im Kinderschutz verfügen und wissen, wie man mit Lehrkräften, Eltern und Kindern im Fall einer vermuteten Kindeswohlgefährdung zusammenarbeitet.

In vielen Schulen sind diese Voraussetzungen nicht verlässlich gegeben. Nicht in allen Schulen sind die Rahmenbedingungen optimal oder sind Personen existent, die auf Kinderschutzfragen und den Umgang mit Kindeswohlgefährdungen spezialisiert sind. Auch sind nicht allerorts Verfahren etabliert, die Lehrkräfte dabei unterstützen, gewichtige Anhaltspunkte für Kindeswohlgefährdungen wahrzunehmen. Nicht zuletzt ist es für Lehrkräfte herausfordernd, neben ihrem eigentlichen Auftrag, Kindern und Jugendlichen Wissen zu vermitteln und ihre Kompetenzen zu fördern, Gefährdungseinschätzungen unter Einbeziehung der davon betroffenen Schüler(innen) und ihrer Eltern vorzunehmen. Darum ist die Einbindung von Schulsozialarbeit ebenso wie eine funktionierende Kooperation zwischen Schulen und Jugendämtern in Fällen von Kindeswohlgefährdungen von zentraler Bedeutung (vgl. Biesel/Schär 2018).

10.7 Aufgabe und Funktion von Strafverfolgungsbehörden im Kinderschutz

Auch wenn Kinderschutz aus Perspektive der Sozialen Arbeit darauf zielen sollte, Hilfe zu leisten, kann es im Umgang mit Kindeswohlgefährdungen Situationen geben, in denen Fachkräfte der Sozialen Arbeit auf die Zusammenarbeit mit Strafverfolgungsbehörden angewiesen sind. Wenn anzunehmen ist, dass der Schutz von Kindern und Jugendlichen nicht anders zu gewährleisten ist (§ 8a Abs. 3 SGB VIII) oder es angezeigt ist, Maßnahmen der Strafverfolgung einzuleiten, sind die Polizei und ggf. die Staatsanwaltschaft hinzuzuziehen. Dabei geht es bspw. um Konstellationen, in denen die Inobhutnahme eines Kindes realisiert werden muss (→ Kapitel 13), aber der Zugang zum Kind durch die Eltern oder andere Bezugspersonen des Kindes verwehrt wird, oder um Situationen, in denen Gefährdungen des Wohls von Kindern und Jugendlichen strafrechtlich verfolgt werden sollen (vgl. Schindler 2006, S. 4 f.).

Aber auch für die Polizei bestehen in einigen Fällen und Situationen die Pflicht und die Notwendigkeit, sich an das Jugendamt zu wenden. So ist die Polizei verpflichtet, nach Einsätzen, in die Kinder oder Jugendliche involviert waren (z. B. aufgrund häuslicher Gewalt oder eines Ladendiebstahls durch Minderjährige), das Jugendamt zu informieren und mit den zuständigen Fachkräften zusammenzuarbeiten – auch dann, wenn kein sofortiger Handlungsbedarf für die Inobhutnahme des Kindes besteht (vgl. Gerber 2006a, S. 2; Kinderschutz-Zentrum Berlin 2009, S. 104). Nach § 5 KKG haben sowohl die Strafverfolgungsbehörden als auch Gerichte die Pflicht, bei Bekanntwerden von Anhaltspunkten für eine Kindeswohlgefährdung im Rahmen von Strafverfahren den zuständigen örtlichen und ggf. auch überörtlichen Träger der öffentlichen Jugendhilfe zu informieren.

Primäre Aufgaben der Polizei in Fällen von Kindeswohlgefährdung sind (vgl. Gerber 2006a, S. 1; Meysen 2012, S. 47 f.):

- *Gefahrenabwehr:* Schutz des Kindes oder der/des Jugendlichen vor Gefahren, die sein Leben und seine Gesundheit bedrohen, nach dem Opportunitätsprinzip, d. h. es wird nach pflichtgemäßem Ermessen entschieden, ob zur Gefahrenabwehr eingeschritten werden muss. Hierzu kann auch eine Mitteilung an das Jugendamt nach § 5 KKG gehören.
- *Strafverfolgung:* Kindeswohlgefährdungen in Zusammenarbeit mit der Staatsanwaltschaft nach dem Legalitätsprinzip als Straftat verfolgen, d. h. es besteht ein Strafverfolgungszwang bei Bekanntwerden einer kindeswohlgefährdenden Straftat gemäß Strafgesetzbuch (StGB).

- *Opferhilfe:* Durch Beratung zur Vorbeugung und im Nachgang einer Straftat sowie Prävention, z. B. Aufklärungsveranstaltungen in Kindertagesstätten und Schulen zur Prävention sexueller Gewalt.

Ob und zu welchem Zweck Strafverfolgungsbehörden von Fachkräften Sozialer Arbeit zur Abwendung von Kindeswohlgefährdungen herangezogen werden sollten, lässt sich nicht pauschal beantworten. Shepherd (2002, S. 674) unterscheidet folgende Situationen, die ein Einschreiten von Strafverfolgungsbehörden zum Schutz in ihrem Wohl gefährdeter Kinder und Jugendlicher erfordern:

- Wenn das Kind bzw. die/der Jugendliche von jemand anderem als dem eigenen Elternteil in seinem/ihrem Wohl gefährdet wird.
- Wenn der Schweregrad der Kindeswohlgefährdung derart gravierend ist, dass eine Verhaftung oder strafrechtliche Verfolgung gerechtfertigt erscheinen.
- Wenn das Jugendamt oder das Familiengericht nicht erreichbar und sofortiges Einschreiten notwendig ist (z. B. in der Nacht, am Wochenende).
- Wenn Eile geboten ist und davon ausgegangen werden kann, dass die Polizei einen schnelleren Zugang zum Kind bzw. der/dem Jugendlichen erhält.
- Wenn ein Kind bzw. ein(e) Jugendliche(r) in unmittelbare Gefahr ist und die zuständige Fachkraft des Jugendamts die Wohnung oder den Ort, an dem dieses Kind bzw. diese(r) Jugendliche sich befindet, nicht betreten kann oder die Eltern den Zugang zum Kind verweigern.
- Wenn ein Kind oder ein(e) Jugendliche(r) gegen den Willen der Eltern zu seinem Schutz anderweitig untergebracht werden muss.
- Wenn es wahrscheinlich ist, dass die/der mutmaßliche Täter/in fliehen wird.
- Wenn polizeiliche Unterstützung zur Sicherung von Beweisen notwendig ist.
- Wenn polizeiliche Hilfe angezeigt ist, um die anzeigende Person oder die zuständige Fachkraft des Jugendamts zu schützen oder auf andere Weise für Recht und Ordnung zu sorgen (z. B. bei aggressiven Eltern).

Während einige dieser Situationen eindeutig das Einschalten der Polizei erfordern, ist dies in anderen schwieriger zu beurteilen, vor allem, wenn offen ist, ob Strafanzeige gestellt werden sollte oder nicht. In Deutschland gibt es keine Pflicht, Fälle von Kindeswohlgefährdung bei der Polizei anzuzeigen (vgl. Gerber 2006b, S. 1; Kinderschutz-Zentrum Berlin 2009, S. 105). Die

Fachkräfte der Sozialen Arbeit können selbst entscheiden, ob und wann sie Strafverfolgungsbehörden einschalten. Sie können diese Entscheidung unter sozialarbeiterischen/sozialpädagogischen Gesichtspunkten treffen und erhalten damit Ermessungsspielräume für die Entscheidung im Einzelfall. Fachkräfte des Jugendamts haben die Federführung bei der Bearbeitung von Kindeswohlgefährdungen und können von Anfang an darauf hinwirken, dass Eltern Hilfen zum Wohl ihrer Kinder annehmen. Ein paralleles Strafverfolgungsverfahren könnte diese Bemühungen konterkarieren und den Zugang von Sozialarbeitenden zu Familien, in denen es zu Kindeswohlgefährdungen gekommen ist, erschweren. Allerdings erfordert eine solche Einschätzung im Einzelfall aber auch erhebliche Kompetenzen und bedeutet eine hohe Verantwortung für Fachkräfte der Sozialen Arbeit. Tatsächlich werden Fälle von Kindeswohlgefährdungen kaum oder überhaupt nicht zur Anzeige gebracht und geahndet. Damit erhält die strafrechtliche Komponente eines solchen, das Wohl von Kindern und Jugendlichen gefährdenden Handelns, kaum Beachtung.

In manchen Fällen kann es durchaus geboten sein, kindeswohlgefährdende Handlungen und/oder Unterlassungen bei der Polizei zur Anzeige zu bringen. Zu solchen Fällen können gehören (vgl. Gerber 2006b, S. 2):

a) Fälle, in denen die Betroffenen eine Bestrafung der Personen wünschen, die ursächlich für die Kindeswohlgefährdung verantwortlich waren bzw. sind, auch verbunden mit der Hoffnung, dadurch andere Kinder oder Jugendliche schützen zu können.
b) Fälle, in denen den Betroffenen durch eine Strafverurteilung bessere Möglichkeiten geboten werden können, das Erlebte zu verarbeiten.

Wie auch immer sich Fachkräfte Sozialer Arbeit entscheiden, sie sollten Kenntnis darüber haben, dass polizeiliche Ermittlungen und Strafverfahren für die davon betroffenen Kinder und Jugendlichen oft mit großen Belastungen verbunden sind. Nicht immer sind die Erfolgsaussichten für eine Strafverurteilung gegeben. Auch kann es sein, dass das Strafmaß nicht dem tatsächlich empfundenen Leid entspricht. Eine Strafanzeige sollte von Fachkräften Sozialer Arbeit deshalb nur dann vorgenommen werden, wenn das Kind bzw. der Jugendliche dazu fähig und dazu bereit ist, das Strafverfahren durchzustehen, die Erfolgsaussichten für eine Strafverurteilung groß sind und der Nutzen höher als der damit einhergehende mögliche Schaden erscheint (vgl. ebd., S. 2 f.). Insbesondere wenn die Strafanzeige gegen die eigenen Eltern erfolgen würde, ist zu bedenken, welche Auswirkungen dies auf das Kind und die gesamte Familie haben könnte. Im Strafprozess müssen

Kinder vor dem Gericht aussagen. Dies ist für sich genommen schon schwer genug. Gegen die eigenen Eltern aussagen zu sollen, führt die Kinder jedoch oft in schwere Schuldgefühle und Loyalitätskonflikte (vgl. Kinderschutz-Zentrum Berlin 2009, S. 105). Solche Gefühle sind entsprechend im Rahmen von Beratung und Therapie zu thematisieren und zu bearbeiten.

Generell unterscheiden sich Aufgabe und Funktion von Strafverfolgungsbehörden und Einrichtungen der Kinder- und Jugendhilfe. Fachkräfte des Jugendamts sind bspw. auf vertrauensvolle Arbeitsbeziehungen angewiesen, um auf einvernehmlicher Basis Kinder und Jugendliche vor Gefährdungen ihres Wohls in Zusammenarbeit mit ihren Eltern schützen zu können. Sie müssen sich gut überlegen, ob und wann sie in Fällen von Kindeswohlgefährdungen Strafverfolgungsbehörden einschalten. Die Strafverfolgungsbehörden sind hingegen anderen Prinzipien verpflichtet *(Legalitätsprinzip, Opportunitätsprinzip)*, was zu Spannungen in der Zusammenarbeit führen kann. Es ist deshalb erforderlich, dass Einrichtungen der Kinder- und Jugendhilfe und Strafverfolgungsbehörden ihre Schnittstellen miteinander klären und verlässliche Kooperationsrahmen schaffen. Meysen (2012) geht davon aus, dass die Kooperation zwischen Polizei und Kinder- und Jugendhilfe immer dann funktioniert, wenn Legalitätsprinzip und Vertrauensschutz von der jeweils anderen Seite akzeptiert und gemeinsame Absprachen getroffen werden, z. B. bei der Abwehr von Gefahren, der Strafverfolgung (z. B. bei Kinderpornografie) oder der Begleitung und Unterstützung von Kindern und Jugendlichen in Strafverfahren.

Fallbeispiel ‚Lukas in Gefahr?'

Lukas ist neun Jahre alt und lebt mit seiner Mutter in einer kleinen Gemeinde in der Nähe von Köln. Seine Mutter hat sich vor fünf Jahren von seinem Vater getrennt. Seine Eltern verstehen sich seitdem nicht mehr besonders gut. Häufig streiten sie sich, wenn es darum geht, festzulegen, wann Lukas seinen Vater besuchen darf.

Seiner Mutter wäre es am liebsten, wenn Lukas kaum oder gar keinen Kontakt zu seinem Vater hätte. Sie hält den Vater für einen Versager, da er keiner geregelten Arbeit nachgeht. Außerdem würde er mit ‚komischen Leuten' seine Freizeit verbringen. Von einer Bekannten hätte sie gehört, dass diese dafür bekannt seien, Drogen zu konsumieren und in illegale Geschäfte verwickelt zu sein. Sie habe deshalb Angst um Lukas, wenn dieser bei seinem Vater ist, da sie befürchtet, er könnte in Kontakt mit Drogen kommen und kriminell werden. Sie hat sich mit ihren Sorgen auch schon an das Jugendamt gewandt.

Das Jugendamt konnte bislang aber keinen Kontakt zum Vater herstellen, um mit ihm über die Situation und die Vorwürfe zu sprechen. In den Akten des

Jugendamts ist dokumentiert, dass Lukas Vater in der Vergangenheit Probleme mit Drogen (Konsum von Kokain und Marihuana) hatte. Er hat schon mehrmals Therapien begonnen, diese aber immer wieder abgebrochen. Gegenwärtig weiß man nicht, inwieweit er in seiner Lebensführung und in der Wahrnehmung seiner Erziehungsverantwortung eingeschränkt ist. Das Jugendamt hat daher derzeit keine Kenntnis darüber, ob Lukas in seinem Wohl gefährdet ist, wenn er sich bei seinem Vater aufhält. Lukas selbst hat sich gegenüber dem Jugendamt bislang nicht zu den Vorwürfen seiner Mutter geäußert.

In den Ferien ruft die Mutter beim Jugendamt an und berichtet, dass Lukas sich für einige Tage bei seinem Vater aufhalte. Sie habe jedoch seit drei Tagen weder ihn noch seinen Vater erreicht und mache sich große Sorgen. Eigentlich sollte Lukas schon gestern wieder von seinem Besuch beim Vater zurück sein.

Die fallzuständige Fachkraft des Jugendamts fährt daraufhin zum Vater, um einen Hausbesuch durchzuführen, trifft aber niemanden an. Auch telefonisch versucht sie, den Vater zu erreichen. Das Telefon ist jedoch abgestellt. Sie überlegt nun, wie sie im Fall weitervorgehen kann und ob es sinnvoll ist, die Polizei zur Gefahrenabwehr einzuschalten.

Diskutieren Sie miteinander:

- Welche Form der Unterstützung könnte die Polizei ihr bieten?
- Sollte die fallzuständige Fachkraft des Jugendamts die Polizei zur Gefahrenabwehr einschalten? Was spricht dafür, was dagegen?

10.8 Welche Organisationen und Akteure sind darüber hinaus im Kinderschutz involviert?

Im Kinderschutz gibt es noch andere Organisationen und Akteure, die im Rahmen des Erkennens und der Abwendung von Kindeswohlgefährdung eine wichtige Rolle spielen. Dies sind Einrichtungen der Behinderten-, Opfer-, Drogen- und Straffälligenhilfe sowie der gesetzlichen Betreuung:

- In der *Behindertenhilfe* arbeiten pädagogische/heilpädagogische, medizinische und andere Fachkräfte. Sie sind ebenso wie Fachkräfte in der Kinder- und Jugendhilfe dafür zuständig, Gefährdungen des Wohls von Kindern und Jugendlichen mit Behinderungen zu erkennen und abzuwenden. Dies kann im Rahmen ihrer eigenen Möglichkeiten erfolgen. Sind diese jedoch erschöpft und halten sie es für erforderlich, müssen auch sie das Jugendamt über die Kindeswohlgefährdung informieren.

- In der *Opferhilfe* verfolgen Fachkräfte das Ziel, Kinder, Jugendliche und ihre Angehörigen, die bereits Misshandlung, Vernachlässigung und sexuelle Gewalt erfahren mussten, als Opfer und Zeugen von Straftaten zu begleiten, zu beraten und zu unterstützen – von der Strafanzeige bis zur Anklageerhebung und zum Abschluss des Strafverfahrens.
- In der *Sucht- bzw. Drogenhilfe* haben Fachkräfte einerseits das Ansinnen, Eltern, die Alkohol und Drogen konsumieren oder von diesen abhängig sind, bei ihrem Weg aus der Sucht zu begleiten und damit in ihrer Rolle als Eltern zu stärken. Andererseits sprechen sie auch Kinder und Jugendliche an, die davon bedroht sind, süchtig zu werden, oder bereits von Drogen oder Alkohol abhängig sind. Sie bieten diesen ebenso wie Erwachsenen Informationen, Beratung und Therapie an und vermitteln weiterführende Hilfen.
- In der *Straffälligenhilfe* haben Fachkräfte die Aufgabe, verurteilte und inhaftierte Eltern sowie ihre Kinder dabei zu unterstützen, Beziehungen untereinander aufrechterhalten zu können. Sie sind mit ihren Angeboten darauf aus, Nebenwirkungen, die mit der Inhaftierung und Verurteilung von Eltern für deren Kinder verbunden sind, abzumildern.
- Eine *gesetzliche Betreuung* wird nach §§ 1896 ff. BGB durch ein Gericht eingesetzt, wenn eine volljährige Person ihre ‚Angelegenheiten' (im rechtlichen Sinne) auf Grund einer psychischen Krankheit oder einer körperlichen, geistigen oder seelischen Behinderung ganz oder teilweise nicht selbst regeln kann. Dies kann bspw. bei psychisch kranken Eltern oder Eltern mit Behinderungen der Fall sein. Die gesetzliche Betreuungsperson kann dann selbst Kenntnis von möglichen Kindeswohlgefährdungen erhalten, aber auch als rechtliche Vertretung der Eltern damit konfrontiert werden und muss darauf reagieren.
- An der Schnittstelle zwischen Kinder- und Jugendhilfe und Strafverfolgung hat sich in der Praxis in den letzten Jahren das in Island entwickelte Konzept der *Vernehmungs- oder Childhoodhäuser* (‚barnahus') verbreitet (siehe: https://www.childhood-haus.de/). In diesen Häusern arbeiten Fachkräfte verschiedener Professionen miteinander zusammen, um in ihrem Wohl gefährdete Kinder im Rahmen eines Ermittlungsverfahrens explorativ und forensisch befragen, medizinisch und psychologisch untersuchen sowie beraten und helfen zu können. Mittels dieses Ansatzes sollen den Kindern Mehrfachbefragungen erspart und fachliche Unterstützung aus einer Hand geboten werden.

In allen genannten Bereichen werden die Professionellen in ihrer Berufstätigkeit potentiell mit Hinweisen auf Kindeswohlgefährdungen konfrontiert. Gleichwohl steht dies nicht im Zentrum ihrer Tätigkeit. Zudem gibt es kontroverse Diskussionen um die Funktion dieser Akteure im Kinderschutz, auch innerhalb der einzelnen Bereiche. So wird bspw. unter gesetzlichen Betreuer(inne)n das Verhältnis zwischen der Parteilichkeit für die von ihnen vertretenen Erwachsenen einerseits und der Verantwortung für das Wohlergehen von deren Kindern andererseits unterschiedlich eingeschätzt (vgl. Bertsch 2016; Schürmann-Ebenfeld 2016).

10.9 Resümee

Kinderschutz wird in der Kinder- und Jugendhilfe vom Jugendamt und von Trägern der freien Jugendhilfe verantwortet. Daneben sind auch Organisationen anderer Ressorts für den Schutz von in ihrem Wohl gefährdeten Kindern und Jugendlichen zuständig. In ihnen sind verschiedene Akteure tätig, die je nach disziplinärem Hintergrund und Professionszugehörigkeit unterschiedliche Perspektiven darauf haben, was Kinderschutz ist und ab wann es sich um einen Fall von Kindeswohlgefährdung handelt. Sie verfolgen daher oftmals andere Zwecke und nehmen andere Aufgaben und Funktionen als Fachkräfte der Sozialen Arbeit im Feld der Kinder- und Jugendhilfe wahr. Daraus erwachsen Herausforderungen und Schwierigkeiten in der Kooperation. Diese können jedoch konstruktiv bearbeitet werden, wenn bestimmte Bedingungen in der Zusammenarbeit zwischen Jugendämtern, Familiengerichten, Einrichtungen der Gesundheitshilfe, Schulen und Strafverfolgungsbehörden geschaffen und beachtet werden. Die Angehörigen unterschiedlicher Professionen müssen hierfür ihre organisationalen, disziplinären und professionellen Grenzen des Denkens und Handelns überwinden. Die Profession Sozialer Arbeit nimmt im Rahmen dieser Verständigungsleistung eine Schlüsselposition ein. Für sie gehören der Einbezug von Wissen aus anderen Disziplinen und die reflektierte Berücksichtigung der Zuständigkeiten, Handlungsmöglichkeiten und Logiken anderer Professionen zum Alltag und zum professionellen Selbstverständnis. Sie bedient sich zur Bearbeitung der Aufgaben im Kinderschutz verschiedener Bezugswissenschaften (Recht, Psychologie, Medizin etc.) und leistet Übersetzungsarbeit. Sie muss reflektieren, wie ihre Adressat(inn)en jeweils in das Bildungs-, Gesundheits-, Rechts-, Wirtschafts- und Sozialsystem usw. eingebunden sind. Dieses vernetzte, interdisziplinäre Denken unterscheidet die Soziale Arbeit von anderen Professionen und bildet eine gute Grundlage für die Erfüllung ihrer koordinierenden und moderierenden Rolle im Kinderschutzsystem.

Vor allem die Zusammenarbeit zwischen dem Jugendamt als Kernorganisation des Kinderschutzes und dem Familiengericht ist im Kontext der Wahrnehmung des Schutzauftrags nach § 8a SGB VIII von zentraler Bedeutung. Als eine Art *Verantwortungsgemeinschaft* tragen sie maßgeblich zur Wahrnehmung des Kinderschutzes bei, indem sie Hilfen anbieten (Jugendamt) und sofern notwendig auch Eingriffe in die Rechte von Eltern zum Schutz in ihrem Wohl gefährdeter Kinder und Jugendlicher vornehmen (Familiengericht).

Aber auch Einrichtungen der Gesundheitshilfe, Schulen und Strafverfolgungsbehörden sind für die Gewährleistung eines wirksamen Kinderschutzes notwendig. Einrichtungen der Gesundheitshilfe sind insbesondere für die medizinische Diagnostik im Kontext vermuteter Kindeswohlgefährdungen und für die Organisation weiterführender therapeutischer Hilfen von Belang. An Schulen halten sich Kinder und Jugendliche große Teile ihres Lebens auf. Sie stehen dort im Kontakt mit Lehrer(inne)n, Erzieher(inne)n oder Schulsozialarbeitenden. Diese erhalten häufig früher als Fachkräfte des Jugendamts Hinweise darauf, dass Kinder in ihrem Wohl gefährdet sind und Unterstützung notwendig ist. Strafverfolgungsbehörden hingegen wehren unmittelbare Gefahren für das Wohl eines Kindes oder Jugendlichen ab, behandeln Kindeswohlgefährdungen als Straftaten und vermitteln Angebote der Opferhilfe.

Anregungen zum Selbststudium

- Listen Sie Aufgaben und Funktion des Familiengerichts, Einrichtungen der Gesundheitshilfe, Schulen und Strafverfolgungsbehörden auf und vergleichen Sie diese miteinander. Welche Gemeinsamkeiten und Unterschiede gibt es?
- Nehmen Sie in ihrem Wohnort mit Schulen Kontakt auf und bringen Sie in Erfahrung, auf welcher Grundlage und in welcher Weise diese ihren Schutzauftrag im Fall einer Kindeswohlgefährdung wahrnehmen. Klären Sie in diesem Zusammenhang, ob es mit den von Ihnen kontaktierten Schulen Absprachen oder Kooperationsvereinbarungen mit dem Jugendamt gibt.
- Machen Sie im Internet mindestens fünf Kinderschutzambulanzen ausfindig, die in verschiedenen Bundesländern tätig sind. Vergleichen Sie deren Leistungsangebote miteinander und stellen Sie Gemeinsamkeiten und Unterschiede heraus.
- Recherchieren Sie im Internet, welche Angebote der Polizei in den Städten Berlin, Hamburg, Stuttgart und München zur Prävention und Intervention von Kindeswohlgefährdung existieren. Welche Angebote finden Sie überzeugend, welche nicht und warum?

- Lesen Sie das Buch „Franzheld, Tobias (2017). Verdachtsarbeit im Kinderschutz. Eine berufsbezogene Vergleichsstudie. Wiesbaden“ und beantworten Sie folgende Fragen:
  - Inwieweit kann das im Buch vorgestellte Konzept der Verdachtsarbeit zur Verbesserung der Zusammenarbeit im Kinderschutz außerhalb und innerhalb der Kinder- und Jugendhilfe herangezogen werden? Was sind die Stärken des Konzepts, was seine Schwächen?
  - Was unterscheidet die Verdachtsarbeit der Polizei von der ärztlichen und der sozialarbeiterischen Verdachtsarbeit, wo gibt es aber auch Gemeinsamkeiten?

Weiterführende Literatur

Bathke, Sigrid A./Bücken, Milena/Fiegenbaum Dirk (Hg.) (2019). Praxisbuch Kinderschutz interdisziplinär: Wie die Kooperation von Schule und Jugendhilfe gelingen kann. Wiesbaden.
In diesem Buch wird auf der Basis von Handlungsleitfäden, Verfahrensvorschlägen, Erfahrungen und bewährten Konzepten aus der Praxis aufgezeigt, wie die Kooperation zwischen Schule sowie öffentlicher und freier Kinder- und Jugendhilfe im Kinderschutz gelingen kann.

Herrmann, Bernd/Dettmeyer, Reinhard/Banaschak, Sibylle/Thyen, Ute (2016). Kindesmisshandlung: Medizinische Diagnostik, Intervention und rechtliche Grundlagen. 3. Auflage. Berlin. Heidelberg.
In diesem Buch wird aus medizinischer Perspektive der Umgang mit Verdachtsfällen von Kindesmisshandlung und -vernachlässigung beschrieben. Es werden u. a. die Rolle von Ärzt(inn)en im Kinderschutz erläutert, Verfahren medizinischer Diagnostik bei Kindeswohlgefährdung vorgestellt und Ausführungen zur Intervention und Prävention von Einrichtungen der Gesundheitshilfe in Fällen von Kindeswohlgefährdungen unternommen. Ebenfalls enthalten sind Hinweise zum Einbezug von Strafverfolgungsbehörden im Kontext der Sicherung von Beweisen und des gesetzlichen Opferschutzes.

Turba, Hannu (2018). Die Polizei im Kinderschutz. Zur Verarbeitung institutioneller Komplexität in hybriden Berufswelten. Wiesbaden.
In dieser empirischen Studie wird aufgezeigt, wie spezialisierte Polizeibeamte im interprofessionellen Handlungsfeld des Kinderschutzes agieren und z. T. inkompatible Ansprüche des rechtsstaatlichen Strafens, der Rehabilitation und der Risikoprävention berücksichtigen. In der interprofessionellen Kooperation und Vernetzung finden dabei wechselseitige Annäherungen statt, die jedoch zugleich an unterschiedliche Grenzen stoßen.

Heinitz, Stefan (2020). Wie Kinderschutz gemacht wird. Eine Rekonstruktion professioneller Selbstverständnisse. Weinheim; Basel.
In diesem Buch wird auf Basis der Analyse von Dokumenten einer der ersten Kinderschutz-Facheinrichtungen in Deutschland erörtert, auf welche Weise die im Kinderschutz tätigen Professionen in den letzten dreißig Jahren ihre Rolle und Position im Handlungsfeld behauptet und Zuständigkeiten sowie Lösungskompetenzen im Rahmen der Bearbeitung von Kindeswohlgefährdungsfällen reklamiert und erhoben haben.

Kapitel 11
Gefühle und Ambivalenzen im Kinderschutz

Überblick über das Kapitel

Im Kinderschutz spielen Emotionen eine große Rolle, und zwar auf der Seite der Fachkräfte ebenso wie auf der Seite von Eltern und Kindern. Wahrnehmungs- und Handlungsweisen werden oft erst vor dem Hintergrund dieser Emotionen verstehbar. In diesem Kapitel betrachten wir daher Gefühle, die bei Kindern und Jugendlichen, Eltern und Fachkräften oft zu beobachten sind, wenn es um eine mögliche Gefährdung des Kindeswohls geht. Dabei werden Wünsche, Ängste und Ambivalenzen der Beteiligten deutlich. Der Kontakt ist zudem gerahmt durch strukturelle Ambivalenzen und Spannungsfelder, in denen Kinderschutz stattfindet. Um im Interesse von Kindern und Jugendlichen handeln und Familien unterstützen zu können, ist es Aufgabe von Fachkräften, sich diese Aspekte zu vergegenwärtigen, Emotionen zu reflektieren und mit beidem konstruktiv umzugehen.

11.1 Was Kindeswohlgefährdungen in uns auslösen

11.2 Gefühle von Kindern und Jugendlichen im Kinderschutz

11.3 Gefühle von Eltern im Kinderschutz

11.4 Gefühle von Fachkräften im Kinderschutz

11.5 Ambivalenzen und Spannungsfelder im Kinderschutz

11.6 Resümee

11.1 Was Kindeswohlgefährdungen in uns auslösen

Fallbeispiel Lea-Sophie

Am 12. November 2007 wird dem Jugendamt der Stadt Schwerin aus der Nachbarschaft eine anonyme Kindeswohlgefährdungsmeldung übermittelt. Man mache sich Sorgen um einen drei bis vier Monate alten Säugling. Er sei kaum zu sehen, nur abends gehe die Mutter mit Baby und zwei Hunden spazieren. Das größere Kind lebe offensichtlich nicht mehr bei der Mutter.

Die Mitarbeiter(innen) des ASD hatten in der Vergangenheit schon einmal Hinweise auf die Familie erhalten und fahren zu einem Hausbesuch, treffen jedoch niemanden an. Sie hinterlassen eine Einladung ins Jugendamt für den nächsten Tag, 9 Uhr. Die Eltern erscheinen mit dem Säugling, der einen gepflegten Eindruck macht. Es sind keine Gefährdungshinweise zu erkennen. Die fünfjährige Lea-Sophie ist nicht dabei. Die Eltern geben an, dass sie von Bekannten betreut werde. Die Jugendamtsmitarbeiter(innen) haben ein komisches Gefühl und kündigen einen Hausbesuch an.

Am 20. November kommen die Eltern gegen 19 Uhr von ihrem Spaziergang mit Baby und Hunden zurück nach Hause. Die Mutter findet Lea-Sophie mit hängendem Kopf bewusstlos auf einem Stuhl in ihrem Zimmer. Der Vater wählt den Notruf. Lea-Sophie wird im Beisein eines Notarztes im Krankenwagen ins Krankenhaus gebracht. Die Eltern sollen in der Wohnung verbleiben, wo die Ermittlungen beginnen.

Lea-Sophie wird im Krankenhaus reanimiert und stirbt schließlich um 23 Uhr. Bei einer Körpergröße von 95 Zentimetern wiegt sie nur noch 7,4 Kilogramm. (Fallsynopse entnommen aus: Biesel/Wolff 2014, S. 14f.)

- Lesen Sie die Fallbeschreibung in Ruhe durch und tauschen Sie sich dazu aus, was Ihnen durch den Kopf geht und welche Gefühle bei Ihnen entstehen.

Fachkräfte im Kinderschutz werden alltäglich mit Leid von Kindern und Jugendlichen konfrontiert, mit schwierigen, erschütternden und dramatischen Familiensituationen. Solches Leid zu sehen oder davon zu hören, weckt in den meisten Menschen intensive Gefühle, und oft auch umso stärker, je jünger die betroffenen Kinder sind. Man hat Mitleid mit dem Kind, das so viel Schmerz erleidet, und man wird wütend auf die Erwachsenen, die dieses Leid verursachen oder das Kind zumindest nicht davor schützen. Hier geht es Fachkräften nicht viel anders als Laien, sie haben Emotionen in Anbetracht dessen, was sie erleben, hören und sehen. Mit den Emotionen entstehen oftmals Handlungsimpulse: Das Mitleid weckt das dringende Bedürfnis, das Leid des Kindes rasch zu beenden und es zu retten. Die Wut schreit nach Strafe für diejenigen, die einem Kind solches Leid antun. Und man verzweifelt, wenn man die Situation nicht beenden kann.

Aber nicht nur für Fachkräfte spielen Emotionen eine große Rolle im Kinderschutz. Auch für die betroffenen Kinder, Jugendlichen und Eltern sind diese Situationen hoch emotional, geprägt oft durch Ängste, Scham und Ratlosigkeit.

Eine solche, von allen Seiten emotional aufgeladene Situation konstruktiv zu gestalten und das Kindeswohl dabei nicht aus dem Blick zu verlieren, ist für Fachkräfte eine anspruchsvolle Aufgabe. Es gilt, die unterschiedlichen Perspektiven und Gefühle zu erkennen, zu verstehen und reflektieren zu können, um einen fachlich angemessenen Umgang damit zu ermöglichen. In diesem Sinne betrachten wir im Folgenden analytisch getrennt die Perspektiven der Kinder und Jugendlichen, der Eltern und der zuständigen Fachkräfte und beschreiben, welche Gefühle bei den unterschiedlichen Beteiligten oft zu beobachten und wie sie zu erklären sind. Dabei reflektieren wir insbesondere, welche Folgen es hat, wenn Fachkräfte in diesen emotional aufgeladenen Situationen unreflektiert ihren (nachvollziehbaren) Handlungsimpulsen folgen. Vor diesem Hintergrund wird deutlich, warum die bewusste Selbstreflexion dieser Emotionen und Impulse eine zentrale Voraussetzung darstellt, um professionell im Kinderschutz agieren zu können.

11.2 Gefühle von Kindern und Jugendlichen im Kinderschutz

Berichte über Familien, in denen Kinder oder Jugendliche Gewalt und Vernachlässigung erfahren, erwecken oft Mitleid oder den Wunsch, die Leiden des Kindes zu beenden und ihm ein ‚besseres Zuhause' zu geben. Wenn Eltern nicht schnell und unkompliziert in der Lage sind, eine Kindeswohlgefährdung zu beenden, erscheint es dann naheliegend, das Kind zum Schutz aus der Familie zu nehmen. Viele Kinder wollen dies jedoch nicht und wehren sich dagegen. Nicht nur Eltern haben Angst, ihr Kind an das Jugendamt zu verlieren, sondern auch Kinder haben Angst, von ihren Eltern getrennt zu werden, ihre Familie zu verlieren.

Der Impuls zur Herausnahme des Kindes folgt den Bedürfnissen der/des Beobachtenden, nicht aber der Innensicht und dem Erleben des Kindes. Entscheidend aus der Sicht des Kindes ist nicht einseitig Leid, sondern auch der Wunsch nach einer ‚normalen', ‚glücklichen' Familie jenseits von Gewalt, Angst und Hoffnungslosigkeit. Diese Ambivalenz, die Kinder und

Jugendliche in solchen Situationen erleben, ist getragen von dem Umstand, dass sie stets das Kind ihrer Eltern sind und dies für den Rest ihres Lebens bleiben. Für Kinder ebenso wie für Jugendliche sind Eltern nie nur negativ besetzt, sondern immer wichtige Bezugspersonen, sogar, wenn sie unsicher oder desorganisiert gebunden sind (→ Kapitel 5). Eltern sind für ein Kind die Menschen, über die es sich definiert, an denen es hängt und von denen es sich Liebe und Fürsorge wünscht. Das Kind möchte, dass die Gewalt endet, es möchte Nähe, Unterstützung und Verlässlichkeit erfahren, und es möchte seine Eltern behalten. Dieser Wunsch ist tief verwurzelt. Wenn Kinder diesen Wunsch nicht erfüllt bekommen, können Fachkräfte es zwar darin unterstützen, dies zu betrauern, zu verarbeiten und eine konstruktive Haltung dazu zu entwickeln. Keine Intervention kann ihm diese Aufgabe jedoch ersparen oder abnehmen, und zwar unabhängig davon, ob es in der Familie oder an einem alternativen Ort aufwächst.

Für die Gefühle und den Zugang des Kindes oder der/des Jugendlichen ist es daher von zentraler Bedeutung, dass Kinder und Jugendliche erleben, dass Fachkräfte ihren Eltern mit persönlicher Wertschätzung begegnen und sie als Eltern akzeptieren. Bekommen Kinder den Eindruck, dass dies nicht der Fall ist, werden sie die Fachkräfte in aller Regel als Bedrohung wahrnehmen. Kinder und Jugendliche erleben sich in der Konstellation zwischen Eltern und Fachkräften dann in einem Loyalitätskonflikt: Sie lieben ihre Eltern, sie möchten, dass es ihren Eltern gut geht, und wünschen sich von ihnen Anerkennung und Bestätigung. Mit dem Kontakt- und Unterstützungsangebot von Fachkräften ist die Hoffnung auf eine Veränderung und Verbesserung der Situation verbunden. Wenn dieses Angebot jedoch eine Infragestellung oder Abwertung der Eltern enthält, würde das Kind oder der/die Jugendliche mit dem Eingehen auf das Angebot die Abwertung seiner Eltern bestätigen und dies als ‚Verrat' an den Eltern erleben. Wenn es nicht auf das Angebot eingeht, verliert es jedoch diese Chance auf eine Verbesserung seiner Situation. Für Fachkräfte ist es oft schwer aushaltbar, wenn Kinder oder Jugendliche auf ihre Angebote nicht eingehen, sich nicht öffnen und nicht ‚ehrlich' sagen, was zu Hause vorfällt. Während Fachkräfte ihr Angebot als ‚Rettungsanker' empfinden, auf das ein ‚leidendes Kind' quasi nur gewartet haben könne, empfinden Kinder dies als eine an sie gerichtete Erwartung, ‚Schlechtes' über ihre Eltern zu berichten und damit ‚Verrat' an den Eltern oder sogar der ganzen Familie zu begehen. Wenn Fachkräfte diesen Loyalitätskonflikt, in dem Kinder und auch Jugendliche sich im Kinderschutz befinden, nicht verstehen, ist es schwer, eine dem Kindeswohl dienliche Abwägung vorzunehmen und entsprechende Entscheidungen zu treffen.

Mehr noch, in dieser Situation kann es passieren, dass das Kind bzw. der/

die Jugendliche in seiner Beziehung zur Fachkraft eine zentrale verletzende Erfahrung wiederholt, die es in seiner Familie macht: „Das eigentliche Problem des mißhandelten oder vernachlässigten Kindes liegt darin, daß mit den körperlichen Attacken und mit der Vernachlässigung durch die Menschen, die es doch lieben sollten, die klare Botschaft einhergeht, daß es diese Mißhandlung verdient, weil es die Erwartungen seiner Umgebung nicht erfüllt" (Kempe 2002, S. 808). Je jünger die Kinder sind, umso stärker sind ihr sozialer Kontakt, die Versorgung und Informationsquellen auf die Familie begrenzt. Was die Eltern von dem Kind halten, „muß es als wahr akzeptieren" (ebd.). Wenn Kinder sich auf Angebote von Fachkräften nicht einlassen (können), weil sie darin eine Entwertung ihrer Eltern befürchten, kann dies für Fachkräfte eine Enttäuschung darstellen. Dabei können Fachkräfte vor dem Hintergrund ihres eigenen emotionalen Bedürfnisses, die Situation rasch zu beenden, die Erwartung an die Kinder haben, sich ihnen gegenüber zu öffnen und sie als ‚Rettung' zu empfinden. Kinder und Jugendliche, die diesem Bedürfnis aufgrund der oben beschriebenen Loyalität mit den Eltern nicht entsprechen, werden im Kontakt mit der Fachkraft erleben, dass sie fortwährend deren Erwartungen und implizit vermittelten Bedürfnissen nicht gerecht werden. Dies ist oftmals aber bereits eine zentrale Erfahrung des Kindes in der Familie: Erwachsene übernehmen nicht die Verantwortung für das Wohlergehen des Kindes, sondern übergeben die Verantwortung für das eigene Wohlergehen an das Kind. Das Kind gerät damit zwischen Eltern und Fachkräften in eine Zwickmühle: Was auch immer es tut, es wird die Erwartungen einer Seite nicht erfüllen. Es wird Erwachsene enttäuschen und für jedes Handeln nicht nur die negativen Folgen, sondern in dieser Konstellation auch noch die Verantwortung dafür tragen müssen.

Für Kinder und Jugendliche und die Sicherung ihres Wohls ist es also von ebenso zentraler Bedeutung wie für die Eltern, dass Fachkräfte zwischen den eigenen Bedürfnissen und denen der Familienmitglieder unterscheiden können und die Gefühle und Dynamiken im Familiengefüge verstehen. Kommunikation und Handeln sind an den Bedürfnissen des Kindes bzw. Jugendlichen auszurichten, nicht an den Bedürfnissen der Fachkraft.

Für die Sicht des Kindes und eine mögliche Verarbeitung des Erlebten durch das Kind ist es außerdem wichtig für Fachkräfte, im Blick zu behalten, dass auch misshandelnde oder vernachlässigende Eltern für die Kinder und Jugendlichen nicht nur durchgehend schädigend sind, sondern ihnen auf anderen Ebenen auch etwas Positives geben.

> „Die meisten mißhandelnden oder vernachlässigenden Eltern haben unabhängig von ihren Unzulänglichkeiten durchaus auch Eigenschaften, die

> sich für die Kinder als gut oder nützlich erweisen. Sie verlangen zwar einen unbedingten Gehorsam, aber sie würdigen und fördern womöglich die Anstrengungen ihres Kindes, seine intellektuellen oder praktischen Interessen zu verfolgen und es auf dem entsprechenden Gebiet zu etwas zu bringen. Sie kommen ihrer Aufsichtspflicht vielleicht in einem jämmerlichen Umfang nach und sind dem Kind, wenn es in Schwierigkeiten gerät, so gut wie keine Hilfe, aber sie können auch liebevolle und nichtkritisierende Eltern sein" (Kempe 2002, S. 807).

Kinder und Jugendliche erleben ihre Situation also nicht eindeutig einfach ‚gut' oder ‚schlecht', sondern zwiespältig. Sie lieben ihre Eltern und möchten stolz auf ihre Eltern sein. Es schmerzt sie, wenn sie ihre Eltern in einer Weise erleben, auf die sie nicht stolz sein können. Sie haben eine Beziehung zu ihren Eltern und möchten diese vielleicht verändern, auf jeden Fall aber erhalten. Wenn Eltern als Personen von außen abgewertet werden, ist dies für die Kinder und Jugendlichen daher sehr verletzend und wertet auch einen Teil von ihnen selbst ab. Da diese Kinder oftmals nicht erlebt haben, dass Erwachsene die Verantwortung für Probleme und Konflikte übernehmen, übernehmen sie die Verantwortung und reagieren auf Interventionen von außen, indem sie ihre Eltern verteidigen:

> „Solche Kinder haben beispielsweise das Gefühl, ihre Eltern schützen zu müssen, anstatt Schutz von Seiten der Eltern für sich zu erwarten. Sie nehmen häufig die Last der Verantwortung für Gesundheit und Wohlergehen ebenjener Person auf sich, die doch eigentliche für sie sorgen sollte. Oder sie gelangen, eben weil sie ständig schlecht behandelt werden, zu der Überzeugung, ‚innerlich schlecht' zu sein" (Jones 2002, S. 790).

Viele Kinder und Jugendliche, die zu Hause Gewalt erfahren, denken, dass sie an ihrer Situation selbst schuld seien und dass ihre Eltern so handeln, weil sie sich falsch verhalten. Wenn von außen gegen Eltern interveniert wird, haben Kinder und Jugendliche oft Schuldgefühle, weil sie sich selbst als verantwortlich für die Intervention erleben: ‚Meinetwegen bekommen meine Eltern nun Ärger'.

Es ist wichtig, dass Fachkräfte um diese Dynamiken wissen, sie erkennen und reflektieren, um einen konstruktiven und für das Kind oder den/die Jugendliche(n) tatsächlich hilfreichen Weg der Zusammenarbeit mit der Familie zu finden. Dies gilt auch bei der Frage, ob ein Kind oder ein/eine Jugendliche(r) in der Familie bleiben kann und mit begleitenden Angeboten dort ausreichend geschützt ist oder ob eine zumindest vorübergehende

Herausnahme erforderlich ist (auch die Wegweisung eines Erwachsenen wäre möglich). Immer sind die Konsequenzen der Entscheidung für die Bindung zu den Eltern zu berücksichtigen. Sowohl im Falle von Hilfemaßnahmen zur Wahrung seiner Sicherheit zu Hause als auch bei der Unterbringung in einer Pflegestelle oder Wohngruppe: Immer muss die Frage bedacht werden, welche Unterstützung die Betroffenen als Familie und als Einzelpersonen brauchen, um ihre Erfahrungen zu verarbeiten, Beziehungsfähigkeit zu entwickeln und auch dann eine Familie sein zu dürfen, wenn es zu einer Fremdplatzierung des Kindes oder der/des Jugendlichen gekommen ist.

11.3 Gefühle von Eltern im Kinderschutz

Wenn es um eine mögliche Gefährdung ihrer Kinder geht, ist für Eltern der erste Kontakt mit Fachkräften in der Regel mit Ängsten verbunden. Es sind Ängste vor Abwertung und Vorwürfen, Ängste vor Strafen oder vor der Herausnahme des Kindes. Diese Ängste entstehen auch unabhängig davon, ob tatsächlich eine Situation vorliegt, die als Kindeswohlgefährdung zu werten ist. Pamela Davies (2011), eine Engländerin, erlebte, wie aufgrund einer Schwellung am Kopf ihres Kindes eine „child protection investigation“ (ebd., S. 201) unter Einbeziehung von Ärzt(inn)en, Kinder- und Jugendhilfe und Polizei ausgelöst wurde, und berichtet in einem Aufsatz eindrücklich, wie sie als Mutter das Verfahren zur Klärung einer möglichen Schuld der Eltern und daraus resultierender Kindeswohlgefährdung erlebte. Im Zentrum ihres Erlebens stand die Infragestellung ihres Wertes als Eltern. Sie beschreibt eindrücklich Gefühle der Verletzbarkeit, der Vorverurteilung und der Unterlegenheit im Machtgefälle des Kinderschutzsystems, auch als Angehörige des Bildungsbürgertums und auch nach Abschluss des Verfahrens, in dem keinerlei Fehlverhalten der Eltern festgestellt werden konnte. Deutlich wird daran, wie stark sowohl der Umstand, dass das eigene Erziehungsverhalten und die Familiensituation hinterfragt werden, als auch die Strukturen des Hilfesystems auf das Erleben von Gefährdungseinschätzungen aus der Perspektive der Eltern wirken.

Vor diesem Hintergrund reagieren viele Eltern mit Abwehr, Verweigerung und Abschottung, wenn in Frage gestellt wird, ob sie das Wohl ihres Kindes ausreichend gewährleisten können. Auch grundsätzlich ist für Eltern eine Situation, in der sie als Eltern bei der Versorgung und Erziehung ihrer Kinder auf Hilfe von außen angewiesen sind, oft mit Selbstzweifeln, mit Schuld- und Schamgefühlen verbunden. Sich selbst und anderen einzugestehen, dass man als Vater oder Mutter Hilfe braucht, wird oft als Eingeständnis empfunden, keine gute Mutter oder kein guter Vater zu sein, es alleine nicht zu schaffen, als Eltern zu versagen. Die Inanspruchnahme von erzieherischer Hilfe ist daher in aller Regel eine große persönliche Leistung. Dementsprechend sollten Fachkräfte den Eltern gegenüber deutlich signalisieren, dass es eine Stärke ist, sich Hilfe zu holen, und dass sie damit verantwortlich für sich und ihr Kind handeln.

Familien, in denen Kinder oder Jugendliche Misshandlung, Vernachlässigung oder sexuelle Gewalt erfahren, erleben das ‚Außen' jedoch oft als Bedrohung: Niemand darf wissen, was innen passiert, um die Familie nicht zu gefährden. Dies kann als Hilfeparadox beschrieben werden: „Je größer die Beziehungsproblematik ist, umso schwieriger fällt es den Familienmitgliedern, sich selbst Hilfe zu holen, umso schwerer hat es die Jugendhilfe mit ihren Hilfeangeboten" (Nitsch 2007, S. 91) auf Akzeptanz zu stoßen. Eltern sind ihren Kindern emotional sehr verbunden und fühlen sich verantwortlich für das, was geschieht oder geschehen ist – auch wenn sie alleine keinen Ausweg aus der Situation finden. Die Kluft zwischen dem Verhalten, das Eltern zeigen wollen oder von dem sie denken, dass es von ihnen erwartet wird, und ihren tatsächlichen Verhaltensweisen und verhaltensmäßigen Möglichkeiten, führt oft zu Stress, Trauer und Depression. Sie schämen sich, fühlen sich hilflos, sind vielleicht im Loyalitätskonflikt als Paar, wenn in Frage steht, ob eine(r) der Partner(innen) das Kindeswohl gefährdet. „Sie schwanken zwischen dem Wunsch, Verständnis und Unterstützung zu erhalten, entschuldigt zu werden, und der Angst, genau das nicht zu bekommen. Sie sind unsicher, schnell aus der Fassung zu bringen, manchmal sehr unzugänglich und verschlossen" (Maihorn 2006, S. 3). Die Folgen und die emotionalen Wirkungen ihres Tuns können für die Eltern so schwer wiegen, dass sie das Tun leugnen und keine emotionale Reaktion zeigen.

Dies ist für Fachkräfte oft befremdlich. Auch hier gilt es nachzuvollziehen, warum Eltern dies tun, und die zugrundeliegenden Gefühle anzuerkennen. Nur so kann ein Zugang zu den Eltern gefunden werden. Auch Eltern, die ihre Kinder schädigen, brauchen eine Atmosphäre, in der sie sich versorgt und unterstützt erleben (vgl. Helfer 2002, S. 172). Empathie ist die Grundlage jeder vertrauensvollen Arbeitsbeziehung, auch im Kontakt mit Eltern, die das Wohl ihrer Kinder gefährden. Dies gilt nicht nur, um in der Familie Veränderungen begleiten und zu einer Verbesserung der Situation des Kindes beitragen zu können. Es ist zudem eine grundlegende Voraussetzung in Hinsicht auf die Einschätzung und Sicherung des Kindeswohls (→ Kapitel 12): Wenn Eltern nicht das Gefühl haben, verstanden zu werden, bekommen Professionelle möglicherweise keinen Zugang zu wichtigen

Informationen und können dann keine umfassende und fundierte Gefährdungseinschätzung vornehmen.

Die Gefühle der Eltern können leicht in Furcht und Zorn umschlagen, die sich auch gegen Professionelle richten können (vgl. Helfer 2002, S. 175 f.). Fachkräfte erleben dann widersprüchliche Signale der Eltern: ‚Sei nah bei mir – komm mir nicht zu nahe.' ‚Ich möchte, dass es besser wird, aber ich möchte, dass sich nichts ändert.' Änderungen sind oft mit Angst verbunden – Angst davor, dass das Neue keine Stabilität ausbildet. Und das, was die Eltern aktuell zeigen, sind ihre im Moment existierenden Versuche des Lösens von Problemen (vgl. Nitsch 2007, S. 103). Fachkräfte müssen solche Signale, Ablehnung ebenso wie den Versuch, eine zu große Nähe herzustellen, daher verstehen und einordnen können, um sich hier weder verführen noch die Arbeitsbeziehung abbrechen zu lassen. Denn im Kinderschutz ist es eher die Regel als die Ausnahme, dass sich Eltern ‚widerständig' verhalten und versuchen, auf Abstand zum Hilfesystem zu gehen. Dieses Verhalten kann zwar für Fachkräfte teilweise auch bedrohlich wirken. Dennoch ist es notwendig, mit Eltern über ihre Ängste, Befürchtungen und Widerstände in den Dialog zu kommen und zu versuchen, herauszufinden, was deren Auslöser sind. In der Regel dient dieses Verhalten der Aufrechterhaltung des Selbstwertgefühls der Eltern und ihrer Autonomie. Oft haben sie Angst davor, ihre Kinder an das Jugendamt zu verlieren oder von den Fachkräften bevormundet zu werden. Diese Ängste kann man ihnen nehmen, wenn man mit ihnen wertschätzend und transparent umgeht. Weniger zielführend ist es hingegen, wenn man die feindlichen Gefühle der Eltern als Fachkraft erwidert und ihnen droht oder generell diesen gegenüber negativ eingestellt ist.

11.4 Gefühle von Fachkräften im Kinderschutz

Der Aufbau einer vertrauensvollen Hilfebeziehung mit Eltern, die ihre Kinder misshandeln oder vernachlässigen, ist für viele Fachkräfte eine sehr schwierige Aufgabe. Den meisten Menschen fällt es schwer, für Eltern, die das Wohl ihrer Kinder gefährdet haben, in irgendeiner Weise Mitgefühl aufzubringen. Der Umgang mit ihnen führt zu starken Gefühlen von Wut, Feindseligkeit und Frustration (vgl. Helfer 2002, S. 167). Viele der Eltern wecken in den Professionellen eine Antipathie und bringen sie durch einige ihrer Verhaltensweisen aus der Fassung. Die Verhaltensweisen und Beziehungsstrukturen in diesen Familien, die Fachkräfte beruflich kennenlernen oder mit denen sie sogar alltäglich umgehen, sind ihnen privat oft fremd und daher zunächst befremdend (vgl. Machann/Rosemeier 1997, S. 103).

Aus systemischer Sicht resultieren Gefährdungssituationen von Kindern und Jugendlichen daraus, dass die Eltern aus den unterschiedlichsten Gründen den Kontakt zum Kind, zu seinen Lebens- und Entwicklungsbedürfnissen verloren haben (→ Kapitel 7). Diese Beziehungsstörungen können sich zum Beispiel als gewaltsames Ringen um Kontakt zeigen, den die Eltern selbst brauchen, um sich sicher zu fühlen (Kindesmisshandlung), oder als Kontaktabbruch aus Enttäuschung, Verzweiflung oder Hilflosigkeit (Vernachlässigung) (vgl. Kinderschutz-Zentrum Berlin 2009, S. 43 ff.; Maihorn 2006, S. 1). Fachkräfte im Kinderschutz haben es oft mit Eltern zu tun, die Schwierigkeiten haben, mit anderen Menschen angemessen in Kontakt zu sein. Gerade weil die Fachkräfte im Kinderschutz diese für Eltern unangenehmen Themen und Emotionen in der Beziehung zu ihrem Kind berühren, besteht die Gefahr, dass sich die Kontaktschwierigkeiten auf der Hilfeebene ebenso zeigen. Eltern haben dann möglicherweise Schwierigkeiten, mit Fachkräften eine angemessene Arbeitsbeziehung aufzubauen, und Fachkräfte fühlen sich von den Eltern angegriffen, missachtet, nicht ernst genommen oder distanzlos vereinnahmt.

Es kann also eine schwierige Herausforderung für Fachkräfte im Kinderschutz darstellen, eine wertschätzende Haltung gegenüber den Eltern und eine vertrauensvolle Arbeitsbeziehung zu ihnen herzustellen. Diese ist jedoch die Basis, um die für die Einschätzung des Kindeswohls und des angemessenen Vorgehens erforderlichen Informationen zu erhalten und angemessen auf eine mögliche Kindeswohlgefährdung reagieren oder bei Hilfebedarf Angebote machen zu können. Die Art und Weise, wie Fachkräfte mit ihren Emotionen umgehen und inwiefern sie sich im Kontakt mit der Familie von diesen Emotionen leiten lassen oder sie zurückstellen können, moderiert die Möglichkeit für die Familie, sich zu öffnen.

Im Kinderschutz arbeitet man mit Familien in Krisensituation, es geht um Hilflosigkeit, um erschöpfte Problemlösungsressourcen und -kompetenzen. Genau darüber sollen Eltern und Kinder sowie Jugendliche mit Fachkräften sprechen, sich ihnen anvertrauen. Wenn Familien jedoch erleben, dass ihre Lebenssituation und ihre Handlungsweisen von den Fachkräften als unerträglich erlebt werden und zu einer inneren Ablehnung der Eltern durch die Fachkräfte führen, werden sie sich ihnen gegenüber nicht öffnen können. Sie brauchen das Vertrauen, dass ihre Probleme, ihr Leiden, alles, was passiert ist, im Kontakt mit der/dem Professionellen thematisiert werden dürfen. Hierzu sind zwei Aspekte notwendig:

1. Zum einen ist es wichtig, sich als Fachkraft der eigenen, möglicherweise negativen Gefühle gegenüber den Eltern bewusst zu werden und ihrer reflexiven Bearbeitung als Teil des fachlichen Handelns ausreichend Raum zu geben. Diese Gefühle liegen ja nicht im ‚Fall' selbst begründet, sondern entstehen durch die Bedeutung, die die Fachkraft dem Fall gibt. Sie sind begründet durch die Biographie und Erfahrungen der Fachkraft. Es ist die Resonanz, die ‚der Fall' – also die konkrete Rolle der Fachkraft, die Informationen, die sie hat, die Art und Weise, wie sie mit dem Geschehen oder der Verletzung der Kinder konfrontiert wird – in der Person der Fachkraft auslöst. Reagieren Fachkräfte im Kinderschutz nur auf ihre eigenen Gefühle, so werden sie ihr Handeln von dem Ziel leiten lassen, ihre eigenen Gefühle des Leids, Zorns o. ä. zu verringern. Ein solches Handeln ist jedoch, wie die Perspektive der Kinder und Jugendlichen gezeigt hat, nicht dem Kindeswohl dienlich (vgl. Kinderschutz-Zentrum Berlin 2009, S. 14 ff.). Selbstreflexion und eine fachlich fundierte innere Haltung zu Kindern, Jugendlichen und Eltern sind erforderlich, um „die Kontaktaufnahme vor dieser Flut von widersprüchlichen eigenen Gefühlen" (Maihorn 2006, S. 2) zu beschützen. Hilfreich kann dabei die Einsicht sein, dass negative Gefühle gegenüber Eltern, wie bspw. Aggression, Genervtheit, Ungeduld, Ekel oder Angst, die eventuell Selbstbildern oder Ansprüchen einer/eines ‚toleranten, offenen, stets ausgeglichenen Professionellen' widersprechen, aus den oben genannten Gründen unter Menschen zunächst ‚normal' sind. Die Fachlichkeit zeigt sich darin, diese Emotionen der Reflexion zugänglich zu machen, damit sie den Hilfeverlauf nicht behindern. Das Erkennen und Benennen der eigenen Gefühle ist die Voraussetzung dafür, um diese reflektieren, sich von ihnen distanzieren und neben der eigenen Emotion weitere Perspektiven auf den Fall einnehmen zu können.
2. Zum anderen können Eltern dann Vertrauen zu Fachkräften entwickeln, wenn diese in ihrer inneren Haltung aufrichtig und klar eine Trennung vornehmen zwischen der Wertschätzung für die Eltern als Personen und einer möglichen Ablehnung von kindeswohlgefährdenden Handlungen oder Unterlassungen dieser Personen. Fachkräften fällt eine solche Trennung leichter, wenn sie über das Verstehen der Eltern versuchen, zumindest eine Nachvollziehbarkeit ihres Handelns zu entwickeln: Warum tun sie das, was sie tun? Was haben die Eltern selbst biographisch erlebt? Welche Belastungen, Ressourcen und Kompetenzen haben sie? Welchen Sinn hat ihr Handeln für sie, welche Probleme werden damit gelöst – neben vielen Problemen und Leiden, die durch ihr Handeln vielleicht entstehen? Auch wenn ihre Handlungen oder Unterlassungen

abgelehnt werden, gilt es die Gefühle der Eltern zu akzeptieren. In dieser Haltung kann ein Modus der Kommunikation mit Eltern als Menschen entwickelt werden. „Das ist keine leichte Aufgabe, aber wenn der Panzer einmal durchbrochen ist, trifft man auf wirkliche, fühlende Menschen, die ganz dringend Hilfe brauchen, wenn sie auch nur selten fähig oder willens sind, darum zu bitten" (Helfer 2002, S. 167).

Auswirkungen unbewusster Handlungsmotive in der Arbeit mit gewaltbelasteten Familien

Bearbeiten Sie die folgenden Fragen zunächst alleine und tauschen Sie sich dann in Kleingruppen aus. Die Fragen können auch dazu dienen, sich selbst und die eigenen Tendenzen zu reflektieren (Fragen formuliert in Anlehnung an: Kinderschutz-Zentrum Berlin 2000 [1979], S. 20f.).

- Die meisten Menschen empfinden Mitleid mit in ihrem Wohl gefährdeten Kindern und sind vom Wunsch zu helfen erfüllt. Wie wirkt sich diese Einstellung in der Kinderschutzarbeit aus?
- Nur wenige Menschen sehen sich selbst als potentielle(n) Misshandler(in). Wie könnte eine solche Handlung das Verhältnis zu Eltern beeinflussen, die das Wohl ihres Kindes gefährdet haben?
- Viele empfinden Hass auf den ‚Täter', die ‚Täterin', sind entsetzt und zornig zugleich oder rufen nach Strafe. Welche Folgen könnte diese Tendenz für Mitarbeiter(innen) in Einrichtungen des Kinderschutzes haben?

Zur Vertiefung nutzen Sie den Text „Wie können Fälle von Verletzungen des Kindeswohls erlebt werden?" (Kinderschutz-Zentrum Berlin 2009, S. 14–17)

Mary Edna Helfer (2002, S. 168f.) verweist auf fünf grundlegende Fertigkeiten, die es zu entwickeln gelte, um ein empathisches Eingehen auf die emotionale Belastung der Eltern zu erleichtern:

- *Reflexion von Gefühlen im Sinne der Spiegelung nach Rogers* (vgl. Weinberger 2013): Im Kinderschutz sind Fachkräfte oft mit Eltern konfrontiert, die selbst als Kinder wenig empathische Aufmerksamkeit und Fürsorge erlebt haben. Das Handeln der Fachkräfte wird von Eltern daher leicht so erlebt, dass sie sich nur um das Kind sorgen und sich für die Person und die Not der Eltern nicht interessieren. Wenn Eltern Gefühle zu erkennen geben, ist es daher von besonderer Bedeutung, dass Fachkräfte diese thematisieren und damit zeigen, dass die Gefühle der Eltern wahrgenommen und als wichtig erachtet werden. Tut man das nicht, kann dies bei den Eltern den Eindruck erwecken, dass ihre Gefühle die Fachkraft entweder nicht interessieren oder dass sie Angst davor hat, diese weiter aufzugreifen.

- *Legitimation von Gefühlen:* Über die Spiegelung von Gefühlen hinaus geht es um die Akzeptanz der geäußerten Gefühle. Um dies zu vermitteln nimmt die Fachkraft die Gefühle nicht nur wahr, sondern meldet dem Vater oder der Mutter aktiv zurück, dass sie aus der Perspektive des Vaters oder der Mutter nachvollziehen kann, dass er/sie diese Gefühle hat.
- *Persönliche Bereitschaft zur Hilfe:* Fachkräfte sollten den Eltern verdeutlichen, dass sie als Professionelle persönlich zur Verfügung stehen und zu helfen bereit sind, wenn die Eltern irgendeine Form der Hilfe annehmen wollen.
- *Partnerschaftlichkeit:* Eltern sind eher bereit, Hilfe anzunehmen, mitzuarbeiten und ggf. auch einer Fremdunterbringung zuzustimmen, wenn sie erleben, dass sie an der Diskussion und dem Entscheidungsprozess beteiligt sind. Eine solche Einbeziehung stärkt nicht nur die Mitwirkungsbereitschaft, sondern auch die Selbstachtung der Eltern und ihre Bewältigungsmechanismen.
- *Respekt:* Fachkräfte sollten ihren Respekt vor den Eltern oder den Fortschritten, die sie machen, verbal und nonverbal verdeutlichen.

Die Gefühle, die Fachkräfte in Anbetracht von Kindeswohlgefährdung in Familien haben, führen oft auch dazu, dass sie die Familie nicht als Einheit betrachten, sondern in ihrem Blick auf die Familie eine Trennung zwischen Kind und Eltern vornehmen. Dies ist als Grundhaltung im Kinderschutz nicht sinnvoll. Wenn Kindeswohlgefährdung „ein Symptom [ist], das darauf hinweist, dass das Interaktionssystem der Familie nicht mehr funktioniert" (Helfer 2002, S. 169), dann ist auch die gesamte Familie im Kinderschutz in den Blick zu nehmen. Nur wenn die Fachkräfte ihre Sorge auf die gesamte Familie ausdehnen, und nicht nur für eine Person Partei ergreifen, können Interventionen erfolgreich sein.

Nicht nur in Familien, auch in den Organisationen des Kinderschutzes gibt es Veränderungen, Dynamiken und Konflikte. Eltern empfinden das Kinderschutzsystem oft als undurchschaubar, sind von Personalwechseln u. ä. Veränderungen in Organisationen betroffen. Dies kann als Wiederholung eigener irritierender Beziehungserfahrungen erlebt werden. Eltern reagieren darauf teilweise indem sie sich entziehen, den Fachkräften ausweichen und Kontaktversuche ignorieren. Um mit Familien in Kontakt zu kommen sowie Eltern und Kinder bzw. Jugendliche zur Mitwirkung und

Eigenaktivität zu motivieren, sind Fachkräfte daher auf eine für den Aufbau von vertrauensvollen Arbeitsbeziehungen förderliche Gestaltung ihrer Organisationen angewiesen (→ Kapitel 10, 11 und 14). Hierfür brauchen Fachkräfte zunächst eine sichere Einbettung in ihre Organisation, indem diese ein beziehungsorientiertes Verständnis von Kinderschutz mitträgt (vgl. Nitsch 2007, S. 99 ff.). Sie sind zudem angewiesen auf Möglichkeiten zur persönlichen Entlastung und Reflexion im Rahmen von Teamgesprächen, Fachberatungen und Supervisionen (vgl. Maihorn 2006, S. 2). Je größer bzw. schwerwiegender die Kindeswohlgefährdung ist, umso relevanter wird dieser Aspekt der organisatorischen Einbettung und sowohl fachlichen als auch emotionalen Unterstützung. Man kann dies bezeichnen als

> „Hilfeparadox von Seiten der Hilfe: Je größer die Kindeswohlgefährdung einerseits und je unsicherer die professionelle Einbettung der HelferInnen andererseits, desto verunsicherter und zurückgenommener gehen HelferInnen auf die Familien zu, desto eher scheint der technische Zugangsweg [ausschließliche Verwendung von Instrumenten zur Gefährdungseinschätzung und expertokratischen Kommunikationstechniken, Anm. d. Verf.] fachliche Sicherheit zu bieten. Familien in Not sind sehr sensibel in ihrer Wahrnehmung auf die Art und Weise des Zugangs." (Nitsch 2007, S. 100)

Denn Familien spüren, ob sich Fachkräfte zutrauen, Hilfe zu leisten, und ob sie Vertrauen in ihre eigenen Fähigkeiten haben (vgl. ebd.) oder ob sie Angst davor haben, ihrer Aufgabe im Kinderschutz gerecht zu werden und ‚professionellen Selbstschutztendenzen' erliegen (vgl. Biesel 2009).

Professioneller Selbstschutz statt Kinderschutz?

Angesichts der gehäuften Skandalisierungen von problematisch verlaufenen Kinderschutzfällen in den Medien und der wachsenden Erkenntnis, dass Kinderschutz mit fachlichen, zum Teil strafrechtlich relevanten Risiken verbunden ist, wurde in den letzten Jahren in der Fachdebatte darüber diskutiert, wie Fachkräfte auf diese Situation reagieren. Dabei wird kritisch angemerkt, dass schnelle Fremdunterbringungen und Anrufungen des Familiengerichts in erster Linie einem Sicherheitsdenken geschuldet seien. Mit diesen ‚Selbstschutztendenzen' werde jedoch der Schutz von in ihrem Wohl gefährdeten Kindern in Frage gestellt, für den es gerade notwendig sei, fachliche Risiken einzugehen, um Entwicklungen in Familien befördern und Kindeswohlgefährdungen langfristig abwenden zu können.

Was denken Sie, was spricht für rasche Interventionen und welche Beweggründe der Fachkräfte können dahinterstehen? Was spricht dagegen und welche Alternativen haben Fachkräfte? Diskutieren Sie in Kleingruppen und stellen Sie Ihre Diskussionsergebnisse anschließend im Plenum vor.

Begleitende Literatur für die Seminarübung:

- Ackermann, Timo (2010). Über Krisen, Risiko und Selbstschutz im Kinderschutz. In: Forum Kinder- und Jugendarbeit, Nr. 2/2010, S. 50–55; erneute Veröffentlichung in: Standpunkt: sozial 2/2010, S. 53–60.
- Biesel, Kay (2009). Professioneller Selbstschutz statt Kinderschutz? In: Sozialmagazin. (4). S. 50–57.

11.5 Ambivalenzen und Spannungsfelder im Kinderschutz

In diesem Kapitel wurden bereits bei der Darstellung der Gefühle, die bei Fachkräften, Eltern sowie Kindern und Jugendlichen im Kinderschutz oft zu beobachten sind, Ambivalenzen der Beteiligten beschrieben. Kinderschutz ist darüber hinaus strukturell von Ambivalenzen und Spannungsfeldern gerahmt bzw. findet darin statt. Einige davon möchten wir im Folgenden exemplarisch darstellen.

Hilfe und Kontrolle. Fachkräfte der Sozialen Arbeit sehen sich selbst oft als ‚Helfer(innen)' und deuten das, was sie tun, als Hilfe. Ihre Angebote sind jedoch immer auch verbunden mit der Erwartung an Menschen, sich – ggf. durch Unterstützung – an gesellschaftliche Normen anzupassen. Mehr noch: Je enger der persönliche Kontakt in (Hilfe-)Angeboten der Sozialen Arbeit ist, desto tiefere Einblicke bekommen Fachkräfte in die Privatsphäre ihrer Klientel und können umso effektiver kontrollieren, inwiefern diese die an sie gerichteten normativen Erwartungen erfüllen oder nicht. Hilfe und Kontrolle sind also nicht zwei unterschiedliche Dinge, sondern zwei Seiten des gleichen Sachverhalts: Hilfe stellt immer auch eine Form der Kontrolle dar und Kontrolle wird im Sozialstaat sogar primär in Form von Hilfe erbracht. Hilfe und Kontrolle stellen damit ein strukturelles Spannungsfeld dar, das man weder methodisch noch durch Ressourcen auflösen kann, sondern das unabhängig von den jeweiligen Rahmenbedingungen immer schon gegeben ist (vgl. Urban 2004).

Im Kinderschutz wird dieses Spannungsfeld offensichtlich: Auslöser von Kinderschutz-Aktivitäten sind Situationen, die als Gefährdung des Kindeswohls gedeutet werden, die also von normativen Vorstellungen dessen, was Kinder brauchen und welche Rechte sie haben, abweichen. Fachkräfte erwarten dann Einblick in sehr persönliche Informationen der Familie, um besser einschätzen zu können, ob und wenn ja, inwieweit das Kindeswohl gefährdet ist. Sie bieten der Familie Hilfe in Form von Beratung und anderen Unterstützungsangeboten an, die sowohl Eltern und Kindern Beistand leisten als auch die Kontrolle der Familie hinsichtlich der Gewährleistung des Kindeswohls ermöglichen sollen. Lassen die Familien sich nicht auf diese ‚Hilfen' ein und eröffnen sie den Fachkräften keinen Einblick in ihre Privatsphäre, so entscheidet das Jugendamt, ob die Gefährdungshinweise so gravierend sind, dass eine Inobhutnahme gerechtfertigt erscheint oder die Fachkräfte durch Anrufung des Familiengerichts auf einen Eingriff in das Personensorgerecht hinwirken.

Wichtig ist, dass Fachkräfte sich beider Aspekte als Bestandteil ihrer Aufgabe bewusst sind und für sich klären, was dieser Aspekt ihrer Rolle für sie bedeutet. Aus der Verortung des Kinderschutzes im Spannungsfeld zwischen Hilfe und Kontrolle erwächst die Aufgabe der Fachkraft, mit dieser Rolle, Position und der daraus resultierenden Macht verantwortungsvoll umzugehen. Dies erfordert wiederum Reflexion und die ehrliche Auseinandersetzung mit Fragen, etwa: „Will und kann ich kontrollieren?"; „Ist Kontrolle in diesem Fall gerechtfertigt und angemessen?"; „Wie muss Kontrolle aussehen, damit sie hilft und zielführend ist?".

Freiwilligkeit und Zwang. Aus dem Spannungsfeld Hilfe und Kontrolle resultiert das Spannungsfeld zwischen Freiwilligkeit und Zwang. Grundsätzlich sind alle Angebote der Kinder- und Jugendhilfe auf freiwilliger Basis. Eltern steht es frei, Beratungsangebote in Anspruch zu nehmen, Hausbesuche zuzulassen oder eine erzieherische Hilfe zu beantragen – oder entsprechende Angebote abzulehnen. Wenn es jedoch gewichtige Anhaltspunkte für eine Kindeswohlgefährdung gibt, sind die Fachkräfte des ASD verpflichtet, diesen nachzugehen. Wenn Eltern im Rahmen der Freiwilligkeit den Kontakt mit den Fachkräften oder die Inanspruchnahme einer Hilfe ablehnen und die Anhaltspunkte für eine Kindeswohlgefährdung tatsächlich gewichtig waren, so kann die Fachkraft das Familiengericht anrufen, damit dieses die erforderlichen Maßnahmen beschließt – ggf. auch gegen den Willen der Eltern. Sowohl Fachkräfte als auch viele Eltern wissen um diese Möglichkeit. Fachkräfte können die Eltern auch darauf hinweisen, dass dies der nächste Schritt wäre, wenn sie die Angebote nicht annehmen. Wenn Eltern sich beispielsweise selbst an das Jugendamt wenden, weil der/die Schulsozialarbeiter(in) gesagt hat, dass sie sonst dort eine Gefährdungsmeldung machen müsse, oder wenn Eltern eine erzieherische Hilfe vor allem deshalb beantragen, weil sie verhindern wollen, dass das Jugendamt das Familiengericht einschaltet – ist dies dann freiwillig? Oder ist es Zwang? Oder beides? Bei diesem Spannungsfeld kann ebenso wenig wie bei Hilfe und Kontrolle eindeutig entschieden werden, welchen Charakter das Handeln ‚wirklich' hat. Alles Handeln und jede Interaktion im Kinderschutz sind notwendigerweise von dieser Ambivalenz durchzogen. Das Bewusstsein hierfür kann Fachkräften dabei helfen, Unentschiedenheiten und Widerstände der Familien zu verstehen, etwa wenn Vereinbarungen nicht eingehalten wurden, die Fachkräfte eigentlich für klar hielten und denen die Familien scheinbar zugestimmt hatten. Freiwilligkeit und Zwang sind auch nicht gleichzusetzen mit hilfreich und nicht hilfreich: Auch eine Maßnahme oder Leistung, an der Eltern primär mit dem Ziel mitwirken, Eingriffe in das Elternrecht zu verhindern, kann bei der Sicherung des Kindeswohls hilfreich sein.

Macht und Ohnmacht. Macht ist in der Sozialen Arbeit ein ungeliebtes und teilweise ideologisch besetztes Thema. Zwar wird sie in unterschiedlichen Situationen gefordert und in Anspruch genommen, gerade im Kinderschutz. Im übergreifenden Hilfeparadigma jedoch, das einen wichtigen Teil des Selbstverständnisses und der Legitimation von Fachkräften ausmacht, hat dieser Aspekt nur wenig Raum. Die Vorstellung, als Fachkraft Macht auszuüben, steht für viele im Gegensatz zum Selbstverständnis, ‚gut und hilfreich' zu sein. Aber: Macht ist in sozialen Prozessen allgegenwärtig. Sie ist, wie das Bild der Machtbalancen von Norbert Elias verdeutlicht (vgl. Elias 2004; Wolf 2007), überall existent, wo Menschen ihr Verhalten aufeinander abstimmen.

In der Helfer(innen)-Klient(innen)-Beziehung liegt eine strukturelle Machtasymmetrie vor (vgl. Urban-Stahl 2018, S. 79f.). Fachkräfte agieren im Status der Profession Sozialer Arbeit und im öffentlichen Auftrag. Damit verbunden sind nicht nur Fachwissen und Definitionsmacht, sondern auch ein Vorsprung an Orientierung, Information und Rollensicherheit. Die meisten Betroffenen können hingegen über die Befugnisse, Möglichkeiten und Grenzen der Fachkräfte nur spekulieren. Während sich die Familien in einer psychosozialen Belastungssituation befinden, die den Inhalt der Interaktion mit den Fachkräften darstellt, agieren Fachkräfte in ihrer beruflichen Rolle, in der ihre Persönlichkeit, ihre Probleme, Unzulänglichkeiten etc. nicht thematisiert werden. Und: Fachkräfte entscheiden über die Verteilung von Ressourcen, vermögen den Klient(inn)en zu Leistungen zu verhelfen oder ihnen diese vorzuenthalten, nehmen eine Einschätzung der Kindeswohlgefährdung und der zur Abwendung erforderlichen Schritte vor. Die Helfer(innen)-Klient(innen)-Beziehung ist also eine strukturell asymmetrische Arbeitsbeziehung zugunsten der Fachkräfte.

Dies stellt jedoch nicht in Frage, dass auch Eltern, Kinder und Jugendliche in der Helfer(innen)-Klient(innen)-Beziehung über Machtpotentiale verfügen und viele Fachkräfte sich im Alltag eher ohnmächtig als mächtig erleben (vgl. Wolf 2007, S. 155f.). Das Bild der Machtbalance von Elias beinhaltet gerade, dass in Interaktionsbeziehungen stets eine beidseitige Abhängigkeit besteht, und es können auch für die Eltern, Kinder und Jugendlichen potentielle Machtquellen in der Helfer(innen)-Klient(innen)-Beziehung benannt werden. So ist die Fachkraft zur Einschätzung des Kindeswohls darauf angewiesen, dass Eltern, Kinder und Jugendliche mit ihnen sprechen und ihnen Einblick in ihren Alltag und ihre Probleme geben. Sie können dies nicht erzwingen und sind nicht selbst zu Eingriffen befugt. Und selbst wenn Fachkräfte eine Mitteilung an das Familiengericht geben, wissen sie nie sicher, ob das Familiengericht der Einschätzung der Fachkräfte folgt. Ebenso können Fachkräfte den ‚Wahrheitsgehalt' dessen, was die Familie berichtet, nur sehr begrenzt überprüfen. Sie erhalten Informationen zu und Perspektiven auf Situationen, in denen sie nicht anwesend waren, so dass diese Informationen immer durch die Retrospektive, die jeweilige Perspektive und das Interesse der/des Berichtenden beeinflusst sind. Insofern sind Fachkräfte ohne Mitwirkung der Betroffenen nur in wenigen Einzelfällen in der Lage, eine eindeutige Einschätzung des Kindeswohls vorzunehmen. Und auch die Arbeitsbeziehung wird nicht nur durch Fachkräfte, sondern auch durch die Eltern, Kinder und Jugendlichen gestaltet und beeinflusst. Auch hier können Betroffene sehr machtvoll agieren und großen Einfluss auf das Geschehen und die Zusammenarbeit ausüben. Der Machtüberhang der Fachkräfte bleibt jedoch in der Regel erhalten.

Vertrauen und Misstrauen. Vertrauen und Misstrauen ist auf beiden Seiten, also bei Fachkräften ebenso wie bei Familien, ein wichtiges Thema. Fachkräfte haben die Aufgabe, das Vertrauen der Familie zu gewinnen, um mit ihnen über ihre Probleme, Sorgen und Ängste sprechen zu können. Familien schreiben den Mitarbeiter(inne)n des Jugendamts in der Regel eine weitgehende Macht in Hinsicht auf Eingriffsmöglichkeiten in die Elternrechte zu und haben dies teilweise auch biographisch bereits so erlebt. Sie bringen den Fachkräften daher häufig bereits ein gewisses Misstrauen entgegen. Umgekehrt muss auch die Fachkraft in der Arbeit mit den Familien immer wieder klären, inwieweit Vertrauen in Eltern, Kinder und Jugendliche verantwortbar ist angesichts des Einblicks in die familiäre Situation und hinsichtlich der Sicherung des Kindeswohls und welcher Grad an Misstrauen und daraus resultierend Kontrolle erforderlich ist. Auch wenn Hilfen installiert wurden, bleibt weiterhin zu klären, ob die Hilfe tatsächlich zu einer Abwendung von Kindeswohlgefährdung führt. Im Hintergrund dieser Überlegungen steht für viele Fachkräfte heute auch die Sorge, gravierende ‚Fehler' zu begehen und ggf. für den Tod eines Kindes verantwortlich gemacht zu werden.

Hilfe als Ermöglichung von Unabhängigkeit oder als Schwächung der Familie? Mit Hilfen sollen Familien darin unterstützt werden, von der Hilfe unabhängig zu werden und das Kindeswohl selbst sichern zu können. Zugleich kann man beobachten, dass Hilfe dies nicht immer erreicht, sondern viele Familien über lange Jahre Hilfen erhalten. Hilfe zu bekommen kann auch bedeuten, dass der Familie Verantwortlichkeiten für Problemlösungen abgenommen werden und sie als fürsorgliche Belagerung eher schwächt als stärkt. Hier gilt es, das Ziel nicht aus den Augen zu verlieren, dass Familien lernen sollen, auch ohne Eingriff des Staates wieder miteinander leben zu können.

11.6 Resümee

Kinderschutz ist eine Aufgabe, bei der Emotionen eine zentrale Rolle spielen. Sie ist verbunden mit Angst, Wut, Trauer und Ärger, mit Hoffnungslosigkeit und Ohnmacht, aber ebenso auch mit Hoffnungen. Und sie ist von strukturellen Ambivalenzen geprägt. Professionelle sollten sich dieses Umstands bewusst sein und sich fortwährend mit ihren Gefühlen im Kinderschutz auseinandersetzen. Um Kinderschutz im Interesse der Kinder und Jugendlichen zu praktizieren, ist es notwendig, dass Fachkräfte reflektieren, wie sie mit dem Spannungsverhältnis von Hilfe und Kontrolle, Freiwilligkeit und Zwang, Macht und Ohnmacht sowie Vertrauen und Misstrauen umgehen und ob dies tatsächlich dem Kindeswohl zuträglich ist. Die Fachkräfte brauchen Kenntnisse darüber, wie Eltern, Kinder und Jugendliche sich im Kinderschutz fühlen, welchen Loyalitätskonflikten und Hoffnungen sie ausgesetzt sind und warum es ihnen oft schwerfällt, sich gegenüber Fachkräften zu öffnen und Hilfe anzunehmen. Eltern können gegenüber Fachkräften aggressive Gefühle entwickeln und sich ‚widerständig' zeigen, um ihr Selbstwertgefühl aufrechtzuerhalten und sich selber emotional zu entlasten. Auch Kinder befinden sich in einem Zwiespalt und können die Hilfeangebote der Fachkräfte oftmals nicht annehmen. Sie fürchten, wenn sie dies tun und sich gegenüber den Fachkräften öffnen, ihre Eltern zu ‚verraten' und damit den Zusammenhalt der Familie zu gefährden.

In einem solchen von Gefühlen und Ambivalenzen durchzogenen Praxisfeld ist es nicht einfach, in ihrem Wohl gefährdeten Kindern und Jugendlichen sowie ihren Familien zu helfen. Es kann daher leicht passieren, dass

Kinderschutz nicht familienorientiert praktiziert, sondern einseitig ausgerichtet wird, also entweder auf das in seinem Wohl gefährdete Kind bzw. den/die Jugendliche(n) oder auf die Eltern. Um eine vertrauensvolle Arbeitsbeziehung aufzubauen und aufrechtzuerhalten ist jedoch erforderlich, dass die Eltern ebenso wie die Kinder oder Jugendlichen im Mittelpunkt der Interventionen stehen. Kinderschutz ist auf Kinder und Jugendliche sowie Eltern gleichermaßen auszurichten.

Dies stellt hohe Anforderungen an Fachkräfte, und zwar nicht nur in Hinsicht auf Wissen und methodisches Handeln, sondern vor allem auch in Bezug auf ihre Selbstreflektion. Hierfür benötigen Fachkräfte eine persönliche Bereitschaft und Kompetenz, aber auch organisationale Unterstützung wie Fachberatung, Supervision und Zeit für Weiterbildung. Diese können im Alltag als Orte der Selbstreflexion und der Perspektivenvielfalt dienen, Fachkräften im Kinderschutz damit Halt und Orientierung geben und so dazu beitragen, auch in schwierigen Situationen Eltern, Kindern und Jugendlichen respektvoll gegenüber zu treten und den Dialog aufrechtzuerhalten.

Anregungen zum Selbststudium

- Lesen Sie den Text „Schwer zu erreichende Eltern – Ein systemischer Ansatz der Elternarbeit in der Heimerziehung“ von Marie-Luise Conen (2007). Beschreiben Sie den darin erläuterten Loyalitätskonflikt des Kindes mit eigenen Worten und übertragen Sie die Darstellung auf unterschiedliche Situationen im Kinderschutz. Nutzen Sie hierfür die im Lehrbuch gegebenen Fallbeispiele oder eigene Arbeitserfahrungen.
- Stellen Sie sich folgende Situation vor: Herr und Frau Felski sind geschieden und streiten sich über das Sorgerecht für die gemeinsamen Kinder Ella, zehn Jahre alt, und Marek, acht Jahre alt. Sie sind als Mitarbeiter(in) des ASD für die Familie zuständig und führen mit beiden Elternteilen Einzelgespräche. Herr Felski beschwert sich, die Mutter seiner Kinder sei eine „penetrante Nörgeltante“. Er betont, auch für die Kinder sei es ohne sie sehr viel entspannter – Sie könnten sie fragen, die würden Ihnen das bestätigen. Frau Felski wiederum nennt den Vater ihrer Kinder einen „stinkfaulen Sack“ und meint, es gehe ihm bei dem Streit gar nicht um die Kinder, sondern nur darum, weniger Unterhalt für sie zahlen zu müssen. Einen ersten Vorschlag des Gerichts, wonach die Kinder jedes zweite Wochenende sowie die Hälfte der Ferienzeiten bei dem Vater verbringen könnten, lehnen beide rigoros ab: Frau Felski hält dies für zu viel, Herrn Felski ist es zu wenig. Beide Elternteile bitten Sie um Unterstützung für ihre jeweilige Position. Der Fall geht Ihnen nicht aus dem Kopf und Sie beschließen, ihn in der Super-

vision vorzustellen. Überlegen Sie, wie Sie das Angebot der Supervision für sich nutzen würden.

- Lesen Sie das Buch „Aus Kinderschutzfehlern lernen. Eine dialogisch-systemische Rekonstruktion des Falles Lea-Sophie“ von Kay Biesel und Reinhart Wolff (2014).
  - Rekonstruieren Sie die Perspektiven der Beteiligten auf den Fall.
  - Bereiten Sie eine Buchvorstellung für das Seminar vor. Welche Ambivalenzen und Gefühle löst das Buch in Ihnen aus, wie können Sie dies den anderen Studierenden vermitteln, und welche Folgerungen können für eine Weiterentwicklung benannt werden?
- Lesen Sie das Buch „Professionelles Handeln zwischen Hilfe und Kontrolle. Sozialpädagogische Entscheidungsfindung in der Hilfeplanung“ von Ulrike Urban (2004).
  - Rekonstruieren Sie die Sicht der Interviewpartner(innen) auf das Spannungsfeld von Hilfe und Kontrolle in der ASD-Arbeit.
  - Was kennzeichnet ein an Expertentum orientiertes berufliches Selbstkonzept und was kennzeichnet im Unterschied dazu ein an Diskursivität orientiertes berufliches Selbstkonzept?
  - Überlegen Sie, welche Folgen es für den Aufbau einer Beziehung zu Eltern und Kindern im Kinderschutz haben kann, wenn eine Fachkraft ein eher an Expertentum orientiertes Selbstkonzept oder ein eher an Diskursivität orientiertes berufliches Selbstkonzept hat.

Weiterführende Literatur

Gudjons, Herbert/Wagner-Gudjons, Birgit/Pieper, Marianne (2008). Auf meinen Spuren. Übungen zur Biografiearbeit. Bad Heilbrunn.
Das Buch bietet einen Einstieg in die Biographiearbeit mit vielen Übungen zum Entdecken, Verstehen und Reflektieren eigener biographischer Erfahrungen. Die Übungen können alleine, in Kleingruppen oder auch in Seminaren durchgeführt werden.

Die Kinderschutz-Zentren (2008). Entmutigte Familien bewegen (sich). Konzepte für den Alltag der Jugendhilfe bei Kindeswohlgefährdung. 3. Auflage. Bundesarbeitsgemeinschaft der Deutschen Kinderschutz-Zentren.
Kinderschutz-Zentren (2015). Zwischen Beziehung und Konflikt – Chancen eines hilfeorientierten Kinderschutzes. Bundesarbeitsgemeinschaft der Deutschen Kinderschutz-Zentren.
Die Bundesarbeitsgemeinschaft der Kinderschutz-Zentren gibt regelmäßig Sammelbände mit empfehlenswerten und anschaulichen Beiträgen von Praktiker(inne)n und Wissenschaftler(inne)n heraus. Systemische Perspektiven,

Emotionen und Dynamiken im Kinderschutz werden hier nachvollziehbar und anhand von Beispielen dargestellt. Die hier genannten Bände empfehlen wir exemplarisch, weiteres Stöbern lohnt sich!

Weinberger, Sabine (2013). Klientenzentrierte Gesprächsführung. Lern- und Praxisanleitung für psychosoziale Berufe. 14., überarbeitete Auflage. Weinheim; Basel.
Die personenzentrierte Gesprächsführung nach Carl R. Rogers gehört zu den verbreitetsten Ansätzen der psychosozialen Beratung. Dieses Lehrbuch von Sabine Weinberger ist seit Jahrzehnten als Standardwerk etabliert und wird in regelmäßigen Abständen aktualisiert. Es führt in anschaulicher Weise in die Theorie und das Menschenbild von Rogers ein und verdeutlicht zentrale Aspekte anhand von Fallbeispielen. Darüber hinaus beinhaltet das Buch zahlreiche Übungen, die sehr gut in Seminaren und Kleingruppen durchzuführen sind.

Kapitel 12
Gefährdungseinschätzung im Kinderschutz

Überblick über das Kapitel

In diesem Kapitel wird erörtert, was unter einer Gefährdungseinschätzung im Kinderschutz verstanden werden kann. Darauf aufbauend wird erläutert, was gewichtige Anhaltspunkte für eine Kindeswohlgefährdung sind, welche Einschätzungsaufgaben im Kontext der Wahrnehmung des Schutzauftrags nach § 8 SGB VIII zu realisieren sind und worauf bei der Durchführung von Gefährdungseinschätzungen methodisch zu achten ist. In diesem Zusammenhang wird hervorgehoben, warum die Beteiligung von Kindern und Eltern bei der Durchführung von Gefährdungseinschätzungen für ein besseres Verständnis von Kindeswohlgefährdung unerlässlich ist. Weiter wird auf die Chancen und Risiken in der Verwendung von Instrumenten zur Einschätzung von Kindeswohlgefährdung eingegangen und erörtert, warum es im Kinderschutz nicht ausreicht, lediglich einzuschätzen, ob eine Kindeswohlgefährdung vorliegt oder nicht. Es bedarf darüber hinaus Instrumente und Methoden des Fallverstehens und Verfahren der Hilfeplanung, um notwendige und geeignete Hilfen im Fall einer Kindeswohlgefährdung bestimmen, planen und umsetzen zu können.

12.1 Gefährdungseinschätzung: Ein komplexer Bewertungs- und Entscheidungsprozess

12.2 Gewichtige Anhaltspunkte als auslösende Momente für die Durchführung von Gefährdungseinschätzungen

12.3 Gefährdungseinschätzungsaufgaben bei gewichtigen Anhaltspunkten für eine Kindeswohlgefährdung

12.4 Methodische Hinweise zum Prozess der Gefährdungseinschätzung

12.5 Vor- und Nachteile von Instrumenten zur Gefährdungseinschätzung

12.6 Von der Gefährdungseinschätzung zum Fallverstehen im Kinderschutz

12.7 Resümee

12.1 Gefährdungseinschätzung: Ein komplexer Bewertungs- und Entscheidungsprozess

Kindeswohlgefährdungen können von Außenstehenden nur bedingt unmittelbar beobachtet, erfasst und festgestellt werden. Ob Verhaltensweisen und/oder Unterlassungen von Eltern oder anderen Bezugspersonen des Kindes als kindeswohlgefährdend eingestuft werden oder nicht, ist Ermessenssache. Wann und wo die Schwelle zur Kindeswohlgefährdung überschritten ist, hängt von den Wissensbeständen, Kompetenzen, Erfahrungen und organisationalen Rahmenbedingungen der im Kinderschutz tätigen Fachkräfte ab (vgl. Biesel 2020). Denn: Kindeswohlgefährdung ist eine *soziale Konstruktion*, eine begründungsbedürftige soziale Diagnose, in die stets gesellschaftliche Wertmaßstäbe und fachliche Bewertungskriterien einfließen (→ Kapitel 2). Festzustellen, ob eine Kindeswohlgefährdung vorliegt, ist insofern gebunden an einen komplexen Bewertungs- und Entscheidungsprozess, der Zeit und Ruhe sowie umfassende soziale und methodische Kompetenzen von Fachkräften erfordert. Im Kinderschutz kommt es darauf an, im Kontakt und in der Begegnung mit Eltern und Kindern sowie unter Einbezug weiterer Fachkräfte herauszufinden, ob mögliche Schädigungen des Kindes oder der/des Jugendlichen drohen oder ob es bereits zu einer Kindeswohlgefährdung gekommen ist. Und es muss auch eingeschätzt werden, ob die Eltern(teile) dazu bereit und in der Lage sind, mit oder ohne Hilfe die Kindeswohlgefährdung abzuwenden oder ob gerichtliche Maßnahmen erforderlich sind (vgl. Schone 2019, S. 283 f.; Schone/Hensen 2011, S. 22 f.).

In unserem Lehrbuch nutzen wir den Begriff der Gefährdungseinschätzung als Obergriff und nicht den in der Fachdebatte ebenfalls verwendeten Begriff der Risikoeinschätzung (im Englischen *Risk Assessment*). Mit dem Begriff der Risikoeinschätzung wird strenggenommen lediglich die Aufgabe, die Wahrscheinlichkeit zukünftig drohender bzw. sich wiederholender Kindeswohlgefährdungen einzuschätzen, umschrieben. Der Begriff der Gefährdungseinschätzung hat demgegenüber den Vorteil, dass mit ihm der komplette Bewertungs- und Entscheidungsprozess beschrieben werden kann. Dieser Prozess ist rechtlich durch § 8a SGB VIII gerahmt (Schutzauftrag bei Kindeswohlgefährdung). Er zielt darauf ab, zwischen einer Nicht-Gewährleistung einer dem Wohl eines Kindes oder einer/eines Jugendlichen entsprechenden Erziehung (§ 27 SGB VIII) und einer Kindeswohlgefährdung unterscheiden zu können (§§ 8a SGB VIII und 1666 BGB) (vgl. Schone 2015b, S. 44). Eine Kindeswohlgefährdung liegt vor, wenn Eltern oder andere Bezugspersonen die Bedürfnisse und Rechte des Kindes durch ihr Verhalten beeinträchtigen bzw. eine angemessene Form der Sorge unterlassen und es in der Folge zu nichtzufälligen Verletzungen, Schädigungen und/oder Entwicklungsbeeinträchtigungen kommt (vgl. Kinderschutz-Zentrum Berlin 2009, S. 32). Sind die Eltern nicht dazu bereit oder in der Lage, die Kindeswohlgefährdung mit oder ohne Hilfe abzuwenden, hat das Familiengericht Maßnahmen zum Wohle des Kindes zu treffen. Sie sind mit Einschränkungen der Rechte von Eltern für ihr Kind zu sorgen verbunden – bis hin zur vollständigen Entziehung der elterlichen Sorge (→ Kapitel 9). Prinzipiell haben in Fällen von Kindeswohlgefährdungen aus Perspektive der Sozialen Arbeit jedoch Hilfen immer Vorrang vor Eingriffen in die Rechte von Eltern.

Gefährdungseinschätzungen sind eine gute Möglichkeit, mit Kindern und Eltern, die Belastungen, Probleme und Krisen zu bewältigen haben, in Kontakt zu kommen. Sie werden nicht nur dazu genutzt zu klären, ob eine Kindeswohlgefährdung vorliegt, sondern auch dazu, gemeinsam mit anderen Fachkräften, Eltern und Kindern herauszufinden, ob diese auf Hilfe und Unterstützung angewiesen sind – sei es, weil sich bestätigt, dass das Wohl eines Kindes gefährdet ist, oder sei es, dass sich dieser Verdacht zwar nicht bestätigt, aber eine Nicht-Gewährleistung einer dem Wohl eines Kindes oder einer/eines Jugendlichen entsprechenden Erziehung festgestellt wird. Der Prozess der Gefährdungseinschätzung kann deshalb auch als ein besonders herausfordernder Fall diagnostischen Fallverstehens (vgl. Schone 2015b, S. 44) angesehen werden. Er stellt eine Intervention zum Wohle des Kindes dar. Er ist eine integrale Querschnittsaufgabe der Kinder- und Jugendhilfe, muss aber auch von Fachkräften aus anderen Handlungsfeldern vorgenommen werden, welche unter § 4 KKG aufgezählt sind.

Gefährdungseinschätzung

Eine Gefährdungseinschätzung ist ein komplexer Bewertungs- und Entscheidungsprozess. Er kann als ein besonders herausfordernder Fall diagnostischen Fallverstehens angesehen werden. Er stellt eine Intervention zum Wohl des Kindes dar. Er ist eine integrale Querschnittsaufgabe der Kinder- und Jugendhilfe, muss aber auch von Professionellen aus anderen Handlungsfeldern vorgenommen werden. Die Durchführung von Gefährdungseinschätzungen erfordert Fachwissen, soziale und methodische Kompetenzen und mehrjährige Berufserfahrung. Ziel des Prozesses der Gefährdungseinschätzung ist es, einerseits herauszufinden, ob die Sicherheit und Grundversorgung des Kindes durch Eltern oder andere Bezugspersonen *gegenwärtig* und *zukünftig* gewährleistet sind. Andererseits dient sie im Fall einer sich bestätigenden Kindeswohlgefährdung dazu, notwendige und geeignete Hilfe ausfindig zu machen. Dies kann nur im Kontakt und in der Begegnung mit Eltern und Kindern und unter Einbezug weiterer Fachkräfte angemessen realisiert werden.

12.2 Gewichtige Anhaltspunkte als auslösende Momente für die Durchführung von Gefährdungseinschätzungen

Werden Fachkräften der Kinder- und Jugendhilfe Informationen bekannt, die auf eine Kindeswohlgefährdung hinweisen, so müssen sie einschätzen, ob es sich um sogenannte *gewichtige Anhaltspunkte* für die Gefährdung des Wohls eines Kindes oder einer/eines Jugendlichen handelt. Ist dies der Fall, so haben Mitarbeiter(innen) des Jugendamts im Zusammenwirken mehrerer Fachkräfte und Mitarbeiter(innen) bei Trägern der freien Jugendhilfe unter Einbeziehung einer insoweit erfahrenen Fachkraft das Gefährdungsrisiko für das Kind einzuschätzen. Auch Fachkräfte der Sozialen Arbeit, die außerhalb der Kinder- und Jugendhilfe tätig sind, sowie andere Professionen, die beruflich mit Kindern zu tun haben, wie Kinderärzt(inn)e(n) oder Lehrkräfte, haben nach § 4 KKG die Verpflichtung, bei Bekanntwerden gewichtiger Anhaltspunkte das Gefährdungsrisiko für Kinder und Jugendliche abzuschätzen und gegebenenfalls auf die Inanspruchnahme von Hilfen hinzuwirken. Sie haben das Recht auf Beratung durch eine insoweit erfahrene Fachkraft und sind befugt, erforderlichenfalls das Jugendamt über die mögliche Gefährdung zu informieren (→ Kapitel 8, 9 und 10).

Lillig (2006, S. 1) unterscheidet Personen, die sich an Fachkräfte der Kinder- und Jugendhilfe (insbesondere der Jugendämter bzw. ihrer Allgemeinen Sozialen Dienste) mit Hinweisen auf Gefährdungen des Wohls von Kindern und Jugendlichen wenden, in

- *Selbstmelder(innen),* also Eltern oder Minderjährige, die von sich aus den Kontakt mit Organisationen der Kinder- und Jugendhilfe suchen, um Hilfe zu erhalten, und
- *Fremdmelder(innen):* Dies sind meist Privatpersonen aus dem Umfeld des Kindes (wie z. B. Verwandte, Freund(inn)en oder Nachbar(inne)n) oder Mitarbeitende von Institutionen wie z. B. dem Kindergarten, der Schule oder dem Hort.

In der Mehrzahl sind es Fremdmelder(innen), die sich mit Hinweisen auf Kindeswohlgefährdungen an das Jugendamt wenden. Ihre Erzählungen können sehr unterschiedlich sein:

- In der Nachbarschaft schreit seit mehreren Stunden ein Säugling. Es ist unklar, was die Ursache für das Schreien ist und ob der Säugling Zuwendung und Liebe von seinen Eltern erfährt.

- Janine, 14 Jahre, hat Angst davor, in die Schule zu gehen. Sie bleibt deshalb dem Unterricht häufig unentschuldigt fern.
- Im Kindergarten erzählt Jonas, vier Jahre, seiner Erzieherin, dass er lieber bei seiner Mama als bei seinem Papa ist. Er müsse diesen aber trotzdem regelmäßig besuchen.
- Martin, sieben Jahre, kommt häufig mit ungewaschenen und kaputten Sachen in die Schule. Auch hat er oft keine Pausenbrote dabei.
- Familie W. ist in ihrer Straße dafür bekannt, Konflikte laut und heftig auszutragen. An einem Abend eskaliert ein Streit zwischen den Eltern derart, dass Eilen, zehn Jahre, sich nicht anders weiterzuhelfen weiß, als wegzurennen und Trost bei ihrer Nachbarin zu suchen.
- Jenny, elf Jahre, erzählt ihrer Mutter, dass sie miterlebt habe, wie ihre beste Freundin Sarah von ihrem Vater angebrüllt und geohrfeigt wurde, weil diese abermals ihr Zimmer nicht aufgeräumt habe.
- Ben, 15 Jahre, verbringt seine Zeit am liebsten vor seinem Computer. In letzter Zeit auch häufig nachts. Seine Tante glaubt, er sei spielsüchtig und in seiner Entwicklung gefährdet.

Die Fachkräfte des Jugendamts müssen bei solchen Erzählungen in jedem Einzelfall entscheiden, ob die Hinweise als gewichtige Anhaltspunkte für die Gefährdung des Wohls eines Kindes oder einer/eines Jugendlichen zu *interpretieren* sind. Die Fachkräfte müssen demnach beurteilen, ob die meldende Person und ihre Hinweise glaubwürdig sind und ob ihre Informationen tatsächlich auf nichtzufällige Verletzungen, körperliche oder seelische Schädigungen und/oder Entwicklungsbeeinträchtigungen eines Kindes oder einer/eines Jugendlichen hindeuten (vgl. Kinderschutz-Zentrum Berlin 2009, S. 32). Dabei ist gegenüber der meldenden Person zum einen zu würdigen, dass sie sich Sorgen um die Entwicklung eines Kindes macht und sich an das Jugendamt wendet. Andererseits müssen Fachkräfte die Informationen jedoch sorgfältig und kritisch prüfen. Sie müssen einschätzen, welche Motive diese dazu veranlasst haben, eine Gefährdungsmeldung zu machen, und welche Qualität die Informationen haben, ob es sich um *eigene Beobachtungen der meldenden Person, um Hörensagen oder um Vermutungen* der meldenden Person handelt. Und Fachkräfte müssen entscheiden, ob Anhaltpunkte gewichtig sind, und ob und wann eine Gefährdungseinschätzung vorgenommen werden muss oder nicht (vgl. Lillig 2006, S. 4). Diese Aufgabe wird in der Fachliteratur häufig auch als *erste Gefährdungseinschätzung bzw. Dringlichkeitseinschätzung* beschrieben (vgl. Kindler 2005, S. 385; Kindler 2006b, S. 2).

Bei dem Begriff ‚gewichtige Anhaltspunkte' handelt es sich um einen unbestimmten Rechtsbegriff, der inhaltlich unter Bezugnahme auf Fachwissen und bezogen auf den Einzelfall interpretiert und gefüllt werden muss (→ Kapitel 9). Gewichtige Anhaltspunkte für eine Kindeswohlgefährdung können nach Anhaltspunkten beim Kind oder Jugendlichen, nach Anhaltspunkten in der Familie und im Lebensumfeld und nach Anhaltspunkten für mangelnde Mitwirkungsbereitschaft und -fähigkeit der Eltern oder anderer Bezugspersonen des Kindes unterschieden werden (vgl. Deutscher Verein für öffentliche und private Fürsorge e. V. 2006, S. 7 f.; Schrapper 2012b, S. 63 f.). Sie liegen vor allem dann vor, wenn sie gehäuft auftreten, wenn Eltern belastende und konfliktreiche Lebenslagen nicht durch persönliche Ressourcen oder Ressourcen in ihrem sozialen Umfeld und im Gemeinwesen kompensieren können oder wenn Eltern selbst in der Wahrnehmung ihrer Erziehungsverantwortung beeinträchtigt sind (z. B. psychische Erkrankung eines Elternteils) und aus diesem Grund den Entwicklungsbedürfnissen ihrer Kinder nicht zuverlässig gerecht werden können (→ Kapitel 7). Dabei gilt: Je jünger das Kind, umso stärker ist es auf die Versorgung und den Schutz seiner Eltern oder anderer ihm vertrauter Bezugspersonen angewiesen und umso gefährdeter ist es, wenn seine Bedürfnisse und Rechte durch das Tun oder Unterlassen der Eltern oder Dritter zeitweilig oder dauerhaft unberücksichtigt bleiben (vgl. Schrapper 2012b, S. 67 f.). → Tabelle 9 zeigt Beispiele in den verschiedenen Bereichen, die teilweise für sich alleine, teilweise in Kombination miteinander als gewichtige Anhaltspunkte interpretiert werden können.

Kommt es zu der Einschätzung, dass die Hinweise auf Kindeswohlgefährdungen von einem gewissen ‚Gewicht' sind bzw. nach Ansicht der Fachkräfte konkret genug sind oder ernst zu nehmende Vermutungen darstellen, ist eine Gefährdungseinschätzung nach § 8a SGB VIII durchzuführen. Gewichtige Anhaltspunkte sind insofern das auslösende Moment für die Wahrnehmung des Schutzauftrags bei Kindeswohlgefährdung. Ohne deren Vorhandensein muss das Gefährdungsrisiko nicht abgeschätzt werden.

Gewichtung von Anhaltspunkten für eine Kindeswohlgefährdung

Kommen Sie in Zweierteams zusammen und beantworten Sie folgende Fragen:

- Was denken Sie: Muss im nachstehenden Fall eine Gefährdungseinschätzung vorgenommen werden oder nicht?
- Wenn ja, welche gewichtigen Anhaltspunkte für eine Kindeswohlgefährdung haben Sie zu diesem Schluss kommen lassen und wie dringlich schätzen Sie den Fall ein?
- Wenn nein, warum nicht?

Tabelle 9: ‚Gewichtige Anhaltspunkte' für Kindeswohlgefährdung in der Übersicht (vgl. Deutscher Verein für öffentliche und private Fürsorge e. V. 2006, S. 7 f.; Schrapper 2012b, S. 63 f.)

Gewichtige Anhaltspunkte beim Kind oder Jugendlichen	Gewichtige Anhaltspunkte in Familie und Lebensumfeld	Gewichtige Anhaltspunkte für mangelnde Mitwirkungsbereitschaft und -fähigkeit
• Nicht plausibel erklärbare sichtbare Verletzungen (auch Selbstverletzungen) • Körperliche oder seelische Krankheitssymptome (Einnässen, Ängste, Zwänge etc.) • Unzureichende Flüssigkeits- und/oder Nahrungszufuhr • Fehlende, aber notwendige ärztliche Versorgung und Behandlung • Zuführung gesundheitsgefährdender Substanzen • Für das Lebensalter mangelnde Aufsicht (unzureichende Beaufsichtigung) • Hygienemängel (Körperpflege, Kleidung etc.) • Unbekannter Aufenthalt (Weglaufen, Streunen etc.) • Fortgesetzte unentschuldigte Schulversäumnisse • Gesetzesverstöße	• Gewalttätigkeit in der Familie • Sexuelle oder kriminelle Ausbeutung des Kindes oder der/des Jugendlichen • Eltern psychisch krank oder suchtkrank, körperlich oder geistig beeinträchtigt • Familie in finanzieller bzw. materieller Notlage • Desolate Wohnsituation (Vermüllung, zu wenig Wohnfläche, Obdachlosigkeit) • Traumatisierende Lebensereignisse (Verlust eines Angehörigen, Unglück etc.) • Schädigendes Erziehungsverhalten und mangelnde Entwicklungsförderung durch die Eltern • Soziale Isolierung der Familie • Desorientiertes soziales Milieu bzw. desorientierende soziale Abhängigkeiten (negativ sich auf die Entwicklung beeinflussende soziale Beziehungen/soziales Umfeld)	• Kindeswohlgefährdung durch Eltern oder andere Bezugspersonen des Kindes oder der/des Jugendlichen nicht abwendbar • Fehlende Problemeinsicht • Unzureichende Kooperationsbereitschaft • Mangelnde Bereitschaft, Hilfe anzunehmen • Frühere Sorgerechtsvorfälle bzw. Sorgerechtsstreitigkeiten oder -verfahren

Der Fall ‚Emma':
Sie arbeiten als Fachkraft in einem Jugendamt und erhalten einen Anruf von einer Lehrerin. Sie mache sich Sorgen über eine ihrer Schülerinnen. Es handelt sich um Emma, neun Jahre. Diese komme häufig zu spät zur Schule und wirke im Unterricht unausgeschlafen. Oft kann sie sich nicht richtig konzentrieren. Ihre Noten haben sich in den letzten drei Monaten rapide verschlechtert. Zum Teil wirkt sie im Unterricht wie geistesabwesend. In ihrer Klasse hat sie kaum Freunde. Sie ist eine Außenseiterin.

Ihre Mutter sei mit ihr völlig überfordert. Angesprochen auf das Verhalten ihrer Tochter habe die Mutter gegenüber der Lehrerin aggressiv und beleidigend reagiert. Sie solle sich nicht in Privatangelegenheiten einmischen. Was sei schon dabei, wenn ihre Tochter ab und an zu spät komme. Ob sie keine anderen Sorgen hätte. Lieber solle sie ihrer Tochter in der Schule mal etwas beibringen. Oder warum habe diese so schlechte Noten?

Auf ihre Frage, womit sich die Lehrerin den Leistungsabfall von Emma in der Schule erkläre, berichtet diese am Telefon: Sie habe nur eine Vermutung. Aber ihr sei zu Ohren gekommen, dass die Mutter von Emma ein Alkoholproblem habe und erst kürzlich deswegen ihren Job in einer Reinigungsfirma verloren habe. Emma selbst habe ihr nichts darüber erzählt. Ihr sei aber aufgefallen, dass sie nach der Schule nicht direkt nach Hause geht, sondern oft durch die Gegend zieht. Weiter schildert sie, dass sie sich große Sorgen um Emma mache. Sie sei früher so eine gute Schülerin gewesen. Aber nachdem sich ihre Eltern getrennt haben und der Vater ausgezogen sei, habe sie sich sehr verändert. Richtig schlimm sei es in den letzten Monaten geworden. Sie wünsche sich vom Jugendamt für Emma Unterstützung. Es müsse endlich etwas passieren.

12.3 Gefährdungseinschätzungsaufgaben bei gewichtigen Anhaltspunkten für eine Kindeswohlgefährdung

Wenn eine Fachkraft zu dem Schluss kommt, dass gewichtige Anhaltspunkte für eine Kindeswohlgefährdung vorliegen, muss unter Berücksichtigung der rechtlichen Vorgaben des § 8a SGB VIII das *Gefährdungsrisiko* eingeschätzt, also eine Gefährdungseinschätzung vorgenommen werden. Unter einem Gefährdungsrisiko versteht man, „die Gefahr, welche einem Kind/Jugendlichen durch eine spezifische Erziehungssituation droht, und das Risiko, welches eher die Folgen eines bestimmten Handelns oder Nicht-Handelns von Fachkräften in den Blick nimmt" (Schone 2019, S. 285). Durch die Unterscheidung zwischen *Risiko* und *Gefahr* wird zweierlei deutlich (vgl. Kinderschutz-Zentrum Berlin 2009, S. 88 ff.; Schone 2019, S. 285):

- Es sind die Fachkräfte, die im Kinderschutz Risiken eingehen müssen. Sie sind mit dem Risiko konfrontiert, falsche Einschätzungen zu treffen oder Gefahren für die Entwicklung von Kindern und Jugendlichen zu übersehen.
- Demgegenüber sind Kinder in Familien, aber auch in Einrichtungen, in denen sie sich am Tage und über Nacht aufhalten, Gefahren bzw. Gefährdungen ausgesetzt und keinen Risiken.

Kindler (2005, S. 385; 2006b) hat ein Modell zur Strukturierung von Einschätzungsaufgaben im Fall einer vermuteten Kindeswohlgefährdung vorgeschlagen, welche im Kontext der Beurteilung des Gefährdungsrisikos je nach Fallkonstellation relevant sein können. Es handelt sich um insgesamt acht Einschätzungsaufgaben, die jede für sich genommen fachlich anspruchsvoll ist:

- *Erste Gefährdungs- bzw. Dringlichkeitseinschätzung:* Entgegennahme und Bearbeitung von Hinweisen auf Gefährdungen des Wohls von Kindern oder Jugendlichen; Einschätzung darüber, ob diese als gewichtige Anhaltspunkte für eine Kindeswohlgefährdung angesehen werden können; Entscheidung darüber, was wann als nächstes von wem unternommen werden muss – häufig sofortiges Handeln bei vermuteter akuter Kindeswohlgefährdung, insbesondere bei Säuglingen und Kleinkindern, ansonsten je nach Informationslage auch späterer Handlungsvollzug möglich, z. B. innerhalb einer Woche oder nach mehr als einer Woche. Diese Aufgabe zielt darauf ab, zu klären, ob der Schutzauftrag nach § 8a SGB VIII wahrgenommen und eine Gefährdungseinschätzung durchgeführt werden muss. Sofern gewichtige Anhaltspunkte vorliegen, sind folgende Aufgaben zu realisieren:
- *Sicherheitseinschätzung:* Einschätzung der Sicherheit und Grundversorgung des Kindes im Kontakt und in der Begegnung mit dem Kind und seiner Familie, häufig realisiert mittels Hausbesuchen und durch Einholung zusätzlicher Informationen bei anderen Stellen;
- *Verdachtsabklärung:* Abklärung des Verdachts auf bereits erfolgte Misshandlung, Vernachlässigung oder sexuelle Gewalt; Einschätzung über die Wahrscheinlichkeit und Erheblichkeit des Verdachts bzw. der sogenannten Substantiierung des Verdachts;

- *Einschätzung elterlicher Erziehungsfähigkeiten:* Einschätzung der gegenwärtigen und zukünftigen Fähigkeiten der Eltern oder eines Elternteils für das Wohl des Kindes zu sorgen;
- *Einschätzung der Entwicklungsdefizite, Verhaltensauffälligkeiten und Stärken des Kindes:* Einschätzung von bereits vorhandenen Entwicklungsdefiziten und Verhaltensauffälligkeiten sowie von sichtbaren Stärken des Kindes;
- *Einschätzung von Misshandlungs- und Vernachlässigungsrisiken:* Einschätzung der Wahrscheinlichkeit zukünftig drohender bzw. sich wiederholender Kindeswohlgefährdungen, oft auch Risikoeinschätzung genannt. Diese Bezeichnung bricht mit unserer oben ausgeführten Unterscheidung zwischen Risiko und Gefahr bzw. Gefährdung. Genau genommen geht es bei dieser Einschätzungsaufgabe darum, die Wahrscheinlichkeit von in der Zukunft drohenden Gefährdungen des Wohls eines Kindes abzuschätzen;
- *Einschätzung der Ressourcen von Eltern bzw. Familien:* Einschätzung von Ressourcen bei den Eltern und in der Familie, welche eventuell zur Abwendung der Kindeswohlgefährdung herangezogen werden könnten;
- *Einschätzung der Veränderungs- und Kooperationsbereitschaft der Eltern:* Einschätzung der Bereitschaft der Eltern, die Kindeswohlgefährdung mit oder ohne Hilfe abzuwenden und im Interesse des Wohls ihres Kindes zu verändern.

Diese Einschätzungsaufgaben können nur realisiert werden, wenn es gelingt, einen Zugang zu den von der Gefährdungseinschätzung betroffenen Eltern und Kindern zu finden, und wenn diese dazu bereit sind, sich auf diesen komplexen Bewertungs- und Entscheidungsprozess mit offenem Ausgang einzulassen. Im Kern geht es darum herauszufinden,

- ob das Kind bereits in seiner Entwicklung beeinträchtigt ist;
- ob gegenwärtig und zukünftig die Rechte des Kindes gewahrt und seine Grundbedürfnisse befriedigt sind (→ Kapitel 2);
- ob die Stärken des Kindes und die Ressourcen der Eltern bzw. der Familie ausreichend sind, um kindeswohlgefährdende Zustände und Situationen kompensieren zu können (→ Kapitel 7);
- ob die Eltern dazu in der Lage und dazu gewillt sind, mit oder ohne Hilfen die Kindeswohlgefährdung abzuwenden.

Ein Einschätzungsrahmen, der diese Perspektive aufnimmt, ist in der Fachbroschüre „Kindeswohlgefährdung erkennen und helfen“ des Kinderschutz-

Zentrums Berlin enthalten (Kinderschutz-Zentrum Berlin 2009, S. 25). Im Einschätzungsrahmen werden drei Ebenen vorgeschlagen, die bei der Einschätzung von Kindeswohlgefährdungen beachtet werden sollten:

- die Situation und Entwicklung des Kindes (kindliche Entwicklungsbedürfnisse),
- die Fähigkeiten und Kompetenzen der Eltern (elterliche Fähigkeiten) und
- die familialen und Umgebungsfaktoren.

Mit diesen drei Ebenen werden zentrale Voraussetzungen für die Gewährleistung des Wohls von Kindern und Jugendlichen benannt, die es bei der Durchführung von Gefährdungseinschätzungen stets zu beachten gilt. Denn wenn die Grundbedürfnisse von Kindern nicht adäquat von ihren Eltern oder anderen zentralen Bezugspersonen befriedigt werden, kann es zu kindeswohlgefährdenden Zuständen und Situationen mit akuten und zum Teil erheblichen Langzeitfolgen kommen (→ Kapitel 6).

12.4 Methodische Hinweise zum Prozess der Gefährdungseinschätzung

Gefährdungseinschätzungen sind bei Vorliegen gewichtiger Anhaltspunkte nach § 8a SGB VIII unter Mitwirkung mehrerer Fachkräfte zu realisieren und es sind auch die Eltern und das Kind oder die/der Jugendliche einzubeziehen, sofern dadurch nicht der wirksame Schutz des Kindes oder der/des Jugendlichen in Frage gestellt ist. Sofern dies nach fachlicher Einschätzung als erforderlich angesehen wird, sollen die Fachkräfte des Jugendamts sich zudem einen unmittelbaren Eindruck von dem Kind und von seiner persönlichen Umgebung verschaffen. Hierunter wird in der Regel die Durchführung von Hausbesuchen verstanden (vgl. Urban-Stahl/Albrecht/Gross-Lattwein 2018). Zudem sind Fachkräfte, die nach § 4 Abs. 3 KKG Informationen übermittelt haben, in die Gefährdungseinschätzung einzubeziehen. § 8a SGB VIII verweist demnach auf vier zentrale Elemente der Gefährdungseinschätzung: auf das Erfordernis kollegialer Beratung und Reflexion bei der Einschätzung vermuteter Kindeswohlgefährdungen, auf die Notwendigkeit der Einbeziehung von Eltern, Kindern und Jugendlichen, auf die Inaugenscheinnahme des Kindes und auf die Einbeziehung meldender Akteure nach § 4 Absatz 3 KKG.

12.4.1 Kollegiale Beratung und Reflexion

Um das Zusammenwirken von Fachkräften im Kontext des Schutzauftrags bei Kindeswohlgefährdung zu strukturieren, haben sich in der Praxis verschiedene Modelle der kollegialen Beratung und der Fallreflexion etabliert (vgl. Herwig-Lempp 2016, S. 160 ff.). Hier werden Hinweise auf Gefährdungen des Wohls von Kindern oder Jugendlichen oder Fälle von Kindeswohlgefährdung methodisch angeleitet besprochen und Ideen für die weitere Bearbeitung entwickelt. Kollegiale Beratung soll Fachkräfte dabei unterstützen, Kindeswohlgefährdungen systematisch einzuschätzen, verschiedene Interventionsszenarien zu entwickeln und deren Vor- und Nachteile abzuwägen. Ihr Ziel ist es, möglichst verschiedene Sichtweisen hervorzubringen, bisherige Einschätzungen zu reflektieren und zu hinterfragen und dadurch die fallbezogene Angemessenheit der Einschätzungen und der Interventionen von Fachkräften zu erhöhen. Kollegiale Beratung dient damit primär der gegenseitigen Unterstützung, nicht der Kontrolle. Die kollegiale Beratung findet meist in einer Kleingruppe statt. Eine Fachkraft übernimmt die Moderationsrolle, die fallführende Fachkraft bringt ihr Anliegen ein und die anderen Fachkräfte agieren als Fallberatende. Die Beratung erfolgt meist entlang nachstehender Phasen:

- Fallvorstellung,
- Klärung offener Fragen,
- Falleinschätzung,
- Perspektiven- oder auch Hypothesenentwicklung und
- Evaluation und Beendigung.

Kollegiale Beratung ist jedoch kein ‚Selbstläufer'. Es kann leicht passieren, dass sie, anstatt Perspektivenvielfalt herzustellen, zur gegenseitigen Beruhigung und zur formalen Absicherung genutzt wird, aber keine substanzielle inhaltliche Auseinandersetzung über den Fall erfolgt. Sie muss also bewusst und gezielt inhaltlich gestaltet und reflektiert werden, um ihren Sinn zu erfüllen (vgl. Biesel 2015, S. 220 f.; Klatetzki 2001).

In der Praxis einiger Jugendämter haben sich inzwischen auch Formen kollegialer Beratungen etabliert, die der Falleinordnung in Fällen vermuteter Kindeswohlgefährdung dienen und darauf aufbauend eine gezielte Perspektiven- bzw. Hypothesenentwicklung unterstützen sollen. Diese zielen darauf ab, Fälle in sogenannte Leistungs-, Grau- und Gefährdungsbereiche einzuordnen, darauf basierend das weitere Vorgehen zu planen und sich dabei auf die von der falleinbringenden Fachkraft definierte Aufmerksamkeitsrichtung zu konzentrieren (vgl. Lüttringhaus 2008; Lüttringhaus/Streich 2008). Auch diese Formen werden entlang der oben beschriebenen Phasen praktiziert. Der einzige Unterschied ist, dass sie auf der Grundlage einer vorab definierten Aufmerksamkeitsrichtung durchgeführt und die Fälle nicht ‚offen' erörtert und beraten werden. Es ist bereits vorab festgelegt, wie auf den Fall geschaut und welche Fragen der falleinbringenden Fachkraft beantwortet werden sollen.

Unter den *Leistungsbereich* fallen Fälle, bei denen keine Kindeswohlgefährdung festgestellt werden konnte, aber ein Hilfebedarf. In diesem Bereich erörtern die Fachkräfte, wie Angebote der Kinder- und Jugendhilfe, welche von den Eltern auf freiwilliger bzw. einvernehmlicher Basis genutzt werden können, vor allem *Hilfen zur Erziehung*, aber auch *Frühe Hilfen*, zur Bewältigung von Problemen und Konflikten beitragen können. Im Graubereich werden Fälle beraten, bei denen den Fachkräften unklar ist bzw. unklar bleibt, ob eine Kindeswohlgefährdung vorhanden ist oder nicht, oft auch als Fälle *latenter Kindeswohlgefährdung* bezeichnet. Im Graubereich wird den Eltern beispielswiese durch die Erteilung und Kontrolle von sogenannten Aufträgen nahegelegt, etwaige angenommene, aber nicht eindeutig zu belegende kindeswohlgefährdende Handlungen oder Unterlassungen abzustellen. Im Gefährdungsbereich werden hingegen Fälle *akuter Kindeswohlgefährdung* beraten. Es handelt sich um Fälle, bei denen die Hinweise ‚eindeutig' sind. Die Fachkräfte denken bei solchen Fällen darüber nach, welche Auflagen die Eltern einzuhalten bzw. zu erfüllen haben, um akute Kindeswohlgefährdungen ohne die Anrufung des Familiengerichts abwenden zu können.

Im Konzept der Falleinordnung werden die Themen, Interessen, Bedarfe und Wünsche der Eltern sowie Kinder im Grau- und im Gefährdungsbereich für die Fachkräfte als nicht handlungsleitend beschrieben. Vor dem Hintergrund, dass Kinderschutz stets im Dialog und unter Einbezug von Kindern und Eltern zu realisieren ist, erscheint dies kritisch (vgl. Eggers 2018; Fachausschuss der Kinderschutz-Zentren 2011). Auch und gerade im Fall einer Kindeswohlgefährdung ist für einen gelingenden Kinderschutz von zentraler Bedeutung, sich im Rahmen von kollegialen Beratungen intensiv mit der Perspektive von Eltern und Kindern auseinandersetzen. Formen kollegialer Beratung zur Falleinordnung sind für Fachkräfte häufig zwar entlastend, da sie diesen Halt und Orientierung geben und ohne großen Zeitaufwand zu einem handlungsrelevanten Beratungsergebnis führen. Sie sind aber nur bedingt dafür geeignet, neue Erkenntnisse über einen Fall von Kindeswohlgefährdung zu generieren. Auch ist mit ihnen die Gefahr von Fehleinschätzungen verbunden, da sie darauf ausgerichtet sind, vorab eingeordnete

Fälle entlang der ebenfalls vorab festgelegten Aufmerksamkeitsrichtung zu beraten und keinen Raum für alternative Herangehensweisen bieten. Sie suggerieren Objektivität und Sicherheit, indem sie den Blick für Besonderheiten des Einzelfalls verstellen und darauf hinauslaufen, Fälle in eindeutige Kategorien einzuordnen. Kindeswohlgefährdung ist aber eine soziale Konstruktion, ein historisch gebundenes, intersubjektives Geschehen. Die Fachkräfte sind es, welche die Entscheidung treffen, ob ein Fall im Leistungs-, Grau- oder Gefährdungsbereich anzusiedeln ist. Sie entscheiden, wie sie auf die Annahme von Hilfen in Fällen von Kindeswohlgefährdungen hinwirken, indem sie versuchen, einen Zugang zu Familien zu finden, und vertrauensvolle Arbeitsbeziehungen aufbauen oder einseitige Forderungen aufstellen, die nicht von einem offenen Dialog und einem gleichberechtigten Einbezug von Eltern und Kindern getragen sind. Solche Forderungen werden in diesen Konzepten oft als „Aufträge" (Lüttringhaus/Streich 2007, S. 146) oder „Auflagen" (ebd., S. 148) bezeichnet. Dies ist jedoch irreführend: Fachkräfte im Kinderschutz sind nicht dazu befugt, einseitig Aufträge oder Auflagen an Eltern zum Schutz in ihrem Wohl gefährdeter Kinder zu erteilen; lediglich das Familiengericht und die dort tätigen Richter(innen) sind dazu berechtigt, gerichtliche Maßnahmen im Fall einer Kindeswohlgefährdung auch gegen den Willen der Eltern anzuordnen (Eingriffe ins Elternrecht zum Schutz von in ihrem Wohl gefährdeten Kindern). Solche Konzepte sind im Fachdiskurs daher umstritten. Sie schreiben den Professionellen einseitig Macht zu. In ihnen ist nicht vorgesehen, dass Eltern sich auch widerständig verhalten oder an der Erfüllung von Aufträgen bzw. der Einhaltung von Auflagen scheitern können. Mit ihnen sind Eskalationsspiralen vorprogrammiert, welche den Aufbau einer von Respekt und Wertschätzung geprägten vertrauensvollen Arbeitsbeziehung gefährden und die Anrufung des Familiengerichts nach § 1666 BGB zum Regelfall und nicht zum Ausnahmefall werden lassen (vgl. Eggers 2018).

Kollegiale Beratungen haben auch die Funktion, von anderen, insbesondere von erfahrenen Fachkräften Unterstützung, Expertise und Entlastung bei der Einschätzung von Kindeswohlgefährdungen zu erhalten. Hieraus wurde mit der Einführung des § 8a SGB VIII die Funktion der *insoweit erfahrenen Fachkraft* entwickelt. Dies sind zumeist Fachkräfte mit sozialpädagogischer oder sozialarbeiterischer Grundqualifikation und mehrjähriger Berufserfahrung im Kinderschutz, die zudem oftmals spezielle Fortbildungen in diesem Bereich absolviert haben. Ihre Aufgabe ist es, Fachkräfte von Trägern der freien Jugendhilfe, Berufsgeheimnisträger(innen) (z.B. Ärzt(inn)e(n)) und andere Personen, die beruflich in Kontakt mit Kindern und Jugendlichen stehen (z.B. Lehrer(innen)), bei der Durchführung von Gefährdungsein-

Tabelle 10: Insoweit erfahrene Fachkräfte im Kinderschutz: Ihre Aufgaben, damit verbundenen Arbeitsschritte und die dafür erforderlichen Kompetenzen (Quelle: Heinitz 2012, S. 560) [Anmerkungen in eckigen Klammern von Biesel/Urban-Stahl]

Fachliche Aufgabe	Arbeitsschritte zur Umsetzung	Notwendiges Wissen und Kompetenzen
Orientierung schaffen, Informations- und Datensammlung	• Rollen- und Auftragsklärung • Informationen und Hinweise aus unterschiedlichen Perspektiven bündeln	• Klarheit über eigene Aufgaben, Aufträge und fachliche Möglichkeiten • Fachspezifisches Wissen über Kontexte der anfragenden Institutionen und anderer Beteiligter
Fallverstehen fördern und erste Risikoeinschätzung [Gefährdungseinschätzung] vornehmen	• Fall strukturieren, Fallverstehen fördern, Problem- und Ressourcenanalyse durchführen • Erste gemeinsame Risikoeinschätzung [und Gefährdungseinschätzung] vornehmen	• Kompetenzen, um Fallverstehen zu fördern und Probleme und Ressourcen herauszuarbeiten • Einschätzungswissen zu spezifischen Formen der Kindeswohlgefährdung und zu den Bedingungskontexten
Beteiligung von Kindern und Jugendlichen im Prozess ermöglichen und sichern	• Beratung zur Gestaltung angemessener Settings für Kinder/Jugendliche und zur Gesprächsführung mit Kindern und Jugendlichen [es geht um die Beantwortung der Frage, welche Settings zur Beteiligung von Kindern und Kindern angemessen sind und wie dieses ausgestaltet werden können]	• Wissen und Kompetenzen zur Rolle von Kindern/Jugendlichen als Subjekt im Hilfeverlauf, zu Ausgestaltung kindgerechter Settings und zur Gesprächstechniken mit Kindern und Jugendlichen
Beteiligung von Eltern im Prozess ermöglichen und sichern, Kontakt und Beziehungsgestaltung in Krise und Konflikt	• Kontakt zu Eltern in Konflikten vorbereiten, Beziehungsaufnahme gestalten und unterstützen • Gespräche im Konflikt gestalten und Verantwortung klären	• Kompetenzen, Wissen und Erfahrungen • zu Krisen und Krisendynamik, zum Umgang mit Abwehr, Widerstand und Übertragung • zum Führen von schwierigen und konflikthaften Gesprächen • zur kontinuierlichen Einbeziehung in den Hilfeprozess
Risikoeinschätzung [und Gefährdungseinschätzung] vornehmen, Hilfeideen entwickeln	• Risikoeinschätzung [und Gefährdungseinschätzung] auf der Basis aller Informationen und Sichtweisen • gemeinsam Hilfeideen entwickeln und auf Hilfen hinwirken	• Wissen über vorhandene Hilfemöglichkeiten, Aufgaben und Grenzen der unterschiedlichen Hilfeeinrichtungen • Moderations- und Konfliktbearbeitungskompetenzen • Erfahrungen in der Zusammenarbeit mit dem Jugendamt als Partner im Hilfeprozess
Dokumentation, Evaluation, Qualitätssicherung und Fehleruntersuchung	• Prozessdokumentation • (Selbst-)Evaluation • Qualitätssicherung und Fehleruntersuchung	• Bewertungsmaßstäbe und Prozessergebnisse dokumentieren • Erfahrungen mit praktikablen Evaluationsinstrumenten der Prozess- und Selbstevaluation • Kompetenzen im Umgang mit Schwierigkeiten und Fehlern im Fallverlauf und deren Thematisierung

schätzungen zu beraten (vgl. §§ 8a Abs. 4 und 8b Abs. 1 SGB VIII und § 4 KKG). Diese Beratung umfasst fachliche, rechtliche und methodische Aspekte. Insoweit erfahrene Fachkräfte haben also nicht die Fallverantwortung, sondern sind für die Prozessbegleitung zuständig. Zum Teil sind insoweit erfahrene Fachkräfte auch in Netzwerke Früher Hilfen eingebunden oder für die Organisation von Qualitätszirkeln oder von Intervision und Supervision zuständig. Sie können somit neben ihrer fallberatenden Funktion auch eine koordinierende Funktion im Kinderschutz haben (vgl. Institut für soziale Arbeit e. V./Deutscher Kinderschutzbund Landesverband NRW/Bildungsakademie BiS 2013). Heinitz (2012, S. 560) hat für insoweit erfahrene Fachkräfte im Kinderschutz verschiedene fachliche Aufgaben, damit verbundene Arbeitsschritte und die dafür erforderlichen Kompetenzen herausgestellt (→ Tabelle 10).

12.4.2 Einbeziehung von Eltern, Kindern und Jugendlichen

Gefährdungseinschätzungen bedürfen der Einbeziehung von Eltern, Kindern und Jugendlichen. Dies hat zum einen rechtliche Gründe (→ Kapitel 9), zum anderen – und vor allem – aber fachliche. Ihr Wissen ist für die Einschätzung des Kindeswohls und für die Entwicklung möglicher Hilfen von zentraler Bedeutung. Im Kinderschutz ist es daher essenziell wichtig, Kinder, Jugendliche und Eltern für die aktive Beteiligung am Prozess der Gefährdungseinschätzung zu gewinnen.

Die Durchführung von Gefährdungseinschätzungen ist für alle Seiten mit Problemen, Risiken und Ängsten verbunden. Gerade für Eltern handelt es sich oft um ein schambesetztes Thema. Sie werden mit ihren Schwächen und Unzulänglichkeiten konfrontiert, haben Angst, missverstanden zu werden oder in Situationen zu geraten, in denen sie sich hilflos und machtlos fühlen. Viele fürchten, dass ihre Familie entzweit wird und sie ihre Kinder verlieren.

Aber auch für die Fachkräfte ist die Einbeziehung von Eltern und Kindern zur Einschätzung einer vermuteten Kindeswohlgefährdung eine Herausforderung – und dies auf unterschiedlichen Ebenen. Ebenso wie die Eltern erleben auch die Fachkräfte im Kinderschutz ambivalente oder starke Gefühle (→ Kapitel 7), die es erschweren können, im Fall einer vermuteten Kindeswohlgefährdung in Kontakt mit Eltern, Kindern und Jugendlichen zu kommen. Fachkräfte wissen nicht immer, wie sie vorgehen sollen, was sie fragen und sagen sollen und ob sie stets den richtigen Ton treffen. Sie müssen zu Eltern oder anderen Bezugspersonen Vertrauen aufbauen, denen sie gleichzeitig misstrauen müssen, da sie im Verdacht stehen, Kinder misshandelt oder vernachlässigt zu haben. Zudem stehen in unserer Gesellschaft Familie und Privatleben unter besonderem Schutz (→ Kapitel 9). Der Staat darf nur unter bestimmten Voraussetzungen Zugang zum privaten Raum verlangen und Einfluss auf Lebensformen und Lebensweisen nehmen. Eltern können Fachkräften den Zugang zu ihrem Haushalt untersagen und ihre Mitarbeit bei der Einschätzung von Gefährdungshinweisen verweigern. Nur wenn es hinreichende Hinweise auf eine konkrete Kindeswohlgefährdung gibt, die eine unmittelbare Klärung erfordert, kann die Polizei den Fachkräften Zutritt zur Wohnung verschaffen. Es stellt sich also stets die Frage nach der Legitimation des Vorgehens von Fachkräften in Familien.

Strategien der Kontaktanbahnung

Fachkräfte, die nach § 8a SGB VIII für die Gewährleistung des Schutzauftrags bei Kindeswohlgefährdung zuständig sind, müssen widersprüchliche Aufgaben bewältigen. Sie wählen aus diesem Grund oftmals behutsame Strategien der Kontaktanbahnung. Alberth u. a. (2010, S. 490 ff.) identifizierten in einem empirischen Forschungsprojekt zwei Beispiele für solche Strategien, in denen die Paradoxie der Aufgabenstellung deutlich wird:

- *Die erste Strategie bezeichnen sie: „Sich Zutritt verschaffen, indem man draußen bleibt" (ebd., S. 490).* Diese ist durch das Bemühen gekennzeichnet, als Fachkraft möglichst wenig in den privaten Raum von Familien vorzudringen und dadurch einen Vertrauensvorsprung bei den Eltern zu erhalten, auf dessen Grundlage sie dann weitergehenden Zutritt zum privaten Raum sowie in der Folge Informationen über das Kind und die Familiensituation erhalten und eine Gefährdungseinschätzung verlässlicher vornehmen können. Alberth u. a. beschreiben die mit dieser Strategie verbundene Gefahr, dass Fachkräfte im Extremfall das Kindeswohl aus dem Blick verlieren und mögliche Misshandlungen der Kinder gegenüber den Eltern lieber nicht ansprechen, um das Vertrauen nicht zu verlieren.
- *Die zweite Strategie bezeichnen sie: „Den Zustand des Kindes diagnostizieren durch die Beurteilung der Eltern" (ebd., S. 491).* Diese Strategie ziele darauf ab, nicht „diagnostische Aussagen zum Kind, seinem physischen und psychischen Zustand, seiner bisherigen Entwicklung, den weiteren Entwicklungsschritten und -bedingungen" (ebd.) zu treffen, sondern die Eltern und ihr Verhalten zu beurteilen. Den Fachkräften sei es dadurch möglich, Erziehungs- und Versorgungsversäumnisse von Eltern als Gründe für Interventionen im Fall einer Kindeswohlgefährdung heranführen zu können, den Prozess der Gefährdungseinschätzung jedoch zu

umgehen. Sie müssten keine Diagnosen über Kindeswohlgefährdungen treffen, sondern könnten ihre Eingriffe mit Hinweisen auf mangelnde Sorge- und Erziehungskompetenz der Eltern rechtfertigen (vgl. ebd., S. 492).

Beide Strategien sind als Umgangsweisen mit den vielschichtigen Ansprüchen und Widersprüchen der Aufgabenstellung durchaus plausibel. Es werden jedoch auch die mit diesen Strategien verbundenen Gefahren deutlich: Es kann dazu kommen, dass Fachkräfte zu einseitig auf den Aufbau von Vertrauen zu Eltern achten oder die Einschätzung der elterlichen Kompetenz an die Stelle des Blicks auf die Kinder setzen. Beides kann leicht dazu führen, dass das Wohl von Kindern und Jugendlichen sowie ihre Perspektiven unberücksichtigt bleiben. Fachkräfte sollten darum darauf achten, Eltern, Kinder und Jugendliche gleichermaßen an Prozessen der Gefährdungseinschätzungen zu beteiligen und mit ihren eigenen Gefühlen und Ambivalenzen im Kinderschutz reflektiert umzugehen (→ Kapitel 7). Es ist dabei notwendigerweise ein Teil von Fachlichkeit, mögliche oder bereits diagnostizierte Kindeswohlgefährdungen gegenüber den Eltern anzusprechen – wertschätzend, aber klar. Wenn Fachkräfte Scham- und Schuldgefühle verspüren, kann dies dazu führen, dass sie das Tun oder Unterlassen der Eltern verleugnen oder bagatellisieren (vgl. Kinderschutz-Zentrum Berlin 2009, S. 92). Dies ist zunächst einmal eine nachvollziehbare Form des Selbstschutzes. Doch es hilft den Familien nicht, wenn die Fachkräfte ihre Einschätzungen nur mit anderen Fachkräften teilen. Denn zum einen können dann keine Veränderungsbedarfe besprochen werden, und zum anderen werden eventuelle Interventionen (wie z. B. eine Inobhutnahme) umso überwältigender erlebt, wenn die Einschätzungen der Fachkräfte im Vorfeld nicht bereits im Gespräch mit den Eltern thematisiert wurden. Die Herausforderung der fachlichen Aufgabe liegt darin, Wertschätzung gegenüber den betroffenen Personen zu verdeutlichen, eine Hilfebeziehung aufzubauen und dabei gleichwohl die Gefährdung zu benennen und die Notwendigkeit von Veränderung hervorzuheben.

Beteiligung von Kindern und Jugendlichen als Herausforderung

Die Frage, ob die Rechte von Kindern und Jugendlichen beachtet werden und was diese über ihre familiäre Situation und den Grad der Befriedigung ihrer Grundbedürfnisse denken, gehört zu den zentralen Fragen im Kontext von Gefährdungseinschätzungen. Kindern und Jugendlichen eine Stimme im Kinderschutz zu geben, ist allerdings eine fachliche Herausforderung (vgl. Biesel 2013). In jedem Einzelfall ist zu prüfen, ob, wie und wann Kinder und Jugendliche an Prozessen der Gefährdungseinschätzung beteiligt werden können. Insofern ist es auch ein Ziel von Fallberatungen zu klären, in welcher Weise die fallzuständige Fachkraft die betroffenen Kinder und/oder Jugendlichen persönlich kennenlernen, sie in ihrem alltäglichen Umfeld aufsuchen, sie in Interaktion mit ihren Eltern (und Geschwistern) beobachten und mit ihnen über ihre Ängste, Sorgen und Wünsche sprechen kann. Sollten Fachkräfte zu dem Schluss kommen, dass es dem Kindeswohl dienlicher ist, Kinder und Jugendliche nicht direkt an Prozessen der Gefährdungseinschätzung zu beteiligen, besteht die Möglichkeit, auf weniger intensive Formen der Beteiligung zurückzugreifen. Das Spektrum möglicher Formen der Einbeziehung von Kindern und Jugendlichen ist vielfältig (vom Ansehen über das Beobachten bis hin zum Reden und zur Durchführung von gemeinsamen Aktivitäten). Es muss anfänglich nicht zwingend mit Kindern und Jugendlichen gesprochen werden, sofern diese es nicht wünschen oder den Fachkräften das dafür erforderliche methodische Repertoire fehlt. Wesentlich ist, dass Fachkräfte sie in Augenschein nehmen, um sich selbst einen Eindruck von ihnen, ihren Entwicklungsumständen und ihren Gesundheitszuständen machen zu können. Intensivere Formen der Beteiligung können auch später eingesetzt werden, sofern eine vertrauensvolle Arbeitsbeziehung zum betreffenden Kind oder der/dem Jugendlichen aufgebaut werden konnte.

Bei der Einbeziehung von Kindern und Jugendlichen sollte jedoch bedacht werden, dass der Kindeswille nicht gleichzusetzen ist mit dem Kindeswohl (vgl. Dettenborn 2010). Die Art der Entscheidung, die hier im Dreieck zwischen Eltern, Kind und Staat getroffen werden muss und auch zur Einschränkung von Elternrechten führen kann, ist keine Entscheidung, die ausschließlich dem Kindeswillen folgen kann. Kinder befinden sich in diesen Prozessen in massiven Loyalitätskonflikten und Ambivalenzen. Beteiligung von Kindern und Jugendlichen im Kinderschutz kann daher nicht bedeuten, sie in alle Prozesse und Gespräche einzubeziehen oder gar entscheiden zu lassen.

Ab welchem Alter Kinder und Jugendliche jedoch zu ermutigen sind, bei den sie im Kinderschutz betreffenden Angelegenheiten mitzudenken, mitzureden, mitzuplanen und mitzuentscheiden, und sie in die Lage versetzt werden können, an Gefährdungseinschätzungen mitzuwirken, wird unterschiedlich eingeschätzt. Eine solche Beteiligung setzt einen bestimmten Entwicklungsstand und ein bestimmtes Alter voraus. Dettenborn (ebd., S. 78) argumentiert, dass „der Kindeswillen ab drei Jahren familienrechtlich bedeutsam“ ist, wohingegen in einer Veröffentlichung des National Children's Bureau auch Publikationshinweise zu finden sind, die die Einbeziehung von Kindern ab ihrer Geburt fordern (vgl. Dalzell/Chamberlain 2006, S. 19ff.).

Kindeswohl und Kindeswille

In der Fachliteratur wird davon ausgegangen, dass Kinder im Alter von drei bis vier Jahren alle Voraussetzungen dafür mitbringen, einen autonomen und dauerhaften Willen zu haben und diesen mitteilen zu können (vgl. Dettenborn 2010, S. 78). Der Kindeswille ist insofern ab dem Alter von drei Jahren familienrechtlich bedeutsam. Aber auch fernab von familiengerichtlichen Verfahren ist es fachlich geboten, Kinder spätestens ab dieser Altersschwelle an Prozessen der Gefährdungseinschätzung zu beteiligen. Dabei gilt, dass der Wille des Kindes grundsätzlich Berücksichtigung finden sollte, es sei denn, seine Umsetzung würde dem Kindeswohl schaden. Im Idealfall entspricht der Kindeswille dem Kindeswohl. Es gibt aber auch Situationen, in denen seine Berücksichtigung zu Entwicklungsbeeinträchtigungen oder Schädigungen führen würde, z. B. wenn der Kindeswille von den Eltern massiv beeinflusst worden ist, um sicherzugehen, dass das Kind nicht erzählt, was ihm wiederfahren ist, oder wenn die Umsetzung des Kindeswillens für das Kind gefährdend wäre (vgl. ebd., S. 82 ff.).

12.4.3 Inaugenscheinnahme des Kindes im Rahmen von Hausbesuchen

Hausbesuche haben im Kinderschutz einen hohen Stellenwert (ausführlich hierzu Urban-Stahl/Albrecht/Gross-Lattwein 2018). Sie dienen dazu, sich einen unmittelbaren Eindruck vom Kind und seiner persönlichen Umgebung zu verschaffen. Gemäß § 8a SGB VIII besteht *keine Pflicht zur Durchführung von Hausbesuchen* im Kontext des Schutzauftrags bei Kindeswohlgefährdung. Jedoch muss sowohl ein Unterlassen als auch die Durchführung eines Hausbesuchs fachlich begründet werden. Die pauschale Verpflichtung zur Durchführung von Hausbesuchen bei Bekanntwerden gewichtiger Anhaltspunkte für Kindeswohlgefährdung stellt in Jugendämtern daher auch eine absolute Ausnahme dar (vgl. Albrecht/Lattwein/Urban-Stahl 2016, S. 113). Vielmehr ist die Durchführung von Hausbesuchen an bestimmte Kriterien geknüpft: Je besser beobachtbar die Gefährdung ist (z. B. vermüllte Wohnung, unhygienische Zustände), je jünger das Kind, je gravierender die Hinweise auf Gefährdungen des Kindeswohls und je dringlicher die Abklärung sind, umso wahrscheinlicher ist es, dass Hausbesuche realisiert werden. Hintergrund hierfür ist, dass kleine Kinder bei Unterversorgung sehr schnell geschädigt werden und sich selbst keine Hilfe holen können. Ein zeitnaher Kontakt ist dann schneller durch einen Hausbesuch herbeizuführen, als durch eine Einladung der Familie ins Jugendamt (vgl. ebd., S. 113; 117 ff.).

Die Vor- und Nachteile des jeweiligen Vorgehens sind im Einzelfall abzuwägen. Allerdings darf dabei nicht vergessen werden, dass Hausbesuche eine massive Intervention in die Privatsphäre darstellen. Gerade wenn es sich um eine erste Kontaktaufnahme handelt, kann die Familie sich leicht durch den Hausbesuch überrollt fühlen und den Kontakt abwehren. Es ist darum wichtig, bewusst zu entscheiden, wann ein Hausbesuch angeraten ist und wann nicht, und ob dieser besser unangekündigt oder angekündigt erfolgen sollte (vgl. ebd., S. 118 ff.). Viele Fachkräfte erhoffen sich von einem unangekündigten Hausbesuch einen möglichst authentischen Einblick in den Familienalltag. Familien würden sich dann nicht verstellen, die Wohnung nicht extra herrichten und kein ‚Theater spielen'. Andererseits, so betonen andere Fachkräfte, könne dies auch beschämend für Familien sein, und jeder würde sich an Stelle der Eltern bemühen, bei einem solchen Besuch die Würde zu wahren. Um Vertrauen zu den Eltern aufzubauen und diese nicht gleich vor den Kopf zu stoßen, könne es daher angemessener sein, sich vorher anzumelden (vgl. ebd., S. 119 f.).

Von Bedeutung ist auch die Reflexion dessen, was man sich von einem Hausbesuch erhofft. Ein Hausbesuch ist in der Regel nicht ausreichend, um Gefährdungen oder Misshandlungsspuren und Vernachlässigungserscheinungen festzustellen und das Kindeswohl sicher einschätzen zu können (vgl. ebd., S. 123). Hausbesuche dienen dazu,

- Wohnungen von Familien kennenzulernen,
- Kinder in Augenschein zu nehmen,
- Interaktionen zwischen Familienmitgliedern zu beobachten und
- mit Eltern und Kindern in ihrem gewohnten Umfeld ins Gespräch zu kommen (vgl. ebd., S. 116).

Eine „Ich war drin-Garantie" (Meysen 2008, S. 95) kann von Hausbesuchen allerdings nicht erwartet werden. Sie sind kein Kontrollmittel, mit dem die Bedingungen des Aufwachsens von Kindern sichergestellt oder partiell überwacht werden könnten. Zudem gibt es auch Fallkonstellationen, bei denen Hausbesuche nicht angeraten sind und den Kontakt zur Familie eher gefährden, wie etwa bei Hinweisen auf sexuelle Gewalt.

Hausbesuche sind also oft, aber nicht immer ein sinnvoller Teil von Prozessen der Gefährdungseinschätzung. Sie sollten auch nicht automatisch das erste Mittel der Wahl sein, wenn dem Jugendamt gewichtige Anhaltspunkte für Kindeswohlgefährdungen bekannt werden. Es gilt im Zusammenwirken mehrerer Fachkräfte stets einzelfallbezogen zu entscheiden, ob und wann ein Hausbesuch angezeigt ist und ob dieser angekündigt oder unangekündigt erfolgen sollte.

Hausbesuch bei Familie Müller – ja oder nein?
Kommen Sie in Gruppen zusammen. Stellen Sie sich vor, dass Sie Hinweise auf eine Gefährdung des Wohls eines Kindes von einer Lehrerin erhalten haben. Es geht um eine Schülerin, Claudia Müller, elf Jahre alt. Sie sind für Claudia bzw. Familie Müller im Jugendamt fallzuständig. Familie Müller hat bislang mit dem Jugendamt keinen Kontakt gehabt. Ihnen liegen deshalb keine Akten über die Familie vor.

Inhalt der Meldung
Die Lehrerin habe kürzlich die Familie zu Hause besucht, um sich gemeinsam mit den Eltern und Claudia über ihre weitere schulische Perspektive zu beraten. Sie sei zuvor noch nie im Haushalt der Familie gewesen und zeigte sich überrascht über den desolaten Zustand der Wohnung. Die Wohnung sei bei ihrem Besuch völlig verdreckt gewesen. Der Abwasch habe sich in der Spüle gestapelt. Der Boden sei mit Hundehaaren übersät gewesen. Die Möbel seien völlig abgenutzt gewesen und es stank nach Zigaretten. Die Eltern, beide arbeitslos, seien zwar zu ihr freundlich gewesen. Aber Claudia hätte ein besseres Wohnumfeld verdient. Sie habe noch nicht einmal ein eigenes Zimmer, geschweige denn einen eigenen Schreibtisch. Sie mache ihre Hausaufgaben oft am Wohnzimmertisch, wenn der Fernseher laufe. Sie sei zwar gut in der Schule. Der Lehrerin sei aber schon mehrfach aufgefallen, dass Claudia nicht immer adäquat angezogen ist und oft auch keine Pausenbrote dabei habe. Sie traue sich auch nicht, Freunde nach Hause zu nehmen, da es ihr peinlich sei, wo und wie sie lebe. Auch berichtete sie gegenüber der Lehrerin, dass ihr Vater Alkohol trinke und sich ihre Eltern häufig streiten würden. Sie komme damit klar, würde sich aber wünschen, dass ihre Eltern besser miteinander auskommen und sie wieder eine richtige Familie sein würden, wie damals, als ihr Papa noch Arbeit hatte.

Sie kommen nach Prüfung der Hinweise gemeinsam mit anderen Fachkräften zu dem Schluss, dass gewichtige Anhaltspunkte für eine Kindeswohlgefährdung vorliegen. Sie sind sich jedoch unsicher darüber, ob ein Hausbesuch zum Kennenlernen der Familie fachlich geboten ist oder nicht.

Diskutieren Sie miteinander:

- Was spricht für einen Hausbesuch, was gegen einen Hausbesuch? Welche Alternativen gäbe es, um das Gefährdungsrisiko von Claudia einzuschätzen? Begründen Sie Ihre Überlegungen.
- Im Fall, dass Sie sich für die Durchführung eines Hausbesuchs entschlossen haben: Würden Sie diesen angekündigt oder unangekündigt durchführen und warum?

- Ist es in diesem Fall sinnvoll und ratsam, als Jugendamt direkt mit der Familie Kontakt aufzunehmen? Wie könnten Sie die Lehrerin in die Kontaktanbahnung einbinden?

12.4.4 Beteiligung von Meldenden nach § 4 Abs. 3 KKG

Wenn Berufsgeheimnisträger(innen) nach § 4 Abs. 3 KKG Daten an das Jugendamt übermitteln, handelt es sich in der Regel um Menschen, die mit der Familie in Kontakt stehen und teilweise auch ein Vertrauensverhältnis zu ihnen aufgebaut haben. Das Jugendamt soll daher prüfen, inwiefern sie auch im weiteren Verlauf zur Einschätzung der Kindeswohlgefährdung beitragen und in den Prozess einbezogen werden können. Hierbei geht es zum einen um die Frage, inwiefern diese Personen weitere hilfreiche Informationen haben und diese zur Einschätzung der Gefährdungslage erforderlich sind. Zugleich gilt es jedoch zu berücksichtigen, welche Auswirkungen diese Einbeziehung auf den Aufbau und den Erhalt der Vertrauensbeziehungen zu Familienmitgliedern hat. Dies gilt für die Beziehung zwischen Jugendamt und Familie ebenso wie zwischen Berufsgeheimnisträger(innen) und der Familie. Es handelt sich daher immer um eine Entscheidung im Einzelfall, die auch im Einzelfall begründet werden muss. Die Form der Einbeziehung kann von schlichten Nachfragen bis zu gemeinsamen Gesprächen, ggf. auch mit der Familie, reichen.

Die Gesetzesbegründung betont, dass es sich bei dieser Neuregelung lediglich um eine Klarstellung handelt, die bereits jetzt gute Praxis im Kinderschutz ausweisen soll. Insofern ist die Frage, ob die im Gesetzestext vorgenommene Engführung auf Akteure, die nach § 4 Abs. 3 KKG eine Meldung an das Jugendamt gemacht haben, tatsächlich ausschließend gemeint ist oder sich diese Möglichkeit der Einbeziehung auf weitere Personen erstrecken kann und soll, die mit dem Kind und/oder den Eltern beruflich in Kontakt stehen (vgl. Beckmann 2021)

12.5 Vor- und Nachteile von Instrumenten zur Gefährdungseinschätzung

Die Gestaltung von Prozessen der Gefährdungseinschätzung ist fachlich anspruchsvoll. Es müssen diverse Einschätzungsaufgaben realisiert werden und es muss im Zusammenwirken mehrerer Fachkräfte unter Berücksichtigung der Besonderheiten des Einzelfalls entschieden werden, wann, wie und wo

Kontakt mit den Eltern und den Kindern sowie weiteren Familienmitgliedern, Institutionen oder Akteuren aufgenommen werden kann. Hierfür können die gesetzlichen Grundlagen des Kinderschutzes keine starren Vorgaben formulieren (→ Kapitel 8). Es unterliegt notwendigerweise den professionellen Ermessensspielräumen der Fachkräfte, zu entscheiden, in welcher Weise sie eine Gefährdungseinschätzung unter Einbezug von Eltern, Kindern und Jugendlichen vornehmen und ob sie Hausbesuche durchführen oder darauf verzichten. In den Jugendämtern (und zunehmend auch bei freien Trägern) gibt es vor diesem Hintergrund jedoch verbindliche Verfahrensabläufe zum Vorgehen bei gewichtigen Anhaltspunkten für eine Kindeswohlgefährdung, die der Minimierung von Einschätzungsfehlern im Kinderschutz dienen sollen. Denkbar sind vier Ergebnisse von Gefährdungseinschätzungen, die sich wie in → Tabelle 11 dargestellt fassen lassen. Einschätzungsfehler sind in dieser Logik ‚falsch positive' und ‚falsch negative' Ergebnisse von Gefährdungseinschätzungen.

Tabelle 11: Mögliche Ergebnisse von Gefährdungseinschätzungen

Ergebnis der Gefährdungseinschätzung	Erläuterung
Richtig positiv	Eine Kindeswohlgefährdung liegt vor, was korrekt eingeschätzt wurde.
Falsch positiv	Eine Kindeswohlgefährdung liegt nicht vor, wird aber fälschlicherweise als Kindeswohlgefährdung eingestuft.
Richtig negativ	Eine Kindeswohlgefährdung liegt nicht vor, was korrekt eingeschätzt wurde.
Falsch negativ	Eine Kindeswohlgefährdung liegt vor, dies wird aber nicht erkannt.

Viele Verfahrensabläufe enthalten Vorgaben über die Verwendung von konkreten Instrumenten bei der Gefährdungseinschätzung, die dazu beitragen sollen, solche Einschätzungsfehler zu vermeiden. Zwar existiert nach § 8a SGB VIII keine Pflicht zur Nutzung solcher Instrumente. Dennoch haben sie in der Praxis des Kinderschutzes in unterschiedlichen Varianten Eingang gefunden, wie z. B. das *Glinder Manual,* das *Münchener Verfahren zur Qualitätssicherung in der Bezirkssozialarbeit bei Kindeswohlgefährdung,* der *Erhebungsbogen der Stadt Recklinghausen,* die *Melde- und Prüfbögen des „Handbuchs Kindeswohlgefährdung nach § 1666 BGB und Allgemeiner Sozialer Dienst (ASD)"* und der *Stuttgarter Kinderschutzbogen* (siehe weiterführend: Deegener/Körner 2016; Körner/Heuer 2014).

Der Stuttgarter Kinderschutzbogen: Aufbau und Empirie

Der Stuttgarter Kinderschutzbogen gilt als das ausdifferenzierteste Instrument (vgl. Strobel/Liel/Kindler 2008, S. 6), so dass wir ihn hier exemplarisch ausführen werden. Der Stuttgarter Kinderschutzbogen wurde in Reaktion auf einen problematisch verlaufenen Kinderschutzfall entwickelt, der sich 1996 ereignete (vgl. Pfeifle 2011). Das Jugendamt war damals zuständig, für das zweieinhalb Jahre alte Mädchen mit dem Namen Jenny. Jenny war, nachdem ihre Mutter mit ihr aus einer betreuten Mutter-Kind-Einrichtung in eine eigene Wohnung gezogen war, an den Folgen schwerster Misshandlungen in Stuttgart gestorben. Der Fall erregte großes Interesse in den Medien und in der Öffentlichkeit und veranlasste das Stuttgarter Jugendamt dazu, seine vorhandenen Standards und Arbeitsweisen zu überdenken und weiterzuentwickeln. Eine Konsequenz war die Verabschiedung eines Kinderschutzprojekts, welches von 2000 bis 2002 dauerte und auch die Entwicklung und Einführung des Stuttgarter Kinderschutzbogens beinhaltete (vgl. ebd., S. 214 f.). Mit der Entwicklung des Bogens verfolgte das Jugendamt das Ziel, den Prozess der Gefährdungseinschätzung zu professionalisieren und das strafrechtliche Risiko für fallverantwortliche Fachkräfte des Jugendamts im Kinderschutz zu reduzieren (vgl. ebd., S. 214). Der Stuttgarter Kinderschutzbogen besteht aus verschiedenen Modulen:

- Der *Meldebogen* dient der Erfassung von Hinweisen auf Kindeswohlgefährdungen.
- Der *Familienbogen* ist für die Aufnahme von Daten der Familie und des von der Kindeswohlgefährdung vermutlich betroffenen Kindes gedacht.
- Die Module *Erscheinungsbild des Kindes* (in vier altersspezifischen Versionen, für das Alter 0 bis 3, 3 bis 6, 6 bis 14 und 14 bis 18 Jahre), *Eltern-Kind-Interaktion* und *Grundversorgung und Schutz* dienen der Sammlung von Informationen und der Beschreibung der aktuellen Situation des Kindes.
- Mit den Modulen *Sicherheitseinschätzung, Risikoeinschätzung, Ressourcen und Prognosen* sowie *Erziehungsfähigkeit* können je nach Einzelfall und Fallkonstellation gesonderte Einschätzungsaufgaben realisiert werden.
- Für die Zusammenstellung und Bündelung der Gefährdungseinschätzungsergebnisse und zur Festlegung weiterer Schritte beinhaltet das Instrument schließlich die Module *Gesamteinschätzung der Kindeswohlgefährdung, Hilfe- und Schutzkonzept* sowie *Vereinbarung mit Sorgeberechtigten* (vgl. Reich/Lukasczyk/Kindler 2009, S. 65; Strobel/Liel/Kindler 2008, S. 6 f.).

Für die Module *Erscheinungsbild des Kindes, Eltern-Kind-Interaktion, Grundversorgung und Schutz* sowie *Ressourcen und Prognosen* (Ressourcenbogen) wurden zusätzlich sogenannte ‚Ankerbeispiele' entwickelt. Dies sind beispielhafte Konkretisierungen der Kategorien, anhand derer man besser nachvollziehen kann, in welcher Hinsicht und in welchem Maße das Kindeswohl gefährdet sein könnte. Sie werden regelmäßig aktualisiert, sollen den fallzuständigen Fachkräften bei der Einschätzung der Kindeswohlgefährdung und der Arbeit mit dem Kinderschutzbogen Orientierung geben und zu einer größeren Vergleichbarkeit von Einschätzungen führen.

Viele Jugendämter und freie Träger waren, nachdem das Jugendamt Stuttgart im Jahr 2002 den Kinderschutzbogen verbindlich eingeführt hatte, an einer Verwendung des Instruments interessiert. U.a. entschied das Jugendamt Düsseldorf sich dazu, den Bogen einzuführen. Die Jugendämter Stuttgart und Düsseldorf entwickelten das Instrument daraufhin gemeinsam sukzessive weiter. Im Herbst 2006 wurde das überarbeitete Instrument als Papierversion und als Access-Datenbank zur computerbasierten Erfassung fallrelevanter Informationen in den beiden Jugendämtern eingeführt. Zusätzlich wurde es von April 2007 bis Januar 2008 einer Validierung und Evaluation unterzogen (vgl. Strobel/Liel/Kindler 2008). Dabei wurde insbesondere den Fragen nachgegangen (vgl. ebd., S. 8),

1. ob die im Kinderschutzbogen enthaltenen Kriterien deckungsgleich mit dem Stand der Forschung sind *(Inhaltsvalidität),*
2. inwieweit verschiedene Fachkräfte bei gleicher Fallgrundlage im Kinderschutzbogen zu ähnlichen Gefährdungseinschätzungen kommen *(Zuverlässigkeit zw. Reliabilität),*
3. inwieweit Kindeswohlgefährdungen mit dem Kinderschutzbogen vorhergesagt werden können – untersucht für die Module Grundversorgung und Schutz und Risikoeinschätzung *(Vorhersagekraft bzw. prädiktive Validität) –,*
4. inwieweit mit dem Kinderschutzbogen ähnliche Ergebnisse erzielt werden können wie mit einem anderen bereits validierten Instrument *(Kriteriumsvalidität),*
5. inwieweit der Kinderschutzbogen die Arbeit der Fachkräfte erschwert oder erleichtert und welche Lücken sowie Widersprüchlichkeiten er beinhaltet *(Praktikabilität und Anwendbarkeit).*

Mit der Evaluation konnte nachgewiesen werden, dass die im Kinderschutzbogen enthaltenen Kriterien dem Stand der Forschung entsprechen und keiner wesentlichen Überarbeitung bedürfen (vgl. Strobel/Liel/Kindler 2008,

S. 9 ff.). Es konnte gezeigt werden, dass verschiedene Fachkräfte auf der Basis gleicher Fallinformationen mehrheitlich zu ähnlichen Einschätzungen kommen (vgl. ebd., S. 21 ff.). Auch konnte belegt werden, dass der Bogen eine Vorhersagekraft besitzt und dass dieser dem Vergleich mit einem bereits validierten Instrument standhält (vgl. ebd., S. 33 ff. und 43 ff.). Die im Rahmen der Evaluation befragten Fachkräfte gaben zudem mehrheitlich an, dass der Bogen fachlich fundiert und sinnvoll sei. Vor allem bei der systematischen Informationssammlung und zur Überprüfung eigener fachlicher Einschätzungen sei er nützlich. Sein Einsatz erfordere aber einen hohen Zeitaufwand und sei zu stark mit organisationsinternen Vorgaben verknüpft, wodurch die Möglichkeit mit Familien sozialpädagogisch zu arbeiten eingeschränkt würde. Für sie sei es deshalb wichtig, dass der zeitliche Aufwand, welcher mit der Anwendung des Bogens verbunden ist, reduziert werde (vgl. ebd., S. 48 ff.). Für die befragten Leitungskräfte sei der Bogen eine Erleichterung. Durch seine Verwendung wären Kontroll- und Leitungsaufgaben im Kinderschutz einfacher zu realisieren, da die Fälle besser von den Fachkräften aufgrund des Bogens aufbereitet und im Rahmen von Fallberatungen strukturierter und konzentrierter eingebracht werden würden (vgl. ebd., S. 63 ff.). Insgesamt kommen die Autor(inn)en der Studie zu dem Schluss: „Obwohl Verbesserungen ohne Zweifel möglich sind, sprechen die erhobenen Befunde für eine grundlegend gegebene Zuverlässigkeit, Aussagekraft und Anwendbarkeit des Kinderschutzbogens" (vgl. ebd., S. 78).

Da viele Organisationen und Institutionen aus der Kinderschutzpraxis ebenfalls das Instrument nutzen wollten, entschieden sich beide Jugendämter dazu, den Kinderschutzbogen nicht mehr kostenlos zur Verfügung zu stellen, sondern auf Basis eines Lizenzmodells zu vermarkten. Mit den Erlösen soll die stetige Weiterentwicklung des Instruments und seine Qualität sichergestellt werden (vgl. Reich/Lukasczyk/Kindler 2009, S. 67).

Verbreitung und Verwendung von Instrumenten zur Gefährdungseinschätzung in Deutschland

Im Rahmen einer Forschungsstudie wurde im Jahr 2009 untersucht, in welcher Weise Instrumente bzw. diagnostische Verfahren zur Gefährdungseinschätzung in Jugendämtern und bei freien Trägern aus den Bereichen Frühe Hilfen, Kinder- und Jugendhilfe sowie Gesundheitshilfe in Deutschland Verbreitung gefunden haben (vgl. Metzner/Pawils 2011). Von den 138 analysierten Verfahren bzw. Instrumenten entsprachen 74 den ursprünglichen Original- oder Ausgangsversionen. 64 hingegen waren von anderen Organisationen oder Projekten übernommene bzw. weiterentwickelte Instrumente, zum Teil ohne entsprechende wissenschaftliche Begleitung (vgl. ebd., S. 256

und 258). 55 % der untersuchten Verfahren bzw. Instrumente wurden in der Studie als Dokumentationsbögen eingestuft und nicht als klassische Diagnose- (32 %) oder Kurz-Screening-Instrumente (9 %) (vgl. ebd., S. 258). In der Mehrheit beinhalten die Instrumente zwischen 26 und 100 Fragen, wobei bei der Hälfte der Instrumente die Gesamtfragenanzahl bei maximal 50 liegt. Es konnten aber auch Instrumente identifiziert werden, die minimal nur acht und maximal 351 Fragen beinhalten (vgl. ebd.). Bei 9 % der untersuchten Instrumente konnte eine nachvollziehbare Auswertungsmethodik ausfindig gemacht werden, bei den anderen 91 % war eine solche Methodik entweder nicht vorhanden oder aufgrund der vorhandenen Dokumente nicht nachzuvollziehen. In nur einem geringen Teil finden standardisierte Auswertungen über die Bildung von Summenwerten oder der abschließenden Einteilung in ‚gefährdet' oder ‚nicht gefährdet' statt (4 %). Häufiger sind halbstandardisierte Auswertungen im Rahmen persönlicher Bewertungen oder kollegialer Fallberatungen (66 %) (vgl. ebd., S. 260). Die Instrumente werden zudem zu etwa gleichen Anteilen in den Organisationen verpflichtend oder unverbindlich als Empfehlung eingesetzt (vgl. ebd., S. 259).

Mit der Studie konnte gezeigt werden, dass in Deutschland keine einheitlich aufgebauten und angewendeten Instrumente zur Gefährdungseinschätzung existieren. Sie sind zudem von unterschiedlicher Güte und Qualität. Derzeit existieren keine oder nur sehr wenige Standards, die regeln, wie Instrumente zur Gefährdungseinschätzung beschaffen, angewandt und ausgewertet werden sollten (vgl. Metzner/Pawils 2011, S. 275). Oft ist nicht ausgewiesen, für welche Fälle und Fallsituationen sie geeignet sind und worauf ihre Anwendung abzielt. Auch bleibt oft unklar, ob sie dem aktuellen Stand der Forschung entsprechen, verschiedene Fachkräfte bei gleichen Fallkonstellationen zu ähnlichen Einschätzungen kommen würden und ob sie praktikabel sind (vgl. Kindler 2011, S. 194 f.).

In vielen Organisationen des Kinderschutzes, vor allem in Jugendämtern, sind Instrumente zur Gefährdungseinschätzung von den Fachkräften inzwischen verbindlich anzuwenden. Einerseits erhofft sich die Steuerungsebene (Politik und Leitungen) davon, dass den Fachkräften weniger Einschätzungsfehler unterlaufen, indem man ihnen vorschreibt, *was* sie *wann, wie* zu tun haben. Andererseits geben die Instrumente den Fachkräften aber auch Halt und Orientierung. Sie nehmen ihnen Unsicherheiten und Ängste im Umgang mit Kindeswohlgefährdungen. Zugleich bindet ihr Einsatz aber auch viel Zeit, die nicht selten zu Lasten der konkreten Fallarbeit mit Kindern und Eltern geht. Dies ist eine Entwicklung, welche in Deutschland mit der Skandalisierung von problematisch verlaufenen Kinderschutzfällen in den 2000er Jahren eingesetzt hat (vgl. Wolff et al. 2013b). Sie befördert professionelle

Selbstschutztendenzen im Kinderschutz, welche der Beteiligung von Kindern und Eltern an Prozessen der Gefährdungseinschätzung entgegenstehen (vgl. Biesel 2009; Biesel 2010; Biesel 2011b). Im internationalen Raum können ähnliche Tendenzen beobachtet werden. Sie werden kritisch diskutiert (vgl. Gilbert/Parton/Skivenes 2011a, S. 249 f.). Es wird hervorgehoben, dass die wachsende Anzahl von Vorschriften, Verfahren und Instrumenten im Umgang mit Kindeswohlgefährdungen zu einer wachsenden Bürokratisierung und Standardisierung der Kinderschutzpraxis geführt hat. Fachkräfte würden nur noch darauf achten, organisationale Vorgaben und Regeln zu beachten. Sie hätten zu wenig Zeit, mit Eltern und Kindern unmittelbar in Kontakt zu kommen. Mit Sozialer Arbeit hätte diese Art der Fallarbeit nichts mehr zu tun. Es müsse dringend umgesteuert und die professionelle Expertise und Fachlichkeit der Fachkräfte gestärkt werden (exemplarisch: Munro 2011).

Entwicklung von Instrumenten zur Gefährdungseinschätzung im internationalen Raum: Instrumente und Forschungsbefunde

Im internationalen Raum hat die Entwicklung von Instrumenten zur Gefährdungseinschätzung schon in den 1980er Jahren eingesetzt und zur Ausdifferenzierung von zwei Instrumententypen geführt (vgl. Bastian 2012, S. 252; Biesel/Schnurr 2014, S. 66 f.):

- *Konsensbasierte klassifikatorische Instrumente:* Sie basieren auf Wissensbeständen aus der Literatur und auf Erfahrungen von Fachkräften; sie enthalten Items, welche der Strukturierung professioneller Urteile dienen.
- *Aktuarielle bzw. versicherungsmathematische Instrumente:* Sie basieren auf empirischen Studien zu Kinderschutzfällen und deren Outcomes; anhand von Summenscores erhält man ein statistisch begründetes Urteil darüber, wie hoch die Wahrscheinlichkeit kindeswohlgefährdender Ereignisse für den Einzelfall in der Zukunft ist.

Internationale Studien und Metaanalysen belegen, dass aktuarielle bzw. versicherungsmathematische gegenüber konsensbasierten klassifikatorischen Instrumenten hinsichtlich ihrer ‚Treffsicherheit' überlegen sind (vgl. Baird et al. 1999; Bastian 2012, S. 253; van der Put/Assink/Boekhout van Solinge 2017). Mit ihnen kann unter der Voraussetzung, dass sie auf verlässlichen empirischen Studien im jeweiligen Land beruhen, zuverlässiger erkannt werden, wie hoch die Wahrscheinlichkeit einer Kindeswohlgefährdung ist, nicht jedoch, was im Fall einer Kindeswohlgefährdung getan werden sollte.

In Deutschland sind solche aktuarielle bzw. versicherungsmathematische Instrumente bislang nicht entwickelt worden. Bei den meisten in Deutschland angewandten Instrumenten zur Gefährdungseinschätzung handelt es sich um konsensbasierte klassifikatorische Typen (vgl. Kindler 2003, S. 15; Metzner/Pawils 2011).

Der Einsatz von Instrumenten zur Gefährdungseinschätzung ist in Deutschland umstritten (vgl. Fachausschuss der Kinderschutz-Zentren 2011). Aber auch im internationalen Raum wird die Verwendung sowohl von konsensbasierten klassifikatorischen als auch von aktuariellen bzw. versicherungsmathematischen Instrumenten kritisch gesehen. Wir fassen die wesentlichsten Kritikpunkte zusammen (vgl. Biesel/Schnurr 2014, S. 67 ff.):

- Der Einsatz von aktuariellen bzw. versicherungsmathematischen Instrumenten zur Gefährdungseinschätzung beruht auf der Einschätzung relativ unveränderbarer statistischer Merkmale (z. B. primäre Bezugsperson hatte in der Vergangenheit oder in der Gegenwart Alkohol- oder Drogenprobleme oder wurde als Kind selbst misshandelt oder vernachlässigt). Komplexe Lebenslagen von Kindern und ihren Familien können mit ihrer Hilfe nicht angemessen erfasst werden. Sie ermöglichen für den Einzelfall nur eine annäherungsweise sichere Vorhersage möglicherweise sich in der Zukunft ereignender Kindeswohlgefährdungen (vgl. Goldbeck 2008; Ziegenhain/Fegert 2008, S. 14). Zudem können mit ihnen keine Rückschlüsse über passende und notwendige Hilfen im Fall einer Kindeswohlgefährdung gezogen werden.
- Der Einsatz von konsensbasierten klassifikatorischen Instrumenten zur Gefährdungseinschätzung sind mehrheitlich nicht im Hinblick auf ihre Validität und Reliabilität evaluiert worden (außer Stuttgarter Kinderschutzbogen; siehe Ausführungen oben). Auch sind sie häufig nur für die Einschätzung bestimmter Formen der Kindeswohlgefährdung geeignet, oder aber sie differenzieren nicht hinreichend zwischen verschiedenen Formen der Kindeswohlgefährdung. Auch mit ihnen können keine Rückschlüsse auf notwendige und geeignete Hilfen im Fall einer Kindeswohlgefährdung gezogen werden. Vielfach eignen sie sich eher für die Dokumentation von Prozessen der Gefährdungseinschätzung, nicht jedoch für die Einschätzung von Kindeswohlgefährdungen.

Beide Instrumententypen weisen insofern Konstruktionsmängel auf. Dies ist kein grundsätzliches Argument gegen den Einsatz von Instrumenten in der Gefährdungseinschätzung. Es ist wichtig, in der Gefährdungseinschätzung kriteriengeleitet vorzugehen. Die Kritik an diesen Instrumenten zeigt aber, dass diese nicht unbedacht oder gar als ‚Messinstrument' eingesetzt werden dürfen. Ihr Einsatz erfordert begleitende Qualifizierungs- und Qualitätsentwicklungsmaßnahmen in den Organisationen, um sicherzustellen, dass die Instrumente von den Fachkräften in der richtigen Weise und konsistent angewandt werden (vgl. Biesel/Schnurr 2014, S. 70). Auch dürfen sie die Ermessenspielräume und die Entscheidungsfreiheit der Fachkräfte nicht einschränken. Sie sollten sie dazu anregen, alle wichtigen Bereiche, die beim Erkennen und bei der Einschätzung von Kindeswohlgefährdung eine Rolle spielen, zu beachten (z. B. kindliche Entwicklungsbedürfnisse, elterliche Fähigkeiten, familiale Faktoren, umweltbezogene Faktoren). Die Basis der Gefährdungseinschätzung sollte ein Modell der Zusammenarbeit zwischen Fachkräften, Kindern und Eltern sein, welches von Partnerschaftlichkeit und Beteiligung geprägt ist. Viele im internationalen Raum verbreitete Instrumente erfüllen diese Voraussetzungen jedoch nicht (vgl. Barlow/Fisher/Jones 2012).

In *Österreich* führen die örtliche zuständigen Kinder- und Jugendhilfeträger aufgrund von Mitteilungen über den Verdacht der Gefährdung des Kindeswohls gemäß § 37 B-KJHG oder aufgrund einer berufsrechtlichen Verpflichtung sowie aufgrund glaubhafter Mitteilungen Dritter sogenannte *Gefährdungsabklärungen* durch. Nach der Inaußerkraftsetzung des 1. Teils des B-KJHG zum 1. Januar 2020 wurde im Rahmen einer Vereinbarung gemäß Art. 15a B-VG über die Kinder- und Jugendhilfe zwischen Bund und Ländern beschlossen, die bisher im 1. Teil geltenden Regelungen trotz Länderkompetenz weiter einheitlich umzusetzen. Das heißt für den Kinderschutz, dass die Gefährdungsabklärung auch weiterhin im Zusammenwirken von zumindest zwei Fachkräften durchgeführt werden muss und dabei folgende Erkenntnisquellen in Betracht gezogen werden sollten: das Gespräch mit den betroffenen Kindern und Jugendlichen, deren Eltern oder anderen relevanten Bezugspersonen, Hausbesuche, Stellungnahmen, Berichte und Gutachten von Fachkräften, die schriftliche Gefährdungsmitteilung im Sinne des § 37 B-KJHG. Bei Kindern und Jugendlichen, mit denen ein Gespräch aufgrund ihres Alters oder ihres Gesundheitszustands nicht möglich ist, sollen andere Erkenntnisquellen herangezogen werden (z. B. kinderärztliche Untersuchungen oder Fallkonferenzen). Von der Beteiligung von Kindern und Jugendlichen ist abzusehen, wenn dadurch ihr Wohl gefährdet wäre.

In der *Schweiz* sind die Kindes- und Erwachsenenschutzbehörden (KESB) für Abklärungen im Kindesschutz zuständig. Erhält eine KESB Hinweise auf mögliche Gefährdungen des Kindeswohls, ist sie berechtigt und verpflichtet, „von Amts wegen" den Sachverhalt abzuklären (Art. 446 Abs. 1 ZGB). Die KESB können Abklärungen auch gegen den Willen der Eltern anordnen. In diesem Fall haben die Eltern eine Mitwirkungspflicht. Die KESB führen Abklärungen selbst durch oder delegieren diese Aufgabe an interne oder externe Fachdienste. Abklärungen, die von den KESB angeordnet werden, zielen darauf ab, zu begründeten Empfehlungen von Leistungen, die im Einvernehmen mit den Eltern vereinbart und unter Mitwirkung der Eltern und des Kindes umgesetzt werden, und/oder zivilrechtlichen Kindesschutzmaßnahmen zu kommen. Das Schweizerische Kindesschutzrecht kennt im Wesentlichen vier Kindesschutzmaßnahmen: Mahnungen, Weisungen, Erziehungsaufsicht (Art. 307 ZGB), Beistandschaft (Art. 308 ZGB), die Aufhebung des Aufenthaltsbestimmungsrechts (Art. 310 ZGB) und die Entziehung der elterlichen Sorge (Art. 311 ZGB) (vgl. Konferenz für Kindes- und Erwachsenenschutz 2017). Neben behördlich angeordneten Abklärungen gibt es auch Bedarfsklärungen. Diese werden unter Mitwirkung und im Einvernehmen mit den Eltern von Fachdiensten durchgeführt mit dem Ziel, herauszufinden, welche Leistungen zur Sicherung des Kindeswohls geeignet und passend sind, wie z. B. eine sozialpädagogische Familienbegleitung (vgl. Biesel/Fellmann/Müller/Schär/Schnurr 2017a, S. 9 ff.).

In der Schweiz wurden in der jüngeren Vergangenheit zwei Modelle zur fachlichen Unterstützung von Abklärungen im Kindesschutz entwickelt: Das „Berner und Luzerner Abklärungsinstrument zum Kindesschutz“ (Hauri et al. 2018 u. 2020) sowie das „Prozessmanual zur dialogisch-systemischen Kindeswohlabklärung“ (Biesel et al. 2017a). Beide Modelle lassen sich miteinander kombinieren. Das Berner und Luzerner Abklärungsinstrument zum Kindesschutz dient der gezielten Erfassung und Bewertung von Informationen im Fall einer vermuteten Kindeswohlgefährdung. Das Prozessmanual orientiert als Abklärungsverfahren den gesamten Prozess einer Kindeswohlabklärung und rahmt die Nutzung von ausgewählten Methoden des Fallverstehens und von Abklärungsinstrumenten (vgl. Biesel et al. 2017b)

12.6 Von der Gefährdungseinschätzung zum Fallverstehen im Kinderschutz

In der Fachdebatte wird die Position vertreten, dass Gefährdungseinschätzungen nur im Dialog und unter Einbeziehung von Kindern und Eltern realisiert werden können. Eine alleinige Nutzung von aktuariellen bzw. versicherungsmathematischen oder konsensbasierten klassifikatorischen Instrumenten sei nicht ausreichend (vgl. Fachausschuss der Kinderschutz-Zentren 2011). Es bedarf auch des Einsatzes von rekonstruktiven Instrumenten und Methoden des Fallverstehens und der sozialen Diagnostik, sogenannte *klinischer bzw. konsensualer Typen* (vgl. Bastian 2012, S. 252). Schließlich können weder aktuarielle noch konsensbasierte Instrumente die professionelle Expertise von Fachkräften im Kinderschutz ersetzen. Sie können allenfalls den Prozess der Gefährdungseinschätzung strukturieren helfen und dazu beitragen, blinde Flecken zu vermeiden und die Genauigkeit von Beobachtungen schärfen helfen (vgl. Schone 2015b, S. 49). Insofern kommt es darauf an, aktuarielle bzw. versicherungsmathematische (derzeit in Deutschland nicht vorhanden) und konsensbasierte klassifikatorische Instrumente der Gefährdungseinschätzung sinnvoll mit Instrumenten und Methoden der sozialen Diagnostik und des Fallverstehens zu kombinieren (klinische Instrumente und Methoden, wie z. B. Ressourcen- oder Netzwerkkarte, kollegiale Beratung etc.). Denn weder der Dialog mit Kindern und Eltern noch der bloße Einsatz von aktuariellen bzw. versicherungsmathematischen oder konsensbasierten klassifikatorischen Instrumenten ist ausreichend, um zu verstehen, was Hintergründe und Auslöser von Kindeswohlgefährdungen sind, und um herauszufinden, was getan werden kann, um im Fall einer Kindeswohlgefährdung sowohl dem davon betroffenen Kind als auch seinen Eltern zu helfen (vgl. Biesel et al. 2017a, S. 35 ff.). Denn für das Erkennen von drohenden oder bereits eingetretenen Kindeswohlgefährdungen ist es notwendig, Lebenslagen, Lebenssituationen und Lebensgeschichten von Eltern und Kindern zu verstehen:

- Der *klassifikatorische Ansatz* zielt darauf ab, mittels standardisierter Erhebungs- und Einschätzungsinstrumente und der Vorgabe von Items und Diagnosekategorien zu eindeutigen Fallzuordnungen zu gelangen (wie z. B. akute Kindeswohlgefährdung, latente Kindeswohlgefährdung, Hilfebedarf aber keine Kindeswohlgefährdung bzw. Fall im Gefährdungs-, Grau- oder Leistungsbereich; siehe oben).
- Der *rekonstruktive Ansatz* hingegen betont die Wichtigkeit des Gesprächs und des Dialogs mit den Betroffenen. Er hat zum Ziel, Fallinformationen flexibel, situations- und kontextangemessen auf Grundlage subjektiver Sichtweisen, Erfahrungen und Deutungen von Eltern und Kindern zu erschließen.

Im Kinderschutz dominieren im Kontext der Einschätzung von Kindeswohlgefährdungen vor allem klassifikatorische Instrumente (in der Mehrheit konsensbasierte klassifikatorische Instrumente). Rekonstruktive Instrumente und Methoden (klinische bzw. konsensuale Typen), wie z. B. die sozialpädagogische Familiendiagnose (vgl. Cinkl/Krause 2014; Cinkl/Uhlendorff 2011), werden hingegen weitaus weniger von den Fachkräften eingesetzt, obwohl sie notwendig wären, um aus Perspektive von Eltern und Kindern besser verstehen zu können, was ‚der Fall' ist und was getan werden kann, um Kindeswohlgefährdungen abzuwenden. Diese Perspektive ist von zentraler Bedeutung. *Fälle von Kindeswohlgefährdung sind soziale Konstruktionen.* Sie werden von Menschen als solche klassifiziert und oftmals in Gestalt von (anschaulichen) Erzählungen präsentiert. Diese sind stets kontextgebunden und komplexitätsreduzierende Narrationen. Menschen versuchen, in Erzählungen Gehörtes oder Erlebtes in bekannte Kategorien zu bringen. Wir erfahren also in Erzählungen die Perspektive der Erzählerin/des Erzählers auf das Geschehen. Man muss sich jedoch davor hüten, zu denken, dass sich etwas so, wie es erzählt wird, tatsächlich auch so ereignet hat (vgl. Heiner 2004, S. 94 ff.).

Sozialpädagogisches Fallverstehen basiert auf dem allgemeinen diagnostischen Prozess und beinhaltet Anamnese (Informationssammlung), Diagnose (Deutung), Intervention (Handeln) und Evaluation (Reflektieren und Überprüfen) (vgl. Müller 2017, S. 82). Für das Fallverstehen ist es erforderlich, subjektive Sinnzusammenhänge zu verstehen, Hypothesen über den Fall zu formulieren und zu überprüfen, Verstrickungen zwischen Familien- und Hilfesystem wahrzunehmen und multiperspektivisch auf den Fall zu schauen. Es ist zu reflektieren, welche Art von Problemen vorliegt – nach Burkhardt Müller die Ebene des „Fall von" – wer für die Bearbeitung zuständig ist – „Fall für" und „Fall mit" – mit wem zusammengearbeitet wird (Müller 2017, S. 47 f.).

Um ein solches multiperspektivisches Fallverstehen entwickeln zu können, sind unterschiedliche Fallzugänge und -materialien erforderlich (vgl. Heiner/Schrapper 2010, S. 211):

1. Es bedarf systematischer Informationen und Einschätzungen von Fachkräften über Lebenslagen, Lebenssituationen und Entwicklungsgeschichten von Eltern und Kindern, um Gefährdungen, Beeinträchtigungen und Hilfebedarfe identifizieren zu können.
2. Es bedarf Selbstaussagen und Problemdeutungen von Eltern und Kindern zu ihren Lebenslagen, Lebenssituationen und Entwicklungsgeschichten, um biographische Strategien, Muster und Ressourcen auf der Basis offener Erzählungen rekonstruieren zu können.
3. Es bedarf Informationen und Einschätzungen über die Hilfegeschichte und über das Hilfesystem aus Sicht von Fachkräften, Eltern und Kindern, um Informationen über und Erfahrungen mit Diagnosen und Interventionen, geglückte und missglückte Hilfen und Maßnahmen, Übergänge und Wechsel, Konflikte und Krisen ausfindig machen zu können.

Für Fachkräfte beinhaltet die Aufgabe des Fallverstehens im Kinderschutz damit auch qualitative Herausforderungen (vgl. Heiner 2018, S. 251 f.):

- Fachkräfte sind gefordert, dialogisch, aushandlungsorientiert und beteiligungsfördernd mit Eltern und Kindern zusammenzuarbeiten. Sie werden mit auseinandergehenden Ansichten konfrontiert und können Kinder nur schützen, wenn sie offen mit Konflikten und Widerständen umgehen *(partizipative Orientierung).*
- Die Aufgabe des Fallverstehens fordert von Fachkräften, interaktionsbezogen, umfeldbezogen und infrastrukturbezogen zu denken und zu handeln. Kindeswohlgefährdende Unterlassungen und Handlungen von Eltern oder anderen Bezugspersonen stellen ein situationsabhängiges Konfliktgeschehen dar. Es wird erst verstehbar, wenn das familiale Umfeld und die sozialen Beziehungen der Familie im Gemeinwesen im Hinblick auf vorhandene Probleme, Konflikte und Ressourcen in das Fallverstehen einbezogen werden *(sozialökologische Orientierung).*
- Fallverstehen bedeutet, die vorhandenen Probleme, Konflikte und Ressourcen einer Familie aus verschiedenen Perspektiven in den Blick zu nehmen. Fachkräfte sind hierbei auf die Sichtweisen von verschiedenen am Fall beteiligten (Fach-)Personen angewiesen, müssen diese aufeinander beziehen und auf diese Weise Falldynamiken und Wechselwirkungen zwischen Familiensystemen und Hilfesystemen gezielt ausfindig machen *(mehrperspektivische Orientierung).*
- Fachkräfte sollten rekursiv, informationsanalytisch, beziehungsanalytisch und falsifikatorisch (also hypothesenprüfend) vorgehen. Sie sollten Ergebnisse von Gefährdungseinschätzungen und ihre sozialen Diagnosen stets auf Basis des aktuellen Informationsstands überprüfen und korrigieren und dabei auch Nähe-Distanz-Problematiken in der Helfer(innen)-Klient(innen)-Beziehung kritisch berücksichtigen *(reflexive Orientierung).*

Wir fassen zusammen: Im Kinderschutz finden in Deutschland derzeit vor allem konsensbasierte klassifikatorische Instrumente zur Gefährdungseinschätzung Anwendung. Diese Instrumente dienen der systematischen Erfassung, Einschätzung und Dokumentation vermuteter Kindeswohlgefährdungen sowie der Sicherstellung strukturierter Vorgehensweisen in Organisationen des Kinderschutzes. In der Regel sind sie jedoch nicht auf ein umfassendes und multiperspektivisches Fallverstehen gerichtet. Zwar kann die Anwendung von Instrumenten zur Gefährdungseinschätzung Fallverstehen im Kinderschutz ergänzen. Mit ihnen allein können aber keine Antworten darauf gefunden werden, welche Hilfen für Familien im Fall einer Kindeswohlgefährdung notwendig und geeignet sind. Hierfür bedarf es einerseits weiterführender Verfahren, wie der *Hilfeplanung*, und unterstützender Instrumente und Methoden des sozialpädagogischen Fallverstehens (wie z. B. Genogramme, Ressourcen- und Netzwerkkarten, Fallchronologien etc.). Gefährdungseinschätzungen sollen partizipativ, sozialökologisch, mehrperspektivisch und reflexiv durchgeführt werden. Denn wenn Fälle vermuteter Kindeswohlgefährdung sich als tatsächliche Kindeswohlgefährdungsfälle herausstellen, müssen in der Zusammenarbeit zwischen den Fachkräften, den Eltern, Kindern und Jugendlichen notwendige und geeignete Hilfen bestimmt und gefunden sowie Ziele für Hilfen vereinbart werden. Diese Ziele dürfen nicht zu hoch, aber auch nicht zu niedrig gesteckt sein. Es muss sich darauf verständigt werden, was zu tun ist, wenn Hilfen nicht greifen, und wie akuten Krisen im Idealfall begegnet werden kann. Eine solche Verständigung ist voraussetzungsvoll: Eltern, Kinder und Jugendliche können über notwendige und geeignete Hilfen anderer Meinung sein als Fachkräfte. Kinder und Jugendliche wiederum können andere Vorstellungen darüber haben, was ihrem Wohl entspricht, als ihre Eltern und die Fachkräfte. Und auch zwischen den Fachkräften kann es zu Konflikten kommen, wenn keine Einigung darüber erzielt werden kann, was getan werden muss, um Gefährdungen des Wohls von Kindern oder Jugendlichen abzuwenden. Nicht zuletzt kann es auch Meinungsverschiedenheiten zwischen den Eltern geben, welche die Hilfeplanung erschweren. Darüber hinaus darf nicht unterschätzt werden, dass es auf Seiten der Fachkräfte enormer Anstrengungen bedarf, um Eltern dafür zu gewinnen, Hilfen anzunehmen. Gerade im Kinderschutz ist die Wahrscheinlichkeit hoch, dass Hilfen von den betroffenen Eltern als Kontrollen erlebt werden, als unverhältnismäßige Eingriffe in ihre Privatsphäre. Es gilt also für Fachkräfte, gerade in diesem Bereich Hilfeplanung nicht nur als formale Schutzplanung für Kinder zu gestalten, sondern als für die Eltern und Kinder sinnvolles Verfahren, in dem gemeinsam mit Eltern und Kindern die angemessene Hilfe entwickelt wird. Eltern können besser mit Kontrolle umgehen, wenn der Auftrag, Eingriffsschwellen und Handlungsoptionen transparent gehandhabt werden und sie sich als Eltern respektvoll und wertschätzend behandelt fühlen. Um dieser emotionalen Gratwanderung bei der Realisierung von Prozessen der Gefährdungseinschätzung gewachsen zu sein, nämlich die Integrität und die Autonomie von Eltern zu wahren und zugleich für den Schutz von Kindern einzustehen, reicht die Nutzung von Instrumenten zur Gefährdungseinschätzung allein nicht aus. Im Kinderschutz als hoch emotional aufgeladenes Feld (→ Kapitel 9) braucht es spezifische soziale und methodische Kompetenzen.

Das Heisenberg-Prinzip und der Umgang mit Kindeswohlgefährdung
Charles L. McGehee (1993) vertritt die These, dass seit der Entdeckung des battered child Syndroms (des *Syndroms des schwer körperlich misshandelten Kindes*) im Jahr 1962 das Wissen über Formen von Kindeswohlgefährdungen stetig gewachsen ist und bis heute der Versuch unternommen wird, Definitionen von unterschiedlichen Formen von Kindeswohlgefährdungen immer weiter zu verfeinern. Er behauptet, dass die Bemühungen, immer mehr Formen von Kindeswohlgefährdungen beschreiben und voneinander unterscheiden zu können, dazu geführt hätten, dass kein klares Bild mehr darüber vorhanden ist, was eine Kindeswohlgefährdung darstellt. Seiner Meinung nach hätten wir es mit einer Reflektion eines Bildes zu tun, das verzerrt ist. Er ist der Auffassung, dass es angesichts der Vielfalt an Formen von Kindeswohlgefährdungen für ausgebildete Fachkräfte immer schwieriger wird, richtige von falschen Kindeswohlgefährdungen zu unterscheiden. Die Fachkräfte hätten dennoch eine hohe Definitionsmacht und würden aufgrund ihrer Unfähigkeit, Kindeswohlgefährdungen treffsicher und zuverlässig zu erkennen, eine Entwicklung forcieren, die dem Wohl von Kindern und Jugendlichen nicht zuträglich ist. So würde es dazu kommen, dass Erwachsene mit Kindern unpersönlicher und zurückhaltender interagieren und weniger freundlich und unterstützend mit ihnen im Kontakt sein, aus der Angst heraus, in den Verdacht zu geraten, das Wohl von Kindern zu gefährden. Es käme dadurch zu einer Abnahme von

- „guten Berührungen zugunsten von gar keiner Berührung;
- Menschen – insbesondere Männern – in erzieherischen/pflegenden Berufen;
- Akten der Freundschaft oder Freundlichkeit gegenüber Kindern durch Unbekannte“ (ebd., S. 10).

Seine Überlegungen sind abgestützt auf einem Phänomen aus der Welt der Physik, dem sogenannten Heisenberg-Prinzip:

„Im Jahr 1925 erschütterte Werner Heisenberg die Welt der Physik mit seiner Beobachtung, daß das Ziel der Physik, die Welt genau zu beschreiben, möglicherweise unerreichbar sein würde. Je genauer unserer Messungen sind, so argumentierte er, desto ungewisser wird uns die Welt, da der Akt der Messung selbst in die Welt eingreift und sich untrennbar mit dem beobachteten Phänomen verbindet. Der Akt der Beobachtung stört das beobachtete Objekt in einer so unvorhersagbaren und unkontrollierbaren Weise, daß wir möglicherweise dazu verurteilt sind, für immer im Ungewissen über die Erscheinung der Wirklichkeit zu bleiben“ (ebd., S. 3).

- Diskutieren Sie miteinander: Was spricht für die These von McGehee, was dagegen?
- Inwieweit ist es für Fachkräfte unmöglich, sich ein klares Bild über Gefährdungen des Wohls von Kindern und Jugendlichen zu machen?
- Teilen Sie die Auffassung, dass aufgrund der Unfähigkeit der Fachkräfte, Kindeswohlgefährdungen treffsicher und zuverlässig zu erkennen, und dem damit verbundenen Risiko, Personen für kindeswohlgefährdende Unterlassungen oder Handlungen falsch zu beschuldigen, Erwachsene mit Kindern unpersönlicher und zurückhaltender interagieren und weniger freundlich und unterstützend mit ihnen im Kontakt sind?

12.7 Resümee

§ 8a SGB VIII verweist auf drei zentrale Elemente der Gefährdungseinschätzung: auf das Erfordernis kollegialer Beratung und Reflexion bei der Einschätzung vermuteter Kindeswohlgefährdungen, auf die Notwendigkeit der Einbeziehung von Eltern, Kindern und Jugendlichen sowie auf die Wichtigkeit der Durchführung von Hausbesuchen. Fachkräfte sind gesetzlich jedoch nicht dazu verpflichtet, sich bei Vorliegen gewichtiger Anhaltspunkte für eine Kindeswohlgefährdung einen unmittelbaren Eindruck von dem Kind und von seiner persönlichen Umgebung zu verschaffen. Sie müssen gemäß § 8a SGB VIII auch keine Instrumente zur Gefährdungseinschätzung nutzen. Viele Organisationen schreiben deren Anwendung aber verbindlich vor, weil aus der Forschung bekannt ist, dass unstrukturierte Vorgehensweisen bei der Gefährdungseinschätzung hoch fehleranfällig sind und sowohl zu unnötigen Interventionen als auch zum Unterlassen notwendiger Hilfen im Fall einer Kindeswohlgefährdung führen können, bis hin zu problematisch verlaufenden Kinderschutzfällen (vgl. Kindler 2003). Aus diesem Grund wurden im internationalen Raum ebenso wie in Deutschland strukturierte Verfahren und verschiedene Instrumente zur Einschätzung von Kindeswohlgefährdungen entwickelt (konsensbasierte klassifikatorische und aktuarielle bzw. versicherungsmathematische). Sie geben Fachkräften Halt und Orientierung und erleichtern es ihnen, konkrete Gefährdungen des Wohls von Kindern und Jugendlichen zu erkennen und zu bewerten, sofern sie valide und praxistauglich sind. Werden sie von den Fachkräften jedoch lediglich schematisch angewandt, ohne den Dialog mit den Eltern und Kindern zu suchen, können mit ihnen nicht die Ursachen und Auslöser kindeswohlgefährdender Zustände in Familien ausfindig gemacht werden. Wenn Instrumente zur Gefährdungseinschätzung von Fachkräften herangezogen werden, bedürfen diese einer reflektierten Anwendung und organisationaler Voraussetzungen, die es ermöglichen, mit Eltern und Kindern in Kontakt zu kommen. Ihr wirksamer Einsatz hängt vom Vorhandensein vertrauensvoller Arbeitsbeziehungen ab. Instrumente zur Gefährdungseinschätzung sind ein wichtiger Baustein für Fallverstehen im Kinderschutz (vgl. Heiner 2015; Heiner/Schrapper 2010), aber nicht mehr als ein Hilfsmittel. Mit ihnen allein kann nur bedingt herausgefunden werden, was getan werden kann, um Kindeswohlgefährdungen in Zusammenarbeit mit Eltern und Kindern abzuwenden. Sie sind primär dafür konzipiert, Kindeswohlgefährdungen zu erkennen und Einschätzungsfehler im Kinderschutz zu minimieren.

> „Sie stellen ihre Bedeutung und ihren Nutzen dann unter Beweis, wenn es durch sie gelingt, die kollegiale Beratung in den Einzelfällen zu qualifizieren. Sie sind aber dann mit äußerster Vorsicht zu behandeln, wenn sie so weit gehen, aus einzelnen Befundbestandteilen zwingende Bewertungsvorgaben oder gar eindeutige Handlungsvorgaben vorzuschreiben. In diesen Fällen würden Fachkräfte ihrer Verantwortung für eine differenzierte Beurteilung der Lebenssituation eines Kindes/Jugendlichen nicht mehr gerecht“ (Schone 2019, S. 287).

Es bedarf daher auch Instrumente und Methoden des Fallverstehens sowie Verfahren der Hilfeplanung, die weiterführend sind und mit denen herausgefunden werden kann, welche Hilfen im Fall einer Kindeswohlgefährdung notwendig und geeignet sind.

Anregungen zum Selbststudium

- Suchen Sie im Internet und in Literaturdatenbanken nach frei zugänglichen Instrumenten zur Gefährdungseinschätzung. Wählen Sie mindestens zwei Instrumente aus dem deutschsprachigen und zwei Instrumente aus dem anglo-amerikanischen Raum für eine Gegenüberstellung aus. Vergleichen Sie die Instrumente hinsichtlich ihres Aufbaus, ihrer Einschätzungskriterien und ihrer möglichen Einsatzfelder. Beantworten Sie auf Basis Ihres Vergleichs nachfolgende Fragen:
  - Welches Instrument überzeugt Sie am meisten und warum?
  - Von welchem Instrument sind Sie am wenigstens überzeugt und warum?
- Recherchieren Sie im „Praxishandbuch. Sozialpädagogische Familiendiagnosen. Verfahren – Evaluation – Anwendung im Kinderschutz“ von Stephan Cinkl und Hans-Ullrich Krause (2014. Opladen. Berlin. Farmington Hills). Beantworten Sie folgende Fragen:

  - Was ist eine sozialpädagogische Familiendiagnose?
  - Welche Arbeitsschritte beinhaltet das Verfahren?
  - Was ist bekannt über die Anwendung von sozialpädagogischen Familiendiagnosen im Kinderschutz?
  - Was halten Sie von diesem Verfahren? Was überzeugt Sie, was nicht?
- Nehmen Sie Kontakt zu einem Jugendamt ihrer Wahl auf und bringen Sie in Erfahrung, wie die dort tätigen Fachkräfte Gefährdungseinschätzungen vornehmen. Versuchen Sie herauszufinden,
  - welche Formen kollegialer Beratung und Reflexion praktiziert werden;
  - ob und wann Hausbesuche realisiert werden und welche Standards dabei zu beachten sind;
  - wie Eltern und Kinder an Gefährdungseinschätzungen beteiligt werden;
  - ob Instrumente zur Gefährdungseinschätzung zur Anwendung kommen und wenn ja, welche und ob diese auf ihre Validität und Praktikabilität hin untersucht worden sind.
- Studieren Sie das Buch „Über das Kindeswohl entscheiden. Eine ethnographische Studie zur Fallarbeit im Jugendamt“ von Timo Ackermann (2017) und beantworten Sie die nachfolgenden Fragen:
  - Was ist Gegenstand der Studie?
  - Was sind die Untersuchungsfragen der Studie?
  - Was sind die zentralen Ergebnisse der Studie?
  - Welche Schlussfolgerungen leiten Sie aus der Studie für die Realisierung von Gefährdungseinschätzungen im Kinderschutz ab?
- Erarbeiten Sie anhand des Buches „Hausbesuche im Kinderschutz. Empirische Analysen zu Rahmenbedingungen und Handlungspraktiken in Jugendämtern“ von Ulrike Urban-Stahl, Maria Albrecht und Svenja Lattwein (2018) Kriterien und Argumente, die für oder gegen die Durchführung von Hausbesuchen bei gewichtigen Hinweisen auf eine Kindeswohlgefährdung sprechen können. Überlegen Sie dann, welche Folgen und Nebenwirkungen die Durchführung von Hausbesuchen oder das Unterlassen von Hausbesuchen im Einzelfall haben kann.

Weiterführende Literatur

Deegener, Günther/Körner Wilhelm (2016). Risikoerfassung bei Kindesmisshandlung und Vernachlässigung. Theorie, Praxis, Materialien. 4. Auflage. Lengerich.

In diesem Buch werden auf Basis multidimensionaler Erklärungsansätze zur Gefährdung des Kindeswohls verschiedene Verfahren und Instrumente zur Erfassung und Einschätzung von Kindeswohlgefährdungen vorgestellt.

Körner, Wilhelm/Deegener, Günther (2011). Erfassung von Kindeswohlgefährdung in Theorie und Praxis. Lengerich.
In diesem Sammelband werden verschiedene Aspekte der Erfassung von Kindeswohlgefährdung behandelt. Es werden begriffliche Klärungen vorgenommen und Spannungsverhältnisse aufgezeigt sowie Aspekte diskutiert, welche relevant für die Einschätzung von Kindeswohlgefährdungen sind. Berichte aus der Praxis runden den Sammelband ab.

Ader, Sabine/Schrapper, Christian (Hg.) (2020). Sozialpädagogische Diagnostik und Fallverstehen in der Jugendhilfe. München.
In diesem Sammelband wird erörtert, wie Fallverstehen und Diagnostik zwischen Theorie und Praxis vermittelt werden können und welche Standards dabei beachtet werden sollten.

Kapitel 13
Maßnahmen und Hilfen zum Schutz vor Kindeswohlgefährdungen

Überblick über das Kapitel

Die Wahrnehmung des Schutzauftrags nach § 8a SGB VIII ist nicht darauf reduziert, eine Kindeswohlgefährdung festzustellen oder auszuschließen, sondern umfasst darüber hinaus auch die Klärung, welche weitergehenden Maßnahmen und Hilfen zur Sicherung des Kindeswohls kurz- und langfristig geeignet und notwendig sind. Dieses Kapitel gibt einen Überblick über mögliche Maßnahmen und Hilfen im Fall einer Kindewohlgefährdung. Im Zentrum stehen die Inobhutnahme als vorläufige Schutzmaßnahme sowie erzieherische Hilfen als längerfristige Unterstützungsmöglichkeit für die Familie. Diagnostisches Fallverstehen und sorgfältige Prozessgestaltung in der Hilfeplanung bilden dabei die Grundlagen für eine gute Kinderschutzarbeit.

13.1 Von der Gefährdungseinschätzung zur Hilfeplanung im Kinderschutz

13.2 Maßnahmen und Hilfen zum Schutz vor Kindeswohlgefährdungen

13.3 Resümee

13.1 Von der Gefährdungseinschätzung zur Hilfeplanung im Kinderschutz

Wenn im Rahmen von Gefährdungseinschätzungen erkannt wird, dass das Wohl eines Kindes oder einer/eines Jugendlichen gefährdet ist (→ Kapitel 12), stellt sich für die Fachkräfte der Kinder- und Jugendhilfe die Frage, was getan werden kann, um diese abzuwenden. Vor allem, wenn die Bedrohung akut ist, muss geprüft werden, ob eine vorübergehende Herausnahme des Kindes aus der Familie (Inobhutnahme, auch vorläufige Maßnahmen zum Schutz von Kindern und Jugendlichen genannt, siehe §§ 42–42 f. SGB VIII) oder andere Sofortmaßnahmen angezeigt sind. Aber auch, wenn die Gefährdung weniger gravierend ist, bedarf es konkreter Maßnahmen und Hilfen. In § 8a SGB VIII ist verankert, dass das Jugendamt den Erziehungsberechtigten zur Abwendung der Gefährdung notwendige und geeignete Hilfen anzubieten hat. Fachkräfte von (Freien) Trägern haben gemäß SGB VIII eine ähnlich lautende Verpflichtung (→ Kapitel 9). Diese sollen bei den Erziehungsberechtigten auf die Inanspruchnahme von Hilfen hinwirken, wenn sie diese für erforderlich halten, und das Jugendamt informieren, falls der Gefahr nicht anders begegnet werden kann. Erst wenn Eltern nicht dazu bereit oder dazu in der Lage sind, die Kindeswohlgefährdung mit oder ohne Hilfen abzuwenden, muss das Jugendamt abwägen, ob das Familiengericht angerufen werden muss, um Eingriffe in die Rechte von Eltern vorzunehmen (§ 1666 BGB).

Um herauszufinden, welche Maßnahmen und Hilfen im Fall einer Kindeswohlgefährdung notwendig und geeignet sind, ist diagnostisches Fallverstehen notwendig (vgl. Biesel et al. 2017a, S. 35ff.; Ader/Schrapper 2020). Wir haben darauf bereits in Kapitel → 12 hingewiesen. Es bedarf Wissen über Lebenslagen, Lebenssituationen und Lebensgeschichten von Eltern und Kindern, speziell darüber, was Hintergründe und Auslöser von Kindeswohlgefährdungen sind und waren, welche Maßnahmen und Hilfen in der Vergangenheit geholfen haben und welche weniger von Nutzen waren. Auf dieser Basis kann dann ein Plan zur Förderung und Sicherung des Kindeswohls entwickelt, umgesetzt, auf seine Wirkungen und Nebenwirkungen hin evaluiert und, sofern erforderlich, angepasst werden. Basis hierfür ist § 36 SGB VIII, in dem die *Hilfeplanung* geregelt ist (→ Kapitel 8).

Hilfeplanung

Die Hilfeplanung ist ein Verfahren, das dazu dient, Eltern (oder auch andere Personensorgeberechtigte) und Kinder über mögliche Hilfearten des SGB VIII und deren Folgen für die Entwicklung des Kindes aufzuklären (vgl. Krause/Steinbacher 2014; Jordan/Maykus/Stuckstätte 2015, S. 307ff.; Merchel 2019b, S. 190). Sie hat einen beraterischen Charakter. Ziel ist es, gemeinsam mit den Eltern und dem von der Gefährdung betroffenen Kind nach Möglichkeit ein gemeinsames Problemverständnis zu entwickeln, den individuellen erzieherischen Bedarf zu ermitteln und sich auf geeignete sowie notwendige Hilfen und damit verbundene Ziele zu verständigen. Diese werden in einem Hilfeplan niedergeschrieben, indem u.a. der Hilfeanlass, Dauer und Umfang der Hilfe, die leistungserbringenden Fachkräfte und Einrichtungen, die Ziele der Hilfe und im Fall einer Fremdunterbringung, Absprachen über Eltern- und Wochenendbesuche sowie Rückführungsoptionen benannt sind. Der Hilfeplan bildet die Grundlage für die regelmäßige Überprüfung und gegebenenfalls notwendig werdende Anpassung der Hilfe im Rahmen von sog. Hilfeplangesprächen. Bei Hilfen, die auf längere Dauer angelegt sind, sind bei der Entscheidungsfindung zwingend mehrere Fachkräfte einzubeziehen (mindestens zwei). Auch haben Eltern und Kinder vor der Inanspruchnahme von Hilfen ein Recht darauf, mögliche Helfer(innen) oder Einrichtungen kennenzulernen. Bei der Wahl von Hilfen soll nach Möglichkeit den Wünschen der Eltern und Kinder entsprochen werden, sofern damit nicht unverhältnismäßige Mehrkosten verbunden sind. Im Kinderschutz kann jedoch nicht immer den Wünschen der Eltern entsprochen werden. Es gilt Hilfen ausfindig zu machen, welche dazu geeignet sind, Gefährdungen wirksam zu verhindern und die am wenigsten schädliche Alternative für das Kindeswohl darstellen (vgl. Goldstein et al. 1991, S. 49).

Im Idealfall wird die Hilfeplanung wie folgt realisiert → Abbildung 7:

Abbildung 7: Der Prozess der Hilfeplanung

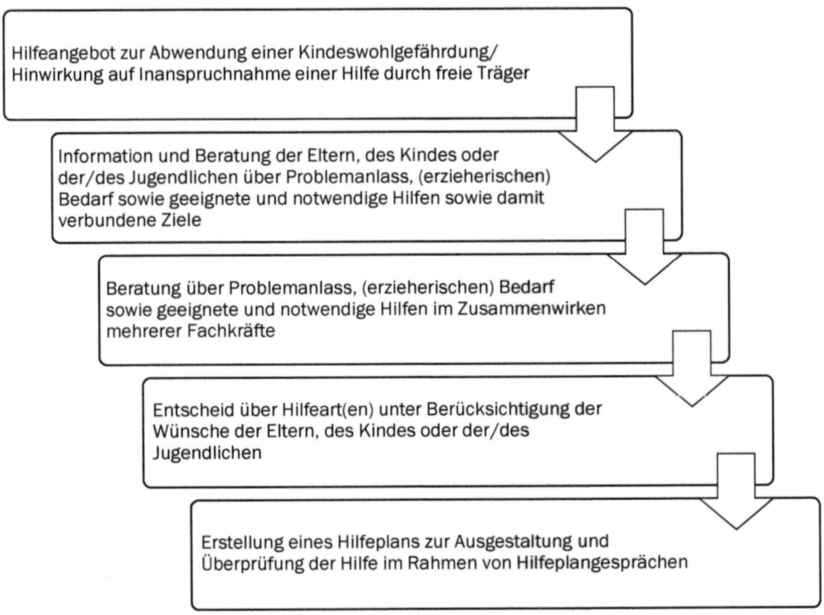

Für den Erfolg von Hilfen zur Abwendung von Kindeswohlgefährdung ist es entscheidend, einen Zugang zu den Eltern und dem/der von der Gefährdung betroffenen Kind/Jugendlichen zu finden. Es bedarf eines verlässlichen Kontakts und vertrauensvoller Arbeitsbeziehungen, um Gefährdungslagen gemeinsam in den Blick sowie passende Maßnahmen und Hilfen ausfindig machen zu können. Mögen Momente der Hilfe und Kontrolle im Rahmen der Hilfeplanung immer wieder eine Rolle spielen (Urban 2004, → Kapitel 9), so gilt dennoch: Ohne Empathie und Wertschätzung wird Kinderschutz misslingen. Zwar können sofortige Maßnahmen zur Abwendung von Kindeswohlgefährdung auch gegen den Willen der Eltern notwendig werden, wie bspw. eine Inobhutnahme. Auch dann ist es jedoch das Ziel, Eltern für die Notwendigkeit von Maßnahmen und Hilfen aufzuschließen. Dies braucht Geduld und Ausdauer der Professionellen – insbesondere, wenn sich Eltern nicht sofort einsichtig zeigen, ihre kindeswohlgefährdenden Handlungen und/oder Unterlassungen bagatellisieren oder gänzlich verleugnen.

Aus der Perspektive Sozialer Arbeit geht es im Kinderschutz immer darum, *Hilfe* zu leisten. Basis hierfür ist ein auf Ko-Produktion beruhender Hilfeprozess, der auf gemeinsam erarbeiteten Zielen beruht und in dem das Risiko des Scheiterns von den Fachkräften stets mitantizipiert werden muss. Im Kinderschutz können keine schnellen Erfolge erwartet werden. Wesentlich ist, dass mit den Eltern über das Gefährdungsgeschehen offen gesprochen wird, sowohl ihnen als auch ihrem Kind geholfen und bei Gefahr im Verzug beherzt eingegriffen wird. Es geht insofern um eine Hilfepraxis des wachsamen Sorgens, in der die Fachkräfte den Eltern und Kindern mit echtem Interesse begegnen, ihnen bei Problemen zur Seite stehen und ihnen Hilfen anbieten oder vermitteln und eingreifen, wenn das Wohl eines Kindes oder einer/eines Jugendlichen akut gefährdet ist (vgl. Biesel 2019).

Im Folgenden stellen wir zunächst die Inobhutnahme als mögliche erste Maßnahme bei akuter Gefährdung vor. Anschließend beschreiben wir unterschiedliche Hilfemöglichkeiten für Eltern und Kinder, mit denen versucht wird, Kindeswohlgefährdung zu beenden oder deren Entstehung zu verhindern. In den ambulanten und teilstationären Hilfen stellt im Kontext von Kinderschutz das Verhältnis zwischen Hilfe und Kontrolle eine besondere Herausforderung dar und wird intensiv diskutiert. In den stationären Hilfen stellt sich die Frage, ob diese erst dann eingesetzt werden sollen, wenn andere Hilfen scheitern – als ‚Ultima Ratio' sozusagen, oder stationäre Hilfen auch unabhängig von anderen Hilfeformen die geeignete und notwendige Maßnahme darstellen können.

13.2 Maßnahmen und Hilfen zum Schutz vor Kindeswohlgefährdungen

Gängige Hilfen im Fall einer Kindeswohlgefährdung sind die in den §§ 27 ff. SGB VIII beschriebenen erzieherischen Hilfen, im Gesetz „Hilfen zur Erziehung" genannt (→ Kapitel 8). Prinzipiell kann jedoch auch auf andere Leistungen zurückgegriffen werden, um (drohende) Kindeswohlgefährdungen abzuwenden. Im Sozialgesetzbuch VIII sind dies z. B. die Betreuung und Versorgung des Kindes in Notsituationen (§ 20 SGB VIII), die Unterstützung bei notwendiger Unterbringung zur Erfüllung der Schulpflicht (§ 21 SGB VIII), die Förderung von Kindern in Tageseinrichtungen und in Kindertagespflege (§ 24 SGB VIII) oder Angebote der Familienberatung und -erholung (§ 16 SGB VIII). Auch Hilfen anderer Systeme können einbezogen werden, wie etwa des Gesundheitswesens oder *Frühe Hilfen* (→ Kapitel 14).

Von besonderer Bedeutung im Kinderschutz sind erzieherische Hilfen. Personensorgeberechtigte haben einen Anspruch darauf, wenn eine dem Wohl des Kindes oder der/des Jugendlichen entsprechende Erziehung nicht gewährleistet ist (§ 27 Abs. 1 SGB VIII). „Dieser Anspruch ist auch dann gegeben, wenn das Wohl des Kindes gefährdet ist (§ 1666 BGB, § 8a SGB VIII), da Gefährdung immer auch mindestens eine Nicht-Gewährleistung darstellt" (Schone 2014, S. 318). Im SGB VIII werden unterschiedliche Hilfeformen ausgeführt (vgl. §§ 28 bis 35 SGB VIII), die auch mit therapeutischen Leistungen verbunden werden können (siehe: § 27 Abs. 3 SGB VIII).

Ambulante Formen

- *Erziehungsberatung:* Diese Hilfe dient dazu, Kinder, Jugendliche, Eltern und andere Erziehungsberechtigte bei der Klärung und Bewältigung individueller und familienbezogener Probleme und der zugrunde liegenden Faktoren, bei der Lösung von Erziehungsfragen sowie bei Trennung und Scheidung zu unterstützen.
- *Soziale Gruppenarbeit:* Diese Hilfe ist vor allem für ältere Kinder und Jugendliche gedacht, die Unterstützung bei der Überwindung von Entwicklungsschwierigkeiten und Verhaltensproblemen benötigen.
- *Erziehungsbeistand und der Betreuungshelfer:* Diese Hilfe richtet sich an Kinder oder Jugendliche, die bei der Bewältigung von Entwicklungsproblemen (unter Einbeziehung des sozialen Umfelds) und der Verselbständigung (unter Erhaltung des Lebensbezugs zur Familie) gefördert werden sollen.
- *Sozialpädagogische Familienhilfe:* Diese Hilfe ist für Familien vorgesehen, die in ihren Erziehungsaufgaben, bei der Bewältigung von Alltagsproblemen, der Lösung von Konflikten und Krisen intensive Betreuung und Begleitung sowie im Kontakt mit Ämtern und Institutionen Unterstützung benötigen.

Teilstationäre Formen

- *Erziehung in einer Tagesgruppe:* Diese Hilfe soll die Entwicklung des Kindes oder der/des Jugendlichen durch soziales Lernen in der Gruppe,

Begleitung der schulischen Förderung und Elternarbeit unterstützen und dadurch den Verbleib des Kindes oder der/des Jugendlichen in seiner Familie sichern.

Stationäre Formen

- *Vollzeitpflege:* Diese Hilfe soll entsprechend dem Alter und Entwicklungsstand des Kindes oder der/des Jugendlichen und seinen persönlichen Bindungen sowie den Möglichkeiten der Verbesserung der Erziehungsbedingungen in der Herkunftsfamilie Kindern und Jugendlichen in einer anderen Familie eine zeitlich befristete Erziehungshilfe oder eine auf Dauer angelegte Lebensform bieten.
- *Heimerziehung, sonstige betreute Wohnform:* Diese Hilfe soll Kinder und Jugendliche durch eine Verbindung von Alltagserleben mit pädagogischen und therapeutischen Angeboten in ihrer Entwicklung fördern. Sie soll entsprechend dem Alter und Entwicklungsstand des Kindes oder der/des Jugendlichen sowie den Möglichkeiten der Verbesserung der Erziehungsbedingungen in der Herkunftsfamilie 1. eine Rückkehr in die Familie zu erreichen versuchen oder 2. die Erziehung in einer anderen Familie vorbereiten oder 3. eine auf längere Zeit angelegte Lebensform bieten und auf ein selbständiges Leben vorbereiten.

Eine flexibel einsetzbare Form ist zudem die *Intensive sozialpädagogische Einzelbetreuung:* Diese Hilfe soll Jugendlichen gewährt werden, die einer intensiven Unterstützung zur sozialen Integration und zu einer eigenverantwortlichen Lebensführung bedürfen. Sie kann als ambulante oder stationäre Hilfe gestaltet werden. Die Entwicklung weiterer Hilfeformen ist ausdrücklich im Gesetz vorgesehen. In der Praxis werden bspw. integrierte und flexibilisierte oder sozialräumliche Umsetzungsvarianten dieser Hilfen diskutiert (siehe z. B. Lenz/Peters 2020).

Neben den auf Kooperation und Mitwirkung der Eltern beruhenden Hilfen (zur Erziehung) und der Inobhutnahme, um eine dringende Gefahr für das Wohl von Kindern kurzfristig abzuwenden (§ 42 SGB VIII), haben die Jugendämter zudem die Möglichkeit, die Familiengerichte anzurufen, um Gefährdungen des Wohls von Kindern und Jugendlichen abzuwenden. Damit verbunden ist das Ziel, Maßnahmen und Hilfen auch gegen den Willen von Eltern durchsetzen zu können. Hierfür sind allerdings Eingriffe in die Rechte von Eltern notwendig, sogenannte *gerichtliche Maßnahmen bei Gefährdung des Kindeswohls,* wie z. B. (siehe § 1666 Abs. 3 BGB):

1. Gebote, öffentliche Hilfen wie zum Beispiel Leistungen der Kinder- und Jugendhilfe und der Gesundheitsfürsorge in Anspruch zu nehmen,
2. Gebote, für die Einhaltung der Schulpflicht zu sorgen,
3. Verbote, vorübergehend oder auf unbestimmte Zeit die Familienwohnung oder eine andere Wohnung zu nutzen, sich in einem bestimmten Umkreis der Wohnung aufzuhalten oder zu bestimmende andere Orte aufzusuchen, an denen sich das Kind regelmäßig aufhält,
4. Verbote, Verbindung zum Kind aufzunehmen oder ein Zusammentreffen mit dem Kind herbeizuführen,
5. die Ersetzung von Erklärungen des Inhabers der elterlichen Sorge,
6. die teilweise oder vollständige Entziehung der elterlichen Sorge

Die Familiengerichte nehmen aber nicht nur Eingriffe in Elternrechte zur Abwendung von Kindeswohlgefährdungen vor. Sie tragen selbst auch zur Klärung von Ursachen und Hintergründen kindeswohlgefährdender Ereignisse in Familien bei, indem sie Sachverhaltsermittlungen vornehmen oder spezielle Gutachten in Auftrag geben (→ Kapitel 10).

Der Kinderschutz ist in der *Schweiz* ein auf Basis des Zivilgesetzbuches annähernd einheitlich strukturiertes Handlungsfeld, indem die Kindes- und Erwachsenenschutzbehörden eine Schlüsselrolle innehaben (→ Kapitel 1). Sie nehmen Gefährdungsmeldungen entgegen, führen Abklärungen durch oder geben diese in Auftrag und greifen im Fall einer Kindeswohlgefährdung in die Rechte von Eltern ein. Dabei nutzen sie die folgenden zivilrechtlichen Kindesschutzmassnahmen: Ermahnungen oder Weisungen (Art. 307 Abs. 3 ZGB), Beistandschaften (Art. 308 ZGB), Aufhebung des Aufenthaltsbestimmungsrechts (Art. 310 ZGB) oder Entziehung der elterlichen Sorge (Art. 311 ZGB). Häufig kombinieren sie diese zivilrechtlichen Kindesschutzmassnahmen mit ergänzenden Hilfen zur Erziehung, u. a. mit Formen der aufsuchenden Familienarbeit, wie z. B. der sozialpädagogischen Familienbegleitung (in Deutschland besser bekannt als sozialpädagogische Familienhilfe), der Heimerziehung oder der Familienpflege. Daneben gibt es aber auch noch andere Grundleistungen der Kinder- und Jugendhilfe, wie z. B. Angebote der Väter- und Mütterberatung, der Erziehungs- oder auch Elternberatung, der Kinder- und Jugendförderung sowie der Schulsozialarbeit (vgl. Schnurr 2019, Schnurr 2012).

In *Österreich* existiert ähnlich wie in Deutschland ein nationales Kinder- und Jugendhilfegesetz (B-KJHG 2013). Es trat am 1. Mai 2013 in Kraft, Teil 1 des B-KJHG wurde aber per 1. Januar 2020 aufgehoben. In Teil 1 war geregelt, was Aufgaben, Ziele und Leistungen der Kinder- und Jugendhilfe sind. U. a. wurde festgelegt, dass zur Förderung von Pflege und Erziehung und zur Bewältigung des alltäglichen Familienlebens Soziale Dienste für werdende Eltern, Familien, Kinder und Jugendliche zur Verfügung gestellt werden müssen, welche u. a. Angebote zur Förderung der Pflege und Erziehung in Familien, Hilfen zur Bewältigung von familiären Problemen, Hilfen für Familien in Krisensituationen sowie Hilfen für Kinder und Jugendliche in Problemsituationen umfassen. Gemäß Artikel 15a B-VG über die Kinder- und Jugendhilfe, die ebenfalls per 1. Januar 2020 in Kraft trat, haben sich Bund und Länder jedoch dazu verpflichtet, das bisherige Schutzniveau in den Angelegenheiten der Kinder- und Jugendhilfe aufrechtzuerhalten und weiterzuentwickeln. Teil 2 des B-KJHG 2013, der unmittelbar anzuwendendes Bundesrecht regelt – wie zum Beispiel Mitteilungspflichten im Fall einer Kindeswohlgefährdung, Amtshilfe, Abgabenbefreiungen und die Mitfinanzierung des Bundes bei Forschung und Statistik – hat jedoch nach wie vor unverändert bestand (siehe: https://www.bundeskanzleramt.gv.at/agenda/familie/begleitung-beratung-hilfe/kinder-und-jugendhilfe/ziele-aufgaben.html; zuletzt geprüft am 17.09.2021).

13.2.1 Vorläufige Schutzmaßnahmen für gefährdete Kinder und Jugendliche: Krisenintervention oder Gefahrenabwehr?

Das Jugendamt ist dazu berechtigt und dazu verpflichtet, Kinder, deren Leib und Leben aufgrund von kindeswohlgefährdenden Handlungen und/oder Unterlassungen bedroht ist, zu ihrem Schutz bei einer geeigneten Person, in einer geeigneten Einrichtung oder sonstigen Wohnform (z. B. bei einer (Bereitschaftspflegefamilie) vorläufig unterzubringen (vgl. § 42 Abs. 1 Satz 2 SGB VIII). Voraussetzung hierfür ist, dass

a) das Kind selbst darum bittet (sogenannte Selbstmelder) und/oder
b) eine dringende Gefahr für das Wohl des Kindes oder der/des Jugendlichen besteht und die Eltern der Inobhutnahme nicht widersprechen oder eine familiengerichtliche Entscheidung nicht rechtzeitig eingeholt werden kann und/oder
c) ein ausländisches Kind oder ein/eine ausländische(r) Jugendliche(r) unbegleitet nach Deutschland kommt (siehe § 42 Abs. 2 Satz 2 SGB VIII).

Die Inobhutnahme ist im SGB VIII nicht den Leistungen der Kinder- und Jugendhilfe, sondern den sogenannten anderen Aufgaben zugeordnet. Der Grund dafür ist, dass sie auch gegen den Willen der Leistungsberechtigten gewährt wird. Allerdings ist die Inobhutnahme dennoch eine Sozialleistung für das Kind sowie die Erziehungsberechtigten. Es handelt sich um eine sozialpädagogische Krisenintervention (vgl. Hensen/Schone 2020, S. 121, Schrapper 2020, S. 74 ff.), die zur Beruhigung in der Familie und zur Entschärfung von Problemen und Konflikten beitragen soll. Sie dient nicht nur der reinen Abwehr von akuten, d. h. lebensbedrohlichen Gefahren. Aufgrund des weitreichenden Eingriffs, den eine Inobhutnahme bedeutet, ist es von besonderer Bedeutung, dass sowohl Kinder bzw. Jugendliche, als auch Eltern nachvollziehen können, was passiert und was dies für sie bedeutet. Es hat daher eine umfassende Aufklärung in für die Betroffenen wahrnehmbarer Form zu erfolgen (§ 42 Abs. 2 und 3 SGB VIII).

Das Jugendamt ist, bevor es eine Entscheidung über eine Inobhutnahme trifft, dazu verpflichtet, die Eltern zu kontaktieren. Es soll nach Möglichkeit gemeinsam mit den Eltern einen Weg zur Abwendung der dringenden Gefahr für das Kindeswohl finden. Nur für den Fall, dass diese nicht erreicht werden können und davon auszugehen ist, dass eine akute Gefährdung im Sinne von § 1666 BGB vorliegt und eine Entscheidung des Familiengerichts nicht abgewartet werden kann, darf und muss das Jugendamt ohne Einbezug der Eltern handeln. Doch auch in dieser Situation ist es gemäß § 42 Abs. 3 SGB VIII Aufgabe des Jugendamts, dafür Sorge zu tragen, dass die Eltern unverzüglich von der Inobhutnahme in Kenntnis gesetzt werden und mit ihnen das Gefährdungsrisiko nach § 8a SGB VIII abgeschätzt wird (→ Kapitel 12). Widersprechen die Eltern der Inobhutnahme und stellt sich im Zuge der Gefährdungseinschätzung heraus, dass keine Gefährdung nach § 1666 BGB vorliegt, ist das Kind unverzüglich wieder an die Eltern zu übergeben. Besteht eine Kindeswohlgefährdung nach § 1666 BGB, so sind in Absprache mit den Eltern Hilfen zu organisieren, mittels derer diese in die Lage versetzt werden, die Gefährdung abzuwenden; andernfalls ist unverzüglich eine Entscheidung des Familiengerichts über die erforderlichen Maßnahmen zum Wohl des Kindes oder der/des Jugendlichen herbeizuführen (vgl. § 42 Abs. 3 SGB VIII).

Für den Fall einer Inobhutnahme ist das Jugendamt im Weiteren dazu verpflichtet, mit den Eltern und dem Kind zu klären, was Anlässe und Auslöser waren, die zur Zuspitzung der Gefährdungslage und zur Unterbringung des Kindes geführt haben, und Möglichkeiten der Hilfe und Unterstützung aufzuzeigen (siehe § 42 Abs. 2 Satz 1 SGB VIII). Es hat überdies während der Inobhutnahme für das Wohl des Kindes oder der/des Jugendlichen zu sorgen. Ziel dieser sozialpädagogischen Krisenintervention ist es insofern, einerseits Kindern Schutz zu gewähren, die darum bitten, die einer dringenden Gefahr für ihr Wohl ausgesetzt sind oder die unbegleitet als Minderjährige in Deutschland Asyl suchen. Anderseits sollen mit der Inobhutnahme eine

Beruhigung in der Familie erreicht und Möglichkeiten für eine Zusammenarbeit im Interesse des Kindeswohls ausgelotet werden.

Wenn und soweit es erforderlich ist, um eine Gefahr für Leib oder Leben des Kindes oder der/des Jugendlichen oder eine Gefahr für Leib oder Leben Dritter abzuwenden, gibt es im Rahmen der Inobhutnahme auch die Möglichkeit freiheitsentziehender Maßnahmen (vgl. § 42 Abs. 5 SGB VIII). Diese muss jedoch spätestens mit Ablauf des Tages nach ihrem Beginn beendet oder eine längere Dauer durch ein Gericht legitimiert werden.

Die Durchführung von Inobhutnahmen ist bei einer dringenden bzw. akuten Kindeswohlgefährdung aus zwei Gründen fachlich herausfordernd:

a) Erstens muss geklärt werden, welche Form der Unterbringung für das Kind bzw. die/den Jugendlich(en) geeignet ist und das in kurzer Zeit und bei Gefahr im Verzug. So kann es sinnvoll sein, das Kind im nachbarschaftlichen oder familiären Umfeld (z. B. bei den Großeltern oder bei einer Tante oder einem Onkel) oder bei einer Pflegefamilie unterzubringen, um das Kind in einem vertrauten Umfeld zu belassen. Es kann aber auch angeraten sein, genau dies nicht zu tun, weil hierdurch u. U. weitere Gefährdungen entstehen und Loyalitätskonflikte gegenüber den Herkunftseltern angeheizt werden könnten. Vor allem bei sehr jungen Kindern, die nicht bei Verwandten aus der erweiterten Familie oder bei Freund(inn)en aus der Nachbarschaft sicher untergebracht werden können, ist es oftmals schwierig, eine geeignete Form der Unterbringung zu finden. Häufig stehen den Jugendämtern zu wenige Bereitschaftspflegestellen oder geeignete stationäre Einrichtungen zu Verfügung, die auf die besonderen Bedürfnisse dieser jungen Zielgruppe personell und konzeptionell eingestellt sind.
b) Zweitens muss überlegt werden, wie man das Kind am besten Inobhut nimmt. Dies ist eine besondere Herausforderung, wenn die Inobhutnahme im elterlichen Haushalt erfolgen soll und damit zu rechnen ist, dass die Eltern mit der Inobhutnahme nicht einverstanden sein werden. Die Fachkräfte können nicht wissen, was sie im Haushalt der Familie erwartet, welche Situation sie antreffen, wem sie vor Ort begegnen und wie die Eltern und das Kind reagieren werden. In manchen Fällen kann es angeraten sein, die Polizei mithinzuziehen, wenn z. B. absehbar ist, dass ein Elternteil aggressiv reagieren könnte und die Inobhutnahme trotz richterlicher Verfügung verweigert. Eltern und Kinder sind nicht selten davon überrascht, dass ein Hausbesuch des Jugendamts plötzlich in eine Inobhutnahme mündet. Wir haben es bei der Inobhutnahme insofern mit einer Ausnahmesituation zu tun, die viel Fingerspitzengefühl

erfordert. Es müssen sowohl die Eltern mit ihrem Kummer, ihrem Ärger und ihrer Wut auf das Jugendamt ernstgenommen und von der Sinnhaftigkeit einer vorläufigen Herausnahme des Kinds überzeugt werden, als auch das von der Inobhutnahme betroffene Kind emotional aufgefangen und auf die Trennung von den Eltern vorbereitet werden (z. B. indem es seine Lieblingsspielzeuge einpacken, ein Kuscheltier oder ein Foto von den Eltern mitnehmen und sich nach Möglichkeit von diesen verabschieden darf). Dies ist keine leichte Aufgabe, zumal, wenn man als Fachkraft selbst emotional aufgewühlt ist und dennoch vorurteilsfrei und empathisch agieren und zu seiner Entscheidung stehen muss.

Inobhutnahme-Statistik

In der amtlichen Kinder- und Jugendhilfestatistik wurden 2019 insgesamt 49 510 Inobhutnahmen erfasst (vgl. Mühlmann 2020, S. 23). Hiervon erfolgten 32 467 wegen dringender Kindeswohlgefährdung (§ 42 Abs. 1 Nr. 2 SGB VIII). Im Zeitraum zwischen 2015 bis 2016 war die Gesamtzahl der Inobhutnahmen durch die Zunahme von unbegleiteten Minderjährigen aus dem Ausland, die in Deutschland Zuflucht suchten, deutlich gestiegen und nimmt seit 2017 wieder ab (vgl. ebd.). Die Anzahl von Inobhutnahmen, die wegen einer dringenden Kindeswohlgefährdung (§ 42 Abs. 1 Nr. 2 SGB VIII) vorgenommen wurden, ist in den letzten Jahren jedoch kontinuierlich auf einem hohen Niveau geblieben, wie → Tabelle 12 zeigt (siehe weiterführend: Mühlmann 2019 und 2020):

Tabelle 12: Entwicklung der Inobhutnahme wegen dringender Kindeswohlgefährdung – angeregt von anderen Personen/Stellen; 2010–2019; Angaben absolut (vgl. Mühlmann 2020, S. 23)

2010	2015	2016	2017	2018	2019
24 711	27 512	31 063	31 069	32 264	32 467

Gründe für Gefährdung des Wohls bei jüngeren Kindern unter 6 Jahren waren zumeist Formen der Vernachlässigung und Überforderung der Eltern/eines Elternteils. Bei älteren Kindern ab 12 Jahren waren hingegen häufiger Beziehungsprobleme, psychische oder körperliche Misshandlungen ausschlaggebend für eine Inobhutnahme, auch wenn die Überforderung der Eltern/eines Elternteils dabei ebenso eine Rolle spielte (vgl. Mühlmann 2020, S. 26).

Hausbesuch mit möglicher Inobhutnahme
Sie wurden von einer Frau Schulze telefonisch darüber unterrichtet, dass in ihrer Nachbarschaft eine Familie mit zwei Kindern unter drei Jahren lebt, in der der Strom und die Heizung abgestellt wurden. Es ist Winter und die Temperaturen stiegen in den letzten Wochen nicht über 5 Grad Celsius. Die Frau mache sich um die Kinder Sorgen. Sie würde diese kaum draußen sehen und glaube zu wissen, dass diese auch keine Kita besuchen. Von den Eltern wisse sie, dass diese arbeitslos seien und Geldprobleme hätten. In den wenigen Momenten, in denen sie die Eltern mit ihren Kindern erlebt habe, hätten diese auf sie einen überforderten Eindruck gemacht.

Als zuständige Fachkraft eines Jugendamts entscheiden Sie sich nach einer ersten Gefährdungseinschätzung unter Einbezug mehrerer Kolleg(inn)en, einen Hausbesuch bei der Familie zu machen. Gemeinsam mit einem Kollegen bereiten sie sich auch auf eine mögliche Inobhutnahme der Kinder vor, da sie eine akute Gefährdung der Kinder vermuten.

- Was würden Sie zum Hausbesuch der Familie mitnehmen?
- Worauf würden Sie bei ihrem Hausbesuch achten und warum?
- Über welche Themen würden Sie mit den Eltern ins Gespräch kommen?
- Worauf würden Sie bei den Kindern achten?
- Welche Reaktionen der Eltern erwarten Sie? Wie beabsichtigen Sie darauf zu reagieren?
- Was wären in diesem Fall für Sie Gründe für eine Inobhutnahme?
- Welche Person/Einrichtung/sonstige Wohnform würden Sie für eine Inobhutnahme als geeignet ansehen und warum?
- Wann würden Sie auf eine Inobhutnahme der Kinder verzichten und warum?

13.2.2 Ambulante und teilstationäre Hilfen zur Erziehung im Kinderschutz: Professionelles Handeln zwischen Hilfe und Kontrolle

Um Kinder vor Gefährdungen ihres Wohls zu schützen, ist die Inobhutnahme eine Maßnahme, die bei Gefahr im Verzug zur Anwendung kommt. Im Gegensatz dazu kommen ambulante und teilstationäre Hilfen zur Erziehung im Kinderschutz zur Anwendung, wenn erneut eine Kindeswohlgefährdung droht. Mit ihnen sollen Gefährdungen verhindert, die Erziehungskompetenzen von Eltern gestärkt, Entwicklungsbeeinträchtigungen von Kindern ausgeglichen und damit letztlich auch die Herausnahme von Kindern aus der

Familie verhindert werden. Bei älteren Kindern und Jugendlichen werden sie überdies dazu herangezogen, um diese bei der Bewältigung von Entwicklungsproblemen, ihrer Verselbständigung und bei der sozialen Integration in die Gesellschaft zu unterstützen.

Im ambulanten und teilstationären Bereich sind es vor allem die Erziehungsberatung (§ 28 SGB VIII) die sozialpädagogische Familienhilfe (§ 31 SGB VIII) und die Erziehung in einer Tagesgruppe (§ 32 SGB VIII), welche als Hilfeformen genutzt werden, um auf Kindeswohlgefährdungen zu antworten. Sie werden auch in Gestalt von aufsuchenden Elterntrainings- oder Elterncoachingprogrammen erbracht. Es sind Hilfen, bei denen die Sicherheit der Kinder in ihrer Familie gewährleistet sein muss. Sie sind häufig an fortwährende Prozesse der Gefährdungseinschätzung gekoppelt (→ Kapitel 12) und können mit therapeutischen Leistungen kombiniert werden (wie z. B. Psycho-, Gesprächs-, Verhaltens- oder Familientherapien).

In den letzten Jahren hat insbesondere die Sozialpädagogische Familienhilfe (§ 31 SGB VIII) im Kinderschutz an Bedeutung gewonnen. Sie erscheint als Hilfe in Reaktion auf kindeswohlgefährdende Unterlassungen und/oder Handlungen naheliegend, da die Fachkräfte im Rahmen der Leistungserbringung aufsuchend tätig sind, zumeist mit allen Familienmitgliedern im Kontakt stehen und die häuslichen Bedingungen regelmäßig in den Blick nehmen können (Hausbesuche). Zudem wird die Sozialpädagogische Familienhilfe (§ 31 SGB VIII) mittlerweile immer häufiger dazu herangezogen, um in Hilfeplänen niedergeschriebene Schutzkonzepte auf ihre Einhaltung/Umsetzung kontrollieren zu können (vgl. Schone 2012b).

Schutzkonzepte in der Sozialpädagogischen Familienhilfe

Schutzkonzepte sind im Rahmen der Erbringung sozialpädagogischer Familienhilfe im Idealfall dazu geeignet, den Eltern gegenüber transparent zu machen, was aus Sicht des Kinderschutzes noch tolerierbar ist und welche Schritte notwendig sind, um die Situation zu Hause zu verbessern. Sie beinhalten zumeist Angaben darüber warum welche Hilfe eingeleitet wurde und was mit dieser bezweckt werden soll (Hilfekonzept), welche Maßnahmen zur kurzfristigen Sicherstellung des Schutzes in ihrem Wohl gefährdeter Kinder ergriffen wurden (Sicherheitskonzept) und wer, wann und wie die ergriffenen Schutzmaßnahmen auf ihre Durchführung/Einhaltung kontrolliert (Kontrollkonzept) (vgl. Lenkenhoff et al. 2013, S. 23). Heinitz (2018, S. 248) plädiert dafür, eher den Begriff der „kindsorientierten Schutzvereinbarungen“ zu verwenden als den des Schutzkonzepts. Für ihn gelte das Prinzip Schutz durch Hilfe (vgl. ebd., S. 245). Ziel von Schutzkonzepten im Rahmen der Erbringung sozialpädagogischer Familienhilfe sollte es insofern nicht sein, den Eltern unter Androhung von Sanktionen einseitig Druck zu machen. Immer öfter kann in der Praxis jedoch beobachtet werden, dass Eltern, die sich widerständig und unkooperativ verhalten, Kontrollprozeduren unterworfen werden, die den Zielstellungen der ko-produktiven Erbringung sozialpädagogischer Familienhilfe im Kinderschutz zuwiderlaufen (vgl. z. B. Eggers 2018; Schone 2012b u. 2018; Struck 2019). So müssen in manchen Gegenden Eltern mit Sanktionen rechnen, wenn sie ihre Aufträge, Auflagen oder Sicherstellungspflichten nicht einhalten. „Sie werden dann entweder dem Jugendamt ‚gemeldet' oder aber das Jugendamt wendet sich an das Familiengericht, um ein Verfahren nach § 1666 BGB einzuleiten. Konfliktreiche und notwendige Aushandlungsprozesse und Diskussionen über unterschiedliche Sicht- und Deutungsweisen von Gefährdungen des Kindeswohls sind im Zuge der Nutzung solcher Verfahren nicht vorgesehen" (Biesel 2019, S. 248). Kontrolle wird dadurch einseitig zuungunsten von Hilfe überbetont, obwohl Hilfe ohne Kontrolle und Kontrolle ohne Hilfe im Kinderschutz unmöglich ist (vgl. Schrapper 2012b). Hinzu kommt, dass diese Form der Praxis nicht im Sozialgesetzbuch VIII verankert ist und keine Leistung im eigentlichen Sinne darstellt, sondern eine ordnungsrechtliche Aufgabe, für die das Jugendamt zuständig ist (vgl. Schone 2012b, S. 265). Das Ausbalancieren von Hilfe und Kontrolle ist im Kinderschutz, auch und gerade, bei der Erbringung ambulanter Hilfen zu Erziehung, wie z. B. der sozialpädagogischen Familienhilfe, aber unabdingbar (→ Kapitel 11).

13.2.3 Stationäre Hilfen zur Erziehung im Kinderschutz: Ultima Ratio oder erforderliches Mittel?

Im Kinderschutz kann es manchmal sein, dass eine Unterbringung eines Kindes nicht vermieden werden kann. Dennoch stellt sich in der Praxis immer wieder die Frage, ob nicht mit ambulanten und/oder teilstationären Hilfen eine Fremdunterbringung nach § 33 oder § 34 SGB VIII hätte verhindert werden können. Und dies, obwohl eine stationäre Hilfe zur Erziehung nicht die Ultima Ratio sein sollte. Denn aus Perspektive der Sozialen Arbeit geht es im Kinderschutz immer um die Frage, ob die Hilfe geeignet und notwendig ist, um mit Einverständnis der Eltern eine (drohende) Gefährdung abzuwenden. Wesentlich für die Entscheidung für oder gegen eine Unterbringung eines Kindes in einer Pflegefamilie oder Heimeinrichtung ist vielmehr, ob mittels ambulanter und/oder teilstationärer Hilfen

a) die Sicherheit des Kindes in der Familie gewährleistet werden kann,

b) drohende oder erneute Gefährdungen verhindert werden können,
c) Eltern in der Wahrnehmung ihrer Erziehungsaufgaben und bei der Bewältigung von Problemen, Konflikten und Krisen ausreichend unterstützt werden können,
d) etwaig bereits vorhandene Beeinträchtigungen bzw. Verhaltensauffälligkeiten des Kindes abgebaut werden können (vgl. Kindler/Spangler 2006).

Eine Indikation für eine Fremdunterbringung ist zumeist zwingend gegeben, wenn Kinder bereits schwere Misshandlungen und Vernachlässigungen erfahren mussten, Eltern ihre Kinder ablehnen, keine Problemeinsicht und Veränderungsbereitschaft zeigen oder aber aufgrund psychischer Erkrankungen oder Abhängigkeiten nicht dazu in der Lage sind, verlässlich für das Kindeswohl zu sorgen (vgl. Maihorn 2006). Kommen die Fachkräfte (im Idealfall gemeinsam mit den Eltern und dem Kind) zu dem Schluss, dass eine Fremdunterbringung unvermeidlich ist, sollte diese umgesetzt und die Eltern begleitend unterstützt und gefördert werden, so dass eine Rückkehr in die Familie möglich oder das Kind dauerhaft in einer Pflegefamilie oder Heimeinrichtung bleiben oder auf ein Leben in Selbständigkeit vorbereitet werden kann.

Die Herausnahme eines Kindes ist fachlich anspruchsvoll. Auch wenn es sich nicht um eine Inobhutnahme handelt, stehen die Fachkräfte oft unter Zeit- und Handlungsdruck. Sie müssen geeignete Pflegefamilien oder Einrichtungen ausfindig machen, Finanzierungsfragen klären und das Kind und die Eltern auf die Trennung vorbereiten. Vor allem, wenn die Eltern oder das Kind sich nicht mit der Fremdunterbringung einverstanden zeigen und das Familiengericht eingeschaltet werden muss, ist es schwierig, sowohl für das Kind als auch für seine Eltern einen guten Übergang zu gestalten. Es muss mit erheblichem Widerstand seitens der Eltern und Kinder gerechnet werden. Dieser kann passiv oder aktiv sein, sich in heftigen Gefühlsausbrüchen und Wutattacken Bahn brechen oder aber auch durch Sprachlosig- und Hoffnungslosigkeit gekennzeichnet sein. Wir behandeln diese Thematik in → Kapitel 11. Es kommt deshalb darauf an, die Unterbringung des Kindes gut vorzubereiten und durchzuführen und für eine begleitende Elternarbeit zu sorgen.

Fremdunterbringung, ja oder nein?
Sie haben angeregt durch Frau Schulze, einen Hausbesuch bei der Familie mit den zwei Kindern durchgeführt. In der Folge haben Sie die beiden Kinder bei einer Bereitschaftspflegefamilie Inobhut genommen. Nun stellt sich die Frage, ob die Kinder dauerhaft in einer Pflegefamilie oder Heimeinrichtung unter-

bracht werden sollten oder nach Hause zu ihren Eltern zurückkehren dürfen. Im Rahmen des Hausbesuchs und mehrerer Hilfeplangespräche konnten Sie folgende weiterführende Information über die Familie in Erfahrung bringen:

- Beide Eltern sind seit vier Jahren arbeitslos. Sie sind Mitte zwanzig, verfügen über keinen Ausbildungsabschluss und beziehen Arbeitslosengeld II. Tagsüber vertreiben Sie sich für gewöhnlich die Zeit mit Computerspielen.
- Im Haushalt der Familie sah es verdreckt aus. Es wirkte auf Sie, als würden die Eltern häufig Alkohol konsumieren. Auf Nachfrage Ihrerseits bejahten die Eltern Ihre Vermutung, betonten aber, dass sie nur drei bis vier Bier am Tag trinken würde.
- In der Wohnung gab es keine kindgerechten Ausstattungsgegenstände.
- Der Strom und die Heizung würden in den nächsten Tagen wieder angestellt. Die Eltern hätten sich Geld von Verwandten geborgt. Auf Nachfrage Ihrerseits, ob die Familie Geldprobleme habe, widersprachen beide Eltern.
- Beide Eltern sind gegenüber Hilfen aufgeschlossen und möchten ihre Kinder wieder zurück.
- Die Bereitschaftspflege stellte erhebliche Entwicklungsdefizite bei den Kindern fest, sprachlich wie motorisch. Auch seien die Kinder nicht regelmäßig dem Kinderarzt vorgestellt worden, Impfungen und U-Untersuchungen würden ausstehen.

In der Fachberatung kommen Sie mit anderen Fachkräften zu dem Schluss, dass eine sozialpädagogische Familienhilfe sinnvoll und eine Rückführung der Kinder denkbar sein könnte. Zugleich machen Sie sich Sorgen um die Entwicklung der Kinder. Ihr Bauchgefühl sagt Ihnen, dass die Eltern sich nicht verändern werden und eine Fremdunterbringung unumgänglich ist. Was tun Sie?

13.3 Resümee

Im Kinderschutz kann auf verschiedene Maßnahmen und Hilfen zurückgegriffen werden, um Kinder vor Gefährdungen zu schützen, wie z. B. die Betreuung und Versorgung des Kindes in Notsituationen (§ 20 SGB VIII), die Unterstützung bei notwendiger Unterbringung zur Erfüllung der Schulpflicht (§ 21 SGB VIII), die Förderung von Kindern in Tageseinrichtungen und in Kindertagespflege (§ 24 SGB VIII) oder Angebote der Familienberatung und -erholung (§ 16 SGB VIII), Frühe Hilfen (→ Kapitel 14) oder erzieherische Hilfen. Ein häufig verwendetes Mittel zur Abwendung akuter Kindeswohlgefährdung ist die Inobhutnahme. Als sozialpädagogische

Krisenintervention dient sie dazu, die Situation in der Familie kurzfristig zu beruhigen und Kinder vor akuten, d.h. lebensbedrohlichen Gefahren zu bewahren. Sie wird dazu genutzt, um mit den Eltern und dem Kind zu klären, was Anlässe und Auslöser kindeswohlgefährdender Handlungen und/oder Unterlassungen waren, welche zur Zuspitzung der Krise und damit zur Unterbringung des Kindes geführt haben. Nach Möglichkeit schließt an ihre Beendigung eine weiterführende Hilfe an. Diese wird im Rahmen der Hilfeplanung ausfindig gemacht und in einem Hilfeplan festgeschrieben.

Erzieherische Hilfen können ambulant, teilstationär oder stationär erbracht werden. Im Kinderschutz wird häufig die sozialpädagogische Familienhilfe eingesetzt. Diese Hilfeform wird in einigen Regionen mit Schutzkonzepten kombiniert, deren Einsatz im Fachdiskurs jedoch umstritten ist. Kann der Schutz eines Kindes mittels ambulanter oder teilstationärer erzieherischer Hilfen nicht gewährleistet werden oder sind Eltern nicht problemeinsichtig oder veränderungsbereit und -fähig, ist die Unterbringung des Kindes in einer Pflegefamilie oder in einer Heimeinrichtung angezeigt. Sie kann eine Chance sowohl für die Kinder als auch ihre Eltern sein. Sie ist aber auch mit Risiken behaftet. Denn auch Pflegefamilien und Institutionen können zu gefährlichen Orten für Minderjährige werden (→ Kapitel 15). Dennoch sollte die Unterbringung eines Kindes zu seinem Schutz nicht die Ultima Ratio sein. Wesentlich ist, ob die Hilfe notwendig und geeignet ist, um eine (drohende) Kindeswohlgefährdung und bereits eingetretene Entwicklungsbeeinträchtigung abzumildern. Hierfür können ambulante und teilstationäre Hilfen ausreichend sein. Manchmal jedoch bedarf es invasiverer Maßnahmen, um Kindern bessere Zukunftsaussichten bieten zu können. Dies ist für die davon betroffenen Eltern und Kindern oftmals ein einschneidendes Erlebnis. Nicht selten fühlen sich Eltern und Kinder schuldig. Auch fürchten sie für immer mit einem Stigma behaftet zu sein. Aus diesem Grund ist es wichtig, die Herausnahme eines Kindes gut vorzubereiten, durchzuführen und zu begleiten, auch und insbesondere bei Inobhutnahmen.

Für den Fall, dass Eltern mit keinem Hilfeangebot einverstanden sind, ist eine Hinwendung ans Familiengericht zu prüfen, um gerichtliche Maßnahmen nach § 1666 BGB ergreifen zu können, wie z.B. Gebote, Verbote oder die Ersetzung von Erklärungen des Inhabers der elterlichen Sorge oder die teilweise oder vollständige Entziehung der elterlichen Sorge.

Anregungen zum Selbststudium

- Lesen Sie die qualitative Untersuchung zur Funktion und zur Wirkungsweise von Schutzkonzepten im Rahmen ambulanter Erziehungshilfen mit dem Titel „Schutzkonzepte in der Hilfeplanung“ (Online verfügbar unter:

https://www.lwl-landesjugendamt.de/media/filer_public/78/3c/783ca5e2-817f-4c23-a240-9d05b3af7cfb/abschlussbricht_schutzkonzepte_2.pdf; zuletzt geprüft am 16.09.2021) und beantworten Sie nachstehende Fragen:
  - Was wird in der Studie unter dem Begriff Schutzkonzept verstanden?
  - Wie werden Schutzkonzepte in der Praxis umgesetzt? Was spricht für ihren gegenwärtigen Einsatz, was dagegen?
  - Wie sollten Schutzkonzepte fachlich weiterentwickelt werden?
- Wenn Kinder und Jugendliche außerhalb des Elternhauses untergebracht werden müssen, ist in der Hilfeplanung zwischen vielen unterschiedlichen Formen der Heimerziehung und der Unterbringung in einer Pflegefamilie zu entscheiden.
  - Recherchieren Sie in der Fachliteratur und in der Darstellung von Trägern der Jugendhilfe unterschiedliche Formen der Heimerziehung und Pflegefamilien.
  - Überlegen Sie, an welchen Kriterien sich die Entscheidung zwischen diesen unterschiedlichen Unterbringungsformen in der Hilfeplanung orientieren kann. Denken Sie z. B. an die fachliche Einschätzung des Bedarfs und an die Familienkonstellation, aber auch an die Perspektive der Eltern, der Kinder und Jugendlichen sowie an die regionalen Gegebenheiten.
- Es gibt unterschiedliche Einrichtungsformen, in denen Kinder in Obhut genommen werden oder nach einer Inobhutnahme unterkommen. In größeren Städten sind dies oft spezialisierte Einrichtungen wie bspw. Kinder- und Jugendnotdienste. In ländlichen Gebieten erfolgt die Inobhutnahme oft durch das Jugendamt und die Unterbringung erfolgt integriert in reguläre Heimeinrichtungen, die hierfür einzelne Notbetten freihalten.
  - Recherchieren Sie im Internet Inobhutnahmeeinrichtungen in unterschiedlichen Bundesländern, in ländlichen und in städtischen Gebieten und beschreiben Sie die Gemeinsamkeiten und Unterschiede.
  - Versetzen Sie sich in die Lage eines oder einer Jugendlichen, der/die große Probleme in der Familie hat und Hilfe sucht. Welche der Formen schätzen Sie als niedrigschwelliger ein? Inwiefern?

Weiterführende Literatur

Fachgruppe Inobhutnahme (2020) (Hg.). Handbuch Inobhutnahme. Grundlagen – Praxis und Methoden – Spannungsfelder. Frankfurt a. M.
In diesem Sammelwerk wird aufgezeigt, welche Bedeutung Inobhutnahmen für den Schutz von Kindern und Jugendlichen haben und was bei ihrer Durchführung rechtlich und methodisch beachtet werden sollte. Dabei wird auch Blick

auf die historische Entwicklung dieser Krisenintervention unternommen und dargelegt, wie in der Praxis Inobhutnahmen realisiert werden und welche Spannungsfelder damit einhergehen.

Krause, Hans-Ullrich/Peters, Friedhelm (2014). Grundwissen erzieherische Hilfen. Ausgangsfragen, Schlüsselthemen, Herausforderungen.
In diesem Band wird ein Überblick über den gesamten Bereich und den Prozess erzieherischer Hilfen gegeben. Er kann als Einführungs- bzw. Begleittext für Ausbildungszwecke genutzt werden und enthält in jedem Kapitel weiterführende Leseempfehlungen.

Althoff, Monika/Hilke, Maren (2016). Kinderschutz in der Pflegekinderhilfe. Bedeutung und Herausforderungen für die Fremdpflege und die Verwandtenpflege. Münster.
In diesem Buch wird auf Basis des Forschungsprojektes Kinderschutz in der Pflegekinderhilfe aufgezeigt, unter welchen Voraussetzungen Kinderschutz in Pflegefamilien möglich ist und wie das Feld weiterentwickelt werden sollte.

Van Santen, Eric/Pluto, Liane/Peucker, Christian (2019). Pflegekinderhilfe – Situation und Perspektiven. Empirische Befunde zu Strukturen, Aufgabenwahrnehmung sowie Inanspruchnahme.
In diesem Buch wird ein empirischer Blick auf die Situation der Pflegekinderhilfe in Deutschland geworfen. Es wird u. a. dargelegt, wie oft, warum und wie lange Kinder in Pflegefamilien untergebracht werden, wie die Pflegekinderhilfe organisiert ist und wie bei einem Verdacht auf Kindeswohlgefährdung von Pflegekindern umgegangen werden sollte.

Teil III
Erweiterungen

Kapitel 14
Frühe Hilfen als Kinderschutz?

Überblick über das Kapitel

In diesem Kapitel wird aus der Perspektive eines breiten Verständnisses von Kinderschutz erläutert, dass der Schutz von Kindern und Jugendlichen nicht erst ansetzt, wenn eine bestehende Gefährdung ihres Wohls abgewendet werden muss. Es wird erörtert, dass Kinderschutz auch der Vorbeugung von Gefahren und der Reduktion von Risiken des Aufwachsens dienen kann und weshalb es in Deutschland seit Mitte der 2000er Jahre zu einem massiven Auf- und Ausbau Früher Hilfen kam. In diesem Zusammenhang wird dargelegt, was unter dem Begriff *Frühe Hilfen* verstanden werden kann, warum in der Fachdebatte inzwischen nicht mehr von ‚sozialen Frühwarnsystemen', sondern von ‚Netzwerken Früher Hilfen' gesprochen wird und inwiefern es sich bei Frühen Hilfen um Prävention handelt. Weiter wird erläutert, weshalb Prävention auch eine Form der Intervention darstellt und welche Vor- und Nachteile mit dem

14.1 Kinderschutz als umfassende, vielfältige Hilfe für Kinder und Eltern

14.2 Anlässe für den Auf- und Ausbau Früher Hilfen

14.3 Frühe Hilfen als Begriff und Gegenstand

14.4 Das Nationale Zentrum Frühe Hilfen

14.5 Ansätze Früher Hilfen im Überblick

14.6 Früherkennungsuntersuchungen als Frühe Hilfen zur Sicherstellung des gesunden Aufwachsens von Kindern?

14.7 Zum Schutzauftrag bei Kindeswohlgefährdung im Kontext der Leistungserbringung Früher Hilfen

14.8 Resümee

Auf- und Ausbau Früher Hilfen einhergehen. Dabei wird auf die potenziell stigmatisierende Wirkung Früher Hilfen gegenüber Eltern eingegangen und aufgezeigt, weshalb Kinder oder Jugendliche sowie ihre Erziehungsberechtigten ohne erkennbare Gefährdung ein Recht darauf haben, präventive Unterstützung im Kinderschutz abzulehnen. Abschließend wird das Nationale Zentrum Frühe Hilfen mit seinen Aufgaben sowie Programme und Initiativen Früher Hilfen im Kinderschutz vorgestellt und auf das spannungsreiche Verhältnis Früher Hilfen und des Schutzauftrags bei Kindeswohlgefährdung eingegangen.

14.1 Kinderschutz als umfassende, vielfältige Hilfe für Kinder und Eltern

Wir haben uns zwar dazu entschieden, in unserem Lehrbuch schwerpunktmäßig auf Kinderschutz im Sinne eines *engen Begriffsverständnisses* einzugehen und den Schutz von Kindern und Jugendlichen vor unmittelbaren Gefahren ihres Wohls in den Mittelpunkt zu stellen (→ Kapitel 1). Diese Ausrichtung verlassen wir nun, um Kinderschutz im Sinne von ‚Kinder und Jugendliche schützen' als eine gesamtgesellschaftliche Aufgabe zu rahmen. Dies betrifft zum einen die Akteure: Kinder und Jugendliche werden nicht nur von Eltern, Großeltern und anderen Verwandten sowie Fachkräften der Kinder- und Jugendhilfe (→ Kapitel 9) geschützt, sondern von allen Menschen, die mit Kindern und Jugendlichen in Kontakt stehen (wie z. B. Nachbarn) oder für deren Aufwachsen und Fortkommen in der Gesellschaft eine besondere Verantwortung innehaben (wie z. B. Lehrer(innen) oder Trainer(innen)) (→ Kapitel 10). Zum anderen betrifft es das Verständnis von Gefährdung: Es ist nicht nur Schutz von Kindern und Jugendlichen, auf bestehende Gefährdungen zu reagieren, sondern auch, die Entstehung von Gefahren zu verhindern und Risiken des Aufwachsens abzumildern. In diesem Verständnis hat Kinderschutz eine präventive Funktion. Er ist darauf ausgerichtet, förderliche Lebensbedingungen für alle Kinder und Eltern im Gemeinwesen zu schaffen und/oder zu erhalten und diesen niederschwellige Unterstützungsangebote und Frühe Hilfen zur Verfügung zu stellen. Die Idee eines solchen gemeinwesen- und familienorientierten Kinderschutzansatzes ist nicht neu (→ Kapitel 1). Sie wurde bereits in den 1980er Jahren ausbuchstabiert, als es darum ging, eine Trendwende im Kinderschutz herbeizuführen und das Prinzip *Helfen statt Strafen* stark zu machen (vgl. Wittenhagen/Wolff 1980, S. 16ff.). In diesem Kontext wurde für einen bevölkerungsnahen und wirksamen Kinderschutz geworben – für eine Praxis, in der Kinder und Eltern auf freiwilliger Basis frühe, rechtzeitige, schnelle, fachlich kompetente, unbürokratische und umfassende Hilfen in Anspruch nehmen können (→ Abbildung 8).

Abbildung 8: Kinderschutz als umfassende, vielfältige Hilfe für Kinder und Eltern (vgl. Wittenhagen/Wolff 1980, S. 33)

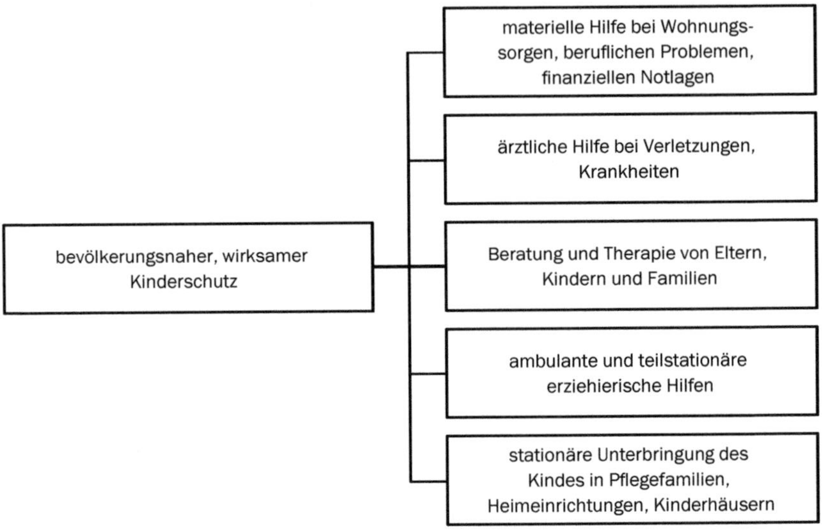

Ein solcher ganzheitlicher Kinderschutz, der auf einer tripolaren Kinderschutzstrategie basiert (vgl. Wolff et al. 2013a, S. 27; → Kapitel 1), ist jedoch nur möglich, wenn in Kommunen eine präventiv schützende Infrastruktur vorhanden ist (vgl. Schone 2014, S. 15; Schone/Struck 2018, S. 770 f.) bzw. wenn es gelingt, ihn gemeinwesen- und familienorientiert auszugestalten. Kinderschutz kommt aber oftmals erst dann zum Tragen, wenn das Kind bereits ‚in den Brunnen gefallen' und das Wohl eines Kindes oder einer/eines Jugendlichen gefährdet ist. Daher ist es in allen Gemeinden bzw. Kommunen erforderlich, Angebote auszubauen, die früh ansetzen und darauf abzielen, Familien zu entlasten und zu stärken sowie Eltern bei der Bewältigung ihrer Erziehungs-, Bildungs- und Versorgungsaufgaben mit Rat und Tat zur Seite zu stehen.

Aus diesem Grund wurden unter dem Stichwort *Frühe Hilfen* seit Mitte der 2000er Jahre auf Bundes- und Landesebene Entwicklungen in Gang gesetzt, die zum Ziel haben, den Kinderschutz vor dem Hintergrund eines breiten Begriffsverständnisses infrastrukturell weiterzuentwickeln. Es wurden präventive Programme an der Schnittstelle Kinder- und Jugendhilfe und Gesundheitswesen etabliert, mit denen (werdende) Eltern mit Kindern zwischen null und drei frühzeitig unterstützt werden sollen (vgl. Schone/Struck 2018, S. 771), möglichst ab Geburt des Kindes, bevor sich Probleme und Krisen in Familien manifestieren und das Wohl eines Kindes gefährdet wird (vgl. Bange 2014, S. 13; Schone 2014, S. 19).

Frühe Hilfen basieren auf dem Vorhandensein funktionierender multiprofessioneller Versorgungssysteme, insbesondere auf einer engen Verzahnung und verlässlichen Vernetzung von Angeboten des Gesundheitswesens und der Kinder- und Jugendhilfe. Vor allem vom Gesundheitswesen erhoffen sich Fachkräfte der Kinder- und Jugendhilfe ebenso wie Politiker(innen) einen besseren und frühzeitigen Zugang zu (werdenden) Eltern, da dieses im Unterschied zur Kinder- und Jugendhilfe bei Familien weniger negativ konnotiert sei und eine höhere gesellschaftliche Akzeptanz habe. Darüber hinaus stehen (werdende) Eltern mit dem Gesundheitswesen viel früher im Kontakt als mit der Kinder- und Jugendhilfe, weshalb dieser Zugang besser dazu genutzt werden müsse, Familien darüber aufzuklären, wo sie Unterstützung erhalten können (vgl. Lohmann 2015, S. 21).

14.2 Anlässe für den Auf- und Ausbau Früher Hilfen

Frühe Hilfen fanden in der Kinder- und Jugendhilfe lange Zeit kaum Beachtung (vgl. BMFSFJ 2013a, S. 300). Zwar gab es vereinzelte Projekte, die darauf abzielten, junge Familien zu stärken sowie Misshandlung an und Vernachlässigung von Säuglingen und Kleinkindern vorzubeugen, wie z. B. das Modellprojekt „Soziale Frühwarnsysteme in Nordrhein-Westfalen" (MGSFF 2005) oder das „Dormagener Modell – ein Präventionsprogramm zur Frühen Förderung, Minderung und Vermeidung der Folgen von Kinderarmut", welches im Jahr 2005 seinen Anfang nahm (vgl. Hilgers/Sandvoss/Jasper 2008, S. 7). Bundesweit an Bedeutung erlangten Frühe Hilfen jedoch erst mit dem Aktionsprogramm der Bundesregierung „Frühe Hilfen für Eltern und Kinder und soziale Frühwarnsysteme" (BMFSFJ 2006) im Jahr 2006 (vgl. Patschke 2016, S. 10). Seitdem setzte eine rasante Entwicklung ein. Sie führte im Jahr 2007 zur Gründung eines Nationalen Zentrums Frühe Hilfen (NZFH 2010b) sowie zum umfassenden Auf- und Ausbau von Modellprojekten Früher Hilfen (vgl. Renner/Heimeshoff 2010). Sie nahm ihren Höhepunkt mit der gesetzlichen Normierung von Frühen Hilfen im Gesetz zur Kooperation und Informationsweitergabe im Kinderschutz (KKG), welches mit dem Bundeskinderschutzgesetz zum 1. Januar 2012 in Kraft trat. Es stellte die Basis für die Bundesinitiative „Frühe Hilfen 2012–2015" (vgl. NZFH 2012) dar.

Sie wurde bis 2017 umgesetzt. Seit dem 1. Januar 2018 ist die Bundesstiftung Frühe Hilfen dafür zuständig, Strukturen und Angebote, welche im Rahmen der Bundesinitiative Frühe Hilfen aufgebaut wurden und sich bewährt haben, zu erhalten und weiter zu fördern (vgl. Frühe Hilfen aktuell 2018).

Ausgangspunkt für die politische Forderung nach dem Auf- und Ausbau früh ansetzender, präventiver Hilfen war zum einen die Erkenntnis, dass (werdende) Eltern in den ersten Lebensjahren des Kindes einen grundsätzlichen Bedarf nach Information, Beratung, Austausch, Unterstützung und Entlastung haben. Sie sind prinzipiell daran interessiert, Angebote der Eltern- und Familienbildung und der gesundheitlichen Vorsorge wahrzunehmen, hatten hierfür jedoch bis dato wenig Angebote. Zum anderen wuchs in der Politik das Bewusstsein dafür, dass Kinderschutz nicht nur auf bestehende Gefährdungen reagieren, sondern deren Entstehung vermeiden sollte. Dafür ist es notwendig, bereits rund um die Geburt des Kindes anzusetzen und nicht erst, wenn das Wohl eines Kindes oder Jugendlichen gefährdet ist. Es wurde anerkannt, dass die ersten Lebensjahre eine entscheidende Bedeutung für die spätere Entwicklung von Kindern haben. Werden sie in dieser Zeit mangelhaft versorgt und nicht gefördert, führt dies oft zu unumkehrbaren Defiziten und Störungen (vgl. Galm/Hees/Kindler 2016, S. 133). Für eine gesunde Entwicklung von Kindern sind vor allem verlässliche Beziehungen und sichere Bindungen notwendig, da „Entwicklungs- und Verhaltensprobleme bei Kindern (…) häufig zunächst mit Problemen in der frühen Eltern-Kind-Interaktion" beginnen und „in diesem Frühstadium oft noch diskret und nicht klinisch auffällig" (Wagenknecht/Meier-Gräwe/Fegert 2009, S. 86) sind. Hinzu kam eine wachsende Aufmerksamkeit für die besondere Gefährdungslage von Säuglingen und Kleinkindern. Sie nehmen schnell gravierenden Schaden, wenn sie von ihren primären Bezugspersonen nicht verlässlich versorgt und beaufsichtigt werden (vgl. Galm/Hees/Kindler 2010, S. 133; Ziegenhain/Fegert 2009, S. 11 ff.). Vor diesem Hintergrund wurde zum einen dafür plädiert, eine bessere Infrastruktur von Unterstützungsangeboten für alle Familien mit kleinen Kindern zu entwickeln. Zum anderen lag ein Schwerpunkt auf der Entwicklung spezieller Angebote für besonders vulnerable Gruppen. Dazu zählen Eltern in besonders belasteten Lebenslagen oder aus armen und bildungsfernen Milieus, in denen der Übergang zur Elternschaft oftmals mit besonderen Herausforderungen verbunden ist. Es gelte daher, diese Menschen, nichtstigmatisierend zu erreichen und früh zu unterstützen, um das Risiko möglicher Kindeswohlgefährdungen zu minimieren (vgl. Galm/Hees/Kindler 2016, S. 133; Wagenknecht/Meier-Gräwe/Fegert 2009).

Anlass für den Bedeutungszuwachs Früher Hilfen waren aber auch rationale Kostenüberlegungen. Schließlich ist es preiswerter, in präventive und frühe Unterstützungsangebote zu investieren, als zu einem späteren Zeitpunkt mit den finanziellen Folgen von Kindeswohlgefährdungen konfrontiert zu sein, wie z. B. kostenintensiven Hilfe-, Behandlungs- und Therapiekosten oder sozialen Transferkosten in Folge von Arbeitsunfähigkeit etc. (vgl. Meier-Gräwe/Wagenknecht 2011; Wagenknecht/Meier-Gräwe/Fegert 2009).

Patschke (2016, S. 9) argumentiert, dass in der Kinder- und Jugendhilfe inzwischen ganz selbstverständlich von Frühen Hilfen gesprochen werde, ohne dass klar sei, was darunter verstanden werden kann. Unter dem Begriff können Willkommensbesuche für Neugeborene gefasst werden, aber auch spezielle Elternbildungs- oder Hausbesuchsprogramme. Sogar erzieherische Hilfen werden mittlerweile als Frühe Hilfen angeboten, sofern sich diese an Familien mit einem Neugeborenen richten. Wir wollen darum klären, was unter ‚Frühe Hilfen' verstanden werden kann.

14.3 Frühe Hilfen als Begriff und Gegenstand

Der Begriff ‚Frühe Hilfen' ist nicht neu. Er stammt ursprünglich aus dem Bereich der Frühförderung (vgl. Weiß 2011, S. 13). Frühförderung umfasst medizinische, nichtärztliche sozialpädiatrische, psychologische, heilpädagogische und psychosoziale Leistungen und Hilfen für Kinder mit einer bereits eingetretenen oder drohenden Behinderung (vgl. Galm/Hees/Kindler 2010, S. 135 f.).

Der wissenschaftliche Beirat des Nationalen Zentrums Frühe Hilfen (2016, S. 13) hat den Begriff für die aktuelle Debatte wie folgt definiert:

Frühe Hilfen

„Frühe Hilfen bilden lokale und regionale Unterstützungssysteme mit koordinierten Hilfsangeboten für Eltern und Kinder ab Beginn der Schwangerschaft und in den ersten Lebensjahren mit einem Schwerpunkt auf der Altersgruppe der 0- bis 3-jährigen. Sie zielen darauf ab, Entwicklungsmöglichkeiten von Kindern und Eltern in Familie und Gesellschaft frühzeitig und nachhaltig zu verbessern. Neben alltagspraktischer Unterstützung wollen Frühe Hilfen insbesondere einen Beitrag zur Förderung der Beziehungs- und Erziehungskompetenz von (werdenden) Müttern und Vätern leisten. Damit tragen sie maßgeblich zum gesunden Aufwachsen von Kindern bei und sichern deren Rechte auf Schutz, Förderung und Teilhabe.

Frühe Hilfen umfassen vielfältige sowohl allgemeine als auch spezifische, aufeinander bezogene und einander ergänzende Angebote und Maßnahmen. Grundlegend sind Angebote, die sich an alle (werdenden) Eltern mit ihren Kindern im Sinne der Gesundheitsförderung richten (universelle/primäre Prävention). Darüber hinaus wenden sich Frühe Hilfen insbesondere an Familien in Problemlagen (selektive/sekundäre Prävention). Frühe Hilfen tragen in der Arbeit mit Familien dazu bei, dass Risiken für das Wohl und die Entwicklung des Kindes frühzeitig wahrgenommen und reduziert werden. Wenn die Hilfen nicht ausreichen, eine Gefährdung des Kindeswohls abzuwenden, sorgen Frühe Hilfen dafür, dass weitere Maßnahmen zum Schutz des Kindes ergriffen werden.

Frühe Hilfen basieren vor allem auf multiprofessioneller Kooperation, beziehen aber auch bürgerschaftliches Engagement und die Stärkung sozialer Netzwerke von Familien mit ein. Zentral für die praktische Umsetzung Früher Hilfen ist deshalb eine enge Vernetzung und Kooperation von Institutionen und Angeboten aus den Bereichen der Schwangerschaftsberatung, des Gesundheitswesens, der interdisziplinären Frühförderung, der Kinder- und Jugendhilfe und weiterer sozialer Dienste. Frühe Hilfen haben dabei sowohl das Ziel, die flächendeckende Versorgung von Familien mit bedarfsgerechten Unterstützungsangeboten voranzutreiben, als auch die Qualität der Versorgung zu verbessern."

Was wird anhand dieser Definition deutlich?

- Frühe Hilfen richten sich an Eltern und Kinder ab Beginn der Schwangerschaft und in den ersten Lebensjahren mit einem Schwerpunkt auf der Altersgruppe der 0- bis 3-Jährigen.
- Sie haben zum Ziel, Entwicklungsmöglichkeiten von Kindern und Eltern in Familie und Gesellschaft frühzeitig und nachhaltig zu verbessern. Damit verbunden sind unterschiedliche Präventionsziele:
  - Einerseits sollen mit Frühen Hilfen alle (werdenden) Eltern im Sinne einer umfassenden Gesundheitsförderung angesprochen werden.
  - Andererseits sollen Familien in Problemlagen mit Frühen Hilfen erreicht werden, um Risiken für das Wohl und die Entwicklung von Kindern frühzeitig wahrnehmen und reduzieren zu können.
  - Darüber hinaus soll im Kontext der Erbringung Früher Hilfen dafür Sorge getragen werden, dass, sofern diese nicht ausreichend sind, zur Abwendung einer Gefährdung des Kindeswohls weitere Maßnahmen zum Schutz des Kindes ergriffen werden.
- Frühe Hilfen sollen alltagspraktisch sein und die Beziehungs- und Erziehungskompetenz von allen (werdenden) Müttern und Vätern stärken.
- Sie sollen zum gesunden Aufwachsen von Kindern beitragen und zur Gewährleistung ihrer Rechte auf Schutz, Förderung und Teilhabe.
- Frühe Hilfen bedürfen der lokalen bzw. regionalen Koordination, der multiprofessionellen Kooperation und des bürgerschaftlichen Engage-

ments. Nur so sei es möglich, Familien flächendeckend bedarfsgerechte Frühe Hilfen aus den Bereichen der Schwangerschaftsberatung, des Gesundheitswesens, der interdisziplinären Frühförderung und der Kinder- und Jugendhilfe anzubieten und die Versorgungsqualität in Kommunen zu steigern.

14.3.1 Zum Verhältnis zwischen Prävention und Intervention in den Frühen Hilfen

Unter Prävention können zunächst ganz allgemein alle Aktivitäten verstanden werden, mit denen unerwünschte Ereignisse, Entwicklungen oder Zustände verhindert werden sollen (vgl. Lüders 2011, S. 6). Wenn hingegen mit Maßnahmen auf eine bereits eingetretene Entwicklung und konkrete Gefahr reagiert wird, spricht man meist von Intervention. Diese Unterscheidung übersieht jedoch, dass auch das Sprechen über ‚Prävention' immer mindestens implizit von einer ‚Gefahr' ausgeht: „Prävention setzt die Definition des Unerwünschten voraus" (Holthusen et al. 2011, S. 22). Und auch bezogen auf einen professionellen Handlungsmodus ist die Unterscheidung zwischen Prävention und Intervention nicht überzeugend: Auch präventive Angebote, Programme oder Maßnahmen stellen Interventionen dar – nur eben zu einem früheren Zeitpunkt. In der Fachliteratur findet sich daher auch die Forderung, zumindest für alle Präventionsbemühungen, die darauf abzielen, der Wiederholung bereits eingetretener unerwünschter Ereignisse, Entwicklungen oder Zustände entgegenzuarbeiten, den Begriff der Intervention zu verwenden (vgl. Böllert 2018, S. 1185).

Zudem, und auch dies wird in der Debatte um den Präventionsbegriff thematisiert, sei der Begriff hochgradig normativ aufgeladen. Er suggeriere, dass Vorsorge besser sei als Nachsorge und vor allem, dass es prinzipiell möglich sei, Kindeswohlgefährdungen vorzubeugen (vgl. Lüders 2011, S. 5). Um präventiv im Kinderschutz arbeiten zu können, bräuchten Fachkräfte also Klarheit darüber, was sie verhindern sollen, und die geeigneten Mittel, um dies zu erreichen. Dies ist nicht nur aufgrund der Breite der Thematik schwierig, sondern vor allem aus zwei weiteren Gründen: Zum einen sind die dem Kinderschutz zugrundeliegenden Normvorstellungen Gegenstand gesellschaftlicher Kontroversen und Schwankungen. Zum anderen gibt es viele Einflussfaktoren für die Entstehung von Kindeswohlgefährdungen, auf die Fachkräfte keinen Einfluss haben (→ Kapitel 7).

In der Debatte um den Präventionsbegriff wird darüber hinaus auf eine unerwünschte Nebenwirkung dieser Perspektive hingewiesen. Prävention im Kinderschutz richtet sich auf Unterlassungen und Handlungen von Eltern oder anderen Bezugspersonen des Kindes, welche zu nichtzufälligen Verletzungen, körperlichen und seelischen Schädigungen und/oder Entwicklungsbeeinträchtigungen führen (vgl. Kinderschutz-Zentrum Berlin 2009, S. 32). Das Ziel zu verfolgen, deren Zustandekommen flächendeckend zu verhindern, würde bedeuten, Eltern oder andere Bezugspersonen des Kindes nur mit ihren Defiziten wahrzunehmen, nicht jedoch für das anzuerkennen, was sie entsprechend ihren Mitteln und Möglichkeiten alltäglich leisten: für ihre Kinder wachsam zu sorgen (Omer 2016). Es würde bedeuten, sie übermäßig zu überwachen und zu kontrollieren und sie als ‚unfähig' und als ‚wenig vertrauenswürdig' zu etikettieren. Dies wiederum würde dem Grundgedanken Sozialer Arbeit im Kinderschutz, Hilfe zu leisten, widersprechen.

Frühe Hilfen sind daher zwar ein wichtiger Baustein des Kinderschutzes, es ist aber wichtig, sich zugleich kritisch mit Ansätzen Früher Hilfen im Kinderschutz auseinanderzusetzen (Urban-Stahl 2012). Sie beinhalten Vorstellungen darüber, wie Kinder in Familien aufwachsen sollen und wie Eltern zu sein haben. Sie basieren damit auf einer *Defizitorientierung* und auf einer *Logik des Verdachts,* dass das Aufwachsen in den Familien, mit denen gearbeitet wird, jetzt oder zukünftig ohne Frühe Hilfen gefährdet sein könnte (vgl. Holthusen et al. 2011, S. 24). Ihre Daseinsberechtigung ist getragen von zwei Annahmen:

1. Die Beziehungs- und Erziehungskompetenz von (werdenden) Müttern und Vätern bedarf einer speziellen Förderung, da ansonsten das gesunde Aufwachsen von Kindern und ihre Rechte auf Schutz, Förderung und Teilhabe nicht sichergestellt wären.
2. Familien mit Belastungen und Problemen können für das Wohl und die Entwicklung von Kindern ein Risiko darstellen. Diese bedürfen frühzeitiger und präventiver Unterstützungen, da ansonsten Gefährdungen des Wohls der in diesen Familien lebenden Kinder drohen.

Frühe Hilfen können daher auch stigmatisierenden Charakter haben (vgl. vgl. ebd., S. 23 f.). Dies gilt es selbstkritisch zu reflektieren.

Frühe Hilfen und ihre Präventionsebenen

Frühe Hilfen sind auf verschiedenen Präventionsebenen angesiedelt:

- *Universelle/primäre Prävention* setzt frühzeitig an, richtet sich im Kontext Früher Hilfen prinzipiell an alle (werdenden) Eltern und hat zum Ziel, das gesunde Aufwachsen von Kindern zu fördern.

- *Selektive/sekundäre Prävention* richtet sich im Kontext Früher Hilfen auf eine spezielle Zielgruppe, auf Familien in Problemlagen. Mit ihr soll sichergestellt werden, dass Risiken für das Wohl und die Entwicklung des Kindes frühzeitig wahrgenommen und reduziert werden.
- *Indizierte/tertiäre Prävention* spielt im Kontext Früher Hilfen keine Rolle, kommt sie doch erst zum Zuge, wenn Frühe Hilfen nicht ausreichend sind und weitere Maßnahmen zum Schutz des Kindes ergriffen werden müssen.

Indizierte/tertiäre Prävention kann als eine Intervention im Fall einer Kindeswohlgefährdung aufgefasst werden. Maßnahmen auf der Ebene der indizierten/tertiären Prävention werden deshalb oft als Interventionen angesehen (vgl. Böllert 2018, S. 1185). Sie werden dazu herangezogen, um potenzielle oder erneute Kindeswohlgefährdungen zu verhüten, also manifesten Problem- und Konfliktlagen in der Versorgung, Betreuung und Erziehung von Kindern und Jugendlichen in Familien entgegenzuarbeiten. Opp (2007, S. 568) weist darauf hin, dass die indizierte/tertiäre Prävention damit „in einem deutlichen Spannungsverhältnis zur eigentlichen Bedeutung des Präventionsbegriffs (Vorbeugung)" liegt.

In der Kinder- und Jugendhilfe hat der Präventionsgedanke schon seit langem einen hohen Stellenwert. Im 8. Kinder- und Jugendbericht wurde Prävention als eine Handlungsmaxime der Kinder- und Jugendhilfe beschrieben. Zugleich wurde auf die damit verbundenen Problemstellungen und Ambivalenzen hingewiesen (vgl. BMJFFG 1990, S. 85 f.). So sei es wichtig, Kinder- und Jugendhilfe nicht nur als eine Praxis zu etablieren, die darauf aus ist, Schwierigkeiten, Auffälligkeiten und Probleme von Kindern, Jugendlichen oder Familien zu verhüten. Sie müsse vielmehr dazu beitragen, lebenswerte und stabile Lebensverhältnisse zu schaffen bzw. zu erhalten und Kindern, Jugendlichen und Familien in belasteten Lebenssituationen vorbeugende Hilfen anzubieten – auch wenn selbstverständlich in akuten Notlagen und bei zugespitzten Konflikten Hilfe zu leisten sei (vgl. ebd.).

14.3.2 Soziale Frühwarnsysteme als Frühe Hilfen

Mit der Etablierung Früher Hilfen war anfangs auch eine andere Idee verbunden: die Früherkennung von Kindern aus kindeswohlgefährdenden Lebenszusammenhängen mittels sog. ‚sozialer Frühwarnsysteme'. Mit Hilfe von Hausbesuchen, Willkommensbesuchen bei Neugeborenen oder flächendeckenden U-Untersuchungen sollten Kinder identifiziert werden, bei denen ein erhöhtes Risiko besteht, dass sie gefährdet sind oder bei denen erste Anzeichen hierfür vorliegen, und den Familien Hilfsangeboten unterbreitet werden (vgl. BMFSFJ 2006). Soziale Frühwarnsysteme wurden erstmalig in Nordrhein-Westfalen als Modellprojekte auf den Weg gebracht. Unter einem sozialen Frühwarnsystem wird eine in sich geschlossene und zwischen verschiedenen Akteuren aus der Kinder- und Jugendhilfe und dem Gesundheitswesen vereinbarte Reaktionskette verstanden, die drei Basiselemente beinhaltet: Wahrnehmen, Warnen und Handeln (vgl. MGSFF 2005, S. 17):

1. *Basiselement Wahrnehmen:* Auf den Gegenstandsbereich (mögliche Kindeswohlgefährdung) bezogene Indikatoren entwickeln, Wahrnehmung bewerten und Schwellenwerte prüfen.
2. *Basiselement Warnen:* Eindeutige Warnmeldungen an handlungsverpflichtete Institutionen oder Personen weitergeben.
3. *Basiselement Handeln:* Konsequentes, zeitnahes Reagieren der eigenen Institution oder gemeinsam mit anderen.

„Das Zusammenführen dieser Basiselemente zu einer geschlossenen Reaktionskette“ wurde als „das Innovative eines sozialen Frühwarnsystems gegenüber den klassischen Präventionsansätzen“ betrachtet (ebd., S. 17). Damit sei gewährleistet, dass erste Anzeichen für eine Kindeswohlgefährdung nicht nur wahrgenommen, sondern dass auch Warnungen an die für das Kind zuständigen Organisationen abgegeben und konsequent gehandelt werden würden (vgl. ebd.). Aufgrund der stigmatisierenden Wirkung des Begriffs soziales Frühwarnsystem wurde die Bezeichnung jedoch aufgegeben.

Mittlerweile hat sich das Modell der ‚Netzwerke Früher Hilfen‘ durchgesetzt (vgl. Patschke 2016, S. 24), u. a. im KKG. Diese haben eine andere Funktion als soziale Frühwarnsysteme. Sie sollen mit dem Ziel aufgebaut und weiterentwickelt werden, die Versorgung mit Frühen Hilfen auf kommunaler Ebene sicherzustellen und Verfahren im Kinderschutz besser aufeinander abzustimmen. Frühe Hilfen haben zwar ähnlich wie soziale Frühwarnsysteme einen widersprüchlichen Doppelauftrag (vgl. Schone 2008, S. 64 ff.). Auch sie sollen dazu genutzt werden, Gefährdungen für das Wohl und die Entwicklung des Kindes frühzeitig wahrzunehmen und zu reduzieren. Primär sind sie aber nicht darauf angelegt, Interventionen im Fall einer Kindeswohlgefährdung zu ermöglichen. Ihr Ziel ist, eine bedarfsgerechte und frühzeitige Unterstützung von Familien sicherzustellen (vgl. Lohmann 2015, S. 29).

Früh warnen und helfen: Ein Widerspruch?!
Kommen Sie in Gruppen zusammen und diskutieren Sie miteinander folgende Fragen:

- Was assoziieren Sie mit dem Begriff ‚soziales Frühwarnsystem'?
- Warum wird der Begriff des sozialen Frühwarnsystems in der Fachdebatte kritisiert? Was denken Sie?
- Was spricht für die Idee, ‚soziale Frühwarnsysteme' als Frühe Hilfen aufzubauen, um möglichst frühzeitig Gefährdungen des Wohls von Kindern und Jugendlichen wahrnehmen und entsprechende Schutzmaßnahmen einleiten zu können?
- Was spricht dagegen? Was könnten – ausgehend von Ihrer Kritik – sinnvolle Alternativen sein?

14.4 Das Nationale Zentrum Frühe Hilfen

Im Kontext des Aktionsprogramms des Bundesministeriums für Familie, Senioren, Frauen und Jugend „Frühe Hilfen für Eltern und Kinder und soziale Frühwarnsysteme" (BMFSFJ 2006, S. 13) wurde von den Regierungsparteien auch die Einrichtung eines Nationalen Zentrums Frühe Hilfen (NZFH) beschlossen. Das NZFH wurde 2007 daraufhin vom Bundesministerium für Familie, Senioren, Frauen und Jugend gegründet und unterstützt Kommunen und Länder beim Auf- und Ausbau Früher Hilfen. Es setzt sich für eine Verbesserung der Zusammenarbeit zwischen der Kinder- und Jugendhilfe und dem Gesundheitswesen ein, damit Familien frühzeitig und bedarfsgerecht Hilfen angeboten bekommen (vgl. NZFH 2010b, S. 11 f.). Das NZFH wird gemeinsam von der Bundeszentrale für gesundheitliche Aufklärung (BZgA) und dem Deutschen Jugendinstitut (DJI) getragen. Die BZgA, gegründet 1967, hat die Aufgabe, über Gesundheitsrisiken aufzuklären und zu einer gesundheitsfördernden Lebensweise von Kindern, Jugendlichen und ihren Eltern beizutragen. Das DJI ist ein sozialwissenschaftliches Forschungsinstitut, welches 1961 gegründet wurde. Es ist selbständig, nicht an einer Universität angesiedelt, und wird im Wesentlichen vom Bundesministerium für Familie, Senioren, Frauen und Jugend gefördert. Seine Tätigkeit ist auf die Erforschung von Lebenslagen und Entwicklungen von Kindern, Jugendlichen, Frauen, Männern und Familien sowie auf die Untersuchung von Versorgungssystemen ausgerichtet (vgl. ebd., S. 12). Das NZFH als Einrichtung beider Träger hat seinen Sitz in Köln. Es wurde zu Beginn in seiner Arbeit von einem wissenschaftlichen Beirat und einem Fachbeirat unterstützt (vgl.

ebd., S. 20f.). Im Jahr 2011 wurden die beiden Gremien zu einem einzigen Beirat zusammengeführt. Seit 2018 unterstützt der Beirat außerdem die Bundesstiftung Frühe Hilfen.

Die Arbeit des NZFH beruhte anfänglich – zwischen 2007 und 2010 – auf drei Säulen: Aufbau und Zurverfügungstellung einer Wissensplattform, Kommunikation und Öffentlichkeitsarbeit, Wissens- und Erfahrungstransfer (vgl. NZFH 2010b, S. 16ff.; Sann/Schäfer 2008, S. 115). Neben diesen Aufgaben war das NZFH im Zeitraum 2007 bis 2010 auch dafür zuständig, die (Weiter-)Entwicklung einer Fehlerkultur im Kinderschutz in Deutschland voranzubringen. Grundlage hierfür war ein Beschluss der Regierungschefs der Länder und der Bundeskanzlerin vom 12. Juni 2008 (vgl. NZFH 2010a, S. 8). „Um Defizite im Kinderschutz zu identifizieren und um aus problematischen Kinderschutzverläufen zu lernen" (ebd.), hat das NZFH u.a. das Forschungs- und Praxisentwicklungsprojekt „Aus Fehlern lernen. Qualitätsmanagement im Kinderschutz" (Wolff et al. 2013b) auf den Weg gebracht. Zudem hat es eine Plattform für einen regelmäßigen Erfahrungsaustausch zu problematisch verlaufenen Kinderschutzfällen aufgebaut (vgl. NZFH 2010b, S. 19).

Im Jahr 2011 hat das Bundesministerium für Familie, Senioren, Frauen und Jugend das NZFH damit beauftragt, in den Bereichen Qualifizierung und Kooperation Aufgaben im Feld Früher Hilfen wahrzunehmen. In der Folge des zum 1. Januar 2012 in Kraft getretenen Bundeskinderschutzgesetzes ist das NZFH zudem mit der wissenschaftlichen Begleitung, Koordination und Evaluation der Bundesinitiative Netzwerke Frühe Hilfen und Familienhebammen betraut (kurz Bundesinitiative Frühe Hilfen). Es soll professionsübergreifende Fort- und Weiterbildung koordinieren, Anforderungsprofile für Fachkräfte bestimmen und das interdisziplinäre Lernen fördern. Davon profitieren sollen vor allem Koordinator(inn)en von Netzwerken Früher Hilfen, Familienhebammen sowie Gesundheits- und Kinderkrankenpfleger(innen). Weiter hilft das NZFH als Koordinierungsstelle des Bundes die Bundesinitiative Frühe Hilfen inhaltlich umzusetzen, begleitet wissenschaftlich und evaluiert den Auf- und Ausbau von Angeboten und Strukturen Früher Hilfen in den Ländern und unterstützt den länderübergreifenden Austausch über Qualifizierungs- und Qualitätsentwicklungskonzepte im Bereich Früher Hilfen. Seit 2018 übernimmt es diese Aufgabe nun für die Bundesstiftung Frühe Hilfen.

Die aktuellen Aktivitäten des NZFH können derzeit folgendermaßen zusammengefasst werden (siehe: https://www.fruehehilfen.de/das-nzfh/ziele-und-aufgaben/aufgaben-des-nzfh/; zuletzt geprüft am 16.09.2021):

- Wissensplattform: Forschung initiieren und Ergebnisse für die Praxis nutzbar machen
- Qualitätsentwicklung: Gute Praxis unterstützen, weiterentwickeln und übertragen
- Kommunikation: Öffentlichkeit herstellen und für Frühe Hilfen werben
- Kooperation: Kompetenzen verschiedener Bereiche nutzen
- Lernen aus problematischen Kinderschutzverläufen
- Bundesstiftung Frühe Hilfen: Wissenschaftliche Begleitung, Koordination und Evaluation

Ende des Jahres 2020 hat der Bundestag beschlossen, dass das NZFH seinen Projektcharakter verlieren und langfristig in die BZgA eingegliedert werden soll. Damit ist die Arbeit des NZFH nunmehr auf Dauer gestellt und ein weiterer Meilenstein der Entwicklung Früher Hilfen gesetzt worden (→ Abbildung 9).

Abbildung 9: Meilensteine der Entwicklung Frühen Hilfen in Deutschland

2000–2006
Erste Modellprojekte Früher Hilfen und sozialer Frühwarnsysteme in einigen Bundesländern

2006
Aktionsprogramm „Frühe Hilfen für Eltern und Kinder und soziale Frühwarnsysteme“

2007
Gründung des Nationalen Zentrums Frühe Hilfen

2007–2010
Modellprojekte Früher Hilfen in allen Bundesländern

2012
Gesetzlichen Normierung von Frühen Hilfen im Gesetz zur Kooperation und Informationsweitergabe im Kinderschutz (KKG)

2012–2017
„Bundesinititative Frühe Hilfen“

2018
Bundesstiftung Frühe Hilfen

2020
Eingliederung des Nationalen Zentrums in die BZgA

14.5 Ansätze Früher Hilfen im Überblick

Mit der Etablierung des Aktionsprogramms der Bundesregierung „Frühe Hilfen für Eltern und Kinder und soziale Frühwarnsysteme" (BMFSFJ 2006) im Jahr 2006 wurde die Basis für den Auf- und Ausbau früher und präventiver Hilfen in Deutschland gelegt. So wurden vom NZFH zwischen 2007 und 2010 zehn Modellprojekte in allen 16 Bundesländern gefördert, koordiniert und begleitet (vgl. Renner/Heimeshoff 2010; Sann/Schäfer 2008, S. 117), wie z. B. „Guter Start ins Kinderleben", „Keiner fällt durchs Netz (KFDN)", „Wie Elternschaft gelingt (WIEGE – STEEP)", „Pro Kind", „Soziale Frühwarnsysteme in NRW", „Familienhebammen im Landkreis Osnabrück" u. a. Die Modellprojekte griffen Entwicklungen in den Ländern auf, die bereits vor der Gründung des NZFH darauf angelegt waren, frühe und präventive Hilfen für Eltern und Kinder in Kommunen bereitzustellen.

Das Dormagener Modell

Ein für viele andere Kommunen wegweisendes Projekt war das „Dormagener Modell – ein ganzheitliches Präventionsprogramm" (Hilgers/Sandvoss/Jasper 2008). Seine konzeptionellen Grundlagen wurden erstmalig im Dormagener Qualitätskatalog der Jugendhilfe im Jahr 2001 ausbuchstabiert (Stadt Dormagen 2001, S. 31 ff.). Im Katalog ist beschrieben, was in Dormagen unter frühen und präventiven Hilfen für Eltern und Kinder verstanden wird und wie diese flächendeckend umgesetzt werden sollen. Das Programm zielt auf die Verbesserung des Kinderschutzes und dient der Bekämpfung von Kinderarmut. Es basiert auf einem breiten Verständnis von Kinderschutz (→ Kapitel 1). Mit ihm sollen die Lebensbedingungen von Kindern und ihren Familien positiv verändert werden und eine kinderfreundliche Kultur des Aufwachsens geschaffen werden. Vor allem die sog. ‚Präventionskette' des Dormagener Präventionsprogramms, die darauf ausgerichtet ist, gleiche Startbedingungen für jedes Kind ab Geburt bis zum Übertritt in eine weiterführende Schule zu gewährleisten, hat in der Praxis und Fachwelt Anerkennung erfahren. Sie beinhaltet Hilfen für werdende Mütter, Hilfen von der Geburt bis zum Eintritt in den Kindergarten, Hilfen im Kindergartenalter und Hilfen in der Grundschule. Ihre Funktionalität wird durch eine/n Netzwerkmanager/in sichergestellt, die/der beim Jugendamt angestellt ist. Sie/er achtet darauf, dass die Zusammenarbeit zwischen Fachkräften aus der Kinder- und Jugendhilfe, dem Gesundheitswesen und dem Bildungswesen reibungslos funktioniert. Das Programm ist so angelegt, dass werdende Eltern bereits während der Schwangerschaft Beratung und Unterstützung erfahren (z. B. im Rahmen von Willkommensbesuchen und der Überreichung von Babybegrüßungspaketen) und, sofern notwendig, existenzielle Lebens- und Entwicklungsmöglichkeiten des Kindes stets sichergestellt sind (wie z. B. bezahlbare und ausreichende Betreuungsplätze, Schulmittelfreiheit, kostengünstiges Mittagessen, Familienpass etc.).

Willkommensbesuche

Die Idee, Neugeborene willkommen zu heißen und zu Hause zu besuchen, wurde ausgehend vom Dormagener Modell inzwischen auch von anderen Kommunen aufgegriffen. Ein Willkommensbesuch kann als ein Angebot Früher Hilfen aufgefasst werden, welches rechtlich in § 2 KKG verankert ist. Mit Willkommensbesuchen sollen Neugeborene im Leben willkommen geheißen und Eltern über Angebote der Unterstützung in ihrer Region informiert werden. Zugleich soll mit ihnen das Image der öffentlichen Kinder- und Jugendhilfe, speziell der Jugendämter, verbessert werden und ein Zugang zu ansonsten schwer erreichbaren Zielgruppen hergestellt werden. In der Praxis existieren unterschiedliche Varianten. Klassischerweise werden im Rahmen von Willkommensbesuchen auch Geschenke für die Neugeborenen mitgebracht oder Gutscheine für die Nutzung kommunaler Einrichtungen (vgl. Günther/Frese 2014). Willkommensbesuche dürfen jedoch nicht mit Hausbesuchen verwechselt werden, die z. B. im Zuge von Gefährdungseinschätzungen realisiert werden (→ Kapitel 12).

Im Rahmen des Praxisentwicklungsprojekts „Aufsuchende Elternkontakte: Konzeptionen, Ziele, Wirkungen“ wurde erforscht, in welcher Weise Willkommensbesuche in Nordrhein-Westfalen verbreitet sind, welche Besuchsvarianten existieren, und es wurden Ergebnisse zu Nutzen und zur Zufriedenheit mit den Willkommensbesuchen aus Sicht von Fachkräften und Eltern erhoben. Vor diesem Hintergrund wurden auch Gelingensbedingungen und weiterführende Handlungsempfehlungen für die Durchführung von Willkommensbesuchen formuliert. Die Studie wurde unter dem Titel „Willkommensbesuche für Neugeborene. Konzepte, Erfahrungen und Nutzen“ (Frese/Günther 2013) veröffentlicht.

In einem Zwischenbericht über die Bundesinitiative Früher Hilfen aus dem Jahr 2014 (siehe Ausführungen weiter unten) wird dargelegt, dass zum Start der Initiative zwei von fünf Familien mit Neugeborenen ein Willkommensbesuch angeboten wurde. Zwei Drittel der Familien nahmen dieses Angebot dann auch tatsächlich wahr, überproportional häufig Eltern mit einem niedrigen Bildungsabschluss (vgl. NZFH 2014, S. 43 und 45).

Vorbereitung und Durchführung eines Willkommensbesuchs
Kommen Sie in Arbeitsgruppen zusammen. Legen Sie für das folgende Rollenspiel fest, wer die Familie mit ihrem Neugeborenen als Fachkraft oder ehrenamtliche Person besucht und wer zur Familie gehört. Bestimmen Sie darüber hinaus, wer die Beobachter(innen)rolle übernimmt.

Spielen Sie die folgenden Szenarien durch:

- Szenario A: Fachkraft aus einem Jugendamt besucht die Familie
- Szenario B: Fachkraft aus einem Gesundheitsamt besucht die Familie
- Szenario C: Ehrenamtliche Person besucht die Familie

Überlegen Sie sich für jedes Szenario, wie Sie sich gegenüber der Familie vorstellen wollen, welche Informationen und Geschenke Sie der Familie überreichen wollen und wie die Familie auf den Besuch der Fachkraft vom Jugendamt, dem Gesundheitsamt oder der ehrenamtlichen Person vermutlich reagieren wird.

Nachdem Sie die Szenarien im Plenum durchgespielt haben, diskutieren Sie, was für den Besuch einer Fachkraft vom Jugendamt oder dem Gesundheitsamt spricht und was für den Besuch einer ehrenamtlichen Person. Nutzen Sie als Diskussionsgrundlage Ihre mit dem Rollenspiel gesammelten Erfahrungen, aber auch die Beobachtungsergebnisse.

Familienhebammen

Familienhebammen sind grundständig ausgebildete Hebammen mit einer Zusatzqualifikation. Neben allgemeinen Leistungen einer Hebamme (wie z. B. Geburtsvorbereitung, Geburtsbegleitung, Wochenbettbetreuung und Stillberatung) liegt der Schwerpunkt ihrer Arbeit auf der psychosozialen Beratung und Betreuung von (werdenden) Müttern und Vätern oder anderer primärer Bezugspersonen und deren Säuglingen (vgl. Bund Deutscher Hebammen e. V. o. J., S. 3). Sie sind aufsuchend tätig und kommen in Familien mit einem erhöhten Unterstützungsbedarf aufgrund hoher oder mehrfacher psychosozialer Belastungen zum Einsatz. Ihre Tätigkeit umfasst den Zeitraum der Schwangerschaft bis zum Ende des 12. Lebensmonats des Säuglings (vgl. Mattern/Ayerle/Behrens 2012, S. 9).

In der Praxis gibt es verschiedene Familienhebammenmodelle. Drei Modelle scheinen sich jedoch durchzusetzen (vgl. Bund Deutscher Hebammen e. V. o. J., S. 6):

- Familienhebammen, die beim Gesundheitsamt angestellt sind (häufig),

- Familienhebammen, die bei einem freien Träger der Jugendhilfe angestellt sind und
- freiberuflich tätige Familienhebammen, die im Auftrag des Gesundheitsamtes oder des Jugendamtes tätig werden.

Ähnliche Funktionen wie Familienhebammen haben auch Familien-Gesundheits- und Kinderkrankenpfleger(innen) (FGKIKP) (Horschitz et al. 2015, S. 9).

Familienzentren

In Familienzentren, vielfach auch Eltern-Kind-Zentren, Kinder- und Familienzentren (KiFaZ), ‚Familienkitas' oder ‚Kita plus' genannt, werden verschiedene Leistungen der Eltern- und Familienbildung (oft basierend auf § 16 SGB VIII) angeboten, wie z. B. Elterncafés, Volkshochschulkurse, Elterntrainings, Kinderbetreuungs- und Beratungsangebote. Sie sind niederschwellig zugänglich und können von Eltern mit ihren Kindern freiwillig in Anspruch genommen werden. Familienzentren zeichnen sich häufig dadurch aus, dass sie von hauptamtlichen Fachkräften und ehrenamtlich agierenden Eltern in gemeinsamer Verantwortung getragen werden. Sie haben in den letzten Jahren einen immensen Bedeutungszuwachs erlebt. Es gibt sie inzwischen in vielen Bundesländern. Zumeist entstehen sie aus Initiativen heraus, die zum Ziel haben, Kindertageseinrichtungen weiterzuentwickeln und verstärkt als integrierte, sozialräumlich vernetzte und ressourcenorientierte Orte für Eltern und Kinder nutzbar zu machen. Damit verbunden ist die Absicht, Eltern mit Sorgen und Problemen besser als bislang zu erreichen. Sie sollen in einem für sie vertrauten Umfeld (der Kindertagesstätte) ungezwungen mit Angeboten der Erziehungs- und Familienberatung in Kontakt kommen können und im Bedarfsfall weiterführende und passgenaue Hilfen (zur Erziehung) erhalten. Der Bundesverband der Familienzentren versteht unter Familienzentren jene Einrichtungen, die in einem sozialen Umfeld passgenaue unterstützende und bildungsförderliche Angebote für Kinder und ihre Familien bereithalten, vermitteln oder bündeln (vgl. http://www.bundesverband-familienzentren.de/positionspapier; zuletzt geprüft am 16. 09. 2021).

Die Idee, Familien mit Projekten im Gemeinwesen zu unterstützten, hat in der Sozialen Arbeit eine lange Tradition. Insbesondere im Kontext der Settlement-Bewegung, welche in Großbritannien und den USA in der Mitte des 19. Jahrhunderts ihren Anfang nahm, wurden auch in Deutschland gemeinwesenbezogene Begegnungsstätten geschaffen, welche zum Ziel hatten, niederschwellig Familien Unterstützung anzubieten und deren Lebensbedingungen zu verbessern (vgl. Müller 2013, S. 36 ff.). Ende der 1970er Jahre wurde im Kontext einer Studie zur Elternarbeit am Deutschen Jugendinstitut in München das Konzept der Mütterzentren entwickelt (vgl. Jaeckel 2002, S. 7). Mütterzentren dienen der sozialen Integration und Entlastung von Müttern. Sie können sich auf gleichberechtigter Ebene mit anderen Müttern austauschen und sich als Expertinnen mit eigenen Angeboten einbringen (wie z. B. spezielle Kursangebote oder Dienstleistungen), welche honoriert werden. In Deutschland gibt es ca. 400 Mütterzentren, welche größtenteils in einem eigenen Bundesverband organisiert sind (vgl. http://www.muetterzentren-bv.de; zuletzt geprüft am 16. 09. 2021). Sie können als Vorläufer von Familienzentren angesehen werden, sind aber streng genommen nur an Mütter gerichtet.

In *Österreich* wurde zum Januar 2015 vom Bundesministerium für Gesundheit (BMGF) an der Gesundheit Österreich GmbH (GÖG) ebenfalls ein Nationales Zentrum Frühe Hilfen (NZFH.at) eingerichtet. Das NZFH.at soll die Umsetzung von Frühen Hilfen auf regionaler Ebene unterstützen und begleiten, die Qualität der Angebote sicherstellen und diese kontinuierlich weiterentwickeln. Es nimmt folgende Aufgaben wahr: Beratung und Unterstützung beim Etablieren regionaler Angebote, Unterstützung von regionalen Frühe-Hilfen-Angeboten, Vernetzung zwischen regionalen Frühe-Hilfen-Angeboten, Qualifizierung, Dokumentation der Umsetzung von Frühen Hilfen, Organisation und Begleitung von (österreichweiten) Evaluationen bzw. Begleitstudien der Umsetzung von Frühen Hilfen, Weiterentwicklung von fachlichen Grundlagen und Qualitätsstandards, Sammeln, Systematisieren und Austausch von Wissen, Verbreiten der Ergebnisse in der Fachöffentlichkeit und der Allgemeinbevölkerung, Sicherstellung von breiter politik- und praxisfeldübergreifender Kooperation und Abstimmung.

Primäre Zielgruppe Früher Hilfen in Österreich sind Schwangere und Familien mit Säuglingen und Kleinkindern bis max. sechs Jahre (mit Fokus auf die ersten drei Lebensjahre); insbesondere sollen sozial benachteiligte Familien oder Familien in belastenden Lebenssituationen erreicht werden (vgl. Haas et al. 2017, S. 1). Sie sollen mit einem Basisangebot im Sinne der Gesundheitsförderung flächendeckend unterstützt werden. Das Basisangebot beinhaltet einen Erstkontakt in der Schwangerschaft und mehrere Hausbesuche in den ersten Lebensmonaten des Kindes. Darüber hinaus sollen Frühe-Hilfen-Netzwerke die vertiefte Unterstützung für Familien in belastenden Lebenssituationen sicherstellen (vgl. Haas/Weigl 2014).
Weiterführende Informationen: http://www.fruehehilfen.at

In der *Schweiz* existiert kein Nationales Zentrum Frühe Hilfen. Dafür jedoch gibt es in einer Reihe von Kantonen vielfältige Diskussionen und Aktivitäten im

Kontext der frühen Förderung von Kindern. Diese Angebote richten sich in der Schweiz prinzipiell an alle Kinder im Vorkindergartenalter (ungeachtet ihrer sozioökonomischen Herkunft und Nationalität). Sie sind darauf aus, die motorischen, sprachlichen, sozialen und kognitiven Fähigkeiten von Kindern zu fördern. Sie sollen zur Chancengerechtigkeit hinsichtlich der Bildungschancen des Kindes beitragen. Sie sollen Eltern und Erziehende darin unterstützen, dem Kind ein gesundheitsförderndes Umfeld zu schaffen und sind nicht sonder- oder heilpädagogisch indiziert (vgl. Schulte-Haller 2009, S. 16).

Der Begriff Frühe Förderung wird in der Schweiz inzwischen mehrheitlich in einem umfassenden Sinne als Synonym für frühkindliche Bildung, Betreuung und Erziehung verwendet (vgl. Wustmann/Simoni 2016, S. 20). Zudem wird davon ausgegangen, dass frühkindliche Bildung, Betreuung und Erziehung auch der Prävention von Armut dient (vgl. Meier Magistretti/Walter-Laager 2016). Zu den bekanntesten Angeboten und Programmen Früher Förderung gehören Spielgruppen, Sprachförderangebote für Eltern und Kinder (z. B. Muki-Deutsch, Spielgruppe+), Eltern- und Familienbildung (z. B. Eltern-Kind-Zentren, FemmesTiSCHE), Mütter-/Väterberatung, Jugend- und Familienberatung, Familienergänzende Kinderbetreuung (Kindertagesstätten und Tagesfamilien), Gesundheitsförderung (z. B. Suchtpräventionsprogramme, kinderärztliche Vorsorgeuntersuchungen), Hausbesuchsprogramme (z. B. schritt:weise), Gestaltung des Quartiers/des Wohnumfeldes (z. B. Errichtung von Spielplätzen) (vgl. Stern et al. 2012). Ein überkantonal bedeutendes Impulsprogramm zu Verbreitung früher Förderung in der Schweiz ist das Modell Primokiz, das darauf zielt, in Städten und Kantonen Konzepte früher Förderungen zu entwickeln und umzusetzen und eine Politik der frühen Kindheit stark zu machen (vgl. Zimmerli Ischer 2016).

14.6 Früherkennungsuntersuchungen als Frühe Hilfen zur Sicherstellung des gesunden Aufwachsens von Kindern?

Früherkennungsuntersuchungen für Kinder haben das Ziel, kognitive, motorische und soziale Fehlentwicklungen festzustellen und notwendige Behandlungen in die Wege zu leiten. U-Untersuchungen, so die gängige Abkürzung, werden in bestimmten Zeitintervallen vorgenommen, in denen typische Entwicklungsschritte von Kindern standardmäßig zu erwarten sind (wie z. B. nach der Geburt, zwischen dem 3. und 10. Lebenstag, der 4. und 5. Lebenswoche, dem 3. und 4. Lebensmonat usw.). Sie sind oft auch mit der Durchführung von empfohlenen Impfungen der ständigen Impfkommission des Robert-Koch-Instituts verknüpft. Um sicherzustellen, dass Kinder bei Ärzt(inn)en wie vorgesehen regelmäßig vorgestellt werden, wurde in den letzten Jahren in verschiedenen Bundesländern die bestehende Praxis der Früherkennungsuntersuchungen durch ein verbindliches Einladungswesen ergänzt als Frühe Hilfen etabliert (vgl. Nothhafft 2008). In der Regel werden Eltern im Fall einer versäumten Früherkennungsuntersuchung benachrichtigt (Erinnerungsschreiben) und darauf hingewiesen, dass es wichtig ist, die Untersuchung durchführen zu lassen. Erfolgt dennoch keine Untersuchung, nehmen Mitarbeitende des Gesundheitsamts und/oder des Jugendamts Kontakt mit der Familie auf und versuchen herauszufinden, warum sie nicht auf die Erinnerung reagiert haben. In manchen Jugendämtern werden Meldungen über nicht wahrgenommene U-Untersuchungen routinehaft als gewichtige Anhaltspunkte für Kindeswohlgefährdungen gedeutet, denen im Rahmen von Gefährdungseinschätzungen nachzugehen ist (→ Kapitel 12). Die damit verbundenen Ressourcenaufwände sind hoch, zumal mit dieser Praxis bislang nur sehr wenige Fälle von Kindeswohlgefährdung aufgedeckt werden konnten (vgl. Hessischer Landkreistag/Hessischer Städtetag 2010). Es besteht daher in der Fachdebatte Konsens darüber, dass Früherkennungsuntersuchungen zur Aufdeckung von Kindeswohlgefährdungen eher ungeeignet sind (vgl. Thaiss et al. 2010, S 1044f.). Als Angebot Früher Hilfen können sie aber Eltern motivieren, ihre Kinder regelmäßig untersuchen und wenn nötig auch behandeln zu lassen (ebd., S. 1045).

14.7 Zum Schutzauftrag bei Kindeswohlgefährdung im Kontext der Leistungserbringung Früher Hilfen

Frühe Hilfen wurden nachweisbar aus Kinderschutzüberlegungen heraus auf das Tableau der Kinder- und Jugendhilfe gehoben. Sie werden aber auch kontrovers diskutiert, denn es ist oft unklar, was mit ihnen bezweckt werden soll (vgl. Schone 2012a). Sollen durch ihren Einsatz in ihrem Wohl gefährdete Kinder frühzeitig identifiziert werden und deren Eltern durch spezielle Präventionsprogramme geleitet werden? Oder geht es um breit und niederschwellig zugängliche Hilfen, von denen alle Kinder und Eltern nach Möglichkeit profitieren sollen? Soll mit ihnen der Schutz von in ihrem Wohl gefährdeten Kindern sichergestellt werden und das erneute Auftreten von Misshandlung und Vernachlässigung in Familien verhindert werden? Dienen sie eher der Gesundheitsförderung oder der Elternbildung? Sollen sie freiwillig oder verpflichtend sein? Dies sind schwierig zu entscheidende Fragen, zumal im Kontext der Leistungserbringung Früher Hilfen auch der

Schutzauftrag bei Kindeswohlgefährdung nach § 8a SGB VIII bzw. § 4 KKG zum Tragen kommt.

Frühe Hilfen dürfen nicht dafür ausgenutzt werden, im Fall einer Kindeswohlgefährdung endlich eingreifen zu können. Fachkräfte, die Frühe Hilfen anbieten, sollten zwar gewichtige Anhaltspunkte für die Gefährdung des Wohls eines Kindes oder einer/eines Jugendlichen erkennen können und daraufhin Wege finden, wie sie darüber mit den Eltern ins Gespräch kommen und bei diesen auf die Inanspruchnahme von Hilfen hinwirken können. Sie dienen jedoch in erster Linie dem Erhalt bzw. der Eröffnung positiver Entwicklungsmöglichkeiten von Kindern und haben damit eine andere Funktion als Fachkräfte, die im engeren Sinne im Kinderschutz tätig sind. Frühe Hilfen richten sich prinzipiell an alle werdenden Familien oder Familien mit Säuglingen und Kleinkindern. Ihre Basis ist Vertrauen. Sie können, müssen von Familien aber nicht in Anspruch genommen werden. Im Fall einer vermuteten Kindeswohlgefährdung greifen dagegen andere Mechanismen: Das Gefährdungsrisiko muss im Dialog mit den Eltern und Kindern sowie unter Einbezug weiterer Fachkräfte eingeschätzt und, sofern notwendig, müssen weiterführende Hilfen vermittelt oder sogar das Familiengericht angerufen werden (→ Kapitel 12). Freiwilligkeit ist in diesem Fall nur dann gegeben, wenn die Eltern gewillt und dazu in der Lage sind, an der kindeswohlgefährdenden Situation etwas zu verändern. Bei mangelnder Problemeinsicht oder Verweigerung der Zusammenarbeit können sie sich dem Kinderschutz nicht einfach entziehen. Sie sind dann einer unfreiwilligen Situation ausgesetzt, welche sie als Zwang und staatliche Einmischung erleben können. Frühe Hilfen hingegen können von (werdenden) Eltern prinzipiell stets abgelehnt werden.

Schone (2012a, S. 159) hat die Unterschiede zwischen Frühen Hilfen und dem Schutzauftrag bei Kindeswohlgefährdung in einer tabellarischen Übersicht gegenübergestellt. In → Tabelle 13 (nächste Seite) werden wesentliche Gesichtspunkte aufgegriffen.

Zwar spielen im Kontext der Erbringung Früher Hilfen auch Diagnostikfragen eine Rolle, speziell, wenn es darum geht, herauszufinden, ob eine Familie belastet ist und massive Probleme hat. Diese Art der sozialen Diagnostik zielt aber nicht darauf ab, zu klären, ob das Wohl eines Kindes gefährdet ist. Vielmehr handelt es sich um eine Art Screening, welches mit dem Einverständnis der davon betroffenen Eltern durchgeführt wird, um den Bedarf an speziellen Programmen Früher Hilfen (z. B. Elternbildungsprogrammen) eruieren zu können (vgl. Bastian 2011). Kindler (2008, S. 228 ff.) hat hierfür ein Risikoinventar Früher Hilfen vorgeschlagen, das Eingang in ein Einschätzungsinstrument gefunden hat, einen sogenannten *Anhaltsbogen*. Der Bogen kann um die Geburt des Kindes zur Klärung von erhöhtem Unterstützungs-

Tabelle 13: Frühe Hilfen und Schutzauftrag bei Kindeswohlgefährdung (Quelle: Schone 2012a, S. 159) [Anmerkungen in eckigen Klammern von Biesel/Urban-Stahl]

	Frühe Hilfen	**Schutzauftrag bei Kindeswohlgefährdung bzw. Kinderschutz im Einzelfall**
Zielsetzung	Erhalt bzw. Eröffnung positiver Entwicklungsmöglichkeiten von Kindern/Verhinderung negativer Entwicklungen/Vermeidung von Kindesvernachlässigung und Misshandlung	Schutz von Minderjährigen vor Gefahren ihres Wohls/Abwehr von konkret identifizierbaren Gefährdungen
AdressatInnen/ Bezugsgruppen	alle Familien mit Kindern in belasteten Lebenssituationen, insbesondere aber Familien mit Säuglingen und Kleinkindern [Frühe Hilfen sollen sich prinzipiell an alle Familien mit Kindern im Vorschulalter richten]	Kinder und Jugendliche, deren Schutz vor Gefahren durch die Eltern nicht sichergestellt ist
Risikobegriff	Screening von Lebenslagen als theoriebasierte Risikozuschreibung	Kontrolle von konkreten gewichtigen Anhaltspunkten, ereignisbasierte Risiko- und Gefahrenabschätzung [Gefährdungseinschätzung]
Handlungs-auslöser	Erste Signale, schwache Hinweise auf misslingende Erziehungsprozesse [gilt nicht bei primärpräventiven Angebote, wie z. B. Willkommensbesuchen]	„gewichtige Anhaltspunkte" (§ 8a SGB VIII) für eine Kindeswohlgefährdung
Handlungs-zeitpunkt	vor oder bei der Entstehung von Problemen	bei Überschreitung der Gefährdungsschwelle/bei Verweigerung von Hilfen
Handlungs-prinzipien	Vertrauen als Handlungsgrundlage/Freiwilligkeit als Grundprinzip	Kontrolle von Eltern zum Schutz des Kindes/ggf. unfreiwillige Eingriffe und Ausübung von Zwang
fachliche Ansatzpunkte	Gewährleistung einer niedrigschwelligen Hilfe-Infrastruktur/Angebot von alltagsorientierten Hilfen	Gewährleistung von geeigneten Analyseverfahren bei gewichtigen Anhaltspunkten für eine Gefährdung/Sicherung von geeigneten Interventionsstrukturen (Inobhutnahme, Vormundschaften) im Gefährdungsfall
Rechtlicher Handlungs-rahmen	sozialstaatliche Leistungserbringung: allgemeine Leistungen der Kinder- und Jugendhilfe und des Gesundheitswesens; ggf. individuelle Rechtsansprüche auf Hilfe zur Erziehung	Hoheitliche Aufgabe im Rahmen des „staatlichen Wächteramts": Interventionspflicht des Jugendamts nach §§ 8a, 42 SGB VIII und § 1666 BGB

bedarf verwendet werden. Er enthält verschiedene einzuschätzende Faktoren, deren Relevanz als Risikofaktor empirisch nachgewiesen ist, wie z. B. Alter der Mutter unter 18 Jahre zum Zeitpunkt der Geburt, unerwünschte Schwangerschaft, alleinerziehend, Hinweise auf häusliche Gewalt oder Alkohol- und Drogenprobleme, Zukunftsängste etc. In der Fachdebatte ist allerdings umstritten, ob Frühe Hilfen mit derartigen Diagnoseverfahren kombiniert werden sollten. Es wird befürchtet, dass (werdende) Eltern durch ihren Einsatz abgeschreckt werden und sich stigmatisiert fühlen könnten. Schließlich soll mit ihnen herausgefunden werden, ob Eltern dazu in der Lage sind, das gesunde Aufwachsen von Kindern und ihre Rechte auf Schutz, Förderung und Teilhabe sicherzustellen oder gar das Wohl ihrer Kinder gefährden könnten. Solche Instrumente sollten deshalb sehr sorgsam und immer im Dialog und unter Einwilligung der Eltern angewandt werden. Ihr Einsatz beruht auf dem Prinzip der Freiwilligkeit und dem Gebot der Fairness und des Vertrauens. Sie sind keine Instrumente zur Gefährdungseinschätzung, welche im Kontext der Wahrnehmung des Schutzauftrags in vielen Jugendämtern Anwendung finden (→ Kapitel 12).

Frühe Hilfen und Schutzauftrag bei Kindeswohlgefährdung

- Kommen Sie zu zweit oder in Gruppen zusammen und diskutieren Sie miteinander folgende Fragen:
- Was unterscheidet Frühe Hilfen vom Schutzauftrag bei Kindeswohlgefährdung?
- Sollten Frühe Hilfen auch für den Schutz von Minderjährigen vor Gefährdungen ihres Wohls eingesetzt werden?
  - Wenn ja, in welcher Hinsicht kann man dann noch von Frühen Hilfen sprechen?
  - Wenn nein, weshalb nicht?

14.8 Resümee

Frühe Hilfen sind wichtig für die Ausgestaltung eines präventiv ansetzenden Kinderschutzes. Sie können dazu beitragen, Kindeswohlgefährdungen zu verhüten, dürfen jedoch nicht dazu herangezogen werden, (werdende) Eltern präventiv zu kontrollieren. Frühe Hilfen sind auch keine Interventionen, die im Fall einer Kindeswohlgefährdung greifen. Sie sind nicht darauf ausgerichtet, Eltern dabei zu unterstütztzen, mit der Misshandlung oder Vernachlässigung ihrer Kinder aufzuhören. Sie setzen früher an, nämlich bevor es zu kindeswohlgefährdenden Situationen in Familien kommt. Sie richten sich prinzipiell an alle werdenden Eltern, adressieren schwerpunktmäßig jedoch sozial benachteiligte oder mehrfach belastete Familien, von denen angenommen wird, dass sie einer solchen Unterstützung besonders bedürfen. Frühe Hilfen richten sich darum im Besonderen an Familien in Problemlagen, auch wenn es fachlich herausfordernd ist, diese zu erreichen. Sie tragen zur Gesundheitsförderung bei und dienen der frühzeitigen Wahrnehmung von Risiken für das Wohl und die Entwicklung von Kindern. Sie helfen dabei, die Kompetenzen von Eltern zu fördern und zu stärken und die Rechte von Kindern auf Schutz, Förderung und Teilhabe sicherzustellen. Frühe Hilfen können also als Kinderschutz aufgefasst werden, jedoch nur in einem breit gefassten Verständnis dieses Begriffes (→ Kapitel 1).

Frühe Hilfen haben aber auch eine Schattenseite. Mit ihnen soll unerwünschten Ereignissen in der Entwicklung von Kindern in Familien vorgebeugt werden. Sie basieren damit auf der Annahme, dass Kinder ohne sie davon bedroht wären, in ihrem Wohl gefährdet zu sein. Es brauche, um die (in diesem Denken heutzutage nicht mehr ausreichend gegebenen) Beziehungs- und Erziehungskompetenzen von Eltern zu stärken, Unterstützungsleistungen von außen. Frühe Hilfen gehen insofern von Defiziten im Generationenverhältnis aus. Sie machen darauf aufmerksam, dass Eltern für ihre Kinder ohne frühe und präventive Hilfen nicht hinreichend sorgen könnten und bei Vorhandensein von Problemlagen dazu neigen, das Wohl ihrer Kinder zu gefährden. Frühe Hilfen basieren damit auf einem stigmatisierenden Generalverdacht. Implizit werden die Förderung und der Schutz von Kindern auf die Zuständigkeit der Familie reduziert. Das ‚Aufwachsen in öffentlicher Verantwortung', die Entwicklung gesellschaftlicher Angebote zur Entfaltung von Kindern und Jugendlichen und sozialpolitische Strategien zur Schaffung gleicher Lebensverhältnisse werden auf die Individualförderung von Erziehungskompetenz reduziert. Diese Schattenseiten gilt es im Blick zu behalten und zu reflektieren.

Auch vor diesem Hintergrund ist es wichtig, Frühe Hilfen als Angebote zu entwickeln, die von (werdenden) Eltern freiwillig in Anspruch genommen werden können, nicht müssen. Darüber hinaus bedarf es der stetigen Reflexion darüber, dass Frühe Hilfen primär der Gesundheitsförderung sowie der Eltern- und Familienbildung dienen und nicht dem Erkennen und der Bearbeitung von Kindeswohlgefährdungen. Frühe Hilfen sind nicht dafür da, in Familien präventive Gefahrenabwehr zu leisten. Sie sind und sollten auch weiterhin keine ‚sozialen Frühwarnsysteme' sein, sondern (primärpräventive) Angebote der frühzeitigen Information, Förderung, Unterstützung und Entlastung. Aufgabe und Funktion Früher Hilfen und des Kinderschutzes sollten darum stets kritisch beachtet und in Netzwerken Früher Hilfen ausgetauscht werden. Es sollte geklärt werden, was Frühe Hilfen sind, worauf sie abzielen sollen und in welchem Verhältnis sie zum Schutzauftrag im Fall einer Kindeswohlgefährdung stehen. Ohne diese notwendigen und wichtigen Klärungen laufen Frühe Hilfen Gefahr, missverstanden und falsch umgesetzt zu werden.

Gleichwohl hängen Frühe Hilfen und Kinderschutz eng miteinander zusammen. Es gibt sowohl Unterschiede als auch wichtige Schnittmengen, und es bleibt abzuwarten, wohin sich Frühe Hilfen weiterentwickeln.

Anregungen zum Selbststudium

- Womit erklären Sie sich, dass Frühe Hilfen im Kinderschutz kritisch diskutiert werden?
- Finden Sie heraus, ob in Ihrem Wohnort ein Netzwerk Frühe Hilfen existiert, welche Ziele darin verfolgt werden, wer darin vertreten ist und wie im Netzwerk zusammengearbeitet wird.
  - Gleichen Sie Ihre Rechercheergebnisse mit den Empfehlungen zu Qualitätskriterien für Netzwerke Früher Hilfen des NZFH ab.
  - Was fällt Ihnen auf? In welcher Weise wurden die Empfehlungen beachtet?
- Stellen Sie sich vor, dass Sie dem Beirat des NZFH angehören. Sie werden damit beauftragt, für die nächste Beiratssitzung eine überarbeitete Definition Früher Hilfen vorzulegen.
  - Wie würde diese aussehen? Verfassen Sie eine Überarbeitung.
  - Begründen Sie, weshalb Sie welche Veränderungen an der Ursprungsdefinition vorgenommen haben.
- Recherchieren Sie im Internet und in der Fachliteratur Angebote und Programme Früher Hilfen.
  - Vergleichen Sie drei unterschiedliche Angebote und Programme Früher Hilfen hinsichtlich der von Ihnen adressierten Zielgruppen, anvisierten Ziele, genutzten Methoden und Instrumente und ihrer Wirkungen.
  - Begründen Sie basierend auf ihrem Vergleich, welche Angebote und Programme den Qualitätsanforderungen an Frühe Hilfen des NZFH gerecht werden und welche nicht.
- Vergleichen Sie das Verständnis und den Ansatz Früher Hilfen des NZFH in Deutschland mit dem in Österreich. In welcher Weise unterscheiden sich die Bemühungen, Frühe Hilfen in diesen beiden Ländern auf- und auszubauen, voneinander? Welchen Ansatz finden Sie vielversprechender und warum?
- Was meinen Sie: Sollten Frühe Hilfen unabhängig von Kinderschutzzielen weiterentwickelt werden, oder sollten Frühe Hilfen auch weiterhin mit der

Idee der Prävention von Kindeswohlgefährdungen in Verbindung gebracht werden? Was spricht dafür, was dagegen?

Weiterführende Literatur

Kißgen, Rüdiger/Heinen, Norbert (Hg.) (2010). Frühe Risiken und Frühe Hilfen. Grundlagen, Diagnostik, Prävention. Stuttgart.
In diesem Sammelwerk werden theoretische Konzepte und praktische Interventionsansätze erörtert, die bei der Verhütung von Kindeswohlgefährdungen in Familien mit Problemlagen eine wesentliche Rolle spielen. Das Buch besteht aus zwei Teilen, einem Teil mit verschiedenen Beiträgen über frühe Risiken in der Entwicklung von Kindern und einem Teil über Ansätze und Programme Früher Hilfen.

Lohmann, Anne (2015). Kooperationen in Frühen Hilfen. Ansätze zur zielorientierten Gestaltung. Weinheim; Basel.
In diesem Buch wird erörtert, warum Kooperationen zwischen Kinder- und Jugendhilfe und Gesundheitswesen als elementarer Bestandteil Früher Hilfen gelten. Es enthält theoretische Ansätze und empirische Erkenntnisse, die zur zielorientierten Ausgestaltung Früher Hilfen in der Zusammenarbeit zwischen der Kinder- und Jugendhilfe und dem Gesundheitswesen herangezogen werden können.

Mall, Volker/Friedmann, Anna (Hg.) (2016). Frühe Hilfen in der Pädiatrie: Bedarf erkennen – intervenieren – vernetzen. Berlin. Heidelberg.
In diesem Sammelwerk, das sich im Besonderen an niedergelassene Kinder- und Jugendärzt(inn)e(n) richtet, wird erläutert, warum Familien mit hohen psychosozialen Belastungen Früher Hilfen bedürfen. In ihm sind u. a. Beiträge über die Entwicklung Früher Hilfen, über Gemeinsamkeiten und Unterschiede Früher Hilfen und dem Schutzauftrag bei Kindeswohlgefährdung, über den Bedarf an Frühen Hilfen in der Pädiatrie, über Screening-Instrumente im Bereich Früher Hilfen und über Angebote Früher Hilfen im Gesundheitswesen und der Kinder- und Jugendhilfe enthalten.

Fischer, Jörg/Geene, Raimund (Hg.) (2017). Netzwerke in Frühen Hilfen und Gesundheitsförderung. Neue Perspektiven kommunaler Modernisierung. Weinheim
In diesem Sammelwerk wird dargelegt, welche Herausforderungen mit der Ausgestaltung von Netzwerken Früher Hilfen auf kommunaler Ebene verbunden sind und wie Vernetzung zwischen Sozialer Arbeit und dem Gesundheitswesen im Interesse des Kindeswohls gelingen kann.

Kapitel 15
Gewalt gegen Kinder und Jugendliche in Organisationen

Überblick über das Kapitel

Gewalt gegen Kinder und Jugendliche gibt es nicht nur in Familien, sondern auch in Organisationen und Institutionen. Dieses Kapitel geht der Frage nach, wie es dazu kommen kann, dass Menschen, deren berufliche Aufgabe es ist Kinder und Jugendliche zu fördern und zu schützen, diese selbst gefährden, warum dies durch die Organisation nicht verhindert wird und was Fachkräfte tun können, um Kinder und Jugendliche in Organisationen besser zu schützen. Dabei legen wir einen Schwerpunkt auf (sozial-)pädagogische Organisationen und Pflegefamilien. Die genannten Fragen stellen sich jedoch in allen Organisationen, in denen sich Kinder und Jugendliche aufhalten.

15.1 Organisationen sind nicht nur Schutzorte für Kinder und Jugendliche

15.2 Grenzverletzungen, Gewalt und Kindeswohlgefährdung in Organisationen

15.3 Organisationale Entstehungsbedingungen von Gewalt

15.4 Möglichkeiten des Schutzes vor Gewalt und der Sicherung der Rechte von Kindern und Jugendlichen

15.5 Und wenn es doch passiert?

15.6 Resümee

15.1 Organisationen sind nicht nur Schutzorte für Kinder und Jugendliche

Gewalt gegen Kinder und Jugendliche in Institutionen war bis vor wenigen Jahren ein Tabu – auch wenn viele Fachkräfte solche Fälle kannten (vgl. Enders 2008; Fegert/Wolff 2006) und es in der Geschichte immer wieder einzelne Thematisierungen und Phasen der öffentlichen Skandalisierung gab (vgl. Lorenz 2020, 35 ff.; Kuhlmann/Schrapper 2001). Mitte der 2000er Jahre schlossen sich erwachsene ehemalige Heimkinder zusammen, berichteten öffentlich über menschenunwürdige Verhältnisse und Gewalttaten, die sie in Heimen erlebt hatten, und reichten Petitionen mit der Forderung um Anerkennung ihres Leids ein. Dies führte zur Einrichtung des *Runden Tisches Heimerziehung in den 50er und 60er Jahren* (2009–2010), der sich mit diesen Verhältnissen vorrangig in der Vergangenheit befasste, aber auch diskutierte, welche Folgerungen daraus für die fachliche und rechtliche Gestaltung der Heimerziehung heute abzuleiten sind (AGJ 2010). Seit 2010 wurden zunehmend auch Gewalttaten und sexuelle Übergriffe gegen Kinder und Jugendliche in sogenannten ‚Eliteinternaten' wie der Odenwaldschule und dem Canisiuskolleg (vgl. Kappeler 2011) durch Betroffene thematisiert. In der Folge wurden ein *Runder Tisch sexueller Kindesmissbrauch in Abhängigkeits- und Machtverhältnissen in privaten und öffentlichen Einrichtungen und im familiären Bereich* (2010–2011) sowie die Position des Unabhängigen Beauftragten der Bundesregierung für Fragen des sexuellen Kindesmissbrauchs, kurz: UBSKM gegründet (vgl. BMJ/BMFSFJ/BMBF 2011; UBSKM 2011; zur Entwicklung in anderen Ländern vgl. Andresen 2015). Parallel zu dieser Phase der öffentlichen Auseinandersetzung mit Gewalt in der Geschichte pädagogischer Institutionen wurden aktuelle Konstellationen öffentlich bekannt, insbesondere aus Wohngruppen mit ‚intensivpädagogischen/-therapeutischen' Ansätzen wie der Haasenburg (vgl. Hoffmann et al. 2013), dem Friesenhof (vgl. Schleswig-Holsteinischer Landtag 2017) und der Graf-Recke-Stiftung (vgl. Lorenz 2020).

Seitdem wurden Vorkommnisse in und durch eine Vielzahl von Organisationen, Einrichtungen und Verbänden aus unterschiedlichen gesellschaftlichen Bereichen offengelegt. So werden bspw. seit 2018 Gewaltvorkommnisse gegen Kinder und Jugendliche im Sport diskutiert, und zwar sowohl im Leistungs- als auch im Breitensport (vgl. Berichte der Aufarbeitungskommission unter https://www.aufarbeitungskommission.de/themen-erkenntnisse/sport/). Im August 2020 veröffentlichte die Unabhängige Clearingstelle zur Staatlichen Ballettschule Berlin und Schule für Artistik ihren Abschlussbericht über vielfältige Formen der Vernachlässigung, psychischen und physischen Gewalt an der Schule (https://www.berlin.de/sen/jugend/familie-und-kinder/kinderschutz/clearingstelle/). Aber auch in Krankenhäusern und Kinder- und Jugendpsychiatrien, Kirchengemeinden, Ferienlagern etc. kann es zu psychischer, physischer und sexueller Gewalt gegen Kinder kommen.

„Gewalt in Organisationen durch Gleichaltrige“
Häufiger als Gewalt durch Erwachsene beschreiben Kinder und Jugendliche Gewalt in Organisationen durch Gleichaltrige. Insbesondere in stationären Jugendhilfeeinrichtungen werden biografisch hoch belastete Kinder und Jugendliche mit Gewalterfahrungen und oft dysfunktionalen Konfliktlösungsstrategien betreut. In der Dynamik dieser Wohngruppen besteht ein erhöhtes Risiko zu Gewalt unter Kindern und Jugendlichen (vgl. Gruber 2002; Allroggen/Rau/Fegert 2015). Organisationen müssen dies reflektieren und darauf reagieren. Die Auseinandersetzung mit diesem Thema in der Fachwelt steht jedoch noch ganz am Anfang.

Kinderschutz bedeutet also nicht nur die Unterstützung von Eltern und den Schutz von Kindern in und vor Familien, sondern auch den Schutz von Kindern und Jugendlichen vor Gewalt in Organisationen. In der Fachliteratur liegt dabei aktuell ein Schwerpunkt auf sexueller Gewalt. Dies kann als eine Folge der besonderen Aufmerksamkeit für das Thema durch die Arbeit des Runden Tisches Sexueller Kindesmissbrauch, der/des UBSKM und im Rahmen eines umfassenden Forschungsförderungsprogramms zu sexueller Gewalt gegen Kinder in Institutionen gedeutet werden. Andere Gewaltformen werden in Forschung und Fachliteratur deutlich seltener behandelt. Dies bildet jedoch nicht das tatsächliche Geschehen ab: Alle Formen von Gewalt und Grenzverletzungen kommen auch in Organisationen und Einrichtungen vor und oft verschränken sich dabei verschiedene Formen und Ebenen von Gewalt. Wie in → Kapitel 7 beschrieben, unterscheidet sich jedoch die Anbahnung von Übergriffen bei den unterschiedlichen Gewaltformen. Sexuelle Gewalt erfordert daher ebenso wie in der Familie auch in Organisationen andere Strategien der Aufdeckung und Beendigung als psychische und physische Gewaltformen sowie Vernachlässigung.

15.2 Grenzverletzungen, Gewalt und Kindeswohlgefährdung in Organisationen

Bisher sind wir in diesem Lehrbuch zu Kinderschutz vom Begriff der Kindeswohlgefährdung ausgegangen (→ Kapitel 2). Im vorliegenden Kapitel weichen wir davon bewusst ab und greifen auf die im Fachdiskurs übliche Formulierung „Grenzverletzungen und Gewalt in Organisationen“ zurück. Warum? Wie in → Kapitel 2 dargestellt wurde der Begriff Kindeswohlgefährdung als unbestimmter Rechtsbegriff für die Eingriffsschwelle in Elternrecht entwickelt und aus sozialwissenschaftlicher Perspektive als ein gefährdendes und/oder schädigendes Verhalten oder Handeln bzw. Unterlassen von Eltern oder anderen Bezugspersonen in Familien oder Institutionen bestimmt, das historisch unterschiedlichen Deutungen unterliegt (vgl. Kinderschutz-Zentrum Berlin 2009, S. 32). Dies trifft nicht den Kern des hier behandelten Themas. Organisationen, in denen Kinder und Jugendliche Raum für ihre Entwicklung erhalten sollen, in denen sie beraten, betreut, unterrichtet, behandelt oder therapiert werden, haben dafür Sorge zu tragen, dass die Rechte und Grundbedürfnisse der Kinder und Jugendlichen gewahrt werden. Ist dies nicht der Fall, muss die Organisation tätig werden – unabhängig davon, wie weitgehend die Rechteverletzung war, wie stark die Kinder dadurch in ihrer Entwicklung gefährdet sind, ob Eltern Abhilfe leisten und ob der Grad einer Kindeswohlgefährdung im Sinne des § 1666 BGB erreicht ist.

In → Kapitel 6 *Gewalt in der Familie* haben wir unterschiedliche Gewaltformen unterschieden und unter der Fragestellung „Ist Gewalt gegen Kinder immer eine Kindeswohlgefährdung?" verdeutlicht, dass es unterschiedliche Grade von Gewalt gibt. In Organisationen spricht man zur Verdeutlichung dessen oft von ‚Grenzverletzungen'. Der sog. Bündner Standard bspw. unterscheidet hierbei vier Stufen (vgl. Infokasten): alltägliche Situationen, leichte, schwere und massive Grenzverletzungen. In Organisationen geht es darum, sich mit diesen unterschiedlichen Formen auseinanderzusetzen und einen grenzwahrenden Umgang von Fachkräften mit Kindern und Jugendlichen zu erreichen (vgl. Dörr 2010). Voraussetzung hierfür sind die Wahrnehmung und Benennung von Grenzverletzungen unterschiedlicher Grade und der verantwortliche, angemessene Umgang damit.

Bündner Standard

2012 wurde im Schweizer Kanton Graubünden von Kinder- und Jugendinstitutionen unterschiedlicher Trägerverbände der „Bündner Standard" zum Umgang mit grenzverletzendem Verhalten in Institutionen für Kinder- und Jugendliche vorgelegt, der mittlerweile überarbeitet in der zweiten Version als „Bündner Standard 2.0" zur Verfügung steht (Bündner Spital- und Heimverband 2012). Er soll helfen, Grenzverletzungen einzuordnen und einer statistischen Erfassung zugänglich zu machen sowie konkrete Handlungsmöglichkeiten und Präventionsstrategien aufzeigen (vgl. auch im Folgenden Leener/Bässler/Schmid 2013 sowie www.buendner-standard.ch). Organisationen sollen im Rahmen eines Organisationsentwicklungsprozesses Anhaltspunkte entwickeln, anhand derer konkrete Situationen und Handlungen in der Organisation als Grenzverletzungen eingeordnet und in ihrem Schweregrad bewertet werden können. Hierfür stellt der Bündner Standard eine Matrix zur Verfügung. Es wird weiter erarbeitet, welche Maßnahmen bei Grenzverletzungen unterschiedlichen Schweregrads betriebsintern, in Bezug auf den Träger und in Bezug auf die Eltern erfolgen.

- Stufe eins ‚alltägliche Situation' bezieht sich auf anspruchsvolle Konfliktsituationen, wie sie notwendigerweise zum (sozial-)pädagogischen Alltag gehören und die einen kompetenten, fachlichen Umgang erfordern, um zu einer Lernsituation für die Kinder und Jugendlichen zu werden und nicht zu eskalieren. Solche Situationen können normalerweise innerhalb des Betreuerteams gelöst werden.
- Stufe zwei ‚leichte Grenzverletzung' bezieht sich auf Verhaltensweisen, in denen Grenzen nicht ausreichend gewahrt, aber nicht weitreichend überschritten werden. Solche Handlungen entstehen oft aus Stress, Überforderung oder Orientierungslosigkeit. Sie müssen benannt und bearbeitet werden, bspw. durch fachliche Anleitung, Intervision oder Supervision und Klärung von Regeln.
- Stufe drei ‚schwere Grenzverletzungen' sind weitreichender. Es handelt sich um physische, psychische oder sexuelle Gewalt und ist ein Hinweis auf grundlegende persönliche, strukturelle und/oder fachliche Defizite. Hier sind eine umfassende Erfassung und Abklärung erforderlich – im Team, mit der Leitung und dem Träger. Es ist zudem zu prüfen, inwiefern externe Stellen (Aufsichtsbehörde, Polizei) und Eltern informiert werden müssen oder sollten.
- Stufe vier ‚massive Grenzverletzungen' erfasst Handlungen, die eine Verletzung der physischen, psychischen und sexuellen Integrität sowie der Freiheit darstellen. Neben der umfassenden Erfassung und Abklärung sowie dem Einbezug aller Ebenen ist hier neben weitreichenden fachlichen und organisatorischen Maßnahmen auch eine strafrechtliche Abklärung erforderlich. Organisationen brauchen in Fällen massiver Grenzverletzungen in der Regel Unterstützung durch eine externe Begleitung.

Der Bündner Standard bezieht sich nicht nur auf Grenzverletzungen von Fachkräften gegenüber Klient(inn)en, sondern auch von Klient(inn)en gegenüber Fachkräften, von Klient(inn)en untereinander und an sich selbst. Entscheidend ist – wie in allen Schutzkonzepten – die Einbindung des Instruments in einen Organisationsentwicklungsprozess.

Um zu verstehen, wie es zu Grenzverletzungen und Gewalt in (sozial-)pädagogischen Organisationen kommen kann, muss man sich die Struktur professionellen Handelns vergegenwärtigen. Dieses wird zwar als im Interesse des Kindes liegend legitimiert, beinhaltet jedoch immer auch Risiken:

- (Sozial-)Pädagogische Beziehungen sind zum einen gekennzeichnet durch eine *strukturelle Machtasymmetrie* zwischen den Kindern (Jugendlichen) und Erwachsenen (vgl. Wolf 2007). Macht ist nach Elias (2004, S. 97) die Abhängigkeit von anderen, die immer besteht, wenn uns nicht egal ist, wie jemand handelt oder was er tut. Macht ist damit ein Merkmal jeder sozialen Beziehung, sei sie eng oder locker, ausgewogen oder asymmetrisch. Und: sie ist beidseitig. Elias (2004) spricht daher von Machtbalancen. Auch in (sozial-)pädagogischen Beziehungen bestehen beidseitige Abhängigkeiten, die allerdings asymmetrisch verteilt sind. Kinder und Jugendliche sind in vielfältiger Hinsicht stärker von Fachkräften abhängig als umgekehrt: Bspw. in der materiellen Versorgung, hinsichtlich emotionaler Zuwendung, Sinnkonstruktion und Sinnentzug für das Handeln, Information und Orientierungsmitteln, aber auch körperlicher Stärke. Die Verteilung dieser Machtmittel kann sich verändern und verschieben, bspw. wenn Kinder und Jugendliche älter werden. Entsprechend ist die Darstellung von Machtbalancen keine moralische Kategorie, sondern eine analytische Beschreibung sozialer, dynamischer Beziehungen. Jeder Mensch ist in eine Vielzahl von Machtbalancen eingebunden, mit denen verantwortungsbewusst umgegangen werden muss. In pädagogischen Verhältnissen ist Macht stets in Verantwortung für die Entwicklung und das Wohl des Kindes zu gestalten (vgl. Wolf 2007; Urban-Stahl 2018).
- (Sozial-)Pädagogische Beziehungen sind gekennzeichnet durch unterschiedliche Grade von *Nähe und Distanz* (→ Kapitel 11), also der Gestaltung des Spannungsverhältnisses zwischen den Grundbedürfnissen Autonomie und Verbindung und der Handlungsmodi unbewusster Affektregulierung und reflektierter, rationaler Entscheidung (Dörr 2017). Bei einseitiger und unreflektierter Beziehungsgestaltung beinhalten beide Pole Risiken: Zu große Nähe riskiert Verführung, Nötigung und Vertrauensmissbrauch, zu große Distanz riskiert Gleichgültigkeit und Unterdrückung. Eine Besonderheit von Beziehungsgestaltung als Kern professionellen Handelns liegt in der Fachkraft selbst als ihr eigenes ‚Werkzeug': (Sozial-)Pädagogische Organisationen sind angewiesen auf Mitarbeiter(innen), die sich als Menschen zur Verfügung stellen, die mit den Kindern ‚in Kontakt gehen', rational und emotional, sowohl in harmonischen Momenten als auch in Konfliktsituationen. Gleichzeitig braucht Erziehung in (sozial-)pädagogischen Organisationen die professionelle Distanz. Fachkräfte sind keine privaten Bezugspersonen, sondern die Ausgestaltung der Beziehung steht in einem professionellen Kontext. Sie dient ebenso wie der Machtüberhang in der Erziehung der Entwicklung

und dem Wohl des Kindes, nicht der Erziehenden. Dies hat Folgen für die Regeln, nach denen Fachkräfte ihr Handeln transparent machen müssen.

Vor dem Hintergrund dieser Struktur pädagogischen Handelns gilt es daher nicht zu überlegen, ob Professionelle Macht haben oder eine Beziehung eingehen und Grenzverletzungen möglich sind, sondern wie sie mit Macht, mit der Abhängigkeit des Kindes und der Möglichkeit von Grenzverletzungen umgehen. Hier liegt eine wichtige Verantwortung jeder Fachkraft: Es ist Teil von Professionalität, die Struktur der Kind-Erwachsenen-Beziehung zu reflektieren und das eigene Handeln darin kritisch zu prüfen sowie durch andere kontrollieren zu lassen (vgl. Urban-Stahl 2009; 2018a).

Die bisher beschriebenen Risikofaktoren sind dem (sozial-)pädagogischen Handlungsfeld immanent. Sie sind strukturell im Feld verankert und können nur reflektiert und gestaltet, nicht aber verändert werden. Anders verhält es sich mit *organisationalen Risikofaktoren*, die durchaus veränderbar sind.

15.3 Organisationale Entstehungsbedingungen von Gewalt

Unter organisationalen Risikofaktoren versteht man Gestaltungselemente von Organisationen, die die Wahrscheinlichkeit von Grenzverletzungen und Gewalt durch Fachkräfte in Organisationen erhöhen. Dies bezieht sich zum einen direkt auf Personen, die übergriffig werden, indem deren Handeln ermöglicht, begünstigt oder gar gefördert wird. Zum anderen bezieht es sich auf das soziale Umfeld in- und außerhalb der Organisation: Neben den Menschen, die aktiv Gewalt ausüben, die Kinder beleidigen, beschämen oder ignorieren, schlagen oder sexuelle Gewalt an ihnen ausüben, gibt es in der Regel Kolleg(inn)en, Vorgesetzte und andere Beteiligte, die davon wissen oder es zumindest ahnen und gleichwohl nichts dagegen unternehmen. Um dieses Unterlassen zu erklären, ist neben der personalen Ebene auch die organisationale Ebene von entscheidender Bedeutung. Es gibt Organisationsstrukturen und -kulturen, die solches Handeln begünstigen, ermöglichen, verschleiern, und es gibt andere Organisationskulturen, die solches Handeln zwar nicht verhindern, aber deutlich erschweren können (→ Kapitel 16). Zudem gibt es konzeptionelle Aspekte, die Grenzverletzungen und Gewalt in Organisationen begünstigen können. In der Fachliteratur werden organisationale Strukturen und konzeptionelle Mängel bisher zwar vorrangig hinsichtlich der Begünstigung von sexueller Gewalt gegen Kinder in Institutionen beschrieben. Wegweisend sind hier die Veröffentlichungen von

Marie-Luise Conen (2005) und Ursula Enders (2012), auf die sich die folgenden Ausführungen wesentlich beziehen. Viele der von ihnen beschriebenen Strukturen zeigen sich jedoch auch bei anderen Gewaltvorkommnissen in Organisationen und zumeist kommen unterschiedliche Gewaltformen gleichzeitig vor.

15.3.1 Gewalt begünstigende organisationale Strukturen

Risikofaktoren für Gewalt in Organisationen sind insbesondere solche Leitungs- und Organisationsstrukturen, die einen Mangel an Klarheit, Verlässlichkeit und Transparenz sowie an Partizipation und Wertschätzung aufweisen. Dies trifft auf autoritäre und unklare Leitungsstrukturen sowie auf geschlossene und offene Systeme zu. Wenn wir diese Formen im Folgenden ausführen, heißt dies nicht, dass Gewalt gegen Kinder und Jugendliche in anderen Systemen nicht vorkommen kann. Sie ist dort jedoch seltener und es gibt eine höhere Wahrscheinlichkeit, Grenzverletzungen und Gewalt thematisieren und beenden zu können.

Autoritäre Leitungsstrukturen

In autoritären Leitungsstrukturen werden Entscheidungen von oben herab getroffen. Fachliche Überlegungen, Kooperation mit den Mitarbeiter(inne)n und deren Interessen spielen eine untergeordnete Rolle. Mitarbeitendenführung besteht stattdessen in Anweisungen. Kritik durch die Leitung wird nicht wertschätzend und konstruktiv geäußert, sondern bedeutet für Mitarbeiter(innen) einen Gesichtsverlust, z. B. indem sie in unangemessener Weise in Anwesenheit der Kinder oder Jugendlichen vorgebracht wird. Das eigene Leitungshandeln wird nicht in Frage gestellt.

Eine solche Leitung gibt Mitarbeiter(inne)n wenig emotionale Unterstützung und Rückhalt. Oft suchen Mitarbeitende in solchen Strukturen entweder Nähe und Kontakt zu betreuten Kindern und Jugendlichen oder geben die rigiden Umgangsweisen, die sie von der Leitung erfahren, an die Kinder weiter. Beides ist nicht angemessen und nicht an den Bedürfnissen des Kindes orientiert, sondern an den eigenen Bedürfnissen der Mitarbeitenden.

In autoritären Systemen wird nicht offen über fachliche und persönliche Stärken und Schwächen gesprochen. Es gibt keinen sicheren Raum, um Grenzsetzungen und die (Un-)Angemessenheit von Verhalten zu reflektieren. Wenn Mitarbeiter(innen) sich das Ansehen der Leitung erarbeitet haben, gelten sie zudem oft als unantastbar. Daher ist es für die Mitarbeiter(innen) durchaus riskant, Kritik anzusprechen. Sie können sich nicht auf eine ernsthafte Auseinandersetzung mit ihren Sorgen verlassen, sondern müssen fürchten, als Querulanten, Nörgler oder Störer selbst kritisiert und zum Außenseiter zu werden.

Unklare Leitungsstrukturen

Leitung hat die Aufgabe Verantwortung zu übernehmen und Entscheidungen zu treffen. Wenn Leitung dies jedoch nicht tut, sie die Prozesse in Einrichtungen nicht strukturiert und in ihrem Verhalten unklar bleibt, handeln an ihrer Stelle oft die Mitarbeitenden. Diese können dabei durchaus kompetent und effizient sein. Die organisationalen Rollen werden jedoch unklar. Es gibt keine Rückmeldung der Leitung zum Handeln der Mitarbeitenden. Es ist unklar, wer in der Einrichtung eigentlich berechtigt ist, Mitarbeiterhandeln zu bewerten, also zu loben oder zu kritisieren, und die Mitarbeitenden bekommen damit von außen keine Orientierung. Dies kann dazu führen, dass sie immer weiter versuchen, sehr gute Arbeit zu leisten und ihre Angebote zu verbessern, immer auf der Suche nach Anerkennung, die jedoch in der Regel ausbleibt. Dies ist nicht nur ermüdend, sondern führt auch zu einem hohen Maß an Frustration. Neben dem ernsthaften Bemühen um gute Arbeit kann eine solche Situation daher auch in Beliebigkeit, Gleichgültigkeit und destruktives Ausnutzen umkippen. Manche Mitarbeiter(innen) nutzen diese Situation, um indirekt Leitung auszuüben und konkurrieren so mit der offiziellen Leitung. Konkurrenzen im Team sind in solchen Strukturen nicht konstruktiv kanalisiert. Teilweise entwickeln sich unter den Mitarbeiter(inne)n auch unterschiedliche ‚Lager', die harte Auseinandersetzungen führen und oft gegeneinander agieren.

In Einrichtungen mit unklaren Leitungsstrukturen gibt es keine Verlässlichkeit der Entscheidung und fachlichen Bewertung von Positionen. Entscheidungen werden vielmehr entsprechend der wechselnden Machtverhältnisse getroffen. Es gibt daher keine fachliche Kontrolle.

Arbeitsrechtliche Instrumente wie Abmahnungen etc. werden in der Regel nicht angewandt. Bei Grenzverletzungen haben Mitarbeiter(innen) insofern keine Sanktionen zu befürchten und werden in der Regel nicht konfrontiert – es gibt keine Person, die diese Rolle und die damit verbundene Verantwortung übernimmt. Auch Menschen innerhalb der Organisation und aus dem Umfeld, die Grenzverletzungen und Fehlverhalten ansprechen möchten, fehlen eine verbindliche fachliche Orientierung und eine Person, die die Verantwortung dafür übernimmt, diese einzufordern. Ebenso wie in autoritären Systemen laufen damit Kritiker(innen) auch in Organisationen mit unklaren Leitungsstrukturen Gefahr, selbst in Frage gestellt zu werden.

Geschlossene Systeme

Geschlossenheit kann zum einen räumlich gemeint sein und sich auf Einrichtungen oder Settings beziehen, denen Kinder und Jugendliche sich nicht ohne weiteres entziehen können. Dies ist in der geschlossenen Kinder- und Jugendpsychiatrie oder Heimerziehung der Fall, in der Türen verriegelt sind, aber auch bei auslands- oder erlebnispädagogischen Maßnahmen wie Wandern in der Sahara oder Segelreisen. Kinder und Jugendliche haben in diesen Settings keine Möglichkeit, sich den Gewalthandlungen zu entziehen oder Hilfe zu holen.

Geschlossenheit kann aber auch im Sinne einer ‚geschlossenen Gesellschaft' verstanden werden, die sich als etwas Besonderes oder Besseres nach außen abschottet. Hintergrund ist im letzten Fall meist eine „von ideologischen Wertvorstellungen geprägte Selbstdarstellung" (Enders 2012, S. 134) und/oder ein hohes Ansehen in der Öffentlichkeit (ebd.). In einigen kirchlichen Einrichtungen und sogenannten ‚Eliteinternaten', aus denen Übergriffe bekannt wurden, kann dies beobachtet werden, aber auch im Leistungssport. Kinder und Eltern haben oft blindes Vertrauen in die Arbeit der Einrichtungen oder der Verbände und sind stark in den institutionellen Alltag eingebunden. Eltern engagieren sich oft sowohl ehrenamtlich als auch finanziell in solchen Einrichtungen oder Verbänden und knüpfen dort Freundschaften, während der Privatkontakt außerhalb dieser ‚geschlossenen Gesellschaft' eingeschränkt wird. Diese Faktoren erschweren es ihnen, eine kritische Distanz einzunehmen und mögliche Hinweise auf Grenzverletzungen ernst zu nehmen. Es gibt damit immer weniger korrigierende, das System von außen irritierende und infragestellende Perspektiven.

In solchen Einrichtungen können Mitarbeiter(innen) übergriffiges Handeln leicht als Teil des – unangreifbaren – Systems und des Konzepts legitimieren. Oft handeln sie im Verbund mit mehreren Akteur(inn)en und können so verhindern, dass Übergriffe als solche thematisiert oder gar als Gewalt bewertet werden. Wer dies dennoch tut, egal ob es sich um betroffene Kinder und oder deren Eltern handelt, muss befürchten, dass keine sachliche Auseinandersetzung mit Hinweisen erfolgt, sondern Kritik am Handeln von Personen als Infragestellung und Angriff auf das System gedeutet wird. Dies führt in geschlossenen Systemen und Gesellschaften meist zur Infragestellung und Anfeindung der Kritiker(innen) und ggf. sogar zu deren Ausschluss, nicht zur Auseinandersetzung mit der Kritik.

Offene Systeme

Mit offenen Systemen sind Einrichtungen gemeint, zu denen viele Menschen weitgehend unkontrollierten Zugang haben und in die man sich auch ohne fachliche Qualifikation ehrenamtlich einbringen kann. Viele Einrichtungen sind angewiesen auf ehrenamtliche Hilfe und Unterstützung, z.B. im Küchendienst beim Zeltlager, im Training für die Fußball-Kindermannschaft oder in Angeboten für Kinder bei einem Sommerfest im Nachbarschaftshaus. Ehrenamtliche können nicht in der gleichen Weise wie Hauptamtliche auf fachliche Ansprüche und Selbstreflexion verpflichtet werden. Vor dem Hintergrund ihre Engagements und der Angewiesenheit darauf erscheint es zudem oft unangemessen, Ehrenamtliche zu kritisieren oder zu verdächtigen.

All diese Aspekte führen dazu, dass das Handeln der Beteiligten in offenen Systemen wenig beobachtet und hinterfragt wird. Kritik wird schnell als Undankbarkeit umgedeutet und als potentielle Gefährdung der Unterstützung nicht weiterverfolgt. Menschen, die dennoch Bedenken äußern oder Praktiken hinterfragen, riskieren, für ihre Hinweise selbst kritisiert, abgewertet und als Gefahr für die Organisation betrachtet zu werden.

15.3.2 Gewalt begünstigende konzeptionelle Mängel

Neben Leitungs- und Organisationsstrukturen sind bei Risikofaktoren auch inhaltlich-konzeptionelle Aspekte zu berücksichtigen.

Unzureichende Trennung zwischen beruflichen und privaten Kontakten. Wenn berufliche und private Rollen und Kontakte nicht klar getrennt werden, kann Kritik an beruflichem Handeln schnell als persönliche Kritik gedeutet werden. Eine solche Konstellation erschwert die Offenlegung von Fehlverhalten. Dies erleichtert sexuelle Übergriffe (→ Kapitel 7): Aus der Forschung zur Anbahnung sexueller Gewalt ist bekannt, dass diese Menschen oft private Kontakte mit dem Umfeld des Kindes aufbauen und sich dort als sympathische und hilfsbereite Menschen darstellen. Dies erschwert es Kindern, Fehlverhalten öffentlich zu machen. Sie müssen fürchten, dass die Außenwelt ihnen nicht glaubt, dass ein so netter Mensch übergriffig ist. Zudem haben Kinder ein schlechtes Gewissen, Freundschaften der Eltern zu zerstören. In Einrichtungen sollte es daher eine Klarheit der beruflichen Rolle geben. Private Kontakte müssen offengelegt und ihre Implikationen für alle Beteiligten reflektiert werden.

Vernachlässigung der Autonomie von Mädchen und Jungen. Aufgabe von insbesondere (sozial-)pädagogischen Einrichtungen ist die Unterstützung der Entwicklung von Kindern und Jugendlichen. Wenn sich das pädagogische Programm nicht an den Bedarfen der Kinder und Jugendlichen orientiert, sondern einseitig an den Interessen und Werten der Erwachsenen, verdeutlicht dies ein nur geringes Interesse und geringe Aufmerksamkeit für die Kinder und Jugendlichen. Übergriffe auf und Hinweise von Kindern und Jugendlichen werden in einem solchen Rahmen kaum wahrgenommen, weil der Blick und das Interesse für die Bedürfnisse der Kinder und Jugendlichen fehlen.

Traditionelle Rollenbilder. Traditionelle Rollenbilder, sei es in der pädagogischen Arbeit und/oder in personellen Konstellationen der Organisation (z. B. männliche Leitung, weibliche Untergebene), implizieren Bilder des ‚braven Mädchens' und des ‚mächtigen Mannes'. In diesen Rollen ist die Abgrenzung gegen Grenzverletzungen nur schwer möglich.

Rigide Sexualpädagogik. Kinder und Jugendliche brauchen Vorbilder, Orientierungen und Raum, um einen angemessenen und altersentsprechenden Umgang mit Sexualität entwickeln zu können. Sie sollen die Möglichkeit haben, ein positives Körpergefühl und ein Bewusstsein für die eigenen Grenzen zu entwickeln. Kinder und Jugendliche brauchen eine altersentsprechende Sprache, in der ihre Fragen zu Gefühlen, Körper, Sexualität und Beziehungen besprochen und nicht tabuisiert werden. Ein negatives Selbstbild ebenso wie fehlende Sprache in Bezug auf körperliche und sexuelle Themen erschweren es Kindern und Jugendlichen, Grenzverletzungen wahrzunehmen, als illegitim zu bewerten und sich Hilfe zu holen. Wenn Kinder und Jugendliche für ihre Fragen keine verantwortungsbewussten, verlässlichen Gesprächspartner finden, können sich hierfür zudem Menschen anbieten, die dabei übergriffig werden.

Missachtung der Grenzen zwischen den Generationen. Ähnlich wie die Unterscheidung zwischen privaten und beruflichen Kontakten und deren Reflexion ist auch die Grenze zwischen den Generationen ein entscheidender Aspekt. Wenn BetreuerInnen z. B. Kindern bzw. Jugendlichen ihr Herz ausschütten und ihnen über intime Erfahrungen berichten oder gemeinsam im Bad intime Körperpflege betreiben, ist dies eine Missachtung der Grenze zwischen den Generationen.

Unzureichendes Beschwerdemanagement. In pädagogischen Einrichtungen gehen Leitungen, aber auch Betreuende oft davon aus, dass sie Vertrauenspersonen darstellen, an die sich Kinder und Jugendliche mit Kritik oder Problemen wenden können. Es kann jedoch vielfältige Vorbehalte von Kindern und Jugendlichen geben, sich diesen Menschen mit Kritik an Mitarbeiter(inne)n anzuvertrauen. Ein funktionierendes Beschwerdeverfahren mit internen und externen Ansprechpersonen ist daher ein weiteres Angebot an Kinder und Jugendliche, sich mit ihren Anliegen und möglichen Grenzverletzungen Gehör zu verschaffen.

Beschäftigung von persönlich und fachlich ungeeigneten Mitarbeitenden. Die beschriebenen Risikofaktoren verdeutlichen die Notwendigkeit professioneller, gewaltsensibler Arbeit in (sozial-)pädagogischen Organisationen. Die Anforderungen an Reflexion und Weiterentwicklung erfordern gut ausgebildetes und persönlich geeignetes Personal. Finanzknappheit, Sparziele und Fachkräftemangel können dazu führen, günstiges oder gar ehrenamtliches, persönlich und fachlich jedoch ungeeignetes Personal einzuwerben. Dies begünstigt Grenzverletzungen in Organisationen.

15.3.3 Pflegefamilien als Schutz- und Gefährdungsorte

Pflegefamilien sind Paare oder Einzelne, die Kinder oder Jugendliche im Rahmen einer erzieherischen Hilfe nach § 27 oder § 35 a SGB VIII in Verbindung mit § 35 SGB VIII bei sich zu Hause aufnehmen und das Kind versorgen, begleiten und erziehen (→ Kapitel 13). Hierfür erhalten sie eine Aufwandsentschädigung. Oft wird es gerade für kleine Kinder, die nicht bei ihrer leiblichen Familie leben können, als geeigneter betrachtet, in einer Pflegefamilie aufzuwachsen als in einem Heim. Man geht aus fachlicher Sicht davon aus, dass Kinder in der familienähnlichen Struktur eher verlässliche Bezugspersonen haben und stabile Bindungen aufbauen können. Aber auch die gesellschaftliche idealistisch-romantische Vorstellung von Familie spielt eine Rolle, wenn Pflegefamilien angesehener sind und weniger stigmatisiert werden als Heime (→ Kapitel 5; vgl. van Santen/Pluto/Peucker 2019. S. 15 ff.).

Pflegefamilien sind private Familien, in denen die gleichen Strukturen, Ressourcen und Krisen existieren können wie in Familien mit leiblichen oder Adoptivkindern. Pflegekinder haben zudem aufgrund ihrer biographischen Erfahrungen oft besondere Bedürfnisse und zeigen öfter als andere Kinder herausforderndes Verhalten. Dies kann für Pflegefamilien eine besondere Belastung darstellen und fordert oft ein hohes Maß an Frustrationstoleranz. Insofern besteht auch in Pflegefamilien das Risiko von Gewalt und Kindeswohlgefährdung (vgl. ebd., S. 224 ff.; Kindler 2014, S. 122).

Immer wieder werden öffentlich Fälle bekannt, in denen Kinder in Pflegefamilien zu Schaden kommen oder sogar sterben. Eine vielschichtige Debatte entstand durch den Tod der elfjährigen Chantal Anfang 2012 in

Hamburg. Sie lebte bereits mehrere Jahre bei ihren Pflegeeltern. Diese waren drogensüchtig und wurden mit Methadon substituiert. Inwiefern das Jugendamt hiervon wusste, ist nicht bekannt. Als Chantal abends allein zu Hause war und wegen Übelkeit und Erbrechen mit ihrer Pflegemutter telefoniert, erklärte diese ihr telefonisch, welche Medikamente sie einnehmen solle. Chantal ging es daraufhin nicht gut. Am nächsten Tag schaute der Pflegevater zwar nach ihr, überließ sie aber sich selbst und ging arbeiten. Chantal starb. Bei der Obduktion wurde festgestellt, dass sie Methadon eingenommen hatte. Die Pflegemutter wurde zu einer Haftstrafe von 8 Monaten, der Pflegevater von 12 Monaten verurteilt und beide Strafen zur Bewährung ausgesetzt.

Pflegefamilien werden von Pflegekinderdiensten der Jugendämter oder in deren Auftrag von freien Trägern ausgewählt, vorbereitet und betreut (vgl. Althoff/Hilke 2015). Gleichwohl handelt es sich dabei um eine Hilfeform, die von außen nur schwer kontrollierbar ist. Die Vorteile der Familie als geschütztem, intimen Ort zur Unterstützung von Kindern, die man sich mit Pflegefamilien zu Nutze macht, beinhaltet immer auch den Anspruch von Familie auf Schutz gegen Einmischung von außen. Damit ist es in Pflegefamilien besonders schwer, Einblick in Fehlverhalten von Pflegeeltern zu bekommen. Hinzu kommt, dass meist weniger Plätze in Pflegefamilien existieren, als Kinder in diese vermittelt werden sollen. Insofern bestehen hier durchaus Vorbehalte, Pflegeeltern durch Kontrolle oder Verdächtigungen zu verschrecken.

Von der Schwierigkeit über Gewalt in der eigenen Organisation zu sprechen

Denken Sie an unterschiedliche Situationen, die Sie in pädagogischen Kontexten erlebt haben: in der Kita, in der Schule, im Ferienlager, im Verein, in der Jugendarbeit, in der Musikschule. Dabei können Sie selbst in unterschiedlichen Rollen beteiligt gewesen sein: als Kind/Jugendliche(r), als Praktikant(in), als Elternteil, als Mitarbeiter(in) etc. Gab es Situationen, in denen Sie mit dem Handeln von Fachkräften, Betreuenden oder anderen beruflich beteiligten nicht einverstanden waren und es als grenzverletzend bewerteten? Tauschen Sie sich darüber aus und bearbeiten Sie die folgenden Fragen:

- Wie haben Sie damals reagiert?
- Was hat es Ihnen erleichtert oder erschwert, auf diese Situationen zu reagieren?
- Sind Sie damit aus heutiger Sicht zufrieden?
- Welche Alternativen hatten Sie? Welche hätten Sie gerne gehabt?

15.4 Möglichkeiten des Schutzes vor Gewalt und der Sicherung der Rechte von Kindern und Jugendlichen

In der obigen Beschreibung von Risikofaktoren werden unterschiedliche Möglichkeiten deutlich, wie durch die Gestaltung von Organisationsstrukturen und Leitungshandeln, durch die Auswahl von Personal und die inhaltlich-konzeptionelle Ausrichtung der Arbeit zum Schutz von Kindern und Jugendlichen in Organisationen beigetragen werden kann. Im Folgenden geht es daher um die risikoarme Gestaltung organisationaler Strukturen sowie um die Implementation von Beschwerdeverfahren in Organisationen und Ombudsstellen als unabhängige Beschwerdestellen. Seit einigen Jahren wird dieser Komplex in der Fachdebatte unter dem Begriff *Schutzkonzepte* diskutiert. Dabei stellen sich unterschiedliche Anforderungen an Schutzkonzepte in Organisationen und in der Pflegekinderhilfe.

15.4.1 Offene und transparente Kommunikationsstrukturen

Risikoarme organisationale Strukturen sind durch Klarheit und offene, transparente Kommunikationsstrukturen gekennzeichnet. Die Leitung trifft aktiv und verantwortlich Entscheidungen auf der Grundlage eines fachlichen Dialogs mit den Mitarbeiter(inne)n. Konzeptionelle und alltägliche Fragestellungen werden im Team und mit der Leitung reflektiert. So entsteht ein verbindlicher Orientierungsrahmen für das Handeln der Fachkräfte und Spielräume für Grenzverletzungen werden reduziert. In diesem Sinne klare Leitungsstrukturen bieten Kindern und Jugendlichen, Eltern und Mitarbeiter(inne)n gleichermaßen Orientierung und ein hohes Maß an persönlicher Sicherheit. Wenn es doch zu Grenzverletzungen kommt, können diese früh erkannt, leichter angesprochen und Konsequenzen gezogen werden. (vgl. Enders 2012, S. 148 ff.)

Fachliche Grundlage für die Arbeit sollte die Orientierung an den Kinderrechten und die Verankerung und Umsetzung von Mitbestimmung und Partizipation sein. Hierzu gehört, dass Fachkräfte untereinander und mit den Kindern und Jugendlichen einen Dialog darüber führen, welche Rechte Kinder und Jugendliche in der Organisation haben, wie sich Perspektiven darauf unterscheiden und wie damit umgegangen wird. Kinder und Jugendliche sind im Alltag zu hören und an allen sie betreffenden Entscheidungen ihrer Entwicklung entsprechend zu beteiligen (Urban-Stahl/Jann 2014; Duncan 2019; Straßburger/Rieger 2019).

Es ist sinnvoll, diese konzeptionell-fachliche Grundlage der (sozial-)

pädagogischen Arbeit, die Verantwortung von Leitung und die Achtsamkeit für Grenzverletzungen und Gewalt gegen Kinder und Jugendliche als Selbstverständnis in einem Leitbild zu verankern und aktiv zu kommunizieren. Dies setzt klare Signale nach innen und außen – auch in Personalauswahlverfahren.

15.4.2 Beschwerdeverfahren in Organisationen

Wenn Kinder und Jugendliche Rechte haben und ihre Perspektive zu berücksichtigen ist, brauchen sie auch die Möglichkeit, sich zu beschweren, wenn sie ihre Rechte nicht erfüllt sehen. Hierfür sind Beschwerdeverfahren in den Einrichtungen zu entwickeln und bekannt zu machen. Diese klären, an wen sich Kinder und Jugendliche mit ihrem Anliegen wenden können und wie dort mit ihrem Anliegen umgegangen wird. Sie brauchen Vertrauen darin, dass ihre Anliegen ernsthaft geprüft und dem nachgegangen wird (Urban-Stahl/Jann 2014; Urban-Stahl et al. 2013). Ebenso sind die Transparenz und Verlässlichkeit des Verfahrens aber auch für die Fachkräfte von hoher Bedeutung. Für sie ist es oft eine ungewöhnliche Erfahrung, dass sich Kinder und Jugendliche über sie beschweren können, und sie müssen sich darauf verlassen können, dass diese Beschwerden in einem fairen, transparenten Verfahren bearbeitet werden und beide Seiten angemessen Gehör finden.

Die Bearbeitung von Beschwerden folgt einem Stufenmodell, das transparent beschrieben und zuverlässig angewandt werden sollte. An der ersten Stelle steht dabei das Gespräch mit der/dem Beschwerdeführenden. Darin geht es um die Klärung des Anliegens und der Erwartungen, die mit der Beschwerde verbunden sind. Es werden weitere Schritte überlegt und es wird besprochen, welche Unterstützung sie sich durch die Ansprechperson wünschen. Im nächsten Schritt erfolgt, sofern dies nicht die Sicherheit des Kindes oder der/des Jugendlichen gefährdet, die Einbeziehung der Konfliktpartei und es wird gemeinsam über die Situation gesprochen und eine Lösung gesucht. Im Beschwerdeverfahren wird zudem transparent geregelt, unter welchen Umständen und zu welchem Zeitpunkt des Verfahrens die Einrichtungsleitung über Beschwerden in Kenntnis gesetzt bzw. in den Bearbeitungsprozess einbezogen wird. Es ist sinnvoll, Beschwerdeverfahren zu dokumentieren und durch eine systematische Auswertung der Beschwerden zur Qualitätsentwicklung der Einrichtung beizutragen (vgl. → Kapitel 16 sowie Urban-Stahl/Jann 2014).

Was gehört zu einem (formellen) Beschwerdeverfahren? Folgende Aspekte sollten geklärt werden (vgl. Urban-Stahl/Jann 2014; → Abbildung 10):

Abbildung 10: Beschwerdeverfahren

Wer kann sich beschweren?	• Kinder, Jugendliche und junge Erwachsene in der Einrichtung • Eltern? • weitere Personen?
Wer sind die Ansprechpersonen für Beschwerden?	• *organisationsintern*, z. B. eine gewählte Vertrauensperson oder eine benannte Person, ein Beschwerdegremium oder der Heimrat, aber auch Leitungspersonen • *organisationsextern*, z. B. ehemalige Kinder und Jugendliche, die sich zur Verfügung stellen, Vertrauenspersonen aus dem Umfeld wie ehemalige Praktikant(inn)en, Kinderbüros, Pfarrer, Jugendamtsmitarbeiter(innen) im Ruhestand oder unabhängige Beratungs-und Ombudsstellen
Wie werden Beschwerden entgegengenommen?	• Es ist sinnvoll, möglichst unterschiedliche Kontaktwege zu eröffnen: persönlich, telefonisch, per E-Mail, über soziale Medien oder mittels Beschwerdebriefkasten. • Es können Beschwerdeformulare entwickelt werden, diese sollten aber nicht Voraussetzung für das Einreichen von Beschwerden sein.
Wie werden die Adressat(inn)en über das Verfahren informiert?	• Informationen über das Beschwerdeverfahren sollten zu unterschiedlichen Zeitpunkten und über unterschiedliche Wege gegeben werden: In Erstgesprächen oder Willkommensbriefen, regelmäßig zu verteilenden Flyern für die Kinder und Jugendlichen, auf Plakaten und Aushängen und in persönlichen Gesprächen.
Wie werden Fachkräfte und andere Beteiligte der Organisation informiert?	• Die Entwicklung eines Beschwerdeverfahrens ist im Idealfall ein Organisationsentwicklungsprozess, in den alle Beteiligtengruppen eingebunden sind. • Neu hinzukommende Mitglieder müssen jedoch aktiv einbezogen werden: Thematisierung des Beschwerdeverfahrens im Vorstellungsgespräch, in der Einarbeitung, in Teamgesprächen, bei internen Fachtagen, aber auch auf der Website und in Informationsmaterialien der Einrichtung.

15.4.3 Unabhängige Ombudsstellen

Ombudsstellen arbeiten einrichtungs- und trägerunabhängig. Sie richten sich an junge Menschen und ihre Familien, die Konflikte mit Fachkräften oder Organisationen der Kinder- und Jugendhilfe haben und diese allein nicht lösen können (Urban-Stahl 2011; Sandermann/Urban-Stahl 2017). Dabei geht es zumeist um den Bereich erzieherischer Hilfen. Kinder, Jugendliche und Eltern fühlen sich z. B. nicht ausreichend an der Entscheidungsfindung beteiligt, möchten gegen die Ablehnung eines Hilfeantrags vorgehen oder über sich unangemessene Behandlung in einer Einrichtung beschweren. Die Arbeit von Ombudsstellen richtet sich also sowohl auf den Bereich der Leistungsgewährung (Hilfeplanung im Jugendamt) als auch auf den Bereich der Leistungserbringung (Durchführung der Hilfe in Einrichtungen von zumeist freien Trägern). Sie beruhen weitgehend auf der Initiative von Fachkräften der Kinder- und Jugendhilfe, die sich für unabhängige Beratungsangebote für junge Menschen und ihre Familien einsetzen. Unabhängigkeit bezieht sich hier insbesondere auf Unabhängigkeit von den Interessen der Träger der öffentlichen und der freien Jugendhilfe. Informationen über aktuelle Entwicklungen dieses noch neuen Bereichs in der Kinder- und Jugendhilfe kann man auf den Seiten des Bundesnetzwerks Ombudschaft in der Jugendhilfe unter www.ombudschaft-jugendhilfe.de einsehen. Seit dem 10. Juni 2021 sind Ombudsstellen durch den neuen § 9a SGB VIII im SGB VIII rechtlich verankert.

15.4.4 Schutzkonzepte in Organisationen

Schutzkonzept

Der Begriff Schutzkonzept wurde durch den Runden Tisch Sexueller Kindesmissbrauch 2011 (BMJ/BMFSFJ/BMBF (Hg.) 2011) im Sinne eines weiten Verständnisses von organisationalen Schutzkonzepten in die Diskussion eingeführt: „Hinter dem Begriff steht ein konzeptuell bereits weit entwickeltes Verständnis von mehreren ineinandergreifenden Bestandteilen, sodass ein passendes System von Maßnahmen für den besseren Schutz von Mädchen und Jungen vor sexuellem Missbrauch entsteht." (Kappler et al. 2019, S. 20) Schutzkonzepte verfolgen zwei zentrale Ziele: Kinder und Jugendliche sollen einen Schutzort finden, d. h. in den Einrichtungen und Organisationen vor sexuellen Übergriffen sicher sein, und Kinder und Jugendliche sollen einen Kompetenzort finden, d. h. kompetente Ansprechpersonen, wenn sie, egal wo, von sexuellen Übergriffen und sexualisierter Gewalt betroffen sind (vgl. ebd., S. 22).

Bei genauer Betrachtung ist der Begriff Schutzkonzept jedoch irreführend. Es geht inhaltlich darum, Kinder und Jugendliche in Organisationen durch die Entwicklung und Umsetzung unterschiedlicher Elemente zu schützen. Hierzu gehören bspw. ein Leitbild, in dem Aspekte zum Schutz der betreuten Kinder, Jugendlichen und jungen Erwachsenen verankert sind, Verhaltenskodizes/Selbstverpflichtungserklärungen als schriftlich fixierte Verhaltensregeln, Beschwerdeverfahren für Kinder und Jugendliche, aber auch ein Handlungs- und Interventionsplan für den Umgang mit Hinweisen auf und Vorfällen von Gewalt (vgl. Kolshorn 2018, S. 602 ff.). Schutz wird also durch einen Prozess realisiert, nicht durch ein Konzept. Insofern wäre der Begriff Schutzprozess zutreffender (vgl. Fegert/Schröer/Wolff 2017, S. 21).

Die Entwicklung des konkreten Schutzkonzepts der Einrichtung und der Handlungsschritte erfolgt auf der Grundlage einer systematischen Analyse von organisationalen Risiken, etwa Routinen und Abhängigkeitsverhältnissen, aber auch Potenzialen im Sinne bereits existierender Elemente von Schutzkonzepten (→ Kapitel 16). Sie müssen auf den konkreten Kontext bezogen werden, also bspw. religiöse oder andere Aspekte der Organisation einbeziehen. Wichtig ist: Schutzkonzepte schützen Kinder und Jugendliche nicht durch ihre bloße Existenz. Vielmehr stellt die Entwicklung des konkreten Schutzkonzepts der Einrichtung einen Organisationsentwicklungsprozess dar, der zu Sensibilisierung und verändertem Handeln führt. Sensibilisierung und verändertes Handeln, nicht das Konzept, erhöhen den Schutz. Hierzu bietet das Lehrbuch Schutzkonzepte in pädagogischen Organisationen (Oppermann et al. 2018) eine Vielzahl von Informationen und Materialien sowie im Online-Material Berichte von Expert(inn)en über Entwicklungsprozesse und weitere Prozessmaterialien.

‚Organisationale' und ‚individuelle' Schutzkonzepte

Der Begriff Schutzkonzept wird in der sozialpädagogischen Fachdebatte in zwei unterschiedlichen Bedeutungen verwandt:

- *Organisationale Schutzkonzepte* beziehen sich, wie hier dargestellt, auf ein System von Maßnahmen in einer Organisation, die dazu beitragen sollen, Kinder und Jugendliche vor Gewalt und Grenzverletzungen in der Organisation zu schützen. Der Begriff wurde im Kontext des Schutzes vor sexueller Gewalt entwickelt.
- Ein zweites Begriffsverständnis bezieht sich auf *individuelle Schutzkonzepte* in der Arbeit mit Familien (→ Kapitel 13). Wenn eine Kindeswohlgefährdung vorliegt, wird in der Regel zunächst über erzieherische oder andere Hilfen versucht, die Kindeswohlgefährdung abzuwenden. Zur Absicherung des Kindeswohls wird im Rahmen der Hilfeplanung dann ergänzend zum Schutzkonzept in einigen ASDs ein explizites Schutzkonzept formuliert. Dies sind Vereinbarungen oder auch einseitig formulierte Vorgaben der Fachkräfte für die Eltern, die das Kindeswohl in der Familie sichern und eine Trennung des Kindes von der Familie vermeiden helfen sollen. Dieses Verständnis von Schutzkonzept ist durchaus umstritten (→ Kapitel 13). Das Vorgehen ist weder gesetzlich vorgesehen, noch gibt es einen ausreichenden fachlichen Diskurs über dessen Legitimation, Geeignetheit und Tragfähigkeit sowie über dessen Auswirkungen auf die Erziehungshilfen und das Selbstverständnis ihrer Träger. Es wird allgemein aus § 8a SGB VIII hergeleitet (vgl. LWL 2013).

15.4.5 Schutzkonzepte in Pflegefamilien

Auch in Pflegefamilien können Krisen, Grenzverletzungen und Gewalt auftreten, und auch hier haben Kinder und Jugendliche ein Recht auf Schutzkonzepte. Zugleich sind die Überlegungen zu Schutzkonzepten in Organisationen nicht direkt übertragbar: Pflegefamilien sind weder Professionelle noch Organisationen und sie sind nicht hauptamtlich tätig. Überlegungen zu Schutzkonzepten in der Pflegekinderhilfe müssen diesem besonderen Charakter Rechnung tragen. Hierfür ist eine Weitung des Blicks erforderlich: Schutzkonzepte sind nicht individuell für eine einzelne Pflegefamilie zu entwickeln oder zu denken, sondern es werden die Infrastruktur der Pflegekinderhilfe und darin die Verantwortung der unterschiedlichen Beteiligten in den Blick genommen: Unterschiedliche Formen der Elternschaft (leibliche, soziale und Pflegeeltern), Vormünder und Vormundinnen, Fachkräfte in Jugendamt und Pflegekinderdiensten, Bildungseinrichtungen, therapeutische Fachkräfte und anderes Personal im Gesundheitswesen usw. (vgl. Team FosterCare 2020, S. 234 f.). Schutzkonzepte beziehen sich in dieser Struktur z. B. auf den Prozess der Auswahl und Vorbereitung von Pflegeeltern, auf die Begleitung der Pflegefamilie in regelmäßigen Gesprächen und auf die Gewährleistung von Ansprechpartner(inne)n für Pflegekinder außerhalb der Pflegefamilie (vgl. ebd.; Althoff/Hilfe 2015; aktuelle Informationen unter https://www.diebeteiligung.de/schutz/projekt-fostercare/).

15.5 Und wenn es doch passiert?

Wenn es in Organisationen Hinweise auf Fehlverhalten und Gewalt gegen Kinder und Jugendliche gibt, ist es Aufgabe aller Mitarbeitenden, hiermit verantwortungsbewusst umzugehen. Leitung hat dabei eine spezifische Verantwortung und Aufgaben: Sie muss Hinweisen nachgehen, ggf. Abhilfe schaffen, innerhalb und außerhalb der Einrichtung kommunizieren und Folgerungen für die weitere Organisationsentwicklung ableiten (→ Kapitel 16). Die Einrichtungsleitung ist dabei zunächst in zwei Richtungen verpflichtet: Zum einen dem Wohl der betroffenen Kinder und Jugendlichen und zum anderen in ihrer Verantwortung als Arbeitsgeber gegenüber Mitarbeitenden, fair behandelt und nicht zu Unrecht beschuldigt zu werden. In beide Richtungen muss daher klar und wertschätzend kommuniziert und verdeutlicht werden, dass solchen Hinweisen ernsthaft nachgegangen und sie geklärt werden.

Rechtlich gesehen sind bei solchen Vorkommnissen mindestens zwei Ebenen zu prüfen:

- Träger einer erlaubnispflichtigen Einrichtung müssen nach § 47 SGB VIII der zuständigen Behörde Ereignisse oder Entwicklungen melden, die geeignet sind, das Wohl der Kinder und Jugendlichen zu beeinträchtigen. Diese Meldepflicht wird in den Ländern in den jeweiligen Ausführungsgesetzen zum SGB VIII konkretisiert. Hierunter fallen beispielsweise schwere Unfälle oder Selbstmordversuche, aber auch Übergriffe innerhalb der Einrichtung.
- Träger müssen prüfen, ob es im Interesse des Kindes oder der/des Jugendlichen oder arbeitsrechtlich sinnvoll ist, Strafanzeige zu stellen. Hierbei ist auch zu prüfen, ob eine Anzeigepflicht besteht.

Neben der Kommunikation mit den direkt betroffenen Kindern bzw. Jugendlichen sowie Fachkräften und der Prüfung des rechtlichen Vorgehens sind im Falle von Grenzverletzungen in Einrichtungen jedoch viele weitere Ebenen zu berücksichtigen. Es sind viele unterschiedliche Menschen in unterschiedlicher Weise betroffen: die anderen Kinder und Jugendlichen in der Einrichtung; die Eltern der betroffenen sowie die Eltern der anderen Kinder und Jugendlichen; das Jugendamt und andere kooperierende Institutionen, Einrichtungen und Dienste; weitere Personen aus dem Umfeld, aber auch die Öffentlichkeit. Es besteht daher die Notwendigkeit, die Vorkommnisse in die unterschiedlichen Richtungen aktiv und angemessen zu kommunizieren.

Dies ist eine umfassende Verantwortung, die in akuten Situationen unter einem hohen Druck und mit hoher emotionaler Betroffenheit nur schwer zu erfüllen ist (→ Kapitel 11). Daher ist es zum einen sinnvoll, sich auf einen solchen Fall vorzubereiten. Einrichtungen brauchen einen Leitfaden für ein transparentes und verbindliches Vorgehen zum Umgang mit und zur Klärung von Hinweisen auf Grenzverletzungen. Es ergibt Sinn, mögliche Schritte für den Fall der Fälle vorauszudenken und in einem Notfallplan festzuhalten. Darauf kann dann in einer Akutsituation zurückgegriffen werden. Zum anderen ist es wichtig, dass Leitungskräfte sich in solchen Situationen Unterstützung von außen holen. Dies kann in Form von Prozessberatung, Coaching oder Supervision, aber auch durch juristische Expertise erfolgen.

Vorgehen bei Fehlverhalten in einer Jugendhilfeeinrichtung

Wenn es in einer Einrichtung zu Grenzverletzungen kommt oder es Hinweise darauf gibt, ist die Einrichtungsleistung verantwortlich dafür, auf unterschiedlichen Ebenen aktiv zu werden. Diese werden in der Arbeitshilfe „Damit es nicht noch einmal passiert" der Hochdorf – Evangelische Jugendhilfe im Kreis Ludwigsburg e. V. (2014) dargestellt. In der Veröffentlichung finden Sie auch eine Verfahrensregelung zum Umgang mit Fehlverhalten in der Einrichtung.

- Recherchieren Sie in der Arbeitshilfe die Hinweise zum Vorgehen bei Fehlverhalten in einer Jugendhilfeeinrichtung.
- Erstellen Sie in Kleingruppen ein Mindmap mit Haupt- und Nebenästen zum Thema „Kommunikation und Handeln bei Grenzverletzungen und Gewalt". Die Hauptäste stellen die beteiligten Gruppen und Organisationen dar, denen gegenüber kommuniziert werden muss. Tragen Sie auf den Nebenästen ein, was auf der jeweiligen Ebene zu tun ist und worauf zu achten ist.
- Mischen Sie die Kleingruppen neu. Stellen Sie sich gegenseitig Ihre Mindmaps vor und gleichen Sie sie miteinander ab.
- Erstellen Sie in den neuen Kleingruppen nun eine Zeitleiste: Welche der Aufgaben können zeitlich eingeordnet werden? In welcher Reihenfolge sollen sie erfolgen? Wovon sind sie jeweils abhängig?
- Besprechen Sie die Ergebnisse im Plenum. Diskutieren Sie, inwiefern in diesem Prozess eine externe Prozessberatung hilfreich sein kann.

15.6 Resümee

Organisationen – seien es (sozial)pädagogische, therapeutische oder medizinische – sind nicht nur Schutzorte für Kinder, sondern auch Risikoräume. Es liegt in der Verantwortung von Fachkräften, insbesondere Leitungskräften, sich diese Risiken bewusst zu machen und in Organisationsentwicklungsprozessen zu bearbeiten. Ziel ist es, Ermöglichungsbedingungen von Gewalt zu erkennen und entgegen zu wirken, einen grenzwahrenden Umgang von Fachkräften mit Kindern und Jugendlichen zu unterstützen und eine offene Kommunikation über Fehlverhalten zu fördern. Dazu tragen klare und transparente Strukturen und die Förderung der Partizipation von allen Beteiligten, insbesondere den Kindern und Jugendlichen, in der Einrichtung bei.

Die Entwicklung von Schutzkonzepten ist kein schematischer Vorgang, sondern ein Prozess, der sich an den konkreten Gegebenheiten orientieren muss. So werden Schutzkonzepte in Heimeinrichtungen für Kleinkinder anders gestaltet werden müssen als in Jugendwohngruppen oder Pflegefamilien, Sportvereine werden anders vorgehen als Kliniken, Kirchengemeinden oder Freizeitgruppen für Kinder und Jugendliche mit unterschiedlichen Formen von Behinderungen, und auch die örtlichen Gegebenheiten wie Stadt-Land müssen Berücksichtigung finden. Die Sensibilisierung für Risiken, denen Kinder und Jugendliche nicht nur in der Familie, sondern auch in Organisationen und Institutionen ausgesetzt sind, müssen daher zu umfassenden Entwicklungsprozessen in weiten Bereichen der Gesellschaft führen.

Anregungen zum Selbststudium

- Recherchieren Sie im Internet Offenlegungen von Gewalt gegen Kinder und Jugendliche außerhalb der Kinder- und Jugendhilfe, z. B. in der Schule, in Sportvereinen, in kirchlichen Organisationen oder durch Ärzt(inn)e(n). Gehen Sie bei der Recherche der Frage nach, in welchem Kontext dieses stattgefunden hat. Welche Hinweise auf Risikokonstellationen finden Sie? Welche Hinweise finden Sie zu der Art und Weise, wie es zur Geheimhaltung und wie zur Offenlegung kam? Wie wurde von der Organisation mit der Offenlegung umgegangen, und finden Sie Hinweise zu Folgerungen der Organisation in ihrem Entwicklungsprozess?
- Nutzen Sie Materialien und Berichte von Einrichtungen der Kinder- und Jugendhilfe, die sich mit Gewaltvorfällen gegen Kinder und Jugendliche in der eigenen Organisation auseinandergesetzt haben. Nehmen Sie bewusst unterschiedliche Perspektiven auf die Erzählungen ein – die Perspektive der Einrichtungsleitung, der Kinder und Jugendlichen, der Fachkräfte, der Eltern, des Jugendamts, der Betriebserlaubnisbehörde usw. Beispiele für Materialien: Diakonieverbund Schweicheln e. V.: Handlungsorientierung für die Praxis zum grenzwahrenden Umgang mit Mädchen und Jungen und zu sicherem Handeln in Fällen von (massivem) Fehlverhalten. 3. Auflage 2014.
- Die Internetseite www.diebeteiligung.de bietet Fachkräften und Interessierten ausführliche Informationen zu den Themen Beteiligung und Schutz von Kindern und Jugendlichen im Alltag der Erziehungshilfe. Informieren Sie sich auf der Seite über Beteiligung und Schutz und reflektieren Sie, welche Verbindungen und welche Unterschiede zwischen diesen Themen bestehen.
- Lesen Sie das Buch von Friederike Lorenz: „Der Vollzug des Schweigens" Konzeptionell legitimierte Gewalt in den stationären Hilfen, Wiesbaden: Springer (2020). Die Studie analysiert auf der Basis narrativer Interviews und des Übergabebuchs einer Heimgruppe die Teamdynamiken und Rahmenbedingungen von Gewalt in (sozial-)pädagogischen Organisationen. Überlegen Sie, inwiefern Sie in der Studie die oben beschriebenen Risikostrukturen wiederfinden. Welche Möglichkeiten und Grenzen sehen Sie in der beschriebenen Konstellation für die oben beschriebenen Strategien der Prävention und Intervention gegen Gewalt in Organisationen?
- In den Beiträgen des Herausgeberbandes „Zerstörerische Vorgänge" von Sabine Andresen und Wilhelm Heitmeyer (Hg.), Weinheim; Basel 2012, S. 66 ff. kommen Betroffene zu Wort. Nutzen Sie die Texte, um sich mit der Perspektive der betroffenen Kinder und Jugendlichen auseinanderzusetzen.

- Auch mehrere (Spiel)Filme setzen sich seriös mit dem Thema Gewalt in der Heimerziehung auseinander:
  Bambule (1970) entstand nach einem Drehbuch von Ulrike Meinhof und stellt die autoritären Methoden und Strukturen der Heimerziehung (Fürsorgeerziehung) in den 1970er Jahren dar.
  Freistatt (2015) beruht auf der Biographie von Wolfgang Rosenkötter und stellt seine Erfahrungen und sein Leid als Zögling im Erziehungsheim Moorhort der Diakonie Freistatt in den 1960er–1970er Jahren dar.
  Jana und Jan (1992) erzählt die Geschichte eines jungen Liebespaares in einem Jugendwerkhof Ende der 1980er Jahre.
  Die unbarmherzigen Schwestern (2002) spielt in den 1960er Jahren in Irland und beschreibt das Leben und Leiden von drei jungen Frauen, die in einem Heim des Magdalenen-Ordens untergebracht wurden.
  Und alle haben geschwiegen (2012) beschreibt anhand einer fiktiven Geschichte das Unrecht in der Heimerziehung der 1960er Jahre in der BRD. Der Film basiert auf dem Buch *Schläge im Namen des Herren* von Peter Wensierksi (2006).
  Die Auserwählten (2014) stellt den Alltag in der Odenwaldschule Ende der 1970er Jahre dar, befasst sich mit den dort verübten Grenzverletzungen und Gewalthandlungen sowie mit dem Versuch der Veröffentlichung durch einen ehemaligen Schüler in den 1990er Jahren.

Weiterführende Literatur

Kappeler, Manfred (2011). Anvertraut und ausgeliefert. Sexuelle Gewalt in pädagogischen Einrichtungen, Berlin.
Der Autor war selbst als Heimerzieher in der Fürsorgeerziehung tätig und Mitglied der Heimkampagne in Berlin Anfang der 1970er Jahre. Er begleitet und berät seit vielen Jahren ehemalige Heimkinder bei der Verarbeitung und Veröffentlichung ihrer Erfahrungen. Das Buch bietet eindrückliche Schilderungen der unterschiedlichen Perspektiven und Dynamiken von sexueller Gewalt in Organisationen in der Vergangenheit und Gegenwart sowie der aktuellen Bemühungen zur Aufarbeitung.

Urban-Stahl, Ulrike/Jann, Nina (2014). Beschwerdeverfahren in der Kinder- und Jugendhilfe. München.
In diesem Buch werden verschiedene Beschwerdeverfahren für Einrichtungen der Kinder- und Jugendhilfe vorgestellt. Es bietet Unterstützung bei der Einführung von Beschwerdeverfahren, gibt Auskunft über typische Stolpersteine, zeigt anhand von Fallbeispielen auf, wie durch gelungene Beschwerdeverfah-

ren die Rechte von Kindern und Jugendlichen gestärkt werden können, und enthält Materialbeispiele.

Oppermann, Caroline/Winter, Veronika/Harder, Claudia/Wolff, Mechthild/Schröer, Wolfgang (Hg.) (2018). Lehrbuch Schutzkonzepte in pädagogischen Organisationen. Weinheim; Basel.
Das Lehrbuch befasst sich mit der Entwicklung und Umsetzung von Schutzkonzepten im Sinne langfristiger Entwicklungsprozesse. Basierend auf einem E-Learning-Kurs bietet es nicht nur didaktische Elemente im Buch wie Fallbeispiele, Aufgaben und Reflexionsanregungen, sondern auch eine Vielzahl ergänzender Online-Materialien (Videos mit Expert(inn)en-Statements, Übungsmaterial und Vertiefungstexte).

Kapitel 16
Qualitätsentwicklung im Kinderschutz

Überblick über das Kapitel

In diesem Kapitel wird dargelegt, warum die Entwicklung von Qualität im Kinderschutz zu einem wichtigen Thema in der Fachdebatte geworden ist. Es wird erläutert, welche Anlässe und Ereignisse zu Diskussionen über Qualität und Fehler im Kinderschutz geführt haben, und was man unter Qualität im Kinderschutz verstehen kann. Weiter wird erörtert, was Fehler im Kinderschutz sind und was man über deren Ursachen weiß. In diesem Kontext wird auf den Umstand aufmerksam gemacht, dass Organisationen, in denen keine Mechanismen zur Entwicklung und Sicherung von Qualität im Kinderschutz verankert sind, anfälliger für die Entstehung schwerwiegender Fehler sind. Abschließend werden verschiedene Ansätze zur Qualitätsentwicklung vorgestellt.

16.1 Diskussionen über Qualität und Fehler im Kinderschutz

16.2 Die Begriffe Qualität und Fehler im Kinderschutz als soziale Konstruktionen

16.3 Ursachen und Hintergründe von Qualitätsmängeln und Fehlern im Kinderschutz

16.4 Ansätze der Qualitätsentwicklung im Kinderschutz

16.5 Resümee

16.1 Diskussionen über Qualität und Fehler im Kinderschutz

Nach Schrapper (2012) sind Diskussionen über Qualität und Fehler im Kinderschutz erstmals mit dem sogenannten ‚Osnabrücker Fall' im Jahr 1994 aufgekommen. Ein fünf Monate alter Säugling war damals aufgrund von Vernachlässigung zu Tode gekommen, obwohl die Familie durch eine sozialpädagogische Familienhilfe unterstützt wurde. Der Fall löste eine Debatte über strafrechtliche Risiken von Fachkräften des Jugendamts im Kontext der Wahrnehmung des Wächteramtes aus (vgl. Mörsberger/Restemeier 1997). Etwa zehn Jahre später führten ebenfalls spektakuläre Kinderschutzfälle sowie die Aufdeckung von Fällen sexueller Gewalt in öffentlichen Institutionen (→ Kapitel 15) zu erneuten Debatten über Qualität und Fehler im Kinderschutz. Insbesondere der sogenannte ‚Fall Kevin', welcher sich im Jahr 2006 in Bremen ereignete, führte dazu, dass die Qualität und Wirksamkeit des Kinderschutzes öffentlich massiv in Frage gestellt wurden. Die Leiche des zweieinhalbjährigen Kindes Kevin wurde am 10. Oktober 2006 von Mitarbeitenden des Amtes für Soziale Dienste Bremen in der Wohnung seines Ziehvaters im Bremer Stadtteil Gröpelingen in einem Kühlschrank aufgefunden. Der Fall hat in der (Fach-)Öffentlichkeit für Entsetzen und Aufsehen gesorgt. Kevin und seine Eltern waren vom Jugendamt langjährig unterstützt worden. Die verantwortlichen Fach- und Leitungskräfte hatten nicht bzw. zu spät bemerkt, dass das Leben des Jungen akut gefährdet war, während die Gefährdungshinweise anderer Fachkräfte, die mit der Familie zu tun hatten, nicht angemessen aufgegriffen wurden. Dieser Fall gilt bis heute als ein drastisches Beispiel für misslungene Kindeswohlsicherung. Er wurde von einem parlamentarischen Untersuchungsausschuss aufgearbeitet (Bremische Bürgerschaft 2007) und inzwischen auch diskursanalytisch aus Perspektive der Medien, der Politik und der Fachöffentlichkeit kritisch untersucht (Brandhorst 2015). Der Fall löste nicht nur Diskussionen über die Fehlerverantwortung von Fachkräften in Jugendämtern aus. Er führte auch dazu, dass Leitungskräfte und politisch Verantwortliche ihre Ämter verloren und organisatorisch sowie politisch zur Rechenschaft gezogen wurden (vgl. Schrapper 2012a, S. 34).

Zwar sind solche problematischen Fallverläufe im Kinderschutz die Ausnahme und nicht die Regel. Sie haben aber das öffentliche Image von Fachkräften im Kinderschutz beschädigt, vor allem von Mitarbeitenden in Jugendämtern. In der Öffentlichkeit wird zunehmend in Frage gestellt, ob Jugendämter Kinder vor Gefährdungen ihres Wohls ausreichend schützen. Auch werden den Fachkräften verstärkt Fehler vorgeworfen. Bei genauerer Betrachtung stellen sich diese allerdings oft als Symptom oder Phänomen grundlegend vorhandener organisationaler und systembedingter Störungen und Probleme dar (vgl. Biesel 2011a).

Problematischer Fallverlauf im Kinderschutz

Unter einem problematischen Fallverlauf im Kinderschutz „werden Fallverläufe oder deren Ergebnisse bezeichnet, die aus Sicht von Fach- und Leitungskräften, aber auch aus der Sicht von Eltern, Kindern oder Jugendlichen nicht zufriedenstellend waren. Verletzte oder zu Tode gekommene Kinder oder eine unnötige Herausnahme eines Kindes aus der Familie sind dabei die massivsten Formen eines unerwünschten Ergebnisses" (Gerber/Lillig 2018, S. 16) bzw. schwerwiegenden Fehlers im Kinderschutz.

Die noch relativ jungen Auseinandersetzungen mit Fehlern im Kinderschutz (vgl. Biesel/Wolff 2013b, S. 21 f.; Deegener 2014, S. 297 ff.; Schrapper 2012a, S. 31 ff.) haben in der Praxis zu einem Umdenken geführt (vgl. Schrapper 2012a, S. 31 ff.):

- Erstens ist es nicht mehr umstritten, dass Fachkräften und ihren Organisationen im Kinderschutz auch Fehler unterlaufen können.
- Zweitens ist das Bewusstsein dafür gestiegen, dass Leitungskräfte und politisch Verantwortliche über Fehler im Kinderschutz ihr Amt verlieren können.
- Drittens wird die Wichtigkeit von Qualitätsentwicklung im Kinderschutz nicht mehr in Frage gestellt.

Vor diesem Hintergrund wurden in Deutschland in den letzten Jahren erhebliche Anstrengungen unternommen, um die Qualität der Kinderschutzarbeit zu verbessern. Im Rahmen des Bundeskinderschutzgesetzes (→ Kapitel 8) trat 2012 ein neuer § 79a SGB VIII in Kraft. Während Träger der freien Jugendhilfe bereits zuvor nach §§ 78a–g SGB VIII im Rahmen von Leistungsvereinbarungen mit dem Träger der öffentlichen Jugendhilfe zu Qualitätsentwicklung verpflichtet waren, gilt nun auch für Jugendämter die Pflicht, Grundsätze und Maßstäbe für die Bewertung der Qualität sowie geeignete Maßnahmen zu ihrer Sicherstellung für die Gewährung und Erbringung von Leistungen der Kinder- und Jugendhilfe, die Erfüllung anderer Aufgaben, den Prozess der Gefährdungseinschätzung nach § 8a SGB VIII und die Zusammenarbeit mit anderen Institutionen weiterzuentwickeln, anzuwenden und regelmäßig zu überprüfen. Wir wollen uns in den folgenden Abschnitten daher genauer damit auseinandersetzen, worauf Qualitätsentwicklung im Kinderschutz zielt, und was man sich von ihr erhoffen kann. Zunächst aber wollen wir die Begriffe Qualität und Fehler näher erläutern.

16.2 Die Begriffe Qualität und Fehler im Kinderschutz als soziale Konstruktionen

Wie wir bereits erörtert haben, sind die Begriffe Kinderschutz, Kindeswohlgefährdung, Kindeswohl, Kindheit, Jugend und Familie *soziale Konstrukte* (→ Kapitel 2). Sie sind auslegungs- und klärungsbedürftig. Es verwundert daher kaum, dass es sich bei den Begriffen Qualität und Fehler ebenfalls um solche Konstrukte handelt. In der Fachdebatte wird davon ausgegangen, dass Qualität nicht absolut bestimmt werden kann, und sich im Qualitätsbegriff verschiedene, oftmals gegensätzlich zueinander stehende Erwartungen, Interessen, Normen und Werte bündeln (vgl. Biesel 2014a; Merchel 2013, S. 39 ff.; Schaarschuch/Schnurr 2004; Wolff et al. 2013b, S. 270). Wir definieren *Qualität im Kinderschutz* und *Fehler* daher wie folgt:

Qualität im Kinderschutz

Qualität im Kinderschutz ist die Bezeichnung für die Güte von Antworten (Leistungen und Maßnahmen), welche von verschiedenen Berufsgruppen, Institutionen und Organisationen innerhalb eines staatlich regulierten Systems ergriffen werden, um Gefährdungen des Wohls von Kindern und Jugendlichen in Familien oder Institutionen, insbesondere körperliche, psychische/emotionale und sexuelle Gewalt gegen Kinder, Vernachlässigung und Spezialformen der psychischen/emotionalen Gewalt gegen Kinder, erkennen und abwenden zu können. Sie wird unter Berücksichtigung von ethischen, gesetzlichen, fachlichen und wissenschaftlichen, aber auch persönlichen, gesellschaftlichen und politischen Bewertungen bestimmt und ist eine soziale Konstruktion.

Fehler im Kinderschutz

Bei einem Fehler handelt es sich um eine Handlung oder Entscheidung, für die aus einer subjektiven und normativen Perspektive eine günstigere und umsetzbare Alternative bestanden hätte (vgl. Weingardt 2004, S. 231 ff.). Fehler können im Kinderschutz „als sozial kommunikative Konstruktionen verstanden werden, die auf gesellschaftliche Erwartungen, gesetzliche Regelungen, selbsterzeugte, d. h. (inter-)professionelle wie (inter-)organisationale Werte, Normen und Haltungen und die daraus resultierenden Qualitätsstandards verweisen. Sie können für die in der Sozialen Arbeit vorkommenden komplex dynamischen Praxiskontexte nicht als ein für alle Mal normativ feststehend beschrieben werden" (Biesel 2011a, S. 84).

Im Kinderschutz werden üblicherweise grob vier Typen von Fehlern unterschieden (vgl. Biesel/Wolff 2014, S. 37; Fegert/Ziegenhain/Fangerau 2010, S. 151):

- *Zuwiderhandlungen (violations):* Verstöße gegen bestehende Vorschriften, Regelungen, Verfahren oder Gesetze.
- *Zielverfehlungen (errors):* Nichterreichung von angestrebten bzw. gewünschten Zielen.
- *Irrtümer (mistakes):* Mängel oder Versäumnisse in Beurteilungs-, Schlussfolgerungs-, Planungs- und Interventionsprozessen.
- *Ausrutscher/Patzer (slips) und Aussetzer/Schnitzer (lapses):* versehentlich vorgenommene falsche Handlungen oder Entscheidungen.

Was unter einer Zuwiderhandlung einer Fachkraft verstanden werden kann, liegt vielleicht auf der Hand, nicht jedoch ob Beurteilungs-, Schlussfolgerungs-, Planungs- und Interventionsprozesse mangelhaft realisiert worden sind (wie z. B. Prozesse der Gefährdungseinschätzung oder der Hilfeplanung). Es bedarf daher in der Praxis fachlicher Auseinandersetzungen darüber, ob und welche Vorgehensweisen von Fachkräften als fachlich angemessen und welche als Zielverfehlungen, als Irrtümer oder als Ausrutscher/Patzer und Aussetzer/Schnitzer aufgefasst werden können. Auch muss geklärt sein, worauf diese Einschätzung fußt und ob alternative Handlungsoptionen unter Berücksichtigung der vorhandenen Rahmenbedingungen überhaupt hätten ergriffen werden können. Diese Auseinandersetzungen sind durchaus kontrovers und eine solche Unterscheidung folgt im dynamischen und komplexen Kinderschutzgeschehen keinem einfachen Schema. Entscheidungen und Handlungen sind stets mit Nebenwirkungen verbunden, welche sich oftmals erst im Nachhinein als Fehler herausstellen. Was als Qualität und als ein Fehler im Kinderschutz aufgefasst werden kann, unterliegt auch gesellschaftlichen Entwicklungen und Konjunkturen und muss insofern zwischen den daran beteiligten Akteur(inn)en immer wieder neu ausgehandelt und bestimmt werden (vgl. Merchel 2013, S. 41 f.; Schaarschuch/Schnurr 2004, S. 314 ff.; Wolff et al. 2013a, S. 21). Dabei sind unterschiedliche Perspektiven zu berücksichtigen:

- Aus der Perspektive der Gesellschaft und der Politik ist Qualität im Kinderschutz bspw. gewährleistet, wenn Kinder und Jugendliche vor Gefährdungen ihres Wohls zuverlässig geschützt und Eltern zu Veränderungen im Interesse des Kindeswohls angeregt und befähigt werden *(gesellschaftlicher Nutzen)*.

- Aus der Perspektive von Organisationen und ihren Fachkräften verschiedener Professionen ist Qualität im Kinderschutz bspw. gewährleistet, wenn die Gesellschaft, der Staat und die adressierten Kinder, Jugendlichen und Eltern die von ihnen offerierten Leistungen und Maßnahmen als problemangemessen, finanzierbar und wirksam ansehen *(Effektivität und Effizienz).*
- Aus der Perspektive von in ihrem Wohl gefährdeten Kindern, Jugendlichen und deren Familien ist Qualität im Kinderschutz bspw. gewährleistet, wenn die zur Verfügung gestellten Leistungen und Maßnahmen einen hohen Gebrauchswert haben und sie darin unterstützen, ein gutes und selbstbestimmtes Leben zu führen *(Wiedererlangung von Handlungsautonomie).*

Merkmale von Qualität im Kinderschutz
Woran kann man Ihrer Meinung nach Qualität im Kinderschutz erkennen?

- Überlegen Sie sich ein Fallbeispiel und nennen Sie mindestens fünf Merkmale, an denen Sie feststellen würden, dass gute Kinderschutzarbeit geleistet wurde. Begründen Sie, warum Sie diese für relevant halten.
- Vergleichen Sie Ihre Qualitätsmerkmale mit denen anderer Studierender. Welche Gemeinsamkeiten und Unterschiede gibt es? Worauf führen Sie diese zurück?

Ausgehend von diesen Überlegungen wird deutlich, dass die Bestimmung von Qualität im Kinderschutz nicht ohne den Dialog unterschiedlicher Beteiligter und Perspektiven erfolgen kann (vgl. Merchel 2013, S. 45; Wolff et al. 2013a). Es bedarf Orte des Austauschs über Qualität und der Einbeziehung aller Akteursgruppen, um Gemeinsamkeiten und Differenzen sichtbar machen, Konflikte austragen und gemeinsame Qualitätskompromisse finden zu können. Bei der Gestaltung solcher Qualitätsdialoge sind die unterschiedlichen Machtpotenziale der Akteur(inn)e(n) zu berücksichtigen und es ist dafür Sorge zu tragen, dass alle Perspektiven Gehör finden (vgl. Schaarschuch/Schnurr 2004, S. 316). In jedem Fall bedarf es zwischen den Akteur(inn)en einer Einigung darüber, wozu und wie Qualität im Kinderschutz (weiter-)entwickelt und gesichert werden soll und auf welchen Dimensionen. Sie benötigen zudem verbindlich miteinander erarbeitete Qualitätsstandards und -indikatoren, anhand derer sie beobachten können, ob und inwieweit es ihnen gelungen ist, den verabredeten Qualitätszielen und -anforderungen zu entsprechen.

Qualitätsstandard

Der Begriff des Qualitätsstandards ist in der deutschen Fachdebatte umstritten (vgl. Merchel 2013, S. 63 ff.), im internationalen Diskurs jedoch weit verbreitet. Oftmals wird darunter eine Standardisierung von Qualität verstanden, welche die Vereinheitlichung von Verhaltens- und Handlungsweisen bzw. eine Verbindlichmachung von bestimmten Verhaltens- und Vorgehensweisen von Fachkräften in Organisationen des Kinderschutzes zum Ziel hat. Im Kinderschutz gibt es aber keine standardisierte Handlungsabfolge wie im industriellen Fertigungsprozess, die genormt und immer gleich abgearbeitet werden kann. Qualitätsstandards sind daher lediglich Orientierungshilfen bzw. Leitlinien. Kindler (2013b, S. 11) definiert den Begriff ‚Qualitätsstandard' wie folgt: Mit der Bezeichnung „werden Orientierung bietende und zugleich mit einem gewissen Maß an Verbindlichkeit versehene Vorstellungen davon bezeichnet, wie Prozesse organisiert oder Prozessergebnisse bzw. Produkte gestaltet sein sollen."

Qualitätsindikatoren

Ein Indikator ist eine Variable, mit der uneindeutige bzw. schwer zu operationalisierende Sachverhalte sichtbar gemacht werden können. Synonym für den Begriff Indikator kann auch das Wort *Anzeiger* gebraucht werden. Durch einen Indikator wird angezeigt, ob ein bestimmter Sachverhalt vorliegt oder nicht. Ein Qualitätsindikator bezeichnet demnach eine Messgröße, anhand derer festgestellt werden kann, ob ein bestimmtes Ziel bzw. eine Anforderung in einer Qualitätsdimension erreicht worden ist (vgl. Kindler 2013b, S. 11).

Qualität im Kinderschutz kann in den Dimensionen Struktur-, Prozess- und Ergebnisqualität lokalisiert und beschrieben werden (vgl. Dahme/Wohlfahrt 2018, S. 1239; Merchel 2019c, S. 450; Merchel 2013, S. 46; Wolff et al. 2013a, S. 35).

- In der Dimension *Strukturqualität* geht es um die Frage, welche sachlichen, organisationalen und personalen Rahmenbedingungen die Qualität professionellen Handelns beeinflussen (Personalausstattung, Arbeitsbelastung, sächliche Bedingungen etc.).
- In der Dimension *Prozessqualität* geht es um die Frage, wie soziale personenbezogene Dienstleistungen erbracht werden (Rollen- und Aufgabenwahrnehmung, Fallbearbeitung, Ermittlung von Bedarf und Leistung etc.).
- In der Dimension *Ergebnisqualität* geht es um die Frage, ob und welche Effekte mit den erbrachten Dienstleistungen zusammen mit den Kindern

und Eltern erreicht werden, ob es einen sichtbaren Erfolg oder Misserfolg gibt (Wiedererlangung von Handlungsautonomie, Abwendung von Kindeswohlgefährdungen, Abschwächung sozialer Probleme etc.).

In der Sozialen Arbeit wird diese Einteilung häufig um die Dimension *Konzeptqualität* ergänzt. In dieser Dimension geht es um die Frage, inwieweit die im Konzept beschriebenen Ziele sowie ausgewiesenen Methoden und Instrumente dazu geeignet sind, die angestrebten Ergebnisse zu erreichen (vgl. Dahme/Wohlfahrt 2018, S. 1239).

Für den Kinderschutz liegen alternative, meist deutlich ausdifferenziertere bzw. feldspezifisch konkretisierte Vorschläge für Qualitätsdimensionen vor, anhand derer Qualität entwickelt, überprüft und gesichert werden kann (vgl. Kindler 2013b, S. 44 ff.). Das ISA – Institut für soziale Arbeit e. V. (2010) aus Münster beschreibt Qualität für den Kinderschutz bspw. entlang von zehn Dimensionen. Es benennt für jede dieser Qualitätsdimension Ziele und beschreibt Indikatoren, anhand derer man erkennen kann, ob eine hohe Qualität in der Dimension (das Ziel) erreicht wurde (Operationalisierung). Zudem unterbreitet es Vorschläge, wie man Qualität in verschiedenen Dimensionen weiterentwickeln und sichern kann. Eine Alternative zum ISA-Modell stellt das mehrfach in der Praxis erprobte Qualitätskonzept des Kronberger Kreises für Dialogische Qualitätsentwicklung dar (vgl. Amt für Soziale Dienste Bremen 2009; Amt für Soziale Dienste Bremen in Kooperation mit dem Kronberger Kreis für Qualitätsentwicklung e. V. 2010; Jugendamt der Stadt Dormagen in Zusammenarbeit mit Reinhart Wolff 2011). Es beinhaltet ebenfalls zehn Qualitätsdimensionen (vgl. Wolff et al. 2013a, S. 35 f.) und zielt darauf ab, dass die an der Bestimmung von Qualität beteiligten Akteur(inn)e(n) für jede dieser Qualitätsdimensionen miteinander klären, welche rechtlichen Grundlagen es zu beachten gilt und welche Probleme und Schwierigkeiten bei der Erreichung der angestrebten Qualität wiederkehrend eine Rolle spielen könnten. Auf dieser Basis leiten sie Qualitätsstandards und -indikatoren ab und entwickeln Vorschläge zur Umsetzung (vgl. Wolff et al. 2013a, S. 36).

16.3 Ursachen und Hintergründe von Qualitätsmängeln und Fehlern im Kinderschutz

Lange Zeit wurden Qualitätsmängel und Fehler im Kinderschutz als individuelles Versagen von Fachkräften gedeutet. In der Forschung hat sich jedoch gezeigt, dass Fehler im Kontext komplex miteinander verbundener und voneinander abhängiger interkommunikativer Systeme, unhinterfragter Routinen und blinder Flecken entstehen (vgl. Biesel/Wolff 2014, S. 34). Sie sind häufig ein Symptom für grundlegende Störungen und Schwierigkeiten in einem kommunalen Kinderschutzsystem und seinen Organisationen. Qualitätsmängel und Fehler können daher auf verschiedenen Ebenen lokalisiert werden (vgl. Biesel 2011a, S. 45 f.; Wolff et al. 2013b, S. 15 f.):

- *auf der Ebene der Fachkräfte* (z. B. unzureichende fachliche Qualifikationen, fehlende methodische Kompetenzen, mangelhafte Bearbeitungen emotionaler Betroffenheiten und Verstrickungen),
- *auf der Ebene von Teams* (z. B. intransparente Absprachen, unklare Verantwortungsstrukturen, mangelhafte Fallreflexionen),
- *auf der Ebene der Organisation* (z. B. ungenügende Ressourcen, inadäquate Organisationsstrukturen, unklare Konzepte und Verfahrensabläufe),
- *auf der Ebene der interorganisationalen Zusammenarbeit* (z. B. fehlende Kooperationsvereinbarungen, unklare Schnittstellen, ungenügende Vernetzungen).

Ihre Ursachen sind zumeist systemisch bzw. organisationskulturell bedingt (vgl. Biesel 2011a, S. 101 ff.; Merchel 2007a; 2007b; Munro 2005; 2009). Das bedeutet, Fachkräfte werden in ihrem Denken und Handeln einerseits von unhinterfragten Routinen und blinden Flecken in Organisationen beeinflusst. Andererseits wirken sie durch ihr Handeln auf ihre Organisationen ein und erschaffen damit (un-)bewusst Kulturen, die anfällig für schwerwiegende Fehler im Kinderschutz sein können. Sie stehen so gesehen in einer Wechselbeziehung zu ihrer Organisation. Sie sind von ihr beeinflusst, gestalten sie aber auch mit.

Organisationskultur

„Organisationskultur gilt als ein Sammelbegriff für die implizit wirkende Realität in Organisationen" (Merchel 2019a, S. 62). Sie „kann als die ‚Mentalität' einer Organisation bezeichnet werden: Es handelt sich um kollektive Orientierungen, die das Wahrnehmen, Denken, Fühlen und Handeln der Organisationsmitglieder beeinflussen" (ebd.).

Es wird davon ausgegangen, „dass Kinder insbesondere dann durch (…) Fehler gefährdet sind, wenn es im Kinderschutz einer Kultur der Fehleroffenheit, des Vertrauens, der Anerkennung und des Lernens mangelt" (Biesel/Wolff 2014, S. 34). Dieses neue Verständnis, bezeichnet als ‚systemischer Ansatz der Fehlerentstehung', wurde von Dekker (2014, S. xvi) wie in → Tabelle 14 zu sehen ist, dem alten Verständnis, bezeichnet als ‚personeller Ansatz der Fehlerentstehung', gegenübergestellt.

Tabelle 14: Kontrastierung alte Sicht und neue Sicht der Ursachen von Fehlern (Quelle: Dekker 2014, S. xvi; ins Deutsche übersetzt von Biesel/Urban-Stahl)

Altes Verständnis: personeller Ansatz der Fehlerentstehung	Neues Verständnis: systemischer Ansatz der Fehlerentstehung
Fehler sind der Grund für Störungen und Schwierigkeiten in einer Organisation	Fehler sind ein Symptom für grundlegende Störungen und Schwierigkeiten in einer Organisation
Fehler sind dem menschlichen Verhalten geschuldet	Fehler sind Zuschreibungen; Urteile, die gefällt werden, nachdem etwas passiert ist
Fehler sind gefürchtet und müssen bekämpft werden	menschliches Verhalten wird systematisch beeinflusst durch Organisationen und umgekehrt
menschliches Verhalten muss kontrolliert werden	Fehler sind Hinweise darüber, wie Menschen gelernt haben mit komplexen und widersprüchlichen Arbeitsbedingungen umzugehen
Fehler sind simpel abzustellen, irgendwann werden alle Systeme so aufgestellt sein, dass sie sich nicht mehr ereignen	Fehler können nicht einfach abgestellt werden, sie sind organisational und systemisch bedingt
mit stringenteren Prozeduren, einem erhöhten Maß an Pflichtbewusstsein, technologischer Innovationen und Supervision, können Fehler reduziert werden	mit einem besseren Verständnis für die tägliche Arbeit von Menschen, ist es besser möglich, Wege zu finden, organisationale Rahmenbedingungen zu verbessern

Fehler im Kinderschutz
Kommen Sie in Kleingruppen oder Tandems zusammen.

- Überlegen Sie, was für Sie Fehler im Kinderschutz sind und worauf diese Ihrer Meinung nach zurückzuführen sind.
- Beraten Sie in einem zweiten Schritt, wie man Ihrer Meinung nach diese Fehler vermeiden könnte. Entwickeln Sie drei Vorschläge zur Fehlervermeidung und begründen Sie, warum Sie diese für vielversprechend halten.
- Stellen Sie ihre Ergebnisse im Plenum vor.

Unter Bezugnahme auf Reason (2008, S. 38) beschreibt Biesel (2011a, S. 77) drei idealtypische Organisationskulturen für den Umgang mit Fehler im Kinderschutz:

- *Die pathologische Kultur:* In dieser Kultur will niemand etwas über Fehler wissen. Mitarbeitende, die Fehler wahrnehmen, werden als störend angesehen und öffentlich an den Pranger gestellt. Die Verantwortung für einen reflexiven Umgang mit Fehlern des Kinderschutzes wird negiert. Fehler werden entweder verheimlicht oder aber einzelne Mitarbeitende werden dafür verantwortlich gemacht. Neue Ideen zur Vermeidung von schwerwiegenden Fehlern sowie zur Verbesserung der Kinderschutzpraxis sind nicht willkommen.
- *Die bürokratische Kultur:* In dieser Kultur weiß man um die Existenz von Fehlern des Kinderschutzes. Mitarbeitende, die auf Fehler hinweisen, werden angehört. Man ist aber froh, wenn sie die Organisation verlassen bzw. in Zukunft darauf verzichten, auf die von ihnen entdeckten Fehler wiederholt hinzuweisen. Die Verantwortung für einen reflexiven Umgang mit Fehlern des Kinderschutzes wird den einzelnen Mitarbeitenden zugewiesen. Eine gemeinsame Verantwortungsübernahme wird nicht angestrebt. Fehler werden lokal beseitigt, aber deren Entstehung nicht aus einer gesamtorganisationalen Perspektive betrachtet. Neue Ideen zur Vermeidung von Fehlern sowie zur Verbesserung der Kinderschutzpraxis werden als unnötige und belastende Mehrarbeit angesehen.
- *Die generative Kultur:* In dieser Kultur wird aktiv nach Fehlern des Kinderschutzes gesucht. Mitarbeitende werden darin geschult, sie frühzeitig zu erkennen und zu beheben. Die Verantwortung für Fehler wird gemeinsam übernommen und ihre Aufdeckung führt zu Versuchen organisationaler Veränderungen. Neue Ideen zur Vermeidung von schwerwiegenden Fehlern sowie zur Verbesserung der Kinderschutzpraxis sind willkommen.

Eine generative Kultur ist vor allem für sog. hochzuverlässige Organisationen (High Reliability Organizations, HROs) kennzeichnend (Weick/Sutcliffe 2016). Hierzu gehören spezielle Organisationen wie Fluggesellschaften, Feuerwehren oder Kernkraftwerke. Diese sind zwar nicht mit Organisationen des Kinderschutzes gleichzustellen, weisen jedoch Merkmale auf, welche auch für diese vorbildgebend sein können (vgl. Biesel 2011a, S. 105 f.; Weick/Sutcliffe 2016):

- Sie konzentrieren sich auf ihre Fehler.
- Sie sind sorgfältig bei der Einhaltung ihrer eigenen fachlichen Standards.
- Sie versuchen möglichst nicht in Routinen zu verfallen.
- Sie haben eine Abneigung gegen vereinfachende Interpretationen.
- Sie sind an Kritik und Widerspruch interessiert.

- Sie sind gegenüber organisationalen Abläufen sensibel.
- Sie streben nach flexiblen Lösungen.
- Sie haben Respekt vor dem fachlichen Können und Wissen ihrer Mitarbeitenden.

In den Institutionen des Kinderschutzes sind diese Merkmale nicht immer anzutreffen. Viele Dienste und Einrichtungen seien, so Wolff (2007, S. 135), „risikogefährdete Kinderschutzorganisationen". Auch Merchel verweist darauf, dass effektiver Kinderschutz nicht nur das Ergebnis individuellen professionellen Handelns ist, sondern auch von der Existenz lernförderlicher Organisationskulturen abhänge (Merchel 2012). Solche lernförderlichen Organisationskulturen können aber nicht einfach angeordnet werden. Sie müssen im Rahmen von Organisationsgestaltungs- und Qualitätsentwicklungsprozessen – oft mühevoll – entwickelt werden. Dies liege daran, dass Organisationen dazu neigen, an ihren Routinen festzuhalten und sich daher mit Veränderungen tendenziell schwertun. Oftmals nehmen sie Fehler in ihrer Arbeit erst wahr, wenn es zu spät ist und Kinder oder Jugendliche bereits Leid erfahren mussten. Dies kann Situationen betreffen, in denen Fachkräfte riskante Entscheidungen treffen oder ihnen Einschätzungsfehler unterlaufen, in deren Folge Kinder nicht geschützt werden. Es kann aber auch um eine Gefährdung von Kindern und Jugendlichen durch Mitarbeitende – ehrenamtliche ebenso wie hauptamtliche – gehen, z. B. im Rahmen körperlicher oder sexueller Übergriffe (→ Kapitel 15). Es ist deshalb wichtig, mit Hilfe von Ansätzen der Qualitätsentwicklung dafür zu sorgen, dass in Organisationen und Institutionen des Kinderschutzes offen mit Fehlern des Kinderschutzes umgegangen wird. Neben Strategien, um Leitungsstrukturen und Organisationskulturen zu etablieren, die Qualität im Kinderschutz weiterentwickeln und sichern helfen, gehört hierzu auch der Umgang mit einer möglichen Gefährdung von Kindern und Jugendlichen in Organisationen des Kinderschutzes selbst. Es gilt, Gefährdungspotenziale und Gelegenheitsstrukturen zu analysieren, Handlungskonzepte für den Umgang mit Verdachtsfällen zu analysieren, Beteiligungsformen für Kinder und Jugendliche zu etablieren und Beschwerdeverfahren und Schutzkonzepte zu implementieren (→ Kapitel 15).

16.4 Ansätze der Qualitätsentwicklung im Kinderschutz

Im Kinderschutz existieren verschiedene Ansätze der Qualitätsentwicklung, die auch der Förderung generativer Fehlerkulturen dienen. Sie wurden vor dem Hintergrund bereits existierender Verfahren des Qualitätsmanagements in der Sozialen Arbeit ausgearbeitet (wie z. B. DIN EN ISO 9000 ff., EFQM, Benchmarking, interne Evaluation, Dialogische Qualitätsentwicklung). Bis heute werden sie dazu herangezogen, die Struktur-, Prozess- und Ergebnisqualität in Einrichtungen und Diensten des Kinderschutzes zu verbessern und zu gewährleisten (vgl. Merchel 2013, S. 78 ff.).

Im Folgenden werden einige dieser Ansätze vorgestellt. Da sie sowohl der Professionalisierung als auch einer verbindlicheren Regulierung der Praxis dienen, sind sie dazu geeignet, schwerwiegende Fehler im Kinderschutz vermeiden zu helfen. Darüber hinaus stärken sie die Position von Klient(inn)en im Kinderschutz. Sie wurden ausgewählt, weil sie den Besonderheiten von Qualitätsentwicklungen in Organisationen des Kinderschutzes Rechnung tragen und nicht primär darauf ausgerichtet sind, die Qualität professionellen Handelns anhand der Einhaltung bzw. Nicht-Einhaltung formalisierter Standards und Regeln zu überprüfen (vgl. Zech 2019, S. 37 f.). Sie werden vielmehr dazu herangezogen, in einem gemeinsamen Verständigungsprozess aus verschiedenen Perspektiven zu klären, was Qualität im Kinderschutz ausmacht, woran diese erkannt, wie diese weiterentwickelt und gesichert werden kann.

Dialogische Qualitätsentwicklung im kommunalen Kinderschutz

Ziel des Ansatzes *Dialogische Qualitätsentwicklung* ist es, verschiedene Akteur(inn)e(n) des Kinderschutzes in einer Kommune zusammenzubringen, um im Dialog Visionen, strategische Grundorientierungen, Ziele, Kernprozesse, Qualitätsstandards und -indikatoren für die Kinderschutzarbeit zu klären und zu bestimmen. Neben Fach- und Leitungskräften aus der Kernorganisation des Kinderschutzes, dem Jugendamt, kommen Mitarbeitende von Organisationen aus dem Bildungs- und Gesundheitswesen, der Polizei und Justiz in sogenannten Qualitätsentwicklungs-Werkstätten zusammen, um in einem Kreis von etwa 35 bis 45 Personen kontinuierlich über Qualität im Kinderschutz nachzudenken. Sie einigen sich auf gemeinsame Auffassungen von Qualität im Kinderschutz, verabschiedeten Maßnahmen der Qualitätsentwicklung und -sicherung. Je nach Bedarf und Thema laden sie hierzu auch Eltern und Kinder ein, welche mit dem Jugendamt im Kontakt sind bzw. von diesem Hilfe erhalten (haben). Der Ansatz wurde im Rahmen des Projekts „Aus Fehlern lernen. Qualitätsmanagement im Kinderschutz" (Wolff et al. 2013b) erprobt. Er hat Eingang in einen Praxisleitfaden gefunden, welcher vom NZFH herausgegeben wird (Wolff et al. 2013a). Darin wird beschrieben, wie man Prozesse Dialogischer Qualitätsentwicklung organisieren und methodisch umsetzen kann.

Lernen aus Fehlern und Erfolgen im Kinderschutz

Im Kinderschutz existieren verschiedene Vorschläge zum Lernen aus Fehlern und Erfolgen. Im Praxisleitfaden zur Dialogischen Qualitätsentwicklung im kommunalen Kinderschutz findet man entsprechende methodische Hinweise (vgl. Wolff et al. 2013a, S. 91 ff.). Es gibt weitere Fachveröffentlichungen, in denen Methoden zur Fehler- und Fallanalyse vorgestellt werden, wie z. B. die Fall-Werkstatt oder eine Methode zur Erkennung von Risikomustern in Kinderschutzfällen (vgl. Althoff 2012; Biesel/Wolff 2013a; Biesel/Wolff 2014; Heinitz/Claassen-Hornig 2013). Diese im Kern ähnlichen Methoden dienen der Entwicklung eines neuen Fallverständnisses, der Identifizierung von Risikomustern oder der Reflexion von Fehlern und Erfolgen. Es soll in Erfahrung gebracht werden, in welcher Weise von den Fachkräften versucht wurde, dem Schutz von in ihrem Wohl gefährdeten Kindern Rechnung zu tragen und welche Interaktionsdynamiken zwischen der Familie und den Fachkräften dabei eine Rolle spielten. Auch soll herausgefunden werden, welche Fehler und Erfolge im Fall gemacht wurden, welche Qualität der Zusammenarbeit auf der Ebene des Hilfesystems gegeben war und inwieweit die organisationalen Rahmenbedingungen des Jugendamtes fachlich angemessen waren. Fälle sollen auf diese Weise in ihrer Komplexität differenziert aufgearbeitet und Rückschlüsse zur Verbesserung der Qualität der Fallarbeit geschlossen werden. Diese Qualitätsentwicklungsmethoden sind nicht dazu entwickelt worden, Fälle von Kindeswohlgefährdungen zu beraten oder Hilfepläne zu erstellen.

Neben diesen Methoden wurden inzwischen auch Ansätze zur Analyse problematischer Kinderschutzverläufe entwickelt, wie z. B. das dialogisch-systemische Fall-Labor (Biesel/Wolff 2013a; Biesel/Wolff 2014), die von Schrapper (2013) vorgeschlagene, primär aktenbasierte Methode zur Analyse und Rekonstruktion von fachlichen Arbeitsweisen und organisatorischen Bedingungen im Kontext schwerwiegender Fallverläufe im Kinderschutz oder die von Gerber und Lillig (2018) entwickelte und erprobte systemorientierte Methode zur Analyse von Kinderschutzfällen.

Die Methode des dialogisch-systemischen Fall-Labors wurde im Rahmen der Untersuchung des ‚Falls Lea-Sophie' erstmalig konzipiert und angewandt. An der Untersuchung des Falls waren die Eltern und Großeltern der verstorbenen Lea-Sophie und die Fachkräfte des damals für den Fall zuständigen Jugendamts beteiligt. Der Fall ereignete sich in Schwerin, „wo es am 20. November 2007 zu einer Zuspitzung einer bis dahin sich für die Fachkräfte des Jugendamtes so nicht abzeichnenden familialen Tragödie kam, zum Tod der damals fünfjährigen Lea-Sophie" (Biesel/Wolff 2014, S. 12). Er sorgte deutschlandweit für viele Schlagzeilen und brachte das Jugendamt in

Misskredit. Die Methode beinhaltet sieben Phasen und ist darauf angelegt, im Dialog mit Fachkräften und Familienmitgliedern problematisch verlaufene Fälle aus sozial- und organisationswissenschaftlicher Perspektive zu verstehen und darauf aufbauend Rückschlüsse zur Verbesserung der Kinderschutzarbeit zu ziehen. Das von Schrapper (2013) genutzte Verfahren wurde zur Rekonstruktion der Arbeitsweisen des Jugendamts der Stadt Königswinter im ‚Fall Anna' genutzt. Die neunjährige Anna starb im Juli 2010 durch wiederholte schwerwiegende Misshandlungen ihrer Pflegemutter. Die systemorientierte Methode von Gerber und Lillig (2018) wurde für die Aufarbeitung von fünf problematischen Kinderschutzfällen genutzt, bei denen die Ergebnisse „aus Sicht von Fach- und Leitungskräften, aber auch aus der Sicht von Eltern, Kindern oder Jugendlichen nicht zufriedenstellend waren" (ebd., S. 16). Hierzu gehörten auch Fälle bei denen Kinder verletzt oder zu Tode gekommen sind.

Sicherung der Rechte von Kindern, Jugendlichen und Eltern im Kinderschutz

Seit den 1970er Jahren gibt es vielfältige Bemühungen zur Verankerung und Umsetzung von Partizipation als Struktur- und Handlungsparadigma der Kinder- und Jugendhilfe (vgl. Urban-Stahl 2021; BMJFFG 1990). Seit den 2000er Jahren wurden zur Sicherung der Rechte von jungen Menschen und ihren Familien in der Kinder- und Jugendhilfe Beschwerdeverfahren in Einrichtungen der Kinder- und Jugendhilfe sowie unabhängige Ombudsstellen geschaffen. Wie in Kapitel 15 dargestellt sind diese Anlaufstellen Ausdruck eines veränderten Bewusstseins nicht nur der Kinder- und Jugendhilfe für die Notwendigkeit, die Rechte von Kindern und Jugendlichen in Organisationen stärker zu schützen. Beschwerden sind aber auch eine besondere Chance für lernende Organisationen. Sie bieten Zugang zu unterschiedlichen Erfahrungen in der Organisation und geben damit eine wertvolle Rückmeldung. Diese „kostenlosen Hinweise an die Organisation" (Hemker 2003, S. 212) können neue Perspektiven eröffnen, Defizite sichtbar und damit auch bearbeitbar machen. Diese Chance sollte gezielt genutzt werden, indem die Bedeutung der Beschwerden für die Weiterentwicklung der Einrichtung in den Blick genommen wird. Hierfür ist es sinnvoll, die Beschwerden und die Bearbeitung zu dokumentieren, sie regelmäßig auszuwerten und in die Situationsanalyse der Einrichtung einzubeziehen (vgl. Urban-Stahl/Jann 2014).

Fachaufsicht

Anliegen von Fachaufsicht ist es, für eine recht- und zweckmäßige Aufgabenerledigung zu sorgen. Sie wird üblicherweise von hierarchisch höherstehenden Organisationen bzw. Organisationseinheiten wahrgenommen. Man spricht in diesem Zusammenhang dann auch von institutioneller Aufsicht (Merchel 2015, S. 359). Davon abgegrenzt wird unter Fachaufsicht auch oft die Kontrolle von Fachkräften durch Leitungspersonen verstanden, häufig auch als Dienstaufsicht bezeichnet. Neuere Ansätze von Fachaufsicht fokussieren jedoch nicht mehr nur darauf, die Recht- und Zweckmäßigkeit fachlichen Handelns zu überprüfen. Sie sind auch darauf aus, Organisationen dabei zu unterstützen, sich über konzeptionelle Fragen weiterzuentwickeln und herauszufinden, welche Faktoren für die Gewährleistung von Qualität hemmend oder förderlich sind (Etscheid 2009). Fachaufsicht als Möglichkeit zur Entwicklung von Qualität im Kinderschutz ist jedoch umstritten, insbesondere, wenn es darum geht, die Arbeitsweisen von Jugendämtern einer regelmäßigen Überprüfung zu unterziehen (Biesel/Messmer/Schär 2014).

Merchel (2015a) unterscheidet die Funktion von Fachaufsicht und Qualitätsentwicklung innerhalb von Organisationen folgendermaßen:

- Fachaufsicht dient innerhalb der Organisation dazu, dass kontrolliert und geprüft wird, ob geltende Standards eingehalten und nach Recht und Gesetz vorgegangen wird.
- Qualitätsentwicklung hat die Funktion, in der Organisation dafür Sorge zu tragen, Lern- und Entwicklungsimpulse zu geben, die von den Fachkräften freiwillig aufgegriffen und zur Verbesserung der Qualität ihrer Arbeit genutzt werden.

Organisationen in der Kinder- und Jugendhilfe benötigen seiner Aussage nach beide Elemente, sowohl Fachaufsicht als auch Qualitätsentwicklung.

Im Kontext der Sicherstellung des Schutzes von Kindern und Jugendlichen in Einrichtungen gibt es die Betriebserlaubnisbehörde, früher ‚Heimaufsicht' genannt, welche vor allem von Landesjugendämtern wahrgenommen wird. Sie bieten einerseits Fachberatung im Kontext der Erteilung von Betriebserlaubnissen, bei der Entwicklung und Anwendung fachlicher Standards sowie von Verfahren zur Beteiligung von Kindern und Jugendlichen und der Beseitigung von Mängeln an. Anderseits nehmen sie Aufgaben institutioneller Fachaufsicht wahr, indem sie die Einhaltung gesetzlicher und fachlicher Standards in Einrichtungen überprüfen, in denen Kinder sich große Teile des Tages oder über Tag und Nacht aufhalten. Hierzu gehören insbesondere Kitas, Wohngruppen und Heimeinrichtungen (§§ 45–49 SGB VIII).

International werden vor allem die folgenden sechs Antworten zur Vermeidung von Fehlern, insbesondere von problematisch verlaufener Kinderschutzfälle herangezogen (vgl. Biesel et al., 2020, S. 263 ff.):

(1) *Die Professionalisierung:* Sie zielt darauf ab, die Rolle, den Status und die Expertise von Fachkräften im Kinderschutz zu stärken. Fehler werden als Ergebnisse schlechter Arbeitsbedingungen und mangelnder Kompetenz der Fachkräfte sowie als Probleme in der multiprofessionellen Zusammenarbeit angesehen. Fachkräften wird vertraut und ihnen wird ein großer Ermessensspielraum eingeräumt, was teilweise mit einem Mangel an staatlicher Kontrolle und Transparenz einhergeht.

(2) *Die Regulierung* (eingeschlossen: Prozeduralismus und Standardisierung): Sie zielt darauf ab, den Ermessensspielraum von Fachkräften im Kinderschutz einzuschränken und für mehr Transparenz und Konsistenz der Organisationen und Institutionen zu sorgen. Fachkräfte werden als Hauptfehlerquelle angesehen, da sie sich häufig nicht an bestehende Standards und Regeln halten. Die Folge der Regulierung kann eine Deprofessionalisierung sein, wenn die Fachkräfte nicht mehr entsprechend ihres Ethikkodexes arbeiten können und nicht mehr genügend Zeit für Supervision und Fortbildung haben. Die wichtigsten Strategien zur Regulierung von Fachkräften sind Untersuchungen problematisch verlaufener Kinderschutzfälle, Inspektionen (im Kontext von Fachaufsicht) und das Vorantreiben neuer Richtlinien/Prozeduren oder die Einführung von Instrumenten der Gefährdungseinschätzung.

(3) *Die Zuschreibung von Verantwortung:* Sie zielt darauf ab, individuelle Versäumnisse und Fehler von Fachkräften und ihren Organisationen zu verfolgen und zur Strafanzeige zu bringen. Fachkräfte sollen daran gehindert werden, weiter ihren Beruf ausüben zu können (Verlust von Berufslizenzen und staatlichen Anerkennungen). Sie sollen zur Rechenschaft gezogen und die von ihnen verursachten Schäden finanziell kompensieren.

(4) *Die Skandalisierung:* Sie zielt darauf ab, Handlungsdruck auf Seiten der Politik zu erzeugen. Mittels aggressiver Berichterstattung über individuelle Versäumnisse und Fehler von Fachkräften und ihren Organisationen sollen Veränderungen im Kinderschutz in Gang gesetzt und Qualitätsmängel behoben werden. Nebenfolgen dieser Antwort sind negative Einstellungen gegenüber dem Kinderschutzsystem in der Bevölkerung und bei den Eltern sowie Stress und Angst unter den Professionellen.

(5) *Die Ermächtigung von Klient(inn)en:* Sie zielt darauf ab, Klient(inn)en eine Stimme im Kinderschutz zu geben. Fehler und Irrtümer von Fachkräften und Organisationen werden als Verstöße gegen die Rechte von Kindern

und Eltern angesehen. Nutzerverbände oder andere Aktivisten setzen sich dafür ein, dass die Meinung von Eltern und Kindern im Kinderschutz berücksichtigt und bei schwerwiegenden Fehlern entschädigt wird. Die Herausforderung dieses rechtebasierten Ansatzes besteht darin, die Interessen und Bedürfnisse von Kindern und Müttern und Vätern gleichermaßen zu berücksichtigen, auch wenn sie im Konflikt zueinanderstehen.

(6) *Die Nicht-Wahrnehmung und Nicht-Reaktion:* Im Kontext dieser Antwort werden Fehler von Fachkräften und ihren Organisationen ignoriert. Sie werden als solche nicht wahrgenommen und daher auch nicht problematisiert. Die Folge ist, dass keine Anstrengungen oder diffuse Strategien unternommen werden, um die Qualität der Kinderschutzarbeit weiterzuentwickeln und zu sichern.

Reflexion über Ansätze zur Entwicklung von Qualität im Kinderschutz
Tauschen Sie sich in Kleingruppen zu den drei nachfolgenden Fragen aus:

- Welche Ansätze zur Entwicklung von Qualität finden Sie vielversprechend, welche weniger? Welche Ansätze vermissen Sie?
- Wie müsste Ihrer Meinung nach Qualität im Kinderschutz entwickelt werden und warum?

16.5 Resümee

Im Kinderschutz wird seit Mitte der 1990er Jahre über Qualitätsmängel und Fehler im Kinderschutz nachgedacht. Anlass hierfür war der Tod eines fünf Monate alten Säuglings aufgrund von Vernachlässigung (‚Osnabrücker Fall‘) und die damit verbundene Auseinandersetzung über strafrechtliche Risiken im Kinderschutz (vgl. Mörsberger/Restemeier 1997). Etwa zehn Jahre später führten eine Reihe spektakulärer Kinderschutzfälle sowie die Aufdeckung von Fällen sexueller Gewalt in öffentlichen Institutionen zu erneuten Debatten über Qualitätsmängel und Fehler (→ Kapitel 15). Vor allem der ‚Fall Kevin‘, welcher sich im Jahr 2006 in Bremen ereignete, stellte einen Wendepunkt für den Kinderschutz dar. Er führte zu einem Imageverlust der öffentlichen Kinder- und Jugendhilfe und ihrer Angestellten und sorgte dafür, dass Qualitätsentwicklung endgültig zu einem zentralen Thema im Fachdiskurs wurde. Es wurde erkannt, dass Organisationen und Institutionen tendenziell risikogefährdet sind (vgl. Wolff 2007) und Kinder und Jugendliche nicht ausreichend schützen können, wenn sie auf Qualitätsentwicklung verzichten. Handlungsleitend war dabei die Erkenntnis, dass Qualitätsmängel und

Fehler im Kinderschutz nicht ausschließlich als individuelles Versagen von Fachkräften gedeutet werden können, sondern häufig Ausdruck grundlegender Störungen und Schwierigkeiten in einem kommunalen Kinderschutzsystem und seinen Organisationen sind (vgl. Biesel 2011a, S. 45 f.; Wolff et al. 2013b, S. 15 f.). Davon ausgehend wurden verschiedene Ansätze zur Entwicklung von Qualität und des Lernens aus Fehlern und Erfolgen in der Praxis entwickelt und erprobt. Auch kam es durch den Gesetzgeber zu einer Ausweitung der Pflicht, Grundsätze und Maßstäbe für die Bewertung der Qualität sowie geeignete Maßnahmen zu ihrer Gewährleistung in allen Bereichen der Kinder- und Jugendhilfe weiterzuentwickeln, anzuwenden und regelmäßig zu überprüfen (§ 79a SGB VIII). Angesichts dieser Entwicklung ist es in der Praxis mittlerweile nicht mehr umstritten, dass Fachkräften und ihren Organisationen im Kinderschutz Fehler unterlaufen können. Es wird anerkannt, dass sie sich aktiv damit auseinandersetzen sollten, woran sie Qualitätsmängel und Fehler erkennen, was sie aus diesen lernen und wie sie diese zur Steigerung der Qualität ihrer Arbeit nutzen können.

Anregungen zum Selbststudium

- Überlegen Sie für sich selbst, was Sie unter Qualität im Kinderschutz verstehen:
  - Was ist für Sie ‚gute' (gelungene) Kinderschutzarbeit?
  - Was ist für Sie im Gegensatz dazu ‚schlechte' (misslungene) Kinderschutzarbeit?
- Recherchieren Sie im Internet und in Bibliothekskatalogen mindestens drei unterschiedliche Verständnisse von Qualität im Kinderschutz. Was sind deren Gemeinsamkeiten, was deren Unterschiede?
- Welche Fehler unterscheidet man im Kinderschutz?
  - Welche Fehler sind für Sie vermeidbar, welche nicht?
  - Was halten Sie davon, offener mit Fehlern im Kinderschutz umzugehen und zu versuchen, aus diesen zu lernen? Welche Schwierigkeiten könnten dabei entstehen, welcher Gewinn könnte aus einer solchen Strategie resultieren?
- Recherchieren Sie im Internet Berichterstattungen über problematisch verlaufene Kinderschutzfälle der vergangenen Jahre. Wählen Sie mindestens drei Fälle aus, in denen trotz Beteiligung des Jugendamts ein Kind schwer zu Schaden oder gar zu Tode gekommen ist.
  - Wie wird über die Fälle berichtet?
  - Wer oder was wird für Fehler in der Berichterstattung verantwortlich gemacht?

  - Inwieweit können Sie der Berichterstattung folgen? Welche Informationen fehlen Ihnen? Was sind Fakten, was Deutung, was Spekulationen?
- Studieren Sie das Kartenset von Brückner, Fabian (2017). „Kinderschutz achtsam und zuverlässig organisieren. Weinheim; Basel“ und beantworten Sie folgende Fragen:
  - Welche der fünf unterschiedlichen Fragetypen würden Sie wann und wo einsetzen?
  - Welche Fragetypen haben Sie am meisten überzeugt, welche weniger?
  - Diskutieren Sie: Können die Karten Fachkräfte dabei unterstützen, achtsamer und zuverlässiger im Kinderschutz zu agieren? Begründen Sie Ihre Überlegungen.
- In einer Heimeinrichtung kommt es gehäuft zu Beschwerden von Kindern und Jugendlichen. Es wird von Grenzverletzungen berichtet; eine Jugendliche will miterlebt haben, wie ein Mitarbeiter sich im Ton gegenüber einer Mitbewohnerin vergriffen hat und dieser mit Gewalt gedroht hat; ein anderer Jugendlicher fühlt sich vom selben Mitarbeiter gemobbt und gedemütigt. Sowohl die Einrichtungsleitung erfährt von diesen Beschwerden, als auch eine Mitarbeiterin des Allgemeinen Sozialen Dienstes im Jugendamt. Überlegen Sie, wie Sie in der einen und wie in der anderen Rolle mit den Beschwerden umgehen.
  - Was unternehmen Sie zur Sicherung der Rechte der Kinder und Jugendlichen und warum?
  - Welche Ansätze zur Qualitätsentwicklung würden Sie als Einrichtungsleitung heranziehen und warum, welche als Jugendamtsmitarbeiter(in)?
  - Vergleichen Sie Ihre Ergebnisse für die beiden Rollen und überlegen Sie, was aus der Sicht der Kinder und Jugendlichen Sinn macht.
- Studieren Sie den Bericht von Gerber, Christine und Lillig, Susanna (2018) „Gemeinsam lernen aus Kinderschutzverläufen. Eine systemorientierte Methode zur Analyse von Kinderschutzfällen und Ergebnisse aus fünf Fallanalysen“, welcher im Internet unter https://www.fruehehilfen.de/fileadmin/user_upload/fruehehilfen.de/pdf/Publikation-NZFH-Gemeinsam-lernen-aus-Kinderschutzverlaeufen-Bericht.pdf verfügbar ist. Beantworten Sie die folgenden Fragen:
  - Welcher Voraussetzungen und Arbeitsformen bedarf es, um problematische Kinderschutzverläufe wissenschaftlich analysieren zu können?
  - Welche Besonderheiten gibt es bei der Analyse eines medial und politisch skandalisierten Falles?

- Was sind die Ergebnisse der Fallanalysen? Welche Faktoren begünstigen die Entstehung von Fehlern im Kinderschutz? Welche Empfehlung lassen sich für die Qualitätsentwicklung daraus ableiten?

Weiterführende Literatur

Biesel, Kay/Masson, Judith/Parton, Nigel/Pösö, Tarja (eds.) (2020). Errors and mistakes in child protection. International Discourses, Approaches and Strategies. Bristol.
In dieser internationalen Studie wird dargelegt, welche Ansätze und Strategien in Europa und Nordamerika zur Vermeidung und zum Umgang mit Fehlern in der Kinderschutzpraxis ergriffen werden und welche sich als erfolgsversprechend erweisen. Es wird aufgezeigt, wie Fehler passieren, welche Auswirkungen sie haben, wie über Verantwortlichkeiten und Reaktionen entschieden wird und wie sich Praxis und Politik daraufhin verändern.

Wolff, Reinhart/Ackermann, Timo/Biesel, Kay/Brandhorst, Felix/Heinitz, Stefan/Patschke, Mareike (2013). Praxisleitfaden. Dialogische Qualitätsentwicklung im kommunalen Kinderschutz. Beiträge zur Qualitätsentwicklung im Kinderschutz 5. Köln.
In diesem Leitfaden wird aufgezeigt, wie man in einer Kommune Prozesse Dialogischer Qualitätsentwicklung in Gang setzen und die Qualität der Kinderschutzarbeit in der Zusammenarbeit mit verschiedenen Organisationen und Professionen und unter Einbezug von Klient(inn)en weiterentwickeln und verbessern kann. Im Leitfaden wird erläutert, warum die Entwicklung von Qualität im Kinderschutz Bedeutung erlangt hat, warum Dialoge über Qualität im Kinderschutz notwendig sind und welche Chancen und Grenzen der Ansatz Dialogischer Qualitätsentwicklung bietet. Im Leitfaden sind zudem praktische methodische Hinweise und Anleitungen zur Prozessgestaltung enthalten.

Schluss

Als wir uns vor einigen Jahren zusammensetzten, um ein Lehrbuch Kinderschutz für die Reihe Studienmodule Soziale Arbeit zu konzipieren, hatten wir das Ziel, Studierende sowie Einsteiger(innen) für diese Arbeit zu interessieren und zu motivieren. Hierfür wollten wir einen systematischen Überblick über das interdisziplinäre und multiprofessionelle Feld des Kinderschutzes geben und die sozialpädagogischen ‚basics' des Kinderschutzes vermitteln. Diese Aufgabe war jedoch kein leichtes Unternehmen. Wir haben intensiv diskutiert, denn nach unseren jahrelangen Erfahrungen in der Lehre und Forschung im Bereich Kinderschutz galt es nun auszuwählen: Was kommt rein, was nicht? Kinderschutz berührt viele Themen und Fragen, die wir gerne aufgenommen und ausführlich dargestellt hätten. Wenn wir all den Versuchungen gefolgt wären, wäre dieses Buch jedoch ein dickes Handbuch geworden und kein einführendes Lehrbuch. Es galt also zu gewichten.

Die zentrale Eingrenzung, zu der wir uns schließlich entschieden haben, war, *Kinderschutz* ausgehend von einem *engen Begriffsverständnis* zu entfalten. Zudem haben wir uns die Frage gestellt, welches die Inhalte sind, die für einen Einblick und Einstieg in das Feld entscheidend sind: Welches Fach- und Reflexionswissen ermöglicht es Studierenden, die spätere Rolle in diesem Feld zu verstehen und eine Offenheit für die Arbeit mit den Familien zu entwickeln? Die Inhalte, die wir anhand dieser Fragen auswählten, haben wir im Lehrbuch in Grundlagen, Vertiefungen und Erweiterungen dargestellt und in der nun vorliegenden zweiten Auflage des Lehrbuches überprüft und an aktuelle Entwicklungen angepasst.

Auch nach der Erweiterung des Lehrbuches, die der Beltz-Verlag uns ermöglichte, hätte es weitere Themen gegeben, die wir gerne berücksichtigt oder vertieft hätten: Methodische Aspekte der Gesprächsführung, der Gefährdungseinschätzung und des Fallverstehens im Kinderschutz, die Rolle der Öffentlichkeit, der Politik und der Medien im Kinderschutz, die Geschichte des Kinderschutzes oder die Herausforderungen in der Pandemie – vieles hätte es verdient, gesondert dargestellt zu werden. Der Umfang eines Lehrbuchs zwingt jedoch dazu auszuwählen. Wir haben uns bei der Auswahl von der Frage leiten lassen, welche Inhalte aus unserer Sicht die Basis des Kinderschutzes bilden, welche Inhalte Studierenden ebenso wie Fachkräften dabei helfen, besser zu verstehen, welche Aufgabe und Funktion Soziale Arbeit im Kinderschutz hat und welche rechtlichen und strukturellen Rahmenbedingungen sowie fachlichen Hintergründe für sie bei der Wahrnehmung und Gewährleistung des Schutzes von Kindern und Jugendlichen handlungsleitend sind. Diejenigen, welche weitere Themen oder auch Vertiefungen in unserem Lehrbuch vermissen, bitten wir um Verständnis, aber auch um eine Rückmeldung. Gerne möchten wir den Zuschnitt des Lehrbuchs auch in Zukunft weiterentwickeln.

Bei der Konzeption unseres Lehrbuchs sind wir von der Prämisse ausgegangen, dass Kinderschutz drei Kompetenzebenen berührt: Wissen, Können und Haltung.

- Man braucht Grundlagenwissen, spezifisches Fachwissen und Wissen über den Aufbau von kommunalen Kinderschutzsystemen, speziell über Aufgaben und Funktionen von Organisationen im Kinderschutz, sowie über Formen, Folgen und Ursachen von Kindeswohlgefährdungen in Organisationen.
- Man braucht Kenntnis und Erfahrung in der Anwendung von Instrumenten, Methoden und Verfahren der Gefährdungseinschätzung, des Fallverstehens und der Hilfeplanung im Kinderschutz, in der Organisation, Koordination und Dokumentation von fallbezogenen und fallübergreifenden Arbeitsprozessen sowie im Umgang mit Ambivalenzen und Gefühlen im Kinderschutz.
- Man braucht Fähigkeiten zur (Selbst-)Reflexion, zur Zusammenarbeit mit Kindern, Jugendlichen, Eltern und Kooperationspartner(inne)n sowie zur selbstständigen Wissenserweiterung im Kinderschutz, um mit einer kritisch-distanzierten und zugleich wertschätzenden Haltung Kinderschutz selbstbewusst und kompetent ausüben zu können.

Ein Lehrbuch kann Wissen aufbereiten, ist jedoch nur begrenzt geeignet, um Kompetenzen und Erfahrungen zu vermitteln, die es in der Praxis braucht, um ‚eine gute Kinderschützerin' oder ‚ein guter Kinderschützer' zu werden bzw. zu sein. Kinderschutz kann nicht nur aus Lehrbüchern erlernt, sondern muss auch erfahren und reflektiert werden. Im Studium braucht es hierfür engagierte Lehrende und Studierende, und im Feld des Kinderschutzes braucht es hierfür Fachkräfte, die daran interessiert sind, ihre Kompetenzen und Erfahrungen an die nächste Generation von Fachkräften weiterzugeben. In diesem Verständnis von Ausbildung hoffen wir, dass unser Lehrbuch für Studierende, Lehrende und Fachkräfte hilfreich ist.

Literaturverzeichnis

Abels, Heinz (2008). Lebensphase Jugend. In: Abels, Heinz/Honig, Michael-Sebastian/ Saake, Irmhild/Weymann, Ansgar (Hg.). Lebensphasen. Eine Einführung. Wiesbaden. S. 77–157.

Ackermann, Timo (2017). Über das Kindeswohl entscheiden. Eine ethnographische Studie zur Fallarbeit im Jugendamt. Reihe Pädagogik. Bielefeld.

Ader, Sabine/Schrapper, Christian (2020) (Hg.). Sozialpädagogische Diagnostik und Fallverstehen in der Jugendhilfe. München.

AFET (Hg.) (2020). Abschlussbericht der Arbeitsgruppe „Kinder psychisch- und suchterkrankter Eltern". Hannover.

AGJ (Hg.) (2010). Abschlussbericht des Runden Tisches „Heimerziehung in den 50er und 60er Jahren". Berlin. https://www.diakonie-portal.de/system/files/2010-12%20Abschlussbericht%20Runder%20Tisch%20Heimerziehung%2050er%20und%2060er%20Jahre.pdf [16.09.2021].

Alberstötter, Uli (2012). Wenn Eltern Krieg gegeneinander führen. Zu einer neuen Praxis der Beratungsarbeit mit hoch strittigen Eltern. In: Weber, Matthias/Schilling, Herbert (Hg.). Eskalierte Elternkonflikte. Beratungsarbeit im Interesse des Kindes bei hoch strittigen Trennungen. 2. Aufl. München. S. 29–51.

Albert, Mathias/Hurrelmann, Klaus/Quenzel, Gudrun/TNS Infratest Sozialforschung (2015). Jugend 2015. 17. Shell Jugendstudie. Frankfurt a. M.

Alberth, Lars/Bode, Ingo/Bühler-Niederberger, Doris (2010). Kontingenzprobleme sozialer Interventionen. Kindeswohlgefährdung und der organisierte Eingriff in den privaten Raum. In: Berliner Journal für Soziologie. (4). S. 475–497.

Alberth, Lars/Bühler-Niederberger, Doris/Eisentraut, Steffen (2014). Wo bleiben die Kinder im Kinderschutz? Die Logik der Intervention bei Sozialarbeitern, Ärzten und Hebammen. In: Alberth, Lars/Bühler-Niederberger, Doris/Eisentraut, Steffen (Hg.). Kinderschutz. Wie kindzentriert sind Programme, Praktiken, Perspektiven? Weinheim; Basel. S. 26–61.

Albrecht, Maria/Lattwein, Svenja/Urban-Stahl, Ulrike (2016). Der Hausbesuch im Kontext des Schutzauftrags bei Kindeswohlgefährdung. In: Neue Praxis. Zeitschrift für Sozialarbeit, Sozialpädagogik und Sozialpolitik. (2). S. 107–124.

Alroggen, Marc/Rau, Thea/Fegert, Jörg M. (2015). Sexuelle Gewalt unter gleichaltrigen Kindern und Jugendlichen. In: Fegert, Jörg M./Wolff, Mechthild (Hg.). Kompendium „Sexueller Missbrauch in Institutionen". Entstehungsbedingungen, Prävention und Intervention. Weinheim; Basel.

Althoff, Monika (2012). Fallanalysen im Kinderschutz. Eine reflexionsbezogene Methode zur Erkennung von Risikomustern in Kinderschutzfällen. In: Unsere Jugend. (7-8). S. 302–311.

Althoff, Monika/Hilke, Maren (2015). Kinderschutz in der Pflegekinderhilfe. Bedeutung und Herausforderungen für die Fremdpflege und die Verwandtenpflege, Münster; New York.

Amt für Soziale Dienste Bremen (2009). Der Bremer Qualitätsstandard: Zusammenarbeit im Kinderschutz. Bremen.

Amt für Soziale Dienste Bremen in Kooperation mit dem Kronberger Kreis für Qualitätsentwicklung e. V. (2010). Qualitätssicherung und Risikomanagement in der Kinderschutzarbeit. Das Bremer Konzept. Bremen.

Andresen, Sabine (2013). Konstruktionen von Kindheit in Zeiten gesellschaftlichen Wandels. In: Hunner-Kreisel, Christine/Stephan, Manja (Hg.). Neue Räume, neue Zeiten. Kindheit und Familie im Kontext von (Trans-)Migration und sozialem Wandel. Wiesbaden. S. 21–32.

Andresen, Sabine (2015). Das Schweigen brechen. Kindesmissbrauch – Voraussetzungen für eine persönliche, öffentliche und wissenschaftliche Aufarbeitung. In: Geiss, Michael/Magyar-Haas, Veronika (Hg.). Zum Schweigen. Macht/Ohnmacht in Erziehung und Bildung, Weilerswist. S. 127–145.

Arbeitsgruppe Fachtagungen Jugendhilfe im Deutschen Institut für Urbanistik (2009) (Hg.). Frühe Hilfen interdisziplinär gestalten. Zum Stand des Aufbaus Früher Hilfen in Deutschland. Aktuelle Beiträge zur Kinder- und Jugendhilfe 70. Dokumentation der Fachtagung in Kooperation mit dem Nationalen Zentrum Frühe Hilfen und der Deutschen Gesellschaft für Sozialpädiatrie und Jugendmedizin e. V. vom 19. bis 21. November 2008. Berlin.

Arbeitsgruppe Kinderschutz (1980) (Hg.). Gewalt gegen Kinder. Kindesmißhandlung und ihre Ursachen. Handbuch für Diskussion und Aktion. Reinbek bei Hamburg.

Ariès, Philippe (2003). Geschichte der Kindheit. München.

Baird, Christopher/Wagner, Dennis/Healy, Theresa/Johnson, Kristen (1999). Risk Assessment in Child Protective Services: Reliability of Consensus and Actuarial Models. In: Child Welfare. (6). S. 723–748.

Bange, Dirk (2014). Frühe Hilfen zwischen Prävention und Kinderschutz. In: Kindesmisshandlung und Vernachlässigung. Interdisziplinäre Fachzeitschrift für Prävention und Intervention. Band 17 (1). S. 10–19.

Barlow, Jane/Fisher, Joanne D./Jones, David (2012). Systematic review of models of analysing significant harm. Research Report DFE-RR199. Oxford.

Bastian, Pascal (2011). Zum Verhältnis Früher Hilfen und der Erfassung von Kindeswohlgefährdung. In: Körner, Wilhelm/Deegener, Günther (Hg.). Erfassung von Kindeswohlgefährdung in Theorie und Praxis. Lengerich. S. 494–514.

Bastian, Pascal (2012). Die Überlegenheit statistischer Urteilsbildung im Kinderschutz – Plädoyer für einen Perspektivwechsel hin zu einer angemessenen Form sozialpädagogischer Diagnosen. In: Marthaler, Thomas/Bastian, Pascal/Bode, Ingo/Schrödter, Mark (Hg.). Rationalitäten des Kinderschutzes. Wiesbaden. S. 249–267.

Bauer, Petra/Wiezorek, Christine (2007). Zwischen Elternrecht und Kindeswohl. In: Ecarius, Jutta (Hg.). Handbuch Familie. Wiesbaden. S. 614–636.

Beck, Ulrich/Beck-Gernsheim, Elisabeth (1990). Das ganz normale Chaos der Liebe. Frankfurt a. M.

Beckmann, Janna (2021 i. E.). Kinderschutz und Kooperation. In: Meysen, Thomas/Lohse, Katharina/Schönecker, Lydia/Smessaert, Angela (Hg.). Das neue Kinder- und Jugendstärkungsgesetz – KJSG. Baden-Baden. O. S.

Bender, Doris/Lösel, Friedrich (2005). Misshandlung von Kindern: Risikofaktoren und Schutzfaktoren. In: Deegener, Günther/Körner, Wilhelm (Hg.). Kindesmisshandlung und Vernachlässigung. Ein Handbuch. Göttingen. S. 317–346.

Berghaus, Michaela (2020). Erleben und Bewältigen von Verfahren zur Abwendung einer Kindeswohlgefährdung aus Sicht betroffener Eltern. Weinheim; Basel.

Bernecker, Angela/Merten, Wolfgang/Wolff, Reinhart (1982) (Hg.). Ohnmächtige Gewalt. Kindesmißhandlung: Folgen der Gewalt – Erfahrungen und Hilfen. Reinbek bei Hamburg.

Bertsch, Bianca (2016). Wirkungen des Bundeskinderschutzgesetzes – wissenschaftliche Grundlagen. Ergebnisbericht zu Erhebungen im Gesundheitswesen. München: Deutsches Jugendinstitut (DJI). https://www.dji.de/fileadmin/user_upload/bibs2016/BKiSchG_Gesundheitswesen.pdf [16.09.2021].

Biesel, Kay (2009). Professioneller Selbstschutz statt Kinderschutz? In: Sozialmagazin. (4). S. 50–57.

Biesel, Kay (2010). (Jüngste) Entwicklungen von Hilfe und Kontrolle in der Kinder- und Jugendhilfe. In: Nachrichtendienst des Deutschen Vereins für öffentliche und private Fürsorge e.V. (9). S. 385–389.

Biesel, Kay (2011a). Wenn Jugendämter scheitern. Zum Umgang mit Fehlern im Kinderschutz. Bielefeld.

Biesel, Kay (2011b). Dialogische Kinderschutzarbeit. Wunsch oder Wirklichkeit? In: Sozial Extra. Zeitschrift für Soziale Arbeit. (9/10). S. 52–54.

Biesel, Kay (2013). Beteiligung von Kindern im Kinderschutz: eine Herausforderung für die Kinder- und Jugendhilfe? In: Jugendhilfe. (1). S. 40–46.

Biesel, Kay (2014a). Qualität. In: Düring, Diana/Krause, Hans-Ullrich/Peters, Friedhelm/Rätz, Regina/Rosenbauer, Nicole/Vollhase, Matthias (Hg.). Kritisches Glossar Hilfen zur Erziehung. Frankfurt a.M. S. 282–289.

Biesel, Kay (2014b). Alles Risiko? Zum Katastrophenpotenzial des Kinderschutzes und seinen Folgen. In: Deutsches Institut für Urbanistik. Arbeitsgruppe Fachtagungen Jugendhilfe (Hg.). Haftungsrisiko Kinderschutz – Blockade oder Motor? Dokumentation der Fachtagung am 10. und 11. Oktober 2013 in Berlin. Aktuelle Beiträge zur Kinder- und Jugendhilfe 91. Berlin. S. 95–108.

Biesel, Kay (2015). Vom Fehlerverdruss zum Dialoggenuss in der Sozialen Arbeit. Ein Plädoyer für eine Organisationskultur der Fehleroffenheit. In: Krause, Hans-Ullrich/Rätz-Heinisch, Regina (Hg.). Soziale Arbeit im Dialog gestalten. Theoretische Grundlagen und methodische Zugänge einer dialogischen Sozialen Arbeit. 2., überarb. Aufl. Opladen; Toronto. S. 217–229.

Biesel, Kay (2019). Wachsam sorgen und helfen: darauf kommt es im Kinderschutz an, auch und insbesondere mit Mitteln der Kinder- und Jugendhilfe. In: Forum Erziehungshilfen. (4). S. 247–50.

Biesel, Kay (2020). Verstehen organisieren? Wie Organisationen auf Fallverstehen und sozialpädagogische Diagnostik wirken. In: Ader, Sabine/Schrapper, Christian (Hg.). Sozialpädagogische Diagnostik und Fallverstehen in der Jugendhilfe. München; Basel. S. 202–210.

Biesel, Kay/Fellmann, Lukas/Müller, Brigitte/Schär, Clarissa/Schnurr, Stefan (2017a). Prozessmanual. Dialogisch-systemische Kindeswohlabklärung. Bern.

Biesel, Kay/Jud, Andreas/Lätsch, David/Schär, Clarissa/Schnurr, Stefan/Hauri, Andrea/Rosch, Daniel (2017b). Nicht Entweder-oder, sondern Sowohl-als-auch? Zur Kombination des Berner und Luzerner Abklärungsinstruments zum Kindesschutz und des Prozessmanuals zur dialogisch-systemischen Kindeswohlabklärung. In: Zeitschrift für Kindes- und Erwachsenenschutz. (2). S. 139–155.

Biesel, Kay/Masson, Judith/Parton, Nigel/Pösö, Tarja (2020). Dealing with errors and mistakes in childprotection: similarities and differences among countries In.: Biesel, Kay/

Masson, Judith/Parton, Nigel/Pösö, Tarja (eds.). Errors and mistakes in child protection. International Discourses, Approaches and Strategies. Bristol. S. 255–273.
Biesel, Kay/Messmer, Heinz/Schär, Clarissa (2014). Jugendhilfeinspektion in Hamburg: fachliche Innovation oder Ausdruck von Misstrauen. In: Das Jugendamt. (6). S. 297–299.
Biesel, Kay/Schär, Clarissa (2018). Kindeswohlgefährdungen erkennen und Kindesschutz gestalten – eine Aufgabe der Schulsozialarbeit an Grundschulen. In: Ahmed, S./Baier, F./Fischer, M. (Hg.). Schulsozialarbeit an Grundschulen. Konzepte und Methoden für eine kooperative Praxis mit Kindern, Eltern und Schule. Opladen; Berlin; Toronto. S. 123–139.
Biesel, Kay/Schär, Clarissa (2020). Kindesschutz. In: Bonvin, Jean-Michel/Maeder, Pascal/Knöpfel, Carlo/Hugentobler, Valérie/Tecklenburg, Ueli (Hg.). Wörterbuch der Schweizer Sozialpolitik. Zürich. S. 279–281.
Biesel, Kay/Schnurr, Stefan (2014). Abklärungen im Kindesschutz: Chancen und Risiken in der Anwendung von Verfahren und Instrumenten zur Erfassung von Kindeswohlgefährdung. In: Zeitschrift für Kindes- und Erwachsenenschutz. (1). S. 63–71.
Biesel, Kay/Wolff, Reinhart (2013a). Das dialogisch-systemische Fall-Labor. Eine Methode zur Untersuchung problematischer Kinderschutzfälle. In: Bundesarbeitsgemeinschaft der Kinderschutz-Zentren e.V. (Hg.). Aufbruch – Hilfeprozesse gemeinsam neu gestalten. Köln. S. 115–141.
Biesel, Kay/Wolff, Reinhart (2013b). Expertise. Das dialogisch-systemische Fall-Labor. Ein Methodenbericht zur Untersuchung problematischer Kinderschutzverläufe. Beiträge zur Qualitätsentwicklung im Kinderschutz 4. Köln.
Biesel, Kay/Wolff, Reinhart (2014). Aus Kinderschutzfehlern lernen. Eine dialogisch-systemische Rekonstruktion des Falles Lea-Sophie. Bielefeld.
BMFSFJ (2002) (Hg.). Gewalt gegen Ältere im persönlichen Nahraum. Schriftenreihe des BMFSFJ. Bd. 217. Stuttgart; Berlin; Köln.
BMFSFJ (2004) (Hg.). Gewalt gegen Männer in Deutschland. Personale Gewaltwiderfahrnisse von Männern in Deutschland. Abschlussbericht der Pilotstudie. Forschungsverbund Gewalt gegen Männer. Berlin.
BMFSFJ (2006). Frühe Hilfen für Eltern und Kinder und soziale Frühwarnsysteme. Aktionsprogramm des Bundesministeriums für Familie, Senioren, Frauen und Jugend zum Schutz von Kleinkindern, zur Früherkennung von Risiken und Gefährdungen und zur Implementierung effektiver Hilfesysteme. Berlin.
BMFSFJ (2009) (Hg.): 13. Kinder- und Jugendbericht. Bericht über die Lebenssituation junger Menschen und die Leistungen der Kinder- und Jugendhilfe in Deutschland. Berlin.
BMFSFJ (2013a) (Hg.). 14. Kinder- und Jugendbericht. Bericht über die Lebenssituation junger Menschen und die Leistungen der Kinder- und Jugendhilfe in Deutschland. Berlin.
BMFSFJ (2013b) (Hg.). Lebenssituation, Sicherheit und Gesundheit von Frauen in Deutschland. Ergebnisse der repräsentativen Untersuchung zu Gewalt gegen Frauen in Deutschland. Kurzfassung. Berlin.
BMFSFJ (2021). Familie heute. Daten. Fakten. Trends. Familienreport 2020. Berlin.
BMFSFJ/BMJ (2003) (Hg.). Gewaltfreie Erziehung. Eine Bilanz nach Einführung des Rechts auf gewaltfreie Erziehung. Berlin.

BMJ/BMFSFJ/BMBF (Hg.) (2011). Abschlussbericht Runder Tisch Sexueller Kindesmissbrauch in Abhängigkeits- und Machtverhältnissen in privaten und öffentlichen Einrichtungen und im familiären Bereich. https://www.bmfsfj.de/bmfsfj/service/publikationen/sexueller-kindesmissbrauch/86342 [16.09.2021].

BMJFFG (1990) (Hg.). Achter Jugendbericht. Bericht über Bestrebungen und Leistungen der Jugendhilfe. Bonn.

Bock, Karin (2012). Die Kinder- und Jugendhilfe. In: Thole, Werner (Hg.). Grundriss Soziale Arbeit. Ein einführendes Handbuch. 4. Aufl. Wiesbaden. S. 439–459.

Bode, Ingo/Turba, Hannu (2014). Organisierter Kinderschutz in Deutschland. Strukturdynamiken und Modernisierungsparadoxien. Wiesbaden.

Böhnisch, Lothar/Lenz, Karl (1997). Zugänge zu Familien – ein Grundlagentext. In: Böhnisch, Lothar/Lenz, Karl (Hg.). Familien. Eine interdisziplinäre Einführung. Weinheim; München. S. 9–63.

Böllert, Karin (2018). Prävention und Intervention. In: Otto, Hans-Uwe/Thiersch, Hans/Treptow, Rainer und Ziegler, Holger (Hg.). Handbuch Soziale Arbeit. Grundlagen der Sozialarbeit und Sozialpädagogik. 6., überarb. Aufl. München. S. 1185–1190.

Bowlby, John (2006). Bindung. München.

Brandhorst, Felix (2015). Kinderschutz und Öffentlichkeit. Der „Fall Kevin" als Sensation und Politikum. Wiesbaden.

Brassard, Marla R./Hardy, David B. (2002). Psychische Misshandlung. In: Helfer, Mary E./Kempe, Ruth S./Krugman, Richard D. (Hg.). Das mißhandelte Kind. Frankfurt a. M. S. 585–614.

Brazelton, T. Berry/Greenspan, Stanley I. (2002). Die sieben Grundbedürfnisse von Kindern. Was jedes Kind braucht, um gesund aufzuwachsen, gut zu lernen und glücklich zu sein. Weinheim; Basel.

Bremische Bürgerschaft (2007). Bericht des Untersuchungsausschusses zur Aufklärung von mutmaßlichen Vernachlässigungen der Amtsvormundschaft und Kindeswohlsicherung durch das Amt für Soziale Dienste. Bremen.

Briggs, Freda (2013). Child Protection. The essential guide for teachers and other professionals whose work involves children. Docklands.

Brinkmann, Wilhelm/Honig, Michael-Sebastian (1984) (Hg.). Kinderschutz als sozialpolitische Praxis. Hilfe, Schutz und Kontrolle. München.

Brown, Jocelyn/Cohen, Patricia/Johnson, Jeffrey/Salzinger, Suzanne (1998). A longitudinal analysis of risk factors for child maltreatment: Findings of a 17-year prospective study of officially recorded and self-reported child abuse and neglect. In: Child Abuse & Neglect. (11). S. 1065–1078.

Buchholz, Thomas (2011). Kinderschutz bei Kindeswohlgefährdung als Aufgabe von Schule und Jugendhilfe. In: Fischer, Jörg/Buchholz, Thomas/Merten, Roland (Hg.). Kinderschutz in gemeinsamer Verantwortung von Jugendhilfe und Schule. Wiesbaden. S. 93–115.

Büchner, Peter (1983). Vom Befehlen und Gehorchen zum Verhandeln. Entwicklungstendenzen von Verhaltensstandards und Umgangsnormen seit 1945. In: Preuss-Lausitz, Ulf/Büchner, Peter/Fischer-Kowalski, Marina (Hg.). Kriegskinder, Konsumkinder, Krisenkinder. Zur Sozialisationsgeschichte seit dem zweiten Weltkrieg. Weinheim; Basel. S. 196–212.

Bühler-Niederberger, Doris (2020). Lebensphase Kindheit. Theoretische Ansätze, Akteure und Handlungsräume. 2. überarb. Aufl. Weinheim; Basel.

Bund Deutscher Hebammen e. V. (o. J.) (Hg.). Die Familienhebamme. O. O.

Bünder Spital- und Heimverband (2012). Bündner Standard zum Umgang mit grenzverletzendem Verhalten bei Kindern und Jugendlichen im institutionellen Kontext. Chur.

Bundesarbeitsgemeinschaft der Kinderschutz-Zentren e. V. (2015) (Hg.). Kindgerecht. Verändertes Aufwachsen in einer modernen Gesellschaft. Köln.

Bundeskonferenz für Erziehungsberatung e. V. (bke)/Deutscher Paritätischer Wohlfahrtsverband – Gesamtverband e. V./Deutsches Institut für Jugendhilfe und Familienrecht e. V. (DIJuF)/Deutsches Jugendinstitut e. V. (DJI)/Die Kinderschutz-Zentren/Internationale Gesellschaft für erzieherische Hilfen e. V. (IGfH) (2007). Gemeinsame Erklärung zum Kinderschutz in Deutschland. In: Das Jugendamt. (2). S. 78–79.

Bundesministerium für Wirtschaft, Familie und Jugend (2009) (Hg.). Familie – kein Platz für Gewalt!(?) 20 Jahre gesetzliches Gewaltverbot in Österreich. Vergleichende Untersuchung Österreich – Deutschland – Schweden – Frankreich – Spanien. Ergebnisse einer Befragung von Experten und Expertinnen in der Arbeit mit Kindern und Jugendlichen. Wien.

Bundschuh, Claudia (2001). Pädosexualität: Entstehungsbedingungen und Erscheinungsformen. Opladen.

Bundschuh, Claudia (2010). Sexualisierte Gewalt gegen Kinder in Institutionen. Nationaler und internationaler Forschungsstand. München.

Bussmann, Kai-D. (2005). Report über die Auswirkungen des Gesetzes zur Ächtung der Gewalt in der Erziehung. Vergleich der Studien von 2001/2002 und 2005. Eltern-, Jugend- und Expertenbefragung. http://bussmann2.jura.uni-halle.de/FamG/Bussmann_OnlineReport.pdf [16. 09. 2021].

Cantwell, Hendrika B. (2002). Kindesvernachlässigung – ein vernachlässigtes Thema. In: Helfer, Mary E./Kempe, Ruth S./Krugman, Richard D. (Hg.). Das mißhandelte Kind. Frankfurt a. M. S. 515–556.

Cierkpa, Manfred (2008) (Hg.). Handbuch der Familiendiagnostik. Berlin; Heidelberg.

Cinkl, Stephan/Krause, Hans-Ullrich (2014). Praxishandbuch Sozialpädagogische Familiendiagnosen. Verfahren – Evaluation – Anwendung im Kinderschutz. 2., durchg. Aufl. Opladen; Berlin; Farmington Hills.

Cinkl, Stephan/Uhlendorff, Uwe (2011). Sozialpädagogische Familiendiagnosen bei Kindeswohlgefährdung. In: Körner, Wilhelm/Deegener, Günther (Hg.). Erfassung von Kindeswohlgefährdung in Theorie und Praxis. Lengerich. S. 278–293.

Clemens, Vera/Sachser, Cedric/Weilmann, Mitja/Fegert, Jörg M. (2020). 20 Jahre gewaltfreie Erziehung im BGB. Aktuelle Einstellungen zu Körperstrafen und elterliches Erziehungsverhalten in Deutschland. Ein Blick auf Veränderungen seit der parlamentarischen Entscheidung von 2000. Ulm.

Conen, Marie-Luise (2007). Schwer zu erreichende Eltern – Ein systemischer Ansatz der Elternarbeit in der Heimerziehung. In: Homfeldt, Hans-Günther/Schulze-Krüdener, Jörgen (Hg.). Elternarbeit in der Heimerziehung. München; Basel. S. 61–76.

Dahme, Heinz-Jürgen/Wohlfahrt, Norbert (2018). Qualität. In: Otto, Hans-Uwe/Thiersch, Hans/Treptow, Rainer/Ziegler, Holger (Hg.). Handbuch Soziale Arbeit. Grundlagen der Sozialarbeit und Sozialpädagogik. 6., überarb. Aufl. München. S. 1236–1246.

Dalzell, Ruth/Chamberlain, Clare (2006). Communication with children. A two-way-process. Resource pack. London.

Davies, Pamela (2011). The impact of a child protection investigation: a personal reflective account. In: Child & Family Social Work. (2). S. 201–209.

Deegener, Günther (2005). Formen und Häufigkeiten der Kindesmisshandlung. In: Deegener, Günther/Körner, Wilhelm (Hg.). Kindesmisshandlung und Vernachlässigung. Ein Handbuch. Göttingen u. a. S. 37–58.

Deegener, Günther (2014). Risiko- und Schutzfaktoren des Kinder- und Jugendhilfesystems bei Prävention und Intervention im Kinderschutz. Lengerich.

Deegener, Günther/Körner, Wilhelm (2005) (Hg.). Kindesmisshandlung und Vernachlässigung. Ein Handbuch. Göttingen u. a.

Deegener, Günther/Körner, Wilhelm (2016). Risikoerfassung bei Kindesmisshandlung und Vernachlässigung. Theorie, Praxis, Materialien. 4. Aufl. Lengerich.

Dekker, Arne/Koops, Thula/Briken, Peer (2016). Sexualisierte Grenzverletzungen und Gewalt mittels digitaler Medien. Zur Bedeutung digitaler Medien für Phänomene sexualisierter Grenzverletzungen und Gewalt gegen Kinder und Jugendliche. Berlin.

Dekker, Sidney (2014). The Field Guide to Understanding ‚Human Error'. 3. Aufl. Boca Raton.

deMause, Lloyd (1980). Evolution der Kindheit. In: deMause, Lloyd (Hg.). Hört ihr die Kinder weinen. Eine psychogenetische Geschichte der Kindheit. Frankfurt a. M. S. 12–111.

Der Spiegel (1991). Prügelstrafe. Angst vorm bösen Geist. http://www.spiegel.de/spiegel/print/d-13490875.html [16. 09. 2021].

Derr, Regine (2009). Sexuelle Gewalt in den neuen Medien. Herausforderungen für den Kinder- und Jugendschutz. In: Monatsschrift Kinderheilkunde. (5). S. 449–455.

Destatis (2021). https://www.destatis.de/DE/Themen/Gesellschaft-Umwelt/Bevoelkerung/_inhalt.html [16. 09. 2021].

Dettenborn, Harry (2010). Kindeswohl und Kindeswille. Psychologische und rechtliche Aspekte. 3., überarb. Aufl. München; Basel.

Deutscher Verein für öffentliche und private Fürsorge e. V. (2006). Empfehlungen des Deutschen Vereins zur Umsetzung des § 8a SGB VIII. Berlin.

Deutsches Jugendinstitut e. V. (2011) (Hg.). Sexuelle Gewalt gegen Mädchen und Jungen in Institutionen. Abschlussbericht des DJI-Projekts im Auftrag der Unabhängigen Beauftragten zur Aufarbeitung des sexuellen Kindesmissbrauchs, Dr. Christine Bergmann. München.

DGSF (2017). Plädoyer für die gesetzliche Verankerung eines hilfeorientierten und kooperativen Kinderschutzes. https://www.dgsf.org/themen/stellungnahmen-1/plaedoyer-kinderschutz/view [16. 09. 2021].

Dörr, Margret (2010). Nähe und Distanz Zum grenzwahrenden Umgang mit Kindern in pädagogischen Arbeitsfeldern. In: BZgA Forum: Sexueller Missbrauch Heft 3. S. 20–24. https://forum.sexualaufklaerung.de/ausgaben-ab-2010/2010/ausgabe-3/naehe-und-distanz-zum-grenzwahrenden-umgang-mit-kindern-in-paedagogischen-arbeitsfeldern/ [16. 09. 2021].

Dörr, Margret (2017). Nähe und Distanz in professionellen pädagogischen Beziehungen. In: Kessl, Fabian/Kruse, Elke/Stövesand, Sabine/Thole, Werner (Hg.). Soziale Arbeit – Kernthemen und Problemfelder. Opladen; Toronto. S. 202–210.

Du Bois, Reinmar (2000). Jugendkrisen. Erkennen – verstehen – helfen. München.

Duncan, Mandy (2019). Participation in Child Protection. Theorizing Children's Perspectives. Basingstoke.

Eggers, Katharina (2018). Ein Plädoyer für gemeinsames Nachdenken und solidarische Bündnisse im Kinderschutz trotz hoher Anforderungen an das Risikomanagement. In: Forum Erziehungshilfe. (1). S. 53–57.

Eidgenössische Kommission für Kinder- und Jugendfragen EKKJ (2019). Das Recht des Kindes auf eine Erziehung ohne Gewalt. Situation in der Schweiz, Handlungsbedarf und Forderungen der EKKJ. Ein Positionspapier der Eidgenössischen Kommission für Kinder- und Jugendfragen EKKJ. Bern.

Elias, Norbert (2004). Was ist Soziologie? Weinheim; München.

Enders, Ursula (2008) (Hg.). Zart war ich, bitter war's. Handbuch gegen sexuellen Missbrauch. 3. Aufl. Köln.

Enders, Ursula (2012). Grenzen achten. Schutz vor sexuellem Missbrauch in Institutionen. Ein Handbuch für die Praxis. Köln.

Erikson, Erik H. (1994). Identität und Lebenszyklus. Drei Aufsätze. 14. Aufl. Frankfurt a. M.

Etscheid, Mario (2009). Fachaufsicht neu denken und gestalten. Siegburg.

Fachausschuss der Kinderschutz-Zentren (2011). Empfehlung der Kinderschutz-Zentren zur Nutzung von Gefährdungseinschätzungs-Bögen in den Kinderschutz-Zentren. Verabschiedet vom Fachausschuss der Kinderschutz-Zentren. Köln.

Fegert, Jörg M. (2014). Bedingungen, Prinzipien und Herausforderungen interdisziplinärer Kooperation im Kinderschutz. In: IzKK – Nachrichten. (1). S. 4–9.

Fegert, Jörg M./Rassenhofer, Miriam/Schneider, Thekla/Seitz, Alexander/Spröber, Nina (2013). Sexueller Kindesmissbrauch – Zeugnisse, Botschaften, Konsequenzen. Ergebnisse der Begleitforschung für die Anlaufstelle der Unabhängigen Beauftragten der Bundesregierung zur Aufarbeitung des sexuellen Kindesmissbrauchs, Frau Dr. Christine Bergmann. Weinheim; Basel.

Fegert, Jörg M./Schröer, Wolfgang/Wolff, Mechthild (2017). Persönliche Rechte von Kindern und Jugendlichen. Schutzkonzepte als organisationale Herausforderungen. In Wolff, Mechthild/Schröer, Wolfgang/Fegert, Jörg M. (Hg.). Schutzkonzepte in Theorie und Praxis. Ein beteiligungsorientiertes Werkbuch. Weinheim; Basel. S. 14–24.

Fegert, Jörg M./Wolff, Mechthild (2006) (Hg.). Sexueller Missbrauch durch Professionelle in Institutionen. Prävention und Intervention – ein Werkbuch. 2., aktual. Aufl. Weinheim; München.

Fegert, Jörg M./Wolff, Mechthild (2015) (Hg.). Kompendium „Sexueller Missbrauch in Institutionen". Entstehungsbedingungen, Prävention und Intervention. Weinheim; Basel.

Fegert, Jörg M./Ziegenhain, Ute/Fangerau, Heiner (2010). Problematische Kinderschutzverläufe. Mediale Skandalisierung, fachliche Fehleranalyse und Strategien zur Verbesserung des Kinderschutzes. Weinheim; München.

Finkelhor, David (1984). Child Sexual Abuse. New Theory and Research. New York.

Forschungsverbund „Gewalt gegen Männer" (2004) (Hg.). Gewalt gegen Männer in Deutschland. Personale Gewaltwiderfahrnisse von Männern in Deutschland. Pilotstudie im Auftrag des Bundesministeriums für Familie, Senioren, Frauen und Jugend. Berlin.

Frese, Désirée/Günther, Christina (2013). Willkommensbesuche für Neugeborene. Konzepte, Erfahrungen und Nutzen. Münster.

Frevert, Gabriele/Cierpka, Manfred/Joraschky, Peter (2008). Familiäre Lebenszyklen. In: Cierkpa, Manfred (Hg.). Handbuch der Familiendiagnostik. Berlin; Heidelberg. S. 171–197.

Frühe Hilfen aktuell (2018) (1). https://www.fruehehilfen.de/fileadmin/user_upload/fruehehilfen.de/pdf/Fruehe-Hilfen-aktuell-01-2018-b.pdf [16.09.2021].

Fuhs, Burkhard (2007). Zur Geschichte der Familie. In: Ecarius, Jutta (Hg.). Handbuch Familie. Wiesbaden. S. 17–35.

Funcke, Dorett/Hildenbrand, Bruno (2009). Unkonventionelle Familien in Beratung und Therapie. Heidelberg.

Fürniss, Tilman (2005). Geschichtlicher Abriss zur Kindesmisshandlung und Kinderschutzarbeit von C. H. Kempe bis heute. In: Deegener, Günther/Körner, Wilhelm (Hg.). Kindesmisshandlung und Vernachlässigung. Ein Handbuch. Göttingen u. a. S. 19–33.

Galm, Beate/Hees, Katja/Kindler, Heinz (2016). Kindesvernachlässigung – verstehen, erkennen und helfen. 2. Aufl. München.

Galtung, Johan (1978). Strukturelle Gewalt. Beiträge zur Friedens- und Konfliktforschung. Reinbek bei Hamburg.

Galtung, Johan (1998). Frieden mit friedlichen Mitteln. Friede und Konflikt, Entwicklung und Kultur. Opladen.

Garbarino, James/Bradshwa, Catherine P. (2002). Gewalt gegen Kinder. In: Heitmeyer, Wilhelm/Hagan, John (Hg.). Internationales Handbuch der Gewaltforschung. Wiesbaden. S. 899–920.

Geber, Christine/Lillig, Susanna (2014). Von der Vernetzung zur Kooperation. Herausforderungen und Schwierigkeiten bei der Zusammenarbeit im Kinderschutz. In: IzKK – Nachrichten. (1). S. 10–15.

Gelles, Richard J. (2002). Gewalt in der Familie. In: Heitmeyer, Wilhelm/Hagan, John (Hg.). Internationales Handbuch der Gewaltforschung. Wiesbaden. S. 1043–1077.

Gerber, Christine (2006a). Was ist bei einer Kindeswohlgefährdung in Abgrenzung zum ASD der Aufgabenbereich der Polizei? In: Kindler, Heinz/Lillig, Susanna/Blüml, Herbert/Meysen, Thomas/Werner, Annegret (Hg.). Handbuch Kindeswohlgefährdung nach § 1666 BGB und Allgemeiner Sozialer Dienst (ASD). München. Kapitel 36.

Gerber, Christine (2006b). Wann muss der ASD Anzeige gegen die Sorgeberechtigten erstatten? In: Kindler, Heinz/Lillig, Susanna/Blüml, Herbert/Meysen, Thomas/Werner, Annegret (Hg.). Handbuch Kindeswohlgefährdung nach § 1666 BGB und Allgemeiner Sozialer Dienst (ASD). München. Kapitel 115.

Gerber, Christine (2006c). Wann ist die Polizei in Fällen von Kindeswohlgefährdung einzubeziehen? In: Kindler, Heinz/Lillig, Susanna/Blüml, Herbert/Meysen, Thomas/Werner, Annegret (Hg.). Handbuch Kindeswohlgefährdung nach § 1666 BGB und Allgemeiner Sozialer Dienst (ASD). München. Kapitel 114.

Gerber, Christine/Lillig, Susanna (2018). Gemeinsam lernen aus Kinderschutzverläufen. Eine systemorientierte Methode zur Analyse von Kinderschutzfällen und Ergebnisse aus fünf Fallanalysen. Bericht. Beiträge zur Qualitätsentwicklung im Kinderschutz 9. Herausgegeben vom Nationalen Zentrum Frühe Hilfen (NZFH). Köln

Gilbert, Neil/Parton, Nigel/Skivenes, Marit (2011a). Changing Patterns of Response and Emerging Orientations. In: Gilbert, Neil/Parton, Nigel/Skivenes, Marit (Hg.). Child Protection Systems. International Trends and Orientations. New York. S. 243–257.

Gilbert, Neil/Parton, Nigel/Skivenes, Marit (2011b) (Hg.). Child Protection Systems. International Trends and Orientations. New York.

Glisson, Charles A/Hemmelgarn, Anthony L. (1998). The effects of organizational climate and interorganizational coordination on the quality and outcomes of children's service systems. Child Abuse and Neglect. (5). S. 401–421.

Goldbeck, Lutz (2008). Sekundärpräventionsstrategien im Kinderschutz. In: Fegert, Jörg M./Ziegenhain, Ute (Hg.). Kindeswohlgefährdung und Vernachlässigung. 2., durchg. Aufl. München. S. 109–118.

Goldbeck, Lutz/Laib-Koenem, Anita/Fegert, Jörg M. (2005). Hilfeprozess-Koordination im Kinderschutz. Ein Projekt zur Qualitätssicherung durch externe Institutionsberatung. Abschlussbericht. Ulm.

Goldstein, Joseph/Freud, Anna/& Solnit, Albert J. (1991). Jenseits des Kindeswohls. Frankfurt a. M.

Gruber, Thomas (2002). Sexueller Missbrauch im Heim – aus Opfern werden Täter. In: Bundesarbeitsgemeinschaft der Kinderschutz-Zentren e. V. (Hg.). Sexueller Missbrauch im Spannungsfeld der Institutionen. Köln. S. 29–32.

Günther, Christina/Frese, Désirée (2014). Willkommensbesuch für Neugeborene zwischen Anspruch und Realität. Große Erwartungen – großer Nutzen?! In: Sozialmagazin. (7-8). S. 44–51.

Haas, Sabine/Pammer, Christoph/Weigl, Marion/Winkler, Petra (2013). Ausgangslage für Frühe Hilfen in Österreich. Ergebnisse der Feldanalyse und der Stakeholder-Workshops. Wien.

Haas, Sabine/Weigl, Marion (2017). Frühe Hilfen. Eckpunkte eines „Idealmodells" für Österreich 2017. Aktualisierter wissenschaftlicher Ergebnisbericht. Wien.

Hartwig, Luise/Mennen, Gerald/Schrapper, Christian (2016) (Hg.). Kinderrechte als Fixstern moderner Pädagogik? Grundlagen, Praxis, Perspektiven. Weinheim; Basel.

Hauri, Andrea/Jud, Andreas/Lätsch, David/Rosch, Daniel (2018). Anhang I: Das Berner und Luzerner Abklärungsinstrument zum Kindesschutz. In: Rosch, Daniel/Fountoulakis, Christiana/Heck, Christoph (Hg.). Handbuch Kindes- und Erwachsenenschutz. Recht und Methodik für Fachleute. 2., aktual. Aufl. Bern. S. 636–673.

Hauri, Andrea/Jud, Andreas/Lätsch, David/Rosch, Daniel (2021). Abklärungen im Kindesschutz. Das Berner und Luzerner Abklärungsinstrument in der Praxis. Bern.

Häuser, Winfried/Schmutzer, Gabriele/Brähler, Elmar/Glaesmer, Heide (2011). Maltreatment in childhood and adolescence – results from a survey of a representative sample of the German population. Deutsches Ärzteblatt International. (17). S. 287–94.

Heck, Christoph (2018). Überblick über die Akteure und deren Aufgaben. In: Rosch, Daniel/Fountoulakis, Christiana/Heck, Christoph (Hg.). Handbuch Kindes- und Erwachsenenschutz. Recht und Methodik für Fachleute. 2., aktual. Aufl. Bern. S. 91–101.

Hegnauer, Cyril (1999). Grundriss des Kindesrechts und des übrigen Verwandtschaftsrechts. 5. Aufl. Bern.

Heiner, Maja (2004). Fallverstehen, Typen der Falldarstellung und kasuistische Kompetenz. In: Hörster, Reinhard/Küster, Ernst-Uwe/Wolff, Stephan (Hg.). Orte der Verständigung. Beiträge zum sozialpädagogischen Argumentieren. Freiburg i. Br. S. 91–108.

Heiner, Maja (2018). Diagnostik in der Sozialen Arbeit. In: In: Otto, Hans-Uwe/Thiersch, Hans/Treptow, Rainer/Ziegler, Holger (Hg.). Handbuch Soziale Arbeit. Grundlagen der Sozialarbeit und Sozialpädagogik. 6., überarb. Aufl. München. S. 242–256.

Heiner, Maja/Schrapper, Christian (2010). Diagnostisches Fallverstehen in der Sozialen Arbeit. In: Schrapper, Christian (Hg.). Sozialpädagogische Diagnostik und Fallverstehen in der Jugendhilfe. Anforderungen, Konzepte, Perspektiven. 2. Aufl. Weinheim; München. S. 201–221.

Heinitz, Stefan (2012). Fehler als Anlässe zu lernen? Fachberatung im Kinderschutz und die (neuen) Aufgaben der „insoweit erfahrenen Fachkraft" nach dem Bundeskinderschutzgesetz. In: Das Jugendamt. (11). S. 558–562.

Heinitz, Stefan (2018). Schutz durch Hilfe. In Forum Erziehungshilfen. (5.). S. 245–249.

Heinitz, Stefan (2020). Wie Kinderschutz gemacht wird. Eine Rekonstruktion professioneller Selbstverständnisse. Weinheim; Basel.

Heinitz, Stefan/Claassen-Hornig, Britta (2013). Neue Wege im Umgang mit problematischen Fallverläufen: Die Fall-Werkstatt als Methode der Qualitätsentwicklung. In: Forum Erziehungshilfen. (2). S. 110–115.

Helfer, Mary E. (2002). Kommunikation in der therapeutischen Beziehung: Konzepte, Strategien und Methoden. In: Helfer, Mary E./Kempe, Ruth S./Krugman, Richard D. (Hg.). Das mißhandelte Kind. Frankfurt a. M. S. 164–183.

Helfer, Mary E./Kempe, Ruth S./Krugman, Richard D. (2002) (Hg.). Das mißhandelte Kind. Frankfurt a. M.

Helsper, Werner/Krüger, Heinz-Hermann/Sandring, Sabine (2015). Wandel der Theorie- und Forschungsdiskurse in der Jugendforschung. Einleitung. In: Sandring, Sabine/Helsper, Werner/Krüger, Heinz-Hermann (Hg.). Jugend. Theoriediskurse und Forschungsfelder. Wiesbaden. S. 9–32.

Hemker, Bernd (2003). Beschwerdesteuerung: Möglichkeiten und Grenzen. In: Forum Erziehungshilfen. (4). S 212–220.

Hengst, Heinz/Zeiher, Helga (2005). Von Kinderwissenschaften zu generationalen Analysen. Einleitung. In: Hengst, Heinz/Zeiher, Helga (Hg.). Kindheit soziologisch. Wiesbaden. S. 9–23.

Hensen, Gregor/Schone, Reinhold (2020). Krisenintervention und Wohl des Kindes – Zur Paradoxie längerfristiger Inobhutnahmen. In: Fachgruppe Inobhutnahme (Hg.). Handbuch Inobhutnahme. Grundlagen – Praxis und Methoden – Spannungsfelder. S. 122–136.

Hering, Sabine/Münchmeier, Richard (2014). Geschichte der Sozialen Arbeit. Eine Einführung. 5., überarb. Aufl. Weinheim; Basel.

Herwig-Lempp, Johannes (2016). Ressourcenorientierte Teamarbeit: Systemische Praxis der kollegialen Beratung. Ein Lern- und Übungsbuch. Göttingen.

Hessischer Landkreistag/Hessischer Städtetag (2010). Hessisches Kinderschutzgesetz: Evaluation durch die Jugendämter. In: Das Jugendamt. (3). S. 115–117.

Hildenbrand, Bruno (2011). Hilfe zwischen Kontrollauftrag und Hilfebeziehung. Wirkungen, Nebenwirkungen und Perspektiven. In: Die Kinderschutz-Zentren (Hg.). Hilfe…! Über Wirkungen, Risiken und Nebenwirkungen im Kinderschutz. Köln. S. 45–66.

Hildenbrand, Bruno (2014). Das KJHG und der Kinderschutz: Eine verpasste Professionalisierungschance der Sozialpädagogik. In: Bütow, Birgit/Pomey, Marion/Rutschmann, Myriam/Schär, Clarissa/Studer, Tobias (Hg.). Sozialpädagogik zwischen Staat und Familie. Wiesbaden. S. 175–202.

Hilgers, Heinz/Sandvoss, Uwe/Jasper, Christin M. (2008). Von der Verwaltung der Kinderarmut zur frühen umfassenden Hilfe. Das Dormagener Modell: Was es beinhaltet und was man von ihm lernen kann. M 3 Soziales und Gesundheit. In: Markus, Wolfram/

Osmer, Andreas (Hg.). Handbuch Kommunalpolitik. Das politische Mandat professionell gestalten. Berlin. S. 1–34.

Hobler, Dietmar/Klenner, Christina/Pfahl, Svenja/Sopp, Peter/Wagner, Alexandra (2017). Wer leistet unbezahlte Arbeit? Hausarbeit, Kindererziehung und Pflege im Geschlechtervergleich. Aktuelle Auswertungen aus dem WSI GenderDatenPortal. Düsseldorf.

Hoffmann, Martin/Adam, Hubertus/Hansen, Hans/Paulat, Monika/Scharnweber, Inge/Thimm, Karlheinz (2013). Bericht und Empfehlungen der unabhängigen Kommission zur Untersuchung der Einrichtungen der Haasenburg GmbH. Potsdam. https://geschlossene-unterbringung.de/wp-content/uploads/2013/10/2013-11-06_Endbericht-der-Kommission-zur-Haasenburg.pdf [16.09.2021].

Holthusen, Bernd/Hoops, Sabrina/Lüders, Christian/Ziegleder, Diana (2011). Über die Notwendigkeit einer fachgerechten und reflektierten Prävention. Kritische Anmerkungen zum Diskurs. In: DJI Impulse. Das Bulletin des Deutschen Jugendinstituts. (2). S. 22–25.

Honig, Michael-Sebastian (1988). Vom alltäglichen Übel zum Unrecht – Über den Bedeutungswandel familialer Gewalt. In: Deutsches Jugendinstitut (Hg.). Wie geht's der Familie? Ein Handbuch zur Situation der Familien heute. München. S. 189–202.

Honig, Michael-Sebastian (1992). Verhäuslichte Gewalt – Sozialer Konflikt, wissenschaftliche Konstrukte, Alltagswissen, Handlungssituationen. Eine Explorativstudie über Gewalthandeln von Familien. Frankfurt a. M.

Honig, Michael-Sebastian (2016). Kindheiten. In: Scherr, Albert (Hg.). Soziologische Basics. Wiesbaden. S. 143–148.

Höpflinger, François (2009). Sozialgerontologie: Alter im gesellschaftlichen Wandel und neue soziale Normvorstellungen zu späteren Lebensjahren. In: Klie, Thomas/Kumlehn, Martina/Kunz, Ralph (Hg.). Praktische Theologie des Alterns. Berlin. S. 55–73.

Hornstein, Walter (1985). Jugend – Strukturwandel im gesellschaftlichen Wandlungsprozeß. In: Hradil, Stefan (Hg.). Sozialstruktur im Umbruch. Karl Martin Bolte zum 60. Geburtstag. Opladen. S. 323–342.

Hornung, Antje/Lukesch, Helmut (2009). Die unheimlichen Miterzieher – Internet und Computerspiele und ihre Wirkungen auf Kinder und Jugendliche. In: Hardt, Jürgen/Cramer-Düncher, Uta/Ochs, Matthias (Hg.). Verloren in virtuellen Welten. Computerspielsucht im Spannungsfeld von Psychotherapie und Pädagogik. Göttingen. S. 87–113.

Horschitz, Harald/Meysen, Thomas/Schaumberg, Torsten/Schönecker, Lydia/Seltmann, David (2015). Materialien zu Frühen Hilfen 8. Expertise. Rechtsgutachten zu rechtlichen Fragestellungen im Zusammenhang mit dem Einsatz von Familienhebammen und Familien-Gesundheits- und Kinderkrankenpflegerinnen und -pflegern. Köln.

Imbusch, Peter (2002). Der Gewaltbegriff. In: Heitmeyer, Wilhelm/Hagan, John (Hg.). Internationales Handbuch der Gewaltforschung. Wiesbaden. S. 26–57.

Institut Arbeit und Qualifikation der Universität Duisburg-Essen (o. J.). Erwerbsquoten und Erwerbstätigenquoten nach Geschlecht 1960–2019* auf Basis des Mikrozensus. http://www.sozialpolitik-aktuell.de/tl_files/sozialpolitik-aktuell/_Politikfelder/Arbeitsmarkt/Datensammlung/PDF-Dateien/tabIV31.pdf [16.09.2021].

Institut für soziale Arbeit e. V./Deutscher Kinderschutzbund Landesverband NRW/Bildungsakademie BiS (2013). Zehn Empfehlungen zur Ausgestaltung der Rolle der Kinderschutzfachkraft nach den §§ 8a Abs. 4, 8b Abs. 1 SGB VIII und § 4 KKG. In: Zeitschrift für Kindschaftsrecht und Jugendhilfe. (3). S. 115–120.

ISA – Institut für soziale Arbeit e. V. (2010). Qualitätsrahmen „Kinderschutz“. Entwurf – Stand 20.05.2010. Münster.

Jaeckel, Monika (2002). Mütter-Zentren – Konzept. Die Entwicklung des Konzepts der Mütterzentren und Erfahrungen damit. München.

Jones, David P. H. (2002). Die Behandlung des mißhandelten oder vernachlässigten Kindes und seiner Familie. In: Helfer, Mary E./Kempe, Ruth S./Krugman, Richard D. (Hg.). Das mißhandelte Kind. Frankfurt a. M. S. 773–804.

Jordan, Erwin/Maykus, Stephan/Stuckstätte, Eva Christina (2015). Kinder- und Jugendhilfe. Einführung in Geschichte und Handlungsfelder, Organisationsformen und gesellschaftliche Problemlagen. 4. Aufl. Weinheim; Basel.

Jud, Andreas/Fluke, John/Alink, Lenneke R. A./Allan, Kate/Fallon, Barbara/Kindler, Heinz/Lee, Bong Joo/Mansell, James/Puyenbroek, Hubert van (2013). On the nature and scope of reported child maltreatment in high-income countries: opportunities for improving the evidence base. In: Paediatrics and International Child Health. 33. Jg. (4). S. 207–215.

Jud, Andreas/Gartenhauser, Regula (2015). The impact of socio-economic status and caregiver cooperation on school professionals' reports to child protection services in Switzerland. In: European Journal of Social Work. 18. Jg. (3). S. 340–353.

Jugendamt der Stadt Dormagen in Zusammenarbeit mit Reinhart Wolff (2011) (Hg.). Dormagener Qualitätskatalog der Kinder- und Jugendhilfe. Ein Modell kooperativer Qualitätsentwicklung. Opladen; Farmington Hills.

Kaminsky, Anna (2016). Frauen in der DDR. Berlin.

Kappeler, Manfred (2011). Anvertraut und ausgeliefert. Sexuelle Gewalt in pädagogischen Einrichtungen. Berlin.

Kempe, Henry C./Silvermann, Frederic N./Steeel, Brandt F./Droegemueller, William/Silver, Henry K. (1962). The Battered-Child-Syndrome. In: Journal of the American Medical Association. (1). S. 17–24.

Kempe, Ruth S. (2002). Ein entwicklungspsychologischer Behandlungsansatz. In: Helfer, Mary E./Kempe, Ruth S./Krugman, Richard D. (Hg.). Das mißhandelte Kind. Frankfurt a. M. S. 805–840.

Kerber-Ganse, Waltraut (2009). Die Menschenrechte des Kindes. Die UN-Kinderrechtskonvention und die Pädagogik von Janusz Korczak. Versuch einer Perspektivenverschränkung. Opladen; Farmington Hills.

Kinderschutz-Zentrum Berlin (2000 [1979]) (Hg.). Kindesmißhandlung. Erkennen und Helfen. 9. Aufl. Berlin.

Kinderschutz-Zentrum Berlin (2009) (Hg.). Kindeswohlgefährdung – Erkennen und Helfen. 11. überarb. und erw. Aufl. Berlin.

Kindler, Heinz (2003). Ob das wohl gut geht? Verfahren zur Einschätzung der Gefahr von Kindesmisshandlung und Vernachlässigung im ASD. In: Diskurs. (2). S. 8–18.

Kindler, Heinz (2005). Verfahren zur Einschätzung der Gefahr zukünftiger Misshandlung bzw. Vernachlässigung: Ein Forschungsüberblick. In: Deegener, Günther/Körner, Wilhelm (Hg.). Kindesmisshandlung und Vernachlässigung. Ein Handbuch. Göttingen. S. 385–404.

Kindler, Heinz (2006a). Was ist unter Vernachlässigung zu verstehen? In: Kindler, Heinz/Lillig, Susanna/Blüml, Herbert/Meysen, Thomas/Werner, Annegret (Hg.). Handbuch Kindeswohlgefährdung nach § 1666 BGB und Allgemeiner Sozialer Dienst (ASD). München. Kapitel 3.

Kindler, Heinz (2006b). Welche Einschätzungsaufgaben stellen sich in Gefährdungsfällen? In: Kindler, Heinz/Lilllig, Susanna/Blüml, Herbert/Meysen, Thomas/Werner, Annegret (Hg.). Handbuch Kindeswohlgefährdung nach § 1666 BGB und Allgemeiner Sozialer Dienst (ASD). München. Kapitel 59.

Kindler, Heinz (2006c). Was ist unter psychischer Misshandlung zu verstehen? In: Kindler, Heinz/Lillig, Susanna/Blüml, Herbert/Meysen, Thomas/Werner, Annegret (Hg.). Handbuch Kindeswohlgefährdung nach § 1666 BGB und Allgemeiner Sozialer Dienst (ASD). München. Kapitel 4.

Kindler, Heinz (2008). Wie könnte ein Risikoinventar Früher Hilfen aussehen? In: Meysen, Thomas/Schönecker, Lydia/Kindler, Heinz (Hg.). Frühe Hilfen im Kinderschutz. Rechtliche Rahmenbedingungen und Risikodiagnostik in der Kooperation von Gesundheitshilfe und Jugendhilfe. Weinheim; München. S. 173–243.

Kindler, Heinz (2009). Kindeswohlgefährdung: Ein Forschungsupdate zu Ätiologie, Folgen, Diagnostik und Intervention. In: Praxis der Kinderpsychologie und Kinderpsychiatrie. (10). S. 764–785.

Kindler, Heinz (2010). Kinderschutz in Europa. Philosophien, Strategien und Perspektiven nationaler und transnationaler Initiativen zum Kinderschutz. In: Müller, Regine/Nüsken, Dirk (Hg.). Child Protection in Europe. Von den Nachbarn lernen – Kinderschutz qualifizieren. Münster. S. 11–29.

Kindler, Heinz (2011). Denkfehler und andere Praxisirrtümer im Kinderschutz: Eine persönlich gefärbte Übersicht. In: Körner, Wilhelm/Deegener, Günther (Hg.). Erfassung von Kindeswohlgefährdung in Theorie und Praxis. Lengerich. S. 174–200.

Kindler, Heinz (2013a). Partnergewalt und Beeinträchtigung kindlicher Entwicklung: Ein aktualisierter Forschungsüberblick. In: Kavemann, Barbara/Kreyssig, Ulrike (Hg.). Handbuch Kinder und häusliche Gewalt. 3., aktual. u. überarb. Aufl. Wiesbaden. S. 27–47.

Kindler, Heinz (2013b). Expertise. Qualitätsindikatoren für den Kinderschutz in Deutschland. Analyse der nationalen und internationalen Diskussion – Vorschläge für Qualitätsindikatoren. Beiträge zur Qualitätsentwicklung im Kinderschutz 6. Köln.

Kindler, Heinz (2014). § 33 SGB VIII. Vollzeitpflege. In: Macsenaere, Michael/Esser, Klaus/Knab, Eckhart/Hiller, Stephan (Hg.). Handbuch der Hilfen zur Erziehung. Freiburg. S. 122–130.

Kindler, Heinz/Lilllig, Susanna/Blüml, Herbert/Meysen, Thomas/Werner, Annegret (2006) (Hg.). Handbuch Kindeswohlgefährdung nach § 1666 BGB und Allgemeiner Sozialer Dienst (ASD). München.

Kindler, Heinz/Spangler, Gottfried (2006). Welche Hilfen brauchen Eltern, bei denen Kinder nach einer Kindeswohlgefährdung weiterhin ihren Lebensmittelpunkt haben? In. Kindler, Heinz/Lillig, Susanna/Blüml, Herbert/Meysen, Thomas/Werner, Annegret (Hg.). Handbuch Kindeswohlgefährdung nach § 1666 BGB und Allgemeiner Sozialer Dienst (ASD). München. Kapitel 93.

Kindler, Heinz/Werner, Annegret (2005). Auswirkungen von Partnerschaftsgewalt auf Kinder: Forschungsstand und Folgerungen für die Praxis. In: Deegener, Günther/Körner, Wilhelm (Hg.). Kindesmisshandlung und Vernachlässigung. Ein Handbuch. Göttingen. S. 104–127.

Klatetzki, Thomas (2001). Kollegiale Beratung als Problem, sozialpädagogische Diagnostik ohne Organisation. In: Ader, Sabine/Schrapper, Christian/Thiesmeier, Monika (Hg.).

Sozialpädagogisches Fallverstehen und sozialpädagogische Diagnostik in Forschung und Praxis. Münster. S. 22–30.

Klatetzki, Thomas (2010). Zur Einführung: Soziale personenbezogene Dienstleistungsorganisation als Typus. In: Klatetzki, Thomas (Hg.). Soziale personenbezogene Dienstleistungsorganisationen. Soziologische Perspektiven. Wiesbaden. S. 7–24.

Klees, Esther (2008). Geschwisterinzest im Kindes- und Jugendalter. Eine empirische Täterstudie im Kontext internationaler Forschungsergebnisse. Lengerich.

Kohli, Martin (1985). Die Institutionalisierung des Lebenslaufs: historische Befunde und theoretische Argumente. In: Kölner Zeitschrift für Soziologie und Sozialpsychologie. (1). S. 1–29.

Kölch, Michael/Ziegenhain, Ute/Fegert, Jörg M. (2014) (Hg.). Kinder psychisch kranker Eltern. Herausforderungen für eine interdisziplinäre Kooperation in Betreuung und Versorgung. Weinheim; Basel.

Kolshorn, Maren (2018). Entwicklung von Schutzkonzepten. In: Alexandra Retkowski/Angelika Treibel/Elisabeth Tuider (Hg.) (2018). Handbuch Sexualisierte Gewalt und pädagogische Kontexte. Weinheim; Basel. S. 599–608.

Konferenz für Kindes- und Erwachsenenschutz (2017) (Hg.). Praxisanleitung Kindesschutzrecht (mit Mustern). Zürich; St. Gallen.

Körner, Wilhelm/Deegener, Günther (2011) (Hg.). Erfassung von Kindeswohlgefährdung in Theorie und Praxis. Lengerich.

Körner, Wilhelm/Heuer, Franz (2014). Psychodiagnostik bei Kindeswohlgefährdung. Anwenderhandbuch für Beratungs- und Gesundheitsberufe. Weinheim; Basel.

Kotch, Jonathan B./Browne, Dorothy C./Ringwalt, Christopher L./Stewart, Paul W./Ruina, Ellen/Holt, Kathleen/Lowman, Betsy/Jung, Jin-Whan (1995). Risk of child abuse or neglect in a cohort of low-income children. In: Child Abuse & Neglect. (9). S. 1115–1130.

Krause, Hans-Ullrich/Steinbacher, Elke (2014). Vom Fall zur Hilfe: Hilfeplanung nach § 36 SGB VIII (KJHG). In. Krause, Hans-Ullrich/Peters, Friedhelm (Hg.). Grundwissen Erzieherische Hilfen. Ausgangsfragen, Schlüsselthemen, Herausforderungen. 4., überarb. u. aktual. Aufl. Weinheim; Basel.

Kuhlmann, Carola/Schrapper, Christian (2001). Geschichte der Erziehungshilfen von der Armenpflege bis zu den Hilfen zur Erziehung. In: Birtsch, Vera/Münstermann, Klaus/Trede, Wolfgang (Hg.). Handbuch Erziehungshilfen. Leitfaden für Ausbildung, Praxis und Forschung. Münster. S. 282–328.

Leeners, Jörg/Bässler, Martin/Schmid, Marc (2013). Management von grenzverletzendem Verhalten in sozialpädagogischen Institutionen für Kinder und Jugendliche: Der Bündner Standard. In: Zeitschrift für Heilpädagogik. (6). 2013. S. 237–248.

Lenkenhoff, Mike/Adam, Christina/Knapp, Heidi/Schone, Reinhold (2013). Schutzkonzepte in der Hilfeplanung. Herausgegeben vom Landesjugendamt Westfalen-Lippe. Reihe: Ideen und Konzepte Nr. 51. Münster.

Lenz, Albert (2009). Riskante Lebensbedingungen von Kindern psychisch und suchtkranker Eltern – Stärkung ihrer Ressourcen durch Angebote der Jugendhilfe. In: Jugendbericht, Sachverständigen Kommission Dreizehnter Kinder- und Jugendbericht (Hg.). Materialien zum 13. Kinder- und Jugendbericht. Mehr Chancen für gesundes Aufwachsen. Berlin.

Lenz, Karl (2003). Familie – Abschied von einem Begriff? In: Erwägen Wissen Ethik. (3). S. 485–498.

Lenz, Stefan/Peters, Friedhelm (2020) (Hg.). Kompendium Integrierte flexible Hilfen. Bausteine einer lebenswelt- und sozialraumorientierten Reform der Kinder- und Jugendhilfe. Weinheim.

Liebel, Manfred (2007). Wozu Kinderrechte: Grundlagen und Perspektiven. Weinheim; München.

Liebel, Manfred (2013). Kinder und Gerechtigkeit. Über Kinderrechte neu nachdenken. Weinheim; Basel.

Liebel, Manfred (2015). Kinderinteressen. Zwischen Parternalismus und Partizipation. Weinheim; Basel.

Lillig, Susanna (2006). Wie ist mit der Neu-Meldung einer Kindeswohlgefährdung umzugehen? In: Kindler, Heinz/Blüml, Herbert/Meysen, Thomas/Werner, Annegret (Hg.). Handbuch Kindeswohlgefährdung nach § 1666 BGB und Allgemeiner Sozialer Dienst (ASD). München. Kapitel 47.

Loch, Ulrike (2016). Kinderschutz mit psychisch krankten Eltern. Ethnografie im Jugendamt. 2. Aufl. Weinheim; Basel.

Lohmann, Anne (2015). Kooperation in Frühe Hilfen. Ansätze zur zielorientierten Gestaltung. Weinheim; Basel.

Lorenz, Friederike (2020). Der Vollzug des Schweigens. Konzeptionell legitimierte Gewalt in den stationären Hilfen. Wiesbaden.

Lüders, Christian (2011). Von der scheinbaren Selbstverständlichkeit präventiven Denkens. Nahezu alles kann zum Gegenstand präventiver Anstrengungen werden. Gerade deshalb sind Fragen hinsichtlich der Voraussetzung und Implikation nötig. In: DJI Impulse. Das Bulletin des Deutschen Jugendinstituts. (2). S. 4–6.

Luhmann, Niklas (1982). Autopoiesis, Handlung und kommunikative Verständigung. In: Zeitschrift für Soziologie. (4). S. 366–379.

Luhmann, Niklas (2005). Sozialsystem Familie. In: Luhmann, Niklas (Hg.). Soziologische Aufklärung 5. Konstruktivistische Perspektiven. 3. Aufl. Wiesbaden. S. 189–209.

Lüttringhaus, Maria (2008). Klarheit schafft nur, wer sich klar ausdrückt. Standards für die Formulierung von Auflagen und Aufträgen im Bereich Kindesschutz. In: Evangelische Jugendhilfe. (3). S. 149–162.

Lüttringhaus, Maria/Streich, Angelika (2007). Kindesschutz in der Jugendhilfe. Wie man Auflagen und Aufträge richtig formuliert. In: Blätter der Wohlfahrtspflege. (4). S. 145–150.

Lüttringhaus, Maria/Streich, Angelika (2008). Risikoeinschätzung im Team: Keine Zeit? Höchste Zeit! Das Modell der Kollegialen Kurzberatung zur Risikoeinschätzung und Planung des weiteren Vorgehens. In: EREV Schriftenreihe. (1). S. 39–59.

LWL Landesjugendamt (Hg.) (2013). Schutzkonzepte in der Hilfeplanung. Eine qualitative Untersuchung zur Funktion und zur Wirkungsweise von Schutzkonzepten im Rahmen ambulanter Erziehungshilfe. Münster. https://www.lwl-landesjugendamt.de/media/filer_public/78/3c/783ca5e2-817f-4c23-a240-9d05b3af7cfb/abschlussbricht_schutzkonzepte_2.pdf [16.09.2021].

Maccoby, Eleanor E./Martin, John A. (1983). Socialization in the Context of the Family: Parent-Child Interaction. In: Mussen, Paul/Hetherington, E. Mavis (Hg.). Handbook of Child Psychology. Socialization, Personality and Social Development. Bd. 4. New York.

Machann, Günther/Rosemeier, Claus-Peter (1997). Welche Anforderungen stellen Vernachlässigungsfamilien an Helfer und Hilfesysteme? In: Jugendhilfe. (2). S. 101–110.

Maihorn, Christine (2006). Wie kann mit der betroffenen Familie Kontakt aufgenommen und wie kann die Zusammenarbeit aufgebaut werden? In: Kindler, Heinz/Lillig, Susanna/Blüml, Herbert/Meysen, Thomas/Werner, Annegret (Hg.). Handbuch Kindeswohlgefährdung nach § 1666 BGB und Allgemeiner Sozialer Dienst (ASD). München. Kapitel 51.

Maslow, Abraham H. (1970). Motivation and personality. New York.

Mattern, Elke/Ayerle, Gertrud M./Behrens, Johann (2012). Expertise. Zieldefinitionen für das berufliche Handeln von Familienhebammen. Materialien zu Frühen Hilfen 5. Köln.

Maturana, Humberto/Varela, Francisco (1980). Autopoiesis and Cognition: The Realization of the Living. Dordrecht.

Maywald, Jörg (2010). Die Umsetzung der Kinderrechte als Leitbild in der Arbeit mit Kindern und Jugendlichen. In: Sozialpädagogisches Institut des SOS-Kinderdorf e. V. (Hg.). Kinderschutz, Kinderrechte, Beteiligung. München. S. 48–73.

McEwan, Ian (2015). Kindeswohl. Zürich.

McGehee, Charles L. (1993). Das Heisenbergprinzip und der Umgang mit Kindesmisshandlung. In: Kinderschutzzentrum Mainz (Hg.). Sternschnuppe 3. 2. Aufl. Mainz. S. 1–11.

Meier Magistretti, Claudia/Walter-Laager, Catherine (2016). Leitfaden. Kriterien wirksamer Praxis in der frühen Förderung. Evidenzbasierte Gestaltung von Angeboten der frühen Förderung mit einem speziellen Fokus auf Kinder aus sozial benachteiligten Familien. Bern.

Meier-Gräwe, Uta/Wagenknecht, Inga (2011). Expertise. Kosten und Nutzen Früher Hilfen. Eine Kosten-Nutzen-Analyse im Projekt „Guter Start ins Kinderleben". Materialien zu Frühen Hilfen 4. Köln.

Merchel, Joachim (2003). Trägerstrukturen in der Sozialen Arbeit. Eine Einführung. Weinheim; München.

Merchel, Joachim (2007a). Jugendamt und Organisationskultur: Gegen eine Vernachlässigung des Organisationskulturellen in der öffentlichen Jugendhilfe. In: Das Jugendamt. (11). S. 509–515.

Merchel, Joachim (2007b). Mängel des Kinderschutzes in der Jugendhilfe. Zwischen individuellem Fehlverhalten und Organisationsversagen. In: Sozialmagazin. (2). S. 11–18.

Merchel, Joachim (2012). Kinderschutz: Anforderungen an die Organisationsgestaltung im Jugendamt. In: Institut für Sozialarbeit und Sozialpädagogik e. V. (Hg.). Vernachlässigte Kinder besser schützen. Sozialpädagogisches Handeln bei Kindeswohlgefährdung. 2. überarb. Aufl. München. S. 103–143.

Merchel, Joachim (2013). Qualitätsmanagement in der Sozialen Arbeit. Eine Einführung. 4., aktual. Aufl. Weinheim; Basel.

Merchel, Joachim (2015). Fachaufsicht und Qualitätsmanagement in der Kinder- und Jugendhilfe: zwei divergente, doch zueinander in Bezug stehende Steuerungsmodalitäten. In: Das Jugendamt. (7-8). S. 358–362.

Merchel, Joachim (2019a). Organisationsgestaltung im ASD. In: Merchel, Joachim (Hg.). Handbuch Allgemeiner Sozialer Dienst (ASD). 3., aktual. u. erw. Aufl. München. S. 47–64.

Merchel, Joachim (2019b). Hilfeplanung. In: Merchel, Joachim (Hg.). Handbuch Allgemeiner Sozialer Dienst (ASD). 3., aktual. u. erw. Aufl. München. S. 190–212.

Merchel, Joachim (2019c). Qualitätskriterien: Was macht einen „guten ASD“ aus? In: Merchel, Joachim (Hg.). Handbuch Allgemeiner Sozialer Dienst (ASD). 3., aktual. u. erw. Aufl. München. S. 448–457.

Metzner, Franka/Pawils, Silke (2011). Zum Einsatz von Risikoinventaren bei Kindeswohlgefährdung. In: Körner, Wilhelm/Deegener, Günther (Hg.). Erfassung von Kindeswohlgefährdung in Theorie und Praxis. Lengerich S. 251–277.

Meyer, Thomas (2002). Moderne Elternschaft – neue Erwartungen, neue Ansprüche. In: Aus Politik und Zeitgeschichte. http://www.bpb.de/apuz/26894/moderne-elternschaft-neue-erwartungen-neue-ansprueche?p=all [16.09.2021].

Meysen, Thomas (2006). Welche Bedeutung haben im Fall einer Kindeswohlgefährdung die Datenschutzbestimmungen? In: Kindler, Heinz/Lillig, Susanna/Blüml, Herbert/Meysen, Thomas/Werner, Annegret (Hg.). Handbuch Kindeswohlgefährdung nach § 1666 BGB und Allgemeiner Sozialer Dienst (ASD). München. Kapitel 40.

Meysen, Thomas (2008). „Ich war drin-Garantie“ im Kinderschutz? In: Forum Erziehungshilfe. (4). S. 195.

Meysen, Thomas (2012). Das Recht zum Schutz von Kindern. In: Institut für Sozialarbeit und Sozialpädagogik e. V. (Hg.). Vernachlässigte Kinder besser schützen. Sozialpädagogisches Handeln bei Kindeswohlgefährdung. 2. überarb. Aufl. München. S. 17–57.

Meysen, Thomas/Eschelbach, Diana (2012). Das neue Bundeskinderschutzgesetz. Baden. Baden.

Meysen, Thomas/Nonninger, Sybille (20109b). ASD-Tätigkeit und strafrechtliche Verantwortung. In: Merchel, Joachim (Hg.). Handbuch Allgemeiner Sozialer Dienst (ASD). 3., aktual. u. erw. Aufl. München und Basel. S. 137–142.

Meysen, Thomas/Nonninger, Sybille (2019a). Familienrecht und familiengerichtliches Verfahren (FamFG). In: Merchel, Joachim (Hg.). Handbuch Allgemeiner Sozialer Dienst (ASD). 3., aktual. u. erw. Aufl. München. S. 126–136.

Meysen, Thomas/Schindler, Gila (2004). Schutzauftrag bei Kindeswohlgefährdung: Hilfreiches Recht beim Helfen. In: Das Jugendamt. (10). S. 449–466.

MGSFF (2005) (Hg.). Soziale Frühwarnsysteme in NRW – Ergebnisse und Perspektiven eines Modellprojekts. Abschlussdokumentation. Düsseldorf.

Mierendorff, Johanna/Olk, Thomas (2010). Gesellschaftstheoretische Ansätze. In: Heinz-Herrmann/Grunert, Cathleen (Hg.). Handbuch Kindheits- und Jugendforschung. Wiesbaden. S. 125–151.

Mitterauer, Michael (2016). Der Mythos von der vorindustriellen Großfamilie. In: Rosenbaum, Heidi (Hg.). Seminar: Familie und Gesellschaftsstruktur. 5. Aufl. Frankfurt a. M. S. 128–151.

Mörsberger, Thomas/Restemeier, Jürgen (1997) (Hg.). Helfen mit Risiko. Zur Pflichtenstellung des Jugendamtes bei Kindesvernachlässigung. Dokumentation eines Strafverfahrens gegen eine Sozialarbeiterin in Osnabrück. Neuwied.

Mühlmann, Thomas (2019). Inobhutnahmen aus Familien auf neuem Höchststand. In: KomDat – Kommentierte Daten der Kinder- & Jugendhilfe. (2). S. 14–19

Mühlmann, Thomas (2020). Inobhutnahmen 2019 – wenig Veränderungen. In: KomDat – Kommentierte Daten der Kinder- & Jugendhilfe. (2-3). S. 23–27.

Mühlmann, Thomas/Pothmann, Jens (2020). Gefährdungseinschätzungen der Jugendämter in Zeiten von Corona-Kontaktbeschränkungen. In: KomDat. (2-3). S. 17–22.

Müller, Burkhard (2017). Sozialpädagogisches Können. Ein Lehrbuch zur multiperspektivischen Fallarbeit. Überarbeit und erweitert von Ursula Hochuli Freund. 8., überarb. u. erw. Aufl. Freiburg i. Br.

Müller, C. Wolfgang (2013). Wie Helfen zum Beruf wurde. Eine Methodengeschichte der Sozialen Arbeit. 6. Aufl. Weinheim; Basel.

Münchmeier, Richard (1991). Zur Geschichte des öffentlichen Umgangs mit der Jugend. In: Böhnisch, Lothar/Gängler, Hans/Rauschenbach, Thomas (Hg.). Handbuch Jugendverbände. Weinheim und München. S. 25–31.

Münchmeier, Richard (2005). Jugend. In: Otto, Hans Uwe/Thiersch, Hans (Hg.). Handbuch Soziale Arbeit/Sozialpädagogik. 3. Aufl. München. S. 816–830.

Münchmeier, Richard (2008). Jugend im Spiegel der Jugendforschung. In: Bingel, Gabriele/Nordmann, Anja/Münchmeier, Richard (Hg.). Die Gesellschaft und ihre Jugend. Strukturbedingungen jugendlicher Lebenslagen. Opladen und Farmington Hills. S. 13–26.

Münder, Johannes (2017) (Hg.). Kindeswohl zwischen Jugendhilfe und Justiz. Zur Entwicklung von Entscheidungsgrundlagen und Verfahren zur Sicherung des Kindeswohls zwischen Jugendämtern und Familiengerichten. Weinheim; Basel.

Munro, Eileen (2005). A systems approach to investigating child abuse deaths. In: British journal of social work. (4). S. 531–546.

Munro, Eileen (2009). Ein systemischer Ansatz zur Untersuchung von Todesfällen aufgrund von Kindeswohlgefährdung. In: Das Jugendamt. (3). S. 106–115.

Munro, Eileen (2011). The Munro Review of Child Protection: Final Report. A child-centred system. London.

Munro, Eileen (2020). Effective Child Protection. 3. Aufl. London.

Nick, Susanne (2020). Organisierte rituelle Gewalt und ihr familiärer Kontext. In: Büttner, Melanie (Hg.). Handbuch häusliche Gewalt. Stuttgart. S. 107–116.

Nick, Susanne/Schröder, Johanna/Brike, Peer/Richter-Appelt, Hertha (2018). Organisierte und rituelle Gewalt in Deutschland. Kontexte der Gewalterfahrungen, psychische Folgen und Versorgungssituation. In: Trauma und Gewalt. (3). S. 244–250.

Nicolas, Johanna (2015). Practical Guide to Child Protection. The Challenges, Pitfalls and Practical Solutions. London and Philadelphia.

Nitsch, Michael (2007). Kinder, Eltern, Helfer – Von der Ambivalenz des Glaubens an die Hilfe. In: Die Kinderschutz-Zentren (Hg.). Entmutigte Familien bewegen (sich). Konzepte für den Alltag der Jugendhilfe bei Kindeswohlgefährdung Köln. S. 80–104.

Noeker, Meinolg/Mußhoff, Frank/Franke, Ingo/Madea, Burkhard (2010). Münchhausen-by-Proxy-Syndrom. In: Rechtsmedizin. (3). S. 223–237.

Nothhafft, Susanne (2008). Landesgesetzliche Regelungen im Bereich des Kinderschutzes bzw. der Gesundheitsvorsorge. München.

Nowara, Sabine (2005). Das Münchhausen-by-proxy-Syndrom. In: Deegener, Günther/Körner, Wilhelm (Hg.). Kindesmisshandlung und Vernachlässigung. Ein Handbuch. Göttingen u. a. S. 128–140.

NZFH (2010a) (Hg.). Aus Fehlern lernen. Qualitätsmanagement im Kinderschutz. Präsentation des Projektbereichs. Köln.

NZFH (2010b) (Hg.). Nationales Zentrum Frühe Hilfen. Köln.

NZFH (2012) (Hg.). Unterstützung für Familien von Anfang an. Bundesinitiative Frühe Hilfen 2012–2015. Köln.

NZFH (2014) (Hg.). Bundesinitiative Frühe Hilfen. Zwischenbericht 2014. Mit Stellungnahme der Bundesregierung. Köln.

NZFH (2016) (Hg.) Kinder von Eltern mit psychischen Erkrankungen im Kontext der Frühen Hilfen. Köln.

NZFH (2016) (Hg.). Leitbild Frühe Hilfen. Beitrag des NZFH-Beirats. Kompakt 1. 2. Aufl. Köln.

Olk, Thomas (1985). Jugend und gesellschaftliche Differenzierung – zur Entstrukturierung der Jugendphase. In: Zeitschrift für Pädagogik. Beiheft 19. S. 290–301.

Omer, Haim (2016). Wachsame Sorge. Wie Eltern ihren Kindern ein guter Anker sind. 2. Aufl. Göttingen.

Opp, Günther (2007). Prävention und Intervention. In: Tenorth, Heinz-Elmar/Tippelt, Rudolf (Hg.). Lexikon Pädagogik. Weinheim; Basel. S. 568–571.

Oppermann, Carolin/Winter, Veronika/Harder, Claudia/Wolff, Mechthild/Schröer, Wolfgang (Hg.) (2018). Lehrbuch Schutzkonzepte in pädagogischen Organisationen. Weinheim; Basel.

Patschke, Mareike (2016). Der Diskurs Frühe Hilfen. Weinheim; Basel.

Paul, Stephanie/Dietrich, Peter S. (2006). Expertise A: Genese, Formen und Folgen „Hochstrittiger Elternschaft“ – Nationaler und internationaler Forschungsstand. Expertise B: Wirkungen von Beratungs- und Unterstützungsansätzen bei hochstrittiger Elternschaft – Nationale und internationale Befunde. München.

Peuckert, Rüdiger (2007). Zur aktuellen Lage der Familie. In: Ecarius, Jutta (Hg.). Handbuch Familie. Wiesbaden. S. 36–56.

Pfeifle, Bruno (2011). Fünf Jahre danach. Der Fall „Jenny“ und die praktischen Konsequenzen für das Jugendamt Stuttgart. In: Arbeitsgruppe Fachtagungen Jugendhilfe im Deutschen Institut für Urbanistik (Hg.). Kinderschutz. Dokumentation der fachlichen Weiterentwicklung im Spiegel der AGFJ-Tagungen von 1997–2011. Sonderdokumentation. Berlin. S. 210–217.

Pillhofer, Melanie/Ziegenhain, Ute/Fegert, Jörg M./Hoffmann, Till/Paul, Mechthild (2016). Kinder von Eltern mit psychischen Erkrankungen im Kontext der frühen Hilfen. Köln: Nationales Zentrum Frühe Hilfen (NZFH).

Pupeter, Monika/Schneekloth, Ulrich (2018). Familie. Vielfältige Hintergründe und unterschiedliche Lebenslagen. In: World Vision Deutschland e. V. (Hg.). Kinder in Deutschland 2018. 4. World Vision Kinderstudie. Weinheim; Basel. S. 54–75.

Reason, James (2008). Managing the Risks of Organizational Accidents. Adlershot.

Reich, Günther/Massing, Almuth/Cierkpa, Manfred (2008). Die Mehrgenerationenperspektive und das Genogramm. In: Cierpka, Manfred (Hg.). Handbuch der Familiendiagnostik. Bd. 3. Heidelberg. S. 259–289.

Reich, Wulfhild/Lukasczyk, Peter/Kindler, Heinz (2009). Evaluation des Diagnoseinstruments zur Gefährdungseinschätzung des Kindeswohls. Qualitätsentwicklung im Kinderschutz in den Jugendämtern Stuttgart und Düsseldorf. In: Nachrichtendienst des Deutschen Vereins für öffentliche und pivate Fürsorge e. V. (2). S. 63–68.

Reinhold, Claudia/Kindler, Heinz (2006a). Gibt es Kinder, die besonders von Kindeswohlgefährdung betroffen sind? In: Kindler, Heinz/Lillig, Susanna/Blüml, Herbert/Meysen, Thomas/Werner, Annegret (Hg.). Handbuch Kindeswohlgefährdung nach § 1666 BGB und Allgemeiner Sozialer Dienst (ASD). München. Kapitel 17.

Reinhold, Claudia/Kindler, Heinz (2006b). In welchen Situationen kommt es vor allem zu Kindeswohlgefährdungen? In: Kindler, Heinz/Lillig, Susanna/Blüml, Herbert/Meysen, Thomas/Werner, Annegret (Hg.). Handbuch Kindeswohlgefährdung nach § 1666 BGB und Allgemeiner Sozialer Dienst (ASD). München. Kapitel 20.

Reinhold, Claudia/Kindler, Heinz (2006c). Was ist über Eltern, die ihre Kinder gefährden, bekannt? In: Kindler, Heinz/Lillig, Susanna/Blüml, Herbert/Meysen, Thomas/Werner, Annegret (Hg.). Handbuch Kindeswohlgefährdung nach § 1666 BGB und Allgemeiner Sozialer Dienst (ASD). München. Kapitel 18.

Reinhold, Claudia/Kindler, Heinz (2006d). Was ist über familiäre Kontexte, in denen Gefährdungen auftreten, bekannt? In: Kindler, Heinz/Lillig, Susanna/Blüml, Herbert/Meysen, Thomas/Werner, Annegret (Hg.). Handbuch Kindeswohlgefährdung nach § 1666 BGB und Allgemeiner Sozialer Dienst (ASD). München. Kapitel 19.

Renner, Ilona/Heimeshoff, Viola (2010). Modellprojekte in den Ländern. Zusammenfassende Ergebnisdarstellung. Köln.

Renner, Ilona/Sann, Alexandra (2010) (Hg.). Forschung und Praxisentwicklung Früher Hilfen. Modellprojekte begleitet vom Nationalen Zentrum Frühe Hilfen. Köln.

Rosch, Daniel/Hauri, Andrea (2018a). Begriff und Arten des Kindesschutzes. In: Rosch, Daniel/Fountoulakis, Christiana/Heck, Christoph (Hg.). Handbuch Kindes- und Erwachsenenschutz. Recht und Methodik für Fachleute. 2., aktual. Aufl. Bern. S. 438–441.

Rosch, Daniel/Hauri, Andrea (2018b). Zivilrechtlicher Kindesschutz. In: Rosch, Daniel/Fountoulakis, Christiana/Heck, Christoph (Hg.). Handbuch Kindes- und Erwachsenenschutz. Recht und Methodik für Fachleute. 2., aktual. Aufl. Bern. S. 442–492.

Rüting, Wolfgang (2019). Trennungs- und Scheidungsberatung sowie Zusammenarbeit mit dem Familiengericht gemäß FamFG. In: Merchel, Joachim (Hg.). Handbuch Allgemeiner Sozialer Dienst (ASD). 3., aktual. u. erw. Aufl. München. S. 232–240.

Salgo, Ludwig/Zenz, Gisela/Fegert, Jörg M./Bauer, Axel/Lack, Kathrin/Weber, Corina/Zitelmann, Maud (2020) (Hg.). Verfahrensbeistandschaft. Ein Handbuch für die Praxis. 4., überarb. u. erw. Aufl. Köln.

Sandermann, Philipp/Urban-Stahl, Ulrike (2017). Beschwerde, Ombudschaft und die Kinder- und Jugendhilfe. Begriffliche, konzeptuelle, organisationale und diskursive Differenzierungen. In: Equit, C./Flößer, G./Witzel, M. (Hg.). Beteiligung und Beschwerde in der Heimerziehung. Grundlagen, Anforderungen und Perspektiven. Regensburg. S. 27–55.

Sann, Alexandra/Schäfer, Reinhild (2008). Das Nationale Zentrum Frühe Hilfen – eine Plattform zur Unterstützung der Praxis. In: Bastian, Pascal/Diepholz, Annerieke/Lindner, Eva (Hg.). Frühe Hilfen für Familien und soziale Frühwarnsysteme. Münster. S. 103–121.

Schaarschuch, Andreas/Schnurr, Stefan (2004). Konflikte um Qualität. Konturen eines relationalen Qualitätsbegriffs. In: Beckmann, Christof/Otto, Hans-Uwe/Richter, Martina/Schrödter, Mark (Hg.). Qualität in der Sozialen Arbeit. Zwischen Nutzerinteresse und Kostenkontrolle. Wiesbaden. S. 309–321.

Scherr, Albert (2016). Jugenden. In: Scherr, Albert (Hg.). Soziologische Basics. 3. Aufl. Wiesbaden. S. 147–155.

Schindler, Gila (2006). Wann sind in Krisen andere Leistungsträger, Einrichtungen der Gesundheitshilfe oder die Polizei hinzuzuziehen? In: Kindler, Heinz/Lillig, Susanna/Blüml, Herbert/Meysen, Thomas/Werner, Annegret (Hg.). Handbuch Kindeswohlgefährdung nach § 1666 BGB und Allgemeiner Sozialer Dienst (ASD). München. Kapitel 85.

Schleswig-Holsteinischer Landtag (2017). Bericht und Beschlussempfehlung des Ersten Parlamentarischen Untersuchungsausschusses der 18. Wahlperiode. Drs. 18/5272. 6. März 2017. https://www.landtag.ltsh.de/infothek/wahl18/drucks/5200/drucksache-18-5272.pdf [16.09.2021].

Schmid, Heike/Meysen, Thomas (2006). Was ist unter Kindeswohlgefährdung zu verstehen? In: Kindler, Heinz/Lillig, Susanna/Blüml, Herbert/Meysen, Thomas/Werner, Annegret (Hg.). Handbuch Kindeswohlgefährdung nach § 1666 BGB und Allgemeiner Sozialer Dienst (ASD). München. Kapitel 2.

Schneekloth, Ulrich/Pupeter, Monika (2013). Familiäre Hintergründe: bunte Vielfalt, aber auch deutliche Unterschiede in den Lebenslagen. In: Deutschland, World Vision (Hg.). 3. World Vision Kinderstudie. Weinheim; Basel.

Schneewind, Klaus A. (2008). „Freiheit in Grenzen" – Plädoyer für ein integratives Konzept zur Stärkung von Elternkompetenzen. In: Cierkpa, Manfred (Hg.). Möglichkeiten der Gewaltprävention. 2. Aufl. Göttingen. S. 177–205.

Schneewind, Klaus A. (2012). Erziehungsstile. In: Stange, Waldemar/Krüger, Rolf/Henschel, Angelika/Schmitt, Christof (Hg.). Erziehungs- und Bildungspartnerschaften. Grundlagen und Strukturen von Elternarbeit. Wiesbaden. S. 122–126.

Schneider, Silvia (2019). Kinder psychisch kranker Eltern. In: Schneider, Silvia/Margraf, Jürgen (Hg.). Lehrbuch der Verhaltenstherapie Band 3: Störungen im Kindes- und Jugendalter. 2. Aufl. Heidelberg. S. 887–900.

Schnurr, Stefan (2012). Anhang 3: Grundlagenbericht von Schnurr St. (2012). Grundleistungen der Kinder- und Jugendhilfe. Erstellt im Auftrag des Bundesamtes für Sozialversicherungen als Beitrag zur Projektgruppe zur Beantwortung des Postulats Fehr (07.3725). In: Bundesrat (Hg.). Gewalt und Vernachlässigung in der Familie: notwendige Massnahmen im Bereich der Kinder- und Jugendhilfe und der staatlichen Sanktionierung. Bericht des Bundesrates in Erfüllung des Postulats Fehr (07.3725) vom 05. Oktober 2007. Bern.

Schnurr, Stefan (2017). Child removal proceedings in Switzerland. In: Burns, Kenneth/Pösö, Tarja/Skivenes, Marit (Hg.). Child welfare removals by the state. A cross-country analysis of decision-making systems. New York. S. 117–145.

Schnurr, Stefan (2019). Kinder- und Jugendhilfe in der Schweiz. In: Jugendhilfe. (1). S. 13–18.

Schone, Reinhold (2008). Kontrolle als Element von Fachlichkeit in den sozialpädagogischen Diensten der Kinder- und Jugendhilfe. Expertise im Auftrag der Arbeitsgemeinschaft für Kinder- und Jugendhilfe (AGJ). Berlin.

Schone, Reinhold (2012a). „Wenn jeder was anderes meint…" Zur Notwendigkeit der Systematisierung und Differenzierung der Begrifflichkeiten im Kontext „Früher Hilfen" und des „Schutzauftrages bei Kindeswohlgefährdung". In: Kindesmisshandlung und -vernachlässigung. (2). S. 148–165.

Schone, Reinhold (2012b). Erziehungshilfe im Wandel? – Schutz- und Kontrollkonzepte in der sozialpädagogischen Familienhilfe. In: Forum Erziehungshilfen. (5). S. 260–266.

Schone, Reinhold (2014). Frühe Hilfen – Versuch einer Standortbestimmung im Koordinatensystem des Kinderschutzes. In: Sozialmagazin. (7-8). S. 14–21.

Schone, Reinhold (2015a). Rolle und Aufgaben des Jugendamtes/ASD im Kontext von Kindeswohlgefährdung. In: Schone, Reinhold/Tenhaken, Wolfgang (Hg.). Kinderschutz in Einrichtungen und Diensten der Jugendhilfe. Ein Lehr- und Praxisbuch zum

Umgang mit Fragen der Kindeswohlgefährdung. 2., überarb. u. erw. Aufl. Weinheim; Basel. S. 50–77.

Schone, Reinhold (2015b). Kindeswohlgefährdung – Was ist das? In: Schone, Reinhold/Tenhaken, Wolfgang (Hg.). Kinderschutz in Einrichtungen und Diensten der Jugendhilfe. Ein Lehr- und Praxisbuch zum Umgang mit Fragen der Kindeswohlgefährdung. 2., überarb. u. erw. Aufl. Weinheim; Basel. S. 13–49.

Schone, Reinhold (2018). Wenn Schutzkonzepte aus dem Ruder laufen … In: Forum Erziehungshilfen. (3). S. 186–188.

Schone, Reinhold (2019). Einschätzung von Gefährdungsrisiken im Kontext möglicher Kindeswohlgefährdung. In: Merchel, Joachim (Hg.). Handbuch Allgemeiner Sozialer Dienst (ASD). 3., aktual. u. erw. Aufl. München und Basel. S. 281–289.

Schone, Reinhold/Gintzel, Ullrich/Jordan, Erwin/Kalscheuer, Mareile/Münder, Johannes (1997). Kinder in Not. Vernachlässigung im frühen Kindesalter und Perspektiven sozialer Arbeit. Münster.

Schone, Reinhold/Hensen, Gregor (2011). Der Begriff der Kindeswohlgefährdung zwischen Recht und Praxis. In: Körner, Wilhelm/Deegener, Günther (Hg.). Erfassung von Kindeswohlgefährdung in Theorie und Praxis. Lengerich. S. 13–28.

Schone, Reinhold/Struck, Norbert (2018). Kinderschutz. In: Otto, Hans-Uwe/Thiersch, Hans/Treptow, Rainer/Ziegler, Holger (2018). (Hg.). Handbuch Soziale Arbeit. Grundlagen der Sozialarbeit und Sozialpädagogik. 6., überarb. Aufl. München. S. 767–779.

Schone, Reinhold/Tenhaken, Wolfgang (2015) (Hg.). Kinderschutz in Einrichtungen und Diensten der Jugendhilfe. Ein Lehr- und Praxisbuch zum Umgang mit Fragen der Kindeswohlgefährdung. 2., überarb. u. erw. Aufl. Weinheim; Basel.

Schone, Reinhold/Wagenblass, Sabine (2006) (Hg.). Kinder psychisch kranker Eltern zwischen Jugendhilfe und Erwachsenenpsychiatrie. Weinheim; München.

Schrapper, Christian (2012a). Fehleranalysen und Risikomanagement im Kinderschutz. Befunde und Ergebnisse bisheriger Forschungs- und Praxisentwicklungsprojekte zu Fehleranalysen und zum Risikomanagement im Jugendamt. In: Arbeitsgruppe Fachtagungen Jugendhilfe im Deutschen Institut für Urbanistik (Hg.). Risiken – Fehler – Krisen. Risikomanagement im Jugendamt als Führungsaufgabe. Dokumentation der Fachtagung am 18. und 19. April 2012 in Berlin. Berlin. S. 31–54.

Schrapper, Christian (2012b). Kinder vor Gefahren für ihr Wohl schützen – methodische Überlegungen zur Kinderschutzarbeit sozialpädagogischer Fachkräfte in der Kinder- und Jugendhilfe. In: Institut für Sozialarbeit und Sozialpädagogik e. V. (Hg.). Vernachlässigte Kinder besser schützen. Sozialpädagogisches Handeln bei Kindeswohlgefährdung. 2. überarb. Aufl. München. S. 58–102.

Schrapper, Christian (2013). Betreuung des Kindes Anna. Rekonstruktion und Analyse der fachlichen Arbeitsweisen und organisatorischen Bedingungen des Jugendamts der Stadt Königswinter im Fall „Anna". In: Das Jugendamt. (1). S. 2–16.

Schrapper, Christian (2020). Kinder in Obhut nehmen. Historische Vergewisserungen zu einer bedeutsamen Aufgabe der Kinder- und Jugendhilfe. In: Fachgruppe Inobhutnahme (Hg.). Handbuch Inobhutnahme. Grundlagen – Praxis und Methoden – Spannungsfelder. Frankfurt a. M. S. 58–84.

Schülein, Johannes August (2002). Die Geburt der Eltern. Über die Entstehung der modernen Elternposition und den Prozess der Aneignung und Vermittlung. 2. überarb. Aufl. Gießen.

Schulte-Haller, Mathilde (2009). Frühe Förderung. Forschung, Praxis und Politik im Bereich der Frühförderung: Bestandsaufnahme und Handlungsfelder. Eidgenössische Kommission für Migrationsfragen EKM. Materialien zur Migrationspolitik. Bern-Wabern.

Schulz von Thun, Friedemann (2010). Miteinander Reden 1: Störungen und Klärungen: allgemeine Psychologie der Kommunikation. Bd. 48. Reinbek.

Schürmann-Ebenfeld, Silvia (2016). Wirkungen des Bundeskinderschutzgesetzes – wissenschaftliche Grundlagen. Ergebnisbericht zu Erhebungen bei Berufsbetreuerinnen und -betreuern. München.

Schutter, Sabina (2020). Kinderschutz. In: Braches-Chyrek, Rita/Röhner, Charlotte/Sünker, Heinz/Hopf, Michaela (Hg.). Handbuch Frühe Kindheit. 2., überarb. u. erw. Auf. Opladen; Berlin; Toronto. S. 463–472.

Seus-Seberich, Elfriede (2006). Welche Rolle spielt soziale Benachteiligung in Bezug auf Kindeswohlgefährdung? In: Kindler, Heinz/Lilllig, Susanna/Blüml, Herbert/Meysen, Thomas/Werner, Annegret (Hg.). Handbuch Kindeswohlgefährdung nach § 1666 BGB und Allgemeiner Sozialer Dienst (ASD). München. Kapitel 21.

Shepherd, Jack R. (2002). Die Rolle der Polizeibehörden bei der Untersuchung von Kindesmißhandlung und -vernachlässigung. In: Helfer, Mary E./Kempe, Ruth S./Krugman, Richard D. (Hg.). Das mißhandelte Kind. Frankfurt a. M. S. 673–684.

Simonetta, Sommaruga (2017). Abschaffung des Züchtigungsrechts. https://www.parlament.ch/de/ratsbetrieb/amtliches-bulletin/amtliches-bulletin-die-verhandlungen?SubjectId=40103#votum2 [16. 09. 2021].

Spangler, Gottfried (2004). Wirksamkeit ambulanter Jugendhilfemaßnahmen bei Misshandlung bzw. Vernachlässigung: eine internationale Literaturübersicht. München.

Stadler, Lena/Bieneck, Steffen/Pfeiffer, Christian (2012). Repräsentativbefragung Sexueller Missbrauch 2011. Hannover.

Stadt Dormagen (2001) (Hg.). Dormagener Qualitätskatalog der Jugendhilfe – Ein Modell kooperativer Qualitätsentwicklung. Opladen.

Statistisches Bundesamt (2012). Geburten in Deutschland. Wiesbaden.

Statistisches Bundesamt (2013). Geburtentrends und Familiensituation in Deutschland 2012. Wiesbaden.

Statistisches Bundesamt (2016a). Bevölkerung und Erwerbstätigkeit – Haushalte und Familien: Ergebnisse des Mikrozensus 2015. Wiesbaden.

Statistisches Bundesamt (2016b). Statistiken der Kinder- und Jugendhilfe. Gefährdungseinschätzungen nach § 8a Absatz 1 SGB VIII 2015. Wiesbaden.

Statistisches Bundesamt (2017). Statistiken der Kinder- und Jugendhilfe. Gefährdungseinschätzungen nach § 8a Absatz 1 SGB VIII 2016. Wiesbaden.

Statistisches Bundesamt (2021). Scheidungsquote in Deutschland von 1960 bis 2020. Wiesbaden

Stern, Susanne/Tassinari, Sergio/Walther, Ursula/North, Nicole/Iten, Rolf (2012). Situationsanalyse zur Frühen Förderung in kleinen und mittleren Städten der Schweiz. Zürich.

Straßburger, Gaby/Rieger, Judith (Hg.) (2019). Partizipation kompakt. Für Studium, Lehre und Praxis sozialer Berufe. Weinheim; Basel.

Strobel, Bettina/Liel, Christoph/Kindler, Heinz (2008). Validierung und Evaluation des Kinderschutzbogens. Ergebnisbericht. München.

Struck, Norbert (2018). Ein Dokument und eine überfällige Diskussion – eine Einleitung. In: Forum Erziehungshilfen. (3). S. 181–183.

Struck, Norbert/Schröer, Wolfgang (2018). Kinder- und Jugendhilfe. In: Otto, Hans-Uwe/ Thiersch, Hans/Treptow, Rainer und Ziegler, Holger (Hg.). Handbuch Soziale Arbeit. Grundlagen der Sozialarbeit und Sozialpädagogik. 6., überarb. Aufl. München. S. 756–766.

Stutzer, Erich (2002). Ökonomische Lage der Familie. In: Schneider, Norbert F./Matthias-Bleck, Heike (Hg.). Elternschaft heute. Gesellschaftliche Rahmenbedingungen und individuelle Gestaltungsaufgaben. Opladen. S. 235–250.

Szydlik, Marc (2007). Familie und Sozialstruktur. In: Ecarius, Jutta (Hg.). Handbuch Familie. Wiesbaden. S. 78–93.

Team „FosterCare“: Fegert, Jörg M./Gulde, Manuela/Henn, Katharina/Husmann, Laura/ Kampert, Meike/Röseler, Kirsten/Rusack, Tanja/Schröer, Wolfgang/Wolff, Mechthild/ Ziegenhain, Ute (2020). Qualitätsstandards für Schutzkonzepte in der Pflegekinderhilfe. In: Das Jugendamt. (5). S. 234–239.

Tenbruck, Friedrich H. (1965). Jugend und Gesellschaft. Soziologische Perspektiven. Freiburg.

Tenhaken, Wolfgang (2015). Interprofessionelle Kooperation als zentraler Baustein methodischen Handelns zur Abwendung von Kindeswohlgefährdung. In: Schone, Reinhold/ Tenhaken, Wolfgang (Hg.). Kinderschutz in Einrichtungen und Diensten der Jugendhilfe. Ein Lehr- und Praxisbuch zum Umgang mit Fragen der Kindeswohlgefährdung. 2., überarb. u. erw. Aufl. Weinheim; Basel. S. 268–287.

Thaiss, Heidrun/Klein, Renate/Schumann, Eike Christiane/Ellsäßer, Gabriele/Breitkopf, Helmut/Reinecke, Heike/Zimmermann, Eberhard (2010). Früherkennungsuntersuchungen als Instrument im Kinderschutz. In: Bundesgesundheitsblatt – Gesundheitsforschung – Gesundheitsschutz. (10). S. 1029–1047.

Thiersch, Hans (2008). Bildung und Soziale Arbeit. In: Otto, Hans Uwe/Rauschenbach, Thomas (Hg.). Die andere Seite der Bildung. 2. Aufl. Wiesbaden. S. 237–252.

Trenczek, Thomas/Tammen, Britta (2013). § 27 Hilfe zur Erziehung Rn. 7. In: Münder, Johannes/Meysen, Thomas/Trenczek, Thomas (Hg.). Frankfurter Kommentar SGB VIII. Kinder- und Jugendhilfe. 7. Aufl. Baden-Baden. S. 333.

UBSKM [Unabhängige Beauftragte zur Aufarbeitung des sexuellen Kindesmissbrauchs]. (Hg.) (2011). Abschlussbericht der Unabhängigen Beauftragten zur Aufarbeitung des sexuellen Kindesmissbrauchs, Dr. Christine Bergmann. https://beauftragter-missbrauch.de/fileadmin/Content/pdf/Presse_Service/Publikationen/Abschlussbericht-der-Unabhaengigen-Beauftragten-zur-Aufarbeitung-des-sexuellen-Kindesmissbrauchs.pdf [16.09.2021].

Ulmer Aufruf zum Kinderschutz (2008). In: Ziegenhain, Ute/Fegert, Jörg M. (Hg.). Kindeswohlgefährdung und Vernachlässigung. 2., durchges. Aufl. München; Basel. S. 207–211.

United Nations, Committee on the Rights of the Children (2013). General comment No. 14 (2013) on the right of the child to have his or her best interests taken as a primary consideration (art. 3, para. 1)*. http://www2.ohchr.org/English/bodies/crc/docs/GC/CRC_C_GC_14_ENG.pdf [16.09.2021].

Urban, Ulrike (2004). Professionelles Handeln zwischen Hilfe und Kontrolle. Sozialpädagogische Entscheidungsfindung in der Hilfeplanung. Weinheim; München.

Urban, Ulrike (2006). Julia will in ein Mutter-Kind-Heim oder: Wozu Ombudschaft in der Jugendhilfe? In: Unsere Jugend. (10). S. 409–414.

Urban-Stahl, Ulrike (2009). Nicht ob, sondern inwiefern: Soziale Arbeit braucht die Debatte um die Legitimation von Sozialer Kontrolle. In: Widersprüche. (113). S. 77–87

Urban-Stahl, Ulrike (2011). Ombuds- und Beschwerdestellen in der Kinder- und Jugendhilfe in Deutschland. Eine Bestandsaufnahme unter besonderer Berücksichtigung des möglichen Beitrags zum „Lernen aus Fehlern im Kinderschutz". Beiträge zur Qualitätsentwicklung im Kinderschutz I. Herausgegeben vom Nationalen Zentrum Frühe Hilfen. Köln.

Urban-Stahl, Ulrike (2012). Frühe Hilfen – weitergedacht aus der Perspektive von Kindern Vortrag auf dem 17.Kongress Armut und Gesundheit 2012 in Berlin. https://www.fruehehilfen.de/fileadmin/user_upload/fruehehilfen.de/downloads/Vortrag_Urban-Stahl_KongressAG2012.pdf [16.09.2021].

Urban-Stahl, Ulrike (2014). Ombudschaft und Beschwerdeverfahren. In: Düring, Diana/Krause, Hans-Ullrich/Peters, Friedhelm/Rätz, Regina/Rosenbauer, Nicole/Vollhase, Matthias (Hg.). Kritisches Glossar Hilfen zur Erziehung. Frankfurt a.M. S. 253–261.

Urban-Stahl, Ulrike (2018). Anwaltschaft. In: Otto, Hans Uwe/Thiersch, Hans/Treptow, Rainer/Ziegler, Holger (Hg.). Handbuch Soziale Arbeit. Grundlagen der Sozialarbeit und Sozialpädagogik. 6. überarb. Aufl. München. S. 78–87.

Urban-Stahl, Ulrike (2018a). Advocacy (Anwaltschaft) In: Gunther Graßhoff, Anna Renker, Wolfgang Schröer (Hg.). Soziale Arbeit. Eine elementare Einführung. Springer Fachmedien, Wiesbaden.

Urban-Stahl, Ulrike (2021). Partizipation. In: Amthor, Ralph/Goldberg, Birgitta/Hansbauer, Peter/Landes, Benjamin/Wintergerst, Theresia (Hg.). Kreft/Mielenz Wörterbuch Soziale Arbeit. Weinheim; Basel. S. 636–641.

Urban-Stahl, Ulrike/Albrecht, Maria/Gross-Lattwein, Svenja (2018). Hausbesuche im Kinderschutz. Empirische Analysen zu Rahmenbedingungen und Handlungspraktiken in Jugendämtern. Leverkusen.

Urban-Stahl, Ulrike/Bochert, Susan/Jann, Nina/Grapentin, Henriette (2013). Beschweren Erlaubt! 10 Empfehlungen zur Implementierung von Beschwerdeverfahren in Einrichtungen der Kinder- und Jugendhilfe. https://www.ewi-psy.fu-berlin.de/einrichtungen/arbeitsbereiche/sozialpaedagogik/dokumente/BIBEK-Handreichung.pdf [16.09.2021].

Urban-Stahl, Ulrike/Jann, Nina (2014). Beschwerdeverfahren in der Kinder- und Jugendhilfe. München.

Urban-Stahl, Ulrike/Sandermann, Philipp (2017). Beschwerde, Ombudschaft und die Kinder- und Jugendhilfe: Begriffliche, konzeptuelle, organisationale und diskursive Differenzierungen. In: Equit, Claudia/Flößer, Gabriele/Witzel, Marc (Hg.). Beteiligung und Beschwerde in der Heimerziehung: Grundlagen, Anforderungen und Perspektiven. Frankfurt a.M. S. 27–55.

van der Put, Claudia E./Assink, Mark/Boekhout van Solinge, Noëlle F. (2017). Predicting child maltreatment: A meta-analysis of the predictive validity of risk assessment instruments. In: Child Abuse & Neglect. (Supplement C). S. 71–88.

van Santen, Eric/Pluto, Liane/Peucker, Christian (2019). Pflegekinderhilfe – Situation und Perspektiven. Empirische Befunde zu Strukturen, Aufgabenwahrnehmung sowie Inanspruchnahme. Weinheim; Basel.

Verein humanrights.ch (2018). Körperstrafen – Die Schweiz sträubt sich gegen ein Verbot. https://www.humanrights.ch/de/menschenrechte-schweiz/inneres/gruppen/kinder/zuechtigungsverbot-schweiz [16.09.2021].

Wabnitz, Reinhard J. (2016). Grundkurs Recht für die Soziale Arbeit. 3. Aufl. München, Basel.

Wagenknecht, Inga/Meier-Gräwe, Uta/Fegert, Jörg M. (2009). Frühe Hilfen rechnen sich. In: Frühförderung interdisziplinär. (2). S. 82–91.

Wall, Richard (1997). Zum Wandel der Familienstrukturen im Europa der Neuzeit. In: Ehmer, Josef/Hareven, Tamara/Wall, Richard (Hg.). Historische Familienforschung. Ergebnisse und Kontroversen. New York. S. 255–282.

Walper, Sabine/Fichtner, Jörg (2013). Zwischen den Fronten. Psychosoziale Auswirkungen von Elternkonflikten auf Kinder. In: Walper, Sabine/Fichtner, Jörg/Normann, Katrin (Hg.). Hochkonflikthafte Trennungsfamilien. Forschungsergebnisse, Praxiserfahrungen und Hilfen für Scheidungseltern und ihre Kinder. 2. Aufl. Weinheim; München. S. 91–109.

Walper, Sabine/Fichtner, Jörg/Normann, Katrin (2013). Hochkonflikthafte Trennungsfamilien als Herausforderung für Forschung und Praxis. In: Walper, Sabine/Fichtner, Jörg/Normann, Katrin (Hg.). Hochkonflikthafte Trennungsfamilien. Forschungsergebnisse, Praxiserfahrungen und Hilfen für Scheidungseltern und ihre Kinder. 2. Aufl. Weinheim; München. S. 7–16.

Wapler, Friederike (2017). Kinderrechte ins Grundgesetz? In: Sachverständigenkommission 15. Kinder- und Jugendbericht (Hg.). Materialien zum 15. Kinder und Jugendbericht. Zwischen Freiräumen, Familie, Ganztagsschule und virtuellen Welten – Persönlichkeitsentwicklung und Bildungsanspruch im Jugendalter. München. S. 45–97.

Weber, Matthias (2013). Das Wohl des Kindes bei hochstrittiger Elternschaft. Notwendige Differenzierungen. In: Weber, Matthias/Alberstötter, Uli/Schilling, Herbert (Hg.). Beratung von Hochkonflikt-Familien. Im Kontext des FamGF. Weinheim; Basel. S. 146–164.

Weick, Karl E./Sutcliffe, Kathleen M. (2016). Das Unerwartete managen: Wie Unternehmen aus Extremsituationen lernen. 3., vollst. überarb. Aufl. Stuttgart.

Weinberger, Sabine (2013). Klientenzentrierte Gesprächsführung: Lern- und Praxisanleitung für psychosoziale Berufe. 14., überarb. Aufl. Weinheim; Basel.

Weingardt, Martin (2004). Fehler zeichnen uns aus. Transdisziplinäre Grundlagen zur Theorie und Produktivität des Fehlers in Schule und Arbeitswelt. Bad Heilbrunn/OBB.

Weiß, Hans (2011). Frühe Hilfen aus Sicht der Frühförderung. In: Gemeinsam leben. Zeitschrift für Inklusion. (1). S. 12–20.

Werner, Annegret (2006). Was brauchen Kinder, um sich altersgemäß entwickeln zu können? In: Kindler, Heinz/Lilllig, Susanna/Blüml, Herbert/Meysen, Thomas/Werner, Annegret (Hg.). Handbuch Kindeswohlgefährdung nach § 1666 BGB und Allgemeiner Sozialer Dienst (ASD). München. Kapitel 13.

Westhoff, Karl/Terlinden-Arzt, Patricia/Klüber, Antje (2000). Entscheidungsorientierte psychologische Gutachten für das Familiengericht. Berlin, Heidelberg.

Wetzels, Peter (1997). Gewalterfahrungen in der Kindheit. Baden-Baden.

Wiesner, Reinhard (2006). Was sagt die Verfassung zum Kinderschutz? In: Kindler, Heinz/Lillig, Susanna/Blüml, Herbert/Meysen, Thomas/Werner, Annegret (Hg.). Handbuch

Kindeswohlgefährdung nach § 1666 BGB und Allgemeiner Sozialer Dienst (ASD). München. Kapitel 1.

Wissenschaftlicher Beirat für Familienfragen (2005). Familiale Erziehungskompetenzen: Beziehungsklima und Erziehungsleistungen in der Familie als Problem und Aufgabe. Weinheim; München.

Witt, Andreas/Brown, Rebecca C./Plener, Paul L./Brähler, Elmar/Fegert, Jörg M. (2017). Child maltreatment in Germany: prevalence rates in the general population. In: Child and Adolescent psychiatry and mental health. (1). 11:47.

Wittenhagen, Uwe/Wolff, Reinhart (1980). Kindesmißhandlung – Kinderschutz. Ein Überblick. Bonn.

Wolf, Klaus (2016). Zur Notwendigkeit des Machtüberhangs in der Erziehung. In: Kraus, Björn/Krieger, Wolfgang (Hg.). Macht in der Sozialen Arbeit. Interaktionsverhältnisse zwischen Kontrolle, Partizipation und Freisetzung. 4., überarb. u. erw. Aufl. S. 173–214.

Wolff, Mechthild/Fegert, Jörg M./Schröer, Wolfgang (2015). Mindeststandards und Leitlinien der AG I des Runden Tisches. In: Fegert, Jörg M./Wolff, Mechthild (Hg.). Kompendium „Sexueller Missbrauch in Institutionen". Entstehungsbedingungen, Prävention und Intervention. Weinheim; Basel. S. 425–435.

Wolff, Reinhart (1997). Kinderschutz auf dem Prüfstand. Überlegungen zur Notwendigkeit von Qualitätssicherung. In: Sternschnuppe. (5). S. 1–16.

Wolff, Reinhart (2007). Demokratische Kinderschutzarbeit – zwischen Risiko und Gefahr. In: Forum Erziehungshilfen. (3). S. 132–139.

Wolff, Reinhart (2014). Kinderschutz. In: Düring, Daina/Krause, Hans-Ullrich/Peters, Friedhelm/Rätz, Regina/Rosenbauer, Nicole/Vollhase, Matthias (Hg.). Kritisches Glossar Hilfen zur Erziehung. Frankfurt a. M. S. 184–192.

Wolff, Reinhart/Ackermann, Timo/Biesel, Kay/Brandhorst, Felix/Heinitz, Stefan/Patschke, Mareike (2013a). Praxisleitfaden. Dialogische Qualitätsentwicklung im kommunalen Kinderschutz. Beiträge zur Qualitätsentwicklung im Kinderschutz 5. Herausgegeben vom Nationalen Zentrum Frühe Hilfen. Köln.

Wolff, Reinhart/Biesel, Kay/Heinitz, Stefan (2011). Child Protection in an Age of Uncertainty: Germany's Response. In: Gilbert, Neil/Parton, Nigel/Skivenes, Marit (Hg.). Child Protection Systems. International Trends and Orientations. New York. S. 183–203.

Wolff, Reinhart/Flick, Uwe/Ackermann, Timo/Biesel, Kay/Brandhorst, Felix/Heinitz, Stefan/Patschke, Mareike/Röhnsch, Gundula (2013b). Aus Fehlern lernen – Qualitätsmanagement im Kinderschutz. Konzepte, Bedingungen und Ergebnisse. Herausgegeben vom Nationalen Zentrum Frühe Hilfen. Opladen; Berlin; Toronto.

Wood, Joanne/French, Benjamin/Fromkin, Janet/Fakeye, Oludolapo/Scribano, Philip/Letson, Megan/Makoroff, Kathi/Feldman, Kenneth/Fabio, Anthony/Berger, Rachel (2016). Child Abuse, Maltreatment, and Foster Care. Association of Pediatric Abusive Head Trauma Rates With Macroeconomic Indicators. In: Academic Pediatrics. (3). S. 224–232.

Wüstendörfer, Werner (2011). Familie und Armut. Eine Sonderauswertung des AWO-ISS Datensatzes 1999 und 2003/04 über familiäre Bedingungen und ihre Auswirkungen auf Armut und Lebenslage der Kinder. Eine Expertise im Auftrag des ISS e. V. Frankfurt a. M.

Wustmann, Seiler, Corina/Simoni, Heidi (2016). Orientierungsrahmen für frühkindliche Bildung, Betreuung und Erziehung in der Schweiz. Erarbeitet vom Marie Meierhofer Institut für das Kind, erstellt im Auftrag der Schweizerischen UNESCO-Kommission und des Netzwerks Kinderbetreuung Schweiz. Zürich.

Zech, Rainer (2019). Qualitätsmanagement und gute Arbeit. Grundlagen einer gelingenden Qualitätsentwicklung für Einsteiger und Skeptiker. 2. Aufl. Wiesbaden.

Ziegenhain, Ute/Fegert, Jörg M. (2008). Zur Einführung: Frühe und präventive Hilfen für Eltern mit Säuglingen und Kleinkindern. In: Meysen, Thomas/Schönecker, Lydia/Kindler, Heinz (Hg.). Frühe Hilfen im Kinderschutz. Rechtliche Rahmenbedingungen und Risikodiagnostik in der Kooperation von Gesundheits- und Jugendhilfe. Weinheim und München. S. 11–22.

Ziegenhain, Ute/Schöllhorn, Angelika/Künster, Anne K./Hofer, Alexandra/König, Cornelia/Fegert, Jörg M. (2011). Werkbuch Vernetzung. Chancen und Stolpersteine interdisziplinärer Kooperation und Vernetzung im Bereich Früher Hilfen und im Kinderschutz. 4. Aufl. Herausgegeben vom Nationalen Zentrum Frühe Hilfen (NZFH). Köln.

Ziegler, Holger (2013). Gewaltstudie 2013: Gewalt- und Missachtungserfahrungen von Kindern und Jugendlichen in Deutschland. Bielefeld: Universität Bielefeld und Bepanthen Kinderförderung. http://kinderförderung.bepanthen.de/static/documents/Abstract_Gewaltstudie_Prof.Ziegler-1.pdf [16.09.2021].

Zimmerli Ischer, Philine (2016). Das Modell „Primokiz“ – Frühe Förderung lokal vernetzt. In: Journal Gesundheitsförderung. (2). S. 22–25.

Zimmermann, Peter (2007). Bindungsentwicklung im Lebenslauf. In: Hasselhorn, Marcus/Schneider, Wolfgang (Hg.). Handbuch der Entwicklungspsychologie. Göttingen. S. 326–335.

Zimmermann, Peter/Vierhaus, Marc/Eickhorst, Andreas/Sann, Alexandra/Egger, Carine/Förthner, Judith/Gerlach, Jennifer/Iwanski, Alexandra/Liel, Christoph/Podewski, Fritz/Wyrwich, Sandra/Spangler, Gottfried (2016). Aufwachsen unter familiärer Belastung in Deutschland. Design und Methoden einer entwicklungspsychologischen Studie zu Risiko- und Schutzmechanismen bei Familien mit unterschiedlicher psychosozialer Belastung. In: Bundesgesundheitsblatt – Gesundheitsforschung – Gesundheitsschutz. (10). S. 1262–1270.